影响中国几代人、销量最大的经典科普读物之一

YAO SHI DIAN CANG BAN

耀世典藏版

—丛书主编 刘光达—

世界之最

刘光达◎主编

天津出版传媒集团

天津科学技术出版社 天津人民出版社

图书在版编目（CIP）数据

世界之最：耀世典藏版 / 刘光达主编. -- 天津：天津科学技术出版社：天津人民出版社, 2015.2（2022.1重印）

（悦读坊 / 刘光远主编）

ISBN 978-7-5308-9594-8

Ⅰ. ①世… Ⅱ. ①刘… Ⅲ. ①科学知识－青少年读物 Ⅳ. ①Z228.2

中国版本图书馆CIP数据核字(2015)第037917号

责任编辑：房 芳

责任印制：兰 毅

天津出版传媒集团
天津科学技术出版社
天津人民出版社
出版

天津市西康路35号　邮编：300051

电话：（022）23332435（编辑室）

网址：www.tjkjcbs.com.cn

新华书店经销

三河市同力彩印有限公司

开本 787×1092　1/16　印张 27.5　字数 600 000

2022年1月第1版第2次印刷

定价：89.00元

前言
Preface

哪种蛙“胡子”最多？最懒的鱼是什么鱼？最毒的树是什么树？什么海最透明？爆发最猛烈的火山是哪座？最早的喜剧是哪部？什么书页数最多？票房收入最高的动画片是哪部？名字最长的国家首都是哪里？最早在太空漫步的人是谁？历史上打得最远的炮是什么炮？最快的客机有多快？……寻求这些答案，是青少年朋友的天性使然，《世界之最》正是为满足他们的这种需求而编著的。

《世界之最》作为一部影响中国几代人的经典科普读物，其中收录了大量妙趣横生、神奇奥秘的条目，每一个条目或标示出大自然的一个极限，或成为人类社会发展中的一个里程碑，或留下科学史上的一个奇迹，成为人们常谈不衰的话题。该书甫被辑录成书，便以其独特的体例、丰富的知识受到广大青少年的喜爱，至今已成为我国发行量最大的科普读物之一，各种不同的版本不断涌现。然而随着科技与社会的发展，市场上的许多版本已经不能满足广大读者越来越高的阅读需求，这就要求我们不断进行更新、补充和调整，并注入更多的设计元素。鉴此，我们编辑出版了这本《世界之最》。

本书集动植物世界、自然空间、科学技术、天文地理、人文社会等“最”之大全，可谓五花八门，包罗万象。在这里，你会有惊异，会有慨叹：惊异于动物植物、天文地理的奇妙；慨叹人文社会、科学技术的衍化。本书在带你领略奇妙的同时，也会帮你积累知识，让你成为移动的“最”之百科。相较于其他版本，本书具有以下几个特点：

一、内容全面，信息海量。编者开拓思路，力求出新，将《世界之最》由科普读物扩展为融自然科学与人文科学于一体，集合诸多领域的百科全书。全书以知识性、科学性、趣味性、实用性为出发点，共分为11个部分，内容涉及天文、地理、动物、植物、科技、军事、建筑、历史、文艺、交通等诸多方面，并且增补、修订了近年来各领域的最新研究成果，方便读者及时学习和掌握。

二、语言生动，体例科学。体例编排注重各条目间的内在联系和逻辑次序，结合青少年的知识结构和阅读习惯，以精准生动、通俗易懂的文字形象地诠释一个个“世界之最”，并附有生动有趣的相关链接和专题加以延伸拓展，力图使各门类的知识形成一个系统、科学的有机整体。

三、图片丰富，视觉多元。1000余幅精美插图，包括实物图片、风景照片、人物肖像、建筑名胜，以及大量结构清晰、解释详尽的分解图等，与文字相辅相成，既深入挖掘了图片内涵，又对相关知识做了补充和拓展，让青少年在接受完整、全面知识信息的同时，获得更加鲜明而深刻的印象，从而提高其认知能力。

四、全新理念，理想读本。新颖、科学的版式设计，既增加了信息含量，又使页面变得生动、活泼，将大千世界中引人入胜的“世界之最”全方位、立体地展现出来，让读者在轻松愉快的阅读中获取知识、开阔视野、提升创新力和想象力。更难能可贵的是，编者在版式设计、图文编排过程中注重文化知识与现代审美的有机结合，并贯穿始终。全力为青少年打造一个具有丰富信息含量的多彩阅读空间，彰显本书的欣赏价值和艺术价值。

希望这本《世界之最》营造出的轻松愉快的阅读氛围，会引领你进入一个精彩、神秘的求知世界，让你更加立体、真实地感受世界神秘的一面。

目录
Contents

第一章 动物之最

第三章 天文之最

第六章 文学艺术之最

PAR LE RÉALISATEUR DE "TITANIC"
ENTREZ DANS LE MONDE
AVATAR
LE 16 DÉCEMBRE

第七章 社会生活之最

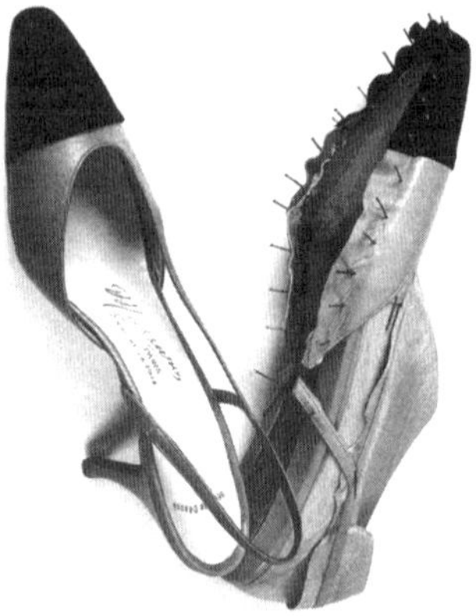

第八章 体育之最

第九章 交通运输之最

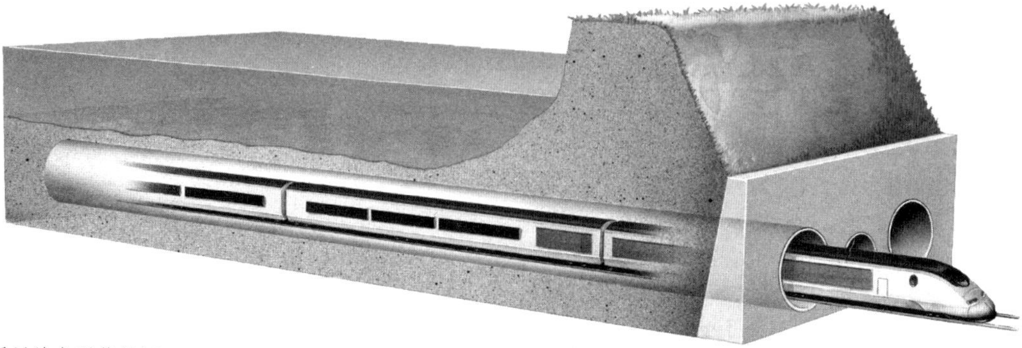

第十章 科学技术之最

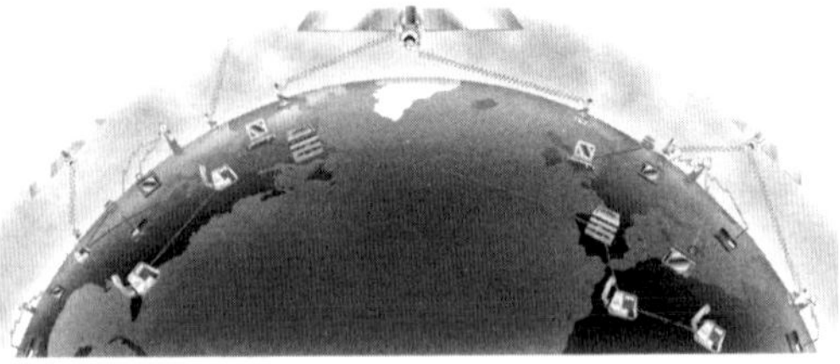

第十一章 军事之最

第一章
动物之最

蓝鲸是生活在海洋中的最大的哺乳动物。它可以活到50～80岁。蓝鲸喉咙处的皮肤有很多沟回，因而它的喉部在进食时可以张得很大。

— 哺乳动物之最 —

◎ 最大的哺乳动物

世界上最大的哺乳动物是蓝鲸，这种动物分布于世界各海域。

它体重约170吨，身长可达30米左右。蓝鲸的头非常大，舌头上能站50个人。

蓝鲸经过1年左右的妊娠期后，小蓝鲸一般在冬季从母体中分娩出来。刚出生的幼鲸就重达2.6吨，长7.5米。小幼鲸体重的增长速度非常快，一般在母亲喂奶后24小时，它的体重就能增加约100千克，平均每分钟增加约70克。

幼鲸在长到7个月时，其体重可达23吨左右，身长有16米，并开始学着张嘴吞食各种浮游生物。小蓝鲸经过5年的成长就成年了。成年蓝鲸一般能生存50～80年。

浑身是宝的蓝鲸用途广泛，其脂肪可制造肥皂；鲸肉可被制作成味道可口、富有营养的美食；鲸肝含有大量维生素；鲸骨可提炼胶水；鲸血和内脏器官又能制成优质肥料。因此，人类常常肆意捕杀蓝鲸，以此牟利。这导致了蓝鲸的数量急剧下降，目前蓝鲸已成为世界上濒临灭绝的哺乳动物之一。

◎ 最小的陆生哺乳动物

小型鼩鼱，是一种以昆虫、蜘蛛和其他一些无脊椎动物为食的似鼠小动物，体形与河狸相似，它是世界上最小的陆生哺乳动物。它身长5厘米，仅尾巴就有2.5厘米长，生活在欧洲南部、亚洲和非洲北部的森林和灌木丛中。鼩鼱同时也是食虫动物中最大的家族。它每天都要消耗掉比自身重量还重的食物，因此，不管白天还是黑夜它们都在觅食，并且需要每2～3小时进食1次，并快速消化食物，以补充身体表面丧失的热量，保持体温恒定。

◎ 海洋中最小的哺乳动物

如果说蓝鲸是海洋中最大的哺乳动物，那么，海洋中最小的哺乳动物是什么呢？答案是生活在从太平洋的千岛群岛到北美洲西海岸海域的海獭。雄海獭有1米多长，尾巴长30厘米，体重10~12千克；雌性比雄性小一些，只有7~9千克。它不但善于游泳，而且能潜入海底，以海星、海胆、贝类、海参等为食。海獭几乎终年生活在海中，很少上岸活动。海獭的毛皮轻暖、耐磨、结实，如制成裘皮帽衣领，使用几十年也不会坏掉。正因如此，海獭被大量捕杀，到1911年时，数量已不足千头，经过国际动物保护协会的不懈努力，目前已增加了一些。

◎ 一次生育最多的哺乳动物

无尾猬，一种分布于非洲马达加斯加岛和柯摩罗群岛上的哺乳动物，是野生动物中一次生育幼崽数量最多的。在一次生产中，无尾猬最多可产崽31头（成活30头）。一般情况下，无尾猬一次产崽12 ~ 15头。排满腹部的24个乳头，使无尾猬能够顺利地哺育自己的幼崽。

◎ 妊娠期最长和最短的哺乳动物

亚洲象是妊娠期最长的哺乳动物。其妊娠期平均为609天（超过20个月）。最长的近2年之久。由于亚洲象怀孕周期太长，致使幼象出生率极低。目前，亚洲象的数目不足3.5万头。

分布在南美洲中北部的美洲鼩、生活在澳大利亚东部的一种猫科动物，以及较为罕见的水鼩是世界上已知的妊娠期最短的哺乳动物。它们的妊娠期常常只有12 ~ 13天，有时仅有8天。

◎ 最长寿的哺乳动物

大象在哺乳动物中是最长寿的，它能活60 ~ 70年，而人工饲养的大象比野生象寿命更长。曾经有报道称，一种生活在哥拉帕格斯群岛的长寿象能活上180 ~ 200年。

◎ 最高的哺乳动物

世界上最高的哺乳动物是长颈鹿。

长颈鹿主要分布在非洲的埃塞俄比亚、苏丹、肯尼亚、坦桑尼亚和赞比亚等国。但奇怪的是，长颈鹿的祖籍却在亚洲。据研究，2000多万年至约200百万年前，中国和印度的一些地区长期生活着长颈鹿，虽然它们的颈和腿没有现代长颈鹿那么长，但是它们已经完全具有现代长颈鹿的大部分特征。随着地球生态环境和气候的逐渐变化，曾经存在过的那些脖子稍短一点的长颈鹿已经不能适应环境的变化，而长脖子的长颈鹿则依靠其自身的身体特征生存了下来。

现代长颈鹿的身高有5 ~ 6米，是世界上最高的哺乳动物。现代长颈鹿有异常敏锐的眼睛和大脑。现代长颈鹿的脑袋成了它很好的自卫武器，它前额的那块凸出来的坚硬骨瘤，甚至能顶死一只大羚羊。现代雌性长颈鹿一般要怀胎14个月，每2年才能生1只小长颈鹿。长颈鹿的平均寿命也不是很长，一般14 ~ 15年，当然也有例外，寿命长的能活到30岁以上。

↗ 一只长颈鹿正在低头喝水。与人类不同的是，长颈鹿所需的水分大部分来自它们的食物，因此它们可以好几天滴水不进。

◎ 爬行最缓慢的哺乳动物

三趾蝓是一种分布在南美洲赤道地带的哺乳动物。它在地面上爬行的速度为每分钟1.8～2.4米。在树上，它爬行得较快些，能达到每分钟4.6米，是世界上爬行最缓慢的哺乳动物。

◎ 世界上最小的滑翔哺乳动物

世界上最小的滑翔哺乳动物是羽尾袋鼯。

羽尾袋鼯广泛地分布在澳大利亚东部，因为在它的尾侧有两排毛发，看起来很像羽毛，所以我们叫它羽尾袋鼯。它是一种会滑翔的袋鼯，十分乖巧、可爱，体重一般在10～14克。羽尾袋鼯一般都习惯生活在树上，并且大多数羽尾袋鼯的侧部都长有皮膜，其尾部的羽毛状的毛发也可以帮助其飞行。它滑翔的时候，只需要把四肢伸展开来就可以了。

◎ 最原始的卵生哺乳动物

世界上现存最原始的卵生哺乳动物是鸭嘴兽。

鸭嘴兽仅生活于澳大利亚，是一种非常奇怪的动物。它长着兽的身体，但是却长着一张类似鸭子的嘴巴，因此得名“鸭嘴兽”。鸭嘴兽还有一个更奇怪的地方，它能分泌乳液进行哺乳，科学家认为它是哺乳动物，但是它又能下蛋，换句话说它又是卵生的动物，是不是很

鸭嘴兽有流线型的身体，身上长长的护毛掩盖着厚而干的下层绒毛，而这些绒毛可以使鸭嘴兽的身体与冷水隔绝。

鸭嘴兽突出的喙柔韧圆滑而且触觉敏锐，它是这种动物在水下潜游及确定食物位置的主要感觉器官。

奇怪？

鸭嘴兽过着两栖生活，陆地和水里它都能生存。它的嘴的外形虽然很像鸭子，但是却像哺乳动物的嘴巴一样有感觉神经，并且不像鸭子的嘴巴那样坚硬，甚至可以弯曲。它身体表面的皮毛也很有特色，远远地看上去是一种暗褐色，并且带有非常漂亮的光泽，入水时也不会被弄湿。它一般都以水里的虾、蚯蚓、昆虫的幼虫以及一些软体动物为食。

◎ 最著名的有袋类哺乳动物

世界上最著名的有袋类哺乳动物是袋鼠。

袋鼠因它的身体特征而得名，因为在它的前腹部有一个袋子，科学家叫它育儿袋，育儿袋是用来哺育小袋鼠的。因为袋鼠虽然是哺乳动物，但不像其他哺乳动物那样在体内有胎盘，所以小袋鼠出生时都是不成形的，需要在育儿袋里面进行后天哺育，这是袋鼠与其他哺乳动物的最大区别，这也表明袋鼠是世界上最原始的哺乳动物之一，因为它的生育特征和早期原始哺乳动物有很多相像之处。

袋鼠素有“活化石”之称，它在地球上已经生活了1亿年。但遗憾的是，袋鼠目前只分布在澳大利亚，并且数量已经不是很多了。

◎ 生活在海拔最高处的哺乳动物

世界上生活在海拔最高处的哺乳动物是牦牛。

据统计，世界上85%的牦牛都生活在中国，在中国的喜马拉雅山脉和青藏高原等地区，尤

其是海拔3000～5000米的高寒地区，这些地方一年四季的平均气温都在-40℃～-30℃，但这并不影响牦牛的生存。牦牛长有非常密而且长的黑褐色的皮毛，御寒能力特别强。另外，牦牛的四肢也比较健壮，能抵御寒冷！在世界上像牦牛一样生活在海拔这么高的地方的动物可谓寥寥无几。牦牛最高的生存极限是海拔6400多米，可见牦牛的生存能力的确是极强的。

◎ 陆地上最大的食肉哺乳动物

陆地上最大的食肉哺乳动物是棕熊。

棕熊在地球上存在的时间相当长，我国古代，人们把它叫作“罴”，大概的意思就是说棕熊的体型很大。棕熊身体的平均长度为1.8～2米，平均体重为150～250千克。当然最大的棕熊的身长和体重可就不止这么一点点了。据说最大的棕熊身体长度可达4米多，体重有757千克呢！这该是一个怎样的庞然大物呢？因为它比较喜欢在针叶林或者针阔叶混交林生活，所以棕熊主要分布于欧亚大陆和北美洲大陆，在我国的东北、西北和西南地区就分布着大量的棕熊。

棕熊的身体庞大，但是这并不影响它捕食，因为它跑得非常快。它能轻而易举地得到猎物，驼鹿、驯鹿、野牛、野猪等大型动物在它的眼里都是美食，有时它也捕食一些小动物。其实棕熊不仅吃肉，像蘑菇、野菜、水果和各种各样的坚果也是它们的食物。

↗ 两头年轻的棕熊在争斗。这看起来好像有生命危险，但实际上它们只是在模拟战斗，并不是“玩真的”，它们正是通过这样的游戏来学习战斗的技巧。在以后的生活中，雄性棕熊常常为了争夺领地爆发战争，这可是真正的战争，会使其在战斗中严重受伤，甚至丧命。

◎ 最凶猛的海洋哺乳动物

世界上最凶猛的海洋哺乳动物是虎鲸。

虎鲸在世界各个海域都有分布。它的外表相当漂亮，躯体半白半黑，在它眼睛的后方和身体的两侧都对称地分布着椭圆形的白斑。但是，漂亮的外表下隐藏着的却是虎鲸凶残的本性。虎鲸是世界上所有海域里最凶猛的动物，素有“海上霸王”和“杀人鲸”之称，只要它那硕大的嘴巴一张开，锋利的牙齿就会露出来，看上去非常可怕，再加上它背部巨大的背鳍，完全就是一副凶神恶煞的样子。虎鲸主要以海豚、海豹、海狮以及海象等海洋哺乳动物为食。虎鲸喜欢群居，很多虎鲸的力量加起来甚至能吃掉比它大好几倍的蓝鲸。

◎ 最大的陆生哺乳动物

生活在陆地上的哺乳动物中，最大的要数非洲象了。成年雄性非洲象一般体重在4吨以上，雌性非洲象的体重也能达到3～3.5吨。人们曾经发现一头非洲公象，肩高3.5米，体重6～7吨，是有记载的最大的非洲象。按照生活地域的不同，非洲象可以分为非洲草原象和非洲森林象两种。生活在草原的非洲象一般重达6吨，耳朵大且下部尖，不论雌雄都长有长而弯的象牙。生活在森林的非洲象体形要小一些，身高2.5米，耳朵较圆，象牙较直且呈粉红色。非洲象也是最大的食草动物，它们的主要食物是草、草根、树皮、树

年轻的非洲雄象在嬉戏、打斗。它们学习的“格斗”技巧在以后的“雄象发情狂”期会派上用场，因为成年雄象们为了接近雌象会激烈打斗。

芽、灌木、水果和蔬菜。非洲象的平均寿命为60～70岁。

◎ 最小的象

在非洲的刚果森林里有一种体形很小的象，被当地人叫做“蛙犬”。这种象身材非常短小，身高不过1.5米，皮肤细润，性格文静，像一个小姑娘，所以也被称为“小姐象”。这是已知的最小的象种。

2008年，科学家在非洲坦桑尼亚考察的时候拍到了一种袖珍“小象”的照片。这种“小象”的大小和一只猫差不多，外形酷似老鼠，体重只有700克。面部呈灰色，身上是黄色的，腿是黑色的，全身上下只有鼻子像大象的鼻子。它们以蚯蚓和昆虫为食，遇到危险时，常常用后腿猛然跳起来，然后迅速逃跑。有些人认为它是一种老鼠，但是经过基因学家的鉴定，这种动物和大象确实有亲缘关系。动物学家认为：“它的体重只有700克，把它称为‘象’似乎有点牵强，但是从本质上可以这样认为。”

◎ 跳得最高的哺乳动物

袋鼠一般身高2.6米，体重约80千克。它们前肢短小，可以抓握东西，后肢发达，经常举起前肢，靠后肢的力量坐在地上。它们的后腿强健而有力，总是以跳代跑，最高可跳4米，最远可跳13米以上。当袋鼠长到三四岁的时候，体力发展到极点，一个小时可以跳长达65千米的路程。可以说，袋鼠是跳得最高最远的哺乳动物。

根据袋鼠用强健的后腿跳跃的方式很容易把它们与其他动物区分开来。袋鼠在跳跃过程中用尾巴保持平衡。袋鼠的尾巴又粗又长，长满肌肉。当袋鼠休息的时候，可以用尾巴帮助支撑身体；当缓慢行走的时候，尾巴可以当做第五条腿；当袋鼠跳跃的时候，尾巴可以帮它跳得又快又远。

◎ 皮毛最保暖的动物

北极熊生活在北极，把家安在北冰洋周围的浮冰和岛屿上。它们生活在冰天雪地的

熊的祖先

在500万～2500万年前，有一类远古动物的头骨与现代熊的头骨相似，这就是半熊类动物，但是现代熊的祖先更像是与半熊类同期的一种小型食肉动物即祖熊。这类动物中最早的一种是“黎明熊”，这种早期的熊尾巴很长，与浣熊相似；稍后的熊类与现代熊在体型和外表上就都很相似了。祖熊后来发展出现代熊的3个分支，但它们自己却最终消失了。很久以前有两种大熊猫，其中一种在距今不到100万年前灭绝了，另一种就是现代的大熊猫。现代的大熊猫是第1个从祖熊中分化出来的，然后是南美眼镜熊的近期祖先和其他熊的近期祖先。

最具有现代熊特征的早期熊类是南美短面熊，这种熊在200万～1.1万年前的更新世时栖息于南美洲。当时体型最大的熊类是眼镜熊的先祖，它们的体重可达1吨，腿很长，跑得很快，而且能够扑倒美洲野牛和骆驼等大型动物。这种熊唯一幸存到现在的后辈就是体型比较小的现代南美眼镜熊。

北极熊体内有一层厚厚的脂肪，体外有一层厚厚的皮毛，这非常有助于它们对付北极地区严寒的冬季。它们身体上没有厚毛覆盖的地方只有熊掌上的肉垫和鼻尖，而鼻尖在雪白的皮毛映衬下呈现黑色。北极熊的耳朵很小，这也是为了适应北极严寒的气候。

环境中却能处之泰然，多亏了那身厚厚的皮毛。北极熊的毛非常特别，虽然看起来是白色的，实际上却是透明中空的。人眼之所以看到白色的皮毛，是因为毛的内表面粗糙不平，把光线折射得非常凌乱而形成的。这样的构造有助于将阳光折射到皮肤上，促进热量的吸收，而且有隔热的作用，可以防止身体的热量向外散发，此外还有防水的功能。

皮毛最外面一层是粗厚的保护毛，保护毛下面是浓密的细绒毛，绒毛下面的皮肤却是黑色的，我们可以从它们的眼睛周围、鼻头、嘴唇的皮肤窥见其皮肤的原貌。黑色的皮肤有助于吸收热量。此外，皮肤下面厚厚的脂肪层也可以把严寒隔绝在体外。

幼熊出生几个月后，身上就会长出浓密的绒毛和粗厚的保护毛，并长出7厘米厚的皮下脂肪层，因此它们在零下几十摄氏度的环境中也能活动自如。

◎ 最凶猛的陆地哺乳动物

孟加拉虎又叫“印度虎”，主要生活在孟加拉和印度。孟加拉虎一般生活在茂密的山林、灌木和野草丛生的地方。它们喜欢独来独往，一年中除了少量的时间和配偶在一起之外，绝大多数时间都是单独行动的。一般在早晨、黄昏和夜晚活动，白天则在丛林中休息。它们是陆地上最凶猛的动物，没有任何动物会对他们构成威胁。当孟加拉虎捕食的时候，它们会先瞄准猎物的咽喉，然后用强大的咬劲咬断较小动物的颈椎，或者让较大的动物窒息。

孟加拉虎可以在一天内吃掉30千克的肉，然后在接下来的几天内不进食。它们最喜欢吃的食物是野猪、野鹿、野牛、白斑鹿、黑羚，有时候豹、狼、鬣狗等凶猛的动物也会成为它们的腹中餐。它们甚至能爬上树捕食灵长目动物，偶尔也会攻击小象和犀牛。

◎ 跑得最快的动物

世界上跑得最快的哺乳动物是非洲猎豹。它主要分布在非洲南部，是猫科类食肉动物，它主要的猎物是野兔、鹿类和羚羊。猎豹擅长奔跑，它目光敏锐、身体强悍，在追捕猎物时速度能达到每小时110多千米。它只需要2秒钟就能从静止状态突然间提升到时速70千米的飞奔状态，它的奔跑速度真是非同一般！

非洲猎豹的巢穴一般都在杂草丛生的地方、森林深处或沼泽之内，很不容易被人类和其他动物发现，这样非常有助于猎豹繁衍生息，雌性猎豹一次能生育1 ~ 6只小猎豹，小猎豹在1岁左右就能够独立生活了。

◎ 最为濒危的猫科动物

世界上最为濒危的猫科动物是苏门答腊虎。有人甚至预测：如果我们再不采取措施，苏门答腊虎很可能很快就会从地球上消失！

苏门答腊虎是一种体型相当小的老虎，平均身长大约为2.4米，体重不超过120千克。它的皮毛不像其他种类的老虎那样油光闪亮，但还是非常漂亮的。由于它仅仅分布于苏门答腊地

在热带地区，苏门答腊虎大多数时间都待在河边或者其他水域边上，而且为了降温，常常躺在水边或站在水里。苏门答腊虎是一个熟练的游泳者，它能毫不费力地游泳通过7～8千米宽的大河。

区，因此得名苏门答腊虎。现在世界上几乎所有的苏门答腊虎都分布在印度尼西亚岛上的5个国立公园中，纯粹野生状态的已经很少了。随着经济的发展及土地的过度开发，适合苏门答腊虎生存的野生环境已经被严重破坏，其猎物也越来越少了。前些年还有人捕杀苏门答腊虎，这些都是造成苏门答腊虎数量迅速减少的原因。

◎ 最漂亮的猫科动物

雪豹因终年生活在雪线以上而得名，被誉为“世界上最美丽的猫科动物”。雪豹外形似虎，头小而圆，尾粗长，比身体略长或等于身长。成年雪豹体长110～130厘米，尾长80～90厘米，体重30～60千克。全身布满柔软细密的白毛，白毛上有黑斑，头部斑纹小而密，背部、体侧和四肢外部形成不规则的黑色斑点和黑色环纹，越往体后黑环越大。由肩部开始，黑斑形成三条线直至尾根，后部的黑环宽而大，至尾端最为明显，尾尖黑色。耳部灰白色，边缘黑色。胡须颜色黑白相间，颈部、胸部、腹部、四肢内侧及尾巴下面都是白色。

雪豹行踪诡秘，常在夜间活动。专家根据雪豹栖息地的范围和每只雪豹的领地范围推测，目前世界上只有3500～7000只野生雪豹。世界各地动物园中共有600～700只，因此雪豹在国际IUCN（世界自然保护联盟）物种濒危等级中被列为濒危物种，在我国被列为国家一级保护动物。

◎ 体型最大的猫

猞猁，又叫马猞猁、野狸子，曾被认为是短尾猫科动物的一个亚种，如今大部分动物学家都认为几种短尾猫科动物各自属于独立物种。猞猁形似家猫，但是比家猫的体型大很多，体长0.9～1.3米，体重18～32千克。身体和四肢粗壮，前肢短而后肢长，短短的尾巴不及后足长，尾尖呈钝圆，与它的身体很

猫科动物的分类

过去曾经将陆生食肉目动物分为两个总科（又译作超科，生物分类法中的一个层级，介于亚目和科之间。有时在总科和亚目之间还有下目的分类），一是猫型总科，除猫科外还包括鬣狗科、科、灵猫科，外表看起来像猫的物种都分在猫型总科；二是犬型总科，除犬科外还包括熊科、浣熊科和鼬科。这种分类是根据生理学上的特征，主要是根据内耳中的耳泡骨化程度的不同而进行分类的（前者耳泡腹壁仅由内鼓骨组成，后者耳泡膨大分为两室，腹壁由内、外两块鼓骨组成）。现在，考虑到形态学上的特征及物种的DNA情况，对这种历史上的划分做了必要的修改。

根据对线粒体和细胞核内的DNA分析，可以把猫科进一步分为几个族。如通过对遗传基因的比照，可以把猫科分为3个亚科：豹猫亚科，包括7种；家猫亚科，包括7种；豹亚科，包括23种。根据基因比照分析，我们还可以把猫科动物分为8个类型，现在大部分猫科动物都被分在这8个类型里。这8个类型包括前面提到的豹猫亚科、家猫亚科，然后把前面的豹亚科切分成6个类型：豹属、猞猁属、亚洲豹猫族、狞猫族、金猫族、美洲狮族（包括猎豹）；两种小型猫科动物数猫和锈斑猫，由于基因的特别，所以不包含到上述8类中。如果以后对猫科动物进行重新分类，这8个类型可以作为分类的基础，并可能发展成为8个属。

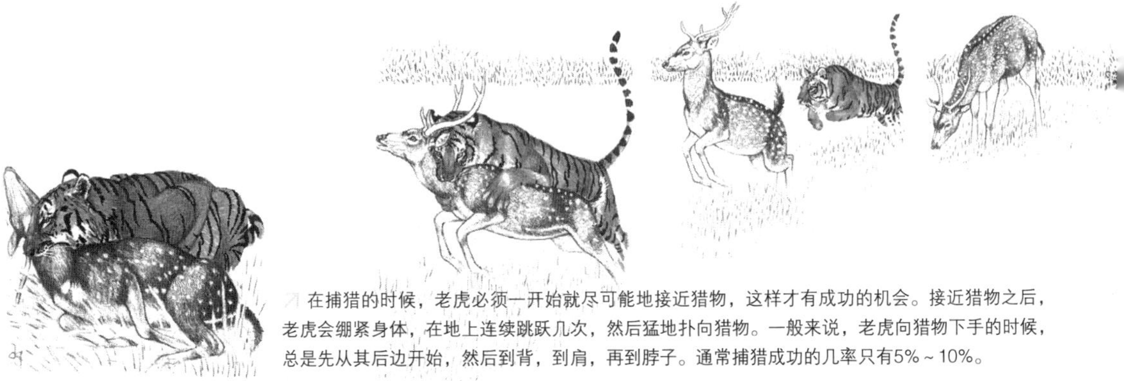

在捕猎的时候，老虎必须一开始就尽可能地接近猎物，这样才有成功的机会。接近猎物之后，老虎会绷紧身体，在地上连续跳跃几次，然后猛地扑向猎物。一般来说，老虎向猎物下手的时候，总是先从其后边开始，然后到背，到肩，再到脖子。通常捕猎成功的几率只有5%～10%。

不相称。体色为粉棕色或灰棕色，并遍布褐色斑点。耳尖上耸立着丛毛和两颊下垂的长毛是猞猁的明显特征。猞猁生活在森林灌木丛中，擅长攀岩和游泳，早晨和黄昏活动频繁，喜欢捕杀狍子等中小型兽类。

除了猞猁之外，还有一种大型猫叫作“金猫”。金猫体长0.9米，尾长0.5米，体重12～16千克。如果算上尾巴的长度，金猫要比猞猁长，但是就体型来看，还是猞猁更大一些。金猫体毛为棕红或金褐色，也有褐色或黑色的。所有种类的金猫都有一样的脸谱，在眼上角有一道镶黑边的白纹。

猞猁和金猫虽然分布广泛，但是由于人类的捕杀和城市化的加剧，导致它们的数量越来越少。在国际上，它们被列入《濒危野生动植物种国际贸易公约》附录Ⅱ。在我国，它们被列为国家二级保护动物。

◎ 世界上最稀有的豹亚种

东北豹又叫银钱豹、朝鲜豹、阿穆尔豹，是金钱豹的东北亚种。东北豹体形比虎小，尾巴长，毛长而厚，体色为乳黄或乳白色，布满圆形或椭圆形的黑褐色斑点或斑环，很像古钱。东北豹多栖息在多树的平原，善于攀树并隐藏在树上。它们昼伏夜出，主要以中小型食草动物或啮齿类动物为食。东北豹冬季交配，每次产仔2～3只，寿命大约20年。

东北豹曾大量分布在俄罗斯远东地区、我国东北地区以及朝鲜半岛北部的茂密丛林。但是，由于人们大肆捕猎，导致目前东北豹濒临灭绝，野生数量不到100只，比东北虎还要少。在国际上，东北豹被定为一级濒危动物。

◎ 最大的猫科动物

东北虎又叫西伯利亚虎、亚洲虎、东亚虎，是现存最大的猫科动物。它们主要分布在我国东北部的小兴安岭和长白山地区。雄性东北虎体魄雄健，体长2.6～2.8米，尾长1米，肩高1米以上，体重300～450千克。有记录的最大野生东北虎体重达750千克。体色夏天为棕黄色，冬天为淡黄色。东北虎头大而圆，耳朵短，前额的黑色横纹被一道竖纹串通起来，形似“王”字，因此有“丛林之王”的美称。

东北虎栖居在森林、灌木和野草丛生的地带，喜欢独居，白天睡觉，夜间行动。它们有锋利的爪子和牙齿，可以捕食大中型哺乳动物，比如野猪、黑鹿、狍子。由于野猪和狍子经常破坏森林，所以东北虎也被称为“森林保护者”。

野生东北虎现存只有400多只，大部分在俄罗斯，在我国的数量不足20只。东北虎在我国被列为国家一级保护动物，在国际上被列为濒危野生动物。

◎ 和人类亲缘关系最近的动物

黑猩猩有约99%的基因与人类相同，是与人类亲缘关系最近的动物，与人类有共同的祖先。黑猩猩属于猿猴亚目窄鼻组猩猩科，是猩猩科中较小的一类。黑猩猩站立时高1～1.7米。雄性体重56～80千克，雌性体重45～68千克。它们体表布满黑色短毛，面部呈灰褐色，眼窝深凹，眉骨很高，手长24厘米，犬齿发达，齿式与人类相同，手和脚呈灰色并覆有稀疏的黑毛，臀部有一块白斑，没有尾巴。

黑猩猩主要生活在非洲的热带雨林和草原

的边缘地带。它们性情温顺，过集体生活，每群有2～20只，最多可达80只。它们能用各种姿势表达复杂的思想感情，能辨别不同的颜色，发出32种不同意义的叫声，还会使用简单的工具。据测定，黑猩猩的智力水平相当于两三岁的小孩，是仅次于人类的聪慧的动物。

◎ 最早的灵长类动物

美国耶鲁大学人类学系的学者萨吉斯在一份报告中提供了一份根据化石绘制的图片。那是一具初期灵长类动物的骨骼化石，距今大约有5600万年的历史。这具骨骼化石可以检验关于灵长类动物起源的推测是否正确。该化石的显著特征是具有可以伸向与其余四趾相反方向的大脚趾。大脚趾上长有指甲而非爪子。但是这个物种的眼睛是分在面部的两侧而不是朝向前方，它的身体结构也不适宜跳跃，因此这个物种属于过渡期的动物，是已知最早的灵长类动物。

◎ 最大的灵长类动物

大猩猩是世界上最大、最强壮的灵长类动物，站立起来可达２米高，体重接近300千克。大猩猩的爆发力很强，发达的前臂能够折断直径10厘米的竹子。它们丑陋的面孔和巨大的身体看起来非常吓人，实际上它们是非常温和的，以树叶、嫩芽、花、果实和树枝为食。

在非洲的热带雨林里才可以看到大猩猩的身影，它们以家族的形式生活在一起。一个家族大

一只雌性山地大猩猩在吃带刺的荨麻。东部非洲大猩猩的食物主要包括树叶和其他植物，而不是果实。大猩猩从来不会在一个进食地停留太久，而是会留下足够的植被使之快速地恢复。

雄性大猩猩具有强健的体魄，完全长成的成年大猩猩，如图中来自卢旺达帕克国家公园的“银背”山地大猩猩，其胸围等于自己的身高。它们庞大的身躯和低营养的食物意味着它们不得不花很多的时间来进食。

概有12个成员，由一个年长的雄性大猩猩担任首领。成年雄性大猩猩后背有一些银色的毛发，因而被称做“银背”。“银背”白天带领家人寻找食物，晚上折些树枝搭一个温暖的窝让家族成员在树上休息，而它则在树下巡逻。如果遇到危险，它就会挺身而出，用前爪拍打自己的前胸并大声吼叫，以此吓跑敌人，保护自己的家人。

◎ 最濒危的灵长类动物

据统计，全球1/3的灵长类动物处于灭绝危险期，导致它们灭绝的主要原因是对其栖息环境的破坏、非法野生动物贸易和商业打猎活动。《美国国家地理》杂志公布了世界上濒危的25种灵长类动物，其中数量最少的是中国的海南黑冠长臂猿。它们主要生活在中国海南低海拔的热带雨林地区，目前存活的不到20只。海南黑冠长臂猿的学术分类向来存在争议，这更显它们的珍贵和重要。

海南黑冠长臂猿体长40～50厘米，体重7～10千克，前肢明显长于后肢，头上长有一顶“黑帽”，没有尾巴。这种动物雌雄异色，雄性通体黑色，头顶有短而直立的冠状簇毛；雌性通体金黄，头顶有菱形或多角形黑色冠斑。

早在1989年，海南黑冠长臂猿就被列为我国的国家一级保护动物。在1996年，海南黑冠长臂猿被列为全球极度濒危物种。

◎ 眼睛占身体比例最大的猴

在苏门答腊岛南部和菲律宾的一些岛屿上生活着一种奇特的猴子。这种猴子个头很小，身长只有8.5～16厘米，尾长13～27厘米，体重80～165克，体形像松鼠。这种猴子最特别的地方在于眼睛，小小的脸庞上长着一对圆溜溜的大眼睛。眼球的直径达1.6厘米，与身体极不相称，好像戴着一副大大的眼镜，所以人们叫它“眼镜猴”。

眼镜猴头大而圆，脸盘向前，耳壳薄而无毛，颈部短，颈部几乎可以旋转360°，前肢短，后肢长，趾骨长，趾尖有圆形吸盘。它的每只眼睛重达3克，比脑子还重。眼镜猴是夜间行动的动物，它们的眼睛适于夜间捕食。昆虫、青蛙、蜥蜴和鸟类是它们捕食的对象。它们对危险非常警觉，即使睡觉的时候也会睁着一只眼睛。

如果按身体比例来计算，眼镜猴在三个方面都是世界第一：眼睛最大、耳朵最大、趾骨最长。

◎ 世界上最小的猴子

世界上最小的猴子是侏儒狨猴，身高仅10～12厘米。刚出生的侏儒狨猴只有3厘米，成年侏儒狨猴只有成人的中指那么大，体重80～100克。猴毛呈黑色，密而长。这种猴子外形像哈巴狗，非常可爱。

侏儒狨猴生活在南美洲亚马孙河上游的森林中，栖息在热带雨林树冠上层，很少到地面活动。它们以水果、坚果，以及其他植物性食物为食，也吃昆虫、青蛙、小蜥蜴、鸟蛋等，还喜欢捉虱子吃。它们最大的敌人是鸟类。侏儒狨猴以家族形式结群生活，3～12只生活在一起。它们白天活动，夜晚睡在树洞里，休息的时候，肚皮贴在树干上，有时用爪子刺进树皮以支撑身体。

◎ 冬眠时间最长的动物

很多动物在冬天来临之前都会吃得饱饱的，长得胖胖的，为冬眠做好准备。不同的动物冬眠的时间不等，世界上冬眠时间最长的动物要数睡鼠了。顾名思义，睡鼠就是一种特别爱睡觉的鼠类，每年有5～6个月的时间处于冬眠状态，一年中几乎有一半的时间都在睡觉。即使在不是冬眠时间的夏季，它们也整天呼呼大睡。睡鼠冬眠时不吃不喝，各种生理活动减慢，身体变得僵硬，连呼吸都几乎停止了。这些小家伙睡觉的时候，任何声音都吵不醒它们。

体毛色彩丰富的普通睡鼠生活在灌木丛和次生林中，它们特别喜欢坚果树，最擅长在坚果树中穿行。

睡鼠的体型很小，体长8.5～12厘米，尾长7.5～11.5厘米，体重30～100克。它们的外形像老鼠，前肢短小，长有一对乌黑的大眼睛，耳朵又大又圆，但是却像松鼠一样身上长有长毛。它们主要栖息在树上，在枝杈间营巢。它们以浆果、坚果、谷粒为食，有时也吃小虫子。

◎ 潜海最深的海洋哺乳动物

在深海中，有巨大的浮力和压力。对于用肺呼吸的哺乳动物来说，潜入深海不是一件容易的事。人类潜入70多米的深度最多只能屏气2～3分钟。海豚、海豹等海洋哺乳动物都是潜水高手，一个猛子扎下去，就是几十米，甚至上百米。然而，真正的潜水冠军要数抹香鲸，它以屏气法可以潜水一个小时之久，最大的潜水深度为2200米。

抹香鲸体长18～25米，体重20～25吨，由于头部特别大，占体长的1/3，因而又有“巨头

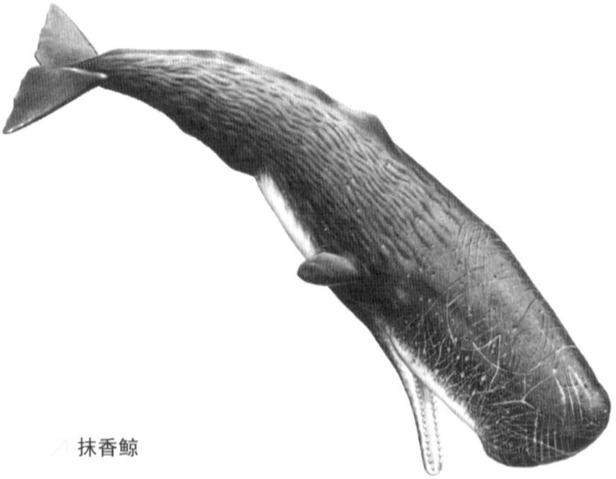

抹香鲸

鲸”之称。它们主要栖息在南北纬70°之间的海域中。它们的身体背面呈暗黑色，腹部为银灰或白色，身体粗短，行动缓慢，易于捕杀。其肠道内能够分泌著名的香料龙涎香，因而经常遭到捕杀，数量越来越少，目前已经被列为濒危动物。

◎ 最稀有的水生哺乳动物

白鳍豚是我国特有的淡水豚类，数量奇少。它是研究鲸类进化的珍贵活化石，是国家一级保护动物，也是世界上最频危动物之一，被人们称为“水中大熊猫”。

白鳍豚仅分布在长江中下游的干流江段，它们以鱼为食，结群活动，小群2～3头，大群10～16头。白鳍豚体长2米，体重100～200千克，吻突狭长，约30厘米，皮肤细腻光滑，背部为浅灰蓝色，腹部为洁白色，体表呈流线形。白鳍豚的视觉器官已经退化，眼小如瞎子，耳孔如针眼，但是大脑特别发达，有敏锐的声呐系统，头部还有超声波功能，能够将几万米远的声音传入脑中。

2006年，由中国、美国、英国、德国、瑞士和日本的专家组成的联合调查组在长江进行了为期38天的搜寻，结果没有发现白鳍豚，可能白鳍豚已经成为第一种被人类灭绝的鲸类。

◎ 雌雄体型相差最大的兽类

雌雄体型差异最大的兽类是北海狗。雄兽体长200～240厘米，体重180～300千克；雌兽体长约为145厘米，体重63千克。有些雄兽与雌兽体形差异竟达5倍以上，如此大的差异在动物界是很少见的。雄兽和雌兽在一起，很像成体和幼仔在一起。

北海狗体形呈纺锤形，头圆，吻短，眼睛较大，牙齿较小，尾巴非常短。它们体毛厚密，长有粗毛，并有短而密致的绒毛。但是四肢表面的毛极少，皮下脂肪很厚。四肢短，呈鳍状，前肢长且大，用于游泳，后肢在水中时朝后，帮助游泳，在陆地上时才弯向前方，帮助行走。

北海狗主要分布在太平洋的白令海、鄂霍次克海以及科曼多尔群岛、千岛、阿留申群岛等地的沿岸及岛屿，在我国见于山东即墨、江苏如东等黄海海域和广东阳江、台湾高雄的南海海域。它们生活在海洋中，有洄游习性，冬春季节向南方游去，夏秋季节又从南方分批回到繁殖地。北海狗以鲱鱼、沙丁鱼、青鱼等各种鱼类为食，尤其喜欢吃乌贼，常潜水到深处去捕食，其潜水速度之快也是令许多动物望尘莫及的，甚至超过鲸类和海豚。

这是一只雄性新西兰海狗，它正在全力放开喉咙大吼。在交配季节里，许多只海狗会集中在一处，每只雄性都要尽量占据一小片领地，并防止其他雄性对手进入。大群海狗集中在繁殖地内，雄性之间会为小片领地进行激烈的竞争，而且，为了保护领地，雄性甚至忍受饥饿不去觅食最长达70天。

◎ 繁殖能力最强的哺乳动物

旅鼠是小型啮齿动物，是哺乳动物中种类和数量最多的一类，主要分布在北美洲、欧亚大陆和北极地区。它们体形椭圆，四肢短小，比普通老鼠要小一些，体长10～18厘米，尾巴粗短，耳朵很小，上下各有一对门牙，没有犬齿，吃东西的时候下颌前后运动。

旅鼠是世界上繁殖能力最强的哺乳动物，从春季到秋季都可以繁殖。成熟旅鼠是哺乳动物中最年轻的父母，雌鼠20～40天就可成熟并开始生育，雄鼠44天可成熟。妊娠期20～22天，一胎可产9仔，一年多胎。如果一对旅鼠从3月份开始繁殖，那么到8月底9月初就会变成160多万只的庞大队伍！就算因为气候、疾病、天敌等原因死掉一半，也还有80多万只存活下来。

旅鼠的数量急剧膨胀，破坏了植被，导致食物减少，这时它们就会用一种奇怪的方式来减少群体的数量。它们在天敌面前变得无所畏惧，甚至具有挑衅性，它们的毛色由灰黑色变为醒目的橘红色，使天敌更容易发现它们，以便多多地消灭它们。如果暴露的方式不能减少旅鼠的数量，它们就会选择“死亡大迁移”——几十万旅鼠大军聚集在一起，朝着同一个方向迁移，只留下少数负责传宗接代。它们白天休息，晚上前进，沿途不断有旅鼠加入，最后形成几百万只组成的大军。它们一直沿着笔直的路线前进，爬过高山峻岭，游过河流湖泊，绝不绕道。到了大海，它们就纷纷跳下去，直到被海浪吞没。

◎ 最聪明的海洋哺乳动物

海豚属于一种小型的鲸类，是最聪明的海洋哺乳动物。经过训练，海豚可以跳火圈、打乒乓球、拖小船、开电源开关等。在海洋馆里，我们可以看到海豚做各种表演。经过训练的海豚甚至可以学会单词，模仿人类的发音。

海豚的大脑是动物中最发达的，人脑占人体重量的2.1%，而海豚的大脑占身体重量的1.7%。海豚的大脑由完全隔离开的两部分组成，当一部分工作的时候，另一部分休息，并且脑子上有很多较深的沟回，脑的面积很大，脑细胞发达。海豚能够发出超声波，然后根据声波的反射快速确定周围物体的位置，不但能迅速发现目标，还能把两个非常相似的物体区分开。

海豚既不像胆小的动物那样见到人就躲开，也不像凶猛的动物那样见到人就攻击，它们性情温顺，喜欢亲近人类，曾经发生过很多次海豚救人的事。

◎ 嘴巴最大的陆生哺乳动物

世界上嘴巴最大的陆生哺乳动物是河马。如果一个成年河马张开嘴巴，一个成年人的身体都塞不满。河马嘴里长着稀疏的獠牙，当它们自卫攻击时足以将粗大的尼罗鳄咬成两半。河马嘴巴大，食量也大，一天最多可以吃掉130千克短草。

河马主要生活在非洲的大河和湖沼附近，以草、水草、树叶、水果等植物为食。河马觅食、交配、产仔、哺乳都在水中进行。

成年雄性河马体长3.75～4.6米，体重可达2500～4000千克。雌性比雄性小，体重不会超过1500千克。它们四肢粗短，身体像个粗圆筒。鼻孔在嘴的上面，与眼睛、耳朵在一条直线上。

海豚可能会通过图中这种跃出水面的行为来沐浴或展示其性别魅力，但有时跃出水面仅仅是为了嬉戏玩耍。如此优美的展示使海豚给人类留下了深刻的印象。

当它们泡在水里的时候，就可以兼顾呼吸、视觉和听觉了。

◎ 舌头最长的动物

食蚁兽生活在中美和南美，主要生活在从墨西哥到阿根廷北部的草原和森林中。它们以蚁类为食，所以叫作“食蚁兽”。食蚁兽专门捕食蚂蚁和白蚁，为了获得更多的食物，它们的身体特征高度特化：骨长并且大致呈圆筒形，长长的鼻吻部长有复杂的鼻甲，齿骨细长，没有牙齿。食蚁兽最特别的地方在于它们长有世界上最长的舌头，可以伸进蚁窝的通道。舌头上有一层黏液，可以把蚂蚁沾在舌头上，美餐一顿。食蚁兽的舌头长达60厘米，每分钟可伸缩150次。它的尾巴还可以像扫帚一样把蚂蚁扫到一起，然后吃掉。

食蚁兽的嗅觉非常灵敏，它们靠鼻子找到蚁穴，用爪子把蚁穴扒开，然后把长鼻子伸进蚁穴，用舌头舔食蚂蚁。一头食蚁兽在一个蚁穴只吃140天左右，然后换一个蚁穴。这样可以保证自己领地内蚁穴中的蚂蚁存活下来，过段时间再美餐一顿。

↗ 一只大食蚁兽将它长长的嘴伸入一个原木的孔洞中吃里面的昆虫。食蚁兽对它们所食用的蚁类很是挑剔，在食用时非常防范那些有侵略性的兵蚁。

知识档案

食蚁兽

目：异关节目

科：食蚁兽科

3属4种。

分布：墨西哥南部地区；中美洲和南美洲，向南到巴拉圭和阿根廷北部；特立尼达也有分布。

大食蚁兽

分布：中美洲，南美洲安第斯山脉以东至乌拉圭和阿根廷西北地区。栖息于草地、沼泽地、低地热带森林。**体型**：体长1～1.3米，尾长65～90厘米；体重22～39千克，雄性比雌性要重10%～20%。**皮毛**：粗糙，坚硬，浓密；颜色为灰色，肩部有黑白相间的条纹。**繁殖**：怀孕190天后可产下1只幼兽，春天分娩。**寿命**：野生未知，人工圈养情况下可以生存26年之久。

中美小食蚁兽

分布：从墨西哥南部到委内瑞拉西北部和秘鲁西北部。栖息于稀树大草原、荆棘灌木丛、潮湿或干燥的森林。**体型**：体长52.5～57厘米，尾长52.5～55厘米；体重3.2～5.4千克。**皮毛**：淡黄褐色到深棕色，从颈部到臀部有不同的黑色或者红棕色的色块。**繁殖**：怀孕期为130～150天。**寿命**：野外未知，人工圈养至少为9年。

小食蚁兽

分布：南美洲安第斯山脉东部地区（从委内瑞拉到阿根廷北部）；特立尼达也有分布。**体型**：体长58～61厘米，尾长50～52.5厘米；体重3.4～7千克。**皮毛**：和中美小食蚁兽类似，但是分布区东南区域的个体有黑色“背心”。

二趾食蚁兽

分布：中美洲和南美洲，从墨西哥南部到亚马孙盆地和秘鲁北部地区；栖息于热带森林。**体型**：体长18～20厘米，尾长18～26厘米；体重375～410克。**皮毛**：柔软，浅灰色到黄橙色，背部中间带有颜色深一些的条纹。

◎ 最耐渴的动物

树袋熊，又叫考拉、无尾熊，是澳大利亚珍贵的原始树栖动物。Koala源自澳大利亚土著语言，意思是“不喝水”。树袋熊从它们取食的桉树叶中获得90%的水分，它们只在生病或干旱的时候才喝水，有些树袋熊能够一生不饮水。

树袋熊的名字里虽然有个“熊”字，但是它不属于熊科动物，而属于有袋动物。它们像袋鼠一样在育儿袋里哺育幼仔，大约一年之后，小树袋熊才开始独立生活。树袋熊身长70～80

↘一只树袋熊正谨慎小心地穿过森林地面。这种动物通常会安详稳重地行走，但在遇到突发情况时也能够跳跃前进。

厘米，体重8～15千克，身上覆盖着浅灰色皮毛，鼻子大而圆，一双圆溜溜的眼睛和两只毛茸茸的耳朵，样子非常可爱。它们虽然看起来笨笨的，但是行动非常敏捷，对它们来说从一棵树上跳到另一棵树上是轻而易举的事情。它们白天在树上睡大觉，晚上才寻找食物，桉树叶就是它们的美味佳肴。

◎ 最喜欢吃盐的动物

豪猪属于啮齿类动物，身体肥壮，体长55～70厘米，尾长8～14厘米，体重10～14千克。豪猪从肩部到尾部长满黑白相间的2万多根尖刺。当遇到敌人的时候，这些刺就会竖起来，刷刷作响，警告敌人离它们远点。如果敌人不知好歹，它们就会弓着身子冲过去，把尖刺扎进敌人的身体。被豪猪的刺刺中之后，就很难拔掉，伤口会感染，伤者会感到非常痛苦，甚至会致命。

豪猪栖息在低山的茂密森林中，在亚洲、非洲、欧洲、美洲都有分布。亚洲、非洲和欧洲的豪猪生活在地上，美洲的豪猪却是攀树的。它们白天躲在洞穴里睡觉，晚上出来觅食。它们吃花生、番薯、玉米、瓜果、蔬菜等农作物。此外，它们是世界上最喜欢吃盐的动物，非常喜欢寻找各种含盐的食物咀嚼。比如，它们会啃人用出汗的手握过的锄头把手，甚至咬碎玻璃，只为得到其中的一点盐分。

◎ 最会挖洞的动物

土拨鼠又叫旱獭，生活在北美洲和欧洲大陆的山林中，是动物界中最会挖洞的动物。土拨鼠体长37～65厘米，体重4.5千克左右。它们没有颈部，耳朵很小，尾巴像兔子的尾巴，四肢短短胖胖的，嘴巴前排长着一对大大的门牙，体色为棕黄色。它们用前爪进食的样子非常可爱。虽然土拨鼠看起来呆呆傻傻的，其实它们行动非常敏捷，一旦有什么风吹草动，就会立即钻到地下。

土拨鼠集群穴居，它们挖洞的本领非常强，挖的地道深达数米，里面干净舒适。它们的洞穴构造复杂，分为主洞、副洞、避敌洞。主洞很深而且有多个出口，是它们冬眠的时候居住的地方，副洞则用于夏天居住。一年中，它们要在洞穴内蛰伏半年之久。它们夏天和秋天吃很多东西，长得胖胖的，为冬眠做准备。冬眠的时候，它们的新陈代谢活动降到最低。但是，第二年冬眠结束的时候，土拨鼠就会变得很瘦。

◎ 最爱干净的动物

浣熊生活在美洲靠近河流、湖泊的丛林中。它们有一个非常有趣的习惯，每次吃东西之前都要把食物放在水里洗一洗再吃，有时候用来清洗的水比食物还脏，它们也要洗洗再吃。浣熊正是因为这个习性而得名的，它们算得上最爱干净的动物了。

浣熊的体型很小，只有7～14千克。它们的嘴巴像狐狸，胡须像猫，前爪像猴子，体色由灰、黄、褐等颜色混杂在一起，全身毛茸茸的，非常可爱。浣熊的种类很多，有长鼻浣熊、长尾浣熊、蜜浣熊、食蟹浣熊等。有些浣熊的尾巴上有黑白相间的环纹。浣熊通常吃鱼、蛙和小型陆生动物，也吃野果、坚果和种子。生活在都市近郊的

对于草原土拨鼠而言，“接吻”是关系亲近的标志。

浣熊常常潜入人类居住的地方偷窃食物，加上它们眼睛周围的毛色是黑色的，好像戴了一个面罩，因而被人们称为“食物小偷”。

◎ 形态最特殊的鹿

有一种鹿长得非常特殊，它的犄角像鹿，面部像马，蹄子像牛，尾巴像驴。因此这种鹿被叫做“四不像”，也叫麋鹿。麋鹿是我国特有的动物，是与大熊猫齐名的世界珍稀动物。

麋鹿曾广泛分布在我国华北低洼的沼泽地区，到了明清时代，在野外灭绝，成为园林动物。最后一群麋鹿保留在“南海子”皇家猎苑，仅有120只。八国联军入侵北京时，把麋鹿抢杀一空，从此麋鹿在我国绝迹。有些麋鹿被运往欧洲一些国家，英国乌邦寺庄园把麋鹿豢养起来，并让它们繁衍生息。1985年，在世界保护自然国际组织的协助下，英国乌邦寺庄园赠送给中国第一批麋鹿，从此麋鹿回到它们的祖先生活的地方。经过科研人员的努力，麋鹿成功繁衍，现在已经有五六百只。麋鹿属于我国一级保护动物，被IUCN列为濒危动物。

◎ 最小的鹿——鼷鹿

鼷鹿是世界上最小的鹿科动物，只有兔子那么大。身高只有20厘米左右，身长不到50厘米，尾长5～7厘米，体重1.5～2千克。这种鹿雌雄都没有角，雌性的獠牙短而不露，雄性的獠牙露在唇外。鼷鹿的背部为黄褐色，腹部为白色，喉部有白色条纹。四肢细长，主蹄又尖又窄。

鼷鹿主要分布在东南亚热带灌木丛和草丛中，它们以植物的嫩叶、茎和浆果为食。它们主要在早晨和黄昏活动，喜欢单独活动，善于隐蔽，反应迅速，行动敏捷，能够像兔子一样跳跃奔跑。当它们受到惊吓时，也能游泳，但是不善于游泳，因而涉水后常常被人捕获。

◎ 最大的鹿

世界上最大的鹿是驼鹿，驼鹿的肩高近2米，体长2.5米，体重500千克，个头仅次于长颈鹿和大象。迄今发现的最重的驼鹿重达1吨。它的体形像牛，但是比牛高大。因为背部明显高于臀部，像驼峰，所以叫作“驼鹿”。驼鹿的头大，颈粗，吻部突出，鼻孔较大，鼻形像骆驼，四肢高大，尾部较小，毛色为黑棕色。雄性有角，角上部为铲形，上面有很多小叉，最多可达30个。雄驼鹿的角非常大，有的超过1.8米长，宽度达到0.4米。

驼鹿分布在北半球的高寒地带，在我国分布在大小兴安岭地区。它们最喜欢吃植物的嫩枝条，夏季大量采食多汁的草本植物。在春夏季节，它们喜欢在盐碱地舔食泥浆。雄鹿单独活动，雌鹿和幼仔生活在一起。它们虽然拖着巨大的身躯，但是行动非常敏捷，还可以游泳、潜水，甚至能潜入5米深的水下吃水草。

↓ 鹿类中有代表性的种类：1.驼鹿；2.狍子；3.花鹿；4.小黄鹿；5.梅花鹿；6.青鹿；7.四不像（麋鹿）；8.河鹿。

◎ 最大的羚羊

非洲中部和南部的开阔平原上生活着世界上最大的羚羊——大角斑羚。大角斑羚的个子巨大，而且角呈螺旋状，所以也叫大羚羊或者非洲旋角大羚羊。这种羚羊体长2米，肩高约1米，体重可达210千克，最重的几乎可达到1吨，比水牛还要粗壮。它们有黑色的短鬃毛，喉部有下悬的肉垂，蹄毛是棕色或灰黄色的，肩背部有细细的白色斑纹。大角斑羚不论雌雄都有角，雌羚的角比较细长，长达1米左右，雄羚的角短而笨重，前额处有一撮黑毛。

大角斑羚常常几只或十几只结成小群，以年长的雄大角斑羚为王，一起觅食和活动。

◎ 最大的犀牛

犀牛是非常珍贵的大型野兽。世界上的犀牛主要有五种，白犀和黑犀产于非洲，印度犀、爪哇犀、苏门犀产于亚洲。其中体形最大的要数白犀，它们身高1.5～1.8米，身长3.6～4.2米，雌性重约1.8吨，雄性重约2.3吨。在陆地动物中，白犀牛的体形仅次于大象。刚出生的小白犀体重就达65千克。

白犀的前额扁平，肩部突出，上嘴皮扁平，嘴呈方形，从前额到鼻子长着两个角，前角大于后角，前角长约0.8米，后角长约0.5米。雌白犀的角要比雄白犀的角长一些。白犀并不是白色的，而是蓝灰色或棕灰色的。它们虽然是大块头，但是性情比较温顺，很爱睡觉，喜欢群居。它们生活在非洲中部和南部的大草原和林地，用宽平的唇部，像割草机一样啃食青草。

↗ 白犀是世界上第三大陆地哺乳动物（只有亚洲象和非洲象比白犀体型大），雄性重达2吨多。

哺乳动物中的恐龙

犀牛因为它们那与众不同的身体特点而被命名。和羚羊、牛、绵羊的触角不一样，犀牛的触角没有多骨的核，其触角由位于头骨上粗糙区域集中起来的角蛋白纤维组成。黑犀、白犀（两种非洲种类）和苏门犀有一前一后2个触角，前面的通常大一点；印度犀和爪哇犀在其口鼻部末端只有1个触角。

犀牛有短而结实的四肢，以支撑它们巨大的身体重量。每只脚上的3个趾常使它们留下特殊的梅花状的印迹。印度犀皮肤上有着突出的褶皱及块状物，所以看起来有装甲板的感觉。白犀颈背有着突起的肉块，使得韧带可以支撑住其巨大头部的重量。成年雄性白犀和印度犀比雌性要大很多，相比之下，其他种犀牛的雌雄大小很相似。黑犀有着适于抓取东西的上唇，可用于握住木质类植物的枝梢，而白犀则有着延长的头骨和宽大的唇，来获取它们所喜爱的短草。这两种犀牛的颜色没有多大的改变，它们得到的通用名字很可能起因于当地的土壤颜色渗到了那些首先被发现的样本个体身上。

◎ 最小的熊

马来熊也叫狗熊、太阳熊，是熊科动物中的最小成员。它们身高约1.2～1.5米，体重40～50千克。刚出生的马来熊只有19厘米长，体重为300多克。马来熊全身黑色，毛短绒稀，头比较圆，眼睛和耳朵很小，唇和鼻子裸露，呈棕黄色，眼圈为灰褐色，颈部又宽又短，尾巴很短，趾基部连有短蹼，身体胖胖的，看上去憨厚可爱。

马来熊产于马来西亚、泰国、印度尼西亚、越南、缅甸，以及中国的云南。它们虽然看起来笨重，但是身体非常灵活，擅长爬树，喜欢居住在低洼地带的热带林区。马来熊以果实、椰子树苗和虫类为食，有时也吃小动物。它们与其他熊类有不太一样的地方，前肢和前掌向内侧弯曲。一般的熊会冬眠，马来熊因生活在热带或亚热带，所以从来不冬眠。

◎ 最大和最小的斑马

斑马是最著名的非洲动物之一，因身上布满起保护作用的条纹而得名。斑马的条纹漂亮而雅致，是适应环境的保护色，也是同类之间互相识别的标志。斑马有三种，一种是普通斑马，一种是个头较小的山斑马，另一种是世界上最大的细纹斑马。

山斑马是最小的斑马，肩高1.2米左右，鬃特别短，吻呈棕黄色，喉部有一个喉袋，耳朵像驴耳朵一样大。身上的条纹黑色多于白色，腹部没有条纹。从腹部到尾巴基部有几条横的短纹和大腿上的长宽条纹形成对比。这是其他斑马所没有的。山斑马的数量已经很少了。

细纹斑马是最大的，也是大家认为最漂亮的一种斑马。它们肩高1.4～1.6米，耳朵又大又圆，吻部呈灰色，鬃长而发达，身上的条纹又细又密又多，四肢上的条纹特别细密，腹部为白色，没有条纹，背部有一条很宽的纵纹。这种大斑马产于肯尼亚北部、索马里和埃塞俄比亚，常常10～12只结成小群。

↗ 在肯尼亚的安博塞利国家公园，两只雄性平原斑马正在激烈争斗。为了赢得与雌性斑马的交配权，它们有时会爆发异常惨烈的争斗，包括凶狠的撕咬和踢踹。

◎ 最大的啮齿动物

水豚因体型像猪且水性好而得名。水豚是世界上最大的啮齿动物，体长1～1.3米，身高0.5米左右，体重27～50千克。背部从红褐色到暗灰色，腹部为黄褐色，脸部、四肢外缘和臀部有些黑毛。水豚身体粗笨，头大颈短，耳朵小而圆，眼睛的位置接近头顶，鼻吻部异常膨大，末端粗钝，上唇肥大，裂为两半，尾巴短。前肢4趾，后肢3趾，趾间有半蹼，适合划水，趾端有蹄状的爪。

水豚生活在巴拿马运河以南植物茂盛的沼泽地中，它们以家族群居，每群不超过20头。它们喜欢晨昏活动，但是因为人类的捕杀，转为夜间活动。水豚主要吃野生植物，也吃牧草、水稻、甘蔗、各种瓜类和小树的嫩皮。它们善于游泳和潜水，经常站在齐腰的水中吃水草，或者长时间隐匿在水草中一动不动。

◎ 最懒的动物

世界上最懒的动物是树懒。它可以用爪子倒挂在树枝上几个小时不移动，所以叫“树懒”。树懒生活在南美洲的热带雨林中，它们的脑袋圆圆的，耳朵很小，尾巴很短，毛色为灰褐色，与树皮的颜色很接近。由于长时间不动，它们身上竟然长出了绿苔，这些绿苔成了保护色，使它们很难被别的动物发现。

树懒以果实和树叶为食，它们从来不用为吃喝发愁，因为热带雨林中一年四季都有充足的树叶，树叶里有充足的水分，所以它们也不用找水喝。吃饱之后，它们就用爪子倒挂在树枝或树藤上睡觉，每天睡十七八个小时。长期生活在树上，使它们丧失了地面活动的能力。如果把一只树懒从树枝上捉下来，放在地面上，它连站都站不稳，只能靠前肢拖着身体前行。它们移动2千米的距离需要一个月的时间，比乌龟还慢。

在巴西马瑙斯州的雨林里，一只年幼的三趾树懒紧紧地抓住母树懒。尽管已经断奶4个星期了，年幼树懒还是经常与母树懒待在一起，这段时期至少有5个月。

◎ 最臭的动物

世界上最臭的动物是臭鼬。臭鼬体形如家猫，体长51～61厘米，体重0.9～2.4千克。头、眼、耳都很小，四肢短，尾巴长呈刷状。两眼间长着一道白色纹，两条宽阔的白背纹从颈背一直延伸到尾基，非常醒目，好像在警告敌人："离我远点！"如果敌人继续进攻，它就会使出拿手绝活，掉转身体，竖起尾巴，对敌人喷出一种恶臭的液体。这种液体是由尾巴旁的腺体分泌出来的。如果被这种液体喷到眼睛，就会造成短时间的失明。这种强烈的臭味在800米范围内都能闻到。大部分猎食者见到臭鼬之后都会转身离开，除非它们太饿了。

臭鼬一般生活在树林、草原或沙漠中，它们白天在洞穴中睡觉，晚上外出觅食，以青蛙、鸟类、鸟蛋和昆虫为食。

◎ 最狡猾的动物

狐狸是举世公认的狡猾的代名词，它们确实是世界上最狡猾的动物。如果看到猎人在布置陷阱，它们会悄悄地跟在猎人后面，等猎人设好陷阱离开后，它们会在陷阱旁边留下一种特殊的气味，告诉同伴"这里有陷阱，请绕行"。

狐狸是肉食性动物，以蛙、鱼、虾、蟹、鸟类及其卵、昆虫以及健康动物的尸体为食。美洲鸵的蛋对狐狸来说有点大，没有办法一口吞下去，狡猾的狐狸就把它踢开或者用"以卵击石"的方法把它敲碎。很多食肉动物在面对刺猬那身尖利的刺时会感到无可奈何，但是狐狸有办法。它把刺猬拖到水里，当刺猬伸出头来呼吸的时候，就一口咬住它，慢慢吃掉。如果看到鸭子在河里游水，狐狸还会用草做掩护，偷偷潜入河里把鸭子抓住吃掉。

此外，狡猾的狐狸把自己的洞穴弄得像个大迷宫一样，曲曲折折，有很多出口。

◎ 最大的兽群

世界上最大的兽群是非洲角马。角马长得像牛，是东非地区数量最多的牧食性野生动物。它们喜欢群居，常聚集成一大群在宽阔的草原

这是南美狐属的几种狐狸。标号为"1"的是小耳狐，标号为"2"的是山狐，标号为"3"的是阿根廷狐，标号为"4"的是河狐，标号为"5"的是食蟹狐。

上觅食。角马只吃鲜嫩的草，这使它们必须长途跋涉寻找草料，因此它们几乎总在迁移，寻找雨后更新的草地。迁徙中的角马汇聚成巨大的群体，整个群体大概有100万头。浩浩荡荡的角马群每天要走48千米，通过一个地区往往要好几天，沿途的村庄淹没在他们的扬尘中。它们常逗留在离水源32～48千米的地方，每两三天到水源饮水一次。那些与之相遇的同类，则加入迁徙队伍中。这种大规模的迁徙使沿途的庄稼遭到灾难性的毁灭。

◎ 最高的犬种

世界上最高的犬种是大丹犬。大丹犬原产于丹麦，后来在德国改良，因此也叫“德国马士提夫犬”。母犬身高一般都在70厘米以上，公犬身高在76厘米以上，体重在45千克以上，十分威武，是良好的看守和护卫犬。有一只名叫“吉布森”的大丹犬后腿站立的高度达2.18米，是世界上最高的犬。

大丹犬具有高贵的气质和非凡的勇气，并且性情温和，被称为“随和的巨人”。

◎ 最小的犬种

世界上最小的犬种是吉娃娃，它是小型犬里的最小型，以其娇小的体形广受人们的欢迎。吉娃娃的来源众说不一，有人认为此犬原产南美洲，有人认为此犬随着西班牙的侵略者到达美洲，也有人说此犬源自中国。

吉娃娃身高15～23厘米，体重1～3千克，越小越受人喜爱。头部圆形，耳朵大而薄，眼睛大而圆。它们优雅、警惕、动作迅速。吉娃娃不仅是可爱的小型宠物犬，还具有大型犬狩猎和防范的本领。它们虽然体型娇小，但是对其他大犬一点都不胆怯，对主人非常忠心。

吉娃娃分为短毛种和长毛种两种，短毛种的毛柔顺贴身，富有光泽，长毛种背毛丰厚，非常怕冷。

◎ 跑得最快的马

英国纯血马是世界上跑得最快的马，也是世界上最名贵的马，主要用于赛马和改良当地品种。英国纯血马的渊源可追溯到公元3世纪的阿拉伯马和柏布马。这种马身高1.5～1.7米，体重约450千克，头形优美，胸阔背短，身材匀称，腿骨短，脚步轻快，步幅长，并且具有很强的爆发力，奔跑时速度快而且耐劳，它们创造并保持着5000米以内的中短距离跑的世界纪录。近百年来没有一个其他品种的马超过它。这个品种遗传稳定，适用性广，是世界公认的最优秀的骑乘马品种之一，对改良其他品种的奔跑速度非常有效。

英国纯血马的神经系统高度敏锐灵活，对外界刺激非常敏感，很容易被激怒。它们虽然跑得快，但是持久力稍差，不善于长距离奔跑。

◎ 最小的马种

法拉贝拉马是世界上最小的马种，它们身高只有50～70厘米，相当于中型犬大小，非常纤巧可爱。这种马是阿根廷经过150多年的培育形成的马种，是人类培育的珍贵马种之一。它们聪明友善，性情温和，是对人类最忠诚的动物之一，是儿童非常向往的伙伴。法拉贝拉马是名贵

↘ 这是澳大利亚新南威尔士州的一群野生马。

马的驯养

人们在开始骑马之前的很长一段时间都只是射杀马来作为食物的——事实上，从大约1万年前开始，猎杀导致了北美本地马的灭绝。后来，人们才开始尝试着去驯服它们，这很可能发生在里海和黑海北部的辽阔平原上。那时，驴子已经在北非和中东被驯服，它们在美索不达米亚的城邦被用做负载的工具，并和牛一起被用于耕作。第一批有名的骑手是勇敢的斯基台勇士，它们发明了马勒，或许还有马镫，使得骑兵成为战场上令人胆寒的力量。

那些被驯服的马一直持续不断地力图逃脱人类的掌控，这种情况直到最近才结束。矮型的欧洲野马在19世纪末和20世纪初开始在东欧灭绝，而普氏野马最后一次出现在野外是在1968年蒙古的阿尔泰山附近其天然的栖息区。现在人们认为普氏野马已经在野外灭绝，只在动物园里还幸存一批。值得一提的是，现在世界上的一些地方仍然存在着大的野生马种群，例如美国西部的野马以及澳大利亚内陆的野马，但它们是那些逃回野外的驯化种类的后代。

的玩赏动物，高度在76厘米以下的小马售价都在1万美金以上，马越小售价越高。

几个世纪之前，法拉贝拉马的祖先被西班牙殖民者带到美洲殖民地，有些马被西班牙人遗弃在野外，在优胜劣汰的自然法则作用下，强壮而体形小的马生存下来。它们适应了当地多山的环境，变得更加聪明、灵活、矫健。1845年，爱尔兰商人Newtall发现了这些身形娇小的马并培育这些马，繁殖更小的后代。Newtall的养子J.Falabella继承了这项事业，并用自己的姓给这种马命名，继续培养更小的马。

◎ 最耐久的马

蒙古马主要产于内蒙古草原，是典型的草原马种。它们体形不大，身高1.2～1.35米，体重267～370千克。它们身躯粗壮，四肢坚实有力，体质粗糙结实，头大额宽，胸阔身长，腿短，关节和肌腱发达，体毛浓密，毛色复杂。

蒙古马是世界上最古老的马种之一，也是世界上最耐久的马。它们8小时可以走60千米的路，在草原上驰骋可日行50～100千米，连续跑10余天都没问题。经过训练的蒙古马在战场上英勇无畏，历来是一种良好的军马。它们耐劳，而且不畏寒冷，生命力极强，能够适应非常粗放的饲养管理。

↗ 蒙古马，所有家驯马的祖先，正在展现种马的撕咬性威胁。

◎ 最大的牛

印度野牛也叫野牛、野黄牛、白肢野牛等，主要产于亚洲南部和东南部的山地森林和草原中。它们是世界上现存牛类中体形最大的一种。雄性印度野牛体长2.5～3.3米，尾长0.7～1米，肩高1.9～2.2米，体重800千克左右。雌性印度野牛比雄性印度野牛小1/3到1/4。

印度野牛的头部和耳朵都很大，眼睛瞳孔为褐色，但是由于反光，看起来像蓝绿色，鼻子和嘴唇都是灰白色，额顶突出隆起，肩部隆起，延伸到脊背中部然后逐渐下降，尾巴很长。四肢粗而短，下半截呈白色，被当地人形象地称为"白袜子"，所以印度野牛也叫"白肢野牛"。雄性印度野牛的体色接近黑色，雌性印度野牛的体色为乌褐色，幼仔的体色为淡褐色或赤褐色。印度野牛无论雌雄都有角，雌性的角比雄性小一些。雄性印度野牛的角长达0.6～0.75米，弯度相当大，两角之间的宽度达0.9米。角的颜色为淡绿色，角尖为黑色。

印度野牛喜欢群居，以一头体形较大的雌性野牛为首领。如果发现异常情况，首领就会用鼻子哼气，发出信号之后，整个牛群就会立即奔逃，它们虽然身体笨重，逃跑时却异常迅速。它们非常有团队精神，跑在前面的野牛会等后面的个体追上来再一起奔跑。它们一般不会主动攻击人，除非它们受了伤，或者被逼得走投无路的时候，才会变得十分凶狠。照顾幼仔的雌印度野牛也会非常勇猛。

— 爬行动物和两栖动物之最 —

◎ 最原始的爬行动物

世界上最原始的爬行动物是斑点楔齿蜥，其进化程度和生活在2亿年前的爬行动物差不多。斑点楔齿蜥曾经广泛分布在新西兰本岛和周围的小岛上，它们四肢发达，颈部和背部长有鳞片状嵴。它们名字里虽然有个“蜥”，但是并不是蜥蜴。两者的区别在于它们的两眼之间有一个松果状的眼，其功能还不明了。雌性体长0.4米左右，雄性体长0.6米左右，体重约1千克，体色为灰色或橄榄绿色。它们动作缓慢，生长也非常缓慢，经过50年才能发育成熟，但是也非常长寿，一般都能活到100岁以上。

斑点楔齿蜥新陈代谢缓慢，对食物的需求量并不多，新西兰丰富的物产能够为它们提供足够的食物来源。它们生性好斗，总是单个生活在洞穴中。本来它们可以舒服地在新西兰的土地上繁衍生息，但是自从1847年欧洲移民踏上新西兰之后，斑点楔齿蜥就逐渐灭绝了。

◎ 最大的爬行动物

现存最大的爬行动物是咸水鳄，其分布在东南亚及澳大利亚水都一带。成年雄性咸水鳄平均身长5.5米，可是1957年一只8.5米长的巨型咸水鳄被捕杀，体重超过2吨。

◎ 最小的爬行动物

生物学家新近在加勒比海一个小岛上发现了身体非常小巧的蜥蜴，已被命名为雅拉瓜壁虎。它们由鼻尖至尾端，体长只有1.6厘米，堪称为世界上最小的爬行类动物。

由于这种壁虎十分罕有，现已被列入濒危动物名单。

◎ 最大的两栖动物

娃娃鱼产于中国境内，由于它能像鱼一样生活在水中，叫声又与婴儿的哭声极为相似，因而称它为娃娃鱼。其实它并不是鱼，它的学名叫中国大鲵，是世界上最大的两栖动物。

娃娃鱼头部宽阔扁平，体形粗壮，眼小口

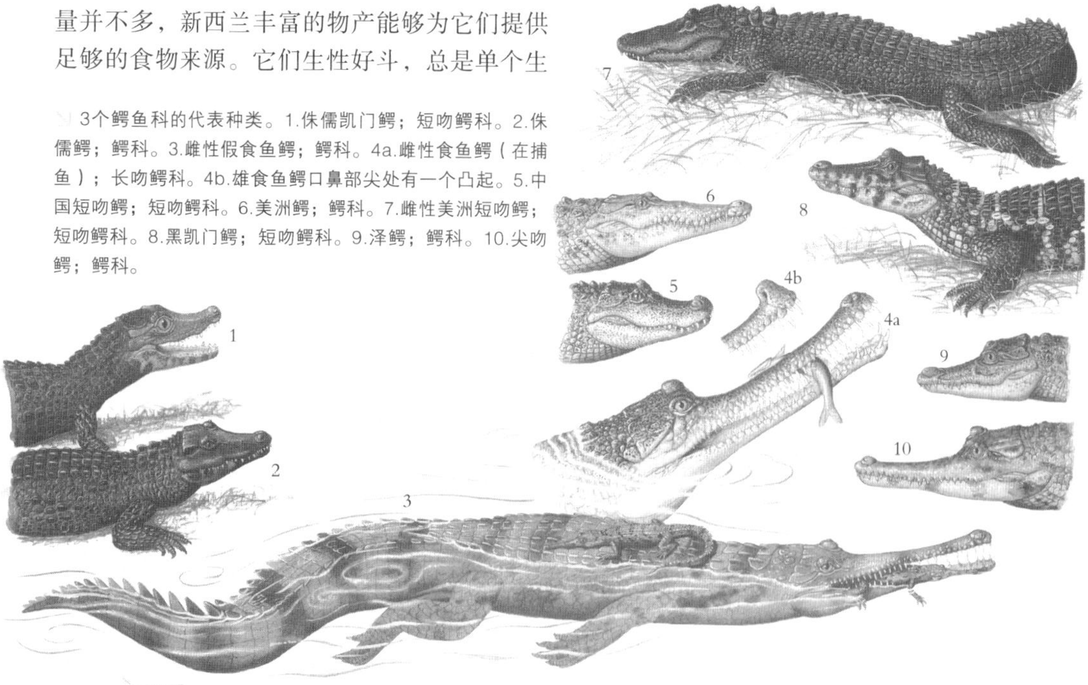

3个鳄鱼科的代表种类。1.侏儒凯门鳄；短吻鳄科。2.侏儒鳄；鳄科。3.雌性假食鱼鳄；鳄科。4a.雌性食鱼鳄（在捕鱼）；长吻鳄科。4b.雄食鱼鳄口鼻部尖处有一个凸起。5.中国短吻鳄；短吻鳄科。6.美洲鳄；鳄科。7.雌性美洲短吻鳄；短吻鳄科。8.黑凯门鳄；短吻鳄科。9.泽鳄；鳄科。10.尖吻鳄；鳄科。

大，尾巴扁长，体长一般可达1.8米，重约50千克。它有光滑的体表和黏液腺，身上散布着小疣粒，背部的颜色是棕褐色，夹有黑斑。它四肢短小，前肢有4趾，后肢长有5趾，游泳时前后肢紧贴于身体两侧，借助躯干和尾巴的弯动前进。

娃娃鱼喜欢生活在海拔200～1600米的山区溪流。一般情况下，它白天潜伏在有回流水的洞内，傍晚或夜间出来寻找食物。

娃娃鱼一般在夏季产卵。1年1次，每次可产卵400～500枚，卵色淡黄，被胶质囊串成念珠状。雌鱼产卵后就急匆匆离去，把护卵育子的责任交给了雄鱼。

冬季来临之后，由于自身没有调节体温的能力，无法抵御严寒，娃娃鱼只好躲进水潭或洞穴内，停止进食，进入冬眠。直到第2年三四月份天气转暖时，才出洞寻找食物。

◎ 分布最广泛的有尾两栖动物

世界上分布最广泛的有尾两栖动物是蝾螈科两栖动物。

蝾螈科的种类相当多，这一科的动物，躯体都比较丰满，外表有点像蜥蜴，都有扁扁的尾巴，有眼睑，还有牙齿，四肢也都比较发达，前肢有4趾，后肢不定，有的有4趾，也有5趾的，但是，有一点是肯定的，那就是所有的蝾螈科动物都没有蹼。它们也都是靠皮肤和肺进行呼吸，体内受精。作为有尾的两栖动物，蝾螈科在世界上的分布是相当广泛的，在欧亚大陆的大部分地区都有广泛分布，中国就分布着大量的蝾螈科动物，另外，非洲的北部和美洲的北部也是蝾螈科动物分布较广泛的区域。

◎ 世界上最小的蛙

世界上最小的蛙是“跳蚤蛙”，生活在巴西紧靠大西洋的热带雨林里。它乖巧可爱，受到了当地人的喜爱。跳蚤蛙的身长一般都在10毫米左右，看上去就像是一只没有长大的普通蛙。最大的成年跳蚤蛙也超不过13毫米。对于跳蚤蛙来讲，13毫米已经算是“大个”了！这么小的蛙很可爱，细细地观察一下吧，它的眼睛只有芝麻大小，一枚硬币就完全可以让一只跳蚤蛙在上面锻炼身体了。

◎ 世界上最大的蛙

世界上最大的蛙是非洲巨蛙。

在非洲喀麦隆南部以及赤道几内亚北部的炎

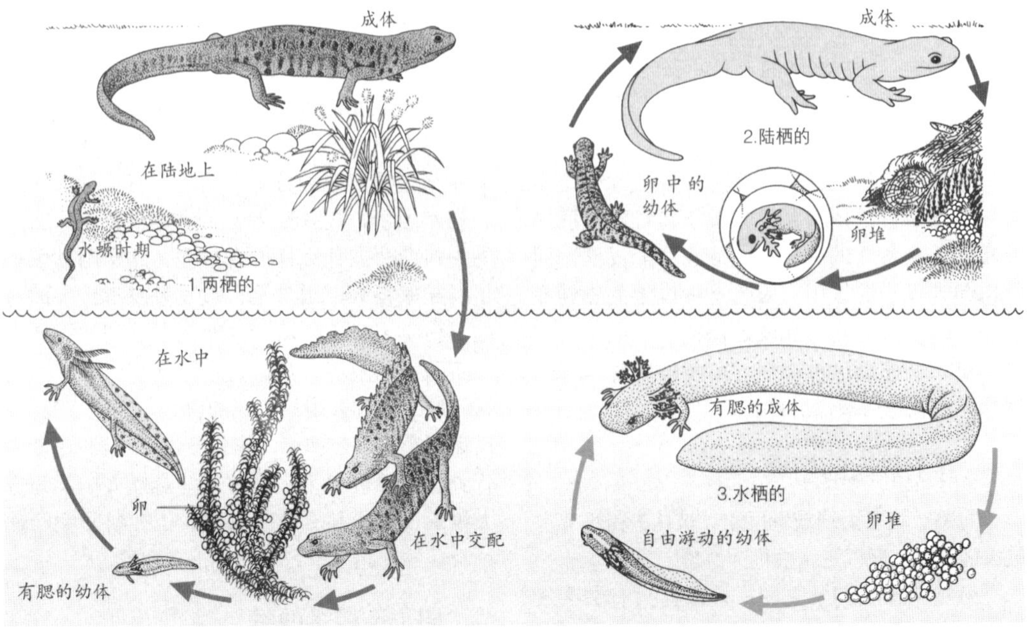

不同蝾螈的生命周期对比。许多蝾螈是完全的陆栖动物，而有的蝾螈每年会回到水中进行繁殖。墨西哥中部的美西痣螈是蝾螈科中的一种，它们是完全水栖种类。

非洲巨蛙

热潮湿的原始森林和大河里生活着一种蛙，叫作非洲巨蛙，之所以叫它巨蛙，是因为这种蛙的体型特别大，一只成年的雄巨蛙体重大约3千克，如果把它的弯曲的腿拉开来，身长足有1米多！据说巨蛙的弹跳能力特别好，有的巨蛙能跳5米高。有的国家每年还举行巨蛙跳高比赛。但遗憾的是巨蛙的数量越来越少，近年来巨蛙的生存环境遭到了严重破坏，再加上当地人常年捕食，使巨蛙遭受灭绝的危险，虽然有的国家出动了大量的人力、物力来保护巨蛙，但是其前景还是不容乐观。

◎ 最毒的蛙

世界上最毒的蛙是箭毒蛙，主要生活在美洲的中部和南部。箭毒蛙分为好多种，但是大多数体型都很小，最大的一般也不会超过5厘米。箭毒蛙有非常好看的外表，表皮色泽鲜艳，但就在这美丽的外表下面却分泌出几乎是世界上毒性最强的毒。

箭毒蛙的毒主要来自于它皮肤表面分泌出来的体液，这种体液主要来源于箭毒蛙皮肤内分布的各种各样的腺体。体液在润滑皮肤的同时也起着保护的作用，因为这种体液的毒性非常强，仅十万分之一克便足以使一个人中毒死亡。也正是靠着这种毒性，箭毒蛙成为世界上迄今为止发现的最毒的蛙。

◎ 世界上最大的蟾蜍

海蟾，又名大蟾或者巨蟾，被认为是世界上最大的蟾蜍，所以它也被称为“蟾中之王”。

海蟾不像我们常见的蟾蜍那样只有拳头般大小，海蟾的身长甚至可以达到25厘米左右。海蟾主要分布在中南美地区，在西印度群岛、夏威夷群岛、菲律宾群岛、新几内亚、澳大利亚，其他的热带地区也可以见到它的足迹。

海蟾是很多害虫的天敌，它胃口非常好，也许正是这个原因，在很多热带的甘蔗林里，海蟾是最受蔗农们欢迎的朋友。又因为海蟾的自我保护能力很强，所以海蟾在世界上的生存量非常大，它超强的自我保护能力源于分布在它皮肤表面的“大疙瘩”能分泌一种毒液。

海蟾的繁衍能力也很强，一只雌海蟾一年可以产卵3.8万枚之多，几乎是两栖动物之中产卵最多的动物，尽管它的蝌蚪只有1厘米长，但这并不影响它“蟾中之王”的地位。

海蟾蜍

◎ 最大的蝌蚪

我们平时见到的蝌蚪只有1～2厘米长，然而世界上最大的蝌蚪比这要大得多。在南美洲的亚马孙河流域和特立尼达岛上有一种大蝌蚪长达25厘米，比一般人的手掌还要长。这么大的蝌蚪会变成什么样的青蛙呢？这个问题困扰了科学家很久，因为谁也没见过身形巨大的青蛙。科学家为了弄清楚这个问题，把大蝌蚪放在实验室里喂养，观察它由蝌蚪变成青蛙的过程。原来这种大蝌蚪变成的青蛙不但没有变大，反而变小了。25厘米的蝌蚪变成了不到7厘米的青蛙。这种现象太不合理了。难怪人们不知道大蝌蚪变成了什么样的青蛙，因此科学家给这种奇怪的蛙起了个名字——不合理蛙。

◎“胡子”最多的蛙

长“胡子”的蛙已经够特殊的了，何况“胡

子”最多！然而世界上还真有长“胡子”的蛙，在中国就大量分布着许多种这样奇怪的小动物，那么到底是哪种蛙的胡子最多呢？

其实，这种长在蛙颌上的“胡子”是蛙的蛙角质，奇怪的是它们长在了雄蛙上颌，看上去就像是蛙的“胡子”。长有这种奇怪的“胡子”的蛙叫“髭蟾”，现共有5个物种，它们都长有“胡子”，不过胡子的多少却是大有区别的，有的是1根，有的是2根，10多根的也有，其中“胡子”最多的是发现于中国云南地区的一种“髭蟾”，它的上颌密密麻麻地长了两排“胡子”，看上去和人的胡子没什么两样，它被认为是世界上“胡子”最多的蛙。

◎ 世界上最大的蜥蜴

世界上最大的蜥蜴是科摩多龙。

科摩多龙仅分布在印度尼西亚努沙登加拉群岛的科摩多岛上，因此而得名“科摩多龙”。科摩多龙是当今世界上最大的蜥蜴，平均身长3.5～5米，体重100～150千克，在它粗糙的黑褐色的皮肤表面生有很多大疙瘩。它还有着无比锋利的牙齿，这也是一个例外，因为在当今世界上存在的20多种蜥蜴之中，只有科摩多龙是有牙齿的，并且牙齿非常大！科摩多龙一般都习惯生活在气候比较暖和的茂密的丛林之中，所以几乎所有的科摩多龙都分布在印度尼西亚的科摩多岛上，因为岛上的气候非常适合它们生存。但是这种巨大的科摩多龙现在正逐渐地减少。有关数据显示，现存的科摩多龙只有500～700只。目前，科摩多龙已经作为印度尼西亚的珍稀动物被保护起来。

在印度尼西亚野外栖息地中，科摩多巨蜥以它们捕杀的鹿为食。对圈养的科摩多巨蜥的研究有力地证实了在不考虑实际功用的情况下，这种爬行动物会凭自己的喜好来玩耍，而并不把所有的物体都当做是猎物的替代品。

◎ 最奇怪的飞行动物

大家都知道蜥蜴属于爬行动物，爬行动物自然是在地上爬行的，但是有一种奇怪的蜥蜴，长有翼膜，能够在空中滑翔。这种蜥蜴叫作飞蜥，也叫飞蛇或飞龙，生活在非洲、欧洲东南部和印度中部。

飞蜥体长在15厘米以下，尾长为体长的1.5倍，体色为褐色或灰色，雄性在繁殖季节会变成红色、蓝色以及深浅不等的黄色。它们的体色长有5～7对延长的肋骨支撑的翼膜，具有发达的喉囊和三角形颈侧囊。

有些飞蜥生活在热带、亚热带700～1500米的森林中。它们主要生活在树上，很少下到地面。在林间爬行觅食时，翼膜像扇子一样折向身体侧面。在树枝间滑翔时，翼膜展开，中途可以调整方向，但是不能从低处飞向高处。

◎ 最会变色的蜥蜴

避役俗称变色龙，是世界上最会变色的蜥蜴。它们的真皮内有多种色素细胞，受神经系统的控制会随着外界环境的改变而改变，比如光线、温度的变化或者受到惊吓时，避役的体色会变成与环境相协调的绿色、黄色、米色、深棕色等颜色，常带有浅色或深色的斑点，以保护自己不被敌人发现。

避役主要分布在非洲，特别是马达加斯加岛，少数分布在亚洲和欧洲南部。它们以昆虫为食。除了会变色之外，避役还长有突出的眼睛，两只眼睛能分别看向不同方向。它们的舌头长而有粘性。头上有钝三角突起，有些种类长有显著的头饰，好像3个向前伸出的长角。避役多为树栖，长

↗ 一只高冠变色龙伸出具有弹射性的舌头捕捉一只蟋蟀。这只倒霉的昆虫被紧紧粘在这只变色龙具有黏性的舌尖上。一只变色龙舌头伸出的长度可以达到两倍于其口鼻部到排泄口的长度。

有能缠绕的尾巴，四肢较长，善于抓握树枝。体长17 ~ 25厘米，最长的达60厘米。身体两侧扁平，鳞呈颗粒状。

◎ 寿命最长的动物

世界上寿命最长的动物是海龟。海龟是棱皮龟科和海龟科的总称。一般海龟的寿命达150岁以上，有些品种能活到400岁以上。根据报道，一位韩国渔民在沿海抓住的一只海龟，长1.5米，重90千克，背壳上附着许多牡蛎和苔藓，估计寿命为700岁。沿海人们把海龟视为长寿的吉祥物，并有“万年龟”之说。海龟食量大而活动缓慢，它们可以饿上数年而不死。老海龟长得又大又笨重。

大多数海龟生活在比较浅的沿海水域，比如海湾、珊瑚礁或流入大海的河口。海龟适应水生生活，四肢呈鳍状，善于游泳。它们的头和四肢不能像陆龟那样缩到壳里，前肢像翅膀一样推动身体前行，后肢则像舵一样在游泳时掌控方向。虽然海龟可以在水下呆上几个小时，但还是要浮出海面调节体温和呼吸。

海龟最奇特的地方就是外壳了，鳞质的龟壳可以保护海龟不受侵犯，在海底自由游泳。但是棱皮龟没有龟壳，它们身上有一层很厚的油质皮肤，形成5条纵棱，所以叫作棱皮龟。

不同的海龟有不同的饮食习惯，分为草食、肉食和杂食。它们虽然没有牙齿，但是喙却非常锐利，可以咬碎软体动物、小虾和乌贼。

◎ 最大的陆龟

世界上最大的陆龟是象龟。

象龟广泛地分布于太平洋以及印度洋的一些热带岛屿上，尤其以厄瓜多尔的加拉帕戈斯群岛最多。象龟之所以叫象龟是因为它体型巨大。它的腿非常粗壮，它的壳直径一般都能达到1.5米，最长的甚至能达到1.7米，它爬行的时候，身体高度能达到80厘米，平均体重都在200 ~ 300千克，最重的有400千克，它甚至能背负1 ~ 2个人远行，这么大的龟，的确是很奇怪！还有更奇怪的呢，雌性的象龟一次能产上

体型巨大的象龟

百只蛋，最多的时候能产150只蛋呢。还有就是象龟很长寿，它能活300多岁。象龟有这么大的身躯，但是它吃的东西却很简单，仅仅以一些青草为生。

◎ 世界上最小的蛇

盲蛇是世界上最小的蛇，身长只有15～30厘米，直径也不过8毫米，它的眼睛只有针尖大小，头和躯干根本没什么区分，可真算得上小了！它的身体呈圆筒状，再加上它们的身体大部分都呈黑色或者黑褐色，远远地看上去就像是一条肥大的蚯蚓，因此也有人把它叫作“蚯蚓蛇”。盲蛇主要分布于亚洲、非洲和大洋洲，尤其在外高加索和中亚南部地区较为多见，盲蛇栖息的地方多为一些腐烂的木头和石头下面的一些阴暗潮湿的地方。

◎ 世界上最危险的蛇

世界上最危险的蛇是眼镜王蛇。

眼镜王蛇现在被人们称为世界上最危险的蛇，它主要分布于气候比较炎热的沿海地区。眼镜王蛇从外表看上去和一般的眼镜蛇没有什么两样，但是它的体型比较大，它要比一般的眼镜蛇长很多。和一般的眼镜蛇比起来，眼镜王蛇性情更加凶猛，身体运动也更加敏捷，另外它的排毒量要比一般的眼镜蛇多得多，并且毒性非常强！也许正是因为这一点它才被认为是世界上最危险的蛇。眼镜王蛇还有一个特点就是它比较喜欢以自己的同类为食，也就是说，眼镜王蛇的主要食物就是一些别的种类的眼镜蛇！

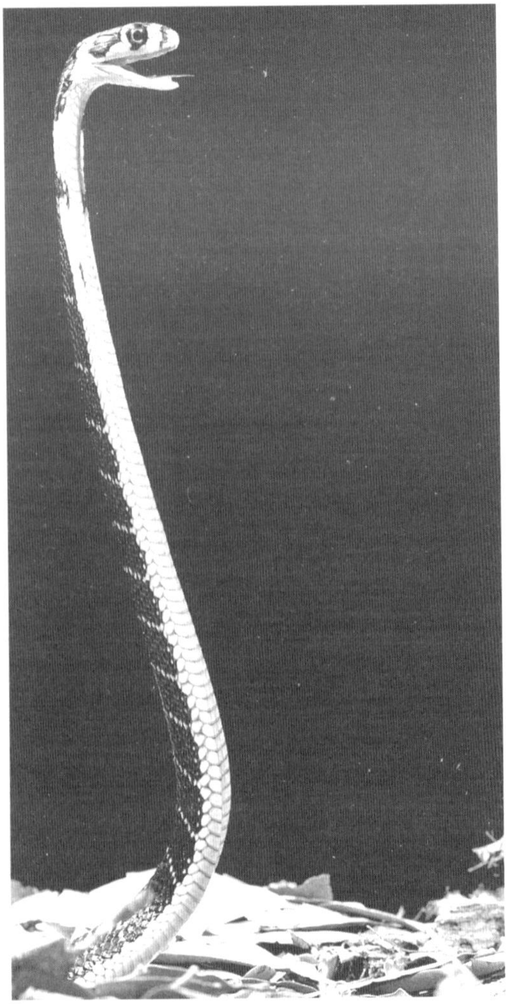

一条未成年的眼镜王蛇抬起身子来，处于戒备状态。在受到威胁时，这种东南亚的剧毒蛇会撑起它又长又细的风帽（没有印度眼镜蛇向外展开的风帽明显），而且有时还可能发出咆哮声。

眼镜王蛇在中国主要分布在华南和西南地区。

◎ 生活在海拔最高处的蛇

世界上生活在海拔最高地区的蛇是喜马拉雅山地区的一种叫作“喜山腹”的蛇。它生活在海拔将近4800米的地方，世界上再没有一种蛇的生存地的海拔比它更高了！

其实，蛇像其他所有的动物一样，它们的分布与气候有着相当大的关系，尤其是垂直分布状态，可以说完全就是由气候决定的，因为海拔越高，气候就越寒冷，空气就越稀薄，不仅仅寻找食物是一大难题，更重要的是不利于它们的繁衍生息。而大部分蛇基本上都适合生活在气候比较暖和的地方，尤其是热带，像“喜山腹”这种生活在海拔4800多米高的高山上的蛇的确很少。

◎ 世界上最长的蛇

世界上最长的蛇是蟒蛇。蟒蛇体形长而粗大，一般长达5 ~ 7米，体重50 ~ 60千克。有人在苏门答腊岛的原始森林里捕捉到一条蟒蛇，它长达14.85米，体重447千克，直径最大处达85厘米。它们有一对发达的肺，其他种类的蛇只有一个退化的肺。

蟒蛇是国家一级保护动物，是最原始的蛇种之　，属于无毒蛇类。它们的肛门两侧各有一个退化的爪状痕迹，是退化的后肢残余。这种后肢虽然不能行走，但是可以自由活动。蟒蛇头小呈黑色，蟒蛇体表的花纹非常美丽，对称排列成云状的斑纹，体鳞光滑，背面呈浅黄、棕色或灰褐色，腹鳞无明显分化。尾巴短而粗，具有很强的缠绕性和攻击性。

蟒蛇主要分布在亚洲和非洲的热带丛林中。它们常以鸟类、鼠类、小野兽、爬行动物和两栖动物为食。它们牙齿尖利，猎食时动作迅速准确。咬住猎物之后，用身体将猎物紧紧缠绕，直到缢死，然后从头部开始吞食。蟒蛇胃口非常大，并且消化能力非常强，除了动物的兽毛之外都可以消化掉，一次可吞食与体重相等，甚至重于体重的食物。饱餐一顿之后可以数月不吃东西。

蟒蛇无疑是蛇类中的王者，不同种类的蛇会互相吞食，然而无论哪种蛇都不能对成年蟒蛇构成威胁。即使是剧毒的眼镜蛇都是蟒蛇猎食的对象。

蛇的求偶与攻击

在通常情况下，蛇对同类很冷淡，不过它们的态度会随着交配季节的到来而改变。雄性蛇彼此会变得有攻击性，一条有吸引力的雌性蛇发出的气味可能会使它们变得狂躁。在同一种类之中，不是每一条雌蛇都具备条件能在特定的年份进行繁殖，不过，如果食物充足的话，可能有一半的成年雌蛇输卵管里有成熟的卵子。这些“成熟”的雌蛇会通过一质种叫信息素或外激素的化学分泌物来发出信息，表明它们已经准备好交配了。刚蜕了皮的雌蛇更加吸引异性，在群居种类中，这样的雌性蛇可能会吸引无数来交配的雄性。而过着独居生活的雌性所发出的气味可能只会吸引一条雄蛇。

不管是哪一种情况，雄蛇找到雌蛇后，会向它移动，把下颏搭到雌蛇的颈背，并且将身体叠在雌蛇身体上或横靠其身体旁，将其紧紧压住。雄蛇的吐舌速度会加快，当靠近雌蛇身体时，吐舌动作将持续不断。雄蛇在雌性的颈背摩擦自己的下颏，扭动身体，同时尽力将自己的尾部放到雌蛇的尾部之下。雌蛇如果觉得这条雄蛇合适的话，也会以扭动身体的方式做出回应，并且举起尾部，张开泄殖腔等待雄蛇半阴茎的插入。根据种类的不同，半阴茎插入雌性蛇的泄殖腔后，交配时间可维持10分钟至24小时不等。

蚺、蟒交配时还有另一个要素：雄蛇用他的“刺”（已退化的四肢）刮擦雌性蛇泄殖腔部位，作为一种附加的刺激。一些没有刺的高等蛇的雄性也可能用颚咬住雌性蛇的颈部。

↗ 东南亚的网纹蟒能长到10米多长。据记载，这些巨型蛇偶尔会吃人。这种蛇上唇边缘有红外线感应孔。

◎ 毒液最毒的海洋动物

海蛇是50多种海栖毒蛇的总称，多数海蛇有剧毒，是世界上最毒的动物。海蛇分布在西起波斯湾，东至日本，南达澳大利亚的海洋中。它们与陆地上的眼镜蛇有亲缘关系。海蛇毒是一种神经毒素，钩嘴海蛇的毒液相当于眼镜蛇的两倍，是氰化物的80倍。多数海蛇受到骚扰时才会咬人。海蛇咬人没有疼痛感，而且毒性发作前有4个小时的潜伏期，患者中毒后如果抢救不及时，会死于心脏衰竭。

海蛇身体扁平粗大，尾呈桨状，鼻孔开口于吻背，有膜瓣可开闭。它们的头部很小，脖子又细又长，这种身体结构致使它们几乎全部以掘穴鳗为食，有些以鱼卵为食。海蛇虽然毒性很大，但是也有天敌。海鹰和其他一些肉食性海鸟就以海蛇为食，此外一些鲸类也吃海蛇。

◎ 产卵最多和最少的蛇

蛇类的繁殖能力非常强，一般卵生蛇类每年产卵15 ~ 25个。当然，不少蛇的产卵数量低于或超过这个数字。产卵最少的蛇是体形最小的盲蛇，每次只产2个左右。产卵最多的蛇要数体形最大的蟒蛇，每次产卵二三十个，最多的一次产卵100多个。

一般水栖蛇类，高海拔、高纬度的蛇类，沙漠地区的蛇类都属于卵胎生。卵胎生的蛇类由于后代得到很好的保护，一般繁殖数量较少。蝮蛇和草原蝰产仔最少时只有一条。产仔最多的记录为我国南方的一种管牙类毒蛇，一次产仔63条。

— 鸟类之最 —

◎ 最早的鸟

世界上最早的鸟是生活在大约距今1亿多年前的侏罗纪晚期的“始祖鸟”。

1861年，有人在德国巴伐利亚省索伦霍芬附近的石灰岩中发现了这种鸟的化石，化石保存得相当完好，从清晰可见的化石中可以看到始祖鸟整齐完好的骨骼。始祖鸟的尾椎骨特别长，嘴内还长着锋利的牙齿，这些特征让它成了生物学家眼里的珍宝，因为生物学家从始祖鸟的身上找到了爬行类动物向鸟类进化的铁证！始祖鸟的化石也正好是进化论的证明，我们现在可以确认，鸟类是由原始的爬行动物进化而来的，始祖鸟就是最早的由爬行动物进化而来的鸟。

◎ 分布最广的鸟

仓鸮是世界上分布最广的鸟。雌鸟最大体长33厘米，雄鸟稍小，一般栖息在靠近建筑物的开阔地带的草原、牧场，几乎分布于全球。它在树洞或建筑物内筑巢，一窝产4 ~ 7个蛋，孵化期为30天，以小型哺乳动物如老鼠、田鼠等为食物。

◎ 俯冲最快的鸟

飞得最快的鸟（事实上也是所有野生动物中运动得最快的）肯定是一种食肉鸟，很可能就是游隼。由于它要捕食空中的鸟类，因此游隼的体重超过了1千克，理论上，当它从1254米的高空向下俯冲时速度最大，即每小时385千米。当然，它能够飞得多快与它实际上飞得多快这两者之间有差别，但是它在空中俯冲的动作曾被拍摄下来，其速度超过了每小时322千米，这一速度非常接近理论上的最快速度。

但是，游隼俯冲的时候有一种奇怪的现象，那就是当它离它的猎物1.8千米远时，它的飞行路线是曲线而不是直线。现在生物学家弄清楚了这其中的缘由。因为游隼的头偏向一边40°

游隼

时，它的视线是最佳的，但是在快速飞行时要使头调整到这个角度就会影响速度，所以俯冲时为了飞得更快，它宁愿走曲线，这样在飞行时它的头不必偏向一边而能使猎物一直处于它的视线范围之内。

但是这种飞行并不是常规的振翼飞行。现在，漂泊信天翁持有最快的连续飞行纪录：连续飞行800千米以上能达到每小时56千米的速度。但是，信天翁利用“动力翱翔”，控制风力进行滑翔而无须不断地振翼。

◎ 飞得最远的鸟

世界上飞得最远的鸟是北极的燕鸥。这种鸟体型中等，但是它们有个奇怪的习惯——喜欢生活在太阳不落的地方。每年的6月份前后，也就是地球南极黑夜降临的时候，北极燕鸥就匆忙地飞往北极，因为此时北极正好与南极相反：处于白昼。北极燕鸥也是这个时候在北极生育后代。大约到了每年的8月份，也就是北极黑夜降临的时候，燕鸥就开始带领它们的后代向南极飞行，就这样一直循环着，它们每年飞行的距离大约是4万多千米！它们毫无疑问是世界上飞行最远的鸟，因此，它们也被人们称为“白昼鸟”，因为它们只生活在有太阳的地方。

一只普通燕鸥在扎入式潜水后带着猎物冲出海面，小鱼和虾是普通燕鸥的主要食物。

◎ 飞得最高的鸟

大天鹅是一种候鸟，它们栖息于湖边的沼泽地中，冬天为了寻找食物而结队向南方迁徙。每年定期以9144米的高度飞越珠穆朗玛峰，大天鹅是世界上飞得最高的鸟，能飞到17000米的高空。

◎ 飞得最久的鸟

金鸻是世界上能连续不断地在高空中飞行时间最久的鸟。

金鸻主要分布在北美洲和欧洲，在亚洲的某些国家也偶尔可以看到金鸻的影子。金鸻的羽毛一般都是黑色或者黑褐色，在羽毛的底色上面有细细的金色的斑纹，因此得名“金鸻”。金鸻体型中等，它最大的魅力在于它的飞行能力，金鸻有一对天生的强有力的翅膀。金鸻由于每年秋天都要迁移到很遥远的地方去越冬，所以就练就了它长途飞行的能力。金鸻的飞行速度一般都能达到每小时90千米，它能连续不断地在空中飞行35个小时，是飞得最久的鸟，因此，金鸻也有“旅鸟”之称。

◎ 羽毛最长的鸟

羽毛最长的鸟是凤鸡（红原鸡的一种），这种鸟自17世纪中期在日本西南部开始人工饲养。1972年据报道称，日本四国岛高知县的久保田正饲养的一只雄鸡的覆尾长度达10.6米，为世界之最。

◎ 翅膀最多的鸟

翅膀最多的鸟是四翼鸟。

四翼鸟是夜游动物，主要分布于塞内加尔和冈比亚西部及扎伊尔南部地区。它的体型不大，身长31厘米左右，翅膀约长17厘米，之所以叫它四翼鸟是因为每到交尾期它就会从每个翅膀上生出来一个长长的羽翅，飞行的时候，它的羽翅就会高高地竖立起来，看上去好像是有4个翅膀。它的羽翅相当明显，一般都长43厘米左右，这比它真实的翅膀要长得多，所以很容易被看到。当然，交尾期一过，它就会很快把羽翅收

鸟类的骨骼

为了高效率的飞行，鸟类需要轻盈而紧凑的骨骼。骨骼中空（见下图，注意交错的骨质梁，这是鸟类维持力量的必要成分）和重量集中于重心附近，使这一要求得到了实现。注意图中大块的胸骨，那是大量飞行肌着生的地方。

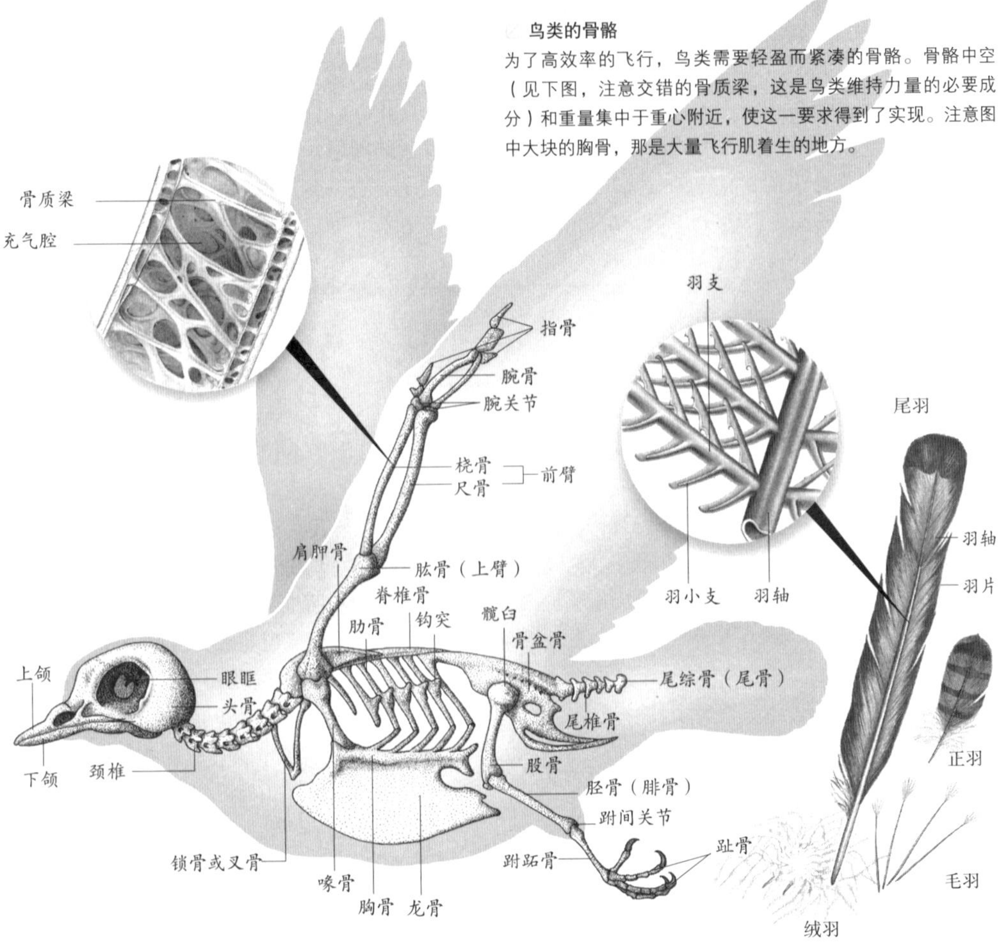

起来，又变成了两个翅膀。

◎ 游得最快、潜得最深的鸟

鸟类中有很多游泳健将，其中属巴布亚企鹅游得最快。

它们在水中冲刺的时速能达到27.36千米，这与一些鸟在空中的飞行速度不相上下。

有的鸟不仅善于游泳，还善于潜水，其中生活在南极附近的帝企鹅潜得最深，它能下潜到水下265米的深处，下潜的时间可长达18分钟之久。

◎ 最小的鸟

世界上最小的鸟是蜂鸟，它主要分布在南美洲和中美洲的森林地带，和蜜蜂差不多大小，最小的体重仅2克左右。由于它飞行采蜜时能像蜜蜂一样发出嗡嗡的声响，所以被称为蜂鸟。

蜂鸟种类多达300种，羽毛非常鲜艳，呈黑、绿、黄等十几种颜色，所以有“神鸟”“彗星”“森林女神”和“花冠”之称。

蜂鸟身材娇小，羽毛华丽，飞行本领高超。

蜂鸟是唯一可以在进食时帮助传播花粉的鸟类——花粉沾到它们的脸上，之后便被传播到下一朵花中去了。

它的翅膀每秒钟能振动50～70次，飞行时速可达50千米，高度有4000～5000米。人们常常能听到它飞行的声音，却看不清它的身影。不可思议的是，蜂鸟心跳每分钟达615次。蜂鸟不仅飞行速度快而且还能飞得很远。有一种红胸蜂鸟，每年两次飞渡墨西哥海湾，飞行800多千米也不间断。

◎ 最大的鸟

鸵鸟又称非洲鸵鸟，是目前世界上最大的鸟。它体高身长，善于奔跑，能够适应沙漠荒原中的生活。其中最大的雄性鸵鸟身高2.75米，身长2米左右，体重约160千克。鸵鸟的翅羽和尾羽都是白色的，体羽毛色多样，头部羽毛稀少，颈部几乎光秃。它头颈很长，目光锐利，看得准，望得远，这使它不仅能及时预防天敌的偷袭，而且还能迅速寻找食物。

鸵鸟的两腿长而有力，行走迅速。尽管两翼已经退化，而且躯体肥大，不能飞翔，但它有相当发达的副羽，奔跑时靠鼓翅扇动相助，一步可达3.5米，在一刻钟或半小时内能毫不费力地增速到50千米/小时，最快可达到70千米/小时。

知识档案

鸵鸟

目：鸵鸟目

科：鸵鸟科

有马赛鸵鸟、北非鸵鸟、索马里鸵鸟、南非鸵鸟4个亚种。

分布：非洲（以前还有阿拉伯半岛）。

栖息地：半沙漠地带和热带大草原。

体型：高约2.5米，重约115千克。雄鸟略大于雌鸟。

体羽：雄鸟体羽为黑色，带白色的初级飞羽和尾羽，其中有一个亚种体羽为浅黄色；雌鸟体羽灰棕色。颈和腿裸露。雄鸟皮肤依亚种不同可为青色或粉色，雌鸟皮肤为略带粉红的浅灰色。

鸣声：响亮的嘶嘶声和低沉的吼声。

巢：地面浅坑。

卵：窝卵数10～40枚；有光泽，乳白色；重1.1～1.9千克。孵化期42天。

食物：草、种子、果实、叶、花。

◎ 数量最多的鸟

世界上数量最多的鸟是生活在非洲的一种叫“几利鸟”的鸟类。

几利鸟是一种习惯生活在干旱地区的鸟类。它生活在非洲撒哈拉沙漠的南部地区，那里大部分都是干旱的沙漠和半干旱的沙草地，环境条件很恶劣，但是几利鸟却能很好地在那里生存。几利鸟还是一种非常好看的鸟，它有一张非常吸引人的红色的长嘴，因此，它是一种名贵的观赏鸟。但是也经常被当地人捕杀食用，所以几利鸟每年都有大约1/10被捕杀，但是几利鸟的繁殖速度惊人。根据有关资料显示，现存的几利鸟大约有100亿只，是目前世界上数量最多的鸟。

◎ 寿命最长的鸟

世界上寿命最长的鸟是生活在南美洲安第斯山地区的安第斯兀鹫。

安第斯兀鹫，又称为“南美神鹰”，是南美洲安第斯山脉分布比较普遍的一种鸟，它的体格健壮并且翼展异常大，最大的“神鹰”的翅膀展开以后有7平方米左右，因此，它也被称为世界上“令人难以置信的巨鸟”！更让人称奇的是，

一群鸵鸟疾速穿越纳米比亚境内几乎为一片银白色的埃托沙盐沼。对鸵鸟来说，要在这片到处都有行动敏捷的肉食动物出没的大陆上生存下来，具备快速奔跑的能力无疑至关重要。

这种鸟的寿命不像一般的鸟那样最多也就活10多年，它的平均寿命都在50岁左右，这对于世界上其他的任何一种鸟类来讲都是不可能的。年龄最大的一只安第斯兀鹫生活在伦敦动物园里，它活了73岁。

巨嘴鸟的代表种类
1.一只绿巨嘴鸟在鸣叫；2.黑嘴山巨嘴鸟在攀上枝头时露出腰部的一抹黄色；3.一只栗嘴巨嘴鸟扬起头使夹于喙尖的食物吞入喉部；4.一只巨嘴鸟在觅食

◎ 孵化期最长和最短的鸟

信天翁的孵化期非常长，一般要75～82天。有些澳大利亚的南澳野鸡的孵化期更长，一个蛋要经过90天才能孵出小鸡来，不过在正常情况下，一般只需62天。

鸟类中属啄木鸟和黑嘴杜鹃的孵化期最短，它们只要10天就够了。

◎ 嘴最大的鸟

世界上嘴巴最大的鸟是生活在阿根廷北部和墨西哥之间的热带雨林中的“巨嘴鸟”。

有观测者发现，在美洲阿根廷和墨西哥之间的热带雨林中生活着一些奇特的鸟，它的嘴居然长达24厘米，宽也有9厘米，真是令人难以想象，因为这种鸟的身长也不过60多厘米，体重也不怎么重，却有着将近自己身体一半长的嘴巴！也许正是这个原因，当地的人们把这种鸟叫作“巨嘴鸟”。

巨嘴鸟的生活比较简单，像其他鸟类一样靠植物果实、植物种子以及小昆虫为食，但它们却用自己巨大的嘴巴吸引了来自世界各地的旅行者。

◎ 翼展最宽的鸟

信天翁拥有世界上最长的鸟翼，翼展最长可达3.5米。它们的前臂骨骼与指骨相比显得特别长，翼上附有25～34枚次级飞羽，而海燕只有10～12枚。长长的翅膀使信天翁成为滑翔冠军，它们可以跟随船只滑翔数小时而不拍一下翅膀。它们有一片特殊的肌腱将翅膀固定位置，这样可以减少滑翔时肌肉消耗能量。信天翁的翅膀犹如一对高效的机翼，使它们能够迅速向前滑翔，而下沉的几率很低。这种对速度和长距离飞行的适应性使它们能够长时间在茫茫大海上飞行。

信天翁主要分布在南极洲、南美洲、非洲及澳大利亚南端的海洋上。在南太平洋上有一种漂泊信天翁在10个月内可以飞行1.5万千米，幼鸟羽毛丰满之后就开始终生在海上漂泊。

◎ 最凶猛的鸟

世界上最凶猛的鸟还是生活在南美洲安第斯山地区的安第斯兀鹫。

安第斯兀鹫体格健壮，翼展非常大，有3米

安第斯兀鹫

左右。它一般都生活在安第斯山脉的悬崖绝壁之间，体长1.2米，它的嘴尤其厉害，非常坚硬且呈钩状。爪子也非常尖利，有着天生的猎取食物的超强能力，专吃活着的动物，比如鹿、羊、兔等动物。更让人难以想象的是，它还捕食非洲狮等大型兽类，因此，它又被人们称为“吃狮之鸟”，它的凶猛程度不言而喻！

◎ 最晚繁殖的鸟

在鸟类中，信天翁的寿命比较长，平均可活30年，但是它们的性成熟相当晚。虽然它们在3～4岁就在生理上具备了繁殖能力，但是它们在之后的几年之内并不繁殖。通常等到9～12岁才开始繁殖，甚至有些会等到15岁才开始繁殖。它们是最晚繁殖的鸟。

刚发育成熟的幼鸟会在繁殖季节临近结束的时候才飞到繁殖地，但是停留的时间很短，在以后的几年内它们会花费越来越多的时间寻找自己的另一半。当确定配偶关系之后，它们就会白头偕老，一直生活在一起，直到其中的一方死去。“离婚”现象很少发生，除非几次繁殖失败之后，它们才会寻找其他伴侣，但是这样付出的代价很大，因为它们在接下来的几年内都不会繁殖，直到找到新的配偶。

信天翁在大海的孤岛上没有天敌，它们最大的敌人就是人类。人类为了得到短尾信天翁的羽毛对它们大肆捕杀，导致它们几近灭绝。多种信天翁已被列为濒危物种。

◎ 占母鸟体重比例最大的鸟蛋

几维鸟因为它们的叫声听起来像“几维几维”而得名。几维鸟是新西兰特有的珍禽，被封为国鸟，国徽和银币以它为标志，国民也以“几维”自称。几维鸟的翅膀完全退化，属于不能飞的鸟类，它们没有翅膀，也没有尾巴，就靠粗短有力的双腿在地面上奔跑，跑起来像一团多毛的大球在地上滚动。它们头很小，眼睛更小，耳孔却较大，面部有须毛，淡黄色的喙又尖又长，鼻孔长在喙的最尖端。几维鸟的大小像大公鸡，体长25～35厘米，体重1200～2000克。

几维鸟最奇怪的地方是它们的蛋。它的蛋足有400～450克重，相当于自己体重的1/4，有的甚至达到体重的1/3。如果按鸟蛋与母鸟的身体比重来算，几维鸟是当之无愧的第一名。雌几维鸟一年才下一次蛋，每次1～2个。孵化时间长达70～74天，雏鸟需要大约4年的时间才能成熟。如此漫长的生育和成长期是几维鸟非常珍贵的重要原因。几维鸟属于《华盛顿公约》附录的一级保护动物。

◎ 视力最好的鸟

在鸟类中，鹰的视力是最好的，不但视野宽阔，而且目光极其敏锐。因此人们常用鹰的眼睛来形容一个人目光锐利。鹰的眼睛有两个中央凹，正中央凹和侧中央凹，这使得鹰眼的视野近似球形，因而视野非常宽广。此外，鹰眼的瞳孔也很大，一般来说，瞳孔越大分辨率越高，因此它们能够在高处清晰地看到地面上猎物的活动。一只雄性鹰能够观察到人眼观察距离30倍远的猎物。即使在2000米的高空飞翔，它们也能准确发现和辨认地面上的兔子、老鼠以及水里可以成为食物的小动物。瞄准猎物之后，它们就会俯冲而下，敏捷地追逐拼命逃跑的猎物，一旦用它强有力的爪子抓住猎物，就用其尖锐而强健的喙将猎物肢解，然后饱餐一顿。

◎ 最会化装的鸟

雷鸟属于松鸡的一种，主要产于欧亚大陆

在17世纪的头十年里，白头海雕在北美很常见，约有50万只翱翔在北美大陆的海岸线上。然而，到了20世纪60年代，这种雄健的美国国鸟几近灭绝，原因是人类的迫害和杀虫剂中毒，尤其是DDT。不过，在经过20年的法律保护和摄取无杀虫剂的食物后（DDT于1972年被禁用），1995年开始，该鸟的数量开始显著回升。如今，仅在加拿大和阿拉斯加就活跃着约10万只白头海雕。这种鸟暂时脱离了险境。

北部以及北美洲的北极圈内。如果在鸟类中评选最会化装的鸟，那么非雷鸟莫属。雷鸟的羽毛色彩会随着栖息环境的变化而变化。雄性雷鸟四季换羽，春羽和秋羽只是局部更换，夏羽和冬羽则是完全更换。春天，雷鸟的胸部、颈部换成栗棕色有横斑的春羽，夏天雷鸟换成带有棕黄色斑纹的黑褐色夏羽，秋天植被枯黄时，雷鸟换上黄栗色的秋装，冬天雷鸟的羽毛则变成像雪一样的白色，与雪白的大地融为一体，从而躲过天敌。它们的眼睛是褐色的，嘴和爪子是黑色的。雄鸟在繁殖前还有换“婚羽”的习性，用华丽的羽毛吸引雌性。雌性雷鸟三季换羽，它们在婚前不换羽。

雷鸟主要栖息在桦树林和柳树林中，有些生活在高山针叶林中、高山和亚高山草甸等高山地带。它们的食物主要是桦树、柳树、杨树等乔木的嫩枝、嫩叶、花絮、果实和种子。

◎ 最耐寒的海鸟

企鹅是南极的标志性动物，它们胖乎乎的身体，走起路来摇摇晃晃。企鹅的背部是黑色的，肚子是白色的，好像穿着一身燕尾服。它们长期生活在寒冷的地区，锻造了耐寒的生理功能。它们全身覆盖着重重叠叠的细小含油的羽毛，羽毛下还有细小的绒毛，再加上厚厚的皮下脂肪，即使是最寒冷的天气，它们也不惧怕。

南极的企鹅常常在0℃以下的水中游泳，因而身体的保温十分重要。水中高速运动又增加了热量的丧失。企鹅皮肤温度在0℃左右。皮肤温度之所以这样低，是因为下肢内相邻的动脉和静脉之间存在逆流热交换系统，使回心的较冷血液从流向末梢的血液中吸收热量，从而节约体热。

◎ 最大的企鹅

帝企鹅是企鹅家族中体形最大的一种，一般身高90厘米以上，最大的可达120厘米，体重可达50千克。帝企鹅分布在南极洲以及附近岛屿，它们身穿黑白分明的大礼服，喙为赤橙色，脖子下面有一片橙黄色羽毛，向下逐渐变淡，好像戴了一个黄色的领结。帝企鹅个个精神饱满，体格健壮，因为在海里有取之不尽的鱼虾供它们食用，帝企鹅寿命很长，可达20～30岁。

在南极冰川，帝企鹅喜欢群居，常常上万只企鹅聚集在一起，场面壮观，秩序井然。它们排着整齐的队伍，面向同一个方向，昂着头，

约有195000对帝企鹅形成35个繁殖群，在南极冰架上繁殖。在严酷的环境中，帝企鹅除了要忍受接二连三的暴风雪，还必须始终应对从南极高原吹下来的下降风，这让它们更觉得寒风刺骨。

好像在企盼着什么。每年秋冬，雌企鹅产卵之后，就把卵交给雄企鹅孵化，自己去海里觅食。雄企鹅把卵牢牢地放在脚背上，用腹部的皮毛把卵盖起来，在严寒中寸步不移，并坚持两个月不进食，直到小企鹅孵化出来。小企鹅出生后，企鹅爸爸的体重往往会减掉1/3。

◎ 世界上最晚发现的鹤

黑颈鹤是世界15种鹤中被人类发现最晚的一种鹤，它是俄国探险家普热尔瓦尔斯基于1876年在中国青海湖发现的。黑颈鹤主要分布在中国和印度，不丹和尼泊尔等国也有少量分布。黑颈鹤栖息在海拔2500～5000米的高原，是世界上唯一一种在高原上生长繁殖的鹤。西藏地区是黑颈鹤的主要繁殖地区，所以黑颈鹤也叫西藏鹤。

黑颈鹤体长110～120厘米，体重4～6千克，因为颈部上端1/3为黑色，所以得名。它们生活在沼泽、湖泊及河滩地带，主要以绿色植物的芽和根为食，也吃软体动物、昆虫、鱼类、蛙类。西藏地区的人民非常喜爱黑颈鹤，视其为神鸟加以呵护。青海的藏族同胞称它为“哥塞达日子”，意思是牧马人，有高贵、纯洁、权威之意。

人类的活动导致沼泽地缩减，对黑颈鹤的生存造成威胁，估计目前世界上黑颈鹤的数量只有2000只左右。黑颈鹤被列为国家一级保护动物，也是世界级的濒危动物。

◎ 最大和最小的猫头鹰

猫头鹰眼睛周围的羽毛呈辐射状，细羽形成的脸庞像猫，所以叫作猫头鹰。世界上最大的猫头鹰是北极地带的大角猫头鹰。它们体长1.4米，看起来好像一个人蹲在那里。大角猫头鹰非常耐寒，白天栖息在冰山雪窟里，晚上出来觅食。它们有一对橘黄色的大眼睛，在晚上像灯泡一样闪烁。如果有人靠近，它们就会竖起全身的羽毛，把喙磨得嘎嘎响来示威。在繁殖季节，它们常常占据老鹰或乌鸦的废巢，或者住在悬崖峭壁的天然洞穴中。

世界上最小的猫头鹰是生活在南美洲的侏儒猫头鹰，它们的体形和麻雀大小差不多。侏儒猫头鹰栖居在沙漠地区的仙人掌上，常常利用啄木鸟啄出的洞做窝。一个树洞就能住下六七个家族。这种猫头鹰的羽毛上有两个黑点，好像两只眼睛，因此被人们叫作“四眼鸟”。

猫头鹰以小型啮齿类动物为食。它们是慢速飞行专家。在捕食时，它们的飞行速度每小时约为10千米，跟人类慢跑速度差不多。这张图中，猫头鹰正张开它的利爪，准备对猎物进行突然袭击。

◎ 学说话最多的鸟

很多鸟类都能够模仿人声，比如，鹦鹉、八哥、鹩哥，其中非洲灰鹦鹉是世界上学说话最多的鸟，它们能学会800多个单词。

非洲灰鹦鹉体长35厘米，属于大型鹦鹉。体色为深浅不一的银灰色，头部和颈部的灰色羽毛带有浅灰色滚边，腹部的灰色羽毛带有深灰色滚边，尾羽呈鲜红色，眼睛周围有狭长的裸皮，鸟喙为黑色，虹膜为黄色。

非洲灰鹦鹉以其高智商和优秀的模仿能力而为人们称道，是宠物鸟市场上最受欢迎的种类之一。非洲灰鹦鹉被世界自然保护联盟列为近危物种。

◎ 最钟情的鸟

人类结婚之后都期望自己的伴侣不变心，结果有些人还是在中途劳燕分飞。在鸟类世界中却有一种鸟是世界上最钟情的鸟，那就是犀鸟。

犀鸟有四五十种，体长40 ~ 160厘米不等，它们一般头大、颈细、翅宽、尾长，羽毛为棕色或黑色，有鲜明的白色斑纹。大部分犀鸟居住在树洞里，雄鸟将孵卵的雌鸟用泥封在树洞里，只留一个喂食的小洞。在雌鸟孵卵期间，全由雄鸟从小孔中喂食。在雏鸟羽毛丰满之前，寻找全家食物的重任就由雄鸟承担。它们奔忙一天之后，晚上就栖息在树洞外面放哨，防止妻儿遭到敌人侵害。幼鸟羽翼丰满之后，才破洞出来。雌雄鸟共同带领雏鸟试飞。

犀鸟非常重感情。一对犀鸟中如果有一只死去，另一只绝不会苟且偷生或另寻新欢，而是在忧伤中绝食而亡，因此犀鸟是世界上最钟情的鸟。

↗ 一只东南亚的皱盔犀鸟用它那食品钳一样的彩喙从一棵无花果上摘取果实。

— 鱼和其他海洋动物之最 —

◎ 带电最多的鱼

电鳗是带电能量最高的电鱼，主要分布在古巴、哥伦比亚、委内瑞拉和秘鲁的河流中。当一个中等大小的电鳗以1安培电流放电时，电压为400伏，甚至曾经有过高达650伏的纪录。

◎ 产卵最多和最少的鱼

海洋翻车鱼是世界上产卵最多的鱼。虽然它的每个卵的直径仅为1.27毫米，但所产卵数量惊人，一次产卵多达3亿个。

产卵最少的鱼是美国佛罗里达的齿鲤鱼，每次只产大约20个鱼卵，而产卵期却长达几天。

◎ 最不怕冷的鱼

世界上最不怕冷的鱼是南极鳕鱼。

南极鳕鱼体长在40厘米左右，体重一般不会超过10千克，体形较粗、较胖，表皮是一种自然的带有黑褐色斑点的银灰色。它主要生活在南极附近比较寒冷的海域之中，有人甚至在南纬82°的罗斯冰架下面的水域中发现了南极鳕鱼，要知道，那里的温度常年都在零下几十度左右！看来南极鳕鱼还真是不怕冷，科学家经过多年研究终于弄清楚了南极鳕鱼为什么那么不怕冷！原来，在南极鳕鱼的血液中有一种特殊的成分——糖肌，以它为主要成分所构成的一种特殊的化学物质可以帮助鳕鱼面对寒冷。科学家把这种东西叫作抗冻蛋白质，还用了一个比较形象的比喻来形容它——这种抗冻蛋白在鳕鱼的身体里起的作用就和汽车的防冻剂在汽车上起的作用是一样的。

◎ 游得最快的鱼

旗鱼是举世公认的游得最快的鱼。虽然它分布在地球上的各个海域，但由于许多实际的困难，要确切地测得这种鱼的最高游速是很困难的。在美国佛罗里达海岸的长礁外面，曾测

剑鱼的秘密

剑鱼，又叫箭鱼，是剑鱼科的唯一的代表种。这是一种喜欢独自行动的鱼，体重可达675千克。它的鼻子进化成为有力的扁平的剑状。剑鱼生活在所有的热带和亚热带海洋中，有时候也进入温带海域，偶尔能向北游弋一直到达冰岛。

剑鱼的剑上有一个布满小齿的剑套，在鲨鱼身上也发现了类似的小齿。它的作用目前还不得而知，有人认为这可以作为武器（例如剑鱼向鱼群冲刺，刺伤猎物然后将它们吃掉），并且可以作为体前的分水流线，而鼻子正如破浪角。

大型鱼类攻击船只的统计有很多，但是在统计中并没有区分剑鱼、矛鱼和旗鱼，因为这3种鱼都具有相同的习性。毫无疑问剑鱼可以刺穿船底，并可能在用力撤回的时候把剑折断。在伦敦的自然历史博物馆中保存着一段剑鱼鼻子刺入深达56厘米的木头。还有报道称，HMS大无畏号木船在由锡兰（即现在的斯里兰卡）到伦敦的航程中漏水了，检查表明在船体外侧有一个深2.5厘米的洞，洞穿了铜外壳，据怀疑这是剑鱼所为。偶尔会在鲸脂中发现剑鱼的剑鼻。这些对于船舶和鲸的攻击是否是故意而为，目前还不清楚。最有可能的解释是当一条剑鱼——其速度可以快达每小时90多千米，遇到一艘船或一条鲸的时候，发现自己已经没有时间改变方向，所以一场撞击便在所难免。

量到一条旗鱼的游速是每小时109.43千米，即每秒能游30.4米。箭鱼也是游得很快的一种鱼类，箭鱼的游速是通过箭鱼刺深深戳入船只水下部分的船板而估算得知的。由一条箭鱼的刺戳入船板56厘米可算出这条鱼在当时的游速是每小时92千米。

◎ 筑巢最精致的鱼

世界上筑巢最精致的鱼是刺鱼。

我们都知道鸟是筑巢的“专家”，至于鱼会不会筑巢，我们都会怀疑，其实鱼也是会筑巢的。世界上筑巢最精致的鱼是一种叫“刺鱼”的鱼类。刺鱼，顾名思义，是一种背上长有刺的淡水鱼类，它们的背上都长有4～10毫米的小刺。刺鱼也是一种很小的鱼类，一般来讲都不会超过5厘米长，但是种类很多，在世界上的很多地方都有分布，在我国北方的一些淡水流域就分布着很多这样的鱼类。它们筑巢的目的是为了保护子嗣，它们一般在春季筑巢，在产卵以前，雄刺鱼会选择一个比较安全的地方开始筑巢。在选好“地基”以后，它们会选择一些水草的根茎和一些柔软的小碎屑作为筑巢的材料，这些都准备好以后，刺鱼会从自己的肾脏分泌一种黏液把这些材料粘在一起，刺鱼的巢就这样建成了。它们的巢看上去很简单却很安全，并且内部很精致。

◎ 雌雄体形差别最大的鱼

世界上雌雄体型差别最大的鱼是鮟鱇鱼。

鮟鱇鱼是一种生活在深海里的鱼类，那里常年见不到阳光，所有的动物都一直生活在一

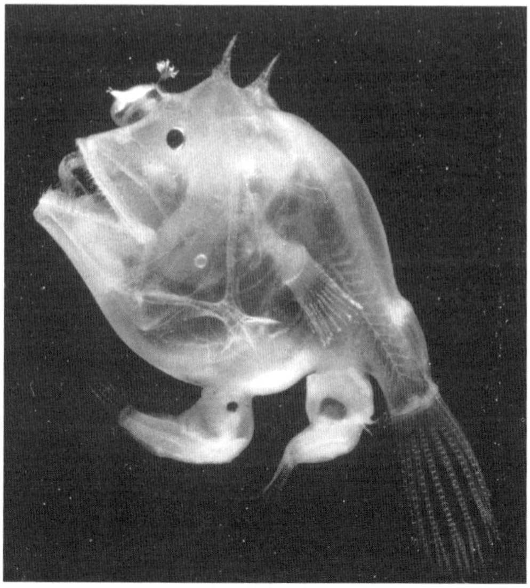

在雌性的召唤下，两条寄生雄性将自身与雌性琵琶鱼融为一体。

种绝对的黑暗之中。鮟鱇鱼一般来讲很少行动，行动起来也非常非常的缓慢，但是它们有一个奇怪的生理特征就是雌性鱼一般都要比雄的鱼体重重上千倍，甚至上万倍。这的确是一个奇怪的现象，雄性鱼靠附着在雌性鱼上面过寄生生活，雄性鱼的身体看上去就像是一根小小的鱼刺，不细心观察，根本就不会发现它的存在！科学家这样解释这一奇怪的生理现象：鮟鱇鱼一般生活在暗无天日的深海海域，成熟的鱼个体寻找配偶是一件非常不容易的事情，所以当雄性鱼一旦找到配偶就会牢牢地把自己固定在雌鱼身上——一直到最后双双死去！

◎ 最大的淡水鱼

世界上体型最大的淡水鱼是鲟鱼，鲟鱼是一种看上去非常像海生鱼的大鱼种，它体型庞大，所以人们把它看做是世界上体型最大的淡水鱼。

鲟鱼密集分布的地区主要有两个：一个就是处于东欧地区的里海和黑海，一个是亚洲东部和北美洲西部地区。它是世界上最古老的鱼种之一，体型特别大，一般来讲都有2～3米长，最长的有

20世纪90年代在俄罗斯伏尔加河捕获的鲟鱼

鲟鱼卵能制成鱼子酱，随着当地大坝的修建，以及不断增长的非法捕鱼，鲟鱼的数量急剧下降。

7～8米，平均体重是200～400千克，当然体重在1000千克以上的鲟鱼也不在少数，体型这么大的海生鱼是很常见的，但是淡水鱼就很少见了。

◎ 飞得最远的鱼

飞得最远的鱼是飞鱼。试验发现，飞鱼能飞出水面10多米，在空中停留40多秒，持续飞行距离最远达1000多米，平均距离也有800多米，可见飞鱼飞得的确是够远的。

飞鱼是一种热带鱼，在赤道附近很多见，每年的5月份在中国南海附近也经常可以看到飞鱼。其实飞鱼所谓的“飞”就是一种简单的滑翔而已，它飞的时候先是用力拍打水面，然后就会很快地冲出水面，向前滑翔！飞鱼在这个“飞”的过程中的所有力量都来自于它身后的尾鳍，而我们看上去像是它的“翅膀”在帮助它飞行，事实上并非如此！

◎ 最懒的鱼

海洋里最懒的鱼是一种名叫鲫鱼的鱼类。

鲫鱼的头部有一个天生的特殊的吸盘，它可以把自己吸在其他动物身上，比如鲨鱼、鲸、海龟等动物的腹部，有时候甚至是船的底部，这样，鲫鱼就可以不费吹灰之力到任何地方。看来鲫鱼的确是够懒的，但是懒得有窍门，当到达食物多的海域，鲫鱼就会放松吸盘，然后大吃一顿，接着再寻找机会开始下一个旅程。对鲫鱼来讲，这也是一种天生的自我保护能力，因为鲫鱼天生又小又弱，把自己吸在比自己大的动物身上就可以防止被天敌攻击，这也不失为一种精明的生存手段！

◎ 最小的鱼

世界上最小的鱼是生活在菲律宾的河流和湖泊中的一种鱼，它的体型极小，但是人们却称它为“虎鱼”。

在菲律宾地区的河流和湖泊中，虎鱼是一种极其常见的鱼，这种鱼的奇怪之处在于它的体型很小很小，不要说是刚刚成形的虎鱼，就是成年的虎鱼，身长也不过7～8毫米，体重一般都在4～5克。这么小的鱼，也真算得上是一个奇迹，并且它的表皮都是透明的，身体内部

鲨鱼的代表种：1.皱鳃鲨（皱鳃鲨目中的关键种）；2.项虎纹鲨（须鲨目）；3.鲸鲨（须鲨目）；4.古巴光唇鲨（猫鲨目）；5.剑吻鲨（砂锥齿鲨目）；6.大白鲨（鲭鲨目）；7.细尾长尾鲨（鲭鲨目）；8.长鼻锯鲨（锯鲨目）；9.丽扁鲨（扁鲨目）。

的五脏六腑都可以用我们的肉眼看得一清二楚，这是不是就更奇怪了？

虎鱼还有一个独特的地方就是它的繁殖能力很强，也正是因为它的繁殖能力极强，在它附近的居民眼里，虎鱼是最容易得到的，也是最美味的食物之一！

◎ 最大的鱼

鲸鲨是世界上最大的鱼，生活在大西洋、太平洋和印度洋中。鲸鲨长着宽宽的大头，小小的眼睛，嘴巴很宽，张开来像两扇大簸箕。鲸鲨的皮有20厘米厚，产的卵有橄榄球那么大，鲸鲨的感觉器官十分灵敏，视力特别好，寿命也很长，平均寿命在25年左右。许多鲸鲨都很凶暴，见什么吃什么，当然也吃人，但是令人不解的是有些巨型的鲸鲨却性情温和，只吃一些极小的浮游生物。有记录称，最大的鲸鲨体长12.65米，身躯最粗部分周长7米，重约15～21吨。该鲸鲨于1949年11月11日在巴基斯坦卡拉奇附近的巴巴岛海域被捕获。

◎ 最珍稀的鱼

现在世界上最珍稀的鱼是生活在南非附近海域的一种叫作“腔棘鱼”的鱼类。

大约在3.5亿年前的泥盆纪生活着一种叫作总鳍鱼的鱼类，据说它是一种骨鳞鱼类，有的科学家推测它就是现代两栖动物的祖先，不过它在2亿多年前就已经灭绝了，但是它在灭绝以前，慢慢地进化成了两个支系，其中有一支

腔棘鱼的发现是历史上动物学领域的又一重大发现。玛罗丽·考特内·拉蒂莫仔细地勾勒出腔棘鱼的轮廓，并指出这便是她于1938年在东伦敦码头周围发现的腔棘鱼。14年之后，即1952年，第一个完整的腔棘鱼标本的长期搜寻工作告一段落，J.L.B.史密斯（前左二）和依瑞特·罕特（前左三）自豪地展示着他们在科摩罗群岛中的藻德济岛发现的腔棘鱼。

叫“腔棘鱼”。科学家原以为这种腔棘鱼应该于6000万至1.2亿年前就已经绝种了，谁也没想到，就是这种原以为已经灭绝的鱼种竟于1938年在南非附近的海域出现！

1938年夏季，有渔民在南非东伦敦港附近发现了这种空棘鱼，当时曾经震惊了整个世界！现在这条鱼的标本被保护在当地博物馆里。腔棘鱼的神奇出现让它当之无愧地成了人们眼里最最珍稀的鱼类。

◎ 最毒的鱼

毒鱼可分为有毒腺的鱼和有毒鱼类，前者也称为棘毒鱼类。世界上最毒的棘毒鱼类是毒。它们的眼睛和下颌突出，相貌丑陋，但色彩艳丽，是爱打扮的丑八怪。毒背鳍参差不齐，并有像针一样的毒刺。毒刺刺到人时，毒腺会分泌毒液流向人体，人类中毒之后会感到呼吸困难，剧烈疼痛，直到死亡。毒生活在印度洋、太平洋热带水域中。

有毒鱼类中最毒的要数纹腹叉鼻。这种鱼分布在红海和印度洋、太平洋海域，它的卵巢、肝、肠、皮肤、骨头甚至血液中都含有一种神经毒素——毒素。研究人员还发现，毒素的毒力与生殖腺活性密切相关，在繁殖季节前达到最高期。如果在这个季节中不慎吃了这种鱼，2小时内便可死亡。纹腹叉鼻是海洋生物中毒性最剧烈的一种。

◎ 寿命最长的鱼

世界上寿命最长的鱼是狗鱼。狗鱼的寿命很长，可达200多岁，是鱼类中的老寿星。已经发现的最长寿的狗鱼年龄达到267岁。

狗鱼是淡水鱼，广泛分布在北半球寒带到温带水域。它们的身体修长，可达1米以上，口像鸭嘴，大而扁平，口生犬牙，下颌突出。它的牙齿与众不同，上颚齿可以伸出来并有韧带连着，这种锋利的牙齿可以把捕捉到的动物挂住，有时也把吃不完的食物挂在牙齿上，留着备用。狗鱼是淡水鱼中生性最粗暴的肉食鱼，除了吃其他鱼类之外，还吃鸭子、青蛙、鼠类。

狗鱼的鳞细小，侧线不明显。背鳍位置较靠后，接近尾鳍，与臀鳍相对，胸鳍和腹鳍较小。背部和体侧灰绿色或绿褐色，散布着许多黑色斑点，腹部灰白色，背鳍、臀鳍、尾鳍也有许多小黑斑点，其余为灰白色。

栖息在河流中的白斑狗鱼是出色的捕食者，它们的身体呈流线型，并有一排锋利的牙齿，能吞食猎物。它们是世界上分布最广泛的淡水物种。

狗鱼的肉味极佳，是钓鱼的好对象。由于它们的寿命很长，偶尔能够钓到巨型的个体。狗鱼产区的天然产量很高。

◎ 寿命最短的鱼

在非洲有一种叫佛泽瑞尾鱼的卵生鱼，它是世界上生命最短暂的脊椎鱼类。科学家研究发现这种5厘米长的卵生鱼从出生到发育成熟，交配排卵，直至死亡，只有大约6个星期的生命历程。这种鱼生活在非洲近赤道热带雨林地区。在短短的几个星期内，它们生命历程就结束了。但是，新的生命又会在这里诞生。在佛泽瑞尾鱼短暂的一生中，要排卵 3 次，繁殖出100多条鱼。它们生长至完全成熟只需 4 个星期左右，然而在成熟后的2个星期就要面临生命的终结。

◎ 外形最奇特的鱼

世界上外形最奇特的鱼类是海马，它们的头部像马，尾巴像猴子，眼睛像变色龙，身体像有棱有角的木雕。海马属于硬骨鱼，是一种奇特而珍贵的近陆浅海小型鱼类。

海马身长只有4 ~ 30厘米，头部侧扁，头两侧各有2个鼻孔。头部与躯干成直角形，胸腹部凸出，由10 ~ 12个骨头环组成，一般体长10厘米左右，尾部细长，呈四棱形，常呈卷曲状。栖止时的海马，利用尾部的卷曲能力，使尾端缠附在海藻的茎枝上。因此，海马多栖息在深海藻类繁茂之处。

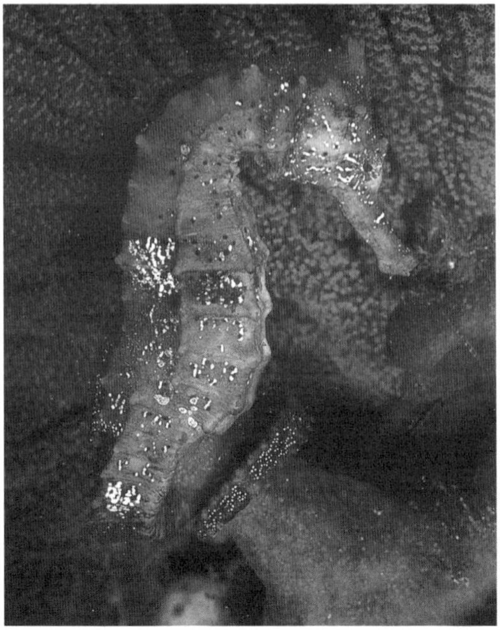

↗ 太平洋海马体长可以超过30厘米，这是世界上最大的海马种类。海马用它们灵活有力的尾巴缠绕住植物、珊瑚或海绵。图中的太平洋海马正缠绕在一棵红柳珊瑚上。

海马全身完全由膜骨片包裹，有一个无刺的背鳍，没有腹鳍和尾鳍。海马游泳的姿态也很特别，头部向上，身体稍斜直立于水中，完全依靠背鳍和胸鳍来进行运动，扇形的背鳍起着波动推进的作用。

雄性海马腹面有一个育儿囊，卵产于其内进行孵化，一年可繁殖2 ~ 3代。海马也算是世界上最小的有袋动物。

◎ 眼睛最奇特的鱼

比目鱼又叫獭目鱼、塔么鱼，分布在热带到寒带水域，多为海产，生活于沿大架棚中等深度的海水中，但有些则进入或永久生活于淡水。比目鱼最显著的特点是它们的眼睛非常奇特，两只眼睛长在同一侧，被认为是两条鱼并肩而行，所以叫作比目鱼。

比目鱼静止时，有眼的一侧朝上，伏卧在浅海的沙质海底，部分身体经常埋在泥沙中，有些能随环境的颜色而改变体色。有眼的一侧有颜色，但下面无眼的一侧为白色。比目鱼的身体表面有极细密的鳞片。比目鱼只有一条背鳍，从头部几乎延伸到尾鳍。

刚出生的幼年比目鱼跟普通鱼很相似，眼睛长在身体的两侧，它们常常在水的上层游泳。那么它们的眼睛是怎么长到一起的呢？经过20多天的发育，幼鱼的身体长到1厘米的时候，它的眼睛开始搬家。比目鱼的头骨是由软骨构成的，当比目鱼的眼睛开始移动时，比目鱼两眼间的软骨先被身体吸收。这样，眼睛的移动就没有障碍了。一侧的眼睛通过头的上缘逐渐移动到对面的一边，直到跟另一只眼睛接近时，才停止移动。不同种类的比目鱼眼睛搬家的方法和路线有所不同。

比目鱼眼睛的移动说明比目鱼的体内构造和器官也发生了变化，比目鱼已经不适应漂浮生活，只能横卧海底了。

◎ 最大的双壳贝

砗磲是生活在印度洋和西太平洋海域的大型双壳贝，是世界上最大的双壳贝。砗磲的贝壳一般长1米，大的则有2米多长，重250多千克。最大的砗磲贝壳比浴盆还大。

贝壳略呈三角形，壳顶弯曲，壳缘呈波形屈曲。壳面粗糙，呈放射状，上面有数条像被车轮辗压过的深沟道。有的种类长有粗大的鳞片。贝壳表面有一层外套膜，颜色鲜艳，有孔雀蓝、粉红、翠绿、棕红等，还有各色花纹。砗磲的壳很厚，内壳呈白色，质地光润，将其打磨之后可做佛珠或装饰宝石。

砗磲常与大量虫黄藻共生。这种单细胞藻可在砗磲体内循环，并进行光合作用，为砗磲提供丰富的营养。砗磲的外套膜边缘有一种叫玻璃体的结构，能聚合光线，可使虫黄藻大量繁殖。此外，砗磲也以浮游生物为食。它们之所以长得如此巨大，是因为可以从两方面获得食物。

◎ 最大的虾

世界上最大的虾是龙虾。龙虾，又叫海虾，或大虾，在民间俗称虾王。一般的虾只有4～8厘米，而龙虾长达20～40厘米，重0.5千克左右。它们头胸部粗大，呈圆筒形，外壳坚硬，色彩斑斓，腹部短小。头部有三对触须，头部外缘的一对触须特别粗长。胸部有5对足，其中一对或多对常变形为螯，一侧的螯常大于另一侧的螯，右侧的螯是碎螯，左侧的螯是刺螯。眼睛长在眼柄上。尾部鳍状，可以游泳，尾部和腹部弯曲活动可推动身体前进。

龙虾主要分布在热带海域，是名贵海产品，它们栖息在温暖的海洋底部，白天隐匿在礁石缝隙中，晚上出来觅食。2008年，一位英国渔民在英吉利海峡捕到一只长92厘米、重达10千克的巨型龙虾，够10个人饱餐一顿。这只龙虾的年龄估计在70岁左右。目前世界上最重的龙虾重达20千克，是在加拿大新斯科舍省捕捉到的。

◎ 最长的软体动物

枪乌贼就是平常所说的鱿鱼。鱿鱼不是鱼，而是软体动物。它们的头和身体都是狭长的，躯干呈椭圆形，末端尖尖的，很像标枪的枪头，所以叫枪乌贼。巨型枪乌贼是世界上最长的软体动物，也是世界上最大的无脊椎动物，有人把它称为“大王乌贼”。成年枪乌贼长17～18米，触手长13米左右。

枪乌贼是游泳高手，他们的身体成流线型，可以减少阻力，平时游泳速度每小时可达50千米，遇到危险时，每小时可达150千米。枪乌贼躯干外包裹着囊状的外套膜，里面是一个空腔和一个外套腔，灌满水之后，入口就扣上了。挤压外套腔，里面的水就从颈下喷出，枪乌贼借助喷水的反作用力前进。当枪乌贼吃饱了，并且没有危险的时候，它们就用菱状鳍划水前行，当捕食或遇到危险的时候，它们就会尾部朝前，用喷水的方式前行。它们可以随着环境的变化改变身体的颜色，当遇到危险的时候还可以放出一股乌黑的墨汁，让敌人看不清路，然后趁机逃走。

巨型枪乌贼也是世界上眼睛最大的海洋生物，其眼睛的直径可达38厘米。比蓝鲸的眼睛还要大三倍，比普通唱片的直径还要大8厘米。

巨型枪乌贼是古代海怪传说的主角，它们触手的末端膨大，上面有强大的吸盘，吸盘环上长有利齿。一旦被它们抓住就难以逃脱，它们那尖而有力的喙状嘴能够快速将猎物吞食。你也许会认为这么大的怪物可以称霸海底世界

龙虾科中的螯龙虾

了，其实，它们是抹香鲸最喜爱的食物，人们在抹香鲸的胃里常发现难以消化的巨型枪乌贼的喙。

◎ 最大的海参

海参生活在热带和亚热带海洋，有1100多种，其中最大的要数梅花参。梅花参体长60～70厘米，宽约10厘米，高约8厘米。最大的体长可达120厘米。它们身体柔软，呈圆筒状，长有很多肉刺。每3～11个肉刺的基部连在一起，好像梅花一样，所以叫作梅花参。由于身上刺很多，整体看起来像凤梨，因此，也叫凤梨参。

梅花参多生活在有少量海草、堡礁的沙底，以小生物为食。梅花参的泄殖腔内长有一种隐鱼，和它形成共生关系。梅花参的色彩十分艳丽，背面显现出美丽的橙黄色或橙红色，还点缀着黄色和褐色的斑点，腹面带红色，20个触手都呈黄色。

很多动物有冬眠的习性，而海参却有夏眠的习性。这并不是海参害怕天热，而是因为夏天海底小生物大大减少，海参的食物不够吃而被迫夏眠的。

梅花参不仅个体很大，而且肉质特别厚和脆嫩，是最好的食用海参。此外，梅花参还有很大的药用价值。

◎ 现存最古老的海洋动物

鹦鹉螺是有螺旋状外壳的软体动物，是现存最古老的海洋生物，有“海洋活化石”之称。在距今5亿年前的奥陶纪时代，体型庞大的鹦鹉螺凭借其敏锐的嗅觉和尖利的喙曾经雄霸海底世界。鹦鹉螺现存的种类不多，而且都属于暖水性动物，是印度洋和太平洋海域特有的种类。

鹦鹉螺的贝壳非常美丽，石灰质的外壳大而厚，左右对称，沿一个平面做背腹旋转。贝壳外表面光滑，呈灰白色，夹杂橙红色波状纹。壳的内腔有30多个壳室，它的身体占据最后一室，其他各室充满空气以增加浮力，各室之间由一根细管相连，它们通过排出壳室空气的方法在水中游泳。鹦鹉螺属于底栖动物，平时在100多米深的海水底部用腕部缓慢前行，也可以用腕部的分泌物附着在岩石或珊瑚礁上。

↗ 鹦鹉螺是进化非常成功的一类海洋生物，它们存在了数百万年。

◎ 海洋中最多的生物

养过鱼的人都知道鱼吃鱼虫，去江河和池塘玩的人可以看到非常小的虾苗。鱼虫和小虾苗就属于浮游生物，它们体形非常小，用肉眼几乎看不见。浮游生物是海洋中最多的生物。如果我们从大海或池塘中取一滴水，放在显微镜下观察就会看到许多浮游动物和植物。浮游生物大都由一个细胞组成，它们游动能力很差，只能悬浮在水中，受水流的推动而移动。

浮游生物多种多样，包括动物、植物和细菌。浮游动物中几乎可以见到全部动物类群；浮游植物中以硅藻、鞭毛藻和蓝藻居多；此外，还有不少附着在悬浮物上的细菌。一般浮游生物是小型的，但也有伞径长达2米的水母等。从形态上看，浮游生物为适应浮游，体表常有复杂的突起，或在体内贮存着大量的水、油滴、脂肪和气体等，在浮游植物中，有的也是通过调节体内气体的量来做垂直移动。

小型浮游动物是水中食物链中基础的一环；同时，对于海洋而言，它们大规模地垂直移动具有把有机物向下层运输的作用，这使浮游生物受到了人们的重视。

◎ 最大的章鱼

章鱼又称作“八爪鱼”，是海洋软体动物。世界上最大的章鱼是普通的太平洋章鱼，1973年2月，一名潜水员在华盛顿的夏胡德运河捕捉到一只大章鱼，这只章鱼腕足展开后直径达15.6

↙ 白章鱼像降落伞一样张开自己的触手，游弋在夏威夷海的海床底上。它以虾和蟹为食，窝的周围常常满是它丢弃的残骸。白章鱼可以长到1米长，但是世界上最大的章鱼——太平洋大章鱼的触手完全张开后的长度可达8米，重量可达250千克。

海葵和水母的代表物种

1.蓝水母，位于北大西洋（直径20厘米）；2.海月水母，一种普通水母，分布于地中海和北大西洋（直径25厘米）；3.草莓海葵，一种珍珠海葵，位于地中海、北大西洋的潮间带（高7厘米）；4.绣球海葵，带羽毛的海葵（高8厘米）；5.曲膝薮枝螅，位于欧洲西北部浅岩石栖息地（群落高4厘米）；6.桧叶螅，一种水螅群落（高45厘米）；7.白海扇珊瑚，分布于地中海和北大西洋（高30厘米）；8.桃色海葵，一种“坐等”穴居海葵，分布于地中海和北大西洋（高10厘米）；9.珠宝海葵，一种海葵状动物，分布于北大西洋（直径5厘米）；10.水手珊瑚或“死人手指”，一种水螅群落，分布于地中海和北大西洋（高20厘米）。

米，重达53.6千克。此外，有人曾在美国佛罗里达州圣奥古斯丁的海滨发现一堆重约7吨的海生动物残骸，经过美国国家博物院检验，确定那堆残骸是大型章鱼的遗体，估计腕足展开可达61米。

章鱼广泛分布在世界各地热带和温带海域，栖于多岩石海底的洞穴或缝隙中，喜隐匿不出，主要以虾类、蟹类及其余甲壳动物为食。章鱼被认为是无脊椎动物中智力最高者，它们具有高度发达的含色素的细胞，故能极迅速地改变体色，变化之快令人惊奇。

◎ 最大的浮游生物

世界上最大的浮游生物是水母。水母没有脊椎，它们虽然身体庞大，但是只能靠水的浮力支撑。水母的外形像一把透明伞，伞状体直径有大有小，大水母的伞状体直径可达2米。从伞状体边缘长出一些须状条带，那是它们的触手，触手有的可长达20～30米，相当于一条大鲸的长度。水母虽然身体庞大，但是其中大部分是水，身体的含水量可达98%。浮动在水中的水母，向四周伸出长长的触手，有些水母的伞状体还带有各色花纹。在蓝色的海水里，这些游动着的色彩各异的水母显得十分美丽。

水母虽然看起来美丽温顺，其实十分凶猛。在伞状体的下面，那些细长的触手是它的消化器官，也是它的武器。在触手的上面布满了刺细胞，像毒丝一样，能够射出毒液，猎物被刺螫以后，会迅速麻痹而死。触手就将这些猎物紧紧抓住，缩回来，用伞状体下面的息肉吸住，每一个息肉都能够分泌出酵素，迅速将猎物体内的蛋白质分解。

水母的身体由内外两个胚层组成，两层间有一个很厚的中胶层，呈透明状，具有漂浮的作用。它们在运动时，利用体内喷水反射前进，远远望去，就好像一顶圆伞在水中迅速漂游。在繁殖期水母会在海上成群出没，它们紧密地生活在一起，像一个整体似的漂浮在海面上，显得十分壮观。

◎ 最艳丽的海洋动物

裸鳃亚目软体动物，以身体绚烂的色彩而闻名，有“最艳丽的海洋动物”之美誉。它们是蜗牛的无壳亲戚，是一种小型的海洋动物，通常只有2～6厘米长，在全球各地的海里都有分布。从最深最暗的大洋底部到温暖的浅水区，它们都能存活。

有些种类身上的图案与它们所处的深绿和

棕色海洋环境相匹配，有些种类的图案与它们栖息地环境形成鲜明对比。据分析，它们的斑斓色彩由进化演变而成，是褪去外壳后的一种防卫机制，或者变成它们周围环境的颜色来掩饰、保护自己，或者变成醒目的颜色吓走敌人，让敌人知道它们不仅有刺，还能分泌毒液。

它们的眼睛什么都看不到，只能靠嗅觉、味觉寻找海绵、珊瑚、卵、小鱼或其他同类为食。尽管一些有毒海绵体内藏有毒素，但是，裸鳃亚目软体动物能通过保护腺消化这些海绵。

◎ 最大的水母

水母的种类很多，全世界大约有250种，直径从10厘米到100厘米之间，常见于各地的海洋中。其中最大的是北极霞水母，它们生活在北冰洋和大西洋水域。一般为红褐色或黄色，伞盖上闪耀着彩色的光芒，伞盖直径可达2.5米。伞盖边缘伸出8组触手，每组150根左右，共1200支触手，每组触手伸长可达40米左右，触手能够自由伸展或收缩，1秒钟内就能收缩到只有原来长度的十分之一。

触手展开时面积可达500平方米，就像撒开了天罗地网，很多海洋动物遇到它都只能束手就擒。触手末端有带毒的刺丝，水母无法看清猎物，只能当猎物靠近时伸出触手放射毒素，将猎物刺伤然后吃掉。北极霞水母能够很快地将食物吸收进体内，如果食物充足，它们的体形就会迅速增大，繁殖也会加快。当食物不够时，它们的身体就会缩小。

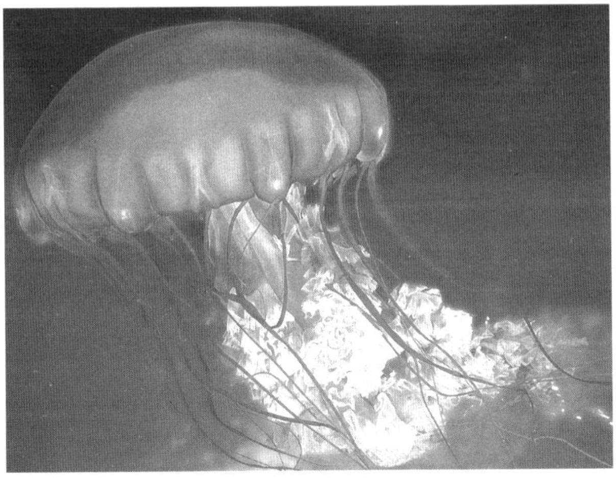

海荨麻水母因其触须能有力地扎刺而得名。秋冬两季，在美国加州和俄勒冈州的近海能收集到大量该物种群。

— 昆虫与其他无脊椎动物之最 —

◎ 最原始的昆虫

世界上最原始的昆虫是原尾虫，俗称“螈”。原尾虫体长0.5～2毫米，身体细长，呈白色或无色，口器藏在头的内部，适合刺吸。它们分布很广，栖息在潮湿的草根、树皮和石头下面。一般昆虫都长着单眼和复眼、一对触角、三对足和两对翅膀。原尾虫没有眼睛，没有翅膀，也没有触角，但是它们的前足特别长，常常举起来代替触角的作用。

原尾虫幼虫刚孵化的时候，腹部体节为9节，随着虫龄的增长，逐渐增加另外3节和一个不明显的尾节。这种现象叫增节变态，是其他昆虫没有的，表现了它的原始性。

◎ 最小的昆虫

“毛翼”甲虫和棒状翼的“仙女蝇”（一种寄生黄蜂）是人们所知道的最小的昆虫。这两种昆虫甚至比某些单细胞原生动物还要小。

据测算，没吃饱的单个的雄性吸血虱和寄生蜂的体重仅0.005毫克，而每颗寄生蜂的卵就更小了，它的重量只有0.0002毫克，超出常人想象。

◎ 最长的昆虫

生活在婆罗州雨林地区的棒状虫是世界上有记载的最长的昆虫。英国伦敦的自然历史博物馆保存有目前已知最长的昆虫标本。该标本身长达32.8厘米。当它蜕皮时，过长的腿极易碰断，因此在野外时常能发现此类昆虫的断腿。

◎ 飞得最快的昆虫

一般的昆虫，还有像鹿马蝇、天

↗ 蜻蜓是最凶猛的食肉昆虫之一。图中的国王蜻蜓素以捕食大红蟌而闻名。

蛾、马蝇和几种热带蝴蝶一类的昆虫，持续飞行时，其最高速度为每小时39千米。而澳大利亚蜻蜓在进行短距离的冲刺时，速度可达每小时58千米，是世界上已知的飞得最快的昆虫。

◎ 最重的昆虫

世界上最重的昆虫是金花龟科大甲虫，主要生活在非洲赤道一带。一般情况下，成熟的金花龟科大甲虫的雄虫体重在70.9～99.2克之间。

◎ 生命力最强的昆虫

摇蚊蝇是所有昆虫中生命力最强的，它的幼虫可以生活在102℃～234.4℃的高温下，而且它还是目前能完全脱水生存的最进化的生物。

◎ 发声最大的昆虫

非洲蝉所发的声音最大，在50厘米之外测算它发出的鸣声，平均声压级为106.7分贝。蝉的鸣叫有利于它们之间相互传递信息及繁殖后代。

◎ 陆地上爬行最快的昆虫

据美国加利福尼亚大学伯克利分校的《美国环球杂志》记载，热带大蟑螂爬行时速可达5.4千米，若按秒计算，每秒钟的爬行距离是其身长的50倍，因而是陆地上爬得最快的昆虫。

◎ 世界上跳得最高的昆虫

跳蚤在世界上的分布是相当广泛的，几乎在世界上的任何地方都有跳蚤生存着，在我们的日常生活中，跳蚤也是最常见的昆虫之一。跳蚤是很能跳的，但是有谁想到过，跳蚤是世界上跳得最高的昆虫？其实，世界上有很多很能跳的动物，但它们的弹跳能力都不如跳蚤。当然，这里所说的弹跳能力是拿它们的身高来作为参照标准的，在这个参照标准下，跳蚤跳跃时能跳出超过它自己身高200倍的高度，这是那些所谓很能跳的动物（比如跳兔、跳鼠）都不能比的。跳蚤有一对发达的附肢，附肢上面灵活的关节造就了跳蚤超强的跳跃能力！

꧁ 用附肢“飞行” ꧂

昆虫学家米里亚姆·罗斯恰尔兹曾描述跳蚤为“用附肢飞行的昆虫”。尽管跳蚤没有翅膀（次要条件），但特殊的结构——胸膜弓仍使它们具有高度的灵活性。胸膜弓是跳蚤有翅祖先的翅铰合部特化而成的，由节肢弹性蛋白构成，可说是跳蚤那惊人的跳跃能力的发电站。

为了有效地适应极大的温差，如从寒冷的北极来到炎热的赤道，跳蚤只依靠肌肉是不行的。因为在低温地区，僵硬的肌肉运动会变得低效。为了在跳跃中达到惊人的加速度，跳蚤们运用了一种触发点击机制。

受压时，头盔形的胸膜弓会产生并储存跳跃所需的能量，非常高效的节肢弹性蛋白能在需要的时候释放97%的储存能量。当跳蚤把自己缩成一团准备跳跃的时候，肌肉配合后肢（转节压肌）的第二节使外表皮变形，同时“飞行”肌肉压挤胸膜弓。坚硬的外表皮上的一连串链板互锁上，把胸部三节紧紧夹在一起。抬高后肢后，跳蚤的身体重心落在各转节上，保持起飞前的平衡状态。

一旦处于平衡中的跳蚤受到刺激如目标宿主呼出一口二氧化碳的时候，肌肉放松使胸膜弓展开，突如其来的爆发力使表皮脊突下沉，并进入各转节。伴随着清晰可闻的“嘀嗒”一响，后坐力把跳蚤以60倍重力加速度从原地弹射出去，其速度之快，人的眼睛都没办法看见，而下沉的后肢撞击物体表面的时候，能额外提供140倍重力加速度。饥饿的跳蚤为了找到一名宿主，会以每小时跳跃600下的频率连续跳3天。而猫跳蚤跳跃的时候，能轻易地蹦至34厘米高。

◎ 最具破坏力的昆虫

世界上最具破坏力的昆虫是一种叫作“荒地蚱蜢”的昆虫。

荒地蚱蜢广泛地分布于非洲和亚洲的西部地区，是一种让人们谈之色变的昆虫。它巨大的破坏力几乎已经让人们无能为力，尤其是在某些特殊的天气状况下，荒地蚱蜢会成群结队地飞行，远远地看过去就像乌云一样，它们所到之处，所有的植物都会在一瞬间化为乌有，它们的吞噬能力极强，根据有关资料分析，5000万只蚱蜢1天所吃掉的农作物可供500人生活1年。

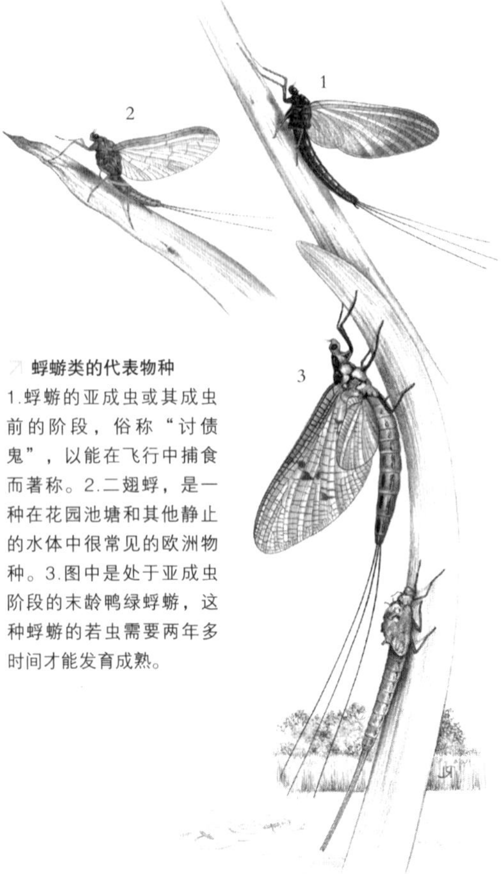

↗ 蜉蝣类的代表物种
1.蜉蝣的亚成虫或其成虫前的阶段，俗称“讨债鬼”，以能在飞行中捕食而著称。2.二翅蜉，是一种在花园池塘和其他静止的水体中很常见的欧洲物种。3.图中是处于亚成虫阶段的末龄鸭绿蜉蝣，这种蜉蝣的若虫需要两年多时间才能发育成熟。

◎ 繁殖最快的昆虫

地球上繁殖最快的昆虫是一种名为蚜虫的昆虫。

蚜虫是世界上比较普遍的一种昆虫，在全世界有2000多种，我国也大约有600多种。蚜虫不仅仅种类繁多，其繁殖速度更是惊人，比如说有一种叫做棉蚜的蚜虫，有研究表明，它们基本上4～5天就能繁殖1代，更奇怪的是刚刚出生4～5天的棉蚜就已经开始繁衍后代，1只棉蚜1年能繁殖20～30代。

当然，蚜虫的繁衍习性是不同的，所以它们的繁殖速度不能一概而语，上面讲的棉蚜是胎生的，有的蚜虫是卵生的，卵生蚜虫虽然没有胎生蚜虫那么快的繁殖速度，但是和一般的昆虫繁殖速度比起来也是相当快的。

◎ 寿命最短的昆虫

最短命的昆虫非蜉蝣莫属，它的成虫往往活不到1天，一般只有几个小时就走到了生命的尽头。尽管蜉蝣成虫寿命很短，但其幼虫寿命却很长。蜉蝣成虫经过交配，把卵产在水中。幼虫要变成亚成虫，必须先在水中生活1～3年，爬出水面蜕过皮后才变为蜉蝣成虫。如果把它在水中生活的时间算在一起，寿命还是不短的。

蜉蝣早在3亿多年以前就已经出现，是比较古老的昆虫。世界上的蜉蝣有2000种左右，分布极其广泛。它身体软弱细长；头小，复眼大；两对翅膜脆弱，极易脱落；足细弱，只用于停息时攀附，不用于行走。

↗ 蜉蝣在湖面羽化后进入短暂的成年时期——它们生命周期的顶点。此时它们紧张而又繁忙，通常只有1天或更短的时间去找一个伴侣繁衍后代。

蜉蝣的稚（幼）虫一般在日落后羽化为亚成虫，这时的虫体与成虫相似，但由于全身被半透明薄膜覆盖，使它显得有些发暗，翅膀暗淡，不活泼，也不能交配。只有经过最后一次蜕皮，它才成为翅膀透明、色彩较鲜的成虫，这种现象在昆虫中是绝无仅有的。在成虫阶段，它不吃不喝，主要任务是交配产卵，产卵后就死去。蜉蝣卵在水中孵化后，一般蜕皮20～24次，多的达40次。蜉蝣的稚虫是鱼类的美餐。

蜉蝣的成虫短命的原因在于，它的嘴已经退化，不能再吃任何东西。

◎ 最长寿的昆虫

光亮甲虫是世界上已知的活得最长的昆虫。1983年，在英国埃塞克斯郡普律特维尔的一户人家中发现了一只光亮甲虫，当时，它已至少经历了51年的幼虫期。

◎ 对人类健康危害最大的昆虫

对人类健康危害最大的昆虫是蚊子。它们能够传播疾病。据研究，蚊子传播的疾病达80多种，疟疾、流行性乙型脑炎、黄热病、丝虫病等都是蚊子传播的。它们吸食那些疾病患者的血液，叮咬其他人时，带有的病菌就会传染给其他人。

蚊子在全球约有3000种。除了南极洲外，各大洲都有蚊子的分布。雄蚊子触角为丝状，触角毛比雌蚊子浓密，以花蜜和植物汁液为食，雌蚊子则以人和动物的血液为食。在繁殖前，雌蚊子需要吸食动物的血液来促进卵的成熟。蚊子的触角和足上分布着很多感觉毛，每根感觉毛上都布满了传感器，蚊子可以凭借这种传感器感知空气中动物体散发出来的二氧化碳，从而准确地找到吸食的对象。蚊子的唾液具有舒张血管和抗凝血的物质，使血液更容易汇集到被叮咬的地方。

皮肤被蚊子叮咬后，经常出现起包和发痒的症状。这是因为体内的免疫系统释放出一种称为组织胺的蛋白质，用以对抗外来物质，而这个免疫反应引发了叮咬部位的过敏反应。当血液流向叮咬处以加速组织复原时，组织胺会造成叮咬处周围组织的肿胀，此种过敏反应的强度因人而异，有的人对蚊子咬的过敏反应比较严重。

◎ 对建筑危害最大的昆虫

对建筑危害最大的昆虫是白蚁，白蚁又称虫尉，是社会性昆虫，分蚁后、蚁王、兵蚁、工蚁。白蚁身体柔软而扁，不同种类体色不一样，有白色、淡黄色、赤褐色、黑褐色等不同的颜色。口器为咀嚼式，触角为念珠状。

白蚁主要分布在热带和亚热带地区，有些在树干中筑巢，有些生活在潮湿的地下或干热的场所。白蚁以木质纤维为食，它们后肠中有

纳米比亚草白蚁属的收获蚁收集植物原料高效得就像它们在和牛或者羊这样的家畜进行重大比赛一样。

自然界最优秀的“建筑师”

大多数种类的白蚁都会把它们的巢穴建在隐蔽的地下或死木头下面，但有一些高级白蚁会建造奇特的蚁塔和树巢，形成热带地区景观的重要组成部分。在非洲的稀树大草原，高温和低降雨量不利于生物的生存。正午的太阳下，暴露的白蚁只能存活几分钟。为了保护蚁群，培养真菌的非洲白蚁会建造一个塔形的蚁山，可高达7.5米，露出地面的部分全是中空的，以便让空气在内部流通，使地下部分保持恒温，不致出现昼夜温差过大的情况。在蚁塔中，用来培养真菌的地方占了很大一部分，也会给蚁巢内部带来大量热量。

位于澳大利亚北部干燥地区的达尔文市，著名的罗盘白蚁建造的楔形巢穴，高达3.5米。其宽大平坦的两面分别对着东面和西面，平坦的面可以吸收早晚太阳的温热，而东西朝向则使它不会吸进中午太阳的毒热。也是在澳大利亚，长鼻白蚁建造了许多高达6米的蚁塔，成为当地的永久性景观，其中有些已有超过60年的历史。这种具有了不起的多样性的长鼻白蚁在南美也有发现。在该地区，与爱在地面筑塔的长鼻白蚁相映成趣的一种食草白蚁的巢全在地下，深可达3.4米。

在雨林区，温度变化带来的问题不及突如其来的豪雨。非洲雨林区，食土的方白蚁属白蚁会建造有帽状或树冠状屋顶、能遮雨的蘑菇形巢穴。就在这同一片雨林，原方蛩属白蚁则把它们的巢穴粘在树上，再在巢穴顶部造一个用近40层泥巴糊成的人字形防雨屋顶。在南美，某些种类的长鼻白蚁建造的蚁巢几乎跟这种的一模一样。

共生的原生动物，可以帮助消化食入的纤维素。白蚁危害树木，对木结构的房屋危害非常严重。它们隐藏在木结构内部，往往会破坏或损坏木结构的承重点，造成房屋突然倒塌，木质家具、书籍也会一起遭殃。木材在使用前经过化学处理可以预防白蚁的侵袭。此外，白蚁还会危害农作物，特别是对甘蔗的危害颇为严重。白蚁还会危害江河堤防，它们在堤坝内筑巢，蚁道四通八达，有些蚁道甚至穿通堤坝的内外坡。当汛期来临时，“千里之堤，溃于蚁穴”，小小的蚁穴造成的损失是不可估量的。

白蚁有其弊，亦有其利。在自然界中，白蚁是腐木的分解者，它们是少数能分解纤维素的动物之一，能够使纤维素变成养料回归土壤，因此在生态循环中位居重要的一环。

◎ 分布最广的昆虫

弹尾虫是一种原始昆虫，约有3500种，广泛分布于世界各种土壤和落叶层中。据统计，每23厘米深的土壤中就有弹尾虫2.3亿个，合每929平方厘米中至少有5000个。

它们体型小，一般体长1～3毫米，个别体长超过10毫米，没有翅膀，带有内口式口器。体色多样，有黄绿色、红色、白色、暗蓝色、黑色，有些种类有银色等金属光泽。体表光滑，有些披有鳞片或毛。大部分种类腹部末端有一分叉的附肢，静止时被一握器握持，释放时可将虫体弹出，但通常爬行。腹部有管状似吸管的黏管，可分泌黏性物质和摄入水分。弹尾虫无变态，蜕皮数次后成熟，一生约蜕皮50次。弹尾虫以腐烂植物、菌类、地衣为主要食物，有些种类取食发芽的种子和植物的茎叶，有些危害菜园作物及蘑菇。有些种类栖息在水面上取食水藻，也有些栖息在海滨，取食腐肉。一些种类称雪蚤，可在近冰点气温中生存并成群出现在雪地上。

◎ 力气最大的昆虫

如果按身体比例来计算，世界上力气最大的昆虫是蚂蚁，它们可以拖动超过自己体重300多倍的物体。研究发现，蚂蚁肢体上的骨头长在肌肉外面，肌肉纤维含有特殊的酶和激素蛋白，稍加活动就能释放出巨大的能量。

蚂蚁是一种常见的昆虫。蚂蚁一般体型小，

图中的切叶蚁正在把叶子的碎片运回自己的蚁巢。而在叶子上搭顺风车的这只蚂蚁是“小个子”的工蚁，一旦叶子被运回地下后，就由这些蚂蚁负责做进一步的处理。

在0.5～3毫米，颜色有黑、褐、黄、红等，体壁具弹性，光滑或有毛。口器咀嚼式，上颚发达。触角膝状，4～13节，柄节很长，末端2～3节膨大，腹部第1节或1、2节呈结状。一般没有翅膀。前足的距离大，呈梳状，清理触角用。我们常常看到蚂蚁在地面上拖动食物，一只蚂蚁可以拖动一块比自己身体大很多的面包屑，几只蚂蚁可以把一只大毛毛虫拖进蚁穴。

蚂蚁能生活在任何具备它们生存条件的地方，是世界上抗击自然灾害最强的生物。

◎ 脚最多的昆虫

世界上脚最多的昆虫是千足虫，学名叫马陆，属于节肢动物门多足纲倍足亚纲，在世界各地都有分布。它们生活于腐败植物上并以其为食，有的也危害植物，少数为掠食性或食腐肉。千足虫的种类很多，约10000种，特征为体节两两愈合（双体节），除头节无足，头节后的3个体节每节有一对足外，其他体节每节有2对足，足的总数可多至200对。

千足虫体长约20～35毫米，体节数各异，从11节至100多节。除头4节外，每对双体节含2对神经节及2对心动脉。头节上长有触角、单眼及大、小腭各一对。除一个目外，所有千足虫有钙质背板。自卫时马陆并不咬噬，它们采取自我保护的方式，将身体蜷曲，头卷在里面，外骨骼在外侧。许多种类能够分泌一种刺激性的毒液或毒气以防御敌害。

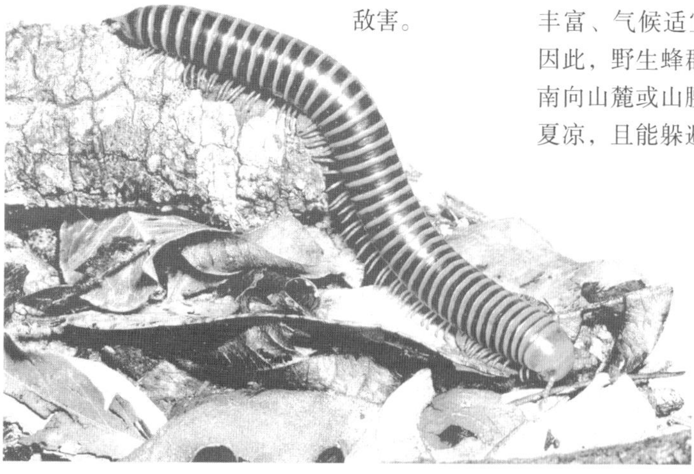

在以植物残渣为食物的生物中，可以长到28厘米的千足虫无疑是其中的庞然大物了。它们爬行缓慢，而且是冷血动物，这两个特点使得千足虫对于能量的需求非常有限。

◎ 最会造房子的昆虫

世界上最会造房子的昆虫是蜜蜂。蜜蜂被称为“天才建筑师”，它们建造的蜂房即使世界上最高级的建筑师看了也会叹为观止。

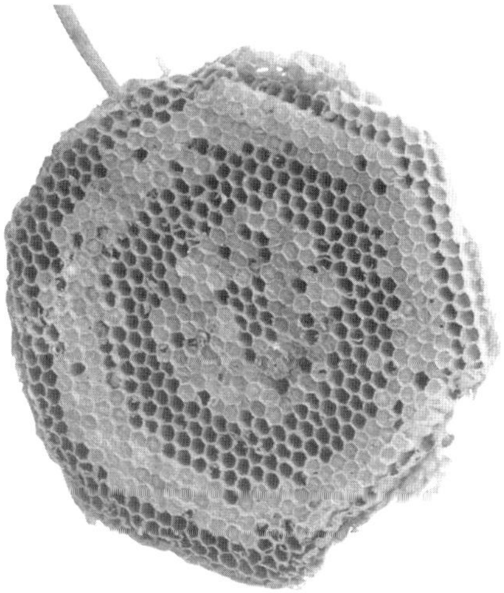

已经竣工的蜂巢

蜜蜂的蜂房由一些正六边形的小室组成，底部用三个全等的菱形拼接，这种奇特的结构不但非常牢固，而且能大大减少建造蜂房所用的蜂蜡，还能满足蜜蜂生长和酿蜜的需要。蜂房纵向垂直于地面，由工蜂分泌的蜂蜡筑造。蜂房分为工蜂房、雄蜂房和王台，此外还有储存食物的空间和孵化幼蜂的空间。建好的蜂房只有40克重，却可以容纳2000只蜜蜂。

蜜蜂对营巢点的选择十分严格，要求蜜源丰富、气候适宜、目标显著、飞行路线通畅。因此，野生蜂群常穴居在周围有较丰富蜜源的南向山麓或山腰中，能避日晒、防风雨、冬暖夏凉，且能躲避敌害侵扰的地方。孤岩和独树是它们最喜欢的营巢目标。

◎ 眼睛最大的昆虫

世界上眼睛最大的昆虫是蜻蜓。昆虫头部一般都有1对复眼，3只单眼。蜻蜓的复眼非常大，鼓鼓地突出在头部的两侧，占据头部的2/3以上。两只大眼睛是由1000～28000只小眼睛构成的，因此蜻蜓也是

蜻蜓头顶部紧挨着的一对眼睛特别大，正如图中这只金环蜻蜓的一对眼睛一般。

眼睛最多的昆虫。它们的视野宽广，眼睛能够随颈部自由转动，这使它们的视野接近360°。蜻蜓的眼睛构造奇特，上部分用来看远处，下部分用来看近处。上下两部分眼睛各司其职，这使它们能够一边飞行一边捕捉小昆虫，从不落空。

但是，如果有东西在蜻蜓眼睛上部晃动，蜻蜓就会目不暇接，这时人们就能很容易抓住它了。这是眼睛多的弱点。

◎ 最擅长吐丝的昆虫

很多昆虫都会吐丝，比如蚕、蜘蛛，以及其他一些有蛹期的昆虫。其中最会吐丝的是蚕。蚕丝的用途很多，可以织成各种漂亮的丝绸，用来做服装或被子。人类很早就有了养蚕的历史。

蚕宝宝的身体经过4次蜕皮，食欲大减时就开始吐丝了。吐丝时，它们的头和胸部昂起来，左右摆动寻找适合结茧的地方。人们把蚕放在特质的容器中，蚕就会吐丝结茧了。蚕吐丝结茧时，头不停摆动，将丝织成一个个排列整齐的8字形丝圈。每织20多个丝圈便动一下身体的位置，然后继续吐织下面的丝列。一头织好后再织另外的一头，因此，蚕的茧总是两头粗中间细。蚕每结一个茧，需变换250～500次位置，编织出6万多个8字形的丝圈，每个丝圈平均有0.92厘米长，一个茧的丝长可达1500～3000米。

结茧是蚕一生中的大事，需要耗费很多体力，因此在它们还是蚕宝宝的时候，每天的任务就是不停地吃，使自己长得胖胖的。吐丝之后，胖胖的身体就会缩小，身体缩到很小的时候，吐丝的速度也会慢下来。经过4天左右，丝腺内的分泌物就用完了，这时蚕就会化蛹。蚕刚化蛹时，体色是淡黄色的，蛹体嫩软，渐渐地就会变成黄色、黄褐色或褐色，蛹皮也硬起来了。经过大约12～15天，当蛹体又开始变软，蛹皮有点起皱并呈土褐色时，它就将变成蛾了。

◎ 最大与最小的蝴蝶

蝴蝶是非常美丽的昆虫，而且种类繁多，全世界有14000多种，我国有1300多种。其中最大的蝴蝶是凤蝶，同时它也是世界上最美丽的蝴蝶。它们翅膀上有红、黄、蓝、黑等各种鲜艳的颜色形成的美丽斑纹。已经发现的最大的蝴蝶产于新圭亚那，重量高达5克，翅展达28厘米，和中等体型鸟类的翅展差不多长。

雄性大闪蝶可以像人类手掌那么大，有着带有金属光泽的蓝色翅膀。这种蝴蝶通常喜欢在丛林的近地面“滑翔”，寻找它们最喜欢的食物——腐烂的果实。

世界上最小的蝴蝶是小灰蝶，翅展一般只有16毫米。1983年我国昆虫学家马恩沛在云南西双版纳采集到一种小灰蝶，翅展只有13毫米，是已发现的最小的蝴蝶。小灰蝶体色不同，雌蝶通常呈暗色，雄蝶通常呈蓝、青、橙、红、古铜等金属光彩的颜色。这种蝴蝶翅膀反面的颜色比正面更鲜艳。

◎ 最毒的甲虫

世界上最毒的甲虫是斑蝥，也叫斑猫。全世界有2300多种，我国有29种。它们全身披着黑色绒毛，翅膀细长呈椭圆形，质地柔软，体长11～13毫米，翅膀基部有两个黄色斑点，中央前后有一条黄色波纹状横带，足上长有黑色长绒毛。

斑蝥聚群取食，成群迁飞。当它们受到侵犯的时候，就会从足关节处分泌一种黄色的毒液，这种毒液毒性非常强，能够破坏高等动物的细胞组织，与人接触后能引起皮肤红肿发疱。

◎ 最大与最小的蜘蛛

世界上最大的蜘蛛是生活在南美洲热带丛林中的食鸟蛛。它们的身体有成人拳头那么大，体长5 ~ 25厘米。它们在树上织网，等待自投罗网的鸟类成为它们的食物。青蛙、蜥蜴和其他昆虫投入网中也会成为它们的腹中餐。食鸟蛛的身上长满绒毛，样子很吓人。它们性喜独处，卵生，一般能活10 ~ 30年。食鸟蛛织的网能经得住300克的重量。1975年，在墨西哥曾发现一株大树的几根树枝，被一张巨大而多层的蛛网所遮盖，最大的网竟能将一棵18.3米高的大树上部四分之三的树枝遮蔽住。

鸟蛛身上密布着厚厚的纤毛，对振动非常敏感。

世界上最小的蜘蛛是展蜘蛛。生物学家在西萨莫尔群岛捉到一只成年雄性展蜘蛛，它的体长只有0.43毫米，还没有书上的句号大，即使出现在我们的视野中，也很难被发现。

◎ 最毒的蜘蛛

提起“黑寡妇”，很多人会不寒而栗，它是世界上最毒的蜘蛛。黑寡妇蜘蛛是一种具有强烈神经毒素的蜘蛛，通常分布在温带和热带的城市居民区和农村地区。它们主要以昆虫为食，有时会捕捉虱子、马陆、蜈蚣，以及其他蜘蛛。黑寡妇对畜生的危害很大，但是不知道为什么，它们唯独不伤害绵羊。黑寡妇还经常咬人，它们的毒素很强，被黑寡妇咬伤之后导致死亡的案例很多。

成年雌性黑寡妇的腹部呈黑亮色，并有一个沙漏状红色斑记，也有的斑记颜色介于白色和黄色之间，或者介于红色和橘黄色之间。雌性黑寡

鸟蛛和食鸟蛛

食鸟蛛，即北美的鸟蛛、非洲的巴布蛛，都是捕鸟蛛科的大家伙。它们的体型堪比那些最大的陆栖无脊椎动物，如歌利亚蜈蚣、巨型甲虫、帝王蝎。南美北部的巨型鸟蛛，雄性附肢伸展的长度能达到26厘米，但体重却不超过85克。

鸟蛛主要栖息在森林中，但有些出现在干旱贫瘠的地方，如墨西哥和美国西南部都有很多适应了沙漠生活的种类。鸟蛛的典型体色为黑色或褐色，但其中部分体色鲜艳。

尽管它们外表可怕，但许多种类都性格温和，只在被激怒的时候才会攻击人类。但其他某些，尤其是非洲的种类，性格暴躁，富有攻击性。许多鸟蛛咬人后，伤口会很痛，但基本上没什么更多的害处。攻击的时候，鸟蛛会抬起前部身体，附肢也会举起，然后强有力地向猎物身体敲进大的毒牙。这样的力量使得毒液看起来似乎不那么重要了。新大陆的鸟蛛受到刺激后，还能从腹部扔出一团团的纤毛。这种纤毛如果被揉进眼睛里的话会非常危险，因为这些纤毛上都有极微小的倒钩，使它们无法被除去。

“食鸟蛛”这一名称稍微有点误导人，因为鸟蛛很少捕鸟，它们的食谱中更多的是小型爬行动物、两栖动物、甲虫、蛾、蚱蜢和其他蜘蛛。有些种类据说会捕食小蛇。鸟蛛有很多敌人，哺乳动物会从它们的洞穴中把它们给挖出来；鸟、爬行动物、两栖动物则会捕食幼年的蜘蛛。它们还会受到某些黄蜂的注意，这些黄蜂会用自己的刺使蜘蛛瘫痪，然后将其拖到洞穴中去，在它身上产卵后就把洞穴封起来。孵化后，幼虫会以仍活着的蜘蛛为食。

妇体长38毫米左右，而雄性黑寡妇体长不到雌性的一半。雄性黑寡妇通常呈黑褐色，身体上有黄色条纹和黄色沙漏斑记。

◎ 最大的蟹

世界上最大的蟹是日本大螃蟹，也叫甘氏巨螯蟹。这种蟹也是体形最大的甲壳类动物。它们的身体像个大盘子，脚有1米长。已知最大的一只日本大螃蟹体长3.4米，年龄为80岁，它的前肢比婴儿的手臂还粗，有10只脚，每只脚的尾部都非常尖。日本大螃蟹生活在日本沿海和我国台湾东北角500米深的海域。这种蟹的肉可以吃，但是性情凶猛，喜欢追逐穿花衣服的人。

◎ 最会变色的蟹

世界上最会变色的蟹是招潮蟹。招潮蟹也叫"呼叫蟹"，它们生活在温带、热带海湾水下的洞穴中。它们的生活习性完全受海潮支配，涨潮的时候它们藏在洞中休息，落潮的时候它们才出来活动。它们的体色随着太阳的出没和潮涨潮落而变化。夜间，招潮蟹的身体为黄色；太阳出来后，它的身体渐渐变深；白天落潮时，是它一天中最活跃的时候，体色达到最深的时刻。

招潮蟹头胸甲呈梯形，前宽后窄，额窄，眼眶宽，眼柄细长。雄体的一只螯总是比另一螯大得多，大螯用来交配，非常大，甚至比身体还大，重量几乎为整体的一半，好像扛着一把小提琴。小螯极小，用以取食（称取食螯）。如果雄体失去大螯，则在原处长出一个小螯，而原来的小螯则长成大螯，以代替失去的大螯。雌体的两只螯小而对称，指节呈匙形，均为取食螯。

◎ 存活能力最强的环节动物

如果你把蚯蚓的身体切成两段，它不但不会死，反而每一段都可以长成一个独立的个体。它们是存活能力最强的环节动物。当身体被切成两段时，如果环境适宜，断面上的肌肉立即收缩，一部分肌肉便迅速自我溶解，形成新的细胞团，同时白血球聚集在切面上，形成栓塞，使伤口迅速闭合。如果把蚯蚓切成多段，那么有头的那段和有尾的那段能够存活，中间的不能存活。

蚯蚓生活在潮湿、疏松和肥沃的土壤中，身体呈圆筒形，褐色稍淡，体长约10厘米，体重约0.5克，约由100多个体节组成。前段稍尖，后端稍圆，在前端有一个分解不明显的环带。腹面颜色较浅，大多数体节中间有刚毛，在蚯蚓爬行时起固定支撑作用。在11节体节后，各节背部背线处有背孔，有利于呼吸，保持身体湿润。

它们以土壤中腐烂的生物体为食，进食同时吞下大量土壤、沙及微小的石屑，也取食植物茎叶碎片。据估计，蚯蚓每日的进食量及排遗量与其体重相等。

◎ 牙齿最多的动物

蜗牛是一种常见的螺类，在世界各地均有分布，在热带岛屿最常见，但也见于寒冷地区。它们一般生活在比较潮湿的地方，在植物丛中躲避太阳直晒。

蜗牛有一个比较脆弱的、低圆锥形的壳，不同种类的壳有左旋或右旋的，头部有两对触角，后一对较长的触角顶端有眼，腹面有扁平宽大的腹足，行动缓慢，足下分泌黏液，降低摩擦力以帮助行走。

蜗牛是世界上牙齿最多的动物。虽然它的

↗ 腹足类靠足部的波浪形收缩向前移动，如罗马蜗牛。该物种全长7厘米，其海生物种爬行速度通常更快。

嘴大小和针尖差不多，但是却有25600颗牙齿。在蜗牛的小触角中间往下一点儿的地方有一个小洞，这就是它的嘴巴，里面有一条锯齿状的舌头，科学家们称之为“齿舌”。

◎ 最大的蜗牛

蜗牛的种类很多，全世界约有2.2万种，不同种类的蜗牛体形差异很大，常见的蜗牛体长4～8厘米，有些野生蜗牛不到1厘米，体形最大的要数非洲玛瑙螺，长达30厘米，壳高15.4厘米，直径8厘米。玛瑙螺以其体形似螺，肉包像玛瑙而得名。玛瑙螺有很高的食用价值和药用价值，肉质鲜嫩，味道可口，具有高蛋白、低脂肪的优点。鸡、猪、牛肉的胆固醇含量为6%～28%，而玛瑙螺肉的胆固醇含量趋于零，还含有人体必需的20多种氨基酸，对人的高血脂、肥胖症、冠心病、动脉硬化、消化不良、结石症等有着独特的保健功效。

◎ 最古老的甲壳动物

世界上最古老的甲壳动物是鲎。这种动物是与恐龙同一个时期出现的。早在4亿年前，地球上的原始鱼类还没有出现的时候，就有了这种甲壳动物。因此鲎有“活化石”之称。经过几亿年的进化，现在的鲎与他们的祖先在特性和身体结构上没有太大的变化。

鲎的体形古怪，外形有点像蟹，也叫马蹄蟹。但是它们并不是蟹，与蜘蛛、蝎以及早已灭绝的三叶虫有亲缘关系。它们身上有一个坚硬的甲壳，身体分头、腹、尾三部分，后面拖着一根可自由活动的三角棱柱状剑尾。这个剑尾既是航行的舵，也是自卫的武器，还可以当做翻身的工具。它们大部分时间藏在泥沙中，仅露剑尾当做警戒。它们有时在浅海游泳。

鲎的血液是蓝色的，含有铜离子。这种蓝色血液的提取物——“鲎试剂”，可以准确、快速地检测人体内部组织是否因细菌感染而致病；在制药和食品工业中，可用它对毒素污染进行监测。

目前，这种古老的甲壳动物生存在亚洲和北美东海岸。

↗ 美洲鲎是在美国水域中发现的马蹄蟹物种，已受到人类活动的威胁。由于它可作为捕捞蛾螺和鳗的诱饵，自20世纪90年代末期起，人们对美洲鲎进行过度捕获，导致其数量明显下降。

— 恐龙之最 —

◎ 最后灭绝的恐龙

根据科学家的研究，恐龙曾经统治了我们的地球1亿多年，也就是说在1亿多年以前，地球上最具发言权的是恐龙——这种被认为是世界上存在过的最为庞大的动物家族！但是，曾经的辉煌是怎么也经历不起沧海桑田的变故，一切都在时间的面前变得渺小如珠，恐龙也是如此。科学家曾经煞费苦心地想把那些遥远的故事在我们的脑海里还原，但再怎么努力我们能做的都是一些粗糙的想象和推测！

科学家为了让恐龙的生活轨迹更清晰一些，就把恐龙生存的年代分为不同的时期：三叠纪、侏罗纪、白垩纪。不同的恐龙分别生活在一个不同的时代，当然没有一种恐龙能跨越这三个时期，也就是说，最后灭绝的恐龙肯定是生活在大约6500万年前的白垩纪。科学家在经过多年的研究之后得出结论：能坚持生存到恐龙灭

暴龙是生活在侏罗纪时期的大型食肉动物，凶猛无比，有良好的视力和敏锐的嗅觉，坚硬的头骨能承受住以32千米/小时的速度与猎物的冲击。被称为残暴的爬行动物之王。

绝以前的最后一刻的恐龙有许多种，比如角龙、肿头龙、爱德蒙托龙、暴龙以及锯齿龙等，都是世界上最后灭绝的恐龙。

◎ 世界最大的食肉恐龙

阿根廷的科学家于1983年在阿根廷内乌肯省境内发现了一种食肉恐龙的化石比我们知道的恐龙要大得多，这种恐龙就是暴龙。

暴龙站立时高6米，长大约14米，体重大约8吨，仅它的牙齿就有成年男性的小腿那么长，足可以撕裂任何猎物。这种恐龙前腿比较短小，但后腿比较粗壮，所以它是靠两条后腿的支撑来行走的。科学家在仔细研究后认为：这种恐龙的猎物主要是一种身长30多米、体重大约数十吨的素食恐龙。可见它的胃口会有多大！

◎ 最大的恐龙

大约生活于距今1.36亿年到1.62亿年前的侏罗纪晚期的震龙是科学家迄今为止发现的身材最大的恐龙。震龙属于蜥臀目、蜥脚亚目、梁龙科，身长39 ~ 52米，身高有时候也会达到18米。科学家之所以叫它震龙，是因为它的身躯太大了，走路的时候，周围的地面就会像地震一样剧烈震动。

震龙身躯这么大，体重也甚是惊人！很多人可能会因此以为它是食肉动物，其实震龙是以植物为生的，树的叶子、各种各样的草都是震龙的食物。震龙的脑袋和嘴都很小，进食速度慢，食量又大，所以震龙的一天大部分时间都处在进食状态。

◎ 最小的恐龙

一谈到恐龙，我们都立刻把它和“庞然大物”这个词联系起来，其实不然，科学家就发现了一种恐龙化石只有我们常见的鸡那么大，是不是很奇怪？科学家把这种体形很小的恐龙叫作“美颚龙”。美颚龙是人类目前所知道的体型最小的恐龙，它的身体的长度在1米左右，它的尾巴很长，相当于身体长度的1/2。它的臂高只有20厘米，远远地看上去，既像一只好看的公鸡，又像一只美丽的鸟，像这么小的恐龙真是远远出乎我们的想象，然而它的的确确是存在过的，它还是一种肉食恐龙，主要的食物是一些小动物，比如蜥蜴、蚯蚓以及其他种的昆虫，等等。

◎ 爪子最大的恐龙

迄今为止发现的爪子最大的恐龙是重爪龙。重爪龙是一种大型的肉食性恐龙。它们的体形很特别，全身长12米，高约4米，重3吨，头部扁长，头型很像鳄鱼，口中长满细齿，身体低垂，后肢强壮，尾巴很长，可以帮助身体保持平衡。前肢有三只强有力的指，特别是拇指，粗壮巨大，有一个超过30厘米长的钩爪，重爪龙的名称由此而来。它的食物也与其他食肉恐龙不同，喜欢吃鱼，而且还很会抓鱼，就像今天的熊一样。抓到鱼后，就用嘴叼住，然后带到蕨树丛中去慢慢享用。

◎ 最重的恐龙

世界上曾经存在过的最重的恐龙是腕龙。

腕龙大约生活在1.45亿 ~ 1.56亿年前的侏罗纪晚期，它的脖子很长，脑袋很小，尾巴又短又粗，但它却是地球上曾经存在过的最重的恐龙。它的身高和体长相较于别的恐龙都差不多，

庞大的蜥脚类恐龙比今天陆地上最大的动物大象还大许多倍。

但是它的体重却是毫不逊色，它的平均体重都在70～80吨，而它的身高只有12～15米，体长也不过25米左右。幸亏腕龙有相当粗壮的四肢来支撑它肥胖的身体，否则走路都很困难。腕龙的四肢非常粗壮，即使是这么粗壮的四肢，腕龙走路的时候也不能像其他的恐龙那样可以两脚撑地，它必须要四肢同时撑地，才能够很稳定地行动。

◎ 最聪明的恐龙

就身体和脑容量的比例来看，伤齿龙具有恐龙中最大的脑袋，因而被人们认为是最有智慧的恐龙，它们可能在白垩纪晚期是最聪明的一群。有些科学家甚至认为它可能比现存的任何爬行动物都要聪明。袋鼠的IQ大约为0.7，而伤齿龙的IQ高达5.3。

伤齿龙是一种体形较小，类似鸟类的恐龙，身长2米，体重60千克。伤齿龙可能和今天鸟类的智力相似。加拿大古动物学家戴尔·罗素就设想，如果6500万年前没有那场大灾难，伤齿龙会演化得更聪明，而且将拥有类似人类的外表。

◎ 最笨的恐龙

剑龙是一种体型巨大，生存于侏罗纪晚期的典型食草恐龙。它们被认为是居住在平原上，并且以群体游牧的方式和其他食草恐龙一同生活。剑龙大约全长7米，如果算上骨板的高度，身高可达3.5 米，可重达7吨。整个身躯如同现在的大象，但只有一个小得可怜的脑袋。大脑只有一个核桃般大小，与它庞大的身躯极不相称。科学家们由此认定，剑龙一定很笨。

有人认为剑龙的臀部还有一个脑子，这完全是一种谣传，任何动物绝对不可能有两个脑子。实际上剑龙的臀部只不过是有一个脊索，里面是个膨大的神经节，能通过神经网络与脑相通。这个膨大的神经节就像一个控制中心，这种控制中心对于像剑龙这样的大型动物来说，是至关重要的。剑龙前肢短小，全身明显前倾。颈部沿背脊直至尾巴中部，排列着两排三角形

剑龙

的板块，尾端有两对牛角状的尖刺，这是它的武器。它靠臀部的神经节控制后肢和尾巴，遇到危险时，就用尾巴上的尾刺来打击来犯之敌。

◎ 身体最宽的恐龙

世界上身体最宽的恐龙是甲龙。顾名思义，甲龙就是全身披着盔甲的恐龙，它们身体笨重，只能用四肢在地上缓慢爬行，看起来有点像坦克，因此也叫坦克龙。甲龙体长7～10米，体宽2～5米，身高1米左右，体重2吨。

从自卫手段上来看，甲龙把身体发展到了顶点，它们的头部、颈部和身体两侧覆盖着骨质甲片，甲片上密布着脊突。皮肤厚实似皮革，极具韧性。臀部上方至尾巴的大部分竖立着尖如匕首的棘刺，身体两侧也各有一排尖刺。这种严密的防范措施，抵挡住了大部分的食肉者。尾部的鼓锤挥动时可产生巨大的力量，是重要的自卫武器。

◎ 最难看的恐龙

最难看的恐龙是肿头龙。肿头龙又叫厚头龙，它的头骨上覆盖着圆弧形的20多厘米厚的骨板，围绕这个突起，在平滑的小丘周围分布为成行或成列的肿瘤状的小瘤或小棘，这使它的头顶好像被剃过一样，非常难看。

肿头龙身长约4.6米，并拥有相当粗短的颈部、短前肢、长后肢、庞大的身体，以及可能由骨化肌腱支撑的尾巴。它们是草食性或杂食性恐龙。目前只发现一个头颅或少数头颅部分。

◎ 最厉害的恐龙

科学家根据出土的恐龙化石资料推测，在侏罗纪晚期，最厉害的恐龙是异特龙，在白垩纪晚期，最厉害的恐龙是暴龙。这两种恐龙的牙齿非常锋利，它们的牙齿边缘呈锯齿状，像刀子一样。上下颌非常有力，能张得很大。它们的爪子强健有力，能够轻易刺破食草恐龙的皮肤。

异特龙最吓人的地方就是它的血盆大口，一排V字型的锋利的牙齿，能咬住猎物并将它撕碎，很少有猎物能逃出它的魔掌。异特龙最显著的特征是在它的眼睛上方有一个骨质突起物，使得我们很容易就能辨认它。

暴龙，也叫霸王龙，它的牙齿同样非常锋利，目前所发现最大的暴龙牙齿，包括齿根在内有30厘米长。暴龙拥有恐龙之中最强大的咬合力，在其他恐龙身上发现的大型齿痕显示暴龙的牙齿可刺穿坚硬的骨头。

◎ 牙齿最多的恐龙

已知的牙齿最多的恐龙是鸭嘴龙。鸭嘴龙为一类较大型的鸟臀类恐龙，是白垩纪后期草食性恐龙家族的一员，它们最大的长达15米以上。鸭嘴龙头骨较高，其枕部宽大，面部加长，前上颌骨和鼻骨也前后伸长，吻部由于前上颌骨和前齿骨的延伸和横向扩展，构成了宽阔的鸭状吻端，吻部宽扁，外鼻孔斜长，看起来很像鸭子，故而得名。特化的前上颌骨和鼻骨构成明显的嵴突，形成角状突起，下颌骨上的齿骨和上隅骨形成的冠状突很明显，后部反关节突显著。它们的上下颌齿列复排，每个颌骨上有45～60个牙齿，垂直复叠，共960颗，珐琅质只在牙齿的一侧发育。

鸭嘴龙是鸟臀类恐龙中最进步的一类。它们肠骨的前突平缓，后突宽大，耻骨前突扩展成桨状，棒状坐骨突几乎成垂直状态，有的个体的坐骨远端也扩大。脚部有三根趾头，后肢长而有力，已发育成鸟脚状，前腿则较小且无力。

异特龙正在追逐似鸵龙。

第二章
植物之最

— 树之最 —

◎ 最早的树

大约在一个世纪前，人们曾在美国纽约州的吉尔博挖掘出了许多树木化石，科学家认为这是生长在地球上的最早的树木。2005年，科学家把这种树的树冠化石和树干化石组合起来，展现出这种地球上最古老的树木的复原图。它高约9.14米，外形看上去像现代的棕榈树，大约生长在3.85亿年前。这种树属于一种名为瓦蒂萨的早期蕨类植物。它没有真正的叶子，只有一些类似于叶子的小枝，这些树枝掉落到地上腐烂后能够为其他生物提供食物来源和庇护所。瓦蒂萨不像用种子来繁殖的显花植物，而是像藻类、蕨类和菌类植物那样用孢子来繁殖。

↗一位旅行者正从一株巨大的美洲杉中空的树干往里看。这种针叶树是世界上最重的树种，可以达到2500吨。它们防火的树皮可厚达30多厘米。

◎ 体积最大的树

地球上的植物，形态各异，千差万别。有的个体非常微小，有的个体却很庞大。生长在美国加利福尼亚的巨杉，长得又高又壮，是世界上体积最大的树，堪称树木中的“巨人”，所以人们习惯地称其为“世界爷”。

这种树一般高100米左右，最高的可达142米。体积最大的一棵巨杉名叫“谢尔曼将军”，这棵巨杉有3500年的树龄，其直径近12米，树干周长为37米，需要20来个成年人才能抱住它。人们在树干下部开了一个可以通过汽车的洞，这个洞有4匹马并列的宽度。人们要用长梯子才能爬到树干上去，如果把树干挖空，人可以爬上去60米，再从树洞里钻出来。如果用它的木料盖楼，可够盖40套5间一套的房屋。

巨杉的木材不易着火，有防火的作用，是枕木、电线杆和建筑上的良好材料，有很高的经济价值。

◎ 生长最慢的树

自然界树木生长有快有慢。例如在俄罗斯的喀拉里沙漠中，有一种高度很矮、圆形树冠的尔威兹加树，从正面看上去，就像是沙地上的小圆桌。因为沙漠中雨水稀少，风又大，天气干旱，所以尔威兹加树生长极其缓慢，堪称世界上生长最慢的树。它100年才长高30厘米，生长速度极慢。和毛竹的生长速度相比，尔威兹加树长得慢如蜗牛，要长333年，才能达到毛竹一天生长的高度。

◎ 最粗的树

在西西里岛的埃特纳山边，有一棵叫“百马树”的大栗树，这是世界上最粗的树。人们在1972年发现了它，经测量，发现它树干的周长竟有55米，要30多人才能合抱住。树下部有大洞，由于洞内宽敞，采栗的人常把那里当宿舍或仓库用。

栗树的果实——栗子，含丰富的蛋白质、淀粉和糖分，不仅味甜可口，还有益脾补肝、强壮身体的医疗作用，可用来炒煮烹调，是一种备受人们喜爱的高营养绿色保健食品。

◎ 树冠最大的树

孟加拉的一种榕树的树冠可以覆盖1万平方米左右的土地，在炎热的夏季，这棵树能提供半个足球场大小的树荫，从而供许多人同时纳凉。

枝繁叶茂的孟加拉榕树能由树枝向下生根。这些被称作“气根”的树根悬挂在半空中，从空气中吸收水分和养料。多数气根也扎入土中，起着吸收养分和支持树枝的作用。一棵榕树最多的可有4000多根气根，因为直立的气根很像树干，因此，从远处望去，像是一片树林，人们形象地称这种榕树为“独木林”。据说曾有一支六七千人的军队在一株大榕树下乘过凉，可以想象，这棵榕树有多大了。当地人们还在一棵老的孟加拉榕树下开办了一个市场，这个市场一直都人来人往，热闹非凡。它的树冠无愧为世界上最大的树冠。

◎ 最古老的种子植物

银杏树是现存树木中辈分最高、资格最老的种子植物。银杏树在2亿年前的中生代就已出现在地球上了，被称为种子植物中的“活化石”。

银杏曾经广泛分布在欧亚大陆上，后来，大部分地区的银杏被冰川毁灭，成了化石。目前，只有中国还分布有银杏树，因而，银杏树相当珍贵，并对植物学研究有宝贵的价值。

银杏的叶子碧绿，像把折纸扇，含有能防虫蛀的抗虫毒素。银杏的果实，成熟时外种皮呈现出杏子般的橙黄色，“银杏”这个名称就是因此得来的。它的种皮色白而硬，人们称其为白果。银杏的种仁味道香美，并有祛痰、息喘、止咳嗽的功效，但多吃容易中毒。现在，江苏

↗ “百马树”大栗树

银杏树很容易辨认，它的叶子为扇形、两裂，在树枝上交替排列。树叶聚生，生长缓慢。树干伸展出长长的小枝，上面的树叶很分散。树叶上面还有明显的、微微凸起的叶脉，看起来像棱纹。

的泰州、泰兴，苏州的洞庭山和安徽的徽州等地，盛产银杏，并且出产的白果质量最好，最负盛名。

◎ 最矮的树

在温带的树林里，生长着一种叫紫金牛的小灌木，绿叶红果，非常漂亮，惹人喜爱，由于极具观赏性，人们常常把它制成盆景。它长得最高的也不过30厘米，因此，得了一个“老勿大”的绰号。其实“老勿大”比起一种生长在高山冻土带的树来要高6倍，这种树名叫矮柳。它的茎匍匐在地面上，长出像杨柳一样的花序，高不过5厘米，只有世界上最高的杏仁桉树的1/15000。生长在北极圈附近高山上的矮北极桦也很矮，甚至不及蘑菇高。

科学研究发现，因为高山上的温度极低，空气稀薄，阳光直射，风又大，只有那些矮小的植物才能适应这种环境。所以，高山植物都很矮小。

◎ 最高的树

世界上最高的树是生长在澳大利亚的一种叫做“杏仁桉”的树，它的平均高度达到100米！

杏仁桉是一种在澳洲大陆非常常见的树种，它最具特色的地方就是它的高度，一般长成的杏仁桉都在100米左右，这就已经相当高了，但这还不算最高的高度，据说澳洲当地有一棵杏仁桉高达156米，它粗粗的树干像一座高塔直插云霄，比50层楼还高！在人类关于树的所有的历史记载中，还没有哪一种树的高度能高过杏仁桉，可见杏仁桉绝对是世界第一高树了！

◎ 木材最轻的树

巴沙木是生长在美洲热带森林里的轻木，是生长最快的树木之一。这种树四季常青，树干高大，有类似梧桐叶的树叶，芙蓉花般的黄白色花朵，棉花状的果实。中国台湾南部和广东、福建等地也都有广泛栽培。

轻木的木材是世界上最轻的，每立方厘米只有0.1克重，是同体积水的重量的1/10。用来制作火柴棒的白杨是它重量的3.5倍。巴沙木木质轻而牢固，有很大的实用价值，是航空、航海以及其他特种工艺的宝贵材料。它的用途广泛，可做木筏，往来于岛屿之间，也可做保温瓶的瓶塞。

◎ 最重的树

这是一种巨大的复合树——树干由一个普通的根系连接起来，重达数千吨——拉丁语中称之为“我传播”。虽然这些无性系中独立的成员相当短寿，但是它们至少有4.7万棵，而且都是雄性的，已经自身繁殖至少1万年了，甚至也许还要长很多很多年。虽然这种无性系分株比较细长，几乎不能长得很高，但是它们所覆盖的面积起码达0.43平方千米。

美国白杨能以正常的有性方式进行繁殖，产生种子。但如果条件不适合种子萌芽，或者白杨被火灾或雪崩毁坏了，它就会选择快速的无性繁殖，从根部或树干的下部长出枝条来。

美国白杨从表面上看是一棵棵独立的大树，而地下却是依靠一株巨大的根系维持的。

事实上，由于它部分具有防火性能，所以在周期的火灾当中还能茁壮成长，消灭了与之竞争的树种。

一棵成熟的白杨的根系能发出每平方千米近5000万棵芽，由于每个季节白杨的芽能长1米，所以它很快就超过别的树种。因此，美国白杨在经历了第4纪冰川后成功地在北美洲扎下根来，现在成为了这个大陆上分布最广泛的树种，仅次于世界上分布最广的刺柏属树木。

◎ 叶子最长的树

世界上植物的叶子形状各式各样，大小也千差万别。最大的一片叶子大到可遮住一间小房子，最小的还不及鱼鳞大。如果仔细比较它们的长度，就会发现植物的叶子长度也没有一片是完全相同的。玉米的叶片，是比较长的，大约1米左右。南美洲的亚马孙棕榈的叶子竟然接近25米长。热带的长叶椰子则拥有迄今所知道的最长的叶子，一片叶子有27米长，竖起来有7层楼房高。

◎ 对火最敏感的树

世界上对火最敏感的树是生长在非洲安哥拉的梓柯树。因为只要有人在树下点火，梓柯树就会立即喷出一种特殊的液体，把火浇灭，所以人们把这种树叫作“灭火树”。

梓柯树是多年生的常绿树，高大雄伟，枝繁叶茂，叶片细长，向下垂挂，把全树围得密不透光。在浓密的叶丛中，有许多皮球般大小的“天然灭火器”——节苞，它并不是果实，而是“自卫”的武器。节苞上面密布网状小孔，里面装满透明的液体，节苞怕见阳光，一旦被太阳光或火光照到，里面的液体便会从细孔中喷射出来。

有人曾想试验一下梓柯树对火的灵敏度和实际效果，在树下用打火机吸烟，结果一条条白色的浆液向他射来，烟未点燃，人已是满面白浆，使人啼笑皆非。也有人想在树下点起一堆熊熊篝火，但始终未能如愿。这是因为梓柯树具有把火消灭在萌芽状态的“特异功能”，它喷射出来的浆液中确实含有灭火物质——四氯化碳。科学家曾在梓柯树的启示下设计成功微型自动灭火器。

◎ 根扎得最深的树

科学家研究表明，漂浮在池塘水面的浮萍的根不到1厘米，水稻的根也仅20厘米左右，棉花的根最深的也只有2.0 ~ 2.2米。在非洲沙漠里，有一种叫有刺阿康梭锡可斯的灌木，根长达15米，但这还不是世界上根长得最深的树。

世界上根长得最深的树，是生长在南非奥里斯达德附近的回声洞里的一株无花果树，它的根有120米长，要是拄在空中，有40层楼那么高。一般地说，旱生植物，根长得长而深，目前，还没有发现比这棵无花果树根更长的植物。

◎ 树干最美的树

世界上树干最美的树是白桦树。

白桦树在植物学上属于桦木科、桦木属，是一种落叶乔木，成熟以后高度一般来讲都在10 ~ 20米之间，最粗的白桦树直径有1米多。白桦树之所以被人们认为是世界上树干最美的树，是因为它的白垩色的树皮，一年四季，无论哪个季节都是雪白色的，偶尔也会带着些红晕，再加上它碧绿色的树叶的衬托，远远地看过去，亭亭玉立，煞是好看！

白桦树是温带或寒带植物，在中国的好多地方都能看到它的影子，尤其是中国东北的大、小兴安岭林区，几乎整个林区面积的1/4都是白桦树。

↗ 白桦树在野外树高可达30米，但栽培时一般只能达到一半的高度；树叶在年幼的时候有横向的黑色印记像是人的眼睛，煞是好看。

◎ 最凶猛的树

在世界上500多种能吃动物的植物中绝大多数只能吃些小昆虫。可是，生长在印度尼西亚爪哇岛上的一种名叫奠柏的树，居然能把人吃掉，因而是世界上最凶猛的树。

这种树长着许多柔软的枝条，一旦被人触动，那些枝条马上就像蛇一样把人卷住，使其脱不了身。然后这种奠柏能分泌一种强腐蚀性的液汁，把人慢慢“消化”掉。不过，当地人已经知道如何对付和利用它了。只要先用鱼去喂它，等它伸开枝条，分泌液汁，就赶快去采集它的树汁，因为这树液是制药的宝贵原料。在充满智慧的人类面前，世界上最凶猛的树也能被人们加以利用。

◎ 最毒的树

在两个世纪前的爪哇，有个酋长用涂有一种树的汁液的针刺犯人的胸部，眨眼工夫，犯人就死去了。从此人们对这种树非常害怕，而这种树也因此闻名世界。在中国，人们形象地称其为“见血封喉”，形容它毒性猛烈。

这种树就是剪刀树，也叫箭毒木，其树身高30米，产于东南亚和中国的海南岛、云南等地。它的树皮中含有白色剧毒乳汁，它有急速麻痹心脏的作用。人们把这种乳汁涂在猎兽用的箭头上，制成毒箭，中箭的兽类数秒内就会中毒而亡。如果不小心让它进入眼内，眼睛顿时就会失明。它的毒性巨大，剧毒的巴豆和苦杏仁在它面前也逊色很多。因而，箭毒木是最毒的树。

◎ 最长寿的树

人活到百岁就算长寿了，但与树木相比，人的寿命简直微不足道。

许多树木的寿命都在百年以上。例如杏树、柿树，而柑树、板栗树、橘树能活到300岁，杉树可活1000岁。中国南京有一棵1400年树龄的六朝松，而山东曲阜的一棵桧柏则有2400年的树龄。中国目前活着的寿命最长的树是台湾省阿里山的一棵红桧，已存活了3000多年了。

世界上最长寿的树，是曾经生长在非洲西部加那利岛上的一棵龙血树。它的树龄有8000～10000年。不过，在1868年，被大风刮断死去了。

龙血树一般高20米，基部周围长有10米，七八个人伸开双臂，才能合围它。它是一种常绿植物，树脂有防腐功效，呈暗红色，常被制成防腐剂。当地人形象地称它为“龙之血”，龙血树名称即由此而来。

先师手植桧，据说是孔子亲手所栽，此树至今已有2400多年的树龄了。

◎ 最坚硬的树

铁桦树的硬度相当大，甚至超过了钢铁，子弹打在这种木头上，就像打在厚钢板上一样，不能洞穿，因此被认为是比钢铁还要硬的树。

由于它木质坚硬，所以非常珍贵。它一般能活300多年，树木高约20米，树干直径约70厘米，密布白色斑点的树皮呈暗红色或接近黑色，树叶是椭圆形的。它主要分布在朝鲜南部和朝鲜与中国接壤的地区以及俄罗斯东部海滨一带。

铁桦树的木质比橡树硬3倍，比普通的钢硬1倍，是世界上最硬的木材，常常被当作金属使用。前苏联曾经在快艇上使用铁桦树制成的滚珠球轴承。由于质地极为致密，所以铁桦树一旦入水就往下沉；更为奇特的是即使被长期浸泡在水里，它的内部仍能保持干燥。

◎ 最能忍受紫外线照射的树

紫外线是太阳光里的一种射线，它会对生物产生影响，特别是微生物，受到一定剂量的紫外线照射，在十几分钟之内就会死亡。紫外线常被用在医院、工厂、学校等场所，进行杀菌消毒。

研究表明，如果用相当于火星表面的紫外线强度为标准，来照射各种植物，番茄、豌豆等只要3个多小时就死去；小麦、玉米等被照射70多个小时后，叶片就会死亡。但有一种植物，对紫外线忍受能力最强，这种植物名叫南欧黑松，它被照射635小时，仍完好无损。科学家估计，像南欧黑松这样的植物，能够在火星上生活一个季节。根据这一事例，人们猜测，在地球以外的行星如火星上，可能会存在生物。

◎ 贮水本领最强的树

生长在南美洲草原上的一种纺锤树，身躯很像一个大萝卜。这种树高可达30米，相当于10层楼房的高度。它的树干两头细中间粗，最粗的地方直径达5米，与火车通过的隧道差不多宽。纺锤树上端的枝条很少，叶片也不多，远远看去，这种树又像一个插着枝条的花瓶，因此人们又叫它瓶子树。

南美洲草原上的纺锤树

旱季时，人们常砍棵纺锤树作为饮水的来源，因为纺锤树的树茎内可贮存2吨多的水。一棵纺锤树几乎可供4口之家饮用半年，所以纺锤树在缺水的地区被居民们视若珍宝。纺锤树可谓是世界上贮水本领最强的树。

◎ 出木材最多的树

世界上出木材最多的树是鸡毛松。鸡毛松树干高大且又圆又直，极少凹凸，是上好的木材。树木最高可达45米，直径最大可达2米。这种树生长在海拔500 ~ 1000米的山地上，主要分布在我国海南岛山区，广西、云南也有少量分布。

由于长期砍伐，鸡毛松数量越来越少。目前鸡毛松已经成为濒危物种，被列为国家三级保护植物。

◎ 最耐盐碱的树

世界上最耐盐碱的树是红树。红树生长在东南亚、非洲等热带海岸的泥滩上。涨潮的时候，红树有一大截淹没在水里，只能看到露在海平面上的茂盛的树冠；落潮的时候，红树的根从淤泥里露出来。这种树常常长成茂密的海上森林，因为它们能够经受长期的海水浸泡和盐碱泥地的环境，而且具有防风固堤的作用。

红树的叶子是绿色的，之所以叫红树，是因为它们的树干长期浸泡在海水中，富含单宁酸，被砍伐后氧化变成红色。

◎ 最怕痒的树

世界上最怕痒的树是紫薇树，也叫痒痒树。如果你用手去挠紫薇树的树干，它的枝叶就会抖动，发出沙沙的响声，好像不胜其痒而发笑一样。有意思的是，它的抖动幅度因用力大小而异，触摸树身时用力大，“笑声”就大，用力小，“笑声”就小。

年轻的紫薇树干，年年生表皮，年年自行脱落，表皮脱落以后，树干显得新鲜而光滑。老年的紫薇树，不再复生表皮，筋脉暴露，莹滑光洁。紫薇的叶子呈椭圆状，夏季开花，花色有红、紫、白、蓝多种，花期长达三个月，因此紫薇花也叫“百日红”。

紫薇树产于亚洲南部和大洋洲北部，我国长江流域、华南、华北、西北地区都有分布。

◎ 最具贵族气派的树

最具贵族气派的树要数檀香树，檀香木素有“香料之王”的美誉，倍受人们推崇。檀香木用途广泛，最初用来做供佛的香料，后来逐渐应用到中医、雕刻工艺品和高级化妆品领域。其经济价值极高，以斤论价，被人们称为“绿色金子”。

檀香树是非常漂亮的树，但是它们的生长过程却不怎么光彩。它们是一种半寄生性常绿乔木，根系上长着成千上万个“吸盘”。这些“吸盘”紧紧地吸附在寄主植物上，从它们那里掠夺水分、无机盐和其他营养物质。虽然檀香树的根系也从土壤中吸取少量营养，但主要还是靠掠夺寄主植物的营养而成活。檀香树对赖以生存的寄主植物选择非常苛刻，主要选择洋金凤、凤凰树、红豆、相思树等豆科植物作寄主。此外，檀香树嫉妒心还特别强，不容许赖以生存的寄主树长得比它高，比它好，如果寄主树长得比它茂盛，它就会很快“含恨”而死。因此，在生长得郁郁葱葱的檀香树下，往往长着几棵面黄肌瘦、垂头丧气的寄主植物。

◎ 最亮的树

在非洲的原始森林中长着一种能够发光的树，当地的居民叫它“魔树”。在白天，这种树看上去与一般树没有什么两样，但是一到晚上，它的树干和树枝都发出闪闪的荧光来，把四周照得雪亮。当地人喜欢在晚上来到树下玩耍、休闲。

魔树为什么能发光呢？科学家经过反复研究，终于解开了这个谜团。原来，会发光的不是树本身，而是一种寄生在它身上的真菌——假蜜环菌的菌丝体。因为它会发光，所以人们也称之为“亮菌”。这种真菌靠吸收、分解树木的纤维素和木质素为营养进行生长繁殖。它们附着在树皮上，不仔细看，根本发现不了。到了夜晚，它们就发出淡蓝色的光亮来。

假蜜环菌发光是因为它体内有一种特殊的物质——荧光素和荧光酶。荧光素在酶的作用下氧化，同时放出能量，并以光的形式表现出来。

◎ 最小的灌木

林奈木是“灌木王国”中最小的成员，也叫林奈草和林奈花，又名北极花。它们木质茎与枝仅仅高约5～10厘米，细如铁丝，看上去很像苔藓。其实林奈木属于忍冬科，是四季常青的灌木，长着四片叶子，花成对生于枝顶，白色或粉红色，有香味。果实很小，近似球形，长约3毫米。

林奈木广泛分布于北半球寒冷地区，多生于针叶林和阔叶混交林下。我国东北的长白山等地区的树林下就生长着成片的林奈木。

◎ 最耐干旱的树

世界上最耐干旱的树是生长在沙漠中的胡杨。胡杨是一种落叶乔木，主要分布在我国新疆南部、塔里木盆地、河西走廊等地。胡杨的生命力极强，被人们誉为“沙漠中的英雄”。它们能够忍耐极端最高温45℃和极端最低温-40℃的袭击。在干旱的沙漠地区，它们的根可以扎到10米以下的地层中汲取水分。在非常干旱的季节，胡杨就脱掉叶子，停止生长；一旦下雨，它们就会拼命储水以备旱时使用，有了足够的水分，它们又能长出新的叶子。胡杨对盐碱有极强的忍耐力，它们的树干和叶子可以把体内多余的盐碱排

胡杨，属于杨柳科，是温带落叶林树种，河旁湖畔是它的家。其幼树的枝条、叶子跟柳树相似，长高几米后，叶子的形状就变成了椭圆状，很像杨叶。

↗ 蚌壳蕨通常生有硕大的羽状复叶，这正是桫椤的典型特征。它的树叶螺旋形排列，聚簇成冠状。桫椤的生长速度非常缓慢，每年生长2.5～5厘米，树叶下面有孢子产生。

出以免受伤害。据说，胡杨活着一千年不死，死后一千年不倒，倒后一千年不烂。

胡杨是荒漠地区特有的珍贵森林资源。它对于稳定荒漠河流地带的生态平衡，防风固沙，调节绿洲气候和形成肥沃的森林土壤，具有十分重要的作用，是荒漠地区农牧业发展的天然屏障。同时，胡杨是较古老的树种，它对于研究亚非荒漠区气候变化、河流变迁、植物区系的演化以及古代经济、文化的发展都有重要的科学价值。

◎ 形状最奇特的树

桫椤树又名树蕨或蕨树，是白垩纪时代遗留下来的珍贵树种，出现在距今约3亿多年前，曾经是草食性恐龙的主要食物，也是当今世界上仅存的木本蕨类植物。因此有“活化石”之称，被列为国家一级保护植物。

桫椤树的树形奇特，树干似笔筒，树叶似孔雀开屏，笔直的树干高达8米，巨大的叶子长达1～3米，从树干顶端伸展下来，非常壮观，特别是经过人工选择在适合的地方大面积种植之后，形成的景观枝繁叶茂，遮天蔽日，非常迷人。

◎ 最珍稀的树种

银杉是300万年前第四纪冰川时期残留下来的世界珍宝，是我国特有的世界珍稀树种。银杉曾经被认为是地球上已经灭绝的、只保留着化石的植物。1955年，银杉在我国首次被发现的时候，引起了世界植物界的巨大轰动。

银杉是松科的常绿乔木，主干高大通直，挺拔秀丽，枝叶茂密，尤其是在其碧绿的线形叶背面有两条银白色的气孔带，每当微风吹拂，便银光闪闪，更加诱人，银杉的美称便由此而来。银杉属于常绿乔木，高达24米，胸径通常达40厘米，有的达到85厘米；树干通直，树皮暗灰色，裂成不规则的薄片；小枝上端和侧枝生长缓慢，呈浅黄褐色。

目前银杉仅分布在我国广西、湖南、四川、贵州四省区的30多个分布点。银杉的生长发育需要一定的光照，如果不采取保护措施，它们将会被生长较快的阔叶林遮蔽，从而面临灭绝的境地。银杉被列为国家一级保护植物，政府已建立银杉保护区。

◎ 最大的蔷薇

蔷薇是一种常见的庭园植物，普通的蔷薇是丛生的小灌木，枝上长有小刺，羽状复叶，小叶呈倒卵形或椭圆形，花呈白色或粉红色，有芳香。

世界上最大的蔷薇生长在美国亚利桑那州。这棵蔷薇高达2.75米，树干直径为1.41米，枝叶覆盖的面积达501.3平方米，人们用68根柱子和几百米的铁管做支架，在这棵蔷薇树下搭起一座凉棚，可供150人在下面乘凉。

— 草之最 —

◎ 陆地上最长的植物

在热带和亚热带森林里，生长着参天巨树和奇花异草，也有将人绊倒的“鬼索”，这就是缠绕在大树周围的白藤。

白藤茎干一般很细只有4 ~ 5厘米，它的顶部长着一束羽毛状的叶，叶面长尖刺。茎的上部直到茎梢又长又结实，也长满了又大又尖往下弯的硬刺，就像一根带刺的长鞭一样随风摇摆，一碰到大树，就紧紧地攀住树干不放，并很快长出新叶。接着它就顺着树干继续往上爬，而下部的叶子则逐渐脱落。白藤爬上大树顶后，已经没有什么可以攀缘的了，于是它那越来越长的茎就往下坠，再次缠住比较低的树枝，如此反复，在大树周围缠绕成无数怪圈。

白藤从根部到顶部达300米以上，比世界上最高的桉树还长一倍呢。资料记载，白藤长度的最高纪录竟达500米，是陆地上最长的植物。

◎ 最大的草本植物

草本植物体形都很矮小，一般的小草只有几厘米高，稻子、小麦也仅1米左右，但是在草本植物这个大家族里，也有身躯庞大的种类，其中最大的要数旅人蕉。旅人蕉的茎有双臂合抱那么粗，高23米以上，有六七层楼高，是世界上最高大的草本植物。

旅人蕉的叶片硕大奇异，状如芭蕉，左右排列，对称均匀，犹如一把摊开的绿纸折扇，又像正在尽力炫耀自我的孔雀开屏，极富热带情趣。旅人蕉的叶片基部像个大汤匙，里头贮存着大量的清水。旅行者身带的饮水喝光，燥渴难忍时，若幸运地遇到它，只要折下一叶，就可以痛饮甘美清凉的水。因此，人们给它起名“旅人蕉”。又因为它含水多，所以又叫“水树”、“救命之树”、“沙漠甘泉”。但是实际上它不是树，而是世界上最大的草本植物。

旅人蕉原产于马达加斯加岛，在我国的广东和海南也有少量栽种。

◎ 最孤单的植物

在植物王国中，有一种植物是最孤单的，因为它只有一片叶子，所以叫作独叶草。

独叶草的地上部分高约10厘米，通常只生一片具有5个裂片的近圆形的叶子，开一朵淡绿色的花；而独叶草的下部分是细长分枝的根状茎，茎上长着许多鳞片和不定根，叶和花的长柄就着生在根状茎的节上。独叶草不仅独叶独花，而且结构独特而原始，它的叶脉是典型开放的二分叉脉序，这在毛茛科1500多种植物中是独一无二的，是一种原始的脉序。

独叶草是毛茛科的一种多年生的草本植物，

↗ 旅人蕉

是我国云南、四川、陕西和甘肃等省特有的小草。它生长在海拔2750～3975米的高山原始森林中，生长环境寒冷、潮湿，十分隐蔽，土壤偏酸性。

◎ 最顽强的植物

世界上最顽强的植物要数地衣。有人曾做过试验，结果发现地衣在-273℃的低温下还能生长，在真空条件下放置6年还保持活力，在200℃的高温下也能生存。因此无论沙漠、荒山、南极、北极，都有地衣的身影，甚至在大海龟的背上它都能生长。

南极考察者曾在一片贫瘠而无雪覆盖的山地岩石缝中，发现有生长旺盛的地衣。在环境稍好的地方，这种植物直接依附在光秃秃的岩石上，它们通过分泌酸，在岩石上腐蚀出一个个小坑，在坑中生长。它每天的生长时间只有1～2小时，一株地衣需25年才能长到2.5厘米左右。地衣的寿命可达450年。

◎ 最能贮水的草本植物

最能贮水的草本植物是仙人掌。仙人掌生长在热带、亚热带干旱的沙漠，那里气候炎热、

↗ 所谓的公园仙人掌，即菜用仙人掌，是加利福尼亚贫瘠的荒漠里一道惊人的风景。它是世界上最大的仙人掌，据测有些高度近21米，重达25吨；花朵生在茎部上端，夜晚开放，由蝙蝠食其花蜜并为其授粉。

干旱，年降雨量在25毫米以下，有的地方甚至终年不下雨。在如此干旱的环境中，只有像仙人掌这种具有超强贮水能力的植物才能生存。

仙人掌为了适应干旱的沙漠环境，叶子已经退化成针状，这样可以减少水分的蒸发。它们的根系广而深，能够大量吸收地下水，它们的肉质茎厚厚的，能够贮存大量水分。茎表面有一层蜡质皮，能够防止水分蒸发。

仙人掌类植物还有一种特殊的本领，在干旱季节，它可以不吃不喝地进入休眠状态，把体内的养料和水分的消耗降到最低程度。当雨季来临时，它们又非常敏感地“醒”过来，根系立刻活跃起来，大量吸收水分，使植株迅速生长并很快地开花结果。有些仙人掌类植物的根系变成胡萝卜状，可贮存三四十千克水分。

◎ 感觉最灵敏的植物

植物和动物一样，也有感觉，花草树木受到光、温度等外界刺激会做出各种反应。比如向日葵会跟着太阳转动花盘，含羞草的叶子被触碰之后会合起来。世界上感觉最灵敏的植物是毛毡苔。有人曾做过实验，把一段长11毫米的头发丝放在毛毡苔的叶子上，叶子马上就会卷起来。还有人把0.000003毫克碳酸铵滴在毛毡苔的绒毛上，也会马上被它发觉。

毛毡苔也叫日露草，生长在热带和温带地区。它是一种食虫植物，叶子扁平，像圆盘一样平铺在地上，叶片表面长有紫红色的纤毛，能分泌香甜的黏液，吸引贪吃的小昆虫，昆虫一碰到黏液就会被粘住，成为毛毡苔的美食。

◎ 最会跳舞的植物

在我国南方有一种神奇的跳舞草，它们的触觉非常灵敏，枝叶能够随着声波震动，当音乐响起时，就会翩翩起舞。音乐节奏越快，它跳得越快；音乐节奏越慢，它跳得越慢；音乐停止时，它就停止跳舞。跳舞草又叫情人草、风流草、求偶草、多情草，是一种豆科植物。株高60～150厘米，叶柄上长有三片叶子，叶片随植株的生长而变化，初生真叶对生，以后转为单叶互生，叶片呈椭圆形或披针形，长5～10厘米。跳舞草开紫红色的蝶形花。

跳舞草是一种快要绝迹的珍稀植物。这种草既是有趣的观赏植物，也是珍贵的药材，具有很高的科研价值。

◎ 花序最大的草本植物

植物王国的花千姿百态，有一朵花生在一个花枝上的，也有几朵花生一个花枝上的，几朵花聚集在一个枝条上，按照一定的顺序排列，组成花序。

在苏门答腊热带雨林的潮湿、低洼地带生长着一种叫巨魔芋的草本植物，它是世界上花序最大的草本植物。巨魔芋地下块茎的直径达半米，块茎上长着一枝粗壮的地上茎，高约半米，在靠近地面的地方有一片叶子。这种植物最初就裹在这片叶子里，它的肉穗花序包在大苞片中，苞片外面呈绿色，里面是红色。花序上密布着数以千计的黄色的雄花和雌花，整个花序高达3米，直径达1.3米。整个花序和花序下的茎连起来，看起来很像一个巨型的烛台。巨魔芋的花散发出腐臭味，吸引苍蝇等昆虫前来授粉。

这棵泰坦魔芋花的头状花超过2.4米高，外圈周长可以达到4米。野生泰坦魔芋花很少见，现在主要被种植在植物园里。

◎ 最能预测地震的植物

世界上最能预测地震的植物是含羞草。含羞草高20～60厘米，叶子很小，成对排列。它们对环境的变化非常敏感，只要碰一下它的叶子，叶片马上就会合拢，甚至叶柄也垂下来。通常，含羞草的叶子傍晚合上，白天张开。据说，地震来临之前，含羞草的叶子就会一反常态，白天合上，晚上张开或半开。如果出现这种情况，就要提前采取措施，预防地震。

被碰触前　被碰触后

含羞草叶子的膨压作用会使它“害羞”。

◎ 寿命最短的种子植物

植物寿命的长短，与它们的生存环境有密切关系。有的植物为了使自己在严酷、恶劣的环境中生存下去，经过长期艰苦的“锻炼”，练出了迅速生长和迅速开花结果的本领。世界上寿命最短的种子植物是生活在非洲撒哈拉沙漠地区的短命菊。沙漠中长期干旱，这种植物的种子在早春稍有雨水湿润的情况下，就赶紧发芽生长，开花结果。整个生命周期，只有短短的三四个星期。

短命菊的舌状花排列在头状花序周围，像锯齿一样。它对湿度极其敏感，空气干燥时就赶快闭合起来；稍稍湿润时就迅速开放，快速结果。果实成熟之后，缩成球形，随风飘滚，一旦遇到潮湿的环境，立即生根发芽。由于它生命短促，来去匆匆，所以被称为“短命菊”。

◎ 吸水能力最强的植物

世界上吸水能力最强的植物是泥炭藓，泥炭藓也叫水苔或水藓，它们生长在沼泽地区或森林洼地。这种植物平时呈淡绿色，干燥时呈灰白色或黄白色，丛生成垫状。它们的吸水能力特别强，能吸收自身体重的10～25倍的水分，比脱脂棉的吸水能力强1～1.5倍，不愧是吸水能力最强的植物。

大型的泥炭藓经过消毒加工后，可以代替脱脂棉做敷料或制造急救包。由于泥炭藓含有泥炭藓酚、丁香醛及多种酶，作伤口敷料时，有收敛和杀菌的作用，能够促进伤口愈合。

◎ 最著名的灭虫植物

在夏天，蚊虫的叮咬很讨厌，如果点上蚊香，就会使蚊子晕头转向。蚊香之所以能灭虫，因为它含有除虫菊的成分。

除虫菊的花朵中含有约百分之一的除虫菊素，用除虫菊的头状花序磨成的粉末是杀虫剂的主要来源。除虫菊对多种昆虫如蚊、蝇、臭虫和蟑螂等有毒杀作用。昆虫接触除虫菊素后1～2分钟内即出现过度兴奋，运动失调，迅速晕倒或麻痹。有一部分昆虫可于1天后复苏。除虫菊粉的活性物质会使昆虫和冷血脊椎动物产生接触性中毒，但用做杀虫剂的除虫菊粉浓度对植物及高等动物无害，因此这些杀虫剂广泛用于家庭与家畜的喷洒杀虫。

◎ 最精巧的食虫植物

世界上有很多种食虫植物，其中最精巧、最复杂的食虫植物要数猪笼草。猪笼草喜欢温暖潮湿的环境，主要分布在澳大利亚、马来西亚、印度东部、印度洋群岛以及中国的海南岛、西双版纳等地的热带及亚热带森林。

猪笼草捕捉虫子的方式很奇妙，它们的捕食工具是叶子。猪笼草的叶子构造非常复杂，叶片的中脉伸出，变成卷须，卷须可以攀附着其他东西往上爬。卷须顶部有一个像瓶子一样的囊状物，瓶子口上有一个能够开合的盖子，瓶内有半瓶黏性的液体。瓶口能够分泌香甜的汁液，吸引小昆虫。当小昆虫吃得正高兴的时候，一不小心就会栽到瓶中，被有黏性的液体消化掉。

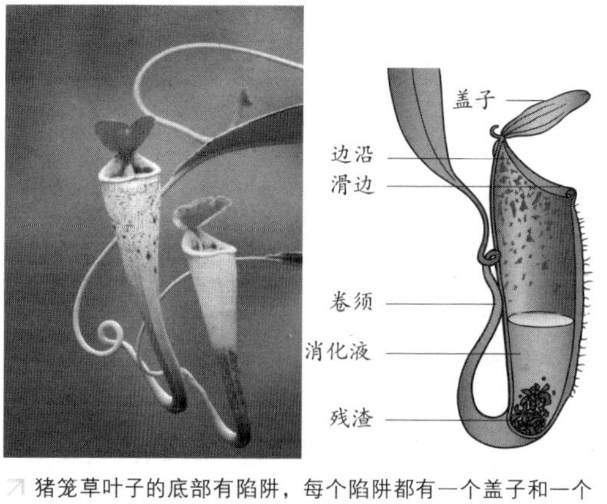

↗ 猪笼草叶子的底部有陷阱，每个陷阱都有一个盖子和一个漏斗。消化液池中通常会有猎物的残渣。

◎ 世界上价格最贵的草

世界上价格最贵的草是黑节草。这种草产于我国云南的阔叶林中，只有十几厘米高，但是茎上有很多节，节间呈黑褐色。黑节草的药用价值极高，能清热生津、消炎止痛、清嗓润喉，因此很受演员、歌唱家和教师的欢迎。

由于黑节草很受欢迎，历经长期拔采，种源已临枯竭，又因森林遭受破坏，生存环境恶化，植株大量消失，现在黑节草已经处于濒临灭绝的境地。用黑节草研制的中药在国际市场上售价每千克为3000多美元，因此黑节草被誉为最贵的草。

◎ 最名贵的草药

人参号称“百草之王”，是驰名中外、老幼皆知的药材。在中国医药史上，使用人参的历史久远。早在战国时代，名医扁鹊对人参药性和疗效已有了解；秦汉时代的《神农本草经》将其列为药中上品。明代著名中医学者龚居中在《四百味歌扩》中列为第一条：“人参味甘，大补元气，止渴生津，调营养卫”，成为无数中医入门的第一句背诵歌诀。人参能入五脏六腑，是补药中的极品。

由于人们的过度采挖，以及对人参生存环境的破坏，野生人参越来越少，已经处于灭绝的边缘。人参已经被列为我国珍稀濒危植物，长白山等自然保护区已经加以保护，人参资源正在逐渐恢复和增加。

◎ 生长最快的植物

生长在中国云南、广西及东南亚一带的团花树，是生长较快的植物。它一年能长高3.5米，因为生长迅速，被称为“奇迹树”。生长在中南美洲的轻木长得更快，它一年能长高5米。

堪称向高处生长最快的植物应该是毛竹。它从出笋开始，只要两个月的时间就长成成竹了，高达20米，大约有六七层楼房那么高。生长最快时，一昼夜能升高1米。所以人们常用“雨后春笋”来形容事物发展的速度之快。

竹子的生长是一节节拉长，长成的竹子的节数和粗度与竹笋是相应的，竹子长成后就不再长高了。而所有树木的生长，是从幼芽开始，

难以想象竹子也是一种草，但是草坪上的草和竹子确实是同一类植物。

经几十年，乃至几百年的漫长生长过程。与之相比，竹子的生长是很特别的。

— 花之最 —

◎ 世界最早的花

据相关科学家研究，世界上最早的花是出现于1.45亿年前的辽宁古果和中华古果。

辽宁古果和中华古果分别是由吉林大学孙革教授领导的课题组和中国地质学院的季强教授领导的课题组于辽宁的西部地区发现的。辽宁古果和中华古果现在已经被科学家确定为最古老的被子植物（有花植物），并把它们确定为早期被子植物的新科——“古果科”。现在已经完全可以肯定，出现于1.45亿年前的辽宁古果和中华古果是世界上最早的花，世界科学界的权威杂志《科学》于2002年5月7日介绍了这一最新成果。

◎ 世界上最香的花

世界上最香的花是一种叫野蔷薇的花，素有“十里香”之称，意思是在十里之外都能闻到这种花的香味。

野蔷薇属蔷薇科，是一种落叶灌木，原产于荷兰，花为白色单瓣花瓣，花的直径2 ~ 3厘米，外表呈圆锥形，花开于每年夏季的5 ~ 7月，香味极浓。它不仅仅是世界上最香的花，也是香味飘得最远的花。它的花还是相当好的药材。

现在在我国的南方地区也经常能看到这种花。

◎ 世界上最大的花

植物界里的花朵，不但颜色不尽相同，而且大小各异。池塘里的浮萍花朵直径不到1毫米，是最小的花。桃花直径2 ~ 3厘米，玉兰花10 ~ 18厘米，牡丹20 ~ 30厘米。

牡丹虽称“花王”，却不是世界上最大的花。世界上最大的花是大花草的花，这种植物生长在印度尼西亚苏门答腊岛的森林里，其花朵直径达1.4米，几乎和我们吃饭的圆桌一样大。它的五片花瓣又大又厚，外面带有浅红色的斑点，每片花瓣有30 ~ 40厘米长，一朵花重6 ~ 7千克，花心呈面盆的形状，可以盛5 ~ 6升水。

大花草又叫“大王花”，属于寄生植物，它寄生在像葡萄一类的白粉藤根茎里。这种古怪的植物本身是无茎无叶的，一生只开一朵花。花刚开的时候有一点儿香，不到几天就变臭了。在自然界里，这种臭花也能引诱某些蝇类和甲虫为它传粉。

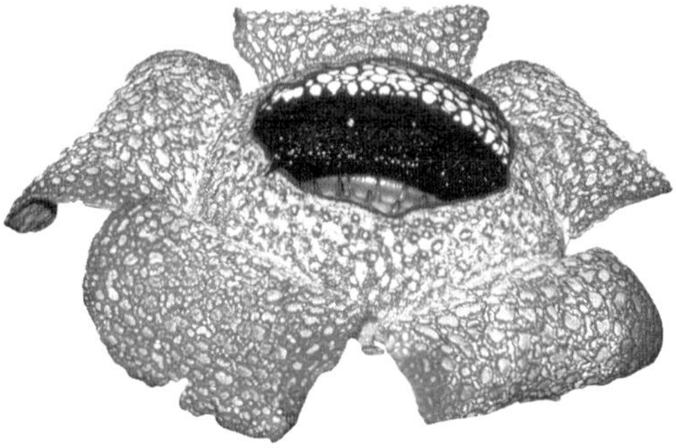

大王花没有根和叶子，却有巨大的花。它们的种子是由包括大象在内的大型森林动物传播的。

◎ 最罕见的花

世界上最罕见的花是生长在南美洲的雷蒙达花。

雷蒙达花生长在南美洲海拔将近4000米的

月季花五彩缤纷，花色艳丽，清香淡雅，多选作庭园绿化品种。

安第斯山上，它100年才开放一次，也就是在它生命临终前才开一次花，并且在开完后的很短时间内立即枯萎而死，把自己储存了一生的精力都在生命的最终时刻释放了出来。它的花芳香扑鼻，花穗有10 ~ 12米高，最粗的地方直径有1米，远远看去就像高高耸立着的一座高塔，特别壮观。但是它的花太难得了，100年才开一次，且一生只开一次！

作为世界上最罕见的花，雷蒙达花以它独有的魅力征服了来自世界各地的游人。

◎ 世界上最不怕冷的花

世界上最不怕冷的花是雪莲花。

雪莲花属于菊科，又名大苞雪莲、荷莲，产于中国，是一种极耐寒的多年生草本植物，在空气湿度较强的地方容易生存。雪莲花高15 ~ 35厘米，茎比较粗壮，它的花很漂亮，粉色和白色相间，花冠为紫色，开于每年的7 ~ 8月。因为雪莲花极其耐寒，即使在-50℃的环境下，也能开放，所以它一般都生长在纬度比较高的地区，中国的新疆是雪莲花的原产地。现在，在蒙古地区以及俄罗斯的西伯利亚以西地区均有分布，雪莲花最具魅力的是它的耐寒性，这也让它成为世界上最不怕冷的花！

◎ 颜色和品种最多的花

月季花是世界上品种和颜色最多的花。

月季花又名月月红，属蔷薇科。月季在中国有悠久的栽培历史，原产于中国的西南地区，但是现在月季花已经广布于世界各地。月季花是单生的，也有的是几朵集合在一起生成伞房状，花径4 ~ 6厘米，有很浓的香气，重瓣，开在每年的5 ~ 10月。月季花的颜色不定，有紫、红、粉、白等颜色，除此之外，月季花还有不同的混色、串色、复色等，甚至有罕见的蓝色和咖啡色，这么多种颜色的花在世界上绝无仅有！另外，月季花的品种也非常多，有资料表明，月季花在全世界已有上万个品种，它是世界上存在的颜色和品种最多的花，人们可以欣赏到各种各样的月季花，也正是因为这个原因。现在，月季花在世界上的种植范围越来越广！

◎ 飘得最远的花粉

种子植物要结出果实必须经过授粉，即把雄蕊的花粉传给雌蕊，让雌蕊受精。那些美丽芳香的花朵可以引诱昆虫，让昆虫传播花粉。有些花既没有鲜艳的颜色，也没有迷人的香味，只能靠风传播花粉，比如杨树、柳树就是如此。靠风传播花粉的花，花粉数量少则数千，多则

在夏天，快速地摇动树干，可以使松树释放出大量黄色的花粉。这些花粉两侧带有微小的气囊，可以帮助它们飘散开来。

数万，甚至数十万。一阵风吹来，花粉就会漫天飞扬，飞得又高又远，近的几千米，远的几十甚至几百千米。其中，飞得最远的是松树的花粉，松树的花粉上有一个气囊，能够乘风上升几千米，飞越山岭，甚至跨越海洋。这样大范围地传播花粉，可以保证更多的雌花受精，从而结出更多的种子。

↗ 罂粟花

◎ 花粉最大的花

花粉最大的花是西葫芦花。植物的花粉直径一般为20～50微米，要借助显微镜才能看清楚，西葫芦花的花粉直径达200微米。如果一个人视力很好，甚至可以用肉眼看到单粒的西葫芦花粉。

西葫芦花粉营养价值相当高，含有大量的维生素和蛋白质，还具有医疗功效，能够防治慢性前列腺炎、出血性胃溃疡、感冒等疾病。此外，西葫芦花粉还有增强体质的作用。人们往往在猪、鸡、牛的饲料中加入少量西葫芦花粉来提高生产率和产蛋率。

西葫芦是一年生草本植物，矮生或蔓生的茎上长满绿色手掌状的叶子，黄色的花冠上布满很多花粉。西葫芦的果实是平滑的长圆柱形或椭圆形。果实的颜色为浅绿色、墨绿色或白色，果实成熟后逐渐变为黄色。

◎ 花粉最小的花

花粉最小的花是勿忘草，花粉的直径约2～8微米。

勿忘草原产欧亚大陆，是多年生草本植物，叶互生，狭倒披针形或条状倒披针形。勿忘草喜阳光，能耐旱，易自播繁殖。勿忘草花小巧秀丽，蓝色花朵中央有一圈黄色花蕊，色彩搭配和谐醒目，卷伞花序随着花朵的开放逐渐伸长，半含半露，非常惹人喜爱。

勿忘草花小素雅，生长快，春天播种可夏秋开花。有白花变种和红花变种。园林中可供花坛、花境、林缘、岩石园等处种植，亦可盆栽或做切花。

◎ 最有名气的毒花

提到鲜花，我们首先想到的是美丽和芳香，很少有人把花和毒品联系起来。其实，很多花是有毒性的，其中名气最大的是罂粟花。虽然罂粟的毒性不是很大，但是提起罂粟，人们就会有一种恐惧的心理。因为鸦片、海洛因等毒品都是用罂粟制成的。罂粟未成熟的果实的果皮中含有一种与众不同的乳汁。乳汁中含有生物碱、吗啡等成分，对中枢神经有兴奋、镇痛、催眠的作用，长期使用容易成瘾，并慢性中毒，严重危害身体健康。罂粟、大麻和古柯并称为三大毒品植物。我国对罂粟种植和使用严格控制，除药物科研外，一律禁植。

◎ 最小的玫瑰

玫瑰是象征爱情的花朵，因而受到人们的广泛喜爱。一般的玫瑰花的直径长4～5.5厘米。日本三重县的一位育种专家培育出世界上最小的玫瑰，只有小拇指的指甲盖大小，美其名曰“粉红珍珠”。物以稀为贵，尽管“粉红珍珠”价格不菲，但总是供不应求。培育者眼见“粉红珍珠”旺销市场，立志将迷你玫瑰系列化，还要培育“白珍珠”“黄珍珠”“紫珍珠”等。

韩国培育出一种“手指玫瑰”，这种迷你型的玫瑰花植株只有小指大，花朵也只有指甲盖大小，可以生长在装有凝胶状营养液的高15厘米、直径5厘米的试管中，不需要外界的水分和营养。

第三章 天文之最

— 天体之最 —

◎ 最远的恒星

在整个太阳系中，太阳的周围主要运行着8颗行星、62颗卫星以及大量小行星和彗星。2001年6月5日，美国天文学协会传出消息，美国天文学家发现了距离地球最远的两颗恒星，它们现在距离地球大约有8000亿光年之遥（1光年等于9.5万亿千米）。

◎ 最近的恒星

除太阳外，距离地球最近的恒星当属很微弱的半人马座比邻星。这颗恒星发现于1915年。它与地球相距4.22光年，大约为399106.4亿千米。肉眼能看到的最近的恒星是南半球双星半人马座a或者是南门2，距地球4.35光年，其表观星等为–0.29。1752年，天文学家尼古拉斯·L.德·拉塞尔（1713～1762年）发现了这颗恒星，并准确计算出它与地球的距离。据推测，这颗双星与地球的距离大约为2.84光年，成为名副其实的最近的恒星。

◎ 最亮的恒星

天狼星A（大犬座α），也叫大犬座主星，位于大犬座星座，是人们用肉眼能够看得见的5776颗星中最亮的一颗，其表观星等为–1.46。在北半球的冬季，这颗明亮的星星出现在岁末最后几天的午夜正南方向。天狼星系距离地球大约有8.64光年，亮度是太阳的26倍。天狼星直径为2333485千米，质量为4.20×10^{27}吨。与此相对应，天狼星B却是一颗微弱的白矮伴星，其直径虽然只有9655.8千米，重量却是地球的35万倍。据推测，

用光作标尺

光是宇宙中跑得最快的，其传播速度将近每秒30万千米。天文学家用了很多方法来衡量宇宙中星体之间的距离。他们用光年取代千米作为衡量星体间距离的单位。1光年就是光在1年中走过的距离——大约9.5万亿千米。天文学家有时候也用秒差距作为距离单位。1秒差距相当于3.26光年。

天狼星将在公元61000年达到最大星等-1.67，那时它会更加明亮。

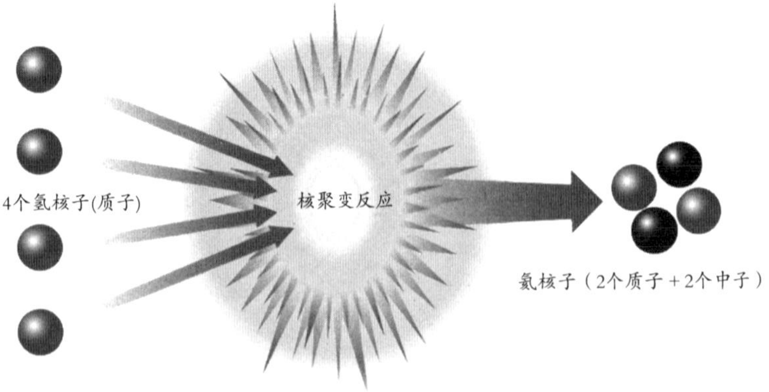

太阳内部氢的核聚变反应示意图

◎ 星体最大的恒星

美国天文学家于2005年1月发现了3颗十分明亮的恒星，这3颗恒星呈红色，直径都超过10亿千米，周长为太阳周长的1500倍，这是人类观测到的体积最大的恒星。根据数据计算，如果这3颗恒星处于太阳的位置，那么它们散发的热量足以吞没地球。

◎ 最古老的恒星

最古老的恒星是白矮星。白矮星是加拿大天文学家利用哈勃望远镜在银河系内观测到的最古老的恒星。最早被发现的白矮星是天狼星伴星。科学家根据白矮星冷却的速度推算出它的年龄——127亿年，正负误差为5亿年，而宇宙的年龄才130亿岁左右，可见白矮星是宇宙形成之初就已经存在的恒星。恒星在燃烧过程中内部物质逐渐耗尽，到了一定时间开始坍塌，体积减小，温度降低，同时光辉变得越来越暗淡，成为白矮星。

白矮星是一种很特殊的天体，它的体积小、亮度低，但是质量大、密度极高。比如天狼星伴星的体积比地球大不了多少，但质量却和太阳差不多！

◎ 威力最大的爆炸

据计算，太阳每秒钟辐射的能量约为3.826×10^{33}尔格，这相当于上亿颗氢弹在太阳上爆炸。不过太阳的这点能量在银河系中仍是微乎其微的。有一种超新星在一个瞬间能释放出相当于10^{18}颗氢弹爆炸的能量，这是太阳能量的几千万倍。能量之大，让人惊讶。

千千万万个像银河系这样的星系存在于宇宙之中，宇宙中规模最大的爆炸是星系爆炸。据最近美国报纸报道，不久前，人造卫星自动记录下一些材料，从这些材料中，科学家发现了宇宙空间中一个星系的一次大爆炸，爆炸只持续了1/10秒，但释放出的能量相当于太阳3000年释放的能量，这是有记录以来最强大的一次能量爆炸。记录这次爆炸的材料被科学家们看到后，都惊讶得瞠目结舌，他们认为这次爆炸释放的能量的比率比太阳的能量释放率大1000亿倍，地球若处在与这次爆炸同样数量的能量中，会立刻气化。由此人们产生了许多疑问：如星系内部结构是什么样的?巨大的能量究竟从何而来?这些问题的答案至今没有找到，仍需人们不断地去探索。

◎ 太阳系中最大、最快、最热的行星

木星是太阳系的八大行星之一，也是八大行星中最大的一颗，其质量为地球的317.83倍，是地球体积的1321.4倍。木星也是八大行星中自转周期最短的一颗。赤道地区一天只有9小时50分30.003秒。

水星是太阳系八大行星中距离太阳最近的，它围绕着太阳高速运转，是运行最快的行星。它公转一周只需88天。

金星是最热的一颗行星。根据前苏联发射的“月球”号探测器和美国发射的“先躯者”号金星

木星

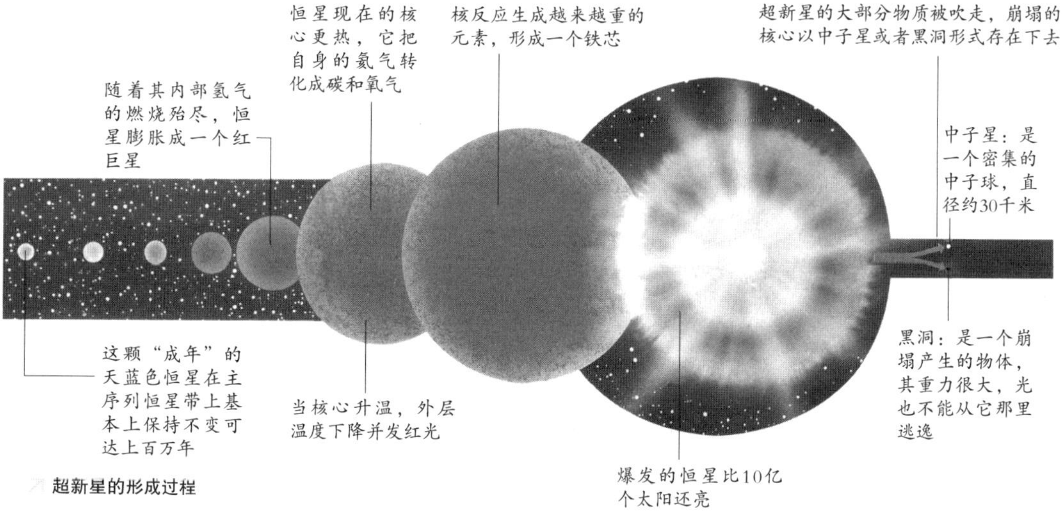

超新星的形成过程

地面探测器所得到的数据推测，估计金星的表面温度为大约482℃，是表面温度最高的一颗行星。

◎ 最著名的超新星

在恒星世界中，一种奇怪的现象偶尔会发生，天文观测者会看到一颗原来亮度较低的恒星，瞬间便会具有极高的亮度。这种亮度发生剧烈变化的恒星，天文学家称之为“变星”。中国古代所记载的“客星”就是变星。

变星的类别很多，超新星是其中光亮程度变化最显著的一类。普遍认为，恒星亮度变化的原因，主要是这颗恒星产生了剧烈的爆炸，在爆炸过程中，巨大的能量被释放出来，亮度便一下子增加了。

据历史记载，最有名的超新星是中国1054年记录到的金牛座超新星。它是全天空最为明亮的超新星。即使在白天，人们都可以看到它光芒四射，太阳都无法完全遮掩它的光辉。自1054年7月4日起后的23天中，人们清楚看到的“客星”就是金牛座超新星。

◎ 太阳系中卫星最多的行星

在围绕太阳运行的八大行星中，除了金星和水星，其他6大行星都有已知的自然卫星。围绕土星运行的卫星最多，至少有18颗。这些卫星与它们的母行星之间的距离各不相同，如火卫1距火星只有9377.4千米，而木星的外层卫星木卫9距离木星23656710千米。太阳系中共有62颗这样的卫星。

◎ 离地球最近的行星

距地球最近的行星是金星，通常运行于地球轨道之内，它与地球相距仅4135万千米。火星是运行于地球轨道之外与地球最近的行星，距地球最近时只有5568万千米。

◎ 最明亮的行星

金星是我们从地球上能看见的最明亮的一颗行星。

其实，只要我们稍微注意一下，在黄昏或者是早晨经常能在天边看到一颗比其他星星明亮得多的星星，早晨它出现在东方，黄昏出现在西方，如果不知道还以为它们是两颗不同的星星呢。古人就以为它们是两颗星，我们经常听说的启明星、太白星和长庚星实际上就是指它，它们是同一颗星，它就是金星。它是太阳系的八大行星之一，按照离太阳由近及远的次序排列，金星位居第二。金星有很多特点，比如，它是一颗类地行星，它还是太阳系中唯一的一颗没有磁场的行星，它的颜色是橙黄色，在八大行星中它也是最接近圆形的行星，它的偏心率仅仅为0.7‰。

◎ 最美丽的行星

作为太阳系八大行星之一的土星，按离太阳由近及远的次序是第6颗；在体积和质量方面仅次于木星，屈居第二，也是一颗“巨行星”。

土星呈扁球形，其赤道直径为12万千米，是地球的9.5倍，两极半径与赤道半径之比为0.192。土星的质量是地球的95.18倍，体积是地球的730倍。虽然它的体积庞大，但密度却很小，每立方厘米只有0.7克。

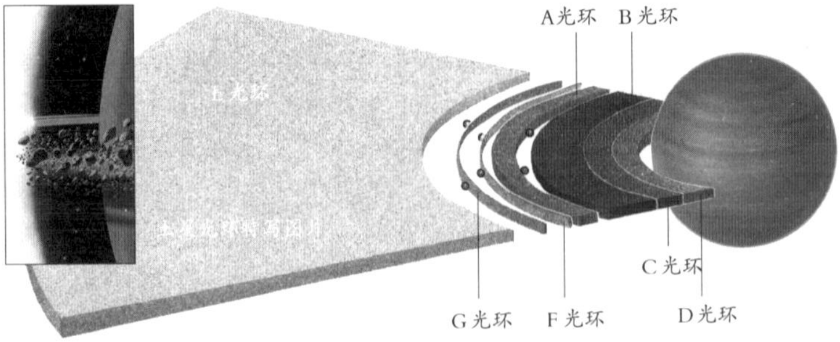

土星被许多光环环绕着，但是我们在地球上只能看到3条光环（如图中A、B、C三处）。其他的光环是空间探测器发现的。这些光环看起来像实体板片，但实际上它们是由成千上万的绕着土星高速运转的碎冰、岩石块、尘埃和颗粒等物质组成的。这些碎冰块大小不一，小的如砂粒，大的如石块。土星光环的厚度大约为50米。

土星内部有一个由岩石构成的核心。核的外面是由冰层和金属氢组成的壳层，最外面被一层色彩斑斓的云带包围着，是八大行星中最漂亮的一颗。土星的表面温度很低，约为-140℃，大气运动不明显。土星以平均每秒9.64千米的速度斜着身子绕太阳公转，其轨道半径约为14亿千米，绕太阳一周需29.5年的时间，公转速度非常慢，但是它的自转很快，赤道上的自转周期仅需10小时14分钟。

◎ 离太阳最近的行星

离太阳最近的行星是水星。水星的直径为4878千米，比地球小40%，比月球大40%。在古代，人们称水星为辰星，西方人称它为墨丘利。墨丘利是罗马神话中为众神传递信息的使者，神通广大，行走如飞。可能是因为水星移动得太快，所以西方人给它起了这个名字。

水星的密度较大，在太阳系的行星中仅次于地球。水星表面和月球表面相似，到处都是陨石撞击形成的起伏山峦。水星上没有空气也没有水，由于没有空气散射阳光，水星的天空通常都是漆黑一片。水星的昼夜温差特别大，最高温度达427℃，最低温度达-173℃。

◎ 已发现的离地球最远的行星

2003年，美国哈佛大学天文学家宣布，他们用一种新的科技手段发现了一颗行星，命名

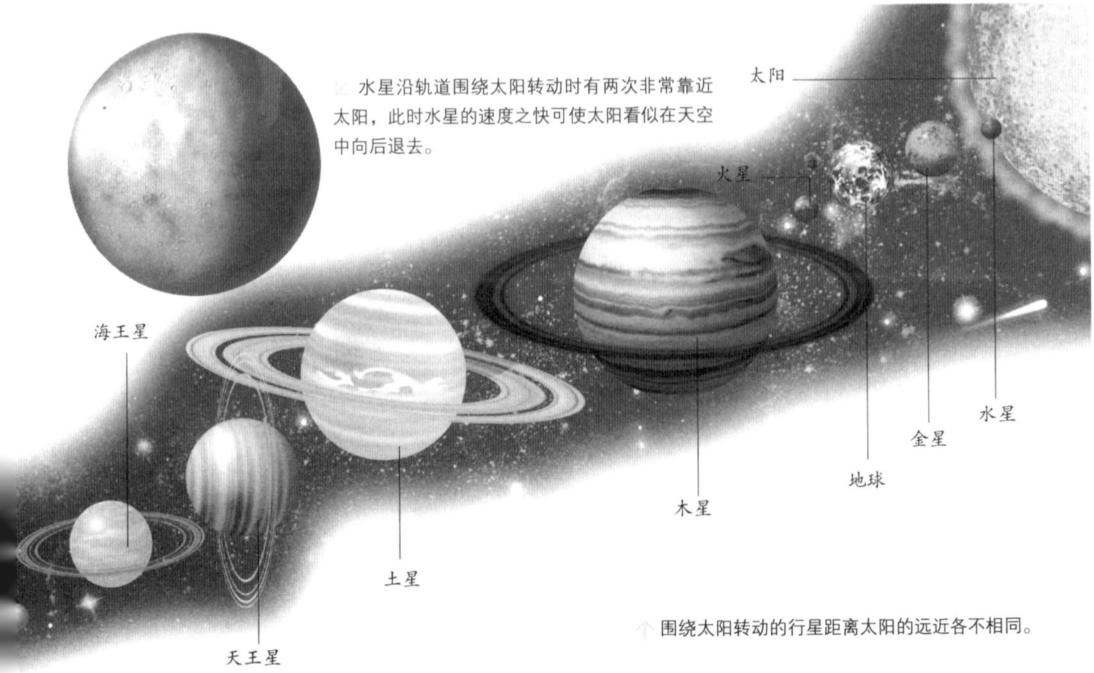

水星沿轨道围绕太阳转动时有两次非常靠近太阳，此时水星的速度之快可使太阳看似在天空中向后退去。

围绕太阳转动的行星距离太阳的远近各不相同。

为OGLE-TR56b。这是迄今人类发现的距离地球最远的行星。

这颗新发现的行星位于人马座，与地球相距5000光年，它比以前发现太阳系外最远的行星还要远30倍，体积比木星稍小，每29小时绕自己的恒星转一周。据观测，OGLE-TR56b表面覆盖着大量铁水，气候条件非常恶劣。

◎ 最年轻的行星

美国宇航局2004年对外宣布，他们发现了一颗形成不超过100万年的“婴儿”行星，并称它为金牛座内行星。目前，天文学家已经发现了100多颗太阳系外行星，这些行星都在10亿岁以上。金牛座内行星是目前已知的最年轻的行星，并围绕一颗年龄与之相近的恒星旋转。

当时，天文学家利用斯皮策红外线望远镜对金牛座的5颗恒星进行观察时，在金牛座CoKu4号恒星周围的尘埃盘上发现了一个没有尘埃的环状区域。专家推断，这个区域可能有一颗或几颗行星。后来，射电望远镜拍摄的图片，证明了这一推断。

◎ 银河系最古老的行星

2003年，美国宇航局的哈勃太空望远镜发现了银河系内最古老的行星。这颗行星围绕由

美丽的银河系

银河系的外形像一个中间厚、边缘薄的扁平盘状体。圆盘部分称为银盘。银盘由恒星、尘埃和气体组成，是银河系的主要组成部分。在银河系中可探测到的物质中，有九成都在银盘范围以内。银盘外形如薄透镜，以轴对称形式分布于银河系中心周围，其中心厚度约1万光年，不过这是微微凸起的核球的厚度，银盘本身的厚度只有2000光年，直径近10万光年，总体上而言，银盘非常薄。太阳系位于银盘以内，距银河系中心约2.5万光年处。

一颗脉冲星和一颗白矮星组成的双星系统运转，其质量相当于木星的2.5倍，处于M4球状星团核心区域附近。M4星团是离地球最近的球状星团，有10万颗以上的恒星，但是它缺乏形成行星所需要的重力因素。因此，科学家认定该行星可能在宇宙诞生的早期就已经存在了。

这颗行星在127亿年前就形成了，约在宇宙大爆炸后最初的10亿年内形成。最初可能是在M4星团边缘围绕一颗类似太阳的年轻恒星运转，随后这两颗星一起落入恒星密集的星团核心区域，并被一颗中子星俘获，形成了一个混合系统。随着时间的推移，该行星所围绕的恒星以及中子星就变成了后来的白矮星和脉冲星。

这一发现表明，在宇宙大爆炸的最初10亿年内，就形成了第一批行星。因此，宇宙中行星的数量可能比人们最初认为的还要多。

◎ 太阳系中自转最慢的行星

太阳系中自转最慢的行星是金星。金星的自转速度比公转速度还要慢，自转一周需要243天，而公转需要225天。也就是说，金星的自转恒星日一天比一年还长。不过按照地球标准，以一次日出到下一次日出算一天的话，则金星上的一天要远远小于243天。这是因为金星是逆向自转的缘故；在金星上看日出是在西方，日落在东方；一个日出到下一个日出的昼夜交替只是地球上的116.75天。

◎ 最怪异的行星

2007年，以色列天文学家宣布发现了太阳系外的一颗新行星——HAT-P-2b。它与母星非常靠近，仅为地球和太阳距离的7%。它的一年等于5.6个地球日，因此气候变化非常大。令科学家感到奇怪的是，这颗行星的密度是水的6.6倍，比木星的密度大8倍。人类迄今已经发现了100多颗太阳系外的行星，所有这些行星的密度都与木星或水的密度大致相同。

这颗行星的发现让科学家认识到宇宙中还有很多和我们已知的不同的行星体系。

◎ 旋转最奇特的行星

在已知的行星中，天王星有一个独一无二

天王星

的特征，那就是它的赤道面与公转轨道面夹角为97° 55′，几乎是躺着绕太阳转动的，是太阳系中旋转最奇特的行星。

行星是由最初的许多微行星互相碰撞，彼此融合形成的，在形成过程中不断受到微行星的碰撞，就会受到作用力而发生自转。原始行星之间也会发生碰撞，这些碰撞会产生重大的影响。

天文学家认为在天王星形成的最后阶段，曾经受到另一个处于原始行星阶段的大天体的撞击，这使它的自转轴发生了很大的倾斜，导致现在这个样子。也有些天文学家有不同的看法，他们认为天王星附近的几颗围绕它逆向运行的大卫星是导致天王星倾斜的原因。

◎ 地球之外最具居住条件的行星

很多人都有这样的疑问，地球之外有没有生命？地球之外有没有适合人类居住的星球？经过不断地探索，科学家在太阳系外发现了一颗可能适合人类居住的星球，它的体积、温度与地球相似，平均温度在0℃到40℃之间，而且还可能有液态水，这颗星球被命名为581c星球，它围绕红矮星Gliese581运转。这一发现被认为是探索宇宙生命的一个重要里程碑。

◎ 最早发现的小行星

人们最早发现的小行星是谷神星，它位于火星和木星之间的小行星带。它是由意大利天文学家皮亚齐在1801年发现的。它的直径为933千米，等于月球直径的1/4，质量为月球的1/50，在1990年以前排名第一，所以又叫1号小行星。

太阳系约有50万颗小行星围绕太阳公转，目前已经登记在册的有8000颗，它们的体积都很小。最早发现的有谷神星、婚神星、智神星和灶神星，其中谷神星是最大的一颗。谷神星在很多方面都像地球，它所含的淡水甚至比地球还多，球状外表表明它也受到重力控制。谷神星内部的物质并不是均匀分布的，而是分为不同的层次，稠密的物质在核心，多为岩石，较轻的物质在表层，可能富含冰水。

每年5月11日前后会发生谷神星冲日的天文现象。那时谷神星的亮度达到最高值，谷神星、地球和太阳在一条直线上，地球位于两者之间。只要天气晴好，天文爱好者就可以通过望远镜观测到谷神星。

◎ 最早被计算出来的行星

大多数行星是天文学家通过观测发现，而海王星是最早通过计算发现的。在发现海王星之前，天文学家发现天王星总是偏离预定的轨道。

1845年，英国剑桥大学的亚当斯第一个根据行星运行理论计算出了海王星的位置，但是没有被人们接受。1846年，法国天文学家勒威耶也通过计算得出了同样的结论，他立刻让天

海王星

文台的工作人员进行观测，果然在他计算的位置发现了一颗行星，这就是海王星。这一发现被看成是行星运动理论精确性的一个范例。

海王星的直径小于天王星，但质量比它大。海王星的质量大约是地球的17倍，而类似双胞胎的天王星因密度较低，质量大约是地球的14倍。

◎ 最早发现的太阳系外行星

人类一直在努力地寻找太阳系以外的行星，1995年3月，第一颗日外行星被发现，那是一颗脉冲星的行星。脉冲星是高速自转的星体，有致密的核心。在脉冲星的旁边行星被接连发现，目前已经有100多颗太阳系外行星被发现。2005年4月，德国耶拿大学的科学家公布了一张照片，照片上显示的是一颗恒星和一颗日外行星，这是第一张有关日外行星的照片。这颗行星被命名为GQ Lupi b，这是第一颗利用照片发现的日外行星。

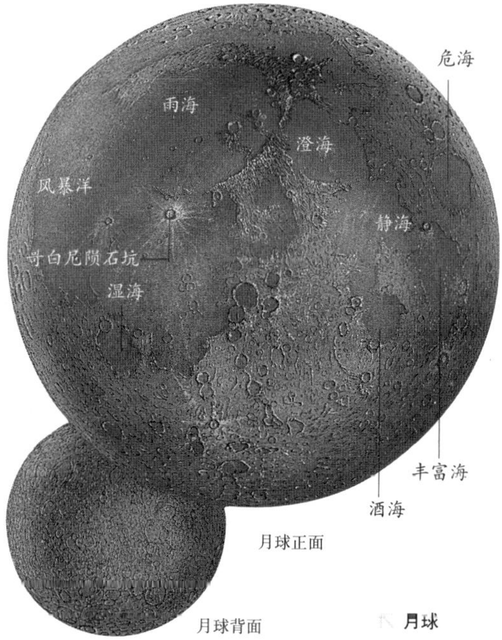

月球

◎ 离地球最近的天体

离地球最近的天体是月球。月球是人类研究得最彻底的天体，也是人类至今唯一一个亲身访问过的天体。月球的年龄大约有46亿年。月球有壳、幔、核等分层结构。最外层的月壳平均厚度约为60～65千米。月壳下面到1000千米深度是月幔，它占了月球的大部分体积。月幔下面是月核，月核的温度约为1000℃，很可能处于熔融状态。月球直径约3476千米，是地球的3/11，太阳的1/400。月球的体积只有地球的1/49，质量约7350亿亿吨，相当于地球质量的1/81，月球表面的重力差不多是地球重力的1/6。

从地球上可以看到月球表面有阴暗的部分和明亮的区域。早期的天文学家在观察月球时，以为发暗的地区都有海水覆盖，因此把它们称为“海”。著名的有云海、湿海、静海等。其实，月亮上没有海，较暗的地区是深谷，较亮的地区是山脉。月球上到处都是星罗棋布的环形山。位于南极附近的贝利环形山直径295千米，可以把整个海南岛装进去。最深的山是牛顿环形山，深达8788米。除了环形山，月面上也有普通的山脉。

月球约一个农历月绕地球运行一周，而每小时相对背景星空移动半度，即与月面的视直径相若。与其他卫星不同，月球的轨道平面较接近黄道面，而不是在地球的赤道面附近。月球的自转周期和公转周期几乎相同，因此我们从地球上只能看到月球的正面，看不到背面。

◎ 最奇特的卫星

1846年10月10日威廉·拉塞尔发现了海卫一（这一日期是海王星被发现后的第17天）。它在国际上的名字是Triton，是以希腊海神特里同命名的。海卫一是海王星的卫星中最大的一颗，它是太阳系中最冷的天体之一，具有复杂的地质历史和一个相对来说比较年轻的表面。

海卫一是最奇特的卫星，因为它是一颗轨道逆行的大卫星，仅有的几颗其他轨道逆行的卫星都是小卫星，轨道不及海卫一的1/10。海卫一的另一个特别之处在于其表面的冰火山，这些冰火山的喷发物大多是从地表下涌出的液态氮气、灰尘或甲烷混合物。

海卫一的轨道本来就离海王星非常近了，加上它是逆行轨道，受潮汐作用的影响，估计达到极限之后它可能与海王星大气层相撞，或者分裂造成一个环。由于海卫一离海王星非常近，加上它自己的体积比较大，潮汐作用使得

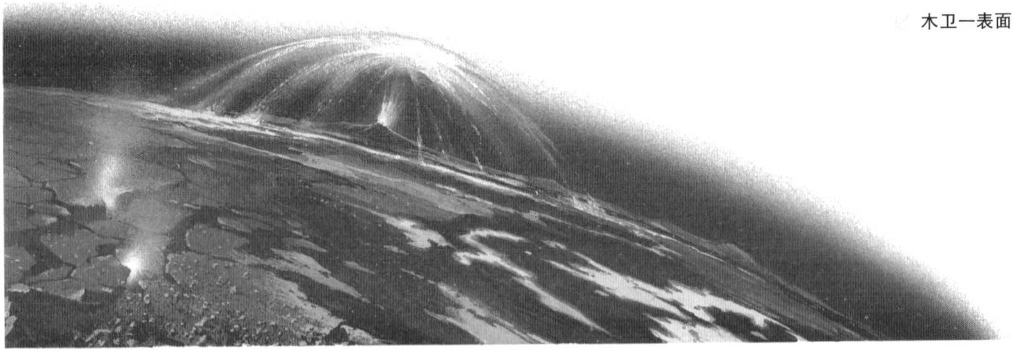

木卫一表面

它的轨道几乎是一个完美的圆。其偏心率小于0.0000001。

◎ 火山活动最频繁的卫星

火山活动最频繁的卫星是木卫一。它也是太阳系内除太阳之外最炽热的星体，最热的地方达1610℃。木卫一比月球稍大一点，其物质组成更接近类地行星，主要由炽热的硅酸盐岩石构成。它的表面有数百个火山口，火山活动极为剧烈，羽毛状喷出物高达300千米。据科学家分析，这些物质是以硫或二氧化硫的形式喷出的。木卫一表面也与太阳系中其他星体截然不同，科学家原以为在类地星体上应布满了受撞击后留下的大大小小的环形山，然后以单位面积内留下的“弹坑”来估计星球外壳的年龄，但实际上木卫一的表面环形山极少，简直屈指可数。由此可见，木卫一非常年轻。

◎ 最隐蔽的星体

宇宙中很多星体因为发光发热而能够被观测到，但是也有些星体比较隐蔽。1999年2月，美国马里兰大学的罗宾卓·莫海卜博士宣布在银河系边缘发现巨大光环式星体群，被称为MACHOs。虽然我们看不到这些星体，但是由于其重力对于其他背景星光线的折射而为我们所觉察，该星群可能有绕其旋转的反射卫星，有生命体存在。该生命体能够看到自身的反射星系，而对我们的星系却一无所见，正如我们对它们的一无所见一样。

◎ 引力最强的天体

引力最强的天体是黑洞。黑洞是演变到最后阶段的恒星。当一些大恒星燃烧尽了的时候，它们就会自行塌陷，所有的组成部分凝聚成一个点，这个点的体积趋近于零，而密度趋近于无穷大，因而具有强大的吸引力。只要物体进入离这个点一定距离的范围内，就会被这个点的吸引力吸收掉，连光线也不例外。这个点是看不到的天体，我们只能根据引力作用确定它的存在。因此，科学家给这个点起了个名字叫黑洞。黑洞的吸引力无比巨大，以至于没有任何信号能够从里面传出来，所以里面的情形人

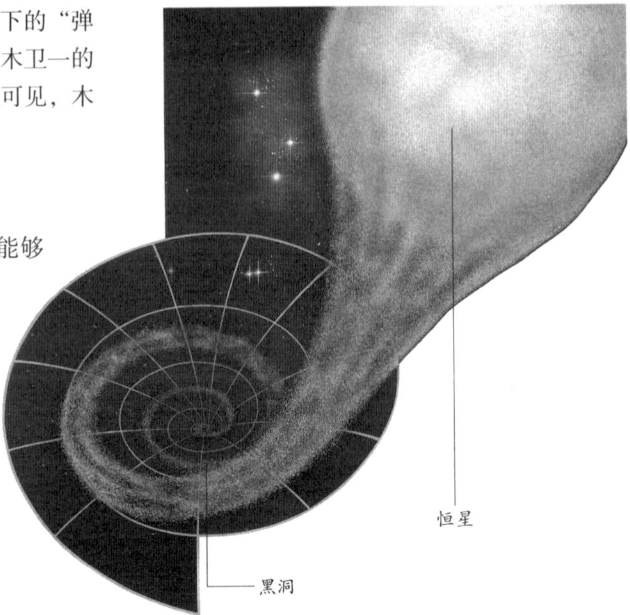

↗ 恒星爆炸成为超新星后，剩下的物质会迅速收缩。随着物质不断收缩，它的密度会越来越大，引力场也会越来越大，最后几乎只会剩下一小块具有巨大引力的宇宙空间。强大的引力使它吸收了周围所有的物质，包括临近的恒星。即使光也无法逃脱它的引力，所以人们称它为黑洞。

类无法知道。黑洞把周围的光和自己发出的光都吸收了，我们无法通过光的反射来观察它，只能通过受其影响的周围物体来间接了解黑洞。

除了这种恒星级黑洞，也有其他来源的黑洞，比如可能形成于宇宙早期的微型黑洞，可能存在于星系中央的超大质量黑洞。

◎ 最大的陨石

陨石，也称“陨星”，是地球以外未燃尽的宇宙流星脱离原有运行轨道或成碎块散落到地球或其他行星表面的石块，是从宇宙空间落到某个地方的天然固体。它是人类直接认识太阳系各星体珍贵稀有的实物标本，极具收藏价值。

据加拿大科学家10年的观测，每年降落到地球上的陨石有20多吨，大概有两万多块。陨石大小不一，在一场大的流星雨中，会有很多豌豆大小的陨石降落，有时也会有大型的陨石坠落。1976年3月8日，我国吉林降落了一次规模空前的陨石雨，其中最大块重1770千克，是目前世界上最大的石质陨石，被称为“吉林一号”。这块陨石冲击地面造成蘑菇云状烟尘，并且砸穿冻土层，形成一个6.5米深、直径2米的大坑。

此外，1920年，人们在非洲纳米比亚南部地区发现了戈巴陨铁（含铁量较大的陨石称为陨铁），它的重量约为60吨，是现存最大最重的陨铁。

◎ 最大最古老的陨石坑

目前地球上已经发现了175个陨石坑。历史上最大的陨石坑是弗里德堡陨石坑。那是一个由20亿年前的一颗巨大的陨石撞击留下的坑洞。弗里德堡陨石坑位于南非最大城市约翰内斯堡西南100千米的自由州省，被认为是世界上已知的最古老和最大的陨石冲击地球遗迹，直径达380千米，具有很高的科研价值。这个陨石坑已经获得“世界自然遗产”的称号。

◎ 自转速度最快的星体

自转速度最快的星体是脉冲星。脉冲星是中子星的一种，会周期性地发出脉冲信号，脉冲星发射的射电脉冲的周期性非常有规律。一开始，人们对此很困惑，甚至曾想到这可能是外星人在向我们发电报联系。据说，第一颗脉冲星就曾被叫作“小绿人一号”。

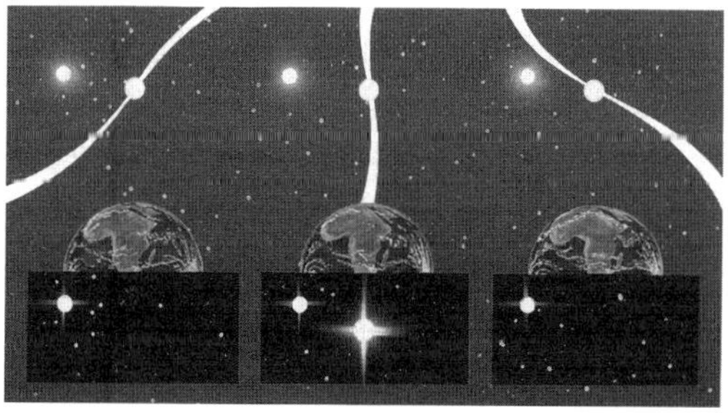

脉冲星发出的脉冲扫过地球

经过几位天文学家一年的努力，终于证实，脉冲星就是正在快速自转的中子星。而且，正是由于它的快速自转而发出射电脉冲。

地球自转一周是24小时，而脉冲星的自转周期竟然小到0.001337秒！只有高速旋转的中子星，才可能扮演脉冲星的角色。

◎ 移动速度最慢的星系

美国哈佛-史密森天体物理中心的天文学家

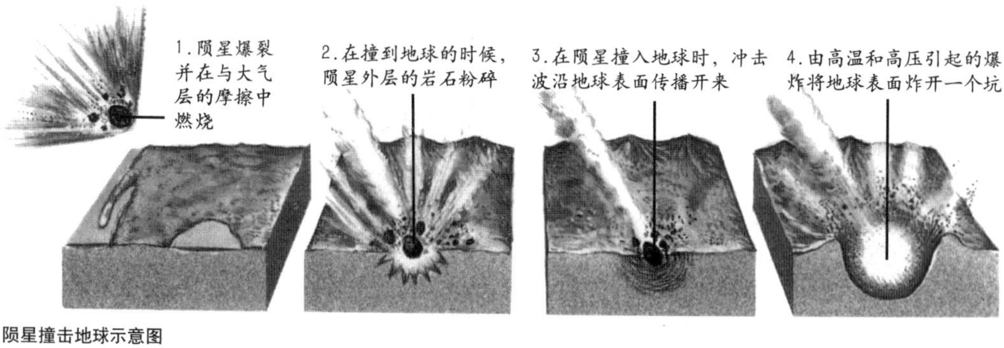

陨星撞击地球示意图

小行星撞击地球会产生巨大的能量。如果这种撞击发生在人口稠密区，则产生的破坏力甚至比一颗小型原子弹爆炸产生的威力还要大。人们正加紧科学研究，力争想办法避开体积较大的小行星撞击地球的可能。

宣布，已测出天穹中移动最慢星系的速度，该星系就是M33旋涡星系，它另一个非正式名称为Pinwheel（陀螺）。它位于离我们地球约240万光年的地方，可以在离M31星系（仙女星座）不远的天空中找到它，其直径约为50光年，比我们所在的银河系小2倍。

为了测量M33星系的移动速度，天文学家仔细分析了甚长基线射电望远镜阵（VLBA）在两年半内拍摄该星系的照片。要想确定M33星系沿天空移动的“真实”运动，还需要考虑地球在围绕太阳旋转，而太阳系又在围绕银河系中心旋转。M33星系在空中相对于地球移动速度的横向移动为每年30角微秒，与关于M33星系接近地球速度的数据结合在一起，天文学家首次获得M33星系在空中三维移动的参数。为了使爱好者能对每年30角微秒的速度大小做出评估，天文学家打了个比方，假如我们从地球上观察蜗牛沿火星地表的爬行速度，则每年30角微秒比其还要慢100倍。

◎ 离银河最近的星系

许多年来，天文学家一直认为大麦哲伦星系是距离银河最近的星系，这个星系距离我们16万光年。但是，在1994年，这个头衔被人马座矮星系给夺走了。最近的测量显示，大犬座矮星系离银河中心只有4.2万光年，距离只有人马座矮星系的3/4，只有大麦哲伦星系的1/4。

做出上面这项发现的是2微米巡天计划，因为它在红外光波段进行观测，所以能把可见光无法穿透的银河盘面看得较清楚。大犬座矮星系和其他的卫星星系在绕我们银河系公转的过程中，在重力的拉扯下逐渐地分崩离析。

◎ 距离地球最近的星团

离地球最近的，所含星体较多的星团是毕星团，它属于疏散星团，距离我们143光年。毕星团是银河系中的著名星团，位于金牛座，它的几颗亮星构成二十八宿中的毕宿。天文学家推断，毕星团的年龄大约为4亿年。

毕星团几乎是球形的，由300多个成员星组成，总质量约为太阳的300倍。毕星团中心聚度也很高，比太阳附近的恒星密度大好几倍。

毕星团是一个移动的星团。大约8万年前，毕星团离太阳最近，只有现在距离的一半。现在，它正以43千米/秒的速度远离我们。6000万年后，它将成为一个普通的银河星团。

◎ 银河系最大的星团

欧洲天文学研究小组通过架设在智利的红外天文望远镜发现了银河系内最大的星团，并把它命名为Westerlund1。该星团被一些厚密的宇宙尘埃所覆盖，其质量相当于10万个太阳，整个星团直径约为6光年。

此前，科学家们一贯认为，此类星团只存在于遥远的星系中。而且是由两个或两个以上的星系相互作用才能产生这类星团。目前天文学界已知的这类球状星团有M13和M15，其特点就是具有很强的扩散性——哪怕是质量很小的星团，直径也能达到上百光年。

欧洲天文学家们还在本次新发现的“Westerlund1”星团中发现有许多恒星都可以归入超巨星家族，其大小约为太阳的2000多倍，有效半径约相当于整个土星轨道。这些星团中有

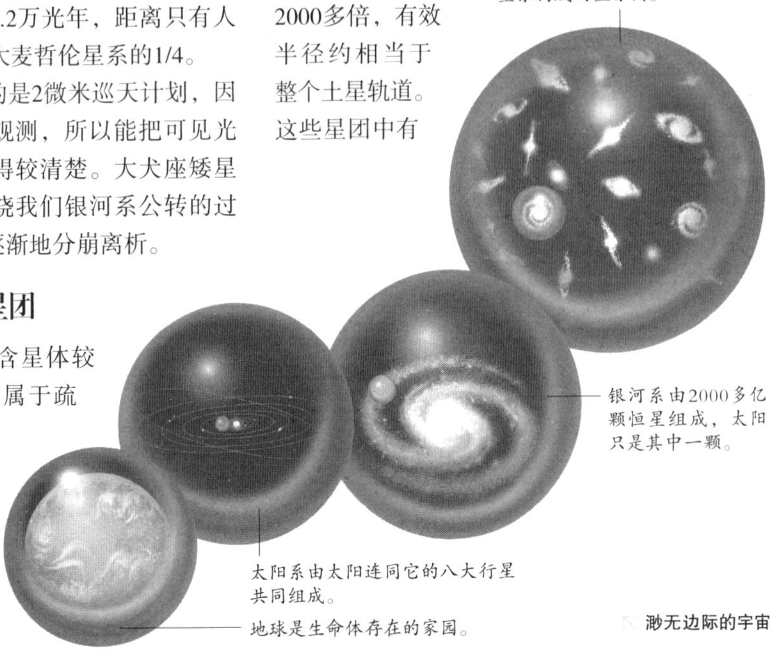

渺无边际的宇宙

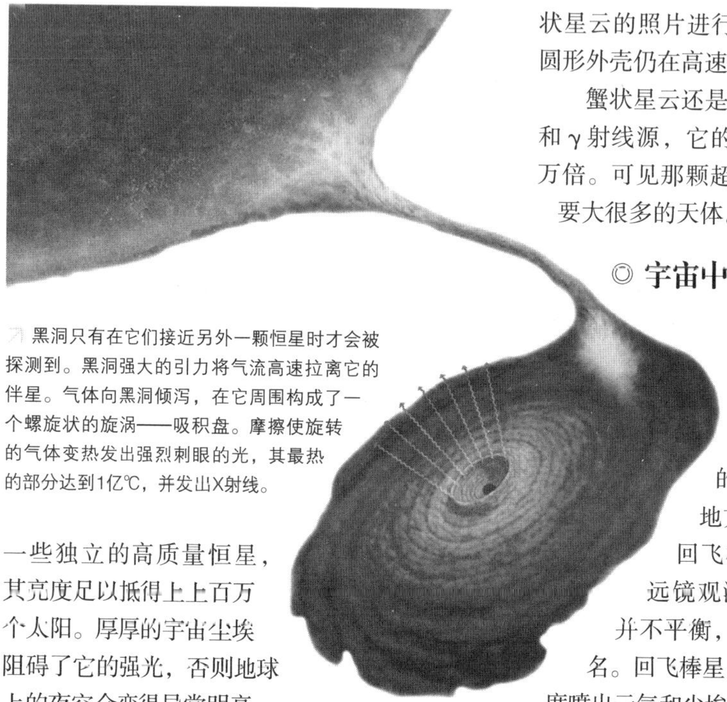

黑洞只有在它们接近另外一颗恒星时才会被探测到。黑洞强大的引力将气流高速拉离它的伴星。气体向黑洞倾泻，在它周围构成了一个螺旋状的旋涡——吸积盘。摩擦使旋转的气体变热发出强烈刺眼的光，其最热的部分达到1亿℃，并发出X射线。

一些独立的高质量恒星，其亮度足以抵得上上百万个太阳。厚厚的宇宙尘埃阻碍了它的强光，否则地球上的夜空会变得异常明亮。

◎ 最大、最古老的黑洞

美国斯坦福大学的天文学研究小组发现了迄今为止最庞大、最古老的黑洞，即Q096+6930黑洞。这个黑洞位于大熊座星系中央，与地球的距离约为127亿光年。科学家们初步确定它的年龄为127亿岁，也就是说，它在宇宙大爆炸之后10亿年内就形成了。

领导这项研究的斯坦福大学的天文学教授罗杰·罗马尼说："这个黑洞的体积大得实在惊人，像这么大的黑洞很少见。"这个黑洞确实非常大，其质量是太阳的100亿倍，也就是说它的引力场内可以吸纳上千个太阳系，其质量也相当于银河系内所有恒星的质量之和。

◎ 最有名的星云

最有名的星云是金牛座的蟹状星云，它是一颗在1054年前爆发的银河系内的超新星留下的痕迹。我国古代记载了那次超新星的爆发。因为这个星云的形状有点像螃蟹，所以叫做蟹状星云。这个星云是1731年被英国天文爱好者比维斯发现的。

1921年，美国科学家把两批相隔12年的蟹状星云的照片进行比较之后，发现蟹状星云的圆形外壳仍在高速膨胀，速度达到1300千米/秒。

蟹状星云还是强红外源、紫外源、X射线源和γ射线源，它的总辐射光度比太阳还要强几万倍。可见那颗超新星爆发前是一颗比太阳还要大很多的天体。

◎ 宇宙中最冷的地方

宇宙空间虽然分布着很多发光发热的恒星，但是黑暗而深邃的太空中温度非常低，就像一个巨大的寒冷的冰箱一样。宇宙中最寒冷的地方是一团叫做回飞棒的星云。回飞棒星云是美国人通过哈勃望远镜观测到的，因为它旋转的两翼并不平衡，像回旋飞行器一样，所以得名。回飞棒星云以接近每小时60万千米的速度喷出云气和尘埃风，因此形成了独特的形状。

回飞棒星云是由正在死亡的恒星排出的气体，距离地球约5000光年。在人类迄今为止了解的星云中，回飞棒星云的温度是最低的，只有-272℃，只比绝对零度高1.15℃。其他的星云温度都高于-270℃。

◎ 回归周期最短的彗星

回归周期最短的彗星是恩克彗星。它最早在1786年1月17日就被人们发现，直到1818年11月26日再次被法国天文学家恩克发现之后，才被命名为恩克彗星。恩克计算出它的轨道，确定它的回归周期为3.3年，恩克预言1822年5月24日它会再次回到近日点。果然，它准时回来了。

恩克彗星不大，亮度较微弱，最亮时只相当于5等星。多数时间没有彗尾，只有一团模模糊糊的云絮。从发现到现在，恩克彗星已经回归了57次，是回归周期最短，回归次数最多的彗星。而且，这颗彗星的轨道越来越小，每回归一次，周期就缩短3个小时。天文学家估计，总有一天，它会跌入太阳，或者自行碎裂。

◎ 持续时间最长的日食

当月球运行到地球和太阳中间，如果正好

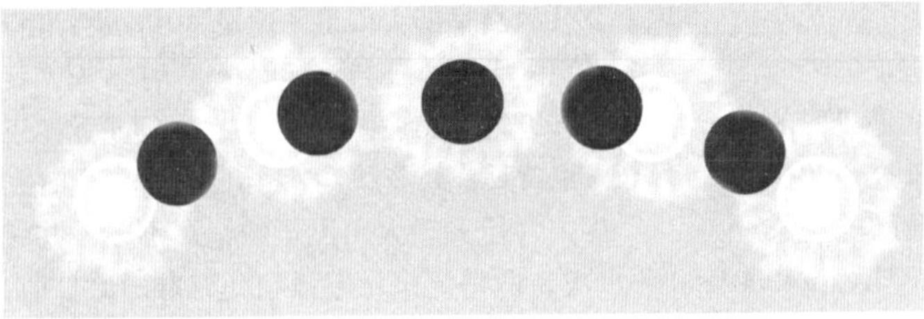

日食形成过程

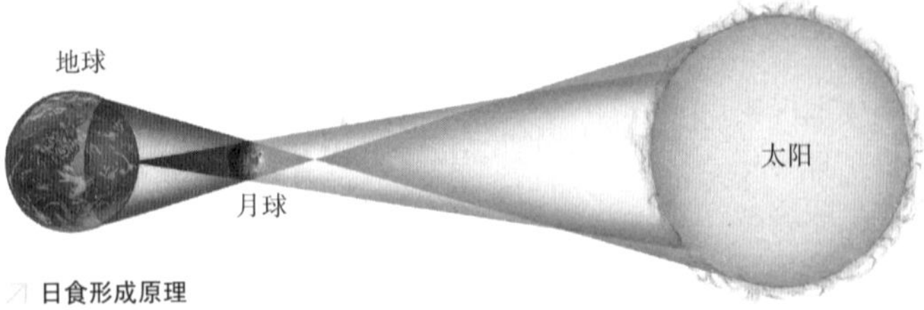

日食形成原理

与地球和太阳在一条直线上，太阳的光芒被月球挡住，月球的影子正好落在地球上，那么地球上相应的位置就会出现日食。在地球上月影里的人们开始看到阳光逐渐减弱，太阳面被圆的黑影遮住，天色转暗，全部遮住时，天空中可以看到最亮的恒星和行星，几分钟后，从月球黑影边缘逐渐露出阳光，开始生光、复圆。

日食持续的最长时间为7分31秒。1955年发生在费城西部持续时间为7分8秒的日食是近年来最长的一次。据预测，2186年大西洋中部地区将发生一次持续时间7分29秒的日食。

— 天文学之最 —

◎ 最古老的天文台

天文台是专门进行天文观测和研究的机构。古人很早就发现了天象变化与日常生活、生产之间的关系。一些文明古国很早就建立了天文台。在古希腊文明极盛的时候，埃及的亚历山大就建立了著名的天文台。我国夏朝就有了天文台，称为清台，商朝的时候称为神台，周朝称为灵台。

周文王的灵台建在都城丰邑东面。西安西南约40千米的地方至今仍有灵台村。目前这些灵台已经不存在了。世界上保留下来最古老的灵台是632年建于韩国庆州的瞻星台。我国保留下来最古老的天文台是河南登封市的观星台。唐朝的时候，这里建立了石表，元代初年在此石表北面建立了永久性的观星台，现在还有遗迹。

◎ 最大的天文台

世界上最大的天文台是双子座天文台。双子座天文台由两台先进的天文望远镜组成，它们分别位于赤道两边的美国夏威夷和智利。通过南北两站的天文望远镜，科学家们可以观测到遥远的星系。在南站望远镜落成典礼上，双子座天文台台长蒙顿称，这是耗用10年时间、由几百人参与建设的结果。

双子座的两台望远镜使用了大量新技术，如巨大的薄型透镜，能从宇宙空间收集和聚焦光线和红外辐射；自适应光学器件，可校正因地球大气所产生的畸变等。位于夏威夷的北站望远镜目前已有很多重大的发现，包括发现星系核心超大黑洞周围的奇观，恒星周围可能形成早期行星系统的气、尘区，以及拍摄到褐矮星的图像等。

建在山顶的气象观测站

◎ 海拔最高的气象观测站

世界上海拔最高的气象观测站是我国的沱沱河气象站。沱沱河气象站位于海拔4700多米高的唐古拉山麓，是世界上海拔最高的气象观测基站。总面积约250平方千米，平均海拔4000米以上的青藏高原，有“世界屋脊”和“地球的第三极”之称，它对中国和亚洲甚至对整个北半球乃至全世界的气象变化，有明显的影响。

沱沱河气象站成立于1956年，是中国国家气象站网中重要的测报、研究站，也是具有与全球气象资料共享资格的交换站。这里地势高寒，空气稀薄，全年冰冻期为331天。气象站的工作者，就是在这样恶劣的条件下，坚守岗位为全人类观测风云，预报天气。

◎ 最早的流星雨记录

天体的碎块闯入地球大气层时，和大气层的摩擦越来越激烈，最后燃烧起来，产生光和热，这就是我们在夜空中见到的流星。有时候，天空中会有很多流星连续不断地坠落，这样就形成了流星雨。

最早的流星雨记录是公元前2133年降落在河南省的一场流星雨,《竹书纪年》中记载着:“帝禹后氏八年雨金于夏邑”。之后，我国的天文学家对流星雨的记录不断，总数达二三百条之多。对流星雨的描述生动形象，常用“星陨如雨”“众星交流如织”等形容。很多记录对时间、地点、流向、在天空的位置和流星的个数，以及颜色和响声都有详细的记载。

流星雨的记录为研究流星雨和陨石提供了依据，对研究天体的起源和演化、流星的轨道、天体的化学成分等都有重要意义。

◎ 最早的太阳黑子记录

太阳黑子是在太阳光球层上发生的一种最基本、最明显的太阳活动。最早的太阳黑子记录出现在殷商甲骨文中，战国时期及汉代也有不少关于太阳黑子的记录。目前世界上公认的最早的太阳黑子记录是《汉书·五行志》，其中写道：“河平元年……三月己未，日出黄，有黑气大如钱，居日中央。”河平元年三月己未也就是公元前28年5月10日。

我国古代关于太阳黑子的记录不多，共有100多次，但是记录比较详细，有准确的日期，也有对黑子大小、形状、位置的描述。这些为研究太阳黑子的活动，及其对地球的影响提供了宝贵的资料。

◎ 最早的哈雷彗星记录

1682年8月，一颗肉眼可见的大彗星出现在夜空中。英国天文学家哈雷对此很感兴趣，并开始专心致志地研究彗星。他计算出了这颗彗星的轨道和回归周期，大胆地预言，1682年出现的那颗彗星，将于1758年底或1759年初再次回归。他的预言被证实了，人们为了纪念他，把这颗彗星命名为哈雷彗星。

中国人对哈雷彗星的记载是最早的，可上溯到殷商时代。“武王伐纣，东面而迎岁，至汜而水，至共头而坠。彗星出，而授殷人其柄。时有彗星，柄在东方，可以扫西人也！”（《淮南子·兵略训》）据张钰哲推算，这是公元前1057年的哈雷彗星回归的记录。更为确切的哈雷彗星记录是公元前春秋鲁文公十四年（公元前613年）的“秋七月，有星孛入于北斗。”

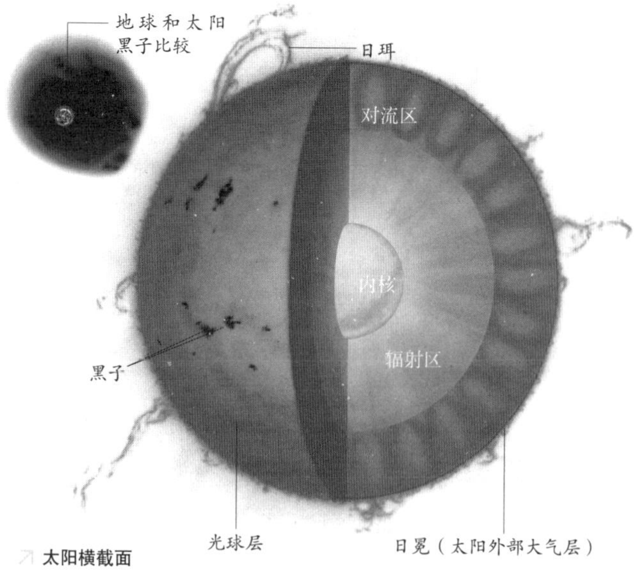

太阳横截面

（《春秋左传·鲁文公十四年》）这是世界上第一次关于哈雷彗星的确切记录。

从战国秦始皇七年（公元前240年）起，哈雷彗星每次回归，中国均有记录。对哈雷彗星的记录有时是很详细的。其中最详细的记录，是汉元延元年（公元前12年）“七月辛未，有星孛于东井，践五诸侯，出何戍北率行轩辕、太微，后日六度有余，晨出东方。十三日，夕见西方，犯次妃，长秋，斗，填，蜂炎冉贯紫宫中。大火当后，达天河，除于妃后之域。南逝度犯大角、摄提。至天市而按节徐行，炎入市中，旬而后西去；五十六日与苍龙俱伏。”（《汉书·五行志》）

◎ 最早的日食记录

中国是世界上最早记录日食的国家。最早的日食记录是公元前1217年5月26日发生的一次日食。出土于河南安阳殷墟的甲骨文详细记载了当时的情况：人们正在田间劳动，突然发现光芒四射的太阳出现了一个黑色的缺口，缺口越来越大，光芒逐渐暗淡下来。一段时间后，有缺口的太阳又渐渐恢复圆形。这就是关于日食最早最可靠的记载。

我国古人对天象的异常变化非常重视，由于缺乏科学认识，常常把日食理解为上天对人类的警告。古代的科学家保持了对日食的观察和记录。在《春秋》这本编年史中记载了公元前770到公元前476年之间的37次日食。连续性的日食记录为科学研究提供了丰富的资料。通过对日食的成因和周期性的总结，能够准确地预报日食，这是中国天文学史上的一项重要贡献。

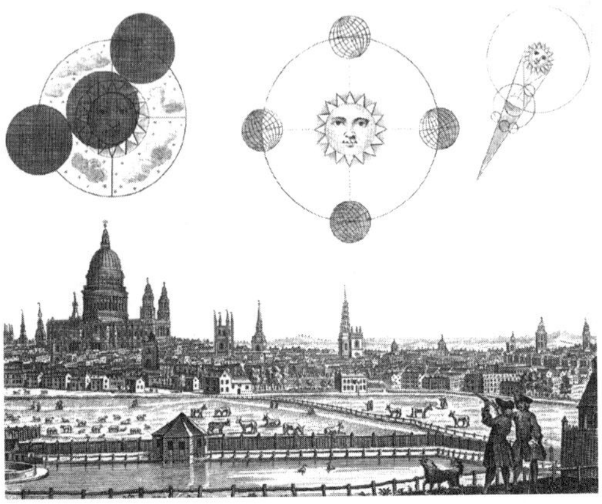

日食过程图解

当时的阐释图解释了1748年出现在伦敦上空的日全食的整个过程。

◎ 最古老的星表

我国古人非常重视观测天象，早在汉代以前，就给天上的星星分了组，并起了名字，还测量了它们之间的距离，并作了记录。这种用于记录星星名称和位置的记录册，叫星表。

在公元前4世纪的战国时期，魏国人石申写了《天文》一书，此书的一些片段在唐朝的《开元占经》中有记载。后人由此辑录了一份《石氏星表》，其中记载了28宿和102颗恒星的位置。这是世界上最古老的星表。西方最早的星表是公元前3世纪或公元前2世纪才出现的，比《石氏星表》晚一个多世纪。《石氏星表》成了后世很多天体测量的基础，是我国天文历法中一份重要的基本数据资料。

◎ 人类最早认识的星座

人类最早认识的星座是大熊星座，古今中外的天文学家都很重视它，因为它在夜空中非常显眼。在古代中国，人们通过肉眼就可以看到大熊星座中明亮的七颗星呈一个勺子的形状，也就是人们常说的北斗七星。

古人分别给这七颗星起了名字：天璇、天玑、天枢、天权、玉衡、开阳、摇光。北斗七星很容易辨认，常被人们当作一个整体来观测。在北半球的中高纬度全年可见北斗七星。

◎ 最早的自动天文仪器

我国古代流行最广泛的宇宙理论是浑天说。浑天说认为地在天的中央，地似蛋黄，天似蛋壳，日月星辰附在天壳上，随着天周日旋转。为了演示天象并观测天体的方位，西汉的耿寿昌发明了浑天仪。东汉中期，张衡在此基础上大胆创新，于117年设计制造了完整的演示浑天说思想的漏水转浑天仪，这是世界上最早的自动天文仪器。

漏水转浑天仪是用精铜制造的，主体是一个空心铜球，代表天球，球内有一根铁轴贯穿球心，代表天轴，球体可以绕着这根柱子旋转。轴与球面有两个交点，一个代表北极，一个代表南极。球外有两个圆环，一个代表地平线的地

该浑天仪现陈列在中国北京天文台。

平圈，一个代表子午线的子午圈，球体半露在地平圈以上。北天极高处地平圈36°，就是东汉的都城洛阳的地理纬度。球的表面刻着28宿和其他恒星，还刻有天赤道圈和黄赤道圈，两者呈24°夹角。天赤道圈和黄赤道圈上刻有二十四节气，以冬至日为起点，两个圆周各分为365.24°。

张衡采用齿轮系统把浑天仪和计时用的漏壶联系起来。用漏壶滴出的水的力量带动齿轮，齿轮带动浑天仪绕轴转动，一天转动一周，与天球同步。这样就可以准确地把天象的变化表示出来。通过观察浑天仪的转动就可以知道天象的变化了。

◎ 最早描绘在纸上的星图

唐代敦煌经卷中的一幅古星图，是世界上现存古星图中最古老而星数较多的全天星图，大约绘制于唐中宗时期（705～710年）。星图从12月开始，按照每月太阳的位置将黄道和天赤道分为12段。全图按圆圈、黑点、圆圈涂黄三种方式绘出了1350颗星，是现代星图的鼻祖。

由于古代测量技术有限，星图上恒星的位置是按照肉眼观测估算出各恒星之间的相对距离而定的。

◎ 最早测量子午线长度的人

最早测量本初子午线的人是僧一行。僧一行本名叫张遂，生于672年（唐高宗时期），青年时出家当了和尚，法名一行。他精通天文、历法和仪器制造。

僧一行设计了一种叫覆矩的测量工具以测量北极仰角，并根据观测数据绘制了24幅覆矩图。他计算出北极高度每差1度，南北两地即相隔351里80步，相当于现在的151.07千米。这个距离正是地球上子午线上1度的长度。他的测量虽然不是非常精确，却是人类测量子午线的开端。

◎ 最早提出地球围绕太阳转的人

古代的人们看到每天太阳东升西落，认为地球是宇宙的中心，太阳围绕地球转。最早提出地球围绕太阳转的是波兰天文学家哥白尼。他是近代天文学的奠基人。

哥白尼并不是职业天文学家，而是一名教士，他的重要著作是在业余时间完成的。他大约在40岁时开始在朋友中散发一份简短的手稿，初步阐述了他自己对日心说的看法。哥白尼经过长年的观察和计算终于完成了他的伟大著作《天体运行论》。在书中他正确地论述了地球绕其轴心运转；月球绕地球运转；地球和其他所有（太阳系）行星都绕太阳运转的事实。书中观测计算所得数值的精确度是惊人的。例如，

哥白尼

16世纪，尼古拉·哥白尼对当时的宇宙观进行了革命性的批判。他指出，太阳才是太阳系的中心，地球围绕太阳公转。

他得到恒星年的时间为365天6小时9分40秒，与现在的精确值差约多30秒，误差只有百万分之一。但是，由于观测条件的局限，他对宇宙的认识还有很大的偏差，比如他认为星体运行的轨道是一系列的同心圆，这当然是错误的。

1533年，60岁的哥白尼在罗马做了一系列的讲演，提出了他的学说的要点，并未遭到教皇的反对。但是他却担心教会反对，甚至在他的书完稿后，还是迟迟不敢发表。直到在他临近古稀之年才终于决定将它出版。1543年5月24日去世的那一天，他才收到出版商寄来的一部他写的书。

◎ 最早预告水星凌日的人

水星凌日发生的原理与日食相似。由于水星和地球的绕日运行轨道不在同一个平面上，而是有一个7度的倾角。当水星和地球两者的轨道处于同一个平面上，而日水地三者又恰好排成一条直线时，在地球上可以观察到太阳上有一个小黑斑在缓慢移动，这种现象称为水星凌日。小黑斑是由于水星挡住了太阳射向地球的一部分光而形成的。

在人类历史上，第一次预告水星凌日的是“行星运动三大定律”的发现者、德国天文学家开普勒（1571～1630年）。他在1629年预言：1631年11月7日将发生稀奇天象——水星凌日。当日，法国天文学家加桑迪在巴黎亲眼目睹到有个小黑点（水星）在日面上由东向西徐徐移动。从1631年到2003年，共出现过50次水星凌日，平均每100年仅发生13次。

◎ 最早发现天王星的人

天王星是由威廉·赫歇耳通过望远镜系统地搜寻，在1781年3月13日发现的，它是现代发现的第一颗行星。事实上，它曾经被观测到许多次，只不过当时被误认为是另一颗恒星。最早的纪录可以追溯至1690年，约翰·佛兰斯蒂德在星表中将他编为金牛座34，并且至少观测了6次。赫歇耳把它命名为“the Georgium Sidus（天竺葵）”（乔治亚行星）来纪念他的资助者英国国王乔治三世，其他人却称天王星为“赫歇耳”。由于其他行星的名字都取自希腊神话，因此为保持一致，由波德首先提出把它称为“乌拉诺斯（Uranus）”（天王星），这个名称直到1850年才开始广泛使用。

◎ 最早分离太阳光的人

最早分离太阳光的人是英国科学家牛顿。1666年，牛顿用三棱镜分离了太阳光，把白光分离成彩色光谱，证明了太阳光由红、橙、黄、绿、蓝、靛、紫七种颜色组成。

◎ 最早检测到的来自天体的无线电波

在广袤深邃的宇宙空间，那些巨大的天体都发射出无线电波，好像一个个小广播电台，不停地对我们进行广播，诉说它们的情况。然而，人类收到天体的无线电波，不过是近几十年的事。最早收到天体无线电波的是美国的一位无线电工程师明胶卡尔·詹斯基。

1928年，詹斯基在贝尔电话实验室工作，他为了追查和鉴定影响电话通话信息的各种形式的干扰，制造了一个有方向性的天线。他利用这个天线，再加上一台短波接收机，便能鉴别各种干扰源。然而，当他研究15米范围内的无线电噪音时，发现了一种奇怪的来历不明的干扰源。经过几个月的研究后，在1931年，他发现这种来历不明的干扰是恒星发出来的。到了第二年的春天，他断定这一干扰源来自银河系中心的人马座。1932年末，他公布了这一发现。

图中为1789年，由英籍德裔天文学家威廉·赫歇尔(1738～1822年)设计建造的巨型望远镜。该望远镜的焦距超过12米。

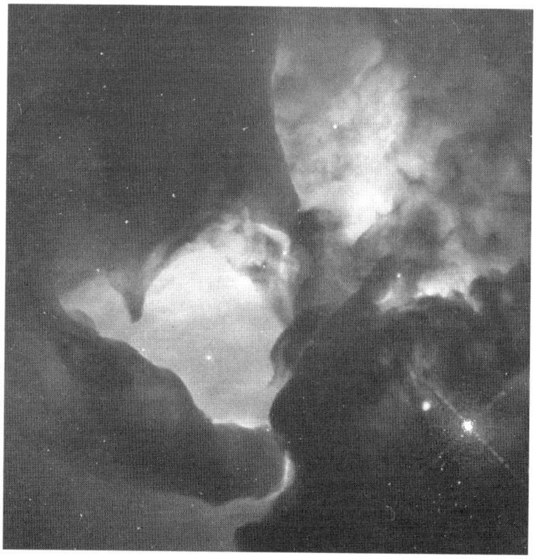

哈勃太空望远镜拍摄了礁湖星云照片，它位于人马座方向上距地球5000光年远的太空中。借助此图我们可以很容易理解它的另一个名字——沙漏的含义。

◎ 最大的宇宙星系组图

安装在“哈勃”太空望远镜上的最新照相机拍摄到有史以来最大的宇宙星系组图，组图中包括的星系超过了4万个。据美国天文协会称，此次“哈勃”太空望远镜拍摄到的组图，虽然其视野的外围尺寸只有一个盘子那么大，但是这样的尺寸是早先通过“哈勃”望远镜获得的星系图的150倍。

对天文学研究来说，这次获得如此大尺寸的星系组图，对了解银河系在过去90亿年（相当于宇宙年龄的三分之二）的演变非常重要。这次“哈勃”太空望远镜拍摄到的组图，是用78张先进观测照相机对天炉星座区域拍摄得到的照片合成的。整合过程就像是完成一个巨大的拼图游戏。该成果是一个被称为“星系演变形态和光谱能量分布”（GEMS）的星系观测项目的一部分，是由美国、德国等多国科学家合作完成的。

— 航天之最 —

◎ 最早提出太空航行理论的人

人类很早就有了遨游太空的梦想。1903年，俄国科学家齐奥尔科夫斯基发表了《利用喷气装置研究宇宙空间》的专著。这部著作从理论上奠定了星际航行的基础。因此齐奥尔科夫斯基被誉为“宇航之父”。

齐奥尔科夫斯基9岁因病失聪，完全靠自学在23岁时成为中学老师。自从看了凡尔纳写的《从地球到月球》科幻小说后，便迷恋上了宇航，希望能找到飞向太空的方法。为验证气流对飞行器的影响，他经常拉着自制的风筝在泥泞的地里奔跑，如醉如痴。他提出了宇宙飞船利用喷气运动的原理，画出了第一张宇宙飞船的工作图，论证了液体火箭发射卫星的可能性，并提出了用多级火箭实现星际旅行的梦想。

◎ 最早到达月球的探测器

人类最早到达的卫星是月球。第一个到达月球的探测器是前苏联的无人登陆器“月球”2号，它于1959年9月14日撞向月面。“月球”3号在同年10月7日拍摄了月球背面的照片。“月球”9号则是第一艘在月球软着陆的登陆器，它于1966年2月3日传回在月面上拍摄的照片。“月球”10号于1966年3月31日成功入轨，成为月球第一颗人造卫星。

◎ 最早的行星探测器

地球处在太阳系中，因而天文学家研究最多的是太阳系中的行星。太阳系有8大行星，分别是水星、金星、地球、火星、木星、土星、天王星、海王星。人类探测的第一个行星就是离地球最近的金星。

人类发射探测器的过程经历了多

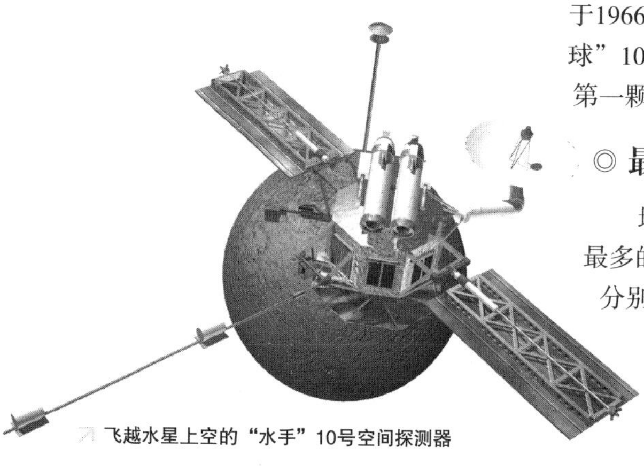

飞越水星上空的“水手”10号空间探测器

次失败。1961年2月12日，前苏联发射了“金星”1号探测器，但是在距离地球756万千米的地方失去了联系，无法得到探测结果。美国于1962年7月22日发射了“水手”1号探测器，但因火箭偏离轨道，发射失败。1962年8月27日，“水手”2号发射成功，12月14日，“水手”2号从距离金星34800千米处飞过，探测了金星的大气温度。此后，人类发射了更多的金星探测器，获得了关于金星的大量资料，对金星的了解进一步加深。目前，人类已经发射了各大行星探测器，对太阳系的了解越来越多。

↗ 在造访了木星、土星、天王星和海王星之后，“旅行者”2号宇宙探测器正在飞离太阳系。

◎ 最早穿越小行星带的人造探测器

小行星带是太阳系内介于火星和木星轨道之间的小行星密集区域。天文学家估计这个区域的小行星数量多达50万颗，已经被编号的小行星有120437颗，98.5%的小行星都在此处被发现。因此这个区域被称为主带，通常称为小行星带。

在人类太空探索史上，第一个穿越小行星带的探测器是“先驱者”10号，时间是在1972年，然后是“先驱者”11号、“旅行者”1号和“旅行者”2号、“伽利略”号、“卡西尼”号、“NEAR”和“尤里西斯”号。

◎ 最长寿的太空探测器

美国发射太空探测器到外层空间的历史，已经有30多年，其中最长寿的是“旅行者”号。到2009年的8月和9月，“旅行者”1号和2号探测器已经探索太阳系32年。“旅行者”号有很多重大发现，比如天王星高速的风、构成土星光环的扭结和幅条、木星卫星上的火山、天王星的卫星上有活喷泉等。但是它们的使命至今还未完结。两艘飞船远达神秘的天王星和海王星，现在继续向宇宙深处进发，最终脱离太阳系。

“旅行者”1号现在是距离太阳最远的探测器，至2009年5月，约距离太阳164亿千米，而“旅行者”2号的距离是133亿千米。这两艘宇宙飞船都有一张1英尺铜片镀金唱片，旨在向可能存在的外星生命表达地球的多元文化，内容是由康内尔大学教授沙根（Carl Sagan）领导下的委员会选取的116个图像及各种音乐，以及51种语言的招呼语言。

◎ 最快的人造飞行器

世界上最快的人造飞行器是大名鼎鼎的“新地平线”号探测器。它要踏上一段航程约50亿千米，时间长达9年半的漫漫征途。

在发射升空大约45分钟后，“新地平线”号成功与运载火箭分离。它的时速高达约5.8万千米/小时（约16千米每秒），这是迄今为止人类发射的速度最快的太空飞行器。它的速度来自于美国“宇宙神”火箭，所以飞得最快的飞行器应该是“宇宙神”火箭！

也许你会觉得制造如此高速的飞行器肯定耗资巨大，其实一整套的探测计划的总预算才7亿美元。

◎ 最早的空间站

1971年的前苏联在拜克努尔航天中心，成功发射了世界上第一座空间站“礼炮”1号，“礼炮”1号空间站长14米，内部空间约为47立方米，重18吨，从规模和科技含量来看，“礼炮”1号空间站还相当落后，但是它毕竟是世界上第一座空间站，它的成功发射标志着空间站的建设从设想变成了现实！

◎ 最大的国际空间站

世界上最大的空间站是美国总统里根于1983年提出并着手建造的国际空间站。该空间站现由美、俄、欧洲航天局、日本、巴西、加拿大等16个国家和组织联合建造，该工程仍在进行中，其首体部分于1998年发射升空。最初

太空探险史上的创举

时间	事件
1957年10月4日	前苏联发射人类历史上第一颗人造地球卫星“人造地球卫星”1号进入轨道，围绕地球旋转，这标志着太空时代的开始
1959年10月10日	前苏联成功发射“月球”3号空间探测器，且第一次拍摄到了月球背面的照片
1961年4月12日	前苏联宇航员尤里·加加林成为第一个进入太空的人，他环绕地球转了一圈
1963年6月16日	前苏联瓦连京娜·捷列什科娃少尉乘坐“东方”6号宇宙飞船进入太空，从而成为进入宇宙空间的第一位女宇航员
1969年7月20日	尼尔·阿姆斯特朗(美国)成为第一个登上月球的人
1971年4月19日	第一个太空站“礼炮”1号(前苏联)进入太空轨道
1981年4月12日	美国航天飞机“哥伦比亚”号第一次试飞成功
1998年	国际空间站首体部分发射升空
2003年10月15日	中国宇航员杨利伟乘坐“神舟”5号进入太空
2011年11月	中国“神舟”8号宇宙飞船与“天宫”1号目标飞行器成功进行太空交会对接实验

计划建造一个翼展110米、长度80米、质量500吨的庞大空间站，并于2004年竣工。然而随着技术的不断完善和充裕的资金作后盾，如今国际空间站的规模也不断地增大。人类可以在上面进行资源考察、生物实验、航天医学等方面的研究。

◎ 寿命最长的空间站

世界上寿命最长的空间站是前苏联的“和平号”空间站。

“和平”号空间站由核心舱和5个专业舱组成，它是世界上第一座采用多舱段组合方式的空间站，长达87米，是当时世界上最大的空间站。它是前苏联于1986年成功发射的，到2001年1月29日坠落自毁止，它在太空连续工作了15年，在这15年间，它一共绕地球飞行了8万圈，飞行距离将近35.2亿千米，有12个国家的135名宇航员先后在上面工作过，其中包括创下在太空中工作时间最长纪录的俄罗斯宇航员波利亚特夫，他连续不断地在太空中工作了437天17个小时58分钟17秒，曾经震惊了世界。美国女宇航员露西德也是在“和平”号上创下女子世界纪录的，她是第一个在太空中连续工作了188天的女子。

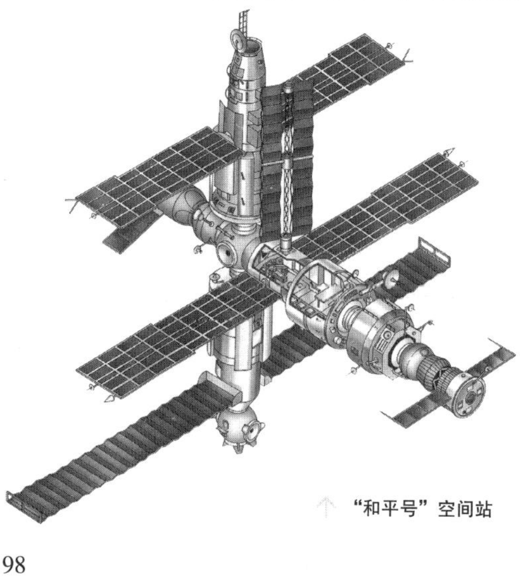

↑ “和平号”空间站

“和平”号空间站在太空连续工作了15年，现在还没有哪一座空间站的寿命能长得过它！

◎ 最早的空间渡船

美国国家宇航局研制出一种兼有航天器和航空飞机两者特性的大型运载工具，这种运载工具常被人们称为“空间渡船”。这种飞船给人类带来了新的希望：身体健康的普通人也能乘航天飞机遨游太空了。

美国宇航局于1977年8月12日上午在加利福尼亚州莫哈维沙漠上空进行了航天飞机首次成

功的大气试验飞行。由一架波音747型飞机托载这架命名为“企业”号的航天飞机飞行，到达6736米的高空，指令长海斯将一组起爆器点燃，使航天飞机脱离母机。驾驶员随后驾驶它绕了一个大圈子。最后在爱德华兹空军基地降落。

◎ 最早的火箭

大约1000年前，中国最先发明了火箭，比起现在的火箭来，那时的火箭更像爆竹。据史料记载，宋开宝三年（970年），兵部令冯继升提出火箭制法并进行试验，11～13世纪宋军在作战中已使用火箭。蒙古军队西征时，将火箭传到阿拉伯，以后又传入欧洲。20世纪40年代后，火箭得到飞速发展和广泛应用。

早期的中国火箭

◎ 最早的液体火箭

世界上第一枚液体火箭于1926年3月16日从一个十分简陋的发射架上腾空飞起。这枚长3.04米的火箭在起飞2.5秒钟的时间里向上飞行312米，落到56米外的一片菜地里。它的制造者是戈达德，被称为“美国火箭之父”。

善思好动的戈达德上小学时，对电学很感兴趣。有一次，他拆开蓄电池，将一对锌制电极取出，绑在自己的双脚上试图储存电能。不久他又试图制作铅制氢气球和永动机。虽然这些试验都失败了，但他那求知的心并没有因此而被挫伤。他受到威尔斯的《月球上的第一批人》的启发，萌发了遨游太空的念头。他一边制作火箭，一边撰写专著《达到极大高度的方法》，对火箭运动的基本原理进行阐述，并提出了用火箭把人送到月球上的方案。后来由于战争的需要，戈达德的宏愿在德国变成了另一种现实。1935年，他研制的火箭射程可达20千米，已超过音速飞行。他留下的专利有212项。

◎ 体积、威力最大的运载火箭

作为美国航空航天家族中最著名的成员之一——“土星”5号运载火箭不仅是世界上体积最大的火箭，也是世界上威力最大的运载火箭。当年，著名的“阿波罗”登月飞船就是由它送上天的。

“土星”5号运载火箭是一种使用液体燃料的三级火箭，高达110.6米，直径为10米，起飞时的重量能达到3000吨，它由200多万个部件构成，其中有11台功率都在17560千瓦以上的发动机。可见，它的威力有多大！

1967～1973年，“土星”5号先后完成

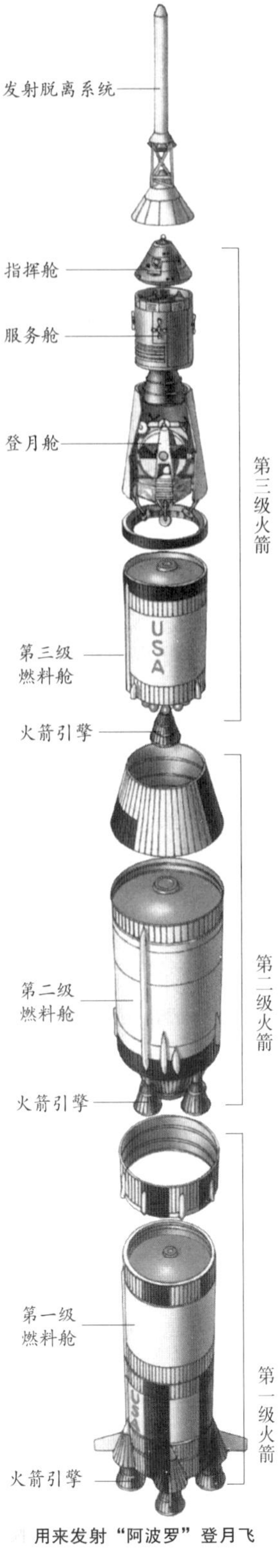

用来发射“阿波罗”登月飞船的“土星”5号火箭

数次发射任务，并依靠它强大的威力，将“阿波罗”登月飞船送上太空，为人类的太空之旅做出了巨大贡献。后来，他还连续发射了很多宇宙飞船，比如：“天空实验室”、“先驱者”10号、“先驱者”11号和“旅行者”1号、“旅行者”2号等。

◎ 运载能力最强的商用运载火箭

目前世界上运载能力最强的商用运载火箭是欧洲“阿丽亚娜”5型火箭（Ariane 5）。“阿丽亚娜”5型运载火箭是欧洲研制的不可重复使用的运载火箭“阿丽亚娜”火箭系列中的最新型号，主要将人造卫星发射至地球同步轨道或低地球轨道。

最初记载，“阿丽亚娜”5型运载火箭能承载5970千克的卫星至地球同步转移轨道（GTO），在实际飞行后评定能承载6200千克（一枚卫星）。改良后的“阿丽亚娜”5号G+型运载火箭，承载能力达6950千克（一枚卫星），在2004年此型共发射了3次。“阿丽亚娜”5号ECA型（Evolution Cryotechnique type A）运载火箭能承载10000千克（多枚卫星）或10500千克（一枚卫星）至地球同步转移轨道。

自2006年1月起，阿丽亚娜航太公司已经发射了290枚卫星，成功地将271枚卫星放置在轨道上，总量达575000千克。高成功率使阿丽亚娜航太公司成为世界上主要的商业发射公司，发射了超过2/3的商业卫星。

◎ 服役时间最长的运载火箭

服役时间最长的运载火箭是前苏联的A-2火箭。它远比1957年用来发射“人造地球卫星”的火箭先进。A-2已取得了包括1961年首次把人和动物送入太空等在内的多个辉煌纪录。在它服役的第6个10年里，它仍会为新的国际空间站提供服务，并成为其中重要的组成部分。现今，A-2火箭的主要工作是把“联盟”号飞行器发射到“和平”号空间站。

◎ 最早发射成功的载人宇宙飞船

1961年4月12日莫斯科时间上午9时7分（格林尼治时间上午6时7分），前苏联成功进行了世界上第一次载人太空飞行。而空军少校（后升任上校）尤里·A.加加林则是首位乘坐宇宙飞船进行太空飞行的幸运者。当时，他乘坐重达4724.7千克的“东方”1号宇宙飞船完成了1次长达108分钟的地球单轨飞行。飞船的最大飞行高度据记载为327千米，最大速度为每小时28259.3千米，共运行了40867.4千米。

“东方”1号宇宙飞船

◎ 世界上第一颗人造卫星

世界上第一颗人造地球卫星名为“人造地球卫星”1号，于1957年10月4日夜晚，在距咸海东面273.6千米的秋拉塔姆发射场，由前苏联发射成功。其速度为每小时28565.1千米，高度为228.5/946.3千米。这颗卫星直径57.9厘米，重83.6千克，在空间运行了92天，于1985年1月4日结束飞行。其总设计师是瑟奇·帕夫洛维奇·科罗里夫博士。

◎ 世界上最早的气象卫星

1960年4月1日，美国发射了世界上第一颗气象卫星“蒂罗斯”1号，它在750千米的轨道上拍摄了2.3万张云图，包括第一张从太空拍摄的云层运动图片。“蒂罗斯”1号气象卫星的发射成功使得气象学家们第一次有机会看到地球整体天气布局的情况。但它的云图分辨率不高，随发随收的功能也不够理想，因而只能作为实验卫星。到1965年止，美国共发射了10颗“蒂罗斯”系列气象卫星。

◎ 第一颗实用型商用通信卫星

1965年4月6日，世界上第一颗实用型商用通信卫星——国际通信卫星-I（又称“晨鸟”）发射升空。晨鸟正式为北美和欧洲之间提供通信服务，开创了卫星商用通信的新时代。

◎ 最大和最小的人造卫星

人造地球卫星的用途不一，形状各异，大小也差别很大。最重的人造卫星是美国发射的“天空实验室”1号。这个卫星长35米，直径7米，容积335立方米，整个卫星重76.5吨，要16辆载重5吨的大卡车才运得动。卫星内设备齐全，生活和工作环境几乎与地面上的实验室一样舒适。自1973年5月14日上天后，它先后接待了三批（共9名）宇航员进入这个实验室工作，第三批3个宇航员在上面工作、生活了12个星期。它已于1979年7月11日坠毁。

在卫星长度方面创纪录的，是美国1973年6月10日发射的“射电天文探测器B号”。这颗卫星的形状像一只神话中的大蜘蛛，它的两根天线就长达450米。

最小的卫星是“四面体研究卫星”，这是美国军用卫星，从1962年9月17日到1964年7月17日，一共发射了6颗。6颗卫星都很小，最重的也不过2千克，其中前3颗都只有0.7千克，每边长只有20厘米，还不到成人的手臂那么长。

◎ 使用寿命最长的人造卫星

目前仍在绕轨道运行的世界上最老的人造卫星是由美国发射的“先锋”1号。该卫星直径为15.2厘米，质量仅为1.47千克，其设计使用寿限为1000年，自1958年3月17日被发射到绕地轨道之日起，这颗人造卫星就一直在绕轨道运行。

◎ 最早的宇航员

一枚有6个发动机的重型火箭在拜克努尔发射中心于1961年4月12日莫斯科时间上午9时7分起飞了。一个直径为2.3米的球形容器连接在末级火箭的顶端，这就是“东方”1号宇宙飞船。当时刚满27岁的世界上最早的宇航员——前苏联空军少校尤里·加加林坐在球形容器中。

“东方”1号是前苏联的第一艘载人宇宙飞船，它连同末级火箭在内，重4725千克，总长7.35米。飞船用了108分钟在绕地球的轨道上飞行，其中有89分钟加加林是在失重状态下度过的。他在这次人类历史上第一次太空失重试验中没有受到任何损伤。他从宇宙飞船上报告说：“飞行正常，经受失重状况的情况良好。”加加林向世人作出了证明，人体机能完全能胜任火箭起飞时的超重负载，也能适应宇宙飞行中的失重环境。

前苏联空军少校尤里·加加林

加加林在绕地球飞行一周后，安全地降落在莫斯科东南805千米的萨拉托夫。当时，他的照片几乎刊登在全世界所有的报纸上。加加林在1968年3月的一次意外飞机失事中遇难，时年仅34岁。

为表彰加加林所作出的突出贡献，前苏联政府作出决定：在莫斯科繁华的列宁大街上，建立一座高40米的加加林纪念碑，上面站立着12米高的加加林塑像。

◎ 最早的女宇航员

前苏联的瓦连京娜·捷列什科娃少尉是世界上最早的女宇航员。她于1963年6月16日在格林尼治时间9时30分，乘坐“东方”6号宇宙飞船在拜克努尔发射中心起飞，从而成为最早进入宇宙空间的女性。她在离地面233千米的轨道上环绕地球飞行48圈以后，于1963年6月19日8时16分平安地在卡拉干达东北620千米的地方着陆，这次飞行共用了70小时46分钟。

捷列什科娃在此次飞行中不仅要考察飞船的操作系统，更重要的是对太空飞行中女性生理的变化进行研究。据报道，返回地面后的捷列什科娃身体状况良好，后来还生了一个女儿。前苏联早先发射的宇宙飞船“东方”5号在捷列

列昂诺夫在太空漫步

什科娃飞行期间进行了编队飞行，两艘飞船最近的距离低于5千米。

◎ 最早在太空漫步的人

前苏联列昂诺夫中校（1934年5月30日生）于1965年3月18日与别利亚耶夫一起乘“上升”2号宇宙飞船在拜克努尔升空。在格林尼治时间8时30分，列昂诺夫离开坐椅，穿好宇航服，身背氧气筒，从连接在宇宙飞船一端的一个气闸室经过，走出飞船船舱，进入了宇宙空间。他的动作过程与潜水员从潜水艇中进入海底很像，只不过潜水员通过的是一个水闸，但是危险性要远远大于前者。由于处于失重状态，飞船和宇航员就可能在空间不是走，而是在飘，稍微不注意，宇航员就会永远飘离飞船。因此，必须用一根长5米的缆索把宇航员紧紧拴住以保证安全。舱内外两名宇航员可以借助缆索中的电话线通话，舱外宇航员在宇宙空间的一切生理测量数据也能通过电缆线传回坐舱并发回地球。在空中停留20分钟后，列昂诺夫由原通道回到了舱内，他在20分钟内飘了12分9秒。从发回的电视图像上能看到他那“笨拙”的动作。人可以在宇宙空间中停留并活动这一点得到了证实。这次宇宙航行为以后的宇宙航行积累了宝贵的经验。

◎ 太空中工作时间最长的人

世界上在太空中工作时间最长的人是俄罗斯宇航员波利亚特夫。

波利亚特夫曾经在浩瀚的太空之中单独工作了一年多，被称为是世界上在太空工作时间最长的人，437天17个小时58分17秒——这么长的时间！波利亚特夫连续不断地在“和平号”空间站上努力工作了这么长日子，波利亚特夫创造了一个世界纪录，永远地留在了人类历史里。

人类的科技会越来越发达，也许有一天，人类真的能够在太空定居也说不定，但即使是到那时候，那些曾经为了太空事业不惜一切的科学家也会留在我们的记忆里。

◎ 最早登月的人

世界上最早登月的人是美国宇航员阿姆斯特朗和奥尔德林。

1969年7月20日——这是一个让全世界人都激动万分的日子，人类在这一天首次登上月球，在阿姆斯特朗把脚踏上月球表面的那一刻，世界都为之沸腾了！1969年7月21日在格林尼治时间3时51分，飞行了将近100个小时的美国“阿波罗”11号飞船成功登月，飞行指令长阿姆斯特朗第一次把人类的脚印留在了月球上，之后的21个小时18分之内，阿姆斯特朗在月球表面安装了自动月震仪、激光后向反射器、太阳风测试仪等设备，还采集了各种各样的月球表面的岩石标本——在静寂的月球表面，阿姆斯特朗和他的同伴顺利地完成任务，他们成了世界上最早登上月球的人！

第四章
地理之最

漂满浮冰的北冰洋

— 海洋之最 —

◎ 最大、最深、岛屿最多的洋

太平洋是四大洋中面积最大的大洋，南起南极地区，北到北极，西至亚洲和大洋洲，东界南、北美洲，南北长约15900千米，东西最大宽度约19900千米，面积17968万平方千米。占世界海洋总面积的49.8%，占地球总面积的35%。

太平洋是四大洋中最深的大洋，其平均深度为4028米，最大深度为马里亚纳海沟，深达11034米，是目前已知世界海洋的最深点。

太平洋是四大洋中岛屿最多的大洋，约有岛屿一万个，总面积440多万平方千米，约占世界岛屿总面积的45%。

◎ 最小、最浅的洋

北冰洋是四大洋中最小、最浅的洋。北冰洋位于地球的最北面，大致以北极为中心，介于亚洲、欧洲和北美洲北岸之间，是四大洋中面积和体积最小、深度最浅的大洋。面积约为1479万平方千米，仅占世界大洋面积的3.6%；

体积1698万立方千米，仅占世界大洋体积的1.2%；平均深度1300米，仅为世界大洋平均深度的三分之一，最大深度也只有5449米。北冰洋又是四大洋中温度最低的寒带洋，终年积雪，千里冰封，覆盖于洋面的坚实冰层足有3 ~ 4米厚。每当这里的海水向南流进大西洋时，随时随处可见一簇簇巨大的冰山随波漂浮，逐流而去，对人类的航海造成威胁。

◎ 港口最多的大洋

港口最多的大洋是大西洋。大西洋是第二大洋，位于欧洲、非洲与北美洲、南美洲之间，北接北冰洋，南接南极洲，西南以通过合恩角（Cape Horn）的经线（西经67°）与太平洋为界，东南以通过厄加勒斯角（Cape Agulhas）的经线（东经20°）与印度洋为界。

大西洋在世界航运中处于极为重要的地位，它西通巴拿马运河连太平洋，东穿直布罗陀海峡、经地中海、苏伊士运河通向印度洋，北连北冰洋，南接南极海域，航路四通八达、十分便利，是航运最发达的大洋。同时大西洋沿岸几乎都是各大洲最发达的国家和地区，贸易、经济交往频繁，是世界环球航运体系中的重要环节和枢纽。每天在北大西洋航线上的船只平均有4000多艘。在全世界2000多个港口中，大西洋沿岸占有3/5，拥有世界2/3的货物周转量和3/5的货物吞吐量。大西洋港口中不少是世界知名港口，比如欧洲的汉堡、鹿特丹、伦敦、利物浦、马赛、热那亚等；非洲的亚历山大、开普敦等；北美洲的纽约、费城、新奥尔良、休斯顿等；南美洲的马拉开波、图巴兰、里约热内卢等。

◎ 最大的海

界上最大的海是珊瑚海，它位于南半球，西部紧靠澳大利亚大陆东北岸，北部和东部被伊里安岛、新不列颠岛、新赫布里底群岛、所罗门群岛所包围，南部与太平洋边缘上的海塔斯曼海衔接。海域十分辽阔，面积有479.3万平方千米。

◎ 最小的海

位于土耳其西部的马尔马拉海是世界上最小的海。它的面积仅为1.1万平方千米，人们在海洋中航行的时候，甚至可以清楚地看到它的两岸。如果说珊瑚海是海中"巨人"的话，那么，马尔马拉海就是海中的"侏儒"。

马尔马拉海全长280千米，宽80千米，呈椭圆形。它的东北面通过31千米长的博斯普鲁斯海峡与黑海相连，自古以来就是黑海地区通达外海的航行要道。西南面通过61千米长的达达尼尔海峡与地中海相连。从地质年代上考察，马尔马拉海是一个很年轻的海，形成至今，大约只有100万年。

◎ 最深的海

白令海是世界上最深的海，其最深处为4191米。白令海位于俄罗斯堪察加半岛与美国阿拉斯加之间，北面同北冰洋楚科奇海相通，面积约有230.4万平方千米。由于海水很深，因而白令海中渔产丰富，种类繁多，盛产鲸，并有大量海豹。

◎ 海洋最深处

1951年英国"挑战者"号测量船在太平洋的马里亚纳海沟发现了海洋中最深的地方。科学家利用回声测深仪测到最深的地方有10900米。随后人们又用多束声呐测距系统测量出了更深一些的地区。目前人们公认的最精确

↗ 探索马里亚纳海沟前的最后准备

的数字为10863米。1959年前苏联“维特亚茨”号研究船测到的结果是11034米；1960年1月23日，美国海军深海潜水器“的里亚斯特”号潜入海底测得的数据则为10918米。

◎ 最浅的海

俗话说：“洋无边，海无底。”当然，海洋是有边有底的。不但有底，而且有的海洋还非常浅。位于俄罗斯西南部的亚速海可以说是世界上最浅的海。亚速海形似不规则的三角形，总面积有38840平方千米，平均深度仅6.6米，最深的地方也只有14米，因而它的海水总呈现出灰黄甚至灰黑的颜色。海水的总体积大致相当于珊瑚海的1/45000。由于亚速海浅得惊人，因此一遇到大风天气，有的海水连同海底的淤泥都会被风吹起来，导致海水长期混浊不清。

◎ 最脏的海

地中海是世界上最脏的海。据统计，每年排放入地中海的废水有35亿立方米，固体垃圾1.3亿吨。最为严重的是，地中海沿岸的18个国家都是重要的产油国，共有58个石油港口。这些港口在装卸石油的时候难免会给海水带来严重的石油污染，加重了地中海的肮脏程度。

◎ 最热的海

世界上最热的海是红海，它位于亚洲和非洲之间，长约2100千米，平均宽度在290千米左右，总面积大约是45万平方千米，它的平均深度是558米，最深处可达2740米。

红海最吸引人的地方除了它颜色鲜红以外就是它的水温了。红海的表面平均水温在每年的8月份的时候有27℃～32℃，这比同纬度的海水表面温度要高出10℃，有时候在200米以下的地方也可以测到21℃的温度，更让人吃惊的是在红海的海底深盆中居然有56℃甚至是超过60℃的高温——简直不可思议！但这确实是事实！

红海能有这么高的温度与它所处的地理位置关系极大，红海正处在北回归线高压带附近，受北非和热带沙漠气候的影响，气候常年干燥、炎热，所以红海海水表面温度很高。至于海底温度也那么高是因为红海海底岩石的张力导致地壳出现裂缝，岩浆倒流，岩浆的高温把海底的岩石加热了，这样海水底部的温度也就高了。

从约旦的亚喀巴海港看到的红海景象，红海是世界上最繁忙的水道之一，它通过苏伊士运河与地中海相连，从而提供了一条联系欧洲、中东和亚洲的海运路线。

◎ 最咸的海

世界上最咸的海是红海，有人在红海测到的盐度高达42‰，在有的海底，盐度达到了270‰，几乎已经形成了饱和溶液。这比一般的海水盐度（35‰）要高出2～9倍。所以说红海的确是世界上最咸的海域。

红海的盐度之所以这么高主要有两个原因：一是红海属于热带沙漠气候区，它的周边地区降水量非常小，有的地方年平均降水量居然只有28毫米，又因为红海周边气温特别高，这样蒸发量就大，而降水量又小，造成了红海海水盐度高；二是红海海底由于岩石张力所导致的地壳出现裂缝，一面造成了大量的海水下渗，一面又使岩石下面大量的矿物质和溶解盐类溶入海水，这也是造成红海海水盐度高的原因之一。

◎ 最淡的海

世界上最淡的海是地处欧洲的波罗的海，

在波罗的海的北部的某些海域测到的海水盐度只有2‰，东部某些海域也是如此，几乎和淡水没有什么区别。即使在它盐度最高的地方测到的海水盐度也不过20‰，这比世界海水的平均盐度（35‰）低得多。

造成波罗的海盐度这么低的原因主要有两个：一是波罗的海正好处于欧洲大陆和斯堪的那维亚半岛之间，四面大部分都是陆地，造成波罗的海和外洋的海水交换机会特别少，所以外洋的盐度高的海水很难进入到波罗的海。二是在波罗的海的周围大约有250条河流注入，这样就带来了大量的淡水，再加上当地气温一年四季都很低，蒸发很少，这也是波罗的海盐度低的一个重要原因。

◎ 最古老的海

世界上最古老的海是地中海，从地质史上看，地中海在世界上的各大洋和海之中有着相当老的资格。它甚至要比大西洋还老，地中海在6500多万年以前的名字叫特提斯海。那时候，大西洋还没有形成，特提斯海的大小仅次于太平洋，在后来的地壳运动过程中，欧亚板块和印度板块连接起来，在喜马拉雅山形成的同时，宽阔的特提斯海也逐渐缩小变成了我们现在所看到的地中海。

现在的地中海，处于欧洲、亚洲、非洲三大洲之间，面积在250万平方千米左右。在地中海的西面是著名的直布罗陀海峡，海峡之外就是大西洋，东边是著名的苏伊士运河，运河之外就是印度洋，这样的地理位置决定了地中海在当今世界上具有决定意义的经济和政治地位。

地中海的气候一般来讲是夏季干热少雨，冬季温暖湿润。这种独特的气候正好与我们通常所见到的气候相反，所以科学家们把它单独列为一种气候类型——地中海气候。此外，由于地中海的地理位置特殊，它的海水盐度也比较高，比大西洋要高好多。

◎ 透明度最高的海

世界上透明度最高的海是北大西洋百慕大群岛附近的马尾藻海。马尾藻海域的透明度能达到66.5米，是世界上公认的透明度最高的海域。

这里要提到一个海水透明度的问题，所谓海水的透明度就是指白色透明度盘在海水中的最大可见深度。透明度盘直径30厘米左右，在它的下面拴有一个约5千克的铅块，盘上面系有一根标有刻度的绳。在测试海水透明度的时候，要选择一个没有阳光的地方，把透明度盘沉入水中，再看绳索上的刻度，当看不见白色底盘时的绳索刻度就是海水的透明度。

在马尾藻海域附近测到的海水透明度在66.5米左右，这还是比较低的，在它的某些海区甚至测到了72米的海水透明度，有人做过试验，放在它附近海水1000米深处的照相机底片还能感光，可见它的海水透明度有多高！

◎ 最大的内海

加勒比海是大西洋西部的一个边缘海，面

地中海为连接亚、非、欧洲的交通要道，运输十分繁忙。

积约2754000平方千米，是世界上最大的内海。有人曾把它和墨西哥湾并称为“美洲地中海”，海洋学上称中美海。加勒比海处在两个大陆之间，西部和南部与中美洲及南美洲相邻，北面和东面以大、小安的列斯群岛为界。

加勒比海东西长约2735千米，南北宽在805～1287千米之间，容积为686万立方千米，平均水深为2491米。加勒比海为世界上深度最大的陆间海之一。

岛屿密布的爱琴海

◎ 沿岸国家最多的海

沿岸国家最多的海是加勒比海。加勒比海从尤卡坦半岛的卡托切角起，按顺时针方向，经尤卡坦海峡到古巴岛，再到伊斯帕尼奥拉岛（海地、多米尼加共和国）、波多黎各岛，经阿内加达海峡到小安的列斯群岛，并沿着这些群岛的外缘到委内瑞拉的巴亚角的连线为界。尤卡坦海峡峡口的连线是加勒比海与墨西哥湾的分界线。

在全世界50多个海中，沿岸国达两位数的只有地中海和加勒比海两个。地中海约有17个沿岸国，而加勒比海约有20个，包括中美洲的危地马拉、洪都拉斯、尼加拉瓜、哥斯达黎加、巴拿马，南美有哥伦比亚和委内瑞拉，大安的列斯群岛的古巴、海地、多米尼加共和国以及小安的列斯群岛上的安提瓜和巴布达、多米尼加联邦、特立尼达和多巴哥等。

◎ 岛屿最多的海

世界上拥有岛屿最多的海是爱琴海。爱琴海位于希腊半岛和小亚细亚半岛之间，是地中海的一部分。爱琴海的海岸都是岩石构成的，海上散布着数以千计的大小岛屿，因此爱琴海又有“多岛海”之称。如米科诺斯岛、桑托林尼岛和由145个小岛组成的基克拉泽斯群岛等。是浪漫情调旅程的象征，没有乘船到爱琴海的岛屿玩上几天的经历，简直不够格成为国际级的玩家。

◎ 生存生物最少的海

黑海因水色较深，并多风暴，所以得名。黑海呈椭圆形，北岸为乌克兰，东北岸为俄罗斯，格鲁吉亚在其东岸，土耳其在南岸，保加利亚、罗马尼亚和摩尔多瓦在其西岸。黑海是世界上最大的内陆海，东西最长1150千米，南北最宽611千米，中部最窄263千米，面积42.2万平方千米，海岸线长约3400千米。

黑海也是地球上唯一的双层海。黑海上层的水面曾经盛产鲟鱼、鲭鱼。到20世纪后期，由多瑙河、第聂伯河和其他注入黑海的河水中带来的工业和城市废物，使海水的污染层增加，海中的鱼类减少。

黑海是一个面积大并缺氧的海洋系统。黑海本身很深，从河流和地中海流入的水含盐度比较小，因此比较轻，它们浮在含盐度高的海水上方。两层水的交界处位于100　150米深处之间。两层水之间彻底交流一次需要上千年之久。黑海在和地中海的对流中，把自己较淡的海水通过表层输给了“邻居”，换得的却是从深层流入的又咸又重的水流。海底的生物尸体腐化分解时消耗的氧气得不到补充。在这个严重缺氧的环境中只有厌氧微生物可以生存。它们的新陈代谢释放二氧化碳和有毒的硫化氢（H2S），鱼儿都不敢游到那里去。黑海简直成了一片死区。

◎ 最大的暖流

墨西哥湾暖流也叫湾流，是世界上最强大、影响最深远的一支暖流。墨西哥湾暖流由南、北赤道暖流在墨西哥湾汇合以后，从佛罗里达海峡流出，形成佛罗里达暖流，再沿北美洲的东海岸自西南向东北流去，形成著名的北大西洋暖流。

湾流具有流速快、流量大、流幅狭窄、流路蜿蜒、流域广阔、高温、高盐、透明度高等特征。在哈特勒斯角附近，流幅达110～120千米，厚度达700～800米，表层水温25℃～26℃，盐度36.2‰～36.4‰，流量8200万立方米/秒。湾流表层水温具有较明显的季节变化，且与季风强弱有密切关系，并对北美洲和欧洲气候影响显著。

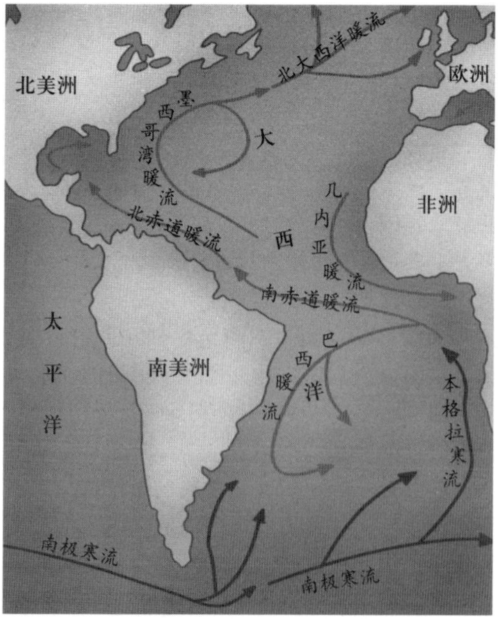

大西洋洋流示意图

◎ 最大的寒流

最大的寒流是南极环流，它是在西风推动下，海水自西而东环绕非洲、澳大利亚大陆和南美洲与南极洲间的广阔海域流动的洋流。因为不受大陆的阻拦，随风漂流，所以又称西风漂流。它宽约300～2000千米，表层流速为0.9～1.9千米／小时，相当于墨西哥湾暖流流量的8倍以上。南极环流在德雷克海峡的总流量估计为1.35亿米3/秒，约为全球河流流量总和的135倍。因此南极环流是世界大洋中规模最大的寒流，也是最长的洋流。

◎ 最大的海湾

孟加拉湾属于印度洋的一个海湾。西接斯里兰卡，北临印度，东以缅甸和安达曼—尼科巴海脊为界，南面以斯里兰卡南端之栋德拉高角与苏门答腊西北端之乌累卢埃角的连线为界。南部边界线长约1609千米。安达曼—尼科巴海脊露出海面的部分，北有安达曼群岛，南为尼科巴群岛，把孟加拉湾与东部的安达曼海分开。湾顶有恒河和布拉马普特拉河巨型三角洲。流入该湾的其他河流有印度的默哈纳迪河、哥达瓦里河和克里希纳河。

孟加拉湾是太平洋和印度洋之间的重要通道，是世界最大的海湾。孟加拉湾总面积为217.2万平方千米，总容积为561.6万立方千米，平均水深为2586米，最大深度5258米。沿岸重要港口有印度的马德拉斯、加尔各答和孟加拉国的吉大港等。水温25℃～27℃，盐度30‰～34‰。沿岸有多种喜温生物，如恒河口的红树林、斯里兰卡沿海浅滩的珍珠贝等。

◎ 石油资源最丰富的海湾

波斯湾，是世界上最重要的内海之一。波斯湾位于阿拉伯半岛和伊朗高原之间。西北起阿拉伯河河口，东南至霍尔木兹海峡，长约990千米，宽56～338千米，面积24万平方千米。

波斯湾拥有全世界最丰富的石油资源，集中了全球三分之二的石油资源，被誉为“世界石油宝库”。世界上的19个大油田中，这一带就

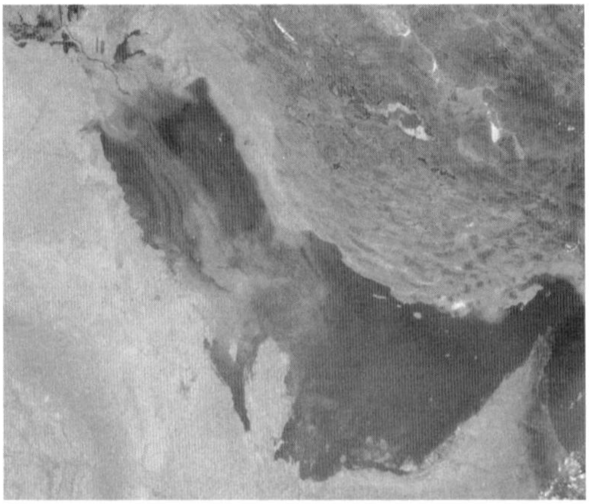

波斯湾俯拍图

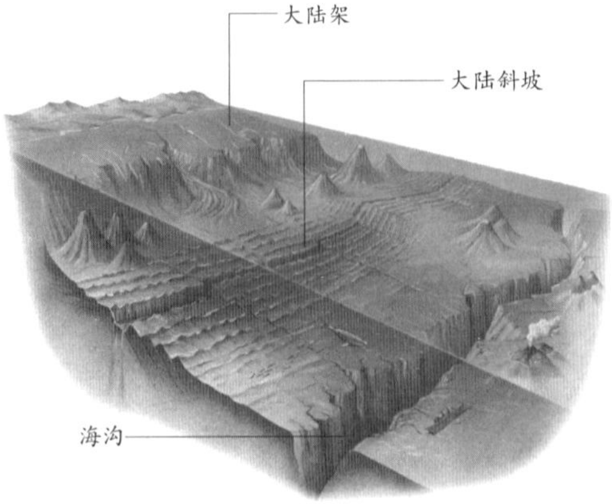

与陆地上一样，海底的地形各异，也有山脊、峡谷和山脉。

占了14个。石油储量约占全球的58%，达500亿吨之多。波斯湾沿岸的国家沙特阿拉伯、伊朗、科威特、伊拉克和阿拉伯联合酋长国等，都是重要的产油国，石油年产量占全世界总产量的38%。

◎ 最长的海峡

莫桑比克海峡南北全长1670千米，是世界上最长的海峡，也是个十分宽阔的海峡，平均宽450千米，最宽达960千米。多数地区水深大于2000米，最深处为3533米。

莫桑比克海峡的地理位置非常重要，它位于非洲大陆东南岸与马达加斯加岛中间，连接着南大西洋和印度洋。自1492年欧洲探险家第一次绕过非洲大陆最南端的好望角驶入印度洋以来，莫桑比克海峡就成为欧洲和亚洲、大西洋和印度洋之间海上航线的必经之地。1869年苏伊士运河通航后，莫桑比克海峡曾一度被冷落。然而随着经济的发展，油轮的吨位越来越大，载油20万吨以上的超级油轮无法通过苏伊士运河，莫桑比克海峡因其宽广又重新受到青睐，逐渐成为世界上最繁忙的航道之一。

◎ 最长的海底山脉

最长的海底山脉是中洋脊，又名大洋中脊、中隆或中央海岭。中洋脊隆起于洋底中部，并贯穿整个世界大洋，是地球上最长、最宽的环球性洋中山系。在太平洋，其位置偏东，称东太平洋海隆（海岭）。大西洋中脊呈“S”形，与两岸近于平行，向北可延伸至北冰洋。印度洋中脊分3支，呈“人”字形。三大洋的中脊在南半球互相连接，总长达8万千米，面积约1.2亿平方千米，占世界海洋总面积的1/3。其脊部通常高出两侧洋盆底部1～3千米，脊顶水深多为2～3千米，少数山峰出露于海面形成岛屿，如冰岛、亚速尔群岛等。

◎ 最宽和最深的海峡

世界上最宽、最深的海峡是德雷克海峡，其宽度竟达970千米，最窄处也有890千米，其最大深度为5248米，如果把两座华山和一座衡山叠放到海峡中去，连山头都不会露出海面。

德雷克海峡位于南美洲最南端和南极洲南社德兰群岛之间，紧邻智利和阿根廷两国。在巴拿马运河开凿之前，德雷克海峡是沟通太平洋和大西洋的重要海上通道之一。德雷克海峡以其狂涛巨浪闻名于世。由于太平洋、大西洋在这里交汇，加之处于南半球高纬度，因此，德雷克海峡聚集了太平洋和大西洋的所有飓风狂浪，一年365天，风力都在8级以上。即便是万吨巨轮，在波涛汹涌的海面，也被震颤得像一片树叶。历史上曾有无数船只在这片终年狂风怒号的海峡倾覆海底。于是，德雷克海峡被人称之为“杀人的西风带”“暴风走廊”“魔鬼海峡”“死亡走廊”。

◎ 最曲折的海峡

麦哲伦海峡是南美洲大陆南端同火地岛等

麦哲伦所率船队顺利通过麦哲轮海峡的绘画

岛屿之间的海峡。因航海家麦哲伦于1520年首先由此通过进入太平洋，所以得名。

麦哲伦海峡是世界上最曲折的峡湾，它的西段呈西北—东南走向，中段南北走向，东段又从西南折向东北，自西至东，拐了一个直角弯。中、西段的海岸也很曲折。两岸陡壁耸立，海岬、岛屿密布。麦哲伦海峡是由地壳断裂下陷而成，长563千米，最窄处宽仅3千多米，巴拿马运河通航前，是沟通南大西洋和南太平洋的通道。麦哲伦海峡风大流急，航行困难，海峡内寒冷多雾，并多大风暴，是世界上风浪最猛烈的水域之一，不利于航行，一直是人迹罕至的水域之一。

◎ 船流量最大的海峡

英吉利海峡是隔离英国与欧洲大陆之间的海峡，其最狭窄的水域为多佛尔海峡，多佛尔隔海与法国加莱相望。多佛尔海峡和英吉利海峡总长约600千米，大体上以法国的塞纳河口到英国南岸的朴次茅斯为界。

英吉利海峡的平均水温13.6℃。英吉利海峡和多佛尔海峡是世界上海洋运输最繁忙的海峡，战略地位非常重要。国际航运量很大，目前每年通过该海峡的船舶达12万艘之多，居世界各海峡之冠。历史上由于它对西欧、北欧各资本主义国家的经济发展曾起过巨大的作用，人们把这两个海峡的水道称为“银色的航道”。

◎ 最神秘的海域

百慕大三角区位于大西洋上的百慕大群岛、迈阿密（美国佛罗里达半岛）和圣胡安（波多黎各岛）这三点连线形成的三角地带，面积约103.6万平方千米。

百慕大是世界闻名的一个地方，那里之所以闻名，并不是因为美丽的海岛风光，而是因为在那个地区发生的恐怖而神秘的失踪事件。据说已有50多只船和20多架飞机在此处神秘失踪。神秘失踪事件可上溯至19世纪中叶。船只失踪有时原因不明，有时还没有发出遇难讯号即无影无踪。比如，装载着锰矿的美国海军辅助船“独眼神”号在1918年3月失踪，迄今仍是一个谜。1945年有5架美国轰炸机从佛罗里达州罗德岱堡空军基地起飞，在飞行训练途中用无线电报告他们遇难，然后电讯逐渐减弱消失，救难队也告失踪。

奇怪的是在船只和飞机失踪的地点连一点

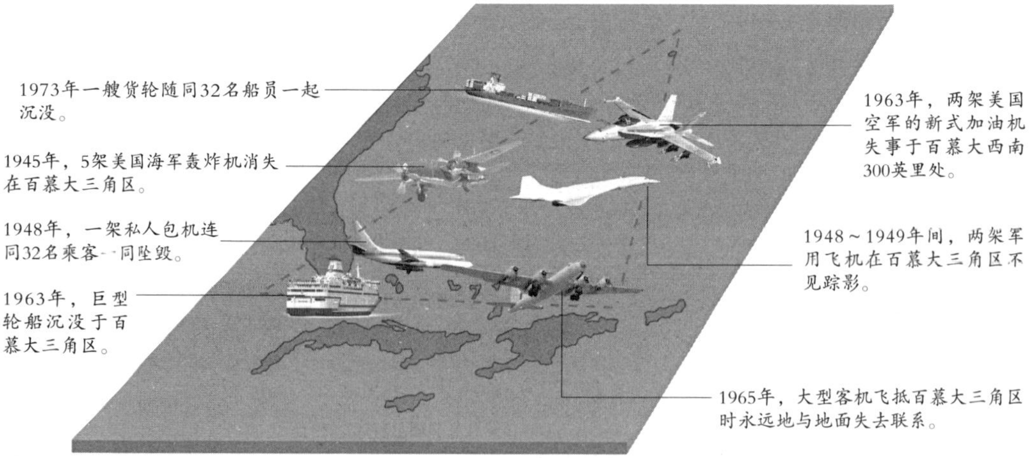

大约有1000名飞行员、水手和乘客在100多种不同的飞机或船只失事中消失在百慕大。

↗ 南极洲附近的4/5的冰山来自缓慢向海洋延伸的冰架。这些冰山被称为“扁平冰山”，有着平坦的顶部，四周看上去就像是垂直的峭壁。随着它们向北漂流，这些冰山会慢慢地裂开，最终完全碎裂解体。

船舶和飞机的残骸碎片也找不到。不明原因的失踪渲染了恐怖的气氛，最有经验的海员或飞行员通过这里时，都无心欣赏那美丽如画的海上风光，而是战战兢兢，提心吊胆，唯恐碰上厄运。现在，“百慕大”已经成为那些神秘的、不可理解的各种失踪事件的代名词。

◎ 最大的冰山

冰山即漂浮在海中的巨大冰块。冰山原是极地大陆冰川或山谷冰川的末端，受海水浮力和波浪冲击，发生崩裂，滑落到海中。从南极洲冰川末端和冰架滑落的数量最多，规模最大，多呈桌状延展。

1956年11月12日，美国破冰船“冰川号”在南太平洋斯科特岛以西240千米附近，发现一座冰山，长335千米，宽97千米，面积31000平方千米，相当于比利时一个国家的面积。这座冰山是迄今世界大洋上发现的最大冰山。这一海域的巨大冰山都是从罗斯冰棚断裂下来的。罗斯冰棚的峭壁高耸在离海面50米的空中。冰棚受潮汐涨落的撞击而断裂，巨大的冰山脱离冰棚，向北漂入太平洋。

最高的冰山是从格陵兰冰盖断裂下来的，高出水面167米。北极冰山的危险性最大，因为冰山的8/9隐藏在海里，在海面上只露出冰山的一角。

— 大陆之最 —

◎ 最大的洲

亚洲是七大洲中面积最大、人口最多的一个洲，其覆盖地球总面积的8.6%，占总陆地面积的29.4%。人口总数约为40亿，占世界总人口的60%。

亚洲东面是太平洋，北面是北冰洋，南面则濒临印度洋，西面以乌拉尔山脉、乌拉尔河、里海、大高加索山脉、黑海、土耳其海峡（博斯普鲁斯海峡和达达尼尔海峡）与欧洲分界，西南面隔亚丁湾、曼德海峡、红海与非洲相邻，东北面隔白令海峡与北美洲相望。亚洲的东西跨度非常广，时差达11小时。

亚洲的名字很古老，全称是亚细亚洲，相传是由古代腓尼基人所起，意思是“太阳升起的地方”。频繁的海上活动，要求腓尼基人必须确定方位。所以，他们把爱琴海以东的地区泛称为“Asu”，意即“日出地”；而把爱琴海以西的地方则泛称为“Ereb”，意为“日没地”。Asia一词是由腓尼基语Asu演化来的，其所指的地域并不很明确，范围是有限的。到公元前1世纪Asia已成为罗马帝国的一个行政省的名称，以后才逐渐扩大，包括现今整个亚洲地区，成为一个世界最大的洲名。

◎ 最小的洲

大洋洲是世界七大洲中面积最小、人口最少的一个洲。全洲陆地面积约890万平方千米，占地球总面积的6%，人口总计有2500多万，约占世界人口的0.5%。大洋洲位于亚洲与南极洲之间，西临印度洋，东面隔着太平洋与南、北美洲遥遥相望。大洋洲在国际交通和战略上具有重要的地位。

大洋洲包括澳大利亚大陆、新西兰南北两岛、新几内亚岛，以及太平洋中的波利尼西亚、密克罗尼西亚和拉美尼西亚三大群岛，主体部分是澳大利亚大陆，因此有人把大洋洲称为澳洲。澳大利亚大陆周围星罗棋布地分布着

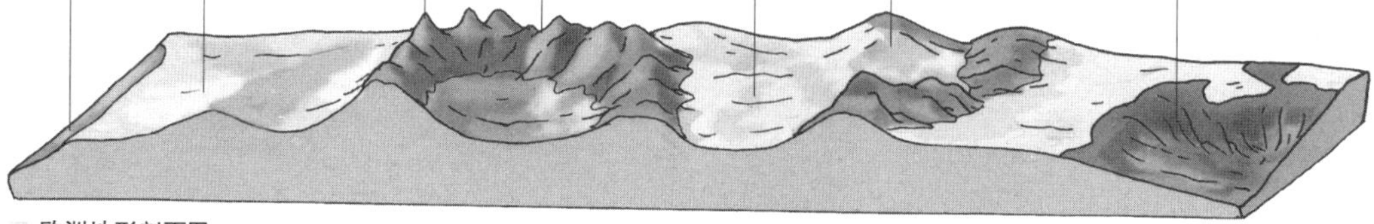

欧洲地形剖面图

大大小小1万多个岛屿。从成因上看，主要有大陆岛、火山岛和珊瑚岛三种类型。在澳大利亚大陆东北部海岸的外侧，分布着一列南北延伸2000多千米的珊瑚礁群，称为大堡礁。这里是各种鱼类、贝类繁衍、栖息的好地方。

大洋洲有十几个独立国家，其余十几个地区尚在美、英、法等国的管辖之下。在地理上划分为澳大利亚、新西兰、新几内亚、拉美尼西亚、密克罗尼西亚和波利尼西亚六区。

◎ 最低的洲

欧洲是欧罗巴洲的简称，“欧罗巴”一词据说最初来自腓尼基语的“伊利布”一词，意思是“日落的地方”或“西方的土地”。欧洲西临大西洋，北靠北冰洋，南隔地中海和直布罗陀海峡与非洲大陆相望，东与亚洲大陆连成一块。

欧洲是七大洲中海拔最低的洲，整个欧洲地势的平均高度为340米，地形以平原为主。欧洲南部耸立着一系列山脉，总称阿尔卑斯山系。其中勃朗峰海拔4810.90米，勃朗峰属法国境内，是西欧第一高峰。欧洲的河网稠密，水量丰沛。最长的河流是伏尔加河，长3690千米。欧洲面积为1016万平方千米，共40多个国家和地区。

◎ 最古老的大陆

在地质学上，人们往往将作为稳定地块结晶基地的寒武纪岩石分布的地区近似地看做是世界上最古老的大陆所在地，就是通常所说的地台区。地台区经过了长期活动，在前寒武纪结束时，开始进入稳定状态，以完整的古大陆的形式出现在地球上。从寒武纪开始，这些古老的地台区又经历着新的分化，有的地方在进入古生代之后重新沦为海浸区，以陆棚海的形式接受着新的沉积，因此，这些地区始终没有被海水浸漫过，这些地方作为最古老的大陆，在古生代以后的长期历史中一直高出海面之上。

◎ 平均海拔最高的大陆

世界上平均海拔最高的大陆是南极洲，位于南极点四周，98%被冰雪覆盖，周围岛屿星罗棋布，其周围围绕着多风暴且易结冰的南大洋，是大西洋、太平洋和印度洋的延伸，有“世界第五大洋”之誉。南极洲是由冈瓦纳大陆分离解体而成，是世界上平均海拔最高的大陆，

海浪冲击着搁浅在南极圈以北600千米处Laurie岛边的冰山。Laurie岛被冰山覆盖着，实在是过于寒冷和荒凉，根本没有人类能够长期生活在那里。暴风和崎岖的海岸使得即使只是靠近都非常危险。

平均海拔为2350米，比包括青藏高原在内的亚洲大陆的平均高度要高2.5倍。全境是广袤无垠的大高原，横贯大陆的南极山脉，将南极大陆分为东西两部分。

◎ 大陆上最低的地方

西亚约旦河所流经的谷地，地势极其低洼，许多地区甚至低于海平面300米。在希伯来文中“约旦”即为“下降”之意。约旦河谷的尽头便是死海，是大陆上最低的地方，这里的水面低于海平面397米，创世界低地之最。

死海南北长82千米，东西最宽处有18千米，面积达1049平方千米。平均深度为146米，最大深度395米。因此，死海最深的底部处于海平面以下792米。由于死海海水所含盐量极高，因此死海海水的比重远远大于人体的比重，人在死海中就像木块漂浮在水上，即使是不会游泳的人也不会被淹死。

◎ 离海洋最远的陆地

世界上离海洋最远的一块陆地是中国新疆北部的古尔班通古特沙漠。古尔班通古特沙漠位于新疆准噶尔盆地中央，玛纳斯河以东及乌伦古河以南，是中国第二大沙漠，同时也是中国面积最大的固定、半固定沙漠。古尔班通古特沙漠面积有大约4.88万平方千米，海拔300～600米，水源较多。

◎ 最冷的大陆

世界上最冷的大陆是南极洲，位于地球的最南端。

南极洲的总面积有1400多万平方千米，比欧洲和大洋洲的面积都大。南极洲98%的面积都被厚厚的冰雪覆盖着，只有2%的地方无雪，整个南极大陆，冰的体积达2400多万立方千米，占全球总冰量的90%、总淡水量的70%，冰盖的体积几乎和大西洋的水容积相等。因此，它被称为地球上最大的冰库，冰层的平均厚度约为2000米，最厚的地方有4200米。如果南极大陆的冰块全部融化的话，全世界的海面将要上升50～70米，世界上将会有许多平原、岛屿、海港码头甚至城市被淹没！

南极考察站

1959年，各国签署了把南极作为保留地用于科学考察的协议。今天，有18个国家在这里建立了科学考察站，从事环境、野生动植物和天气的研究。1987年，科学家们在南极上空发现了一个臭氧层空洞。臭氧层可以保护地球免受有害的太阳辐射的侵害。

◎ 最后被人类发现的大陆

世界上最后一块被人类发现的大陆是南极洲，因此南极洲也叫“第七大陆”。1772年12月，英国最伟大的航海家和探险家库克船长从南非出发，开始了南太平洋环绕南极大陆的伟大航行。他成了南极圈的拓荒者，发现了“库克”海峡和“库克”群岛，却不曾发现南极大陆。1819年，美国的帕尔默船长发现了南极大陆。

南极洲位于地球最南端，土地几乎都在南极圈内，四周被太平洋、印度洋和大西洋环绕。总面积约1400万平方千米，约占世界陆地总面积的9.4%，位于七大洲面积的第五位。南极洲是世界上地理纬度最高的一个洲，同时也是跨经度最多的一个大洲。在南极点，不管向哪面走都是向北方。由于气候极度寒冷，南极洲仅有一些来自其他大陆的科学考察人员，没有定居居民。

◎ 世界最厚的地方

南美洲厄瓜多尔的钦博拉索山是世界上最厚的地方。从地心到山峰峰顶为6384.1千米。这里说的最厚是指从地心到峰顶的距离，之所以最厚，是因为地球并不是标准的圆形或椭圆形，而是呈梨形，赤道半径比极半径大近12千米，而钦博拉索峰位于赤道，就地心到峰顶的距离来说，比珠穆朗玛峰要大2.05千米。

钦博拉索峰位于安第斯山脉西科迪勒拉山，海拔6310米，是厄瓜多尔最高峰。曾长期被误认为是安第斯山脉的最高峰。它是一座休眠火山，有许多火山口，山顶多冰川，在约4694米以上，终年积雪。1880年英国登山运动员E.怀伯尔首次登上峰顶。这里是厄瓜多尔中部的高原地区，当地以农牧业为主，主要有羊、奶牛、谷物、马铃薯、水果和纤维植物等。

◎ 最大的三角洲

世界最大的三角洲是恒河三角洲，它宽320千米，起点距海岸有500千米，面积达7万多平方千米，分属孟加拉国和印度。恒河下游分流纵横，主要水道就有8条，在入孟加拉湾处又与布拉马普特拉河汇合在一起。在河流的冲击下，沿岸形成了广阔的恒河三角洲。

三角洲的大部分由冲击土构成，向东则转变成红色或红黄色的土壤。土壤中包含大量的营养和矿物质，非常有利于农耕。因此这里农业发达，是南亚次大陆水稻、小麦、玉米、黄麻、甘蔗等作物的重要种植区。河口部分有大片红树林和沼泽地。这里地势低平，海拔仅10米。河网密布，海岸线呈漏斗形，风暴潮不易分散而聚集在恒河口附近，形成强烈的潮水，铺天盖地地涌向恒河三角洲平原，很容易引起大面积洪水泛滥。

◎ 全球地壳运动最剧烈的地区

我国的青藏高原有“世界屋脊”之称。青藏高原的形成与地球上最近一次强烈的、大规

世界上高度超过8 000米的山峰有14座，大部分集中在喜马拉雅山上。

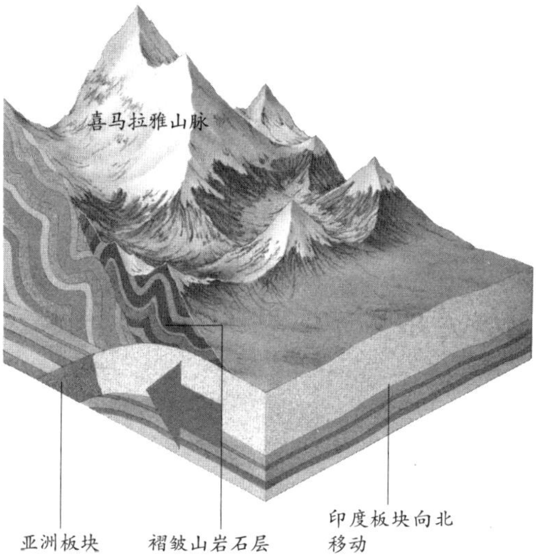

青藏高原形成示意图

模的地壳变动——喜马拉雅造山运动密切相关，表现为大幅度的近代上升，平均海拔超过4000米，且有许多超过雪线、海拔6000 ~ 8000米的山峰。喜马拉雅—西藏地区是中国乃至全球大陆形变最剧烈的地区。

第四纪以来，新构造运动强烈，青藏高原南部及东南部是频繁的地震区，又是强大的地热带，抬升运动一直延续至今。在高原边缘普遍存在着地势抬升、河流深切的地形，河流纵剖面有几个显著的裂点与谷中谷的形态。其他如寒旱化趋势增强、湖泊消退、水系变迁、内部夷平、外部陡峭以及土壤剖面分化简单、矿物风化程度浅等都显示出青藏高原是一个年轻的高原。

随着抬升运动的进行，青藏高原经历了由低海拔热带、亚热带环境向高寒环境发展的剧烈演变，除受到全球性冰期与间冰期气候冷暖波动的影响外，海拔高度剧增对自然地理环境所产生的变化也起着主导的作用。因而，在我国形成了青藏高原区、西北干旱区与东部季风区三大自然区并列的格局，在主要的自然特征方面表现出十分明显的差异。

◎ 最长的冰川

冰川也叫冰河，是一种巨大的流动固体，是在高寒地区由雪再结晶聚积成巨大的冰川冰，因重力这一主要因素使冰川冰流动形成的。

兰伯特冰川位于南极洲，是世界上最大最

长的冰川。这条冰川充填在一条长400千米、宽64千米、最大深度为2500米的巨大断陷谷地中。它以每年平均350米的流速注入海里。在其流经查尔斯王子山脉时，宽达64千米。如果把向海延伸部分的阿梅里冰架也包括在内，长约708千米。它下泄了南极大陆冰盖1/5的水量。由这些数据可以推断，地球上约12%的淡水都流经兰伯特冰川。兰伯特冰川的规模虽然很大，但并不像河流那样向下流，而是非常缓慢地移动。兰伯特冰川每年以0.23千米的速度移动，尽管速度很慢，但是流量却大得惊人，每年约有35立方千米的冰通过兰伯特冰川。

— 山脉、沙漠与沼泽之最 —

◎ 世界最长的山系

科迪勒拉山系是世界上最长的山系，它纵贯南北美洲大陆西部，北起阿拉斯加，南到火地岛，绵延约1.5万千米。科迪勒拉山系属中新生代褶皱带，构造复杂，由一系列平行山脉、山间高原和盆地组成。

科迪勒拉山系主要形成于中生代下半期和第三纪，地壳活动至今仍在继续，多火山地震，是环太平洋火山地震带的重要组成部分。山系自然环境复杂，分布有自寒带到热带的多种气候——生物带，有世界上最完整的垂直带景观。高山有现代冰川，是河流的重要发源地，富有水力资源、森林资源和矿产资源。高大的山系构成南北美大陆重要气候分界线。

北美科迪勒拉山系宽度较大，约800 ~ 1600千米，海拔较低，约1500 ~ 3000米。地形结构包括东西两列山带和宽广的山间高原盆地带。

南美科迪勒拉山系的屏障作用，对南美洲大陆气候、水文网分布、地理环境、人文景观和交通线布局等带来巨大影响。

◎ 最长的山脉

世界上最长的山脉是安第斯山脉。安第斯山脉纵贯7国，长约9000千米，几乎是喜马拉雅山脉的3.5倍，山势连绵不绝，绚丽多姿，是世界上最壮观的自然景观之一。

安第斯山脉是科迪勒拉山系的主体，从南美洲南端的火地岛到最北面的加勒比海岸形成一道连续不断的屏障。山中多垭口，有横贯大陆的铁路通过，泛美公路沿纵向谷地和海岸沟通安第斯山区各国。

安第斯山脉有许多海拔6000米以上、山顶终年积雪的高峰。南部山脉中的阿空加瓜山为安第斯山最高峰，海拔6959米，它也是世界上最高的死火山。安第斯山脉共有40多座活火山。尤耶亚科火山海拔6723米，是世界最高的休眠火山。

◎ 最高的山脉

喜马拉雅山是世界上最高大、最雄伟的山脉。它耸立在青藏高原南缘，分布在我国西藏，

下图为六大洲（南极洲除外）的最高峰及其高度，其中山的高度以各大陆当地海平面为起点测量。

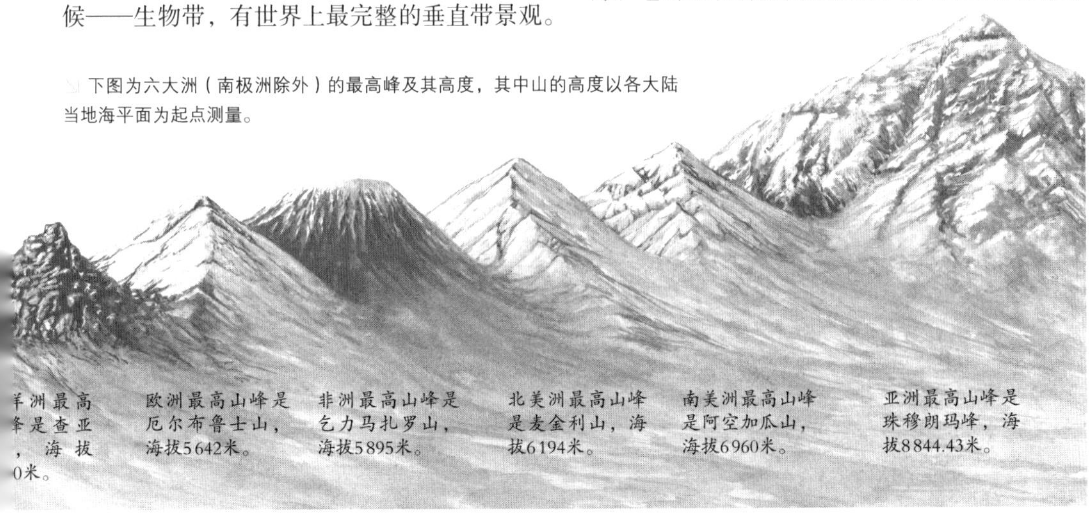

以及巴基斯坦、印度、尼泊尔和不丹等国境内，其主要部分在我国和尼泊尔交界处。喜马拉雅山脉形成印度次大陆的北部边界与欧亚大陆之间几乎不可逾越的屏障，是从北非至东南亚太平洋海岸环绕半个世界的巨大山带的组成部分。

喜马拉雅山脉有110多座山峰海拔高达7300米以上。其中最著名的是世界最高峰珠穆朗玛峰，高达8844.43米。这些山的伟岸峰巅耸立在永久雪线之上。冰川覆盖的浩茫高峰早就吸引了古代印度朝圣者们的瞩目，如今喜马拉雅山脉是对全世界登山者们最具吸引力的地方，同时也向他们提出最大的挑战。

◎ 岛屿中最高的山峰

查亚峰，也叫普鲁峰，是大洋洲新几内亚岛的最高峰，也是世界岛屿上的最高峰，海拔5030米，峰顶常年覆盖冰雪。查亚峰属于苏迪曼山脉，在新几内亚岛的中央高原西部。1909年荷兰人洛伦兹（Hendrik A. Lorentz）最早抵达查亚山的雪原。1962年奥地利登山者海因利希·哈莱（Heinrich Harrer）曾率领一支探险队攀登上峰顶。

◎ 体积最大的山

冒纳凯亚火山，意为“长山”，是美国夏威夷群岛中南部的火山，在夏威夷火山国家公园（1916年建）内，为世界最大孤立山体之一。火山海拔4169米，从海底算起高约9300余米，体积达75000立方千米，是世界上从结构体底部到顶部的最高峰。世界上最高的天文台就建在此山的顶峰。

冒纳凯亚火山是一座活火山，火山口莫库阿韦奥韦奥面积约10平方千米，深152 ~ 183米。冬季火山口覆盖冰雪。自1832年起，冒纳凯亚火山平均每3年喷发一次，这座火山正是由熔岩流层层堆积才达到现在的高度。

◎ 最长的断崖

澳大利亚维多利亚大沙漠以南，分布着广阔的纳勒博平原。“纳勒博”是无树的意思，平原上只有矮小的灌木。这块干燥的剥蚀平原，平坦地向南延伸，一直延伸到澳大利亚海湾，突然以陡峭的断崖直插海中。断崖垂直高差100米，沿着海湾绵延200千米，这是世界上最长的一条断崖。

◎ 最大的独立岩石

艾尔斯岩，在当地被称为乌卢鲁，位于澳大利亚北领地，是全世界最大的独立岩石。其为圆形红色沙岩，长3.6千米，宽约2千米，周长约为8.5千米，高出周围平地约384米。它看起来像一座小山，其实是一块完整的岩石。

艾尔斯岩是澳大利亚北领地最醒目的自然标记。这块巨大的砂岩耸立在一望无际的沙漠平原上。岩石成分为砾石，含铁量高，其表面因被氧化而发红，整体呈红色，因此又被称做红石。随着太阳的东升西落，艾尔斯岩都会折射出不同的色彩——血红、赭色、暗红、橘红、咖啡、土红、绛红、深蓝、深紫。艾尔斯巨石号称“世界七大奇景”之一，距今已有4亿 ~ 6

艾尔斯巨石。土著居民称其为乌卢鲁，为世界上最大的独立岩石，位于澳大利亚中部的乌卢鲁–卡塔楚塔国家公园内，艾尔斯巨石高出周围的沙漠土地348米，周长约8000米，每年吸引大批的游客前来参观。

亿年历史。

对于每年来自全球的数十万游客来说，旅途中最精彩的莫过于从远处眺望艾尔斯岩的壮观景色，或在风景迷人的山脚下漫步。对于当地的土著人阿南古人来说，乌卢鲁是一座圣山，具有宗教意义，他们不希望有人攀登。1985年，澳大利亚政府将它正式归还给阿南古人，由他们负责管理。1987年艾尔斯岩及其周围的公园被指定为世界遗产保护区。

↗ 一只大羚羊正疾驰着去追上自己的群体，相形于高大的沙丘，它显得是那么的渺小。像所有沙漠动物一样，大羚羊生命的大部分时间都是在行进中度过的，寻找着有雨水和植物的地方。在干旱的季节，它们就通过食用瓠果（一种像瓜一样的果实）来获得身体所需的水分。

◎ 最大的沙漠

撒哈拉沙漠是世界上最大的沙漠，几乎横贯非洲北部。东西约长4800千米，南北在1300～1900千米之间，总面积约860万平方千米，约占非洲面积的32%。撒哈拉沙漠西濒大西洋，北临阿特拉斯山脉和地中海，东为红海，南为萨赫勒一个半沙漠半草原的过渡区。

撒哈拉沙漠分为几部分：西撒哈拉；中部高原山地，包括位于阿尔及利亚的阿哈加尔高原，位于尼日尔的艾尔高原和位于乍得的提贝斯提高原；东部是最为荒凉的区域，为特内雷沙漠和利比亚沙漠。

撒哈拉沙漠也是条件最为严酷的沙漠，气候炎热干燥，是地球上最不适合生物生长的地方之一。阿拉伯语的“撒哈拉”就是“大荒漠”的意思。由于气候恶劣，那里人口稀少。虽然面积堪比美国，但是人口只有250万左右，平均10平方千米只有4人。

◎ 最高的沙漠

巴丹吉林沙漠位于我国西北地区，地跨甘肃、宁夏、内蒙古三省区，面积4.7万平方千米，是我国面积第三、世界面积第四的沙漠。这里一般海拔高度在1200～1500米之间，沙山相对高度200～500米，是中国乃至世界最高沙丘所在地，也是世界唯一高大沙山群分布密集的沙漠，其西北部还有1万多平方千米的地域至今尚无人类的足迹。

巴丹吉林沙漠主要属内蒙古额济纳旗和阿拉善右旗，东部小范围属阿拉善左旗。巴丹吉林系蒙古语，沙漠以一居民点而得名。沙丘和沙山上长有稀疏植物，西部以沙拐枣、籽蒿、霸王、麻黄为主，东部主要为籽蒿和沙竹。高大沙山间的低地有144个内陆小湖，主要分布在沙漠的东南部。由于气候干旱，湖泊蒸发强烈，积聚了大量盐分，湖水大多不能饮用或灌溉。东南部一些湖泊的边缘生长芦苇、芨芨草等，可供牧业利用。某些湖盆边缘仍有淡水泉，可以饮用，为治理沙漠提供了有利条件。

◎ 最大的沼泽地

潘塔纳尔沼泽地位于巴西马托格罗索州的南部地区，面积达2500万公顷，是世界上最大的沼泽地。沼泽地内分布着大量河流、湖泊和平原。其中的湿地、草原、亚马孙和大西洋森林都是南美具有代表性的生态系统。除了丰富的植物资源外，沼泽地内还栖息着650种鸟类、230种鱼类、95种哺乳动物、167种爬行动物，以及35种两栖动物。

由于潘塔纳尔沼泽地自然条件特殊，生物种类繁多，2000年11月，它被联合国教科文组织列为世界生物圈保护区，同年又被联合国教

公园巡逻人员坐在汽艇船上，行驶在潘塔纳尔沼泽地中。这里的生物面临着很多问题，比如飓风、水量减少和城市扩张等。

科文组织列入人类自然遗产名单。但是现在这块人类自然遗产正在遭到严重破坏，据卫星资料显示，它每年正以2.3%的速度不断减少。如果继续下去，45年后，潘塔纳尔沼泽地将不复存在。

— 湖泊、河流与瀑布之最 —

◎ 最咸的湖

死海是世界上最咸的湖，死海虽然名字之中有个海字，但它却是一个内陆咸水湖。

死海位于以色列和约旦的交界处，也是两国的天然边界。有研究称死海低于海平面397米，是世界上最低的水域。死海的水比一般的海水都要咸十几倍，死海的水的含盐量很高、密度也很大，所以人在里面根本不会被淹死，虽取名“死海”，实际上是“不死的海”。

死海曾一度是世界上最受欢迎的旅游胜地，但是死海的面积在逐渐地缩小，有的环境保护者把它缩小的原因归结为人们过分地抽水、采掘以及其他的矿产开发。甚至有的科学家预言，在200年之内，死海的水平面将会降低到低于海平面518米。

人类如果不赶快采取措施，我们将失去这块天然的“不死之海”。

◎ 最深的湖

俄罗斯的贝加尔湖是世界上最深的湖泊。

贝加尔湖坐落在俄罗斯境内西伯利亚的东北部。贝加尔湖呈东北—西南走向，外观看上去像个月牙，长636千米左右，最宽处大约79.4千米，平均宽度也有48千米，占地面积约为3.15万平方千米。贝加尔湖平均深度730米，最深有处1620多米，超过了世界上所有其他湖泊的深度。贝加尔湖的淡水蓄水量在世界上所有的湖泊之中也是最大的，约占世界地表淡水总量的1/5。贝加尔湖还是世界上历史最为悠久的湖泊，已经有2500万年的历史了。

更让人奇怪的是，贝加尔湖虽然是淡水湖，但在湖内却有着丰富并且非常纯正的海洋动物，比如海豹、海螺、海鱼和龙虾、等等，所以贝加尔湖也有“生物博物馆”的美称。

◎ 最高的咸水湖

世界上最高的咸水湖是中国西藏拉萨地区的纳木错湖，它的海拔高达4718米。

纳木错湖位于中国拉萨地区的当雄县和那曲班戈县之间，面积约为1920平方千米，是中国仅次于青海湖的第二大咸水湖。“纳木错”在藏语里的寓意是天湖、灵湖或者是神湖，纳木错还是藏传佛教传说中的密宗本尊胜乐金刚的道场，所以，这里一直都被人们尊为佛教的圣地。

◎ 最高的通航湖泊

世界上最高的通航湖泊是秘鲁的的的喀喀湖。

的的喀喀湖湖长190多千米，湖面最宽处是65千米，面积约为8330平方千米，的的喀喀湖最深处有304米，平均水深也有100多米。的的喀喀湖位于秘鲁、玻利维亚边界处的利亚奥高原上，海拔有3800多米，是世界上当之无愧的海拔最高的通航湖泊。

的的喀喀湖的香蒲文明。香蒲是一种芦苇类的多年生草本植物，高达3～4米，茂密地生长在的的喀喀湖浅水处，可用来编织香蒲筏和其他日用品，是当地人生活的基础。

的的喀喀湖的湖水的颜色常年保持着一种美丽的淡绿色，并且清澈见底，湖面也似乎一直保持在一种平静的状态，宁静的的的喀喀湖用一种独特的气质每年吸引将近14万慕名前来拜访的来自世界各地的游客。

◎ 最高的火山湖

中国的长白山天池是世界上公认的海拔最高的火山湖。

长白山天池，又名龙潭，坐落在中国东北吉林省东南部的长白山上，东西长3.5千米左右，南北长4.5千米左右，面积约为17.75平方千米，平均水深201米，最深处有373米，是中国最深的湖泊。它也是松花江、图们江、鸭绿江3江的源头。它的外表是个椭圆，实际湖面海拔高度约为2194米，难怪人们称它为“天池”！这么高的海拔导致它一年有10个月处于冰封雪冻之中。湖水一年也有6个月时间处于冻结状态。但让人们称奇的是长白山并没有因为这样的气候就一年四季都处于一种死气沉沉的气氛之中，而恰恰相反，天池周围常常能看到美丽的焕发着生机的野花和生命坚不可摧的小草，尤其是这里生长着的一种长白杜鹃，煞是好看！

◎ 最圆的湖

世界上最圆的湖是非洲加纳共和国境内的波森维湖。

加纳共和国本来是靠生产可可在世界上出名的，但是它境内的被认为是世界上最圆的波森维湖每年也吸引着成千上万的来自世界各地的游人。波森维湖是一个天然湖泊，它的湖面看上去就像是人们用圆规画出来的一样圆，简直就是一个奇迹！见到它的人几乎都不敢相信自己的眼睛。这还是其次，还有更奇怪的，据说波森维湖的湖盆还是个标准的圆锥体，波森维湖的最深处正好是它的中心。湖盆的四周绕着湖心匀称地上升到湖岸，完全就像是人工造出来的一样，但波森维湖却是纯粹的天然湖。

长白山天池又称白头山天池，在长白山主峰顶部，它也是中朝两国的界湖。天池平面形态为椭圆形，由于山顶气温低，天池的水温终年在10℃以下，水中缺水生生物，水质极为清澈。天池北面有一个缺口，湖水沿着这个缺口缓缓外流，在一悬崖前，突然从五六十米高的悬崖飞下，形成了著名的长白瀑布。

科学家到现在还不能弄清楚波森维湖的成因，最可能的原因就是：波森维湖的构造是火山喷发的结果，但这仍然不是最科学的依据。

◎ 最大的岩浆湖

基拉韦厄火山位于太平洋的夏威夷群岛上，海拔1247米。其顶部的喷火口是一个洼地，呈椭圆形，最宽处的直径有4024米，深130多米。在喷火口的西南角，有一个直径大约为1千米的卵形深坑，当地人称其为“哈里莫莫”，意为“永恒的火焰之家”。这里有世界上最大的岩浆湖，其面积可达10万平方米，十几米深的岩浆通红炽热，仿佛一炉沸腾的钢水，在湖中翻滚嘶鸣。有时，湖面上还出现几米高的岩浆喷泉，就像是燃放着五彩缤纷的火花，惊心动魄，堪称是大自然之中的一个奇景。

◎ 最大的湖泊

位于欧亚大陆之间的里海，是世界上最大的湖泊。它的西南面和南面是高加索山脉和厄尔布尔士山脉的连绵雪峰，其他三面是辽阔的平原。里海的真正译名应为“卡斯皮海”，来源于古代居住在高加索东部的一个部落——卡斯皮人。

里海是湖，但人们称其为“海”，不仅是由于它具有一些海的特征，而且也由于它过去确实是海的一部分。几百万年以前，里海与黑海和地中海相通，后来由于地壳运动，里海与黑海分离，成为一个内陆湖泊。在地理学上，它又被称为“海迹湖”。

◎ 最大的淡水湖群

世界上最大的淡水湖群——五大湖，分布在美国东北部与加拿大交界处，是5个相连的大湖的合称。这5个湖从上游至下游依次为苏必利尔湖、密歇根湖、休伦湖、伊利湖和安大略湖，总面积有24.5万平方千米，烟波浩渺，一望无际，因而有“北美大陆地中海”之称。

除伊利湖外，其他各湖的湖地均低于海平面，其中安大略湖湖地最低，在海平面以下150米。湖水平均深度为99米，总蓄水量约221万立方千米。湖面由西向东逐渐降低，最后从安大略湖汇入圣劳伦斯河，最终流入大西洋。位于最上游的苏必利尔湖是世界上最大的淡水湖，面积达8.24万平方千米，蓄水量为五大湖总蓄水量的一半以上。

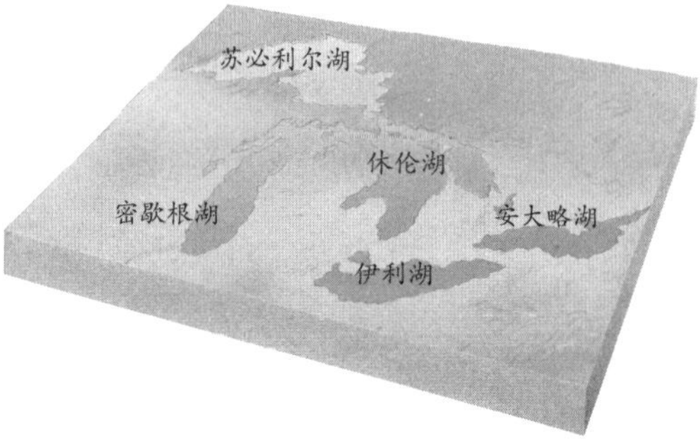

↗ 五大湖中只有密歇根湖完全位于美国，其他四个湖泊都横跨美国和加拿大的国界。

◎ 最狭长的湖

坦噶尼喀湖是非洲中部的一个淡水湖，位于东非大裂谷区的西部裂谷部分，属于断层湖。坦噶尼喀湖是世界上最狭长的湖，蜿蜒曲折的湖岸线长达1900千米。入湖的河流主要有马拉加拉西河、鲁济济河、卡兰博河等。湖水唯一的出口是卢库加河。南北长约679千米，宽度平均是50.134千米，包括了1828千米的海岸线，最深处位于坦噶尼喀湖的北部，深达1470米，仅次于贝加尔湖，是世界第二深湖。面积32900平方千米，是世界第六大湖。

非洲有4个国家都拥有这个湖的一部分，分别是布隆迪、刚果民主共和国拥有45%、坦桑尼亚拥有41%和赞比亚拥有14%。坦噶尼喀湖对沟通非洲内陆国家，促进经济发展起了重大作用，中非国家许多进出口物资都从坦桑尼亚经坦噶尼喀湖运往各地。

◎ 最大的湖中之湖

大自然千姿百态，有些湖中有岛，岛中又有湖。这样就形成了湖中湖的景观，世界上最大的湖中湖是马尼图林湖，其面积达100平方千米。

马尼图林湖在美国休伦湖中，休伦湖是北美洲五大湖之一，为美国和加拿大共有。休伦湖长330千米，最宽处295千米，面积59600平方千米。湖岸线长2700千米。平均水深60米，最深处达229米。蓄水量3540立方千米，湖面海拔177米。湖泊水质好，盛产鱼类。湖中马尼图林岛位于加拿大的安大略省，长130千米，面积2766平方千米，岛形极不规则，是世界淡水湖中面积最大的岛。岛上湖沼众多，其中最大的是马尼图林湖，面积104平方千米。

马尼图林一词，印第安语意为“精灵”，可能土著居民认为湖中有岛，岛上有湖，是“精灵”藏身之地。湖岸有沙滩、砾石滩和悬崖绝壁，风景优美，是休养、旅游的胜地。马尼图林湖是咸水湖，其盐分含量比死海还要高，人可以浮在水面上。湖水中含有多种矿物质，具有消除疲劳和解除肌肉酸痛的功效。

◎ 最严重的湖泊面积萎缩

近年来，湖泊面积缩小最严重的情况发生在咸海，它位于哈萨克斯坦与乌兹别克斯坦两国交界处。1950年以前，咸海曾经是中亚第一大咸水湖、世界第四大湖，面积将近7万平方千米。在全盛时代，咸海曾经有发达的渔业，沿岸的从业者超过4万人，捕捞量占前苏联总捕鱼量的1/6。咸海的英文名字“Aral Sea”可以大致翻译成“岛之海”，因为它曾经在一公顷的范围内有过1500个岛。

咸海的面积已经从1950年的68000平方千米缩小到1994年的26800平方千米，咸海被分为南咸海和北咸海。2003年，南咸海被分成了东咸海和西咸海。2007年，咸海的面积缩减到大约0.7万平方千米。咸海面积缩小主要是因为流入河流的河水不断减少，流入的水量（径流量）小于湖水的蒸发量，而这是由于农业灌溉和工业用水造成的。加之20世纪70年代持续干旱，导致湖面水位下降。湖面面积急剧下降和湖水盐度增高，造成鱼产量减少，多种鱼类灭绝，湖盆附近地区大量干盐堆积，植物受到破坏。

目前，哈萨克斯坦政府已经采取措施恢复北咸海，并取得了一定的成果。由于乌兹别克斯坦政府财政紧缩，南咸海仍旧处于不断萎缩的状态。

◎ 名字最长的湖

在美国的马萨诸塞州中部，规模约有1500人的韦伯斯特镇中，有一个面积只有5平方千米的小湖。这个小湖之所以能够闻名遐迩，完全是因为它奇长无比的名字。它的英文名字叫做Chargoggagoggmanchauggagoggchaubunagungamaugg，共45个字母。

在离湖不远的入口处设置了一块巨大醒目的告示牌，上面写着长长的湖名，吸引游人前往参观游玩。这个小湖景色一般，许多游客到这里来纯粹是要在巨型告示牌旁留影作纪念。

1949年，麻省的立法机关曾试图减掉一些重复的g字母，但遭到当地居民的坚决反对，只好不了了之。这个湖名是尼普穆斯克印第安人的语言，人们已经不知道它的真正含义是

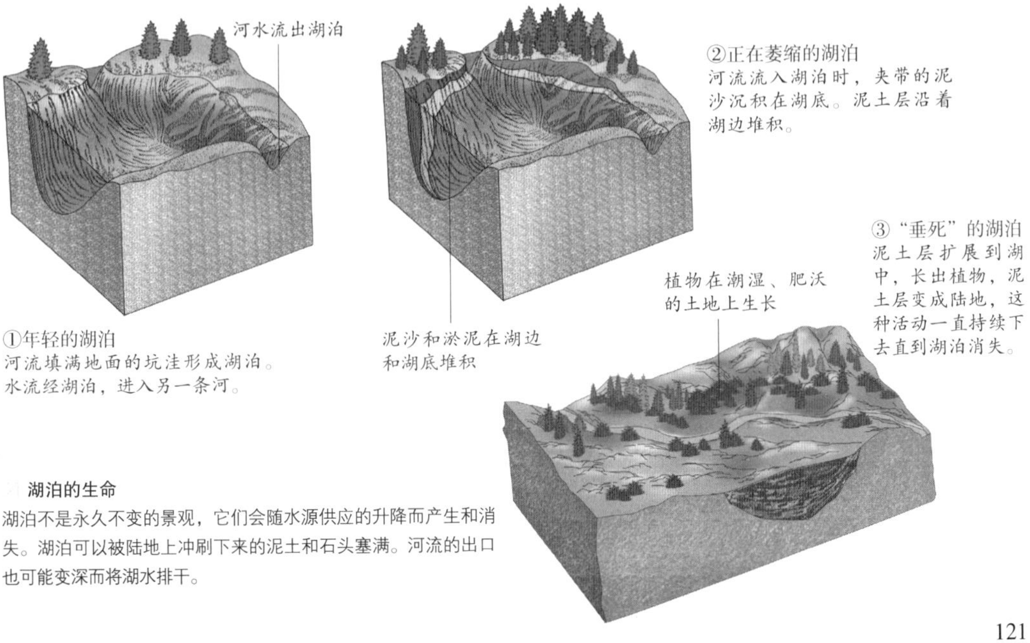

湖泊的生命

湖泊不是永久不变的景观，它们会随水源供应的升降而产生和消失。湖泊可以被陆地上冲刷下来的泥土和石头塞满。河流的出口也可能变深而将湖水排干。

什么了。一个名叫劳伦斯·戴利的新闻记者编造了一个故事：居住在湖周围的3个部落在一次会议上，经讨论后同意将湖的钓鱼权分归3个部落，湖的前部分钓鱼权归Chargoggagogg部落，后部分归Manchauggagogg部落，中间部分归Chaubunagungamaugg部落。他们达成协议之后，便把3个部落的名字连接起来，给这个湖起了一个特别长的湖名。这种说法逐渐流传开来。

由于湖名实在太长，念起来不方便，人们更多时候把它称作威布斯特湖。

◎ 最著名的涌潮

涌潮现象是月亮和太阳同时对地球表面的海水的吸引力造成的。当月亮、太阳、地球处在同一条直线上时，月亮和太阳的引潮力加在一起，使潮水涨得更高。每月的农历初一、十五，月亮、太阳、地球排列在一条直线上，所以这几天世界各地的潮水普遍比平时高。

世界上有两大涌潮现象，一处是南美洲亚马孙河入海口，一处是我国浙江海宁的钱塘江海潮。亚马孙河的入海口呈巨大的喇叭状，海潮进入这一喇叭口之后不断受到挤压而抬升成壁立潮头，可以上溯600 ~ 1000千米。一般潮头高1米 ~ 2米，大潮时可达5米。钱塘江入海口同样呈喇叭口状，涌潮时更加壮观。大潮袭来时发出山崩地裂的响声，潮头可达8米，潮头推进速度每秒钟可达近10米。当汹涌澎湃的潮水撞上钱塘江的一段丁字坝时，惊涛拍岸，无数水花从天而降，非常震撼人心。

↗ 钱塘江潮

◎ 最大的碳酸盐沉积温泉

位于美国黄石公园的猛犸温泉是世界上已探明的最大的碳酸盐沉积温泉。它最显著的特点是米涅瓦阶地，那是几千年来冷却沉淀的温泉水所形成的一连串阶地。

形成阶地一大要素就是碳酸钙。几百万年前马姆莫斯地区底部的海水，为这里留下了厚质的沉淀性石灰石。每年有超过两吨的地下水流入马姆莫斯。在高温的酸性溶液流经岩石层到达温泉表面的过程中，它溶解了大量的沉淀性石灰石。一遇到空气，溶液中的部分二氧化碳就会挥发。同时固体矿物质形成并最终以石灰石形式沉淀，就形成了阶地。

◎ 最大的天然温泉游泳池

位于美国科罗拉多州的格伦伍德温泉拥有世界上最大的天然温泉游泳池。地下涌出的泉水流速为143升/秒。你可以在水温为 36℃的游泳池中畅游一番，也可以泡在40℃左右的富含盐类矿物的治疗池中，缓解工作的疲惫和生活的压力，得到身心的疗养。

◎ 最大的地下矿泉水带

在广州市帽峰山的洞旗峰到穗丰村一带，蕴藏着一条绵延长达30多千米的矿泉水带。地质专家经多次地质学考察，初步认定，这一地段有21个水源地，估计有1000万吨储量，是已探明的世界上最大的地下矿泉水带。

目前这一地段有17家矿泉水企业，年开采量不过73万吨，远未达到地矿部门允许的开采量。专家认为，广州年降雨量2000毫米，地下水补给条件好，矿泉水开发能得到源源不断地补给，只要合理开发利用，不存在水源因开采而枯竭的问题。

◎ 含沙量最大的河流

世界上含沙量最大的河流是中国第二长河黄河。其干流全长5464千米，流经青海、四川、甘肃、宁夏、陕西、山西、内蒙古、河南及山东等9个省及自治区，整条河流呈“几”字形向东注入渤海，它有30多条主要支流，沿途汇集

黄河游览区

造陆达20多平方千米。黄河流域肥原沃土，山川壮丽，物产丰富，有占中国总人口1/4的居民和约占全国2/5的耕地。

了无数溪川，其流域面积广阔，达到了75万多平方千米。由于其流经的甘肃、宁夏、陕西、内蒙古等地多为黄土高原地区，许多支流夹带大量泥沙汇入黄河，使河水呈黄色，并成为世界上含沙量最大的河流，“黄河”就是因此而得名的。

源流段和上游段的黄河河道最曲折，中游段次之，而下游段则笔直。河水从兰州到潼关绕流一个长方形的三边，从而形成约2000千米长的著名的河套。黄河下游河道游移不定，河水在山东丘陵以北注入渤海。河水夹带大量的泥沙汇入下游，其泥沙总量平均每年超过16亿吨。由于下游河道坡降平缓，地势低平，造成水流流速减低，大量泥沙在河床上沉积，平均每年逾4亿吨，其余泥沙则流到河口，冲积成河口三角洲，并导致三角洲向海伸展。平均每年

◎世界上最长的河流

世界上最长的河流是纵贯非洲大陆的尼罗河。尼罗河的流域面积大约有335万平方千米，几乎是整个非洲大陆面积的1/9，长约6671千米，从南至北流经布隆迪、卢旺达、坦桑尼亚、乌干达、埃塞俄比亚、苏丹、埃及等7个国家，穿越世界上最大的沙漠撒哈拉沙漠，最终流入地中海。年平均流量是每秒3100立方米。

尼罗河纵贯非洲大陆从南至北绕成一个有趣的S形，先是注入非洲第一大湖维多利亚湖，接着又穿过基奥加湖和艾伯特湖，与索巴特湖汇合，然后又与源出于埃塞俄比亚的青尼罗河在苏丹的喀土穆汇合，最后又经过阿特巴拉河、纳赛尔水库在埃及首都的尼罗河三角洲处注入地中海的东端。尼罗河的流域大体可以分为以下7个区：东非湖区高原、山岳河流区、白尼罗河区、青尼罗河区、阿特巴拉河区、喀土穆以北尼罗河区和尼罗河三角洲。

但南美洲的亚马孙河难以确认的源头位置令它的长度具有极大的“伸缩性”。近日，巴西科学家声称，他们已经经过重新测算，发现了

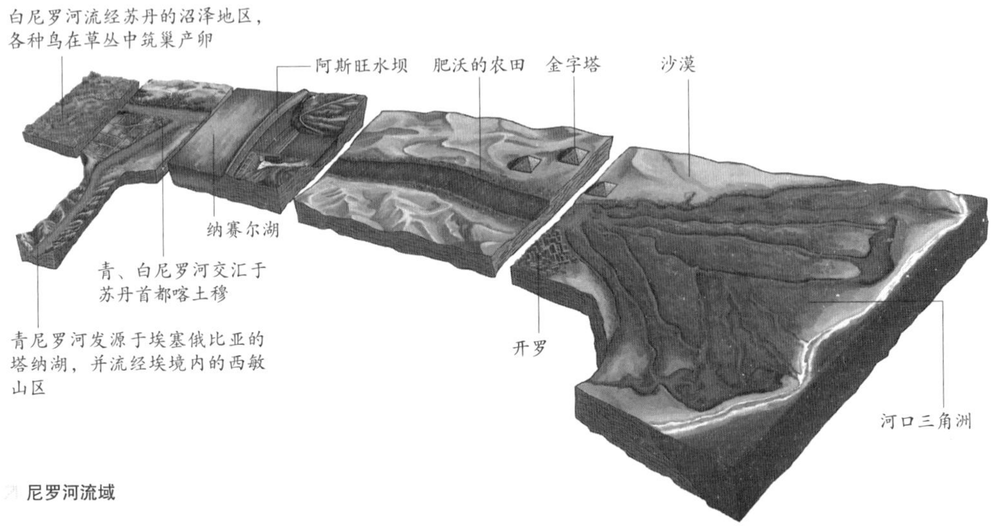

尼罗河流域

亚马孙河的新源头，这足以证明它的长度超过尼罗河，成为“世界第一长河”。但这一结论还有待最终被确定。

亚马孙河在茂密的雨林中蜿蜒流动。

◎ 最大的内陆河

世界上最大的内陆河是位于中国新疆南部的塔里木河，简称塔河流域。塔河流域在天山山脉和昆仑山山脉之间，沿中国最大的流动性沙漠——塔克拉玛干沙漠北缘自西向东流淌，注入台特玛湖，全长1321千米，总流域面积19.8万平方千米，流域水资源总量429亿立方米。

◎ 流经国家最多的河流

多瑙河是世界上流经国家最多的河流，从它的发源地德国西南部的黑林山到它的终点黑海，它自西向东流经德国、奥地利、捷克、斯洛伐克、匈牙利、克罗地亚、塞尔维亚、保加利亚、罗马尼亚、乌克兰等多个国家。多瑙河有大大小小的支流将近300条，它的流域面积达81.7万平方千米，甚至超过了中国黄河的流域面积。多瑙河也是仅次于伏尔加河的欧洲第二大河，全长有2860千米。

多瑙河的具体流域一般分为以下3个区域：从德国西南部的黑林山到维也纳是多瑙河的上游；再从维也纳到南喀尔巴阡山的铁门是河流的中游；从南喀尔巴阡山的铁门以下至黑海是河流的下游。

◎ 世界流域面积最广的河流

亚马孙河源于南美洲安第斯山中的秘鲁境内，全长6480千米，它的成百上千条支流与干流组成了长达 6 万多千米的亚马孙水系，也让它成为世界上流域面积最大的河流，流域面积大约在705万平方千米，是整个南美洲大陆面积的1/3。亚马孙河流经几个国家，主要有秘鲁、厄瓜多尔、哥伦比亚、委内瑞拉、圭亚那、苏里南、玻利维亚和巴西等。最后在巴西境内的马腊若岛附近注入大西洋。

亚马孙河以其巨大的流量被世界公认为“河流之王”。亚马孙河流域也以其广袤肥沃的土地被誉为神秘的“生命王国”。

◎ 世界上最窄的河流

世界上最窄的河是耗来河。耗来河位于内蒙古自治区赤峰市克什克腾旗的贡格尔草原上，全长17千米，平均水深约50厘米，一般只有十几厘米宽，最窄处只有几厘米，放一本书便可以当桥，所以又叫“书桥河”。“耗来”是蒙古语，意思是嗓子眼儿。可见耗来河就像嗓子眼一样细。耗来河水流平缓，清澈见底，像一条不见首尾的长蛇，隐没在草丛中。不注意看，甚至会忽略它的存在。

耗来河的源头是多伦诺尔湖，由于湖内多涌泉，确保了耗来河长年有水，不致断流。多伦诺尔湖底及周围溢出的泉水，通过耗来河日夜不停地向达里诺尔湖注水。

◎ 海拔最高的河

雅鲁藏布江发源于西藏西南部喜马拉雅山北麓的杰马央宗冰川，上游称为马泉河。由西向东横贯西藏南部，绕过喜马拉雅山脉最东端的南迦巴瓦峰转向南流，经巴昔卡出中国境，进入印度后称布拉马普特拉河，在孟加拉国与恒河汇合后注入孟加拉湾。雅鲁藏布江是我国最高的大河，也是世界上海拔最高的大河。

雅鲁藏布江流经中国的部分长1940千米，

流域面积24.6万平方千米，全长2840千米，流域面积93.5万平方千米。干流河谷沿东西向的断裂带发育，流域呈东西向的狭长带，支流多而短小，较大支流有拉萨河、帕降藏布、拉喀藏布、尼泽曲、年楚河等。

◎ 最著名的瀑布

世界上最著名的瀑布是尼亚加拉瀑布，它横跨美国和加拿大两国，参观的游客非常多，每年的7～9月是参观尼亚加拉瀑布的最好时间，这时的水量最大，汹涌澎湃的水流直冲而下，溅起的浪花和水汽有100多米高，气势磅礴，异常壮观。

尼亚加拉瀑布位于尼亚加拉河上，以河中的戈特岛为界分为两大部分：美国境内的呈婚纱形的瀑布和加拿大境内的呈马蹄形的瀑布。据有关部门考证，尼亚加拉瀑布已经有1万多年的历史了。这么悠久的历史再加上它的壮观气势吸引着无数慕名参观的人们，使当地的旅游业非常发达。

◎ 最宽的瀑布

世界上最宽的瀑布是位于南美洲的伊瓜苏瀑布，它雄踞在作为巴西和阿根廷交界处的伊瓜苏河下游。伊瓜苏河全长700多千米，是南美洲第二大河——巴拉那河左岸的一大支流，河水水量充沛，自东向西奔流在巴西高原南部的巴拉那熔岩高原上。在距其河口23千米处，有一段深邃的峡谷，汹涌的河水从高原边缘陡峭的岩石上飞泻而下，落差82米，呈半环状，非常壮观。巴西和阿根廷两国在伊瓜苏瀑布地区合作建立了一个国家公园，每年吸引了数百万的国内外游客来此观光游览。

◎ 最长的瀑布

非洲刚果河的上游段，从高原突然坠落到平原，形成了世界上最长的瀑布——基桑加尼瀑布。基桑加尼瀑布是由许多瀑布组成的瀑布群，瀑布群分布在100千米的河道上，跨越赤道，其中有7个比较大的瀑布，南边的5个瀑布相距较近，落差也不大。最大的一个瀑布宽800米，落差50米。

在刚果河下游地段还有一系列的瀑布，其中“利文斯顿瀑布”总落差达280米，这里两岸悬崖峭壁，河宽仅400米，最窄的地方只有220米，汹涌咆哮的河水奔腾直下，气势壮观，因此蕴藏着丰富的水利资源。从动力学的观点来看，该瀑布群是座天然的发电站，每年可提供上百亿度的电力。

↙ 尼亚加拉河水倾泻至一个峡谷，飞溅而起的水花和飞沫升腾至空中，经常会形成彩虹。

卡奈马国家公园内的安赫尔瀑布底宽152米，落差979米，位于卡罗尼河的支流丘伦河上，是世界上最高的瀑布，原名为卡隆迈鲁瀑布。

◎ 落差最大的瀑布

世界上落差最大的瀑布非委内瑞拉的安赫尔瀑布莫属！安赫尔瀑布位于南美洲大陆北部的委内瑞拉。委内瑞拉境内山比较多，河流也比较多，将近1000多条河流穿山越岭分布于委内瑞拉的每一寸土地。其中的很多河流水流湍急，惊涛拍岸，在崇山峻岭之间形成了很多大大小小的瀑布。安赫尔瀑布就是这千百条瀑布中的一个。但是安赫尔瀑布因为它的巨大落差而名扬世界，在雄伟的奥扬特普伊山丘伦河坎陡崖上，飞天而下的安赫尔瀑布雄伟壮观，宽约150米，落差之大达到979米，可谓人间绝佳的景观！

◎ 最大的人造瀑布

世界上最大的人造瀑布是位于我国桂林市中心广场南侧的“九天银河”。“九天银河”人造瀑布东临漓江，南临桂林山水奇景象鼻山，北望“南天一柱”独秀峰。瀑布上部宽72米，下部宽75米，水流由45米高的屋顶沿83度的弧形玻璃幕墙，流泻到饭店二楼5.6米高处的水池后，再落入地面水池，每小时流量达2560立方米。

大瀑布设有桂花、海浪、幕造浪等7种花式，瀑布下方设有水景观光平台，供游客观景。“九天银河”大瀑布已成为桂林的标志性人造景观，是桂林市中心的世界级旅游和休闲景点，每天来观赏游览的中外游客络绎不绝。

◎ 声音最大的瀑布

世界上声音最大的瀑布是维多利亚瀑布。维多利亚瀑布位于南部非洲赞比亚和津巴布韦接壤的地方，在赞比西河上游和中游交界处，是非洲最大的瀑布，也是世界上最美丽、最壮观的瀑布之一。维多利亚瀑布宽1700多米，最高处108米。当赞比西河河水充盈时，每秒7500立方米的水汹涌而下。水量之大，下冲力之强，引起水花飞溅，发出宛若雷鸣般的声音，以至远在40千米之外的地方都能听到。维多利亚瀑布被赞比亚人称为“Mosioatunra（莫西奥图尼亚或译为莫西瓦图尼亚）”，津巴布韦人则称之为“曼古昂冬尼亚”，两者的意思都是“声若雷鸣的雨雾”或“轰轰作响的烟雾”。

维多利亚瀑布的声音震耳欲聋，令人生畏。曾居住在维多利亚瀑布附近的科鲁鲁人很怕那条瀑布，从不敢走近它。邻近的汤加族则视它为神物，把彩虹视为神的化身，他们在东瀑布举行仪式，宰杀黑牛以祭神。

维多利亚瀑布位于中非的赞比亚和津巴布韦交界处的赞比西河上，气势磅礴的瀑布会产生浩瀚的云雾和雷鸣般的响声。

◎ 最洁净的瀑布

我国九寨沟瀑布是世界上最洁净的瀑布。九寨沟瀑布是一个瀑布群，其中诺日朗瀑布落差

20米，宽达300米，是众多瀑布中最宽阔的一个。

“诺日朗”在藏语中的意思是男神，也有伟岸高大的意思，因此，诺日朗瀑布意思就是雄伟壮观的瀑布。水从静海穿林过滩慢悠悠地流来，经瀑布的顶部如银河飞泻，声震山谷。南端水势浩大，寒气逼人，升起蒙蒙水雾。在朝阳的照耀下，常可见到一道道彩虹横挂山谷，使得这一片飞瀑宛若仙境。那份纯净的水体令人沉醉。

◎ 水能资源最丰富的地方

雅鲁藏布江流经西藏派乡以后，进入下游河谷段。这里为高山峡谷地区，河流穿过两座海拔7000多米的高山，围绕南迦巴瓦峰形成一个奇特的U字型大拐弯。高山深谷，形成很大的落差，蕴藏着巨大的水能资源。

从派乡到巴昔卡496.3千米的下游河段，河流水面高由2910米急剧降至155米，天然落差达2755米，全段平均坡降为5.5‰，居世界各大河流首位。尤其是从派乡至墨脱，212千米的河段，两地直线相距不足40千米，水面高差却达2230米，平均坡降10.5‰，加上派乡附近的多年平均流量为1900立方米/秒，从而使这里成了世界上水能资源最为丰富、最为集中的地区。在这里可以兴建装机容量约4000万千瓦的水电站。这一设想若真能实现，它将成为世界上装机容量最大的超巨型水电站。

— 草原、平原与高原之最 —

◎ 最肥沃的草原

与“矮草原”的贫瘠相对的是“高草原”的肥沃，草地科学家把草丛高度在1米左右的天然草原称为“高草原”。“高草原”的形成一般都与稳定的降水量和良好的气候条件有关，“高草原”形成于降水量在500毫米左右的条件下。

“高草原”有良好的气候条件和稳定的降水量，所以“高草原”的植被构成比较丰富，草的数量和质量也比较好，这样也有助于改良土壤，一般情况下，高草原的土地比较肥沃，易于开垦。现在，世界上这样的草原大部分已经被开垦成为农田，并且大部分已经成为粮食的主要产区，比如中国的东北，现在已经是主要的玉米和优质水稻生产基地。

生活在南非草原的动物

高草原是最肥沃的草原。

◎ 最脆弱的草原

草地科学家把那种草丛高度低于50厘米的天然草地统称为“矮草原”，而区分“高草原”和“矮草原”是为了引进另一个概念——最脆弱的草原。地理学家认为：矮草原是世界上最脆弱的草原。

一般来讲，矮草原都分布于降水量比较少的地区，比如说降水量小于400毫米的地方。降水量少，使得这种草原植被构成比较简单，草的数量和质量都不是很理想，这样的恶性循环导致矮草原的自然条件越来越差。于是，这样的草原一旦被开垦或者是过度放牧常常会引起草原沙化，甚至能引起可怕的“黑风暴”或“沙尘暴”。所以，世界上这样的草原大多数只能保持其原貌或者用于简单的放牧。

可见这种被认为是最脆弱的“矮草原”，一旦利用不当，将给我们带来不可设想的灾难！

◎ 最耐盐的草地

最耐盐的草地在地理学家的眼里叫作盐生

草甸，这实际上是一种由具有适盐、耐盐或抗盐特性的盐生植物所组成的草地。这种最耐盐的草地在中国的西北部分布得较广。这样的草地环境条件往往特别差，地下水位比较深，大部分草地盐渍化程度都比较高，因此，植被构成也比较简单，生长的多是一些根系很深的植物，比如大叶白麻、甘草、芨芨草，等等；也有一些植物是通过向外分泌盐分来避免过剩的金属离子对自己的危害，比如补血草、柽柳，等等。

在这种盐生草甸之中，芨芨草是一种生长得比较普遍的植物，在有些地方，芨芨草草甸还广泛地作为牧场进行一定规模的放牧，当然这与芨芨草的生长能力有很大关系。另外，芨芨草在盐生草甸上的种植还可以防止土壤的进一步风蚀。

荒漠草原

荒漠草原在中国主要分布在内蒙古的京二线以西的地区。

◎ 最高寒的草地

在中国的青藏高原分布着大面积的草地，它们被誉为“世界上最高寒的草地”。

青藏高原基本上都在海拔3000多米以上，但就是在海拔这么高的地方仍然分布着广袤的大草原，让人难以想象！青藏高原是一个什么样的地方？温度低、气候寒冷、空气稀薄——环境条件可以说是很差很差。但就是有一些植被用它们顽强的生命力在这里生根、发芽并很好地生活了下来。蒿草就是这些植被的代表，蒿草是青藏高原地区草地的主要植物之一，除此之外还有高禾草、苔草及杂类草等植物，它们无一例外地拥有着发达的根系、超强的抗寒能力，尽管它们一般都不会超过20厘米高，但仍然用超强的适应能力赋予了青藏高原无限的生机和活力。

◎ 最干旱的草原

世界上最干旱的草原是荒漠草原。

草地科学家把处于从草原向荒漠过渡的过渡期的草原定义为荒漠草原，这样的草原环境条件一般来讲都比较差，有的地区年降水量还不足200毫米，草的生产力水平很低，它的每公顷年产草量还不够500千克，不适宜放牧，只有少量的山羊、骆驼可以生存。但是让人奇怪的是，就在生态环境如此差的草地上却生长着一种蛋白质含量很高的植物——发菜，有专家认为，发菜的生长对这种草原的生态环境有极大的好处。

◎ 最湿润的草地

地球上最湿润的草地是沼泽。沼泽是一种特殊的草地，它不像一般的草地那样长期处于干旱、半干旱状况，而是长期处于湿润状态，这是因为沼泽主要分布在低洼地区，并且周围常常有丰富的地下水资源或者是大面积的水体。

沼泽地虽然水源充足，但是它的植被构成比较简单，其植被主要以禾本科植物为主。芦苇是沼泽地分布最普遍的植物之一，生产力最强的沼泽地就是芦苇沼泽草地，它的年生产草量在每公顷3000千克左右。沼泽地的另外一个生态特点就是常常有大量的候鸟栖息其中，尤其是每年的夏季到秋季。

中国的很多地区都分布着大量的沼泽地，比如辽阔的东北平原就分布着大量的很有生态价值的沼泽草地。

◎ 最“豪华”的草原

分布于中国内蒙古东部呼伦贝尔市、锡林郭勒盟东部以及其他一些地区的草原因它独特的生态特征被人们认为是世界上最“豪华”的草原，草地科学家把它称为“温带草甸草原”。当然草地科学家对这种草原还有一个精确的定义：温带草甸草原是正处于从森林向草原过渡的过渡期的一种类型的草原。

这种草原的生态环境比较好，一般来讲气候都比较湿润，年降水量在450毫米左右。其土

呼伦贝尔草原上牛羊成群

壤类型是一种非常有肥力的黑钙土，也许正是因为这些原因，温带草甸草原不仅植被构成极其复杂，而且干草生产力水平很高，每公顷每年可以生产干草多达2000多千克，时时都处于茂盛的草地景象之中，远远地看上去，它就像一位高贵的夫人一样雍容华贵。也许正是由于温带草甸草原的这些特性，人们把它称为世界上“最豪华的草原”。

◎ 最能代表草原生态环境的草原

世界各地有很多草原，但是各地草原的气候、植被、土壤等生态环境并不相同。根据各方面的研究，一致认为大针茅典型草原是最有代表性的类型。大针茅草原形成的自然条件是温暖半干旱的气候，年降水量约为350毫米，土壤为栗钙土。组成大针茅草原的植物约有60种，每平方米15种左右。主要有大针茅、羊草、克氏针茅、冷蒿、苔草、知母、糙隐子草等。这一类草原平均高度30厘米左右，每公顷产草量1300 ~ 2000千克。在土地利用上主要是用于打草场，局部地区为放牧场。如果用于放牧，由于大针茅有很强的芒针，常常刺入羊皮，在羊皮上留下许多针孔，会影响羊皮的质量。这一类型草地不可开垦为农田。

这种典型的草原主要分布于内蒙古高原的中部地区。其中保存最完整的典型草原是锡林郭勒自然保护区。

◎ 最寒冷的平原

西西伯利亚平原是世界上最寒冷的平原，也是亚洲第一大平原。它位于俄罗斯境内，西起乌拉尔山麓，东至叶尼塞河谷，北临喀拉海，南抵图尔盖高原、哈萨克褶皱地区和阿尔泰山地，面积300万平方千米。个别地区有低地和山岭，其他广大地区非常平坦。由于气候寒冷，这里的主要植被为针叶林，低地有大型油田和天然气矿床。

由于接近高寒地带，西西伯利亚平原气候极为寒冷，动植物稀少。年温差变化极大，夏季气温酷热而短暂，南部一般为20℃，最高可达40℃。北部一般为10℃左右。1月份平均气温为-22.5℃，最冷可达-50℃以下。在那里，牛奶会被冻成了冰块；露天的钢铁失去了韧性，一折就断；卡车的司机要特别小心，否则，稍有震动，橡胶轮胎就会崩裂。

西伯利亚东北部的奥伊米亚康村，是“北半球的寒极”，冬季的平均气温在－45℃以下，最低时曾达到过－71℃。这里有着厚厚的永久冻土层，最厚的地方竟达1377.6米，比我国青藏高原的最厚冻土层还要厚好多倍。当冻土表层融化后，地基就变得十分松软。如果各部分受力不均，房屋就会东倒西歪。

◎ 世界上最大的平原

世界上面积最大的平原是亚马孙平原，面积为560万平方千米，几乎为巴西国土的2/3。亚马孙平原位于南美洲圭亚那高原和巴西高原之间，兼具盆地和平原地形，是南美洲的亚马孙河及其支流冲积而成的。

亚马孙平原西宽东窄，地势低平坦荡。最宽处1280千米，大部分在海拔150米以下，平原中部马瑙斯附近只有海拔44米，东部更低，逐渐接近海平面。亚马孙平原地处赤道附近，终年高温多雨，有广袤的热带雨林，亚马孙平原是世界上最大的热带雨林区，蕴藏着世界1/5的森林资源。植物茂盛，种类繁多，特有种类占1/3，因此亚马孙平原被称为“地球之肺”。那里盛产红木、乌木、绿木、巴西果、三叶胶、乳木、象牙椰子等多种经济林木，富藏石油、锡等矿产资源。亚马孙平原人烟稀少，交通不便，大部分地区尚未得到充分开发。

◎ 世界最大的高原

世界上最大的高原是南美洲的巴西高原，面积约为500万平方千米，比中国的青藏高原要大1倍多。

巴西高原坐落在南美洲，位于世界上最大的平原亚马孙平原和拉普拉塔平原之间，它的海拔不高，为300～1500米，但它却是世界上面积最大的高原。也许是它的海拔较低的缘故，巴西高原自东南方向的较高处同西北方向的较低处起伏比较和缓，没太大的落差，人们称它为“桌状高地”。又由于这里大部分是热带草原气候，所以植被比较丰富，是良好的天然牧场。另外，巴西高原还拥有丰富的矿藏，是南美洲有名的矿藏宝地，这里藏着丰富的铁、锰、金

↗ 一群驯鹿在西伯利亚东部的奥姆雅克恩附近的针叶林中奔跑。树间的空旷地正是寒冷的冬季气候的标志。

刚石、有色金属、云母、水晶以及一系列有名的稀有金属。

◎ 最大的风积高原

黄土高原是世界上面积最大、黄土沉积最厚的“风积”高原，由风的侵蚀、搬运和堆积作用形成。它位于中国秦岭及渭河平原以北，长城以南，太行山以西，洮河及乌鞘岭以东高原，面积50万平方千米，海拔800 ~ 2500米，山岭高达2500米以上。黄土层深50 ~ 150米，分陇中高原、陕北高原、山西高原及豫西山地等4个部分，而陕西的陕北高原处于黄土高原的中心位置，是黄土层沉积最厚的地区。

现在的黄土高原由于受流水的冲蚀切割，形成了独特的沟壑纵横、长梁连绵、圆峁起伏、川塬相间的地貌。人们在这种黄土颗粒细密均匀、结构强度特别大的土崖壁上凿出的窑洞，可以供数代人居住生活，且冬暖夏凉，成为黄土高原的一大景观，对旅游者也有很大吸引力。

◎ 最高、最年轻的高原

位于中国西南部的青藏高原是世界上最高、最年轻的高原。它是由中国西藏自治区和青海省的大部分，甘肃、四川和新疆维吾尔自治区的部分地区组成，面积约200万平方千米，平均海拔4500米。地势大致由西北向东南倾斜，藏北高原海拔通常在4500 ~ 5000米以上，如阿里地区谷地的海拔就高达5000米以上，被称为“高原上的高原”；高原中部海拔约4500米，到最低的东南部仍保持在3500米左右的高度。青藏高原如此高，因而被誉为“世界屋脊”。

青藏高原及其巨大的山脉，形成于上新世至早更新世时期。当时，喜马拉雅山的运动将青藏高原抬升到现今的高度。也就是说，它现在的面貌是在最近三五百万年里形成的，因而又是世界上最年轻的巨型高原。

◎ 最大的黄土分布区

世界上最大的黄土分布区是我国的黄土高原。黄土高原西起祁连山脉的东端，东至太行山脉，南抵秦岭，北到长城，包括陕西、山西、宁夏、甘肃、青海等5个省区的220多个县市，面积40万平方千米，占世界黄土面积的70%。这里

黄土高原牧羊

岗峦起伏，沟壑纵横，窑洞层层，遍地皆黄土，而且海拔都在1000～2000米。

黄土高原的黄土是二三百万年前，从蒙古高原一带的干旱地区由大风吹来的。那时候，亚洲大陆中部气候非常干旱，从蒙古高原上卷来大量沙土，经长途滚动和磨擦，成为细小的黄土。除高出地面的岩石地外，被黄土严严实实覆盖着的地面达27.6万平方千米。大部分地区黄土的厚度有80～120米，最大厚度达180～200米。

黄土中含有大量的植物营养元素，比较肥沃，容易耕作。在历史上，这里曾是森林茂密、水草丰美的地方，是中华文明的摇篮。在六盘山等山区，至今还有成片的原始森林。黄陵山上的古柏参天，相传是黄帝亲自种植的。

—峡谷与洞穴之最—

◎ 最大最深的峡谷

世界上最大最深的峡谷是雅鲁藏布大峡谷。雅鲁藏布大峡谷北起米林县的大渡卡村，南到墨脱县巴昔卡村，长504.9千米，平均深度2800米，最深处达6009米。整个峡谷地区悬崖绝壁、冰川、泥石流和巨浪滔天的大河交错在一起，环境十分恶劣。许多地区至今仍无人涉足，是地质工作少有的空白区之一，堪称“地球上最后的秘境”。

雅鲁藏布大峡谷也是世界上生物多样性最丰富的峡谷。它具有从高山冰雪带到低河谷热带季雨林等9个垂直自然带，聚集了多种生物资源，包括青藏高原已知高等植物种类的2/3，已知哺乳动物的1/2，已知昆虫的4/5，以及中国已知大型真菌的3/5，动植物的多样化堪称世界之最。因而雅鲁藏布大峡谷被誉为世界山地植被类型的天然博物馆。无论在生物多样性保护与生物多样性资源可持续利用上，均有着极其重要的意义。

◎ 最狭窄的峡谷

我国金沙江虎跳峡是世界上最狭窄的峡谷，也是世界上最深的峡谷之一。虎跳峡在金沙江上游，全长18千米，分上虎跳、中虎跳、下虎跳三段，迂回道路25千米。虎跳峡以“险”闻名天下，峡内礁石林立，有险滩21处，瀑布10条。峡谷东面为玉龙雪山，西面为迪庆的哈巴雪山，峡谷垂直高差3790米，江流最窄处，仅约30余米。

上虎跳是峡谷中最窄的一段，离公路边的虎跳峡镇9千米，其江心雄踞一块巨石，横卧中流，把激流一分为二，惊涛震天。传说曾有一猛虎借江心这块巨石，从玉龙雪山一侧，一跃而跳到哈巴雪山，故此石被称为“虎跳石”，这条峡谷则被称为“虎跳峡”。

◎ 最大的裂谷带

东非大裂谷是世界大陆上最大的裂谷带，从卫星照片上看去犹如一道巨大的伤疤，让人产生一种惊异而神奇的感觉。“东非大裂谷”，亦称“东非大峡谷”或“东非大地沟”。由于这条大裂谷在地理上已经超过东非的范围，一直延伸到死海地区，因此也有人称其为“非洲—阿拉伯裂谷系统”。

东非大裂谷从约旦向南延伸，穿过非洲，止于莫桑比克，穿越了20多个国家，总长6400千米，相当于地球周长的1/6，平均宽度48～64

东非大裂谷之肯尼亚马萨伊马拉段

千米。据地理学家分析，这是3000万年前地壳板块运动的结果。这条大裂谷气势雄伟，景色壮观。谷底分布着呈串珠状的湖泊30多个。一些地段伴随有大规模的火山活动，因而形成了乞力马扎罗山和肯尼亚山等山峰。

◎ 最大的溶洞

世界上容积最大的溶洞是位于我国湖北利川市附近的腾龙洞。腾龙洞景区总面积69平方千米，集山、水、洞、林于一体，以雄、险、奇、幽、秀而驰名中外。该洞洞口高74米，宽64米，洞内最高处235米，已经探明的洞穴总长度为52.8千米，其中水洞伏流16.8千米，洞穴面积200多万平方米。洞中有5座山峰，10个大厅，地下瀑布10余处，洞中有山，山中有洞，水洞旱洞相连，主洞支洞互通，空气质量好，无污染，无蛇蝎，洞内终年恒温14℃～18℃。整个洞穴系统庞大复杂，总容量居世界第一。洞中景观千姿百态，神秘莫测。洞外风光山清水秀，水洞口的卧龙吞江瀑布落差20余米，吼声如雷，气势磅礴。

◎ 最大的充水溶洞

世界上最大的充水溶洞是位于我国辽宁省的本溪水洞。本溪水洞在侠柯山中，处于千山山脉的东北边缘。山势较低，相对高度仅200～300米，连绵起伏，层峦叠翠。洞口坐南朝北，洞身向山里延伸，长达3000余米，面积3600多平方米，容积40万余立方米。洞内有钟乳石、石笋、石柱、石华、石幔等溶洞景观，千姿百态，蔚为大观。清代诗人魏瓷均曾游此洞，留诗一首："拨云探洞口，云散洞天深。石穴千年乳，泠泠滴到今。冥蒙藏太古，寒气积阴深。闻有烧丹士，长年此陆沉。"

远在5.7亿年前，本溪水洞地区曾是一片汪洋大海。后来由于地壳运动，海水退去，这里便缓慢地抬升为陆地。石灰岩在地质运动中受到外力作用的溶蚀，日积月累，经过亿万年时间，便逐渐发育成今天的水洞。这种溶蚀作用，至今仍在继续进行。百万年后这个溶洞将更加奇特、壮观。

◎ 最长的洞穴

猛犸洞位于美国肯塔基州中部的猛犸洞国家公园，是世界上最长的洞穴，被列为世界自然遗产。这个"巨无霸"洞穴截至2006年，已探出的长度近600千米，究竟有多长，至今仍在

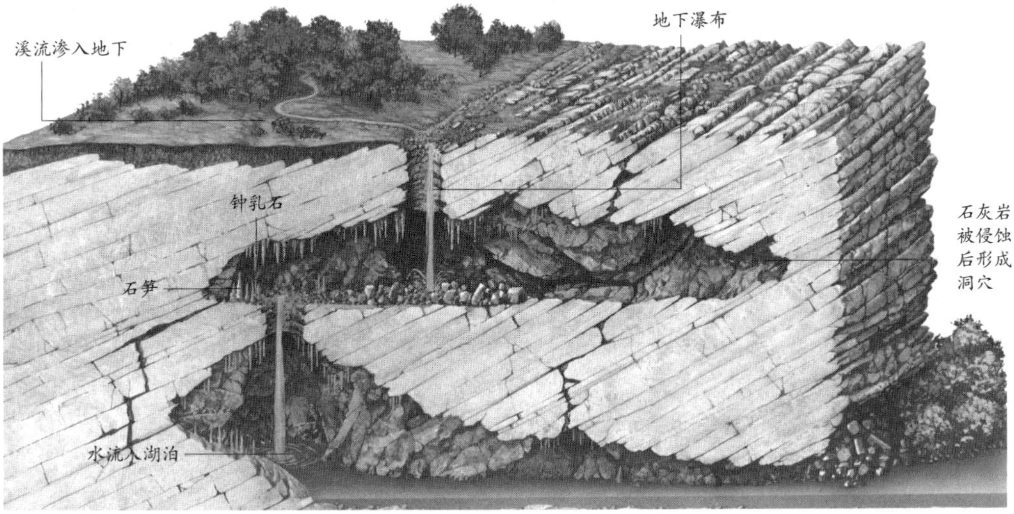

石灰岩洞因水的侵蚀作用而形成。

探索。

猛犸洞其中的16.09千米对游客开放。它由255座溶洞分5层组成，上下左右相互连通，洞中还有洞，宛如一个巨大、幽深、扑朔迷离的地下迷宫。在这些洞中有77个地下大厅，其中最高的一座称为“酋长殿”，它略呈椭圆形，长163米，宽87米，高38米，厅内可容数千人。有一座“星辰大厅”很富诗意，它的顶棚由含锰的黑色氧化物形成，上面点缀着许多雪白的石膏结晶，从下面看上去，仿佛是繁星闪烁的天穹。

洞中有三条暗河、七道瀑布、多处地湖，总延伸长度近250千米。猛犸洞以溶洞之多、之奇、之大称雄世界。洞内最大的暗河——回音河低于地表110米，宽6～36米，深1.5～6米，游客可乘平底船循河游览洞内的风光。

◎ 最大的地下岩洞

世界上最大的地下岩洞是美国墨西哥州卡尔斯巴德岩洞中的大屋洞。卡尔斯巴德岩洞是一个奇异的地下世界：高耸的石洞中，可以容纳一座摩天大楼，曲折幽深的隧道，仿佛是个地下迷宫。洞内遍布五光十色的石笋、石钟乳，千奇百怪，令人叹为观止。

大屋洞是卡尔斯巴德岩洞群中最大的洞穴，它最大长度为550米，洞高25～77米，面积0.56平方千米，有5个足球场那么大。洞中有一支高20米，直径6米的超级石笋。在400米深处，有这么巨大的洞穴，是世界所罕见的。

◎ 垂直落差最大的洞穴

洞穴专家在克罗地亚中部韦莱比特山区发现了一个地下洞穴，这个山洞的洞口距离洞底的落差达510米，是迄今为止发现的世界上垂直落差最大的地下山洞。

克罗地亚韦莱比特洞穴协会的研究人员安娜·巴克舍克介绍说，这个洞穴接近地面的地方有一处坡度较缓的地段，长度约为61米，从洞口到洞底的垂直距离约为510米，洞穴中最宽阔的地方宽度达到30米。巴克舍克说：“在克罗地亚应该还有更大的洞穴，但是根据现有的数据，这个洞是目前世界上垂直落差最大的洞穴。”在这个洞穴附近是星罗棋布的池塘和小溪，其中一个还是已知的世界上最大的地下水螅栖息地。

◎ 最大的海底洞穴

不仅陆地上有洞穴，在神秘的海底世界也有洞穴。世界上最大的海底洞穴是巴哈马大蓝洞。它是一个水下陷洞，位于洪都拉斯伯利兹海岸附近的灯塔礁附近。大蓝洞全部洞穴都淹没在水下，直通大海，所以又叫“无底洞”。

大蓝洞外观呈圆形，直径约304米，深约122米。洞中有奇形怪状的钟乳石和石笋，千姿百态，组成神奇的迷宫。洞壁上长满各种海绵，

巴哈马大蓝洞

洞中有青花鱼游泳嬉戏。

大蓝洞形成于海平面较低的冰河时期，当时是一个石灰石坑洞，后来海水上升，洞顶塌陷，成为水下洞穴。现在大蓝洞是闻名遐迩的潜水胜地。虽然那里有钟乳石林立，而且有鲨鱼环伺，并不适合一般的潜水者，但是却吸引了众多潜水爱好者。

◎ 最大的冰库

位于地球的最南端的南极洲是世界上最大的冰库。南极洲是一块常年为冰雪覆盖的陆地，连同附近的岛屿在内，总面积约为1400万平方千米。白茫茫的冰原覆盖着南极洲面积的93%以上，冰层的平均厚度约为1700米，最厚的地方达4200米，冰的总储量为2450万立方千米。

南极洲之所以会变成巨大的“冰库”，是因为地处高纬，绝大部分位于南极圈之内。夏半年虽有几个月是白昼，但太阳只是在地平线上盘旋，太阳光斜射，所获能量极少；冬半年则随着昏暗长夜的来临，根本没有阳光照射。年平均气温为-25℃，内陆高原平均气温为-56℃，极端最低气温可达-89.2℃。

◎ 最大的天坑群

“天坑”在地理地貌上叫做“喀斯特漏斗”。地质专家认为，天坑可能是由于地下暗河长期腐蚀造成巨大地下空洞后引起地表大面积坍塌所致。世界上最大的天坑群是我国广西百色地区境内的乐业天坑群。

乐业天坑群地处云贵高原南部边缘的喀斯特地带，在方圆不到20平方千米的崇山峻岭里，分布着24个天坑。目前已开发的有大石围天坑、白洞天坑、穿洞天坑等，其中大石围天坑是乐业天坑群中最大的一个天坑。大石围天坑的深度为613米，坑口长600米，宽420米，容积约为0.8亿立方米。“天坑”四周是悬崖绝壁，形成一个巨大的竖井，底部是人类从未涉足过的几十万平方米的原始森林，森林中有大量珍贵的动植物品种。

夏季南极洲

◎ 最大最壮观的侵蚀地貌

科罗拉多大峡谷是世界上最大最壮观的侵蚀地貌。峡谷全长约330千米，宽度从几千米到几十千米不等，最深处可达1824米。这条巨大的峡谷是由科罗拉多河在凯巴布高原上经过亿万年的冲击而形成的。

科罗拉多大峡谷令人瞩目的原因在于其地质学意义——保存完好并充分暴露的岩层，记录了北美大陆早期几乎全部地质历史。峡谷的形成除了科罗拉多河的侵蚀之外，降雨和冰雪融化等的侵蚀作用也同样重要。峡谷的岩石在不断地侵蚀作用下，形成了最壮观的侵蚀地貌。由于流蚀对质地不同的岩石作用的快慢不同，峡谷两岸的岩石被雕琢成千姿百态的奇峰异石；由于岩石中所含矿物的不同，峡谷的岩石呈现出丰富的色彩，比如富含铁的岩石呈红或红褐色。

— 盆地与岛屿之最 —

◎ 最大的盆地

世界上最大的盆地是刚果盆地。刚果盆地处于非洲的中部，面积大约337万平方千米。它的大部分都在刚果民主共和国境内，只有一小部分属于刚果共和国。刚果盆地的南面和北面都是海拔超过1000米的高原山地，东面是著名的东非大裂谷。

刚果盆地正在赤道线上，属于热带雨林气候，年平均气温都在25℃ ~ 28℃，年降水量在1500 ~ 2000毫米以上。此外，这里包括了刚果河流域的大部分，还有大量海拔在400米以上的沼泽，所以这里水源充足，一年四季都是一片郁郁葱葱的景象！

科罗拉多大峡谷的奇特地貌，其形状极不规则，大约为东西走向，其蜿蜒曲折的地貌仿佛一条巨蟒。

天山脚下的吐鲁番盆地

刚果盆地还有着丰富的珍贵树种和许多稀有的热带植物，矿产资源也非常丰富，素有“中非宝地”之称。

◎ 最大的内陆盆地

塔里木盆地总面积达40多万平方千米，不仅是中国最大的内陆盆地，在世界上也是首屈一指。塔里木盆地位于天山与昆仑山之间，其中部是塔克拉玛干大沙漠，面积33.7万平方千米，为世界第二大流动沙漠。除此之外，这一带还有伊犁谷地、哈密盆地、昭苏盆地、吐鲁番盆地、拜城盆地、焉耆盆地等诸多小盆地。

◎ 最低的盆地

位于中国西北天山脚下的吐鲁番盆地是世界上最低的盆地。它东西长245千米，南北宽75千米，面积约5万平方千米。其四周是高大的山峰，以北部的博格多峰为最高；中部极度下陷，地势低洼，许多农田、村落都处于海平面以下；南部的山麓有著名的艾丁湖，湖面低于海平面154米，是中国陆地的最低点。

吐鲁番盆地低洼而闭封的地形，加上极其干旱的气候，使其成为中国著名的“火洲”。这里一年之中有大半年处于炎热的夏季，特别是每年6～8月，气温持续在38℃以上，甚至出现过47.8℃的中国最高气温的历史记录。

◎ 海拔最高的岛

新几内亚岛是世界上海拔最高的岛屿，也是仅次于格陵兰岛的世界第二大岛。新几内亚岛位于太平洋西部，澳大利亚北部，西与亚洲东南部的马来群岛毗邻，南隔阿拉弗拉海和珊瑚海与澳大利亚大陆东北部相望。

新几内亚岛的面积约为80万平方千米。岛屿中部群山耸立，自西北延伸向东南，形成连绵延续的中央山脉。大部分山地、高原，海拔都在4000米以上。西部的高耸山脉总称为雪山山脉，其中最高峰为查亚峰，海拔5030米，为大洋洲最高点。新几内亚岛属新生代构造区，地壳很不稳定。全岛不少山峰都是死火山，部分山峰是活火山，偶尔还发生火山喷发，并有频繁的地震。

◎ 最大的半岛

阿拉伯半岛是世界上最大的半岛，它介于亚洲和非洲之间，北面是约旦和伊拉克，东南部是阿拉伯海和印度洋，西面分别是苏伊士运河、红海和曼德海峡。阿拉伯半岛的面积为300多万平方千米，是世界上最大的半岛，在它上面分布着沙特阿拉伯、也门、阿曼、阿拉伯联合酋长国、卡塔尔和科威特等国家，其中最大的是沙特阿拉伯。

阿拉伯半岛地处赤道附近，几乎整个半岛都是沙漠。气候属典型的热带沙漠气候，降水量非常少而且变率大，普遍炎热干燥。但是这里有丰富的石油储藏，石油的储量和产量在世界上占相当重要的地位。

◎ 最大的岛屿

格陵兰岛是世界第一大岛，全岛南北长2650千米，海岸线全长5000多千米，面积为

夏季格陵兰岛的“夜色”

217.5万平方千米，位于北美洲北边，北冰洋和大西洋之间，约4/5的地区在北极圈内。格陵兰岛气候极度严寒，全年的气温在零度以下，有的地方最冷可达到-70℃。

格陵兰岛是一片白色的冰雪世界，约有84%的地面为厚厚的冰雪覆盖。冰层的平均厚度为1500米，冰的总面积为260万平方千米。有人推算，如果格陵兰岛的冰盖全部融化，能使全球海平面上升6.5米。岛上多凛冽的风暴和雪暴，降水以冰霰和雪为主，每年约有300毫米。茫茫冰原上点缀着一些参差不齐的黑色山峰，形成所谓“冰原岛峰”的现象。

◎ 鸟粪开采量最大的岛屿

世界上鸟粪开采量最大的岛屿是秘鲁的钦查群岛、马卡维岛、洛沃斯岛等岛屿。在这些岛屿上面，常年聚集着上千万只海鸟，有鸬鹚、海鸦、鹈鹕、塘鹅以及其他海鸟群。由于有这么多的鸟生存在岛上面，所以在岛屿上常年堆积着厚达数十米的鸟粪，这里便成了世界上鸟粪开采量最大的岛屿，鸟粪的开采甚至成了秘鲁的一项经济产业，出口鸟粪成了秘鲁增加外汇收入的主要途径。听起来是不是有点奇怪？

那么秘鲁的这些岛屿上为什么会生存这么多的鸟呢？生态学家调查得出结果：秘鲁这些岛屿附近是当地渔业相当发达的地区，鱼类成了鸟类最好的天然食物，所以大批大批的鸟密集在这些岛屿上，成了这些岛屿上最亮丽的一道风景线。鸟的密度很大，在有些岛屿甚至达到了每1公顷就有13万只鸟，而鸟粪又含有丰富的氮和磷酸盐，是上好的天然肥料，聪明的秘鲁人自然是不会放弃这么好的发财机会的！积累下来的大量的鸟粪不仅没有让他们为除去这些鸟粪头疼，反倒让他们多了一个发财致富的好机会。

◎ 最大的群岛

在亚洲大陆和大洋洲之间，分布着近2万个大小不等的岛屿，总面积达248万平方千米，人们将其命名为南洋群岛，也叫马来群岛。不论是从岛屿数目还是就其面积来讲，南洋群岛在世界所有的群岛中都首屈一指，因此被看作是最大的群岛。位于南洋群岛上的国家主要有印度尼西亚、菲律宾和马来西亚的一部分，人口将近2亿。

南洋群岛具有典型的热带自然环境，盛产热带作物，其中椰子、油棕、橡胶、木棉、胡椒、金鸡纳等的产量在世界上都位于前列。因此人们喜欢用“椰风蕉雨”来形容南洋群岛优美的自然风光。

◎最大最长的珊瑚礁群

大堡礁是世界上最大、最长的珊瑚礁群。它纵向分布在离岸16～240千米的珊瑚海上，沿昆士兰海岸断续绵延2013千米，最宽处达240千米，包括约3000个岛礁，分布面积共达34.5万平方千米，是世界上最大的活珊瑚礁群，大堡礁也是世界上景色最美的珊瑚礁群，被誉为“世界第八大奇观”。1981年，联合国教科文组织将大堡礁作为自然遗产，列入《世界遗产名录》。

在大堡礁中的珊瑚色彩斑斓，有红色、紫

科学家认为大堡礁大约于3000万年前开始形成。

色、黄色、绿色、粉色等。珊瑚的形状千姿百态，有鹿角形、灵芝形、荷叶形、海草形等等。令人惊奇的是，在大堡礁的400多个珊瑚礁群中，竟然有300多个是活珊瑚。大堡礁群中聚集着1500多种鱼类和400多种软体动物，还有一些濒临灭绝的动物，比如儒艮、绿毛龟等。

◎ 最大的沙岛

世界上最大的沙岛是位于中国长江入海口处的崇明岛。

崇明岛位于中国东部沿海地区，从外表上看，它是狭而长的形状，在它的东面是中国著名的东海，西面就是中国第一大江——长江。崇明岛的出现可以说是一个奇迹，因为崇明岛是由长江带来的大量的泥沙堆积起来的，所以说它几乎就是一个沙岛。大约在公元618年就已经有了崇明岛，如今1300多年已经过去了，崇明岛的大小不减反增，有关专家表示：崇明岛现在正在以每年143米的速度向东海延伸，并且每年约增加土地面积487万平方米。这的确是一个奇迹，当然这与它正处于长江入海处的地理位置是有很大关系的。

也许是由于崇明岛所处的独特的地理位置的原因，岛上污染程度非常小，岛上的土壤都是从长江淤积下来的泥沙，再加上岛上气候适中，阳光也很充足，非常适合植物生长，已经是多种重要农作物的生产地。

◎ 湖中最大的岛

加拿大安大略州休伦湖中面积为2766平方千米的马图林岛，是世界上湖中最大的岛。虽说这个岛本身就在湖中，可有趣的是，该岛上竟还有一个面积为106.42平方千米的马尼图湖，而且还有好些岛屿分布在这个湖中。

◎ 分隔海、河最狭窄的沙滩半岛

位于中国海南省琼海市博鳌旅游度假区东部的玉带滩是世界上分隔海、河最狭窄的沙滩半岛。这已于1999年被列入“大世界吉尼斯之最”，受到了全世界的认可。

玉带滩处于南海和万泉河之间，是一条天然的地形狭而长的沙滩半岛，远远地看上去，它就像一条玉带一样把南海和万泉河从中间分开了，因此人们形象称它为“玉带滩”。它全长也就3000米左右，最宽处还不足300米，但它却像一道天然的屏障横亘在南海和万泉河之间保护着万泉河的平静！像这么狭窄的沙滩半岛能把浩瀚的南海挡在外面，并且几百年如一日实属难得，这在世界上也是绝无仅有的。

人口最密集的岛屿

鸭洲是香港岛的香港仔对面的一个岛屿，属于香港十八区之中的南区。鸭洲与香港仔之间的海面被划为香港仔避风塘。鸭洲是世界上人口密度最高的岛屿，其面积为1.32平方千米，大约住了9万人，人口密度为每平方千米68200人。

“鸭洲”的“鸭”字，在粤语中是舌头的意思，因其形状像鸭舌而得名。鸭洲的形状也有点像缩小了的香港岛。

香港夜景

— 火山与地震之最 —

◎ 记录最详细的火山爆发

世界上记录最详细的火山喷发是加勒比海圣文森特岛的拉苏费里艾尔火山喷发。

1979年4月拉苏费里艾尔火山喷发前夕，当地政府获得了消息，即刻和美国科学家组成了一支观察队开始对火山进行密切监视，拉苏费里艾尔火山果然在预料之中喷发了！当火山喷发那一刻到来的时候，由于当地政府准备充分，使得科学家得以从卫星、飞机、船舶和地面上等各个角度对拉苏费里艾尔火山喷发进行了全程记录。据说，世界上还从来没有一次火山喷发像拉苏费里艾尔火山喷发那样被完整地记录了下来。

◎ 最美丽的火山

世界上最美丽的火山是日本的富士山。

富士山海拔3776米，是日本海拔最高的山峰，位于日本本州的中南部地区。富士山是一座休眠火山，有资料显示，富士山形成于公元前286年的一次地震，它有文字记载的喷发是18次，最后一次喷发是1707年，此后一直处于休眠状态，现在它的山顶上还有两个大小不同的火山口，大火山口的直径约为800米，深200米，当然，这些都不是富士山吸引人的地方。富士山最值得一提的是它的美丽，它整体呈圆锥形，顶部常年覆盖着厚厚的白雪，四周还有如波涛般起伏着的“富士八峰”，远远地看去非常漂亮，日本人甚至把富士山当成自己民族的象征，把它称为“圣岳”！现在，富士山每年都以它独特的魅力吸引着来自世界各地的人前来观赏。

富士山是日本最高峰，它由多次火山爆发喷出的熔岩和灰层堆积而成。它最近一次爆发是在1707年。

◎ 最著名的火山

位于意大利坎帕尼牙西海岸的维苏威火山是世界上最著名的火山。现在，维苏威火山高1277米，并设有世界上最大的火山观测站。维苏威火山在远古时期就已形成，其形状就像是一个去掉顶的圆锥体。火山口内，四壁非常陡峭，布满各种野生植物，岩壁的一侧有缺口。底部比较平坦开阔，不长草木。外缘山坡上覆盖着肥沃的土壤，非常适合于耕种农作物，因而孕育了山脚下赫库兰尼姆和庞贝两座繁荣的城市。

维苏威火山是一座活火山，在公元前就有过多次喷发。遗憾的是，当时没有详细的记载。公元63年该地区发生了一次大地震，对附近的城市造成了相当大的损失。从此之后，小地震接连不断，至公元79年8月，地震频率越来越高，地震强度也越来越大，最终导致了一次火山大爆发。

◎ 最矮的活火山

岩浆喷发的碎屑、熔岩流等火山物质堆积而成火山。活火山是人类历史时期曾有喷发记录的火山。菲律宾吕宋岛上的塔尔火山是世界上最矮的活火山，相对高度仅200米。位于风光明媚的塔尔湖中心的塔尔火山是近年来仍在不断喷发着的活火山。在1976年，塔尔火山又一次喷发，火山灰腾空而起，高达1500米。烈焰和蒸汽如喷泉一般，颇为壮观。

一般情况下，由于火山喷出物不断堆积，活火山都很高。但塔尔火山却很矮，这是因为塔尔火山是火山中的火山。塔尔山海拔500多米高，它也是一座活火山。据文献记载，塔尔山停止喷发后，火山口洼地积水成湖。多年后，再度喷发的火山喷出大量熔岩，这些熔岩日积月累，最后露出湖面，最终在塔尔湖的中心形成了一座新的火山。在深邃的火山湖中堆起的塔尔火山喷发规模较小，因此它的高度也就比一般的活火山要矮小，并且是世界上最低的活火山。

◎ 最强烈的火山

世界上爆发最猛烈的火山是印度尼西亚的

喀拉喀托火山

多温泉。其中的印加桥不仅是著名的自然奇观，同时还是疗养和旅游胜地。

◎ 最高的活火山

奥霍斯德尔萨拉多山位于南美洲图库曼以西300千米、阿根廷与智利交界处，是阿根廷北部安第斯山的最高峰之一。奥霍斯德尔萨拉多山是地球上最高的活火山，公认的海拔高度为6893米。1956年智利探险队测得其海拔高度约7087米，为西半球的最高峰，但有争议。

◎ 最大的火山口

世界上最大的火山口是日本的阿苏山。阿苏山位于日本九州岛熊本县东北部，略呈椭圆形，南北长24千米，东西宽18千米，面积250平方千米。大火山口是一个巨碗形的凹地，周长超过100千米，里面有10余个喷火口，称为“复式火山”。众多火山口形成中央火口丘群，其中以高岳、根子岳、乌帽子岳、中岳和杵岛岳最有名，称之为阿苏五岳。

阿苏山火山口外的外轮山，海拔1000米，内侧多悬崖峭壁，外侧地势较缓。日本政府在此建立了以大火山口为主要景区的阿苏山国立公园，公园内多温泉、瀑布，熔岩裸露，风光绮丽。登上外轮山北侧的大观峰可眺望阿苏山全景。

◎ 最早的地震历史记载

世界上最早的地震记录是中国的古书《竹书纪年》中关于泰山地震的记载。

喀拉喀托火山。

喀拉喀托火山位于爪哇岛和苏门答腊岛之间的巽他海峡，海拔大约813米，但它却是世界上爆发最强烈的火山。历史上爆发最猛烈的一次发生在1883年，据专家估计那次爆发的威力相当于美国当年投掷在日本广岛的原子弹的威力的100万倍！大爆发基本上持续了3个月才平息。爆发过去以后，方圆237千米以内散落着厚厚的火山灰，300多个村庄毁于一旦，将近5万人在火山爆发中失去了生命。这么巨大的损失在世界火山史上是绝对空前的！有人这样形象地形容1883年喀拉喀托火山的大爆发：声震一万里，灰撒三大洋。

◎ 最高的死火山

世界最高的死火山是位于阿根廷与智利交界处的阿空加瓜山。阿空加瓜山海拔约6960米，是南美洲安第斯山脉的第二高峰。阿空加瓜山由第三纪沉积岩层褶皱抬升而形成，同时伴随着岩浆侵入和火山作用，因而其顶部较为平坦。东、南两侧终年积雪，雪线高4500米，冰雪厚度在90米左右，形成了多条现代冰川，其中菲茨杰拉德冰川长达11.2千米，与奥尔科内斯河相汇合，最后流入门多萨河。西侧山峰因降水较少，没有终年积雪，山麓

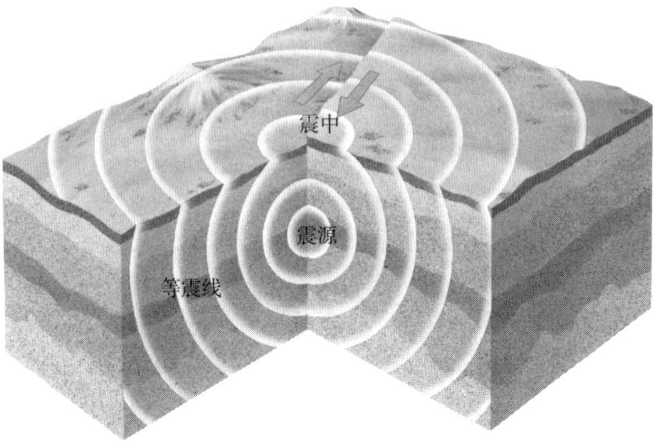

地震波向四面八方传播，达到一定程度时，就引起地面震动，称为地震。

构造板块的交接地带，极易引起地震和火山爆发。

《竹书纪年》中有这样的记载："夏帝发七年泰山震。"其中的夏帝发七年，也就是指公元前1831年，距今已经有3800多年的历史了，这样的记载虽然很粗糙，只是简简单单地提到，但这也算得上是世界上最早的地震记载。中国真正的关于地震的详细记载开始于公元前780年的周朝时期，《诗经》就有诗反映了当时陕西地区发生的一次地震，并且用非常形象的语言描述了当时地震发生时的具体情况。

地震波

地震波是指从震源产生的向四处辐射的弹性波。由于地震介质的连续性，这种波就向地球内部及表层各处传播开去，沿地球表面传播的弹性波，是造成建筑物强烈破坏的主要因素。而震中（从震源垂直向上到地表的地方叫震中）处的弹性波是最强烈的，可以造成更严重的破坏，但是由于这些波向外传播会消耗一定的能量，因此其破坏程度随着距离的增大而得以减弱。

◎ 世界上最容易发生地震的地方

美国加利福尼亚州的小镇帕克菲乐德是世界上最容易发生地震的地方。

在已经过去的150年里，平均每22年就要经历1次震级大小在6级左右的地震。这一事实让本来就是个小镇的帕克菲乐德变得越来越小，很多人带着对地震的恐惧离开了他们祖先们曾经生活的地方，只有小镇路口的一家咖啡馆门口上的标语"世界上最容易发生地震的地方"在默默地承受着地震的压力！

那么，为什么帕克菲乐德会如此频繁地发生地震呢？原来帕克菲乐德正处在1290千米长的岩质地壳裂缝带上，这是造成地震如此频繁的真正原因。但是奇怪的是，自从最近一次也就是1966年的那次地震以来，已经40多年了还没有发生过地震，但是当地的人们并没有因此而掉以轻心，他们时时做着预防地震的准备工作，就好像地震在转眼之间就会到来一样！

◎ 世界上最不容易发生地震的地方

世界上最不容易发生地震的地方是地球的南、北两极。有史以来，地球的南、北两极还从来没有发生过地震！

为什么地球的南、北两极不会发生地震？围绕这个疑点科学家研究了30多年，尤其是美国科学家在这个问题上下的工夫更多，现在终于有了一个大致的结论。科学家把南、北两极不会发生地震的原因归结为南、北两极覆盖着的厚厚的冰层。这是科学家们经过多年的观察得出的结果，科学家认为，南、北两极覆盖着的厚厚的冰雪对地面产生了巨大的压力，这种压力和地壳内部的挤压力达到了相对的平衡，因此地壳内部不会产生倾斜、弯曲和裂变，这样地壳就不会有强烈的运动，于是地震自然就不会发生了，所以在南、北两极大陆根本就不用担心地震会发生！

◎ 最大的地震带

所谓地震带，就是地震发生较多又比较强烈的地带。世界上最大的地震带是环太平洋地震带。这一地震带主要包括南、北美洲太平洋沿岸以及从阿留申群岛、堪察加半岛、日本列岛起，向南至中国台湾省，再经菲律宾群岛转向东南，直到新西兰的广大地区。这里地震所释放的能量大约占世界地震能量的3/4。

第五章 国家与城市之最

— 国家和地区之最 —

◎ 世界上最早成立的共和国

罗马共和国建立于公元前509年，是罗马帝国的前身，也是世界上成立最早的共和国家。罗马共和国刚刚建立时，领土面积很小。公元前264年至公元前148年间，罗马共和国先后经历了三次与迦太基之间的布匿战争，四次与马其顿之间的马其顿战争，最终建立起了一个横跨亚、欧、非三大洲，称霸地中海的实力大国。

罗马共和国实行君主、议会、共和三权分立的政体形式。它是古代历史上最早的实行三权分立政治体制的国家之一。由于民族内部的矛盾以及统治阶级内部各派别之间的矛盾不断激化，公元前44年，罗马共和国恺撒大帝遇刺，大权在握的屋大维称帝，罗马共和国改为帝国君主制度。

◎ 历史上最大的帝国

1206年，由成吉思汗建立的蒙古帝国，横跨了欧亚大陆的4500多万平方千米的土地，占世界陆地面积的30%，国内人口高达1亿人之多。它是历史上最大的帝国。

蒙古人是鲜卑族的后代。1200年左右，西迁的蒙古势力逐渐强盛。1206年，成吉思汗结束了蒙古内部长期的分裂战争，统一了蒙古部落，建立起“大蒙古国”。直到1227年成吉思汗去世，蒙古帝国的领土包括了蒙古高原，中国

罗马共和国时期的元老院

西北、东北和华北的一部分和中亚、西亚大部。后来经过成吉思汗后裔的不断扩张，蒙古帝国的领土东面达太平洋，北抵贝加尔湖，西达黑海沿岸（鼎盛时达匈牙利），南至南海。在领土扩张过程中，国内先后建立起了窝阔台汗国、察合台汗国、钦察汗国和伊儿汗国四大汗国。

◎ 第一个横跨亚欧非的世界性帝国

波斯帝国建立于公元前550年，又称阿契美尼德王朝，是世界上第一个横跨亚、欧、非的世界性帝国。在波斯帝国最为鼎盛的时期，它的领土横跨美索不达米亚平原直达印度，由里海延伸至波斯湾，势力范围囊括了今天的伊拉克、伊朗以及阿富汗等地区。

波斯帝国建国后不久，便开展了一系列的扩张活动。它先后同罗马人、拜占廷人作战，征服了小亚细亚、两河流域以及叙利亚等地区。

波斯帝国实行宗教自由化、政治自由化政策，在其统治范围内，腓尼基、犹太、阿拉米、米底、巴比伦等民族相处融洽。但是长期的扩张战争，以及统治阶级内部争权的斗争，逐渐激起了波斯帝国人民的强烈不满。公元前5世纪初 公元前4世纪，国内经常发生反波斯统治的暴动。公元前330年，波斯帝国最后一任大帝大流士三世被杀，波斯帝国灭亡。

◎ 最久远的帝国

拜占廷帝国素有“千年帝国”之称，是世界上最久远的帝国。它建立于公元395年（另有观点认为是公元435年），1453年奥斯曼土耳其攻占君士坦丁堡，拜占廷帝国最后一任国王君士坦丁十一世被杀，拜占廷帝国覆灭。

拜占廷之名源于一个靠海的古希腊移民城市，这里曾经是罗马帝国的陪都。因为这座城是由罗马大帝君士坦丁一世建立，所以将其命名为君士坦丁堡。公元378年的哈德良堡战役之后，罗马帝国一分为二，东罗马由阿尔卡狄乌斯统治。从公元395年开始，东部的帝国便被人们称之为“东罗马”或“拜占廷”帝国。

拜占廷帝国以希腊语为主要交流语言，但是拉丁语却是他们的官方语言。拜占廷帝国中有希腊、弗拉赫、亚美尼亚、犹太、埃及等多个民族，各民族以具有拜占廷独特风格的基督教为主要信仰。

◎ 领土面积最大的国家

俄罗斯又称俄罗斯联邦。它横跨亚欧大陆，覆盖了从极地到亚热带的10个自然气候带。国土面积1707.54万平方千米，占全球陆地总面积

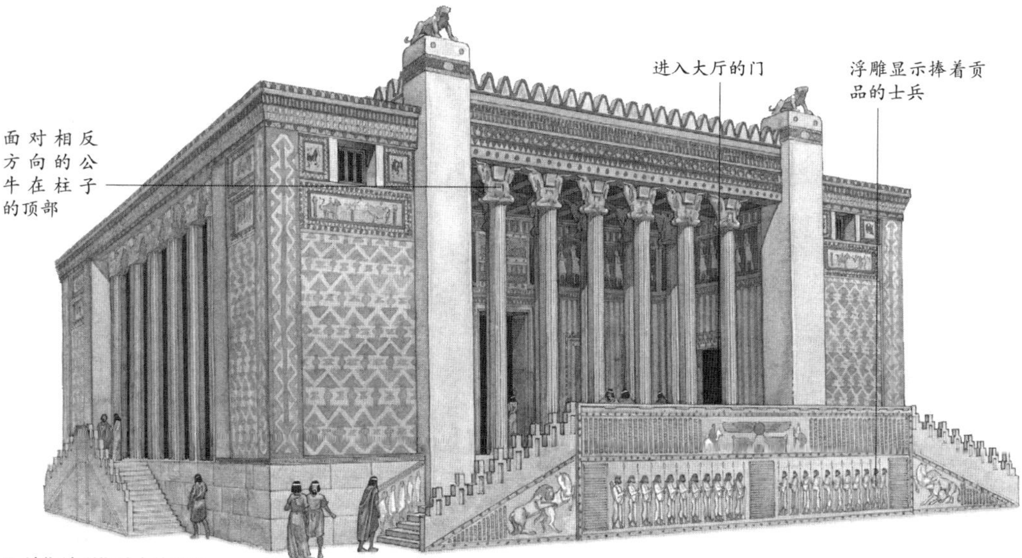

波斯波利斯城内的宫殿

在波斯波利斯城内巨大的宫殿。大流士一世和薛西斯一世在波斯波利斯城修建了宏伟的宫殿。沿着巨大的楼梯向上进入宫殿，楼梯是如此宽大，可以供8匹马并排行走。从帝国各地来的人们向坐在高高王位上的国王敬献贡品。

的1/8，堪称世界上领土面积最大的国家。

与俄罗斯相毗邻的国家，西北有挪威、芬兰；西面有爱沙尼亚、拉脱维亚、立陶宛、波兰、白俄罗斯；西南有乌克兰；南面有格鲁吉亚、阿塞拜疆、哈萨克斯坦；东南有中国、蒙古、朝鲜；东面与美国、日本隔海遥遥相望。

在俄罗斯广袤的土地上，纵横着12万多条河流，十几座山脉。俄罗斯被这些山脉河流分成了东欧平原、西伯利亚平原、中西伯利亚高原和山地、东西伯利亚山地和远东山地等部分。

俄罗斯是个自然资源丰富的国家。其森林覆盖面积达到了国土面积的51%。天然气储量位居世界第一，铝、铁、铀等金属矿物质的储量也居世界前列。这些丰富的资源为俄罗斯的重工业发展，提供了坚实的能源和原材料基础。

◎ 领土面积最小的国家

世界上最小的国家是位于意大利首部罗马西北一个高冈上的梵蒂冈。它的国土总面积只有0.44平方千米，人口只有1000多人。梵蒂冈的国家元首就是天主教教皇，他自命为世界天主教会的“上帝在人间的代言人”“精神领袖”，这是一个特殊形态的政教合一的国家。现教皇是本笃十六世，梵蒂冈虽小，但它在精神上对全世界的天主教徒有重要影响，在国际事务中也有着广泛影响，它同120多个国家和地区建有正式外交关系。不仅如此，它还在许多国家投资有数百亿美元，拥有数目庞大的动产和不动产，是一个庞大的国际金融托拉斯，着实不可小看。

◎ 领土最狭长的国家

世界上领土最狭长的国家是地处南美洲西南部的智利。

智利位于南美洲西南部、安第斯山脉西麓。智利的国土面积虽然不大，但是却有1万千米的海岸线，更令人称奇的是智利南北之间的距离居然有4352千米，而东西之间最宽处也不过362.3千米，从高空看下去，远远的就像是漂在太平洋边上的一条美丽的纱带，几乎跨越了整个南半球。智利东边与阿根廷为邻，西边是太平洋，北边是秘鲁和玻利维亚，南面与南极洲隔海相望。由于跨越的纬度比较大，气候从北至南的差异也大，可以分为北、中、南3个不同的区域：北区主要是沙漠气候；中区主要是亚热带地中海气候；南区大部分地方是温带阔叶林气候。

◎ 最北的共和国

芬兰是世界“最北的共和国”。它位于欧洲北部，有1/4的面积在北极圈内。它东接俄罗斯，南邻芬兰湾，西靠波的尼亚湾，北濒挪威，西北与瑞典相连。芬兰地形东西窄，南北长，地

圣彼得广场

从圣彼得广场的拱顶上看去，圣彼得广场是有着巨大宏伟柱廊的锁眼形广场。16世纪许多伟大的艺术家致力于重建圣彼得大教堂，这个宏大的工程被设计为基督世界的奇迹与标志。

芬兰北部的卡马宁地区

势北高南低，多为丘陵和平原。芬兰全国有大大小小近6万个湖泊，所以它有“千湖之国”之称，芬兰境内最大的湖是西南部的塞马湖。芬兰地处高纬度，属于亚寒带大陆性气候，其气候特征是夏季短暂而温暖，冬季漫长而寒冷。

森林资源是芬兰最重要的自然资源，森林面积占芬兰全国陆地面积的68%，在世界上排名第二，仅次于加拿大，居欧洲之首。

◎ 最小的岛国

世界上最小的岛国是瑙鲁，瑙鲁的全称是瑙鲁共和国。瑙鲁位于所罗门群岛东北，是一个椭圆形的珊瑚岛国，它的国土面积只有21.1平方千米，人口也不过1.2万。瑙鲁的人口主要以瑙鲁人为主，此外，还有部分欧洲人、华人以及来自太平洋其他岛国的人。

瑙鲁处于赤道附近，常年炎热、多雨，降水量大，大约每年平均降水量在2000毫米左右。但由于国土面积太小，并且土壤奇缺，所以淡水资源几近于零，连最起码的生活用水都很难满足。但是瑙鲁有世界上其他地方非常稀少的磷酸盐矿藏，岛上的居民基本上就是靠这些矿藏来维持生活的。

◎ 最大的内陆国

哈萨克斯坦地处中亚，北临俄罗斯；东面与中国共同拥有长达1700千米的边界线；南面国土与乌兹别克斯坦、土库曼斯坦和吉尔吉斯斯坦相接；西面濒临里海。国土总面积为272.49万平方千米，是世界上面积最大的内陆国。

哈萨克斯坦是一个以平原、低地为主的国家。国土面积的60%被荒漠、半荒漠占据。由于地处内陆，哈萨克斯坦的气候以冬冷夏热，干旱少雨的温带大陆性干旱、半干旱气候为主。境内矿产资源丰富，铁、锰、铬、黄金等的储量位居世界前列，其中锌、钨的储量位居世界第一。国内棉花产量位居世界第四位，这里的小麦产量很大，以前号称是俄联邦“粮仓”。

哈萨克斯坦是一个民族风情很浓的国家，国内分布着130多个民族。如今的哈萨克斯坦实行的是总统共和制，国家政权采取立法、司法、行政三权分立又相互制约的原则。对外采取主权独立完整的平衡外交政策。

◎ 人口最多的国家

中华人民共和国位于亚欧大陆东部，陆上邻国有俄罗斯、哈萨克斯坦、吉尔吉斯斯坦、塔吉克斯坦、蒙古国、阿富汗、巴基斯坦等十几个国家。东临太平洋，南望印度洋。

陆地面积为960万平方千米。据2010年人口普查结果显示，中国拥有13.80亿人口，占世界总人口的1/5以上，是世界上人口最多的国家。

为了解决不断增长的人口同有限的土地之间的矛盾。1980年，中国提出了“少生、优生、晚婚、晚育”的计划生育政策。该政策实施以来，中国的人口自然增长率在不断下降。据推测，到2050年，位于世界第二的人口大国——印度，人口数量将超过中国，成为世界第一人口大国。如今，人口老龄化成了中国人民面临的新问题。

◎ 人口最少的地区

皮特凯恩群岛地处新西兰和巴拿马之间的东南太平洋上，是世界上人口最少的地区。2003年，岛上新出生了一个女孩艾米莉。当年，加上艾米莉，岛上人数为50人。

皮特凯恩群岛属于波利尼西亚群岛的一部分，是英国的殖民地。岛上人口均为皮特凯恩人，当地人以英语和塔希提语为主要语种，英语为官方语言。每年的六月第二个星期六——英国女王官方诞辰日，是皮特凯恩群岛最隆重的节庆日。皮特凯恩群岛属于亚热带气候，年平均降水量在2000毫米左右。地势陡峭、多火山是皮特凯恩群岛的最大特点。

◎ 人口密度最高的国家

摩纳哥拥有面积2平方千米的国土，人口总数为34021（2009）人，平均每平方千米就有17011人，是世界上人口密度最高的国家。

摩纳哥是继梵蒂冈之后，世界著名的“国中国”之一。它三面被法国包围，南面濒临地中海。国土中有近0.4平方千米的土地为填海造陆而来。历史上，利古利亚人、腓尼基人和迦太基人都曾在此居住。如今，摩纳哥公国的居民大部分为外国移民，其中法国籍占47%，意大利籍占16%，英国、瑞士、德国、比利时等籍共占21%。摩纳哥本籍人只占总人口的16%。

受亚热带地中海气候影响，摩纳哥夏季干燥凉爽，冬季潮湿温暖，年平均气温在16℃左右，是适宜养生的国度之一。靠着零个人所得税的政策，摩纳哥吸引了大量外国投资者前来投资。旅游、赌场、银行等事业是摩纳哥最主要的经济来源。

↗ 摩纳哥的夏日海滩

◎ 人口密度最低的国家

蒙古国是仅次于哈萨克斯坦的世界第二大内陆国。它位于蒙古高原上，北邻俄罗斯，东南西与中国接壤，领土面积为156.65万平方千米，总人口268.34万人，每平方千米还不到两人，是世界上人口密度最低的国家。

蒙古国的地形以山地高原为主，境内分布着3000多个湖泊。其中乌布苏湖是蒙古国最大的咸水湖，哈尔乌苏湖为最大的淡水湖。这里是典型的大陆性气候，全年最高气温与最低气温相差75℃左右。

蒙古国80%的人口是喀尔喀蒙古族，另外还包括杜尔伯特、巴雅特、布里亚特等约15个少数民族，以蒙古语为官方语言。每年的7月11日，是蒙古国最具民族色彩的那达慕国庆节。这一天里，人们以丰富多彩的娱乐活动进行庆祝，其中最具传统风情的摔跤、骑马、射箭三大竞技项目是重头表演。

◎ 最长的边境线

美国与加拿大是北美洲的两个国家，它们之间的边境线长6416千米，是世界上最长的边境线，也是世界上唯一一个不设防的边境线。

美国与加拿大以北纬49°作为两国边境的划分，沿线不设任何军事防御措施，两国公民可以自由穿梭国境线，甚至在对方国家逗留3个月之久。两国边境线上，有号称“世界七大奇景”之一的尼亚加拉瀑布。在尼亚加拉瀑布河谷上，横架着一座“和平桥”，美国、加拿大的分界正好位于“和平桥”的中央。桥下，尼亚加拉瀑布奔腾浩瀚，气势磅礴，吸引了大量国内外游客前来观光游览。

◎ 陆上邻国最多的国家

中国位于亚洲东部，领土东西横跨60多个经度，5个时区，南北跨越纬度50多度，是亚洲领土面积最大的国家，也是世界陆上邻国最多的国家。

据统计，与中国陆地相邻的国家有14个。南面与中国相邻的国家有缅甸、老挝、越南；西南与中国相邻的国家有印度、尼泊尔、不丹；西面与中国相邻的国家有阿富汗、巴基斯坦；西北与中国相邻的国家有哈萨克斯坦、吉尔吉斯斯坦、塔吉克斯坦；北面与中国相邻的国家有俄罗斯、蒙古；东面与中国相邻的国家有朝鲜。

除此之外，与中国隔海相望的国家还有东面的韩国、日本；东南的菲律宾；南面的马来西亚、文莱、印度尼西亚。

◎ 陆面高低差最大的国家

珠穆朗玛峰位于中国与尼泊尔交界的喜马拉雅山脉上。它海拔8844.43米，是世界上海拔最高的山峰。世界著名的低地——吐鲁番盆地的艾丁湖，湖面低于海平面154米，是中国陆地的最低点。世界最高点与中国陆地最低点的高低差可达8998.43米。中国是世界上陆面高低差最大的国家。

据专家推测，随着板块的运动，世界上最高的山峰珠穆朗玛峰的高度还会不断地升高。据国家测绘局的报告显示，艾丁湖的湖面也有上升的趋势，2008年测得的艾丁湖湖面高度要比29年前测定的高度高出0.23米。

◎ 地势最低的国家

位于欧洲西部、西北部濒临北海的荷兰，正式国名为尼德兰王国。在日耳曼及英语中，译为“低洼之地”。据统计，荷兰将近25%的陆地位于海平面之下，另外还有20%多的陆地几乎与海平面持平，是名副其实的世界上地势最低的国家。

↗ 荷兰四宝之奶酪

荷兰拥有人口1635.6万人，为了解决人口与土地的关系问题，荷兰采取填海造陆的国策。在40884平方千米的国土中，有25%的土地是填海而来。除了土地问题之外，由于地势低洼，防御水患是荷兰人面临的最大问题。为了防止近一半的国土被淹，早在13世纪，荷兰人已经开始筑坝截水。15世纪初，上万座风车的出现承担了荷兰的排水任务。因而，风车众多的荷兰又有“风车之国”的称号。

◎ 跨纬度最多的国家

中国领土南起北纬3° 51′，北至北纬53° 33.5′，南北跨越的纬度近50度，约5500千米，是世界上跨纬度最多的国家。

由于中国南北跨度大，世界上大部分气候类型，在中国基本上都可以找到。中国领土南沙群岛南端的曾母暗沙群岛位于北纬3° 51′，东经112° 16′，是中国的最南端。由于靠近赤道，南沙群岛常年高温多雨，气温年较差小，终年皆夏，以热带海洋性气候为主。中国最北端位于漠河以北的黑龙江主航道上。漠河素有“神州北极”的美誉，位于漠河市边境上的北极村号称“中国最北之家”，这里不仅有北国特有的冰天雪地，还是中国唯一一个北极光的最佳观测点。

◎ 海拔最高的国家

莱索托是南部非洲的一个小国，山川秀丽，风景独特。莱索托以“空中王国”而著称于世，全国的每寸土地都在海拔1000米以上，是世界上海拔最高的国家。其境内有许多座锯齿形的山峰和一片片绿茵茵的草地，因此又有“非洲瑞士”的美称。

莱索托是一个小国，面积不过3万平方千米，人口不满130万。由于整个国土都坐落在南非境内，所以在政治、经济、军事等方面与南非关系紧密，与梵蒂冈一样，是“国中之国”。

◎ 高峰最多的国家

尼泊尔是南亚山国，面积不超过14.1万平方

尼泊尔首都加德满都市中心的马拉王朝故宫

千米，然而世界上大部分海拔最高的峰峦都云集在这里。这个国家地处喜马拉雅山脉最为雄伟高峻的中段，境内有240余座雪峰海拔在6100米以上，其中有50余座雪峰海拔在7620米以上。尤为惊人的是，世界上名列前茅的10座超过8000米的高峰中，耸立在尼泊尔或尼泊尔与中国、印度接壤的边界线上竟有8座，它们是世界之巅——8844.43米的珠穆朗玛峰，第三峰——8585米的干城章嘉，第四峰——8501米的洛子，第五峰——8470米的马卡露，第六峰——8172米的道拉吉里，第七峰——8157米的马纳斯卢，第八峰——8153米的卓奥友，第十峰——8090米的安纳布尔纳。

◎ 海岸线最长的国家

加拿大北临北冰洋，东临大西洋，南面与美国相接，西濒太平洋。陆地面积997.061万平方千米，国境线长达8892千米，海岸线约长24万千米，是世界上海岸线最长的国家。

加拿大有3361万人口，是一个以移民为主的国家。其中英裔居民占42%，法裔居民约占26.7%，其他欧洲人后裔占13%，土著居民（印第安人、米提人和因纽特人）约占3%，其余为亚洲、拉美、非洲裔等。受早期迁入者所持语言影响，加拿大人以英语、法语为主要交流语言。

加拿大的河流湖泊分布众多。其水域面积占陆地总面积的8.92%，拥有世界1/7的淡水储量。其森林覆盖面积占全国总面积的44%，是一个渔业、森林、矿藏都很发达的国家，位于西方七大工业国之列。

◎ 最大的群岛国家

位于亚洲东南部的印度尼西亚素有“千岛之国”的美誉。实际上，横贯赤道的印度尼西亚，分布着大大小小约17508个岛屿，是名副其实的世界上最大的群岛国家。

在印度尼西亚境内，有人居住的岛屿高达6000座。世界排名靠前的加里曼丹、苏门答腊等岛屿都位于印度尼西亚群岛中。其中面积约为81万平方千米的伊里安岛，是太平洋上最大的一个岛。

受地理位置影响，这里火山分布众多。天然橡胶林、椰子树遍布岛上。其常年高温多雨的气候，尤其适合茶叶、咖啡、油棕等作物的生长。印度尼西亚是自然风光绮丽的海岛。阳光、沙滩、雨林等自然美景吸引了很多国外游客来到这里旅游度假。人们不仅可以在这里感受“长夏之国”的怡然惬意，还在无形中促进

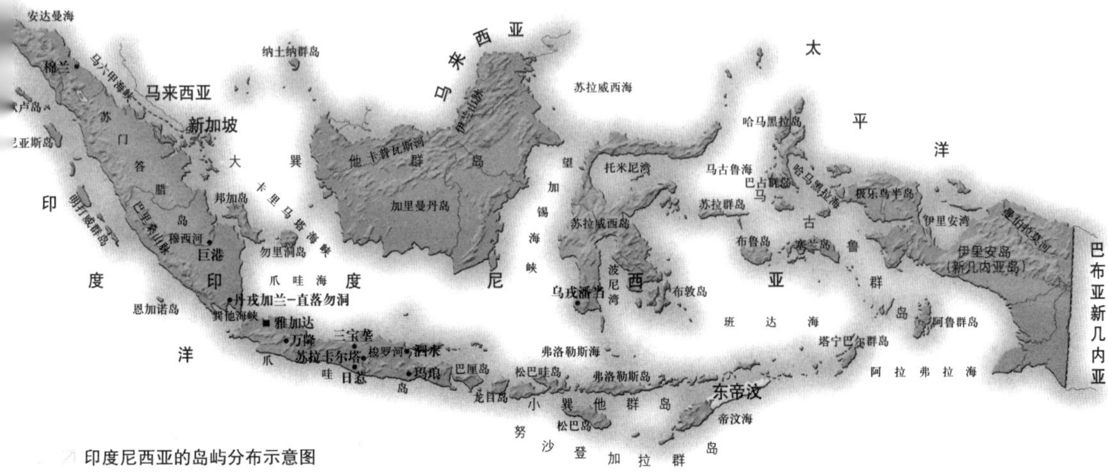

印度尼西亚的岛屿分布示意图

了印度尼西亚第三产业的发展。

◎ 湖泊最多的国家

位于欧洲北部的芬兰，国土面积33.8万平方千米。国内水域面积占全国总面积的10%，拥有湖泊数量约18.8万个，堪称世界上湖泊最多的国家，有“千湖之国”的美誉。

芬兰靠近北极圈，几十万年的冰川运动，造成芬兰境内凸凹不平的地理形态。受全球气候变暖的影响，覆盖在土地上的冰雪逐渐融化，部分融化了的冰雪填充了原本凹陷的土地，逐渐形成了芬兰境内湖泊众多的现状。

芬兰地处北温带，除了星罗棋布的湖泊之外，占国土面积71%的森林是芬兰的又一显著特色，其树种以松树和云杉为主。国内蕴含丰富的铜、锌、金、铬、钴、钛、钒等矿藏。首都赫尔辛基是一座美丽的现代花园城市，号称“波罗的海明珠”。

◎ 河流最多的国家

中国是一个多山、多河流的国家，在其960万平方千米的国土上，流域面积可达100平方千米以上的河流多达5000多条，流域面积在1000平方千米的河流也有1500条之多。中国是世界上河流最多的国家。

中国不仅河流数量堪称世界之最，在其拥有的众多河流中，还有很多首屈一指的世界之最。例如，世界上含沙量最大的河流黄河；世界上海拔最高的河流雅鲁藏布江等。中国的地势西高东低，大部分河流都向东注入太平洋。除此之外，还有额尔齐斯河流经俄罗斯注入北冰洋；怒江、雅鲁藏布江等流经缅甸、印度、孟加拉等国注入印度洋。在中国，还有数目众多的内流河，位于新疆维吾尔自治区境内的塔里木河是中国内流河中流域面积最广、长度最长的一条内流河。

◎ 火山最多的国家

印度尼西亚位于环太平洋地震带上，是一个多火山、多地震的国家。据调查，印度尼西亚有火山500多座，其中177座属于活火山，是世界上拥有火山数量最多的国家。

印度尼西亚由分布在赤道两侧的17508个岛屿组成，这些岛屿正处于印度洋、太平洋、亚欧三大板块的交界处。受频繁的地壳运动影响，印度尼西亚地下100至150千米深处的岩浆不断冲击地表。长年累月，岩浆冲出地表最终形成大大小小的火山。

美丽的火山景观为印度尼西亚带来丰富的旅游资源的同时，也给印度尼西亚带来毁灭性的灾难。由火山喷发引起的泥石流、滑坡、地震等相关灾害，造成了印度尼西亚大量人口死亡。1815年，坦博拉火山喷发，印尼10000余人失去生命，随后带来的食物短缺以及疾病蔓延又夺走了80000人的生命。

◎ 温泉最多的国家

冰岛是欧洲最西部的国家，位于北大西洋中部，靠近北极圈。冰岛几乎整个国家都处在火山岩石上，有200 ~ 300个火山，40 ~ 50个活火山，众多火山为冰岛带来了丰富的地热资源。冰岛是世界上温泉最多的国家，所以被称为“冰火之国”。全岛约有250个碱性温泉，最大的温泉每秒可产生200升的泉水。其中最大的温泉是蓝湖，很多游客慕名而来，即使在下雪的天气，也可以泡在暖融融的温泉水里，享受大自然的馈赠。此外，蓝湖下面沉积着很多矿物质，

↗ 间歇泉喷发出超热的蒸汽

运气好的人可以挖到白色的温泉泥，据说这种泥有美容健身的功效。

◎ 水最昂贵的国家

科威特是波斯湾国家中最为著名的石油出产国。除西南以及东北部分地区为高原、平原外，其余大部分科威特土地是荒漠。受热带沙漠气候影响，科威特境内没有常年有水的河流和湖泊，年降水量也仅为25～170毫米，淡水资源十分匮乏，是世界上淡水消费最为昂贵的国家。

最初，为解决水资源缺乏问题，科威特人采取从伊拉克的阿拉伯河运水的措施。随着石油业的发展，20世纪初，科威特逐渐成了世界上最富有的石油国家，人口数量也逐渐增多。单从伊拉克运水，已经无法解决人水之间的矛盾。于是，科威特投巨资建造起了很多海水淡化加工厂。

如今，科威特人的淡水主要是由国内像蘑菇一样的海水淡化处理设备——水塔提供。造型美观的水塔成了科威特城一道亮丽的风景线。但是海水处理过程中的巨大资金消耗，也成了困扰科威特城的一个新问题。

◎ 最富有的国家

瑞士位于欧洲大陆中部，是一个山清水秀的内陆国家。在世界银行第60届联合国首脑峰会上，根据国内生产总值、产出资本、自然资源、人的技术和能力等条件综合评定，世界银行对全球120个国家进行了排名，瑞士以人均财富64.8241万美元的高指标成为世界上最富有的国家。

瑞士是一个多山的国家，国内森林覆盖率高达30.3%，河流湖泊分布众多。瑞士是全球最大的离岸金融中心。瑞士银行堪称世界上最安全的银行，这里拥有一半以上的外国存款，是瑞士的第一大产业支柱。依托于机械、化工、纺织、钟表、食品五大产业，瑞士近50%的国内生产总值来源于工业。作为世界钟表领跑国，瑞士还享有“钟表王国”的美誉。

◎ 接待游客最多的国家

法兰西共和国位于欧洲大陆西部，是西欧面积最大的国家。它三面临海，国内土地大部分被平原、丘陵占据着。受地理位置影响，法

↗ 埃菲尔铁塔是一座很别致的建筑，今天，它仍然是法国最著名的标志性建筑之一。

国的西部为温带海洋性气候，南部属于地中海气候，中东部地区为温带大陆性气候。这里是一个浪漫的国度，又是一个礼仪之邦。据统计，法国人口6340万，每年接待的外国游客人数高达7500万，是世界上接待游客最多的国家。

法国首都巴黎，享有“世界花都”的美誉。这里有美丽的塞纳河，世界上最漂亮的大街香榭丽舍，世界著名的埃菲尔铁塔，规模宏大的巴黎圣母院，高贵华丽的卢浮宫……这些极具浪漫气息与文化氛围的景点，为法国吸引了大量慕名而来的游客。位于地中海沿岸的小城戛纳，是世界电影最高荣誉——金棕榈奖的颁奖地，每年的戛纳电影节会吸引众多明星云集于此。

◎ 玫瑰最多的国家

位于欧洲东南部巴尔干半岛上的保加利亚，东临黑海，其国土与罗马尼亚、塞尔维亚、马其顿、希腊和土耳其接壤。这里有近300多年的玫瑰培育史，近7000多个玫瑰品种，是著名的“玫瑰王国”，堪称世界上玫瑰最多的国家。

狂热的巴西球迷

保加利亚的玫瑰主要产自于国土中央的登萨河谷，这里有最适宜玫瑰生长的肥沃土壤和暖湿多雨的天气。保加利亚人认为，品种多样、颜色绚丽、迷人芬芳的玫瑰是纯洁、智慧的象征。人们通过培育玫瑰，将保加利亚人勤劳、热爱生活的性情尽展无遗。每年的6月第一个星期天，是保加利亚最为隆重的“玫瑰节”。

保加利亚不仅生产玫瑰，还是一个提炼玫瑰精油的大国。每年，产自保加利亚的玫瑰精油占世界市场份额的40%之多，这也是保加利亚财政收入的重要来源之一。

◎ 对足球最狂热的国家

巴西是南美洲面积最大的一个国家。它位于南美洲的东南部，是世界著名的“咖啡王国”，更是世界公认的“足球王国”。

对巴西人来说，足球是人们文化生活的主流。巴西最大的城市里约热内卢素有“足球之都”的美誉，这里有世界上最大的马拉卡纳体育场。每逢重大国内国际足球比赛进行时，巴西人都会齐聚球场，场面颇为壮观。比赛结束后，跳着桑巴舞庆祝的巴西人涌满了大街小巷。

几乎所有的巴西人都是足球迷，城市乡野，到处都是以足球为乐的人。巴西十分重视足球人才的培养，全国各地重点培养12～13岁的儿童，现有约202万名国家级足球运动员。历史上有名的“球王”贝利是巴西人的骄傲，也是巴西人心目中最伟大的球员。

◎ 最喜爱大象的国家

泰国人形象地将泰国版图称之为“大象头”。泰国北部是象冠，东北地区为象耳，暹罗湾地区为象口，南部狭长地区为象鼻。泰国素有“象之国”的称号，是名副其实的产象王国，每年11月的第三个周末，为泰国的大象节。

泰国位于中南半岛中南部，以亚热带季风气候为主。泰国茂密的丛林中，居住着数量可观的大象群。大象在泰国人的生活中，扮演着重要的角色。相传，人从大象腹下穿过，可交到好运。因而，在泰国，有很多以养象供游人祈福为生的人。20世纪60年代，泰国政府在清迈市北部的丛林里建立起了第一所“大象学校”，从这里出来的大象主要供人类生产生活使用。泰国的大象表演世界闻名，很多游客专程赶来观赏大象表演。

白象是泰国的国宝。泰国政府宣称，白象是王室的财产，是泰国国运昌盛的神兽，可见，大象在泰国，是最受欢迎的动物。

◎ 最讲秩序的国家

德国是欧洲西部邻国最多的国家，这里有着高度的文明，是世界上最讲秩序的国家。

德国人有着保守而又礼貌的绅士风度。每个德国人身上都洋溢着和善友好的气息。据调查，德国人讲秩序、重原则的民族风格在其国家的交通秩序上体现得最为明显。

通常情况下，德国的车辆都会礼让行人。尽管马路上的车速并不是十分缓慢，但是只要有人通过，司机都会将车停下来，让行人先过。政府规定，德国车辆停驶时，必须关闭引擎，以防意外发生。尽管政府对这项政策的监管力度不是很大，但是德国的所有司机都会自觉遵守。在德国的大街上，很少有交通事故发生，更不容易听到喇叭轰鸣的声音。讲秩序已经成了德国人的生活习惯。在德国的大街小巷，经常能够看到排队等候的人群。人们认为，只有在细节上讲究秩序，社会才会和谐，生活才会井井有条。

◎ 最喜欢听古典音乐的国家

奥地利位于欧洲中部，是世界上著名的古

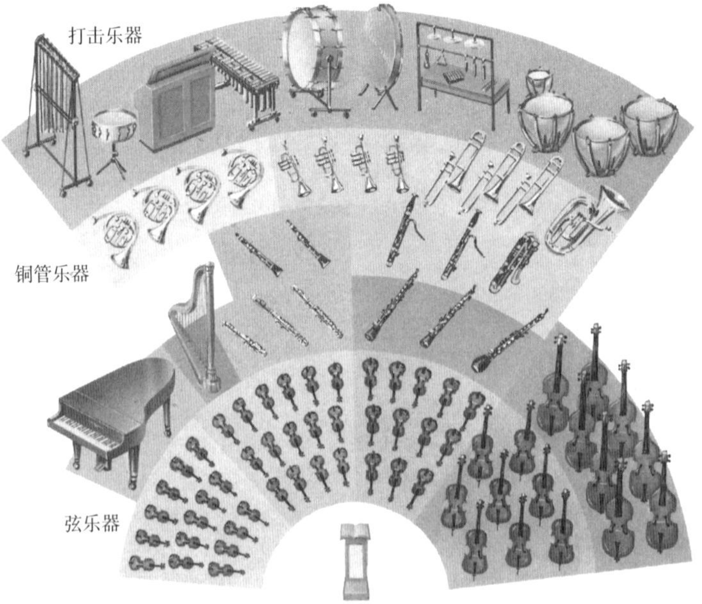

交响乐管弦乐队的乐器在指挥面前呈弧形分组排列——弦乐器位于最前方，随后为管乐器，最后是打击乐器。

典音乐王国。每年的夏季，奥地利都要举行为期五周的萨尔茨堡音乐节。这个由莫扎特音乐节演变而来的节日，是世界上公认的最具权威的古典音乐节。

在奥地利，海顿、莫扎特、舒伯特、约翰·施特劳斯等著名音乐家，曾经为奥地利创造过长达两个多世纪的辉煌音乐史。在奥地利首都维也纳，坐落着有“世界歌剧中心”之称的维也纳国家歌剧院，歌剧院中有世界首屈一指的维也纳爱乐乐团。世界上很多知名歌唱家，都以能在维也纳歌剧院演出为荣。在这座古老的皇家城市中，到处都洋溢着浓重的古典音乐气息，人们将奥地利人的生活比喻成“同古典音乐一同升起的太阳”，足见奥地利人对古典音乐的喜爱程度。

◎ 最爱喝啤酒的国家

自1516年巴伐利亚公国的威廉四世大公颁布了《德国纯啤酒令》以来，德国一直是世界上纯正啤酒的出产国。现如今，德国是仅次于美国的世界上第二大啤酒生产国，国内生产的啤酒品种高达5000种之多。啤酒是德国人最热衷的一种解渴饮料，被称作“液体面包”。德国也因人均每年喝掉近138升的啤酒，而成为世界上最爱喝啤酒的国家。

德国的啤酒大致可分为白啤酒、清啤酒、黑啤酒、科什啤酒、出口啤酒和无酒精啤酒六大类。在德国各色酒馆饭店里，不同种类的啤酒应有尽有，满足了不同喜好的人对不同种类啤酒的需求。据统计，每年的5月，盛大的德国慕尼黑啤酒节上，观光游客可达600万之多，消耗掉的啤酒超过600万升。

◎ 最爱喝茶的国家

相较于拥有几千年茶文化的中国来说，英国人的喝茶史虽然只有200年左右，但是其茶叶的消耗量要远远高于中国。

英国本土不产茶叶，英国人所喝的茶叶主要来源于进口。据史料记载，英国人开始流行喝茶始于18世纪末的上流社会。有观点认为，英国人爱喝茶的这一习惯源于工业革命带来的污染，人们认为，茶可以减小工业污染对人体造成的伤害，起到清洗肠胃的作用。

据统计，有80%的英国人有喝茶的习惯。在英国的茶餐厅里，可以找到的茶品有数十种，其中红茶是英国人的最爱。如今，很多英国人都保持着一日三餐两茶的习惯。通常情况下，人们在上午10点半左右喝上午茶；下午4点到5点之间喝下午茶。饮茶养生成了英国人乐此不疲的事情。

◎ 茶叶品种最多的国家

中国的茶文化有几千年的历史。享誉世界的日本茶道，就是唐朝时期由中国传入日本的。中国是茶叶的故乡，也是世界上茶叶品种最多的国家。

茶，具有延缓衰老、抑制心血管疾病、降脂助消化、护齿明目等功效。在中国，饮茶不仅是一种习惯，更是一种文化。据专家考证，中国的云南、贵州、四川是世界茶树的原产地

采茶

中心。经过几千年演变，中国的茶叶经历了咀嚼鲜叶、生煮羹饮、晒干收藏、蒸青做饼、炒青散茶等阶段，最终呈现出了茶品多样性的特点。按照颜色以及制作工艺的不同，中国的茶叶大致分为基本茶类和再加工茶类两种。其中包含了绿茶、红茶、乌龙茶、白茶、黄茶、花茶、紧压茶、萃取茶、香味果味茶、药用保健茶等多个种类。

◎ 最早出现旱冰的国家

如果没有旱冰的话，那么滑冰这项运动就不可能在全世界得到普及。因为并不是世界上所有的国家都有条件滑冰，然而旱冰帮我们实现了这个梦想！那么是哪个国家最早出现旱冰的呢？有资料记载，旱冰是由一个荷兰的滑冰运动员发明的。那是在18世纪初期，一个滑冰运动员常年刻苦训练自己的滑冰技术，但是一到冰雪融化的时候，就没有了训练场地，聪明的运动员想了一个好办法，他把4个木轴捆在自己的鞋底，然后选择一个地面比较光滑的地方滑行，这就是最原始的旱冰运动。后来人们争相仿效运动员的做法，于是旱冰运动便在当地流行起来，随着时间的流逝，旱冰鞋制作得越来越精致，旱冰也在全世界流行起来。

◎ 养羊最多的国家

养羊业最发达的国家是澳大利亚。据统计，澳大利亚1978年共养羊1.3亿多只，人均占有量为9只。羊毛产量67.74万吨，约占世界羊毛总产量的1/3，居世界第一位。

美利奴羊占澳大利亚的羊总数量的75%。这种羊产毛多，毛细质软，一只美利奴羊可剪羊毛5千克以上。近年来，在澳大利亚发展很快的是安卡拉羊。它的毛细长柔软，是一种优质毛料，适于和化学纤维混纺。

◎ 牛奶产量最多的国家

据统计，印度至少有约3亿多头牛，约占世界上牛的总数的1/5。印度凭借590万升/天的牛奶产量，成为世界上牛奶产量最多的国家。

印度的奶业合作社十分发达，在印度，大约有77500个牛奶合作社，约1000万的奶农成员。这种合作模式的经济组织，为印度稳定的牛奶产量提供了坚实的内部机构保障。奶农们可以宏观的掌握市场动态，持续稳定的提升牛奶的产量，调整牛奶的市场价格。除此之外，印度政府的大力扶持也是印度牛奶产量持续攀升的另一个原因。为了保证印度牛奶产量的自给自足，以及印度奶业的迅速发展，印度政府采取了政策上倾斜、立法保障、资金扶持、经济引导等措施，使得印度的牛奶产量稳居世界榜首。

◎ 最早发明冰激凌的国家

现在，冰激凌可以说是我们最常见的食品之一，然而有谁想过：世界上最早的冰激凌是出现在什么时候、什么地方的呢？其实，中国是世界上最早出现冰激凌的国家。有文字资料记载，中国早在公元前500多年前就已经掌握了制冷技术，早在唐代的时候就已经出现冷饮并

这是一幅描述19世纪早期法国贵妇人吃冰激凌时的得体举止的插图。因为最早的冰激凌是一种奢侈品，只有贵族才能享用。

能在市场上很容易、很便宜地买到，而最早的冰激凌出现在宋朝时期，当时市场上风靡一种奶制的冷饮，当时人们把它叫作“冰酪”，其实这就是最原始的冰激凌。我们现在的冰激凌就是在“冰酪”的基础上改造而来的！

◎ 最早酿酒的国家

据相关的考古发现表明，大约公元前9000多年前的新石器时代，生活在河南省舞阳县北舞渡镇贾湖村的古人就已经懂得发酵酿酒了，这个时间比中东最早的酿酒纪录早了1600多年。

20世纪，中外考古专家在中国著名的新石器时代早期遗址——河南省舞阳县北舞渡镇贾湖村遗址发现了大量的从陶器皿中遗留下来的残渣，经有关专家鉴定，这些距今已有9000多年历史的残渣就是酿酒发酵用的原料。这说明中国的酿酒历史可以追溯到9000年前，这也证实了中国是世界上最早酿酒的国家。

◎ 最早的葡萄酒酿造国

早在7000多年前，葡萄酒就已经成为人类的饮料。据史料记载，最早种植葡萄的地区位于中东一带。后经旅行者传播以及殖民扩张等原因，葡萄种植流传到了埃及以及欧洲地区。

1966年，在伊朗北部的扎格罗斯山脉上的古村里，考古学家挖掘出了一个陶罐的碎片。在这个陶罐碎片上，残留着些略带红色污迹的残渣。经专家分析证实，这是一种葡萄中特有的酒石酸和防止葡萄酒变成醋的树脂混合物。也就是说，这个产于公元前5415年的陶罐，曾经是装盛葡萄酒的器皿。于是专家认定，如今的伊朗就是最早酿造葡萄酒的国家。

◎ 渔产品出口最多的国家

世界上渔产品出口最多的国家是加拿大。它有75%的渔产品出口，主要渔产品是白鱼、鲑鱼和金枪鱼。加拿大渔业发达，渔场总面积达50余万平方千米，从事渔业生产的有10万余人，其中有2.6万人从事渔业加工。

加拿大渔业公司捕捞的鳕鱼

加拿大渔业如此发达，这与它的地理位置有关，它位于北美洲北部，东临大西洋，西濒太平洋，西北与美国阿拉斯加州相接，南接美国12个州，北与北冰洋相邻，东北与丹属格陵兰岛仅隔巴芬湾。其海岸线长度达2万余千米。

◎ 最大的稻米产区

湄公河三角洲又名九龙江平原，是越南南部最大的平原。它由前江平原、后江平原和同塔梅平原三部分组成。发源于青藏高原的湄公河哺育着湄公河三角洲周边的国家。湄公河三角洲位于亚洲的热带季风区中心，每年的5～10月，是湄公河三角洲雨量最为丰沛的季节。

一望无际的稻田是湄公河三角洲最美丽的风光，湄公河三角洲周边国家80%以上的耕地都用来种植稻米。湄公河三角洲是名副其实的“鱼米之乡”，是世界上最大的稻米产区。流经泰国境内的蒙河是湄公河最大的一条支流。泰国是湄公河三角洲稻米产量最多的一个国家，每年的稻米产量约占世界稻米产量的1/5。

铸造青铜器

商代的中国人把熔化的青铜液体倒进模子中。到约公元前1650年，中国人已经发展出青铜铸造技术，并利用青铜器制造盘子与其他物品。国王任命专门的官员来管理这一事业。

◎ 最早冶炼和使用黄铜的国家

中国的《周礼·考工记》是世界上最早的一部关于合金配比的科学文献。考古学家根据历史文献所载及出土文物分析得出结论：早在新石器时代，中国就已经出现了最原始的冶炼铜器物。宋代的李方等人编著的百科全书《太平御览》中，也记载了有关中国冶炼黄铜的历史。书中提到，公元3世纪的时候，中国出现了较有水平的冶炼黄铜的技术。可见，中国是世界上冶炼和使用黄铜最早的国家。

据史书记载，中国唐朝的时候，全国有99座炼铜炉。每座炉子每年铸钱币所消耗的黄铜总量高达10600千克。宋元以后，人们通过菱锌矿、与赤铜、木炭混合密封烧炼的方法冶炼锌铜。随着锌黄铜的出现，明代以后，市面上的锡铅青铜钱币逐渐被锌黄铜所替代。

◎ 最大的铜消费国

据统计，2002年，全球铜的消耗量为1520万吨，其中有17%的铜是由中国消耗掉的。中国是世界上最大的铜消费国。

受经济发展、基础设施建设等因素的影响，中国的铜消耗近10年的平均增长率，超过了世界铜消费平均增长率的2.4倍。作为一种重要的生产生活原料，铜的产量是制约中国铜消费以及经济建设的一个重要因素。据统计，中国拥有747座铜矿山，其中大中型矿山仅有7座。经过几十年的开采，中国很多铜矿山中的铜矿资源几近枯竭。

目前，为了解决中国发展经济所需的铜资源问题，铝代铜技术正在悄然走盛。截止2006年底，中国的铝材产量达到了814.8万吨，铝材加工总量跃居世界第一位，这也缓解了中国巨大的铜消耗与铜资源匮乏之间的矛盾。

◎ 食用植物品种最多的国家

中国是亚洲领土面积最大的国家，这里幅员辽阔，地形复杂，河流众多。世界上大部分气候类型，在中国基本上都可以找到。正是这种得天独厚的自然地理环境，使中国拥有了适宜各种植物生长的环境与土壤。

早在人类文明之初，在中国这片肥沃的土地上，就已经有了食用植物的存在。据统计，中国的有花植物约30000种，其中能吃的植物高达2000种之多，是欧美食用植物总和的一倍多。在这些植物品种中，除了人工种植的农作物之外，还有很多植物是用来提供生活所需的水果、油料、糖料等食品的。

耕作

几千年来，中国人在经常发洪水的黄河流域肥沃的土地上进行耕种。商代的农民种植粟、小麦与水稻。他们也家养牛、猪、狗与羊。

◎ 博物馆最多的国家

有句英国谚语说："我不在家，肯定是在前往博物馆的路上。"这句话形象地概括了英国博物馆迷的生活状态，同时也道出了英国博物馆众多的事实。英国是世界上最早发展出博物馆学的国家，也是世界上博物馆数量最多的国家。这里的博物馆包括国家级收藏机构以及1000多个独立的博物馆，其中很多博物馆都是免费对外开放的。

科罗拉多大峡谷是美国西部著名的旅游景点。

据统计，仅英国首都伦敦，就至少有200多家博物馆。其中，位于市中心的大英博物馆与纽约的大都会艺术博物馆、巴黎的卢浮宫并称为"世界三大博物馆"。它始建于1753年，是一座规模宏大的古罗马柱式建筑。这里珍藏的文物以及图书资料堪称世界之最，是一座世界性的知识宝库。自1759年，这座展品在400万件以上的大型博物馆正式对外开放以来，吸引了无数的国内外游客前来参观。

◎ 最大的旅游消费国

美国是世界上旅游消费最大的国家。据一项世界旅游调查报告显示：美国作为全球旅游消费的龙头老大，仅2001年一年，美国人的国外度假开销就高达589亿美元。2008年，美国的度假以及非商务旅行消费总金额为649亿美元，与欧洲其他旅游消费大国相比较，美国的旅游消费至少要高出150亿美元，是亚太地区旅游消费的4倍之多。

在美国本土，旅游消费最高的五个州有夏威夷、华盛顿特区、纽约、内华达州、佛罗里达州。在这些地方，仅住宿和餐饮的消费就高达300美元以上。其中，尤以夏威夷的住宿餐饮消费最高，可达到792.76美元。

◎ 旅游业收入最高的国家

美国旅游业的收入，在美国总经济收入中占有很重要的比重。据统计，美国与旅游业相关的工作岗位高达830万个之多。美国国务部发布的一项数据表明，美国2006年第二季度的旅游收入为5864.2亿美元，比上一个季度增长了1.9%。2008年，仅酒店住宿一项旅游基础设施，就为美国提供了高达140亿美元的税收。美国的旅游业收入堪称世界最高。

美国旅游收入如此之高，除了众多的自然景观与人文景观吸引了大量国内外游客观光之外，还与美国的旅游场所高消费标准有关。美国的汽车旅馆业十分发达，普通的汽车旅馆平均50美元便可以享受到舒适的休息场所与免费的早餐。但是，这里没有正餐可以提供，若想填饱肚子，到附近的餐馆就餐，是游客的必然选择。可见，美国旅游收入源源不断的原因，与美国独特的旅游产业结构密不可分。

◎ 最大的工业原料进口国

第二次世界大战以后，日本通过从国外引进先进的技术、工业改革、政策调整等手段，经济得到恢复并迅速发展。如今，日本已经成为世界上仅次于美国的世界第二大经济强国。

日本国土面积仅为37.8万平方千米，虽然是一个工业高度发达的资本主义国家，但是国内市场狭小，资源短缺是制约日本经济发展的一个瓶颈性问题。日本是一个以工业生产为主要

↗ 核电站因其高效、清洁的性能而受到世界各国的欢迎。

经济来源的国家，国内主要有京滨、中京、阪神三大工业地带。为解决工业发展原料贫乏的问题，日本需要大量从外国进口工业原料，成为世界上最大的工业原料进口国。据统计，仅1998年一年，日本的铁矿石进口量就高达12078万吨，粗钢消费量达8600万吨。

◎ 核电站最多的国家

国际原子能机构2011年1月发布的一项报告表明，目前，全世界共拥有442座核电站，其中大部分位于发达国家，而被称为工业大国的美国就有104座。另外，正在建设的65座核电站全部位于亚洲、中欧和东欧地区。可见，美国是世界上拥有核电站最多的国家。

在美国104座核电站中，总容量超过150万千瓦的核电站就有31座。据统计，美国有近19%的电力供应来源于核电站。其中，装机容量为375.1万千瓦的帕洛维德核电站，拥有三个核反应堆，供电能力为3800兆瓦，可供400万户居民用电。

◎ 造船最多的国家

日本的航运业在国民生产总值中占有很大的比重。据世界造船业排行名单显示，1969年，日本国内的造船量占世界造船量的52.7%，超越西欧船只生产大国英国，跃居造船业榜首，成为世界上造船最多的国家。

二战结束以后，日本的经济迅速发展，靠着得天独厚的20多个天然海港，日本国内拥有能够建造100吨以上船舶的造船厂约18家。其中，有13家造船厂可以建造2万吨以上的大型轮船。近年来，随着船舶市场供需的浮动，日本造船厂的订单数量有所下降。2008年1月，日本的造船量仅为101万吨，只占世界造船份额的8.28%，但其造船数量仍然位居世界第一位。

— 城市之最 —

◎ 支出最低的城市

世界上支出最低的大都市是印度的新德里和孟买。

新德里是印度的首都，位于印度北部，是印度的政治、经济和文化中心，一共有人口1280万，算得上是世界级的大都市。孟买是印度马哈拉施特拉邦首府，为印度纺织业的发源地，现在还是印度花麻、麻纱的出口中心，是世界上最大的纺织品出口港之一，它临近阿拉伯海，是印度最大的海港和重要交通枢纽，素有印度“西部门户”之称。

在最近经济学家情报中心的一次调查中，这两个城市成为世界上生活支出最少的城市。这个调查是以美国纽约市作为比较基准的，基准值设为100，而孟买和新德里的调查结果分别只有42和41。

◎ 最早看到太阳升起的城市

南太平洋上有一个岛国——图瓦卢，它的首都富纳富提是世界上最早能看见太阳升起的城市。

图瓦卢是南太平洋上正好处于国际日期变更线西侧的一个岛国，陆地面积只有26平方千米，水域面积却有130万平方千米，人口10297

人，大部分人属于玻利尼西亚人种。它的首都大约有3000多人，正好位于东经179° 13′，这样特殊的地理位置让它成为世界上最早能看见太阳升起的城市，在每一个新世纪到来的时候，这里就会聚集很多来自世界各地的迎接世纪曙光的人，让这个沉寂的小城一下子热闹起来。

◎ 最后看到太阳落山的城市

世界上最后看见太阳落山的城市是汤加王国的首都努库阿洛法市。

汤加是南太平洋西部的一个小国，由瓦瓦乌、哈派和汤加塔布3个群岛组成，这3个群岛一共加起来有172个大小不等的小岛，不过其中只有36个岛有人居住。也许是因为有这么多的小岛，汤加又称“友爱群岛”，它的面积大约有747平方千米。它的首都努库阿洛法是一个很小的城市，大约有2.24万人，但是由于努库阿洛法市正好处于西经175° 12′，这么特殊的地理位置让它成为世界上最后看到日落的城市。

◎ 最独特的跨洲名城

土耳其是一个地跨亚欧两洲的国家，此外，伊斯坦布尔是一个举世无双的跨洲名城。博斯普鲁斯海峡作为亚欧两洲的分界线，从该城中间穿过，市区沿海峡两侧和马尔马拉海滨伸展达40千米。金角湾是一条深入内地的狭长海湾，它把土耳其海峡两岸的欧洲部分分为两个小区，北为贝约卢区，南为旧城区，斯屈达尔区是指海峡东岸的亚洲部分。全市总面积约220平方千米。

伊斯坦布尔不仅控制着出入黑海的门户，而且正扼欧亚陆上交通要冲。一座横跨海峡，长1560米的公路大桥于1973年10月建成通车，贝约卢区和斯屈达尔区正好被其连接起来，从而大大方便了原先依靠渡轮的欧亚两洲之间的交往。

↗ 伊斯坦布尔将欧亚两大洲连在一起。由于欧亚大陆相连，所以也被称为超级大陆。

◎ 最南的城市和居民点

乌斯怀亚是世界上最南的城市。它是南美洲阿根廷火地岛地区的行政中心，地处南纬54° 49′，位于该岛的南部。这个城市依山傍水，历史较短，人口仅8000人左右，鱼类加工和运转本区出产的木材、羊毛等是这个地方的主要经济活动。但是，使之成为通往南极洲的门户而驰名世界的正是它特有的地理位置。乌斯怀亚距本国首都布宜诺斯艾利斯很远，达3200千米，但离南极洲却只有800千米的距离。从新西兰到南极洲需要1周的时间；而由乌斯怀亚起航，穿越雷德克海峡，只需两天便可到达南极洲。因此，乌斯怀亚是前往南极洲探险和考察的一个理想的起航和补给基地。

火地岛以南，智利的纳瓦利诺岛与之隔着狭长的比格几海峡。岛上的维利亚穆斯港位于南纬54° 57′，约有400人，是世界上最南的居民点。

◎ 最香的城市

格拉斯是位于法国南部的一个小城。早在17世纪，这里就是欧洲人公认的世界最迷人的香水发源地，素有“香水之都”的美誉。格拉斯是法国重要的香水原料供应地，也是风靡世界的香奈尔5号香水的诞生地。

格拉斯坐落在阿尔卑斯山。海拔200到500米的分支山麓上，面对地中海。这里有适宜各种花卉生长的海拔高度以及充足的阳光、湿润的气候。格拉斯人非常喜爱拥有迷人芬芳的鲜花。1614年，依仗得天独厚的自然资源，格拉斯人开始种植各种香料花卉。1730年，法国第一家香精香料生产公司在格拉斯成立。

每年圣诞节过后，金黄的黄绒花开满小城；5~6月份，各色的玫瑰遍布田间；8~9月份，淡雅的茉莉悄然绽放。格拉斯到处都充满了迷人的花香，是世界上最香的城市。

◎ 雨天最多的城市

考爱岛位于美国夏威夷群岛最西端，岛上的东北方向有座瓦埃莱尔山，夹杂着海水的东北信风途经这里，受瓦埃莱尔山阻挡无法前行，冷暖空气交汇，形成了考爱岛独特的多雨天气。据统计，考爱岛瓦埃莱尔山的东北坡年平均降水量为11684毫米，而位于瓦埃莱尔山西南坡的降水量仅有460毫米。考爱岛每年大概有350天是在下雨，堪称世界上雨天最多的地区。

考爱岛不但雨天多，还是一个经常受飓风侵害的岛屿。这里植被茂盛，素有“花园岛”之称。岛上风光秀美，在岛的海滨有一片长达800米，宽约18米的白色沙丘。人在沙丘上走，沙子会发出类似小狗的叫声，当人们在沙丘上奔跑时，沙子发出的声音犹如打雷，因而人们称这片沙丘为“鸣沙”。

◎ 最热的城市

巴士拉是伊拉克东南端的一座城市，位于底格里斯河和幼发拉底河交汇的夏台·阿拉伯河西岸，是伊拉克最大的港口城市，也是连接波斯湾和内河水系的唯一枢纽。在这里，人们观测到，巴士拉的最高温度可达63℃。这座曾经被称为“东方威尼斯”的城市，堪称世界上最热的城市。

受副热带高气压带影响，巴士拉的天气终年干旱少雨。这里的地面温度最高时可达70℃左右，如不采取保护措施，人的皮肤很容易被烫伤。正是这样炎热的天气，形成了巴士拉人特有的民族风格。巴士拉以悠久的历史、如画的风光吸引着很多外国游客前来观光，它是伊拉克著名的旅游胜地。

◎ 最冷的城市

维尔霍扬斯克位于俄罗斯西伯利亚东北部的亚纳河畔，地处北极圈以北。这里是世界上年温差最大的城市（107.7℃），也是世界上最冷的城市，其绝对最低气温达到-71℃。

除此之外，俄罗斯的奥伊米亚康、加拿大的斯纳格·育空河以及俄罗斯的雅库茨克都是世界上最冷的城市之一。在这几个城市中，唯有俄罗斯的雅库茨克享有“冰城”的美誉。它位于北纬62°的永久冻土层上，建于1632年，1月平均气温在-40.6℃。

◎ 最北端的首都

冰岛首都雷克雅未克位于冰岛西部的法赫萨湾东南角、塞尔蒂亚纳半岛北侧，是世界上最北端的首都。它是冰岛的政治、商业、工业和文化中心，是冰岛最大的港口城市。

雷克雅未克地处北极圈附近，西面临海，

俯瞰冰岛首都雷克雅未克

北面和东面有高山环绕。相传，公元9世纪的时候，来此定居的人们把温泉蒸腾的水汽误认为是烟雾，便给这座城市起名为“雷克雅未克”，意为“冒烟的城市”。

其实，在雷克雅未克根本看不到烟囱，这里是世界上著名的“无烟城”。雷克雅未克的地热资源十分丰富，整座城市的居民的供暖和热水，都由10个自动化热水站提供。

◎ 最北的城市

世界上最北的城市是地处北纬69° 43′ 的挪威境内的特里姆瑟城。

挪威地处北极附近，面积为38.5万平方千米。它的大部分地区属于温带海洋性气候。它也几乎是世界上最北的国家。它境内的特里姆瑟城被人们誉为世界上最北的城市。但奇怪的是，它并不像我们想象的那样常年处于冰封雪冻之中，科学家们分析这是因为它受到暖流影响的缘故，所以那里虽然地处北极圈内，但是常年不冻，于是成为了世界上闻名的水上飞机基地。另外，这里有丰富的渔业资源，还有着难得的世界知名的多种海产品。

◎ 最南端的首都

新西兰首都惠灵顿位于新西兰北岛的最南端，是世界上最南端的首都。它三面环山，一面临海，是库克海峡的咽喉要塞，也是世界最佳深水港之一。

由于濒临海湾，终年受海风侵袭，惠灵顿素有“风城”之称。惠灵顿依山而建，整座城市四季如春。受海洋性气候影响，惠灵顿日照充足，天气温和，湿度适宜。在全球最适宜居住的城市排行榜中，惠灵顿居第12位。

作为新西兰的政治中心，惠灵顿还是一个文化气息浓厚的个性化城市。这里有蜚声世界的蒂帕帕国家博物馆、极具新西兰民风的歌舞表演、现场音乐会等文化形式。惠灵顿也是新西兰的经济中心，市内环抱的尼科尔逊港年货物吞吐量达700万吨，是仅次于奥克兰的新西兰第二大海港。

◎ 世界上最东又是最西的城市

世界上既是最东又是最西的城市是南太平洋岛国斐济塔佛乌尼岛上的中心城镇怀耶沃市。

斐济是处于太平洋上的一个岛国，陆地面积为18272平方千米，还有大面积的海域，周围有很多珊瑚礁环绕的火山岛，气候属热带海洋性气候，常常会受到飓风的袭击，年平均气温为22℃～30℃。除此之外，它还有一个很有意思的地理现象，由于它正好位于西南太平洋的中心，地跨东西两个半球，形成了它在地理学上独特的地理位置，尤其是它的塔佛乌尼岛上的中心城镇怀耶沃市，恰恰处于180° 经线上，被称为是世界上最东又是最西的城市。

◎ 名字最长的首都

泰国的首都是曼谷，以其寺庙佛塔和灿烂的泰国文化著称于世。此外，曼谷还是世界上名字最长的首都。曼谷地处湄南河三角洲，不

泰国首都曼谷俯瞰

仅是泰国最大的城市，而且也是东南亚最重要的城市之一。今天，却克里王朝的第九代君主普密蓬·阿杜德国王，即拉玛九世统治着泰国。1782年，该王朝的开创者昭·披耶·却克里取得王位。他把首都从原来的吞武里迁至湄南河东岸的曼谷，并用一个很长的名字重新给新首都起名，用泰文表示共有167个字母，全称音译为拉丁文字，则有142个字母。

由于这样长的名字既不好写也不好念，所以泰国人就把它简称为“共台甫”。而“曼谷”则是外国人对它的称呼，意思是“天使之城”。

◎ 最古老的首都

世界著名古城叙利亚首都大马士革，在古代曾有“天国里的城市”的美誉。它位于叙利亚西南巴拉达河右岸，面积约100平方千米。约建于公元前2500年前，是世界上有人居住的最古老的首都。公元661年，阿拉伯倭马亚王朝定都于此。750年后属于阿拔斯王朝，后由奥斯曼帝国统治了 4 个世纪之久，独立前法国殖民主义者统治了30多年。大马士革虽历尽沧桑，几经兴衰，今天却仍无愧于“古迹之城”的称号。古城旁边石砌的凯桑门，重建于十三四世纪。传说耶稣的使徒圣保罗就是通过此门进入大马士革的。后来，当圣保罗被基督教的敌人追逐时，他被教友放在篮子里，从大马士革的城堡上降落在凯桑门，从而逃出大马士革。后遂在这里建有圣保罗教堂，以资纪念。

◎ 最古老的城市

耶利哥（埃里哈）是最古老的城镇。它位于死海北部8千米处。根据考古学家对最低地层取得的标本用放射性碳作出的推断，大约有3000人早在公元前7800年就在这里居住着。而捷克斯洛伐克的特尔尼·凡斯多尼斯居民点被推断属于大约在公元前2700年的格拉瓦底文化遗迹。

◎ 桥梁最多的城市

意大利的威尼斯位于亚得里亚海的北端，坐落在离大陆4千米的拉古纳湖中的118个小岛上，是世界著名的水上城市。177条人工或天然的河道环绕在市内及其周围，其中有宽达70米的河道，而宽二三米的则占大多数，总长度可达45千米。河上修建了400多座各式各样的桥梁，最初是为了连接城市的各个部分，这也使得威尼斯成为世界上桥梁最多的城市。一座长4千米的铁路大桥建在威尼斯与大陆之间，此外，还有一座由228个桥拱组成的公路大桥。汽艇以及一种名叫“贡多拉”的小船是市内的主要交通工具。威尼斯人口大约有36万，每年从世界各地前来参观游览的人数有300多万，人迹所到之处，波光粼粼，船影憧憧，景色非常优美，别有一番水乡情趣。

↗ 威尼斯“贡多拉”是威尼斯城中最主要的交通工具。

人们常说“开门见山”，但在威尼斯却是“开门见水”。全城有177条河道，城内不见纵横交错的马路，却尽是弯弯曲曲的河流、小桥。威尼斯不但是著名的“水都”，也是世界上桥梁最多的城市。其中最耐人寻味的是“叹息桥”，它建于文艺复兴时期。桥上为石屋，桥左侧建筑是兜吉宫，右侧建筑是古监狱。古时判处死刑的罪犯被押送通过此桥时，可以通过桥上的窗户最后看一眼威尼斯市容。罪犯通过此桥，喟然长叹，故得此名。

◎ 离赤道最近的城市

在厄瓜多尔的首都基多，有一座世界著名的建筑——赤道纪念碑。这座纪念碑位于基多城北部，碑身高8米，碑的四面代表了东、西、南、北四个方向。纪念碑的顶端是一个南北指向的地球仪，一条代表赤道的白线横贯地球仪正中间。这座纪念碑是世界上最精确的赤道标志，基多也因为离赤道仅有20千米，而成为世界上离赤道最近的城市，也是世界上离赤道最近的首都。

↗ 呼伦贝尔大草原

虽然靠近赤道，但是基多却是世界上少有的几个赤道不热城之一。这是因为基多位于海拔2850米的高原之上，受低气压影响，白天气温在25℃左右，晚上则可能降到0℃，是世界上昼夜温差较大的一座城市。

在基多城的南端，有一座海拔183米的面包山，山上大型的基多女神石雕像是基多人民争取独立自由的象征。基多城也是拉丁美洲历史文化保存最为完好的一座古城。

◎ 最小的城市

在荷兰海牙的市郊，有一座微缩城市——马德罗丹。马德罗丹的城市面积为1.8平方千米，城内汇集了荷兰国内120多座著名建筑以及名胜古迹的微缩建筑模型，城里住着数以千计寸把高的“小人”。1972年，马德罗丹被“荷兰城市联盟”正式纳为会员，成为了世界上最小的一座城市。

马德罗丹建于1952年，城内的建筑是荷兰国内实际建筑的1/25。在这里，不用东奔西走，几乎可以遍览阿克马的乳酪市集、海牙和平宫、乌特勒支的圆顶大教堂、阿姆斯特丹水坝广场旁的皇宫、国立博物馆等大部分荷兰特色建筑。

旋转的风车、鸣笛的油船、美丽的古堡等动态景观，为马德罗丹增添了神秘的童话色彩，这里是荷兰儿童的梦幻王国，也是给世界展示荷兰国风的最好的地点。

◎ 面积最大的城市

呼伦贝尔市是中国内蒙古自治区东部的一座城市。2001年10月10日经国务院批准，呼伦贝尔市正式设立，辖区总面积263953平方千米。它是中国面积最大的一个地级市，也是世界上土地管辖面积最大的城市。

呼伦贝尔市东临黑龙江省，西北与蒙古国、俄罗斯接壤。全市有一个辖区、5个县级市、4个旗、3个自治旗，总人口270万。它是中国最具民族特色的城市之一，全市有23万蒙古族居民，回族、满族、达斡尔族、鄂温克族、鄂伦春族、俄罗斯族、朝鲜族等32个少数民族。有人将呼伦贝尔市比喻成雄鸡冠上的一颗明珠。市内的呼伦贝尔草原总面积26.3万平方千米，素有“北国碧玉”的美誉，也是世界上最优质的草原。

◎ 面积最大的行政区划

萨哈共和国是俄罗斯联邦东北部最大的共和国，也是世界上面积最大的行政区划。其领土总面积310.32万平方千米，占俄联邦领土总面积的18.17%。境内约有一半的领土位于北极圈内。

萨哈共和国建于1922年4月27日，北临拉普夫海，西部与克拉斯诺亚尔斯克边疆区相接，西南部与伊尔库茨克州相连，南部与赤塔州、阿穆尔州相连，东南部是哈巴罗夫斯克边疆区，东部与马加丹州及楚科奇自治区接壤。共和国内有32个区、3个共和国附属城市、7个区附属城市、两个市内区、67个城镇、316个行政农庄，中心城市为雅库茨克市。

萨哈共和国是俄罗斯河流湖泊最多的地区，拥有50多个鱼种，200多种鸟类。全国共有4个地质带，100多种矿藏。

◎ 音乐气氛最浓的城市

奥地利首都维也纳有“世界音乐之都”的美称。全市共有5个大型交响乐团，此外还有不计其数的小型乐团、剧院以及大量的音乐厅。每天晚上，各个剧院座无虚席，观众都穿上最新颖、最漂亮的服装来观看演出，聆听音乐。无论是在大街上，还是在饭店、咖啡馆，维也纳处处充满了音乐之声。甚至按一下电话机上的按钮，也能听到动人的音乐，真不愧为音乐气氛最浓的城市。

2006年5月12日，数千名游客聚集在维也纳市政厅前参加“维也纳节”的开幕露天音乐会。

◎ 最早用鲜花报时的城市

日内瓦是瑞士的第三大城市，也是国际化程度最高的一座城市。它位于日内瓦湖的西南角，法拉山和阿尔卑斯山脚下，是一座风光秀美、古迹遍地的城市。瑞士是世界的钟表领头羊，日内瓦堪称“世界钟表之都”。在这里，游人不仅可以看到年代久远、式样繁多的各式钟表，还可以看到世界上最早的一座“花钟”。

日内瓦是世界上最早使用鲜花报时的城市。在日内瓦湖畔的一块略为倾斜的花坛上，坐落着一座拥有28年历史的钟楼。这座钟楼的机械装备位于地下，地面上，钟面被绿油油的青草装饰着，钟框和表示时间的数字都是盛开的鲜花。这座钟不但报时准确，表盘上鲜花的颜色还会随着季节的变化而呈现出不同色彩。

◎ 人口最多的行政区划

北方邦是印度最北部的一个邦。它是仅次于中央邦和拉贾斯坦邦的印度第三大邦，面积为29.4万多平方千米。其北面与尼泊尔、相接壤；东邻比哈尔邦；南面与第一大邦中央邦相连；西南为印度第二大邦拉贾斯坦邦；西接旁遮普；西北是喜马偕尔邦。

北方邦拥有人口约1.76亿人，占全印度人口的1/6。它是印度，也是世界上人口最多的行政区划。这里是印度恒河、朱木拿河的流经地，土地肥沃，是印度主要的农业区之一。北方邦曾先后叫过“印度斯坦”“联合省”等名称，“北方邦”的名称是1950年确定并延续至今的。

◎ 拥有最多高层建筑的城市

上海位于长江入海口的经济腹地上，是中国重要的经济金融中心、交通枢纽以及科学产业基地。改革开放以来，凭借有利的地理位置以及国家政策的支持，上海的经济迅速发展。在长江三角洲上的这颗明珠上，一批极具民族特色和现代气息的高层建筑如雨后春笋般拔地而起。

据统计，截至2001年底，上海高层建筑

上海新景

城内极富古典韵味的古堡花园，不同国家风格的建筑，以及秀丽的自然风光，为卢森堡市吸引了大批观光游客。安乐祥和的“安宁之城”正以热情的姿态欢迎着世界各国游人的到来。

占地总面积为7410万平方千米，建筑数量高达4226座，其中至少有100座超高层建筑，500多座智能型建筑。上海成为了世界上拥有高层建筑最多的城市。据专家推测，按照目前上海建筑拔起的速度，近几年内，上海的高层建筑有望突破7000幢。

上海的高层建筑主要集中在浦东陆家嘴和人民广场一带。这里不仅有181米高的电信大楼、143米的静安希尔顿宾馆、283米的明天广场、420.5米高的金茂大厦等超高建筑，还有恒隆广场、城市酒家、锦沧文华等造型别致的精美建筑。

◎ 最安全的城市

根据犯罪率和社会安定程度两大指标综合评定，2005年3月15日，美世人力资源顾问公司发布了“全球最安全城市”榜单。位于“千堡之国”卢森堡公国南部旁帕依地区的中心城市——卢森堡力拔头筹，成为世界上最安全的城市。

卢森堡公国首都卢森堡市是一座拥有1000多年历史的古城，曾是西欧的重要军事要塞。如今，依托于卢森堡大公国强大的经济实力，稳定的政治时局，人口8万有余的卢森堡市，其政治经济地位正在日渐凸显。市区内欧洲法院、欧洲议会总秘书处、欧洲投资银行、欧洲金融基金会等场所的设立，为卢森堡市吸引世界性投资增加了重量级的砝码。

◎ 消费水平最高的城市

根据2007年《经济学人》杂志的调查显示，全球消费水平最高的城市当属挪威首都奥斯陆，这里被称作是“最昂贵的城市”。仅次于它的城市为法国的巴黎、丹麦的哥本哈根和英国的伦敦。这项调查报告是以全球132座城市为遴选对象，根据物价水平，即食品、日用品、公用事业等费用为参照标准而得出的最终结论。

在这之前，日本的东京一直是全球消费的“霸主”。随着各国货币汇率的变动，又因房租、物价等新评判标准的改变，俄罗斯因其住房价格的飞速上涨，生活消费水平的不断提升，曾一度超越了日本。

随着经济的不断发展，新参照依据的不断变化，世界各城市的物价排名也在发生着变化。时至今日，消费水平最高的城市依然以欧洲为主，兼有亚洲的一些国家。而消费水平较低的城市有近25%位于拉美地区。

◎ 汽车密度最高的城市

澳门特别行政区位于珠江三角洲的西侧，土地面积29.2平方千米。据统计，澳门的机动车数量近6万辆，其公路却仅有90千米左右，如果将这些机动车全部停放在澳门的公路上，平均每千米的路面至少承载600辆汽车。

据澳门统计暨普查局公布的调查报告显示，截至2008年8月底，澳门正在公路上行驶的机动车中汽车总量达170754辆。如此庞大的汽车总数给澳门的交通管理带来了很多负面影响。仅2008年一年，因违例泊车而被开罚单的数量就达483573宗。很多澳门人出行宁愿步行，也不愿意焦急地等候在长龙般的汽车队伍中。

第六章
文学艺术之最

— 语言文字之最 —

◎ 最古老的文字

世界上最古老的文字是楔形文字。楔形文字是生活在美索不达米亚的苏美尔人创造的，大约形成于公元前4000年左右。这种文字最初刻在石头或木板上，笔画呈楔状，因而被称为楔形文字。这种文字是在图画文字基础上形成的，从借助图形表达某种观念到形成真正的文字经过了大约1000年的演变。苏美尔人用黏土制作半干的泥版作为书写材料，用木棍、兽骨作笔，写好后烘干，成为记录文字的媒介。近代发掘出来的楔形文字文献都是抄写在泥版上的。

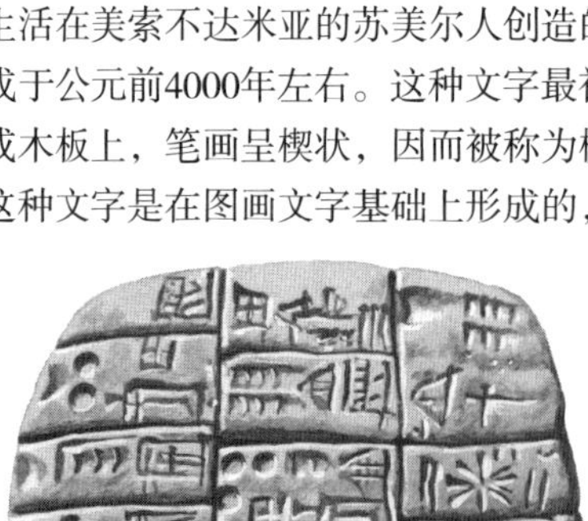

↗ 闪族人书写的工具可以写出楔形的记号，因此这种文字被叫作楔形文字。

楔形文字流传到西亚很多地方，后来巴比伦王国把它继承下来，并有了新的发展。公元前1500年左右，楔形文字已成为当时国家交往通用的文字体系。后来，伊朗高原的波斯人由于商业的发展，对楔形文字进行了改进，把它逐渐变成了先进的字母文字。

◎ 使用人数最多的语言和文字

世界上使用人数最多的语言和文字是汉语和汉字。全球以汉语为母语的人口大约有14亿左右，几乎占世界总人口的1/4。这个数字是讲英语人数的3倍，讲阿拉伯语人数的6倍。除了中国人使用汉语之外，新加坡人、马来西亚人也使用汉语。汉语是联合国的工作语言之一。汉语也曾对其周边的国家的语言文字产生过重要影响。例如日语、韩语、越南语中都保留有大量的汉语借词以及汉语书写体系文字。

汉语是世界上最古老的语言之一，是至今通用语言中时间最长的语言之一，已有3000年以上的历史。古今汉语字音差别很大，但是字形和字义差别很小，因此经过简单的学习之后，我们还可以看懂先秦两汉的古书。

◎ 使用最广泛的语言

当今世界使用最广泛的语言是英语。英语属于印欧语系，起源于欧洲西部。英语是使用范围最广的语言，同时它也是国际事务中最重要的语言。19世纪和20世纪，英国和美国在外交、文化、经济、军事、政治和科技等领域上的领先地位使得英语成为一种国际语言。

根据以英语作为母语的人数计算，英语可能是世界上第三大或第四大语言，但它是世界上最广泛的第二语言，使用人数之多仅次于汉语。以英语为国语的国家和地区有英国、美国、南非、澳大利亚等十几个，把英语作为官方或半官方语言的国家有30多个，把英语列为主要学习课程被人们广泛学习的国家有50多个。此外，世界上发行的报刊有70%使用英文。

英语作为一种国际语言，无论在国际间的会议、谈判，还是学术交流，都显得尤为重要。

◎ 单词最多的语言

英语是世界上最为开放的语言，在1500多年的发展过程中兼收并蓄，几乎从世界上任何一种语言中都或多或少地吸收词汇。如今，英语已成为世界上词汇量最多的语言。

据有关资料显示，现在英语至少有60万个单词，也有人说英语有100多万个单词。莎士比亚年代大约有14万个单词。《牛津大辞典》初版收录了41万个单词；《韦氏大词典》第二版约收录了60万个单词。尽管英语单词如此之多，但是说英语的成年人一般只掌握2万到3万个单词就够用了。

◎ 拥有最多官方语言的国家

印度是官方语言最多的国家。从总体上来说，印度的官方语言是印地语和英语，广泛使用于法律和政府机关。印地语属印欧语系印度-伊朗语族印度语支，是由古梵语发展而来的一种现代印度-雅利安语言。印地语有5大方言，即西部印地语、东部印地语、比哈尔语、拉贾斯坦语和山地印地语。每种大方言里又各有若干方言。

此外，不同的州和地区还有其他16种不同的半官方语言，包括：

达罗毗荼语系5种语言：马拉雅拉姆语、泰米尔语、泰卢固语、卡纳达语、孔卡尼语。

印度-雅利安语系10种语言：马拉地语、乌尔都语、古吉拉特语、奥里亚语、旁遮普语、阿萨姆语、克什米尔语、信德语、尼泊尔语、梵文。

汉藏语系一种语言：曼尼普尔语。

另外登记的还有超过1600种语言。

◎ 世界上最早发现的甲骨文

甲骨文是我国殷商时代刻在龟甲兽骨上的文字，它是中国已发现的古代文字中体系较为完整的文字。

1899年，山东省官员王懿荣因患疟疾，无意间从配来的中药龙骨上发现了一些刻痕，并产生了兴趣。王懿荣对古文学颇有研究，经过比较、研究之后，他认为龙骨上的刻痕是古代的文字，也就是我们所说的甲骨文。此后，考古家、金石家在殷墟（河南安阳小屯村）大规模挖掘，出土

商代甲骨文拓片

了大量的龟甲兽骨，加上其他地方的零星采集，至今已收集了十几万片。甲骨文的发现使中国有文字可考的历史向前推进了1000年。

◎ 世界上最古老的字母文字

腓尼基字母大约出现在公元前2000年，是最古老的字母文字。腓尼基人发明了腓尼基字母用以书写他们的腓尼基语。他们将数千个不同的文字图案简化成短小的22个字母。腓尼基语（Phoenician）是一种闪米特人语言。现在的希伯来字母、阿拉伯字母、希腊字母、拉丁字母等，都可追溯至腓尼基字母。腓尼基字母是辅音字母，没有代表元音的字母或符号，字的读音须根据上下文推断。由于字母最初是刻在石头上的，所以多数字母是直线或方形的。

◎ 现存最早的字母文本

现存最早的字母文本是用腓尼基文字写成的，该文本刻在阿希雷姆国王（Ahiram）的石棺上。这位国王生活在公元前10世纪的毕波罗斯（今黎巴嫩境内），距今已有3000年的历史。

2005年6月，德国约翰内斯—古滕贝格大学教授莱因哈德·莱曼宣布，他已经最终破译了那段文字。那段文字竟然是诅咒，意思是“亵渎这座陵墓的人将遭干渴折磨。如果哪个国王、统治者或者将军胆敢进攻毕波罗斯，亵渎这座陵墓，他将失去权杖和自己的宝座”。

◎ 最早的盲文

盲文或称点字、凸字，是专为盲人设计的，靠触觉感知的文字。盲文由点字板、点字机、点字打印机等在纸张上制作出不同组合的凸点而组成，一般每一个方块的点字是由六点组成。盲文是由法国盲人路易·布莱叶于1824年创造的，故国际上通称盲文为“布莱叶”。

布莱叶3岁失明，在盲童学校所用的书本文字是由厚纸或布条排列而成的，使用很不方便。布莱叶决心发明一种更为简便的盲人文字，经过潜心研究终于发明了点字，即在纸上扎出许多小点，凭借触觉来判断小点所表述的内容。这种文字为盲人的学习带来了很大的方便。

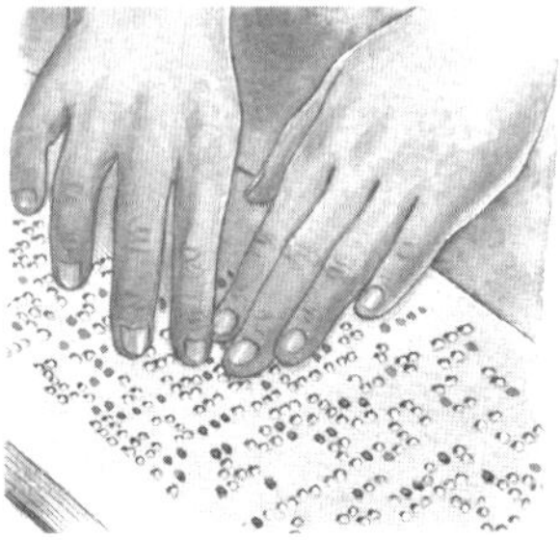

↗ 盲人点字法将6种圆点以不同的方式组合在一起，每种方式代表了一个字母，或是较短的单词如“the”。

◎ 最具盛名的行书

历代书法家都推王羲之的《兰亭序》为“天下第一行书”。王羲之是魏晋时代人。东晋永和九年，王羲之和朋友在浙江山阴的兰亭聚会，文人聚会免不了品酒作诗。为了把当时的情景记录下来，大家推荐王羲之写一篇序。王羲之拿起毛笔，一挥而就，字体潇洒流畅，龙飞凤舞，堪称“前无古人，后无来者”。全文324个字，凡相同的字，写法各不相同。比如，全篇20个“之”，字体、结构各不相同。

《兰亭序》表现了王羲之书法艺术的最高境界。古代文人纷纷临摹《兰亭序》以示风雅。《兰亭序》真迹被唐太宗视为稀世珍品而最终作为殉葬品放入陵墓。

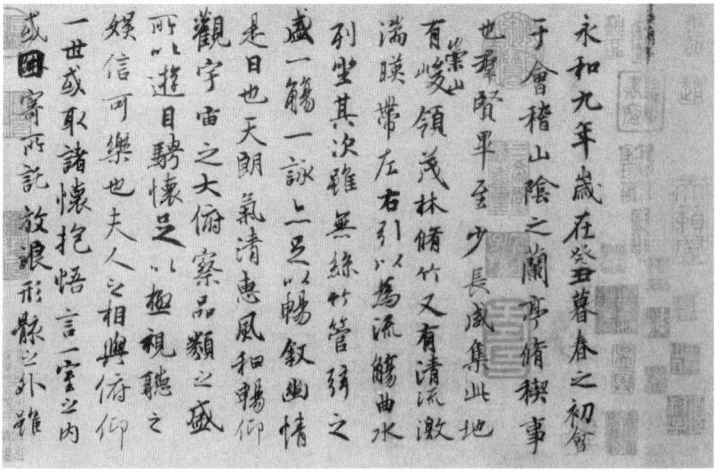

↗ 《兰亭序》帖　东晋　王羲之

— 文学作品之最 —

◎ 最早的史诗

英雄吉尔伽美什雕像

《吉尔伽美什》于19世纪中叶出土于亚述古都尼尼微，现藏于大英博物馆，当时大英博物馆的著名的考古专家乔治·史密斯首先“发现”并注意到《吉尔伽美什》的史学价值和文学价值。《吉尔伽美什》是现存的人类有史以来最早的史诗，它完成于古巴比伦时代，是古巴比伦文化最高成就的代表，史诗内容全部都刻在12块泥板上面，全诗长达3500行。

《吉尔伽美什》主要讲述的是英雄吉尔伽美什一生的传奇故事。诗的语言质朴、平实，故事情节跌宕起伏，可读性极强，诗的题材虽然带有浓重的浪漫主义气息，但还是从一定程度上反映了当时的历史真实，因而有很高的历史价值和艺术价值。

◎ 世界上最早的诗歌总集

《诗经》是中国最早的一部诗歌总集，也是世界上最早的诗歌总集，具体的成书年代已无从考证，它一共收录了305首诗歌，所以它还有个名字叫“诗三百”。《诗经》这个名字是从汉代才开始有人叫的，现在我们所看到的《诗经》也是汉朝的一个叫毛亨的人传下来的，所以有的学者也把它叫作“毛诗”，《诗经》的内容基本上是中国周朝时代的社会总结，里面所涉及的内容包括社会的各个方面，《诗经》的内容可以基本分为风、雅、颂3类。“风”的意思是国风，可以看做是当时的民歌；“雅”是当时贵族阶层的作品；“颂”是当时社会用于祭祀的歌词。《诗经》作为世界上最早的一部诗歌总集，它的艺术价值、社会价值和历史价值都将永远无价！

◎ 最早歌颂劳动和正义的诗

世界上最早歌颂劳动和正义的诗是公元前8世纪末古希腊诗人赫西俄德的代表作《农作与日子》，又称《劳动与日子》。诗作从现实生活中选取素材，劝导弟弟不要巧取豪夺，要走正直劳动的道路，具有教化人们的意味。

全诗828行，作者采用大量的篇幅详细叙述了人类生活所经历的5个时代：金时代、银时代、铜时代、英雄时代、铁时代。追忆金时代的美好，指出金时代之后至当下时代世风日下、弱肉强食的社会现实，歌颂了农民的辛勤劳动，还介绍了大量的农事知识。诗作的整体风格清新自然，平易简洁。

◎ 最早以个人遭遇为题材的作品

最早以个人遭遇为题材的作品是公元前9世纪至公元前8世纪古希腊盲人乐师荷马整编而成的两大史诗之一的《奥德赛》。史诗的中心人物俄底修斯，在结束特洛伊战争之后，在海上漂泊了10年。他在克服了种种艰险之后回到了家乡，用计谋战胜了巨人族贵族青年波吕斐摩斯，夺回了失去的财产，并与抵制了成百个青年求婚者的胁迫长达20年之久的妻子珀涅罗珀团聚。《奥德赛》堪称世界文学史上以个人遭遇为主要内容的奠基作品，而且是欧洲文艺复兴时期和18世纪流浪汉小说及批判现实主义小说的先驱。

◎ 最长的诗

《摩诃婆罗多》的插图

世界上最长的诗歌是印度史诗《摩诃婆罗多》。它被誉为印度古代社会的百科全书，长达20多万行，是《荷马史诗》的8倍，据说是印度传说中的大圣人毗耶娑创作的，后来经过众多作家的共同参与修改，以古代梵文的形式于公元前4世纪左右完成。它含有9万个对句（两两相互押韵的诗句），讲述了许多关于古代印度王国——克鲁科斯黑特罗的故事，集中反映了古代印度各阶层的生活，是世界上最长的史诗。在印度一年一度的庙会上，艺人们都要分段朗诵它，听众常常会被感动得流下眼泪。

◎ 最长的史诗

世界上迄今为止发现的最长的史诗是中国藏族的英雄史诗《格萨尔王传》。《格萨尔王传》产生于11～13世纪，单史诗部分就有100万～150万行。最早的《格萨尔王传》主要是以民间艺人“仲堪”的说唱形式流传的，随着历史的发展，《格萨尔王传》因为其不朽的文化底蕴、精彩的故事情节吸引了一代又一代人的推崇。

《格萨尔王传》是在丰富的藏族古代神话、传说、诗歌和谚语的基础之上形成的，是古代藏文化最高成就的代表。全诗记述了一位不畏强暴、有着坚强毅力、全心全意造福人民的英雄格萨尔王。可以说，《格萨尔王传》就是一部“东方的荷马史诗”，因为它在人们的眼里已经不仅仅是一部文学作品，而是一部研究古代藏族的阶级关系、社会历史、民族交往等问题的百科全书。《格萨尔王传》深刻地反映了藏民族发展的各个重大的历史阶段以及当时社会的基本结构形态，同时也细致入微地描述了复杂的民族关系及其各个民族走向统一的全过程，具有很高的学术价值和社会价值。

↗ **《格萨尔王传》手抄本**
现珍藏于中央民族大学，是广为流行的大众文学作品，在长期流传过程中不断完善而定型，由民间艺人以口头说唱的形式传播。

◎ 最短的文章

16世纪英国某大学举办了一次短故事大赛，要求参赛者作品涉及宗教、皇室、性、神秘。一个大胆的女生只写了一行字：“我的上帝！女王怀孕了，谁干的？”当时的女王伊丽莎白一生没有结婚，因此文章完全符合参赛作品的要求，并且这位大胆的女生获得了第一名。

1968年4月，美国《明星晚报》发表了一篇社论，标题是《约翰逊认输》，内容只有一个字“妙”。这个“妙”字是对约翰逊竞选总统失败的嘲讽。这篇社论堪称世界上最短的文章。

◎ 最长的传记

由温斯顿·丘吉尔的儿子兰道夫及马丁·吉尔伯特二人共同写成的温斯顿·丘吉尔的传记应当是迄今为止出版史上最长的传记。全书约有821.4万字，其中兰道夫写了4832页，马丁·吉尔伯特写了13830页。

1903年2月13日生于比利时的列日的乔治·西蒙农从1972年至今已写了22部自传。

◎ 最长的小说

法国小说家路易·法利古尔（1885～1972年，又名朱丽斯·罗曼斯）自1932年开始出版其代表作《善心人》第1卷，14年后才出完最后的第27卷。彼得·戴维斯出版有限公司把这部长篇小说翻译成英语版同步出版，共14卷。英国读者称之为“连环小说”。这部小说的英语版共4959页，207万字，光索引就有100页。

日本小说家山冈庄八的力作《德川一家》于1951年开始在《日本每日新闻报》上连载，现已刊完。若结集出版，需40卷才能容纳。

◎ 最早的长篇小说

日本作家紫式部的《源氏物语》是世界上最早的长篇小说，一般人认为该书在1001～1008年著成。

日文中的“物语”即指“故事”或“杂谈”。物语文学于平安时代产生，其体裁是日本古典文学。它以日本本国民间评话为基础，并受中国六朝、隋唐传奇文学多方影响。这些物语，摆脱了民间故事以及神仙传说的桎梏，向独立故事过渡。《源氏物语》一书把创作物语和歌物语相结合，并在创作方法上对物语的写真传统加以继承和创新。

《源氏物语》绘画

◎ 最早的寓言集

世界上最早的一部寓言集是《伊索寓言》。这本寓言集成书于公元前6世纪左右，其内容是古希腊流传的讽喻故事。全书包括三四百个小故事，一般以拟人化的动物为主角。寓言借动物之间及人与动物之间的故事，表达被人们所忽视的真理。这些小故事言简意赅，富有哲理，不但读者众多，在文学史上也具有重大影响。作家、诗人、哲学家、平常百姓都从中得到过启发和乐趣。到几千年后的今天，伊索寓言已成为西方寓言文学的范本，也是世界上流传最广的经典作品之一。

人们普遍认为这本书的作者是一个丑陋的黑人奴隶伊索，但是从作品内容来看，时间跨度很大，可见作品并不是一人一时所作，而是在相当长的时间内的集体智慧的结晶，可能伊索是其中一位重要作者。

◎ 最早的推理小说

推理小说因其曲折的情节，不仅为一般人所喜欢，甚至连大科学家也对此爱不释手。爱因斯坦曾在《物理学的进化》中提及福尔摩斯侦探。《福尔摩斯探案集》为英国作家柯南道尔的杰作，虽然闻名世界，却非最早的推理小说。大家一致认为美国诗人、作家、新闻记者爱德加·爱伦·坡早于柯南道尔，爱德加·爱伦·坡所著的推理小说中，《黑猫》《莫尔街凶案》等都享有盛名，它们均为19世纪30年代的作品。日本推理小说家们却认为，中国的《包公案》才应属最早的推理小说。

《伊索寓言》

《伊索寓言》中的故事短小精悍、含意深刻、构思精巧，具有较高的思想性和艺术性。图为《伊索寓言》故事插图：“鹿和狮子”“狼和小羊”。

◎ 最著名的流浪汉小说

世界上最早的流浪汉小说是西班牙小说《小癞子》，具体作者已经无从考证，但它还是被世界文学史公认为最早的流浪汉小说。

流浪汉小说是以西班牙流浪汉的生活经历和遭遇为题材的小说，这种小说在16世纪中叶到17世纪的西班牙曾经风靡一时，对西班牙文学产生了极其巨大的影响。像《古斯曼·德·阿尔法拉切》和《骗子外传》都是这种小说的代表作，《小癞子》就出现在这个时期，并且是第一部真正意义上的流浪汉小说，被认为是流浪汉小说的开山之作。《小癞子》的全名是《托美思河的小拉撒路》，大约成书于1554年，小说以主人公小癞子的自述方式表现了小癞子富有传奇色彩的生活经历，开了流浪汉小说的先河。

◎ 最早的科幻小说

世界上最早的科幻小说是英国女作家玛丽·雪莱于1818年发表的小说《弗兰肯斯坦》。《弗兰肯斯坦》刚出现的时候就以它独有的怪异的故事情节吸引了大批读者，很快受到了世界

雪莱与玛丽在圣潘克拉斯墓地

场地景物根据W.P.弗利思于1870年对墓地的素描，头像根据雪莱之子珀西爵士及其妻小雪莱夫人所拥有的画像绘制。

文坛的注意。《弗兰肯斯坦》讲的是一个十分恐怖的故事：一个心理有点变态的学生弗兰肯斯坦从死人堆里收集了人的各种各样的器官，然后把这些器官重新组合成了一个新人——一个怪物！这个怪物比任何人都要强壮，以至于弗兰肯斯坦都制伏不了他，最后这个怪物让弗兰肯斯坦失去了他所拥有的一切。小说的情节写得迂回曲折，极富吸引力。

《弗兰肯斯坦》的作者玛丽·雪莱生于伦敦，她也是英国著名诗人雪莱的妻子，《弗兰肯斯坦》是她的第一部作品，也是她的代表作。这部作品奠定了玛丽·雪莱在世界文学史上的地位。《弗兰肯斯坦》从出版的那一天起到现在已经无数次地被改编成电影和戏剧，受到了全世界读者和观众的好评。

◎ 最短的科幻小说

美国近代著名科幻小说家弗里蒂克·布朗曾写过一篇世界上最短的科幻小说。这篇小说只有一句话，把它译成汉语恰好是25个字：

地球上最后一个人独自坐在房间里，这时，忽然响起了敲门声……

虽然这篇小说只有一句话，但它同样具备了小说的三要素：有人物（一个人）、有情节（一个人独坐，听到敲门声）、有环境（仅有一人的地球上的某房间里）。同时，它还具备了科幻小说的特点，制造悬念，给读者留下无穷的想象空间。

◎ 最早的书信体小说

世界上最早的书信体小说是《波斯人信札》。《波斯人信札》实际上是一部讽刺小说，小说以两个旅居巴黎的波斯青年以及他们与亲人朋友之间的通信展开故事情节，以波斯人的视角看待当时的巴黎社会，对当时法国贵族和宗教之间的种种腐朽的生活方式进行了无情的批判和揭露。

《波斯人信札》的作者是孟德斯鸠。孟德斯鸠生于1689年，死于1755年，是法国启蒙主义的代表人物。他一生致力于反对封建专制和宗教神权思想。他最著名的思想是“行政、立法和司法三权分立”。很多资本主义国家的政治制度就是建立在他的“三权分立”的学说之上的。

◎ 人物最多的小说

世界上人物最多的小说是中国四大古典名著之一的《水浒传》。

《水浒传》是中国古典四大名著之一，是中国乃至世界最著名的章回体小说之一。它大约成书于元末明初，作者是施耐庵。全书以梁山好汉的传奇故事作为线索，描写了大量的人物，塑造了许许多多个性鲜明的艺术形象，比如宋江、武松、林冲等都是我们耳熟能详的人物。据有关人士统计，《水浒传》一书中描写人物多达895位，这里面主要包括梁山好汉108位、有名有姓的其他人物577位、有名无姓的人物9位、无名有姓的人物99位以及书里提到但是没有出场的人物102位。在世界上所有的小说之中，再没有哪一部小说里的人物数量能超过《水浒传》的了！

施耐庵

◎ 最短的小说

“蔡裔有勇气，声若雷震。尝有二偷儿入室，裔附床一呼，二盗俱陨。”

以上文字是中国古代著名诗人陶渊明的作品《陨盗》。全文仅仅有25个字，但是写得生动传神！时间、地点、人物、事件以及故事情节都交代得清清楚楚，被认为是世界小说史上最短的小说。有人可能认为这么短的小说不存在叙述上的“难点”。其实并非如此，用这么简短的文字却能把故事交代得这么清楚，这本身就表明了作者高超的叙述能力和语言表达能力，尤其是文章中的几个动词的应用非常成功，比如“尝有二偷儿入室”中的“入”,“裔附床一呼”中的一“附”一“呼”，主人公蔡裔的形象一下子跃然纸上！

◎ 最早的空想社会主义小说

世界上最早的空想社会主义小说是《乌托邦》。《乌托邦》一书的主要内容分为两个部分：一是对当时英国社会的种种弊端给予了辛辣的嘲讽和深刻的揭露；二是作者在书中对人类美好的国家制度的无限憧憬。作者在这样的叙述之中，对自己理想之中的美好社会给予了一种美好的憧憬，最原始的社会主义思想在作者的空想之中慢慢地萌芽了。

《乌托邦》的作者是托马斯·莫尔。他生于1478年的英国伦敦，死于1535年。莫尔一生历尽坎坷，柏拉图的《理想国》对他的创作产生了重要的影响。他的生活经历造就了他独特的创作视角，因为他是一个人文主义的坚定的追求者。《乌托邦》对我们的社会产生了重要的影响，现在我们看到的很多的科学社会主义理论最早就起源于莫尔的空想社会主义小说《乌托邦》！

◎ 最畅销的日记

《安妮日记》是世界上最畅销的日记。它是犹太少女安妮·弗兰克在二战中遗留下来的一本个人日记，真实地记述了她与家人以及另两个犹太家庭为逃避纳粹迫害躲在密室里而度过的长达两年的隐蔽生活。安妮从13岁生日（1942年6月12日）开始写日记，一直写到1944年8月4日他们的隐居地被德国党卫军查抄前不久。

安妮·弗兰克在书桌前的留影

安妮在纳粹集中营中被伤寒病夺去了生命，当时距德军投降仅一个星期。1947年，死里逃生的安妮父亲将女儿遗留的日记付梓出版。这本日记已被转译成55种文字，共印刷3000万册，可谓世界上最畅销的日记。

安妮的日记在战后成为人们对那场残酷的迫害进行深刻反思的珍贵教材。她避难的房子已被辟为安妮故居博物馆，吸引着世界各地的游客前来缅怀那不堪回首的人间悲剧。

— 作家之最 —

◎ 最早的悲剧作家

世界上最早的悲剧作家是埃斯库罗斯。

埃斯库罗斯于公元前525年生于希腊一个古老的贵族家庭，公元前456年死于西西里岛上的革拉城，他被誉为是世界上最伟大的悲剧作家之一，有“悲剧之父”之称。他很小的时候就开始了诗歌创作，但一直到公元前472年他的戏剧《波斯人》成功上演，他才真正地引起人们的注意，从此以后创作了很多世界知名的作品，总计有90多部剧作，但是今天只有7部完整地流传了下来。他在希腊戏剧史上有着重要的影响，他首次在希腊话剧中引入第二个演员，在真正意义上改革了希腊戏剧。他的戏剧创作理念和创作风格一直到今天还影响着很多人，尤其是他的悲剧创作，在世界戏剧史上有着重要的地位。

埃斯库罗斯

但丁的小舟

此图描绘了《神曲·地狱篇》中的一节，表现了但丁（左）同维吉尔乘小舟渡过地狱之湖时，受到永久惩罚的亡者企图爬上小舟的情景。

◎ 最早的喜剧作家

世界上最早的喜剧作家是阿里斯托芬。

阿里斯托芬生于公元前450年，死于公元前385年，是古希腊时期最著名的戏剧诗人之一，素有“喜剧之父”的美称。他一生创作了44部作品，但遗憾的是现在流传下来的只有11部。他的喜剧创作最大的特点就是题材广泛，涉及了社会的方方面面，虽然是喜剧创作，但是他表现的主题都是当时社会上存在的种种弊端。轻松中见沉重和严肃是其喜剧作品的最大特色，主要作品有《骑士》《马蜂》《阿卡奈人》《和平》和《吕西斯特拉塔》等。作为世界上最早的喜剧作家，阿里斯托芬在生前和死后都得到了世人的推崇。他的好朋友柏拉图在他死后曾经给过他一个评价：“阿里斯托芬用毕生的精力构筑了一座不朽的喜剧和诗的宫殿。”这也是对阿里斯托芬喜剧成就的最高肯定。

◎ 最早的女诗人

世界上最早的女诗人是萨福。

萨福大约生活于公元前 7 世纪末，是今天我们所知道的最早的女诗人。据说萨福生于一个贵族家庭，从小就个子矮小、面貌丑陋，但是却很有才华。一生写过 9 卷诗，但是保留下来的却很少。她的大部分诗作在1073年被统治者认为“伤风败俗”而被烧毁了。今天所看到的萨福的作品很少，《给阿那克托里亚》和《献给美神》是保留下来的最完整也是成就最高的作品，具有很高的艺术价值，尤其是她所运用的一种“三行长，一行短”的诗歌体裁曾经为欧洲很多诗人所袭用，被称为“萨福体”。

◎ 中世纪最后一位诗人和新时代的第一位诗人

但丁（1265 ~ 1321年）是著名的意大利诗人，欧洲文艺复兴时代的开拓者之一。恩格斯对他进行了很高的评价：“封建的中世纪的终结和现代资本主义纪元的开端，是以一位大人物为标志的，这位大人物就是意大利人但丁，他是中世纪的最后一位诗人，同时又是新时代的最初一位诗人。”

但丁一生著作很多，其中以长诗《神曲》最为著名。这部作品通过作者与地狱、炼狱及天国中各种著名人物的对话，反映出中古文化领域的成就和一些重大的问题，带有“百科全书”性质，从中也可隐约窥见文艺复兴时期人文主义思想的光辉。在这部长达14000余行的史诗中，但丁表达了执著地追求真理的思想，坚决反对中世纪的蒙昧主义，对欧洲后世的诗歌创作有极其深远的影响。

◎ 最伟大的工人诗人

世界上最伟大的工人诗人是法国诗人鲍狄埃（1816 ~ 1887年）。鲍狄埃出生于一个包装工人家庭，12岁起就开始当工人，并开始歌谣创作。他很早就立志为劳苦大众的解放而贡献力量。1830年七月革命爆发时，还是一个学徒工的他就参加了革命，并创作了诗歌《自由万岁》，随后发表了第一部诗集《年轻的女诗神》。此后，他写了很多战斗诗歌，号召法国工人团结一致，与资产阶级进行斗争。

在革命斗争中，他成为巴黎公社的领导人之一。巴黎公社运动失败后，他创作了《国际歌》，这是巴黎公社文学最光辉的成就，也是全世界无产阶级和被压迫人民的最著名的战歌。

◎ 一部作品创作时间最长的作家

世界上写得最久的一部书是《浮士德》，它的作者是德国著名的作家歌德。

歌德1749年生于莱茵河畔法兰克福的一个很有文化背景的家庭。歌德在童年时期就有着超出同龄人的惊人理解力，8岁时就开始学习法语、英语、意大利语以及希伯来语，并开始广泛阅读世界名著，伊索、荷马、拉辛和莫里哀等人的作品都曾经是他的最爱。歌德还有过相当长时间的宫廷生活。1776～1786年的歌德曾任枢密顾问官、军事长官，并主持过税务署的工作。1786年以后为期数年的意大利之游为歌德后来的创作提供了丰富的写作素材。他的成名作是他发表于1776年的小说《少年维特之烦恼》。

歌德是德国古典文学的最具影响力的代表作家，他经历过德国文学史著名的狂飙运动、古典主义和浪漫主义三种文学思潮的发展阶段。他最具有世界影响力的作品是他倾其一生创作的诗剧《浮士德》。1774～1831年，在这将近60年的时间里，歌德用其超人般的毅力始终坚持不懈地致力于这部作品的创作，生活的动荡和家庭的变动一点也没有影响到歌德的创作。

魔鬼靡菲斯特再访浮士德　1826～1827年　德拉克洛瓦

◎ 世界上最杰出的短篇小说家

法国19世纪后期著名的批判现实主义作家居伊·德·莫泊桑被誉为世界上最杰出的短篇小说家。

莫泊桑的小说艺术手法受到了全世界评论家和普通读者的推崇，尤其是在短篇小说的创作上。他的短篇小说非常重视结构、布局和行文，即使是很普通的故事情节在奇妙的结构和布局下也会显得引人入胜。小说情节的安排往往巧妙但不失真实，结局更是出人意料，但往往都在情理之中，可读性强。莫泊桑短篇小说的另外一个突出特点就是非常善于运用巧妙的语言揭示人物内心。莫泊桑一生的创作塑造了很多具有典型意义的艺术形象。短篇小说《羊脂球》《项链》等都是他的代表作品。

◎ 最高产的作家

世界上最高产的作家是19世纪法国积极浪漫主义代表作家大仲马。他一生笔耕不辍，在文坛上长盛不衰40多年，总共创作了300多部作品，其中以小说和剧作居多。

大仲马

大仲马于1802年7月24日生于法国东北部一个十分普通的家庭，1870年死于法国西北部上诺曼底的迪埃普附近。大仲马大约在20岁时开始文学创作。1829年以处女作《亨利三世及其宫廷》在文坛上崭露头角，从此一发而不可收，一直到1870年，也就是他死去的那一年，共创作了300多部作品，其中不乏像《三剑客》和《基督山伯爵》这样家喻户晓的作品，是世界文学史上最高产的作家。大仲马虽然是当时积极浪漫主义的代表作家，并且他的创作也的确富有浓郁的浪漫主义气息，但是他的创作还是建立在当时的社会现实之上的，是当时社会生活、历史背景的真实反映。

◎ 世界上最著名的意识流小说家

世界上最著名的意识流小说家是詹姆斯·乔伊斯。

詹姆斯·乔伊斯是爱尔兰人，1882年生于都柏林，接受过相当长时间的天主教教育，后来学过医，他一生都在流浪中度过，当然，流浪生活对他的小说创作产生了重要的影响。他的第一部小说是发表于1914年的《都柏林人》。《都柏林人》还是一部相当简单的小说。在以后的小说创作中，他主要转向用意识流手法进行创作，这方面的代表作是他的长篇小说，也是他的小说成就的代表作《尤利西斯》。《尤利西斯》在创作中广泛地运用了意识流手法，用隐晦、朦胧、看上去相当混乱的创作手法表现了一个报纸广告推销员的苦闷生活。詹姆斯·乔伊斯在这部小说中所用的意识流手法开了意识流创作的先河，在世界文学史上形成了一种崭新、独特的创作手法，乔伊斯也因此成为世界上最著名的意识流小说家。

◎ 最著名的童话作家

世界上最著名的童话作家是安徒生。

安徒生全名是汉斯·克里斯蒂安·安徒生，1805年出生于丹麦中部的奥登赛城，死于1875年。安徒生从小就生活在一个贫困的家庭，曾经梦想着当一名歌唱家、演员或者剧作家，也写过不少的小说、游记、剧本以及其他体裁的文章，但是真正为人称道的是他的童话。他生前就被誉为是世界上最著名的童话作家。他一生创作童话160多篇，像《皇帝的新装》《夜莺》《卖火柴的小女孩》《小克劳斯和大克劳斯》和《豌豆上的公主》这些我们耳熟能详的童话作品都出自他之手。他童话中的人物形象包括皇帝、

丹麦广场上的安徒生与丑小鸭雕像，丑小鸭是安徒生塑造的经典童话形象之一。

《安徒生童话集》封面

贵族、鞋匠、洗衣妇等各个阶层的人物。他的童话能让人在轻松中感受到社会的黑暗和剥削者的残酷。有评论家认为他的童话"同时适合6岁与60岁的人阅读"，这也是对他的童话的最高评价。1954年，国际儿童读书联盟设立了以安徒生的名字命名的世界儿童文学大奖——安徒生奖，这是国际儿童文学奖的最高奖项。

◎ 世界上稿酬最高的作家

世界上稿酬最高的作家是美国作家海明威。据说，他在1960年为美国《体育画刊》写了一篇短文，文章不过2000字左右，却有高达3万美元的稿酬，细想一下，一个字15美元的稿酬确实是无人能及，这也是有史以来已知的世界上最高的稿酬！

海明威于1899年生于一个普通的乡村医生家庭，在很小的时候他就对音乐和绘画表现出了极高的艺术天赋。他参加了两次世界大战，亲眼目睹了战争留给人们的苦难，他还在相当长的时间内担任过记者工作，这都对他以后的写作产生了巨大的影响。但海明威一生为伤病所困，最后于1961年在美国爱达荷州克特春地区的一所房子里面用猎枪结束了自己的生命。

他一生创作了许多经典名作，发表于他创作早期的代表作品《在我们的时代里》《没有女人的男人》等短篇小说曾一度有洛阳纸贵之势，后来发表的《永别了，武器》更是被人称做当时"迷惘的一代"的代表作，接着他又发表了剧本《第五纵队》和小说《丧钟为谁而鸣》。他的代表作——中篇小说《老人与海》曾经引发了美国文学史上的一场声势浩大的"文学革命"。他于1954年获得了世界上象征文学成就的最高奖项——诺贝尔文学奖。

◎ 作品发行量最大的作家

世界上作品发行量最大的作家是英国作家阿加莎·克里斯蒂，她的作品在世界上100多个

国家发行，发行总量超过了20亿册。

阿加莎·克里斯蒂于1890生于英格兰，死于1976年。她小时候没接受过正规的基础教育，曾经在第一次世界大战时担任过护理工作，这段经历对她以后的创作产生了极大的影响。1920年她发表了第一部小说，从此为读者所喜爱。她一生共创作长篇小说66篇，短篇作品集20多本。阿加莎·克里斯蒂的创作以其独有的逻辑、缜密的推理赢得了世界各地读者的喜爱。她的小说已经被翻译成40多种文字，版权费高达4亿美元，这在世界文学史上是一个奇迹！到目前为止，世界上还没有哪个作家的作品发行量能超过她。

◎ 作品被拍成电影最多的作家

作品被拍成电影最多的作家是英国作家莎士比亚。他的作品《罗密欧与朱丽叶》从诞生到现在已经19次被拍成电影。《罗密欧与朱丽叶》描写的是凄美的爱情故事，美丽多情的朱丽叶与英俊潇洒的罗密欧在一次宴会上一见钟情，双方从此坠入爱河。但是双方的家庭有着积怨很深的世仇，这成了横亘在他们的爱情之间的一道可怕的鸿沟，爱、恨、情、仇和复杂的现实交织在一起好像永远都没有个解脱。最终一对彼此深爱着的情人用他们的生命成就了他们的爱情。

莎士比亚

莎士比亚被称为世界上最著名的戏剧家之一，他于1564年生于英国沃里克郡斯特拉特福镇的一个普通的市民家庭，1616年死于自己的家乡。他一生创作戏剧37部，还有154首14行诗、2首长诗和其他诗歌。他的作品被翻译成世界多国文字，为全世界人所喜欢，他还被认为是欧洲文艺复兴时期人文主义文学的集大成者。马克思称他是“人类最伟大的天才之一”。

◎ 最早的侦探小说家

世界上最早的侦探小说家是美国作家爱伦·坡。他发表于1841年的小说《莫尔街凶案》是世界上公认的最早的侦探小说。

爱伦·坡于1809年出生在美国的波士顿，1849年死于华盛顿大学医院，是美国著名的作家、文艺评论家。他的一生动荡不安，家庭和爱情都不是很成功，这导致了他怪异的性格，也影响到了他后来的文学创作。他的创作受法国资产阶级文学颓废派的影响较大，一生提倡“为艺术而艺术”的创作观念，同时宣扬唯美主义和神秘主义，他于1841年发表小说《莫尔街凶案》之后，立即在美国文坛引起轰动，很快被文学界誉为侦探小说的开山鼻祖。

◎ 最著名的侦探小说家

世界上最著名的侦探小说家是柯南道尔。

柯南道尔于1857年生于苏格兰爱丁堡附近的皮卡地普拉斯。他从小学医，曾经做过多年的医生，之后由于经济原因开始创作小说，其处女作是发表于1887年的《血字的研究》。

《血字的研究》是他的第一部侦探小说，作品第一次把福尔摩斯和华生医生介绍给大家，但是读者反应平平。真正使他声名大噪的作品是其小说《四签名》，从此柯南道尔便一发而不可收，在短短的几年之内，写了大量的侦探小说。

由于他的这些小说都是以福尔摩斯和华生医生为主人公的，所以人们把它们称为“福尔摩斯系列小说”。福尔摩斯系列小说到现在还是世界上最受读者欢迎的小说之一，柯南道尔也因此被人们誉为世界上最著名的侦探小说家。

柯南道尔刊登在《海滨杂志》上福尔摩斯系列作品中的一幅插图。图右为好奇的华生医生，左边是福尔摩斯。

◎ 最著名的科幻小说家

19世纪法国作家儒勒·凡尔纳（1828～1905年）是世界上最著名的科幻小说家，被誉为“科幻小说之父”。1863年起，凡尔纳开始发表科学幻想冒险小说，以作品集《在已知和未知的世界中奇异的漫游》一举成名。凡尔纳总共创作了66部长篇小说或短篇小说集，还有几个剧本。代表作为三部曲：《格兰特船长的儿女》、《海底两万里》《神秘岛》。此外，还有《气球上的五星期》《地心游记》《漂逝的半岛》《八十天环游地球》等著名长篇科幻历险小说。

◎ 收入最高的恐怖小说家

美国小说家史蒂芬·金是世界上收入最高的恐怖小说作家。史蒂芬·金于1947年出生在美国缅因州的一个贫困家庭。在州立大学学习英国文学。毕业后因工资菲薄而走上写作之路，20世纪70年代中期声名渐起，被《纽约时报》誉为“现代恐怖小说大师”。自20世纪80年代至90年代以来，历年的美国畅销书排行榜，他的小说总是名列榜首。他是当今世界上读者最多、声名最大的美国小说家。1979年，在他32岁时，成为全世界作家中首屈一指的亿万富翁。如今，他的每部作品的版税均逾千万美金，仅1998年一年他就收入了4000万美元。

他的每一部作品都成为好莱坞制片商的抢手货。他的许多作品都被成功地搬上了银幕，比如1974年的《凶灵》、1978年的《闪灵》、1983年的《宠物塞马塔利》和1987年的《危情十日》等。

◎ 最高龄和最年轻的作家

美国的萨拉·德拉妮和伊丽莎白·德拉妮姐妹在1994年10月出版了《生活中的智慧》一书，这一年她们分别是105岁和103岁高龄。1997年，萨拉107岁时又写了书的续集《107——我一个人住》。萨拉可以说是世界上最高龄的作家。

世界上最年轻的作家是特蕾西·司科特，她4岁就发表了著作《世界如何开始》。

◎ 世界上最早获得诺贝尔文学奖的诗人

世界上最早获得诺贝尔文学奖的诗人是

普吕多姆

20世纪法国巴那派诗人苏里·普吕多姆（1839～1907年）。他追求完美的诗歌创作形式，偏重自我分析，其作品带有教诲色彩。主要作品有《长短诗集》《寂寞集》《徒然的爱》和哲理长诗《正义》与《幸福》等。

1901年，瑞典皇家科学院认为他的诗作是“高尚的理想、完美的艺术和罕有的心灵与智慧的结晶之实证”，于是把首届诺贝尔文学奖授予了他。

普吕多姆作品年表

1865	诗集《长短诗集》
1866	散文诗《奥金的牛舍》、诗集《考验》
1869	诗集《孤独与沉思》
1870	诗集《战争印象》
1872	诗集《命运》
1874	诗集《法兰西》
1875	诗集《徒然的柔情》
1878	诗集《正义》
1883	《散文集》
1886	诗集《棱镜》
1888	诗集《幸福》
1892	评论集《诗的考察》
1901	诗集《诗的遗言》
1905	哲学论著《从巴斯卡得到的信仰》

◎ 最早获得诺贝尔文学奖的女作家

世界上最早获得诺贝尔文学奖的女作家是瑞典的塞尔玛·拉格洛夫。她出生在军官家庭，在父亲和祖母的影响下开始文学创作。她的作品大多取材于瑞典民间故事和英雄传说，缅怀传统的农村生活，反映资本主义势力进入农村后贵族地主的没落破产。她在1891年出版的处女作《贝林的故事》使她一举成名。其他主要作品有《假基督的奇迹》《一座贵族庄园的传说》《耶路撒冷》《尼尔斯骑鹅旅行记》。

其中《尼尔斯骑鹅旅行记》被译成多种文

字，并使她获得1909年的诺贝尔文学奖。《尼尔斯骑鹅旅行记》甚至被作为历史、地理教科书出版。这部童话巨著使她赢得了与丹麦童话作家安徒生齐名的声誉。

◎ 最早主动拒绝诺贝尔文学奖的人

世界上最早主动拒绝诺贝尔文学奖的人是法国作家萨特。

萨特被授予1964年诺贝尔文学奖，但他以“谢绝一切来自官方的荣誉”为由，拒绝接受这一奖金。

萨特于1905年生于法国，是世界著名作家、哲学家，法国存在主义哲学的代表人物。萨特在文学方面取得的成就一点也不逊色于他在哲学上的成就。他从小就对文学创作有着浓厚的兴趣，大学毕业后就立即投入文学创作。他的处女作是出版于1938年的《恶心》。《恶心》一出版就受到了读者的喜爱，被认为是萨特哲学内涵最丰富的小说作品。萨特的小说带有浓厚的哲学色彩，很有特色，为很多人所喜爱，尤其是他的自传体小说《词语》，这部自传体小说让萨特获得了1964年的诺贝尔文学奖，但是萨特做了一个惊人的决定——拒绝诺贝尔文学奖！这让当时的萨特在世界上名噪一时，他成了世界上第一个主动拒绝诺贝尔文学奖的人。萨特拒绝的理由是他认为诺贝尔奖有着强烈的政治倾向性，这可能与他自己所倡导的存在主义哲学有关。

◎ 最早被迫放弃诺贝文学奖的人

世界上最早被迫放弃诺贝尔文学奖的人是前苏联作家鲍里斯·列昂尼多维奇·帕斯捷尔纳克。

帕斯捷尔纳克于1890年生于莫斯科一个富有文化氛围的家庭，他从小就受到了良好的家庭教育和文化教育。他一生创作了许多小说作品和诗歌，主要作品有诗集《在街上》《生活啊，我的姐妹》《主题与变奏》，当然最具影响力的是他的长篇小说《日瓦戈医生》。作品一问世，就受到了世界各地评论家和读者的好评，他也因此获得了1958年的诺贝尔文学奖，当时的诺贝尔奖评定委员会给出的获奖理由是：“在当代抒情诗和俄国的史诗传统上，他都获得了极为重大的成就。”但是由于当时前苏联国内许多人的反对，在被迫无奈的情况下他拒绝了这项荣誉，当时曾经震惊了世界文坛。但是他在国内的处境并没有因为他的放弃而好转，他最后在前苏联国内主流文坛的指责声中悄然离去。诺贝尔奖给鲍里斯·列昂尼多维奇·帕斯捷尔纳克带来的不是荣誉和鲜花，而是痛苦和磨难。

◎ 最伟大的无产阶级文学家

世界上最伟大的无产阶级文学家是高尔基。

1868年，高尔基生于俄国的一个贫苦家庭，死于1936年，享年68岁，是前苏联最著名的作家之一，也是社会主义现实主义文学的奠基人。他一生经历了太多的坎坷：他当过装卸工、面包房工人、学徒等。他也在这样的经历中深深地体会到了下层劳动人民的苦难和不幸，这对他以后的创作产生了重要的影响。1892年他发表了处女作《马卡尔·楚德拉》，从此一发而不可收，发表了大量的作品。其中不乏像长篇小说《母亲》、自传体长篇小说三部曲《童年》《在人间》和《我的大学》这样的世界级的经典名著。他的作品带有强烈的现实主义创作风格，尤其是他的长篇小说《母亲》。《母亲》被认为是塑造了世界文学史上第一批自觉为社会主义而斗争的无产阶级革命者的英雄形象的小说，也因此被誉为社会主义现实主义文学的奠基之作。作为世界上最伟大的无产阶级文学家，高尔基在他的小说中表现了他时时刻刻和下层劳动人民同呼吸、共命运的真诚和热忱，他的文学作品现在已经成为世界人民的共同财富。

高尔基归来

这是一本新闻杂志的封面，它描绘了高尔基流亡归来时受欢迎的情景。

◎ 最早的资产阶级革命作家

世界上最早的资产阶级革命作家，是英国杰出的诗人弥尔顿（1608 ~ 1674年）。他早年深受人文主义思想的影响，写有《快乐的人》《沉思的人》等诗篇，表现了文艺复兴思想和清教徒精神的矛盾，体现了人文主义者对生活享受的追求。他曾经参加过反对国王和国教的斗争。1649年共和国成立后，他任克伦威尔新政府拉丁文秘书。

1652年他因积劳成疾双目失明，但仍坚持和封建势力作斗争。1640年至1660年间，发表多篇政论，捍卫民主，反对专制。其中重要的有《论出版自由》和《为英国人民声辩》。1660年5月，因查理二世复辟，弥尔顿被捕入狱。出狱后，他被迫过着隐居生活，在贫困中完成了3部杰作：长诗《失乐园》《复乐园》和《力士参孙》。

— 绘画之最 —

◎ 最早的绘画

目前已知最古老的山洞壁画，是法国东南部的夏维特山洞壁画，发现于20世纪90年代，有约300幅新石器时期的动物画，据考证创作3.1万年前。发现于法国西南部的拉斯科山洞壁画是上古洞岩画的精华，作于1.3万年前，保存情况极佳。西班牙西北部的阿塔米拉洞壁画，产生时代和拉斯科山洞壁画大致相当。

壁画是用随处可见的金属矿物的溶解物画上去的，所以很难脱落，虽然自成画到现在已经有上万年的历史了，但是这些壁画保存得还相当完好，当人们刚刚发现它们的时候甚至不敢相信它们是史前的画作！当然这与它们被画在岩洞里有很大关系，因为岩洞里不通风，有助于画作的保存。至于为什么要将画作画在岩洞的墙面上，并且画的内容基本上都是一些动物，现在还没有一个有说服力的解释。有人说是装饰画，也有人说是魔法仪式的产物，但都不是很有说服力。

◎ 最古老的画种

世界上最古老的画种是国画，即区别于西洋画的中国画。国画的历史非常悠久，可以追溯到新石器时代陶器和青铜器上面的绘画和饰纹。到了春秋战国时期，这一画种已经形成。随着绘画技术的不断发展，国画在艺术上有很多分科，按照画幅的形式可以分为屏障、卷轴、扇面、壁画等。传统的国画常常把诗、书、画、印结合起来。

国画在内容和艺术创作上反映了中华民族特有的审美取向和民族意识，体现了古人对自然、社会及与之相关联的政治、哲学、宗教、道德、文艺等方面的认识。

◎ 世界最早的水彩画

世界上最早的一幅水彩画是德国画家丢勒的《一大块草皮》。

丢勒原名阿尔布雷特·丢勒，他是16世纪德国最著名的画家之一。他在很小的时候就对画画表现出了极大的兴趣和天赋，据说他13岁就能把自己的肖像画得很好。有人甚至把他和达·芬奇放在同样的地位上，可见他在绘画史上是相当有影响力的。丢勒一生画笔不辍，有很

法国拉斯科山洞岩画

没有其他任何一个地方像法国的洞穴岩壁画那样把人类的狩猎、采集生活情景做了如此生动的记录。

多作品。他是一位多才的画家，在绘画、版画、木版画和铜版画设计方面都取得了相当好的成绩。这方面的代表作主要有:《启示录》《小受难》《海怪》《浪荡子》《亚当与夏娃》《骑士、死亡与恶魔》等。除此之外，他还有一个不可埋没的功绩，那就是创作了世界上第一幅水彩画《一大块草皮》，在这以前从来没有人画水彩画，最多就是在素描上作些水彩色的补充。真正的水彩画创作是从丢勒开始的，丢勒一生创作了大量的水彩风景画，并且反响不错。

这是《时髦婚姻》的第二幅《婚后不久》，选取了这对夫妻新婚之后某一天的情景进行描绘。客厅里一片凌乱，这是昨晚新娘与情人狂欢的迹象。新娘面带狂欢后惬意的微笑斜眼打量着她的丈夫。新郎的疲惫说明他刚刚在外放荡了一夜。管家拿着到期的期票想让这一家之主一一过目，但主人好像还没有从醉酒中醒来，管家只好无奈地走了。

◎ 世界最早的漫画

世界上最早的漫画是英国著名油画家和版画家霍加斯的漫画《时髦婚姻》。漫画《时髦婚姻》成画于1743 ~ 1745年，由6幅油画组成。《时髦婚姻》用夸张、幽默的手法辛辣地讽刺了当时的某些社会现实。也正是由于《时髦婚姻》在艺术表现上的这些特点和现代漫画存在着很大的共性，人们才把它当做最早的漫画。

《时髦婚姻》的作者霍加斯是英国著名漫画家和版画家，生于1697年的英国，逝于1764年。他的作品基本上以揭露当时社会的某些上层阶级的丑恶面目为主，同时在他的作品中也表现了对下层劳动人民的同情。

◎ 世界上最早的油画

世界上最早的油画是荷兰画家凡·艾克兄弟于1415年绘制的《根特祭坛画》。在这幅画中。凡·艾克兄弟首次试验用油调色，使用新的涂料、松脂或乳剂，使画面能保持经久鲜润的效果。

《根特祭坛画》是世界上第一件真正的油画作品。此画是一种多翼式开闭形祭坛组画，分上、下两段和左、右两翼。上段中央是基督像，两旁是圣玛利亚像和圣约翰像，两翼的外侧是亚当和夏娃像，内侧画着天使。下段中央是《羔羊的礼赞》，两翼左侧是《骑士》和《裁判官》，右侧是《隐者》和《巡礼者》。这幅画选用了宗教题材，对人物的描绘细致，整幅画充满诗意和美感，具有无穷的艺术魅力。

◎ 世界上现存最早的版画

世界上现存最早的版画是我国唐朝咸通九年（公元868年）刻印在《金刚经》扉页上的一幅木刻版画——《说法图》。这幅版画是由技工根据画家画稿刻印的。我国的木刻版画技术最早可能出现在隋唐之际，到了唐朝咸通九年已经达到非常成熟的水平。

15世纪，德国著名版画家丢勒创作了大量版画，但是这些版画比《说法图》晚了将近700年。到18世纪，世界上才开始出现画家自己绘稿、自己制版、自己印刷创作的版画。

◎ 规模最大的古代风俗画

世界上规模最大的古代风俗画是我国北宋画家张择端的作品《清明上河图》。《清明上河图》高24.8厘米，长528.7厘米，画中描绘了北宋京城汴京和汴河两岸繁华的景象和自然风光。此画属于一级国宝，现在收藏在北京故宫博物院。

《清明上河图》以长卷形式，采用散点透视的构图法，生动地记录了中国12世纪城市生活的风貌，这在中国乃至世界绘画史上都是独一无二的。画卷主要分为两部分，一部分是农村，另一部是市集。画中有814人，牲畜83只，船只29艘，房屋楼宇30多栋，车13辆，轿14顶，桥17座，树木约180棵。人物衣着不同，神情各异，栩栩如生，其间还穿插着各种活动，构图疏密有致，富有节奏感和韵律的变化。通过这幅画，可以了解北宋的城市面貌和当时各阶层人民的生活习俗。因此《清明上河图》具有极高的艺术水平和史学价值。

◎ 作品最多的画家

世界上作品最多的画家是西班牙画家毕加索，他有将近80年的创作生涯，这也是他能成为世界上作品最多的画家的一个原因。在这大约80年之内，他一共创作和设计了13500多幅画或版画，以及10万件雕版、3400幅书刊插画。晚年还制作大量雕刻和陶器等。这样的作品数量让他当之无愧地成为世界上作品最多的画家。

毕加索1881年生于西班牙，死于1973年，是20世纪世界影响力最大的画家之一，他的创作受到过各种艺术思潮的影响，比如批判现实主义、古典主义、新古典主义、印象主义、象征主义、自然主义以及唯美主义。他虽然是西班牙人，但是长期居住在法国进行艺术创作活动，除了进行绘画创作外，他的雕塑作品也很受欢迎，他也是一位出色的雕塑家。

毕加索粉红色时期代表作《拿着烟斗的男孩》

◎ 发行时间最长的连环画

截至1999年7月10日，由D.C.汤姆森公司于1937年12月4日发行的连环漫画《丹迪》至3007期时，成为世界上发行时间最久的连环漫画。该连环漫画拥有众多的爱好者，迄今为止，俱乐部会员已超过35万人。漫画家达德利·沃特金斯是漫画主人公的创作者。

◎ 最贵的连环画

世界上最贵的连环画是比利时漫画家埃尔热的作品《丁丁历险记》。《丁丁历险记》讲述了记者丁丁在漫长艰辛的旅游采访中的种种奇遇，漫画风趣幽默，情节引人入胜，不仅受到广大儿童的欢迎，而且吸引了很多成年人。你可以在法国和比利时的任何一家书店看到它的身影，它永远被书店经营者摆在最显眼的位置。

埃尔热从1929年开始构思创作《丁丁历险记》，直到1985年去世之前才停止。这部用56年的心血创作而成的23集连环画册已经被翻译成50多种语言文字，年销量达400万册。一位收藏家为了购买这套连环画封面的原画支付了10万欧元，这套连环画因此成为世界上最贵的连环画。

◎ 世界上最多产的报纸连环漫画家

美国著名漫画家乔·马丁是世界公认的最多产的漫画家。乔·马丁是美国漫画界响当当的人物。他入行后旺盛的创作能力一发不可收拾，平均每年创作1300多个幽默故事。截至2000年，他已有22000多幅作品发表于世界各报刊，被吉尼斯世界纪录评为“世界最多产的报纸连环漫画家”。

他最有名的漫画是《威利和埃塞尔》《有手的猫》《鲍弗先生》。《威利和埃塞尔》自1981年发表以来已经连载23年，同时在美国的75家报纸上发表，在有报纸发行的任何地方都能进入漫画排行榜的前10位。长篇漫画《有手的猫》，不仅让猫长出手，而且让猫主宰人类，漫画情节赢得了人们的喜爱。《鲍弗先生》从1986年在报纸上连载，至今已经在全世界200多家报纸上刊登，并且已经分4本出版。

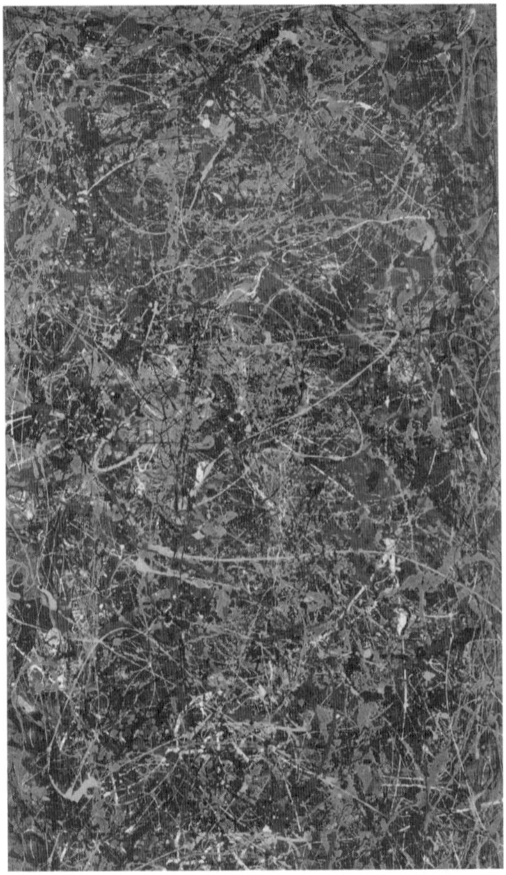

《1948年第5号》

◎ 耗时最长的油画创作

世界上耗时最长的油画创作是俄国画家伊凡诺夫的画作《基督显圣》。这幅油画从1837年画到1857年，历时20年。

伊凡诺夫出生在彼得堡，自幼学画，从事创作活动长达30年。他在俄国体验到社会悲剧之后，生起了悲悯之心，开始思考如何把人类从苦海中拯救出来。他试图把拯救人类的愿望通过绘画表现出来，于是用毕生的精力创作了《基督显圣》。画面描绘了圣约翰向犹太人宣布救世主已经到来的场景，坏人感到恐慌，而民众被他的精神所鼓舞。这幅画是俄国新时代画坛最重要的作品，目前陈列在莫斯科的特列恰科夫美术博物馆。

◎ 最早用指头作画的人

高其佩（1672～1734年），字韦之，号且园，今辽宁铁岭人。他多才多艺，善诗工画，在临摹大量前人的作品之后，大胆地创造出了别具情趣的“舍笔而求之于手”的绘画技法，即以手指代替毛笔蘸墨作画。

《国朝画征录》中记载：“高且园善指画，画人、山水、花鸟鱼虫、鸟兽，天资超迈，情奇逸趣，信手而得，四方重之。”高其佩创作的指画惟妙惟肖，而且速度很快。他创作山水、人物、花鸟、走兽时，均一挥而就，“顷刻数十幅”，在指勾掌抹中表现出一种独特的神韵。他的画墨气沉着、形象生动、结构新颖、别具一格。传世画迹有《高冈独立图》《稻穗螳螂图》《松阴小琪图》《指画人物册》等。

◎ 售价最高的油画

2006年11月3日，美国著名的行动绘画艺术家杰克逊·波洛克的一幅作品《1948年第5号》以1.4亿美元（约合1.096亿欧元）的高价，被一位不愿透露姓名的收藏家购去，成为世界上售价最高的油画。

该幅作品高2.5米，宽1.2米。这幅画1949年春季展出。当时波洛克画价大约在1平方米400美元，此画约3平方米，价格在1200美元左右。至今，此画涨了约11000倍，平均每年涨幅200多倍。

在这个世界纪录诞生之前，中国大多数人可能对波洛克一无所知。他是美国行动绘画艺术的鼻祖。然而无论生前还是死后，他都是一个非常有争议的画家。他1912年生于美国西部，1943年举办了第一个画展，只卖出一幅小画，让波洛克备感失望。舆论对他的评价也是两个极端，一方极其贬低：“这家伙简直是病狂，叫人无法忍受！”一方推崇备至，认为一个继毕加索、米罗之后的天才诞生。

◎ 最著名的绘画作品

《蒙娜丽莎》是一幅女性的肖像画，据说画中的女人是一个叫佐贡多的富商的妻子。当年这名叫佐贡多的富商请达·芬奇画自己妻子的肖像，但是当达·芬奇历尽4年时间终于完成画作之后，怎么也舍不得把画作交给佐贡多，并且不管走到哪里都随身携带，可见达·芬奇对《蒙娜丽莎》的喜爱程度。

达·芬奇的不朽名作《蒙娜丽莎》

《蒙娜丽莎》最成功的地方在于画中的女主人公的微笑，《蒙娜丽莎》的笑容从不同的角度看就有不同的效果，她的笑容仿佛会动，能随着观赏者的角度的变化而变化。有时候人们会觉得她的笑容很舒畅、很温柔，有时候却带着严肃，有时候又像是悲伤……5个多世纪过去了，有多少人曾努力要揭开隐藏在蒙娜丽莎的笑容背后的秘密，但均一无所获。

◎ 最早的印象派画家

印象派是19世纪后半期出现的艺术流派，在西方绘画史上具有划时代的意义，其影响遍及欧洲，并逐渐传播到世界各地。代表人物有马奈、莫奈、卡米耶·毕沙罗、雷诺阿、西斯莱、德加、莫里索、梵·高、巴齐约以及保罗·塞尚等。

其中马奈是印象派的奠基人，很早就被后来的印象派画家们视为大师。马奈比其他印象派画家年长10岁左右，尽管他和那些年轻的画家保持友好的关系，但是他拒绝任何参加印象派组织的画展。马奈的成就主要体现在人物画方面，他第一个将印象主义的光和色彩带进了人物画，开创了印象主义画风。他大胆采用鲜明色彩，舍弃传统绘画的中间色调，将绘画从追求立体空间的传统束缚中解放出来，朝平面创作迈出革命性的一大步。他的代表作是《草地上的午餐》《吹笛子的男孩》。

◎ 最早的野兽派画家

野兽派是20世纪最早出现的新艺术象征主义画派，其特点是狂野的色彩和强烈的视觉冲击力，常给人不合常理的感觉。最著名的野兽派画家是法国人马蒂斯，他以使用鲜明而大胆的色彩著名。人们看过他的作品之后，惊呼："这简直是野兽！"于是画坛出现了一个野兽派。

马蒂斯的绘画作品造型夸张，多用单纯的线条和色块的组合，形成装饰感的画风。马蒂斯艺术的本质就是追求装饰和形式感。他的代表作品有《开着的窗户》《戴帽子的妇人》《餐桌》《豪华、宁静、欢乐》《画家札记》《奴隶》等。他也是一位出色的雕塑家，是现代派雕塑的先驱者之一，其雕塑作品追求简洁、结实的风格。

◎ 被盗次数最多的绘画作品

世界上被盗次数最多的绘画作品是伦勃朗创作的《雅各布三世·德·切恩》（创作于1632年）。这幅作品和绝大多数被盗绘画一样，具有两个鲜明的特征，一是出自名家之手，二是画幅很小，容易携带。这幅画约有20.32厘米宽，25.4厘米高。

至今这幅画已经被盗4次。有趣的是，每次被盗之后都被不知名的人还回来，因而没有人受到偷画的指控。目前收藏该画的伦敦多维兹画廊宣称，他们的安全防范工作无懈可击，这幅画再不会被盗了。

◎ 价值最高的失窃名画

价值最高的失窃名画是达·芬奇的真迹《圣母与卷线轴》。2003年8月27日，这幅价值3000万英镑的名画在英国苏格兰的德拉姆兰里戈城堡遭窃。2007年，英国警方寻获了此画，逮捕了4名盗贼。

《圣母与卷线轴》是达·芬奇送给法国路易十二的国务大臣的礼物。画幅尺寸不大，画面描述了年幼的耶稣手持十字架形状的卷线轴和圣母玛利亚在一起的情景，暗示耶稣为人类受难的命运。

◎ 最出色的圣母像画家

最出色的圣母像画家是文艺复兴时期的意大利著名画家拉斐尔。拉斐尔的父亲是一位宫廷画师，他从小就受到艺术熏陶。21岁时，拉斐尔完成了他的第一件作品《圣母的婚礼》。他的作品集合了各个流派画家的优点，并逐渐形成具有古典精神的圆润、秀美、柔和的独特风格。

拉斐尔的生命很短暂，只有37岁，在短短的绘画生涯中，他创作了近300幅圣母像，显露出非凡的才能。他的圣母画像大都青春健美、充满温情，体现了文艺复兴时期的人文主义思想。其中著名的有《阿尔巴圣母》《西斯廷圣母》《草地上的圣母》《花园中的圣母》《福利尼奥的圣母》《椅中圣母》等。

◎ 画自画像最多的画家

画自画像最多的画家是荷兰画家伦勃朗。据统计，伦勃朗被世界各地博物馆收藏的自画像有90幅，其中油画60幅，版画20幅，素描10幅。

伦勃朗（1606～1669年）是荷兰历史上最伟大的画家，擅长肖像画、风景画、风俗画。最有名的作品是《夜巡》。他的绘画特色是采取强烈的明暗对比，画面层次丰富，具有戏剧性。伦勃朗晚期的自画像带有鲜明的情绪和力量感。

◎ 世界上最大的油画名作

世界上最大的油画名作是文艺复兴时期意大利重要画家丁托列托的作品《天国》。这幅油画完成于1509年，高10米，宽25米。画中有700多个人物，篇幅巨大，结构精妙，在世界美术史上占有重要地位。

丁托列托是威尼斯画派的代表人物。他立志“要像提香一样绘画，像米开朗基罗一样设计”。他确实成功地把提香的色彩与米开朗基罗的素描结合起来，创造了别开生面的新艺术。

◎ 最大的酒店壁画

世界上最大的酒店壁画是位于香港香格里拉大酒店中央天井的一幅名为《大好河山》的巨型中国山水壁画。这个壁画有16层楼高，长51米，宽14米。人们只要乘坐观光电梯就可以在酒店的41层到56层之间欣赏到这幅巨画。

香港香格里拉大酒店位于太谷广场一角，曾被多次选为世界最豪华酒店。酒店内的宾客可以透过窗户观赏维多利亚港的美景。酒店融合了古老的欧洲格调与东方传统，这幅巨大的山水壁画正好表现了该特征。

◎ 最长的石窟画廊

世界上最长的石窟画廊是中国的敦煌石窟中的莫高窟。莫高窟是敦煌石窟中的4窟之一，其他3个分别是西千佛洞、榆林窟、小千佛洞。

莫高窟是敦煌石窟中最大的石窟，又名千佛洞。莫高窟内现有大大小小的洞窟492个，壁画4.5万多平方米，塑像有2000多尊。

天国（局部）丁托列托

莫高窟壁画（局部）

之所以说莫高窟是世界上最长的石窟画廊，是因为有人计算了一下，如果我们把莫高窟内的所有壁画都连接起来，就可以得到一个长达25千米左右的画廊，这在世界上是绝无仅有的，先不说莫高窟的艺术价值，仅仅就是这样的规模也足以让世界震惊！

◎ 世界上最多才多艺的艺术家

世界上最多才多艺的艺术家是达·芬奇（1452～1519年）。达·芬奇是意大利文艺复兴时期美术三杰之一，也是整个欧洲文艺复兴时期最完美的代表。恩格斯称他为“巨人中的巨人”。

达·芬奇（1452～1519年）因为绘画而闻名于世，例如《蒙娜丽莎》以及《最后的晚餐》，他的好奇心引导他学习包括从解剖学到天文学的一切知识，并且也取得了同样令人瞩目的成就。

达·芬奇是一位天才画家，传世名作有《蒙娜丽莎》《安吉里之战》《岩间圣母》《最后的晚餐》《圣母子与圣安娜》等。这些著名作品是世界艺术宝库的拱顶之石，每一件都是无价之宝。

达·芬奇是一位思想深邃、学识渊博的艺术家，除了在绘画领域的成就之外，他还在建筑和雕塑领域作出很大的贡献。此外，他还是一名科学巨匠，在天文、物理、水利、医学、地质、机械、军事工程等领域都作出了巨大贡献。

◎ 世界上最小的画廊

世界上最小的画廊位于阿根廷首都布宜诺斯艾利斯。这个画廊设在一个老工厂的浴室内，从地面到天花板的距离只有0.3米左右。参观者必须爬一段楼梯，从楼梯口探出头去欣赏艺术品。画廊中陈列着27件艺术品，所有艺术品都是艺术大赛的获奖作品，包括一些微型油画和雕刻品。

◎ 最早的裸体模特

世界上最早的裸体模特是古希腊美女芙丽涅。2300多年前，芙丽涅是雅典最美的女人，她是当时的雕刻家普拉克西特莱斯的女朋友，普拉克西特莱斯创作《尼多斯的阿佛洛狄忒》时请芙丽涅做裸体模特，这是使用模特的最早记载。

关于芙丽涅还有一个有趣的传说。芙丽涅不会裸体出现在公共浴场，但是在祭祀海神的日子里，她借洗礼仪式之名，裸体在海中沐浴。她因此以渎神罪受到法庭的传讯。在审判时，为她辩护的律师让芙丽涅当众脱掉衣服，并说：“难道让这么美丽的乳房消失吗？”最后，法庭宣判她无罪。

— 摄影之最 —

◎ 最早的照片

世界上最早的照片拍摄的是一幅雕版油画，照片中一个少年牵着一匹马，因而被称为《牵马的少年》。

这张照片拍摄于1826年前后。拍摄者是被世人誉为“照片之父”的法国人尼瑟佛尔·尼埃普斯。这张照片使用了被称为凹版照相的技术，也就是在一块铜板上涂一层沥青，这块铜板通过曝光产生图像，然后印在一张纸上。这张被公认为“世界上最早的照片”是法国的国宝，在法国国家博物馆里拍卖到39.2万美元。

1826年，摄影师约瑟夫·尼埃普斯从卧室的窗口拍摄了这张模糊的照片，成为人类历史上第一张照片，这张照片需要曝光8小时。

◎ 世界上最早的实景照片

世界上第一张实景照片拍摄于1826年，被命名为《窗外景色》。照片的内容是楼顶上的鸽子窝，因此也叫《鸽子棚》。和世界上第一张照片一样，这张照片也是由约瑟夫·尼埃普斯所拍。由于时间久远，这张照片的画面已经模糊不清。尽管如此，这张照片由于其特殊的历史地位，受到收藏家的追捧。2002年，苏富比拍卖行在巴黎举办的一场拍卖会上，这张照片以443220美元的高价成交。在拍卖之前，这张照片一直被法国国家图书馆收藏。

◎ 最早采用正片—负片摄影法的摄影家

英国摄影家塔尔波特在摄影史上做出了巨大贡献。1835年，他在拍摄过程中第一次获得了负像，并且可以把所得到的黑底白图像的负像片与另一张未感光的感光材料的药面相贴，然后曝光、显影、定影，就可以得到无数张与原物影调一致的正像片。这种正片—负片摄影法对后来的摄影技术有着深远的影响，并且一直延用至今。

现存最早的塔尔波特照片是1835年拍的《窗口》的负片，大小是25平方毫米，曝光时间约为10至30分钟。由于塔尔波特在当时没有能及时申请专利，加上负片纸张纤维的局限导致画面比较粗糙，所以这种技术没有很快发展起来。

塔尔波特从1844年到1846年出版的《自然的画笔》系列图书是世界上最早使用照片做插图的书籍。

◎ 最早的具有实用价值的摄影技术

“银版摄影法”也叫达盖尔摄影法，是在1837年由法国人达盖尔发明的。这种摄影法是最早的具有实用价值的摄影技术。达盖尔因此被称为“现代摄影之父”。1839年，法国政府买下该发明的专利权，并于同年8月19日正式公布，因此这一天被定为摄影术的诞生日。

达盖尔首先把铺盖着银的铜板浸入碘中获得碘化银，然后把铜板放入暗箱进行操作，使它曝光15～30分钟，然后把汞在75℃的温度下覆盖到铜板上，使得银汞齐化。最后他用盐水定影，于是在铜板上留下拍摄的图像。图像必须从一个角度上才能看到，而且必须密封保护，还要防止手印，因此一般被装在一个前面是玻璃的盒子里。

在1860年达盖尔摄影馆转为摄影沙龙之后，该摄影术被广泛使用。这一发明带给世界栩栩如生的真实画面。

◎ 最早的历史人物照片

第一张历史人物照拍摄于1840年由发明正片—负片摄影法的塔尔波特所拍。这张照片展现了一些人类历史上无法再现的事物。照片的内容是一个训练有素的男仆和一个四轮马车。

1843年，威廉·福克斯·塔尔波特在英国中南部城市雷丁建立了专业摄影工厂。图中的温室即为塔尔波特的肖像摄影工作室，尽管户外的光线要比温室内好得多，但他仍旧倾向于在室内摄影。

这意味着当时的四轮马车是重要的交通设备，但在接下来的40年里它一直未成为通用的交通设备，这只是皇室家族的专利。男仆要保持这个站立的姿态至少10分钟，才能在当时简单的摄影技术条件下被拍到。

◎ 最早的银版人物照片

第一张银版人物照片叫作《巴黎寺院街》，拍摄于1838年。这张照片由发明银版照相的路易斯·达盖尔所拍摄。照片曝光有十几分钟，因此虽然大街上有许多马车和人物，但是它们都没有被拍上去，只有一个擦鞋的人由于站的时间足够久被拍上去了。这张照片成了第一张抓拍到人物形象的照片。

◎ 最早的裸体摄影

1839年，达盖尔发明银版摄影术后不久，他就拍摄了世界上第一幅裸体照片，拍摄对象为两名女性。此后，希波雷德·贝亚德于1840年拍摄了世界上最早的男性裸体照片。

◎ 最早的彩色照片

第一张彩色照片拍摄于1861年，由詹姆斯·克拉克·麦克斯韦尔拍摄。拍摄的对象是格子呢绒缎带。他对着缎带拍了三次，每一次都

摄影师在摄影室内为客户照相

在镜头上使用不同的滤色器，于是得到红、绿、蓝三个不同颜色的图像。对三个图像进行冲洗后，用三个投影机（与当初的相机使用相同的彩色滤光片）投射到同一个屏幕上，当三个图像对齐时，就呈现出我们现在看到的图片。

麦克斯韦尔是公认的彩色摄影原理的创立者。1861年5月17日，他在伦敦英国科普会演讲中，公布了拍摄彩色图像的方法，即用三原色相加混合的方法，也叫加色法。

◎ 最早的动感系列照片

最早的动感系列照片由爱德华得·麦布里奇拍摄。布里奇因使用多个相机而闻名，他用排列成直线的数部照相机拍下一匹奔跑的马，每部相机得到一张静态照片，几张照片连起来看，就可以体验到马匹运动的形象。他还发明了一种装置称为“zoopraxiscope”，它是先进的现代电影放映机的前身。

◎ 最早的35毫米现代胶卷

第一张宽为35毫米的现代胶卷出现于1934年。摄影术出现多年之后，柯达公司于1934年发明了宽为35毫米的胶片，这种胶片迅速成为最流行的摄影材料。直至今天，这种胶片仍被人们广泛使用。这些打了孔的胶片装载成卷，在阳光下也可以加载到照相机内，方便人们使用。在以前的电影胶片用的也是同样规格大小的胶卷。

◎ 最早的人像摄影室

1840年3月，美国摄影师沃尔科德和约翰逊合作，在美国纽约开设了一家人像摄影室。这是世界上最早的人像摄影室。1841年3月23日，商人比亚德和科学家高达德在欧洲开设了世界上最早的一家营业照相馆。

◎ 最早的旅游摄影

摄影术发明以后，很多人希望用摄影技术记录旅游中看到的风景。但是，达盖尔摄影法需要沉重的设备和昂贵的消费，不适用于旅游摄影。直到19世纪50年代，胶棉（湿版）工艺的诞生才使旅游摄影成为可能。

英国的F.弗里恩就是最早将胶棉工艺用于旅游摄影的摄影家。他在1856年到1860年间，三次到尼罗河旅游，拍摄了数百张埃及、叙利亚的一些圣地景色照片。他于1856年拍摄的埃及金字塔，成为早期旅游摄影中的经典之作。

1888年，柯达公司的创始人乔治·伊斯曼推出“柯达一号”摄影机之后，旅游摄影才得到普及。

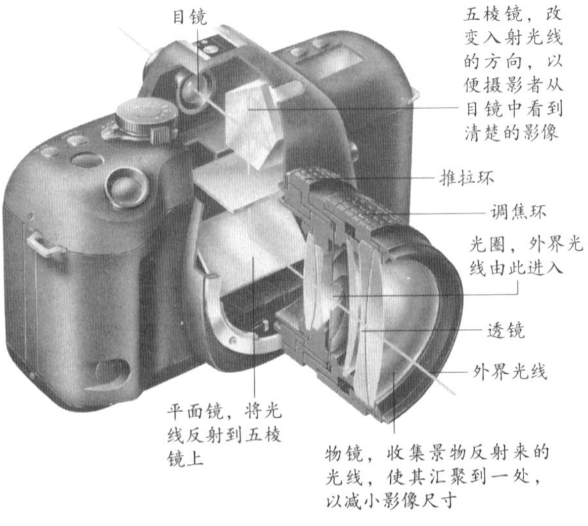

↗ 单镜头反光照相机（SLR）以及一些较为简单的随身相机的原理与近些年出现的数码相机的原理不太相同，后者将景物信息保存在一个微芯片上。

◎ 最早的广告摄影

摄影术发明后，人们很快就发现其商业价值。早在1840年，众多广告主争相运用这种具有强烈视觉表现力的媒体形式，在商业推销上取得了良好的效益。最初，聪明的推销员使用照片介绍产品，他们把产品照片带到批发商和众多零售店，这样可以很快地把最新产品推向市场，免却了携带笨重产品样品之苦。

1856年，美国纽约的《每日论坛报》第一次采用湿版法照片为一家帽子店做广告。从那时起，广告摄影的形式不再局限于靠推销员单纯使用照片，开始与印刷媒体结合以提高传播效率从而进入真正实用阶段。19世纪末，网版印刷技术的出现使照片的印制在经济上和质量上真正为广告客户所接受。

◎ 最早的缩微摄影

缩微摄影是把原始信息原封不动地以缩小影像的形式记录在感光材料（通常是胶片）上的摄影技术。1839年，英国摄影师丹赛用摄影的方法通过显微镜第一次把一张20英寸的文件拍成1/8英寸（约3.2毫米）的缩微影像，将文字缩小为原来的1/160。这是世界上最早的缩微摄影。

◎ 最早的新闻照片

摄影史上第一幅新闻照片是比欧乌和K.F.斯特尔茨纳两人在1842年5月5日拍摄的《大火后的汉堡》。当时德国汉堡发生了一场大火，比欧乌和K.F.斯特尔茨纳拍摄了大火后的景象。这次拍摄也是世界公认的第一次新闻摄影活动。

◎ 最早的战地照片

1855年，英国早期摄影家罗杰·芬顿和他的助手在克里米亚战争中进行拍摄，历时3个月，拍摄了360幅（一说312幅）玻璃底版。这些反映战争场景的照片成为摄影史上最早的战地摄影作品。归来后，他们于同年10月在伦敦举办了自己的影展，这是世界首届新闻摄影展览，展出照片312幅。摄影作为一种艺术和记录事实的手段产生了震撼的效果。

◎ 最早的航拍

1858年12月里的一天，巴黎市民仰望着

拍照过程

相机内的透镜是一种玻璃或塑料质的圆盘，它几乎能聚集景物反射的所有光线，并在相机内形成一个小小的影像。对于大多数相机而言，光线经光圈进入相机后，投影到胶卷上，胶卷的表面有一层光敏感物质颗粒，它们依据入射光的强度产生不同的反应，形成与景物相关的像。相机内有一个平面镜，它将景物反射来的光线向上反射至一个棱镜上，后者再将光线反射到目镜，这样摄影者就能透过相机看到景物了。拍照时，平面镜的位置发生改变，本来被它遮挡着的胶卷显露出来，接收瞬间的光照，即曝光。

空气中的热气球，吊篮里有位摄影师正在拍摄巴黎市的鸟瞰照片。他就是法国著名的摄影家纳达尔（Nadir）。纳达尔原名叫加斯帕德·贾利克斯·图尔纳松。他在摄影上富有创新精神，航拍就是他的一项伟大尝试。

1863年，纳达尔主持制造了一个当时世界上最大的气球，直径达27.43米，取名为“巨星”。他试图在法国开创为顾客服务的空中摄影。同年，“巨星”号在巴黎的练兵场第一次升空获得成功。

纳达尔也是采用人造光进行摄影的先驱。1858年，他开始在摄影室里使用电灯进行拍摄。1859年，他利用人造光（一种煤气灯）拍摄了巴黎的地下陵墓和下水道，大约用了20分钟进行曝光。

抓拍大师亨利·卡蒂埃·布勒松

◎ 最早使用频闪技术的摄影师

焦恩·迈利（1904～1984年）是著名的美国摄影家。他致力于高速摄影的试验，成为最早使用频闪仪的摄影师，并取得斐然成绩。他的作品大多是频闪摄影和光画法。同时他将频闪技术应用于唯一一部与华纳公司合作的短片中。

值得一提的是，焦恩·迈利曾经和毕加索合作。拍摄地点是毕加索制作陶器艺术品的作坊。关上窗户，作坊就成了暗室，他打开照相机快门，让毕加索在黑暗中用小手电筒在空中随意画画，光点轨迹在底片上曝光。然后，他用闪光灯侧面照明拍下人物和背景。暗室长时间曝光和高频闪光的拍摄，使《毕加索》成为别具一格的作品。

◎ 最著名的抓拍大师

亨利·卡蒂埃·布勒松是当代最伟大的摄影师之一，是世界上最著名的街头抓拍大师，被誉为“现代新闻摄影之父”。他的名言是“世界上没有任何事情没有其决定性的瞬间。”布勒松善于用镜头捕捉生活中转瞬即逝的画面，力图最大限度地把客观存在的瞬间展现给人们。他鄙视刻意安排的人物和布景，认为摄影者必须精确、迅速拍照。他的《决定性瞬间》作品集成为无数摄影爱好者的教科书。评论界认为，他把摄影从一种职业或一种业余爱好转变成了一种成熟的艺术。

他的代表作品有《买酒归来》《布鲁塞尔》《拉扎尔车站后景》《审讯》《柏林墙边》等。《买酒归来》，照片展现了一个男孩为爸爸买了两瓶酒回家的情景。作者捕捉到了男孩得意洋洋的神情，在虚化的街道和女孩羡慕的眼神衬托下，更突出了男孩当时的心情。画面生动自然，令人回味无穷。

◎ 规模最大、最有威望的新闻摄影比赛

世界上规模最大、最有威望的新闻摄影比赛是世界新闻摄影比赛（WORLD PRESS PHOTO，简称“WPP”，通称“荷赛”）。这个比赛由总部设在荷兰的世界新闻摄影基金会（WORLD PRESS PHOTO FOUNDATION）主办。该会成立于1955年，自1957年开始举办世界新闻摄影比赛，至今已经举办了54届。荷赛对全世界新闻摄影事业的发展起了重大的推动作用，其宗旨是“促进信息的自由、不受限制的交流，鼓励高水平的专业新闻摄影标准”。

“荷赛”分突发新闻、一般新闻、新闻人物、日常生活、人像、体育、艺术、科学与技术、自然与环境共9类，基本覆盖了新闻摄影的各个方面。每类还分单幅和组照（最多不超过12幅）两项。大赛从所有参赛作品9类18项中评出年度最佳新闻奖和“年度照片”一张，并由儿童评委会从当年部分获奖图片中选一张作为“儿童奖”。

— 雕塑之最 —

◎ 最早的塑像

大约产生于公元前3万年的雕塑《维林多夫的维纳斯》被认为是人类历史上最早的雕塑。

《维林多夫的维纳斯》用非常夸张的手法塑造了一位生育女神的形象。作品大约高10厘米，宽5厘米，雕像上女性的胸、腹、臀、会阴等部位都被夸张地处理了，但是脸部特征却并不明显，有关专家认为这是当时母权意识和生殖意识的强烈反映。雕像虽然不大，但是却是雕塑艺术开端的象征，经过考古专家的仔细研究发现，这尊雕像大约出现于3万年前的旧石器时代，是人类迄今为止发现的最早的雕塑作品。由于它被发现于奥地利摩拉维亚的维林多夫山洞中，再考虑到雕塑的内容，美学专家把它的名字定为“维林多夫的维纳斯”。

◎ 最古老的大型雕像

狮身人面像是位于埃及胡夫金字塔旁边的一个巨型雕像，是世界上最古老的大型雕像，也是最有代表性的古代遗迹之一。它坐落在离胡夫金字塔372米的地方，形象是一个长有人头的卧姿狮子。狮身人面像高20米，长57米，脸长5米，头戴皇冠，额头上刻着圣蛇浮雕，下颌有帝王的标志——下垂的长须，一只耳朵有2米多长。希腊人称之为“斯芬克斯”。

关于这座巨型雕像的由来说法不一。考古学家认为这是为埃及法老胡夫建造的石像。相传公元前2611年，法老胡夫巡视自己快要竣工的陵墓——金字塔时，发现采石场上还留下一块巨石。于是命令石匠们，按照他的脸型，雕一座狮身人面像，用它来镇守自己的墓地。石匠们经过数年精雕细刻，终于完成了它。在漫长的岁月里，狮身人面像曾多次被沙土掩埋，人们最后一次把它从土里刨出来是几十年前的事。

◎ 世界上最大的青铜坐佛

坐落在香港大屿山木鱼峰顶的天坛大佛被认为是当今世界上最大的青铜坐像。

天坛大佛佛身高度大约26.4米，要是加上莲花底座和基座的高度，总高度在34米左右，佛像重达250吨，一共由202块青铜块焊接而成，仅佛面就重达5吨多，佛面在浇注时加入了2千克黄金，看上去更显得流光溢彩、庄重、慈祥，甚为壮观。佛像右手齐胸屈举，五根手指平伸，表示“无畏印”，代表着“清除痛苦”的意思；而左手却下垂于脚上，返掌向外，表示“与愿印”，代表“施予快乐”的意思，寓意佛教里讲的“大雄大力、大慈大悲”。

↗ 狮身人面像全景

天坛大佛于1973年开始筹划兴建，成千上万的佛教信众、佛教界人士、艺术家、技术工程人员为大佛的成功兴建呕心沥血，仅是大佛形象设计就曾经八易其稿，就是绘制图纸也用了5000多张，最后于1989年10月13日由中国航天科学技术咨询公司正式完成大佛的兴建工作，1993年12月29日（农历十一月十七日），也就是佛家阿弥陀的诞辰日，天坛大佛举行了隆重的开光仪式。

◎ 最美丽的雕像

世界公认的最美丽的雕像是断臂维纳斯的雕像。这座断臂维纳斯雕像，也叫米洛斯的维纳斯，因为它是在爱琴海的米洛斯岛上发现的。这座雕像高达2.4米，由半透明的白云石雕成，站在鸡血白纹的白云石座上。据专家们考证，这座雕像是公元前100多年前的作品。

断臂的维纳斯

希腊化时期（公元前4～前1世纪）的经典作品，体现了该时期的艺术新风尚：裸体美神像成为创作主流，风格由庄严崇高向世俗化转变，但仍带有大气磅礴的精神气质。这种优美与崇高的完美结合使这件作品成为古希腊人体雕塑中美的典范。

维纳斯是希腊神话中代表爱与美的女神。雕像体态丰盈，姿势优美，半裸的身体构成了一个十分和谐而优美的螺旋型上升体态，富有音乐的韵律感，充满了巨大的魅力。她那美丽的椭圆型面庞，希腊式挺直的鼻梁，平坦的前额和丰满的下巴，以及恬静的表情，流露出女性的柔美与端庄。整座雕像充满诗意，雕像的比例也耐人寻味，各个部分的比例几乎都符合黄金分割。她虽然缺少两个手臂，却仍然给人完美的感觉。很多艺术家尝试给她修复手臂，都没有成功，最终得出结论：保持断臂反而是最完美的形象。

长期以来，断臂维纳斯一直是最流行的雕刻作品，很多人都模仿它进行雕刻。

◎ 现存最大的金属雕像

世界上最大的金属雕像是矗立在美国纽约港口的自由女神像。这座雕像的高度是46米，算上基座，高达93米。雕像由钢和铜铸造而成，重达229吨。女神身穿古式长袍，头戴七叉冠，左手抱着刻有美国独立日的书板，右手高举象征自由的巨大火炬，脚下散落着被挣断的锁链。这座雕像也是世界上最高的纪念性建筑。

自由女神像是法国政府送给美国政府庆祝美国独立100周年的礼物。雕像由法国雕塑家巴托尔迪设计完成，铜像内部的钢铁支架由建筑师约维雷勃杜克和以建造巴黎艾菲尔铁塔闻名于世的法国工程师艾菲尔设计制作。这座塑像被认为是美国人崇尚自由精神的象征。

自由女神像。这座雕像高46米，1885年在纽约落成。它是由一名法国雕塑家设计的，是法国赠送给美国人民的礼物。自由女神像是来到纽约的欧洲移民们看到的第一个标志物。

◎ 最大的青铜器

据有关部门考证，商朝后期制造的后母戊大方鼎，是迄今世界上发现的最大的青铜器，它于1939年3月在中国中部河南省安阳武官村北的农田中出土。后母戊大方鼎重875千克，通高133厘米，长110厘米，宽78厘米。这么巨大的

后母戊方鼎模型

后母戊，原为司母戊，后经相关专家学者分析论证，认为“司”当为反写的“后”，遂于2011年3月底正式更名为“后母戊鼎”。

方鼎是作什么用的呢？原来后母戊鼎是祭祀的器物，专家们对“后母戊”三个字作出如下解释：祭祀母亲戊。据考证，后母戊大方鼎是商王祖庚祭祀他的母亲妣戊的。2002年4月，以出土而闻名的安阳殷墟终于把甲骨文和世界上最大的青铜器后母戊大方鼎申报为世界文化遗产，这是中华民族对世界作出的又一伟大贡献！

◎ 世界上最大的塑像

美国著名雕塑家克尔扎克父子在怀俄明州东北部的黑丘山上雕塑了一座世界上最大的塑像。塑像位于萨得柯德山峰上，总高约171米，上面能站4000人。这座塑像是一个骑在马上率领人们向侵略者进攻的印第安酋长形象。这座塑像是世界上最大的塑像，比拉西莫尔山上的4位美国总统的塑像高10倍。

◎ 最早的大型石刻佛像

最早的大型石刻佛像是位于山西太原西南20千米处的蒙山南麓的西山大佛。这座佛像凿于北齐天宝二年（公元551年），距今已有1400多年的历史。大佛高约63米，比四川乐山大佛略低，但是比乐山大佛早162年。西山大佛是开化寺的遗物，在历史上具有显赫的地位。公元662年，唐高宗和武则天曾瞻仰佛像，并为佛像披袈裟。元朝末年，开元寺遭到严重破坏，残砖破瓦和山间泥石将佛像掩埋起来。

2005年，西山大佛才被发掘出来。大佛被发现时，破损严重，头部缺失，后来经过复建工程恢复，佛像才得以重新开放供游人观赏。

◎ 世界上最大的石刻坐佛

乐山大佛是世界上最大的石刻坐佛。它坐落在中国四川省乐山市的凌云山，高达71米，仅它的头部就有14.7米，它的耳朵也有7米长，眼睛也比一般人的身高还要高很多，大约有3.3米。这么巨大的乐山大佛看上去威风凛凛，甚是壮观！

乐山大佛于唐代唐玄宗开元元年最初修建，最初是由贵州著名僧人海通和尚募捐修建，海通僧人死后，当时四川节度使韦皋继续完成了海通的遗愿。从713～803年，乐山大佛的修建历时90年之久。乐山大佛最奇的地方不仅仅是它的大，还因为它是直接建造在山崖上的，在山崖上建造那样的一个雕刻简直是一个奇迹。乐山大佛面慈目善、两眼半开半闭、神色异常地平静——表现了佛教里讲的“真”和“善”。人们习惯用一句话来形容乐山大佛：“山是一尊佛，佛是一座山。”

乐山大佛

◎ 世界上最大的金漆木雕大佛

世界上最大的金漆木雕大佛是我国承德普宁寺的千手千眼观世音菩萨。佛像高达27.21米，其中须弥底座高为1.22米，地下埋有木柱，深达3.7米。大佛腰围15米，重量为110吨，仅头部就重达5.4吨。大佛全部为木结构，腰部至莲花座用十五根木柱来支撑大佛上部。正中使用一根柏木中心柱，四根戗柱，十根边柱。中心柱直达大佛顶部。整尊佛像是由120立方米的松、柏、杉、榆、椴五种木材拼制而成后，分三层雕刻成型的。

这尊佛像比例匀称，纹饰细腻，具有很高的艺术价值。大佛共有42只手臂，除去合掌的双手外，其余40只手都持有法器。这在我国大型的佛像雕塑艺术上是十分罕见的。前来瞻仰佛像的游客和信众都能感受到佛的宝相庄严。

◎ 世界上佛像最多的地方

世界上佛像最多的地方是我国的云冈石窟。云冈石窟位于我国山西省大同市西15千米处的武周山南麓。石窟依山而凿，呈东西走向，延绵1000米，共有佛洞53个。据统计，各洞内的佛像多达5.1万个。这些佛像大部分是北魏时期的产物，距今已经有1500多年的历史。雕像大至十几米，小至几公分，石雕林立，蔚为大观。这些雕像栩栩如生，神采飞扬，有的正襟危坐，有的载歌载舞，或击鼓或敲钟，或手捧短笛，或怀抱琵琶。雕像融合了我国传统的雕刻艺术、印度犍陀罗艺术以及波斯艺术，对研究雕刻、建筑、音乐、宗教都是极为珍贵的资料。

图中是中国云冈石窟的大型菩提石雕像，由当时的僧侣于约公元489年雕刻而成，高达50米。

云冈石窟是世界闻名的石雕艺术宝库。1961年被列为全国重点文物保护单位，2001年被列为世界文化遗产。

◎ 世界上最大的摩崖石刻造像

世界上最大的摩崖石刻造像位于我国重庆丰都鬼王石刻风景区。主体“鬼王”石刻身高138米、体宽217米、嘴大20米、舌长81米、雕凿深度26米。1996年7月10日，上海大世界吉尼斯总部颁证，确认其为世界目前最大摩崖石刻造像。

丰都鬼王风景区占地175亩，以鬼文化为背景，以世界最大摩崖石刻鬼王为依托，是集旅游、休闲、娱乐为一体的综合旅游场所。该风景区是长江三峡旅游线上的一个重要景区。

◎ 最大、最重的钟

俄国的科洛克尔沙皇钟是世界上最大最重的钟，人们称它为“钟王”。沙皇钟铸造于1733年，现在保存在克里姆林宫伊凡大帝钟楼旁的一个石座上。它是用铜锡合金浇筑而成的，重193吨，通高6.14米，直径6.6米，钟壁最厚部分为67厘米。钟身上铸有棕榈叶、花结及4条花瓣形的清晰、均匀的纹饰。钟的一面铸有当时统治俄国的安娜·伊凡诺夫纳女皇的浮雕像，旁边有几行赞颂圣母和女皇的铭文，另一面铸有铸造者的姓名。为铸造这口特大的铜钟，先后花费的巨款共达6.2万卢布。

由于当时技术水平所限，大钟铸成后有一条60厘米长的大裂缝，无法敲响。在能够敲响的钟里，中国的永乐大钟是世界第一。永乐大钟铸于明朝永乐年间，它通高6.75米，最大外径是3.3米，重约46.5吨，钟身内外布满了佛教经文和咒语，总计230184字。永乐大钟的铸造工艺、声学特征和力学结构让人拍案叫绝。

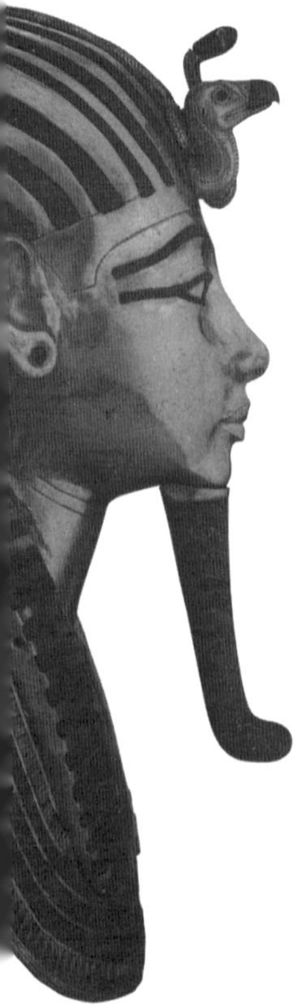
↗ 图坦卡蒙的黄金面具

◎ 最著名的面具

世界上最著名的面具是埃及法老图坦卡蒙的陪葬品——木乃伊上的黄金面具。黄金面具的主人图坦卡蒙19岁的时候神秘死去，大约死于公元前1327年。他的陵墓是在1922年被发现的。他的木乃伊被挖掘出来的时候，头上戴着一个黄金面具，这使他成为当代最为著名的埃及法老。面具与真人脸庞的大小相称，高约50厘米。前额部分饰有鹰神和眼镜蛇神，象征上、下埃及（上埃及以神鹰为保护神，下埃及以蛇神为保护神），下面垂着胡须，显示身为国王的尊贵。面具由纯金打造，并镶上许多宝石和彩色玻璃，总重量大约10.23千克。这个黄金面具是世界上最精美的艺术珍品之一，目前收藏于开罗博物馆。

— 舞蹈之最 —

◎ 最早的自娱舞蹈形式

华尔兹，又称“圆舞”，是最早的自娱舞蹈形式。“华尔兹”一词最初来自古德文Walzer，意思是“滚动”“旋转”或“滑动”。

据考证，华尔兹类型的舞曲，早在17世纪就演奏于哈普斯堡的皇家舞会上，而3拍子“蓬嚓嚓”节奏的圆舞则很早之前就流行于欧洲，特别是在德国巴伐利亚和奥地利维也纳一带的农民中。真正的华尔兹舞蹈大约是在1780年前后出现的，华尔兹简单易学和自由舒畅的特点，吸引了广大的舞者。由于跳舞时男女搂抱在一起，这种舞蹈受到保守的教会和上层贵族的反对和谩骂。然而，法国大革命后，华尔兹受到新兴资产阶级的欢迎。18世纪末的巴黎，一下子涌现出700多家舞厅。

◎ 芭蕾舞最早的故乡

芭蕾舞是用音乐、舞蹈和哑剧手法来表演戏剧情节的舞蹈，其主要特征是女演员要穿上特制的足尖鞋立起脚尖起舞，具有严格的规范和动作形式。芭蕾舞起源于意大利，最初是欧洲一种群众自娱和广场表演的舞蹈。作为一门综合性的舞台艺术，芭蕾舞17世纪在法国宫廷形成。这种宫廷芭蕾实际上是围绕一个统一的主题，进行舞蹈、歌唱、音乐、朗诵和戏剧的综合表演。宫廷芭蕾由专业的舞蹈教师设计，国王和贵族担任演员，女角也由男子扮演。表演场地在皇宫大厅中央，观众则围绕在大厅周围观看。演员戴着皮制面具表示不同角色，因而古典芭蕾又称“假面芭蕾”。

◎ 最早的芭蕾舞剧

随着意大利贵族与法国宫廷的通婚，意大利的“芭蕾”演出被带入法国。于1581年在法国上演的《皇后喜剧芭蕾》被国际舞蹈史家认定为世界上第一部比较完整的芭蕾舞剧。

这部芭蕾舞剧在亨利三世皇后的妹妹——玛格丽特的结婚庆典上演出。当时没有舞台，表演在大厅的地板上进行，观众坐在三面墙壁的两层楼廊里，国王和贵族们坐在坛台上。编导者博若瓦叶是受聘于法国的意大利人。舞蹈的内容表现女妖西尔瑟如何征服了阿波罗，但是不得不向法兰西国王陛下屈服。表演是戏剧、音乐、舞蹈、朗诵、杂技的混合体。这场芭蕾舞剧的音乐乐谱至今仍然保存，是最古老的芭蕾音乐。

◎ 上演次数最多的芭蕾舞剧

《天鹅湖》是古典芭蕾的代表作之一，也是上演次数最多的芭蕾舞剧。自18世纪末创作以来，一直是各大芭蕾舞团的必演剧目。

《天鹅湖》取材于俄罗斯古老的童话，是四幕芭蕾舞剧。作品作于1876年，由别吉切夫和盖里采尔编剧，柴可夫斯基作曲。由于原编导

经典芭蕾舞中使用双脚向外打开和足尖站立的舞步，芭蕾舞演员必须具有匀称的身材和结实的肌肉。

在创作上的平庸以及乐队指挥的缺乏经验，致使1877年2月20日首演失败。直到1895年，《天鹅湖》在彼得堡的再版演出，才获得了惊人的成功，从此成为世界芭蕾舞剧的经典名著。

《天鹅湖》中最被人们所熟悉，也受人们欢迎的部分是《四小天鹅舞》。音乐轻松活泼，舞蹈干净利落，描绘出了小天鹅在湖畔嬉游的情景，质朴动人而又富于诗意。

◎ 最早的踢踏舞

“踢踏舞”是现代舞蹈风格的一种，它的英文表述是“tap dance”，有拍打敲击的意思。这种舞蹈形成于20世纪20年代的美国。当时爱尔兰移民和非洲奴隶把各自的民间舞蹈带到美国，逐渐融合形成了新的舞蹈形式。踢踏舞不注重身体的舞姿，而是注重趾尖与脚跟打击节奏的复杂技巧。表演者穿着特别的踢踏舞鞋，用脚的各个部位，在地板上摩擦拍击，发出各种踢踏声。

经多年发展，踢踏舞吸收了爵士乐节奏、即兴表演等元素，形成了不同的风格，最主要的是爱尔兰风格的踢踏舞和美国风格的踢踏舞。踢踏舞是一种非常有趣的运动，具有自娱性和挑战性，给人轻快、活泼的感觉，节奏感十足。

◎ 世界上最早的民间舞蹈团

世界上最早的民间舞蹈团是俄罗斯莫依谢耶夫国立模范民间舞蹈团。这个舞蹈团成立于1937年，创始人是前苏联杰出的舞蹈编导及舞蹈艺术家伊戈尔·亚历山德罗维奇·莫依谢耶夫。他曾30次获得国际及国内各种奖项。伊戈尔·莫依谢耶夫对世界舞蹈的最大贡献是他把民间舞蹈舞台化，这种创新使他成立了模范民间舞蹈团。

◎ 世界国标舞最权威的比赛

国际标准交谊舞，简称“国标舞”，起源于英国伦敦。1924年，欧洲舞蹈界人士，在广泛研究传统宫廷舞、交谊舞及拉美国家的土风舞的基础上，进行了规范和美化加工，于1925年正式颁布了华尔兹、探戈、狐步、快步四种舞的步伐，总称摩登舞。随后他们将这种舞蹈在西欧推广并进行了比赛，继而又推广到世界各国。

1950年，由英国ICBD（世界舞蹈组织）主办了首届世界性的大赛“BLACKPOOL DANCE FESTIVAL 1950”（黑池舞蹈节），并把规范后的舞蹈命名为国际标准交谊舞，以后每年的5月底，在英国的“黑池”举办一届世界性的大赛。黑池舞蹈节是世界最权威的国标舞比赛。

◎ 现代舞创始人

现代舞的创始人是美国舞蹈家依莎多拉·邓肯（1877 ~ 1927年）。她被称为“现代舞之母”。

邓肯

邓肯凭着对原创性与自由的要求，开创了独具一格的舞蹈。她的舞蹈是革命性的，与一直统治着西方舞坛的芭蕾舞大相径庭，充满了新鲜的创意。她摆脱传统舞蹈标准的束缚，把自由融入舞动的身体里。她放弃了传统的紧身胸衣和芭蕾舞鞋，改穿宽松裙袍，赤脚跳舞，自由摆动。她的舞蹈在20世纪初的欧美舞台上引起了极大的轰动。她结合女权主义者强调的个人表达和妇女主张的社会责任于一身，创造了无与伦比的优雅的舞蹈，并找到了人体与音乐的最佳结合形式。

↗ 古希腊诗人荷马一边弹奏竖琴一边吟唱《荷马史诗》。

— 乐器与音乐作品之最 —

◎ 最古老的乐器

2009年，德国蒂宾根大学考古学家在德国西南部的一个岩洞中发现了一支古老的骨笛。根据放射性碳同位素测年法，考古学家测算出这支骨笛距今至少已有3.5万年。蒂宾根大学的尼古拉·科纳尔说："它毫不含糊地成为世界上最古老的乐器。"

这只骨笛由秃鹫骨头制成，有5个按孔，长约218毫米。最初考古学家只是发掘出12个断片，后来把它们组合起来便成为一支几乎完整的骨笛。

考古学家还发掘出了奥瑞纳文化早期制作的象牙笛碎片。这些发现说明音乐在当时居住在德国西南部的远古人类的生活中扮演着重要角色。

◎ 最古老的拨弦乐器

世界上最古老的拨弦乐器是竖琴。目前被发掘出的最早的拱形竖琴，出现在美索不达米亚平原，年代为公元前2500年。它与缅甸竖琴相似，有13或14条琴弦。从当时古墓上的图片可以看出，演奏者以左手拨弦，右手则负责按弦止音。现在有些中、西非地区，仍能见到这样的竖琴。

早期的竖琴只具有按自然音阶排列的弦，所奏调性有限。现代竖琴是由法国钢琴制造家S.埃拉尔于1810年设计出来的，有47条不同长度的弦和7个踏板，可改变弦音的高低，能奏出所有的调性。

◎ 最早的钢琴

钢琴的前身是用羽管拨动琴弦，所以被称为"羽管键琴"。意大利人克利斯托福里（1655～1731年）原是一位羽管键琴的制造者。1710年前后，他发明了一架外形与羽管键琴完全相同，但内部琴弦发音装置不一样的钢琴。这是世界上第一台钢琴。

钢琴具有带小棰的机械键盘，演奏者可以通过控制力度来改变音量，随心所欲地弹出弱、强、渐弱、渐强、突弱、突强等力度变化、对比，所以当时将这种乐器命名为"有强弱变化的羽管键琴"，弱（piano）和强（forte）两个词拼写起来就是"pianoforte"，后来几乎所有语种都将钢琴简称为"piano"。

◎ 最古老的大型乐器

世界上最古老并且保存最完整的大型乐器是我国的编钟。编钟是一种打击乐器，由青铜

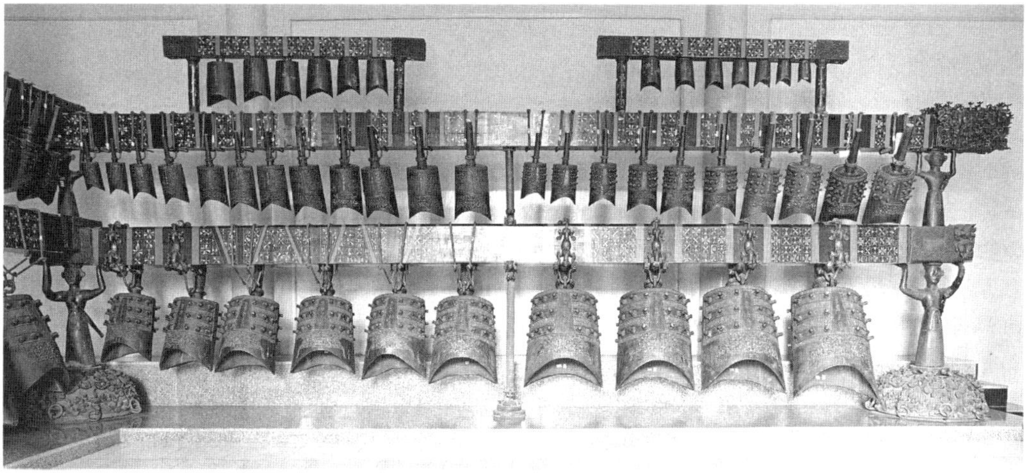

编钟

铸成，大小不同的编钟按照音调的高低悬挂在一个巨大的钟架上，按照乐谱敲打就可以演奏出美妙的乐曲。我国西周时期就有了编钟，那时的编钟数目为三枚，到了春秋战国时期编钟数目逐渐增加。

从战国早期的曾侯乙墓中发掘出来的一套编钟非常完整，共65枚，重2500多千克。这套编钟之大，足以占满一个现代音乐厅的整个舞台。曾侯乙编钟虽然在地下埋藏了2400多年，但是音乐性能仍然良好。全套编钟音质纯正、音色优美、音域宽广，能够演奏古今各种乐曲。这套古老的乐器是中华民族文化艺术瑰宝，被誉为“世界奇观中独一无二的珍宝”。

◎ 最早的小提琴

小提琴是现代管弦乐队弦乐组中最主要的乐器。它的音色优美，音域宽广，表现力强，从诞生之日起，就赢得了人们的喜爱，被誉为“乐器中的王后”。

小提琴的起源可以追溯到2000多年前的乐器“里拉”（Lyre）。15世纪，有人对其进行了改革，并用马尾制成的弓子拉奏，定名为Violin，即小提琴。最早的现代意义上的小提琴大约产生于16世纪中叶。从史料记载来看，最早的小提琴是由住在意大利北部城镇布里细亚的达萨洛（1542～1609年）制成的。但在同一个时期，格里蒙那城中的阿玛蒂（1520～1580年）也制作了与现代小提琴更为相近似的小提琴。从16世纪到18世纪，意大利小提琴制作业得到空前发展，那时的许多旷世杰作至今仍保存在欧洲的一些博物馆中。后来又经过多年的演变，小提琴的形状与制作才基本固定下来。

◎ 最昂贵的小提琴

小提琴和琴弓

世界上最昂贵的小提琴是一把名叫“维奥当”的小提琴。这把小提琴价值2000万美元，堪称小提琴中的“王中之王”。“维奥当”是一把制作于1741年的古董小提琴，制作者为意大利著名制琴师瓜奈里。

小提琴大师梅纽因的一段话足以显示这把琴的价值，他说：“当这把‘维奥当’和我自己的斯特拉·迪瓦里名琴都陷入火海时，如果我只能抢救其中一把琴，那将是这把‘维奥当’。”

◎ 世界上最早的萨克斯管

萨克斯管是由比利时人阿道夫·萨克斯（1814～1894年）于1840年发明的。阿道夫是一位敢于创新的乐器制造者，擅长黑管和长笛演奏。他最初的设想是为管弦乐队设计一种低音乐器，比奥菲克莱德号吹奏灵活并能适应室外演出。他将低音单簧管的吹嘴和奥菲克莱德号的管身结合在一起并加以改进，创造了一种新型乐器，并以自己的名字命名。

1841年，第一支低音c调萨克斯管在布鲁塞尔向公众展出。传说那支萨克斯管曾被人恶意踢坏而无法展出，也有人说当时是在幕布遮盖下展出以防止剽窃。1846年6月29日萨克斯管家族获得了法国的专利。1928年法国古典萨克斯管手Marcel Mule建立了第一个萨克斯管四重奏团体。

◎ 世界上最早的铜鼓

铜鼓是一种比较特殊的青铜器，是祭祀、庆典仪式中使用的乐器，此外还是上层统治阶级拥有权力和财富的象征，曾长期流行于我国南方一些地区，以及东南亚一些国家。

世界上最早的铜鼓是1976年从云南楚雄万家坝23号墓出土的万家坝型铜鼓，一共有四面。万家坝铜鼓制作于春秋时期，鼓面饰太阳纹，腰部饰对称双耳，鼓身上还可见简单的云纹、网纹等纹饰。其他类型铜鼓都是在万家坝型铜鼓基础上发展、演变而形成的。

经测定，万家坝铜鼓音律准确，四鼓之间包含有小三度、纯四度、大二度、小二度的音程关系，音响效果达到了一定的水平。万家坝铜鼓现在珍藏于云南省博物馆。

◎ 世界上最大和最重的鼓

世界上最大的鼓在美国，它是1872年波士顿为庆祝世界和平日而造的。这只鼓的直径为3.7米，重272.2千克。

在我国西安的鼓楼里有一面大鼓——闻天鼓。鼓面直径2.83米，高1.8米，重达1800千克。它是世界上最重的鼓。

◎ 世界上最普及的乐器

世界上最普及的乐器是吉他。吉他，又叫六弦琴，是一种弹拨乐器。吉他的祖先，可以追溯到公元前两三千年前的古埃及、古巴比伦和古波斯的各种古弹拨乐器。18世纪末，吉他在意大利、法国、西班牙流行起来，并很快成了专业用的高难度的乐器。很多著名的作曲家都曾经为吉他作曲，比如韦伯和舒伯特。

吉他能在20世纪蓬勃发展并达到前所未有的辉煌，在很大程度上应归功于“近代吉他之

英国著名吉他演奏家艾瑞克·克莱普顿在演奏中。

父”泰雷加对吉他从制作到演奏技术直至曲目等各方面的深入研究和革新。吉他的形式多种多样，有古典吉他、民谣吉他、爵士吉他、电吉他、电贝斯等。如今，吉他已经成为年产量最高的乐器，几乎在所有现代乐队中都能看到吉他的身影，很多年轻人都以弹一手吉他为荣。

◎ 世界上最小的乐器

世界上最小的乐器是中国的少数民族民间乐器“口弦”。“口弦”，又叫“口琴”“响篾”“吹篾”或“弹篾”，是一支细薄的竹片上挖出簧牙，放在嘴边用指弹拔或抻动而发音的乐器。口弦可分为1片（发1音）、3片（发3音）、5片（发5音），即使5片的口弦也只有10克左右，是管风琴重量的百分之一。口弦在我国彝族、苗族、景颇族、哈尼族等少数民族的音乐生活中占有重要地位，可以独奏、齐奏、合奏或为歌舞伴奏。

现在，口弦已登上舞台，成为一种具有浓郁民族色彩的独特乐器了。

◎ 世界上最大的乐器

世界上最大的乐器是管风琴。管风琴大约产生于公元前200年左右，曾经是纯粹的宗教乐器，在欧洲教堂里往往能看到管风琴。

管风琴是有史以来体积和重量最大、音域最宽广的乐器。现存最大的管风琴是美国新泽西州大西洋城的一个礼堂里的一架管风琴。这架管风琴建于1930年，造价高达50万美元。该琴有33112支从0.48厘米到19.5米的音程管，1477个控制音栓，19个音色区和7排键盘。

这架管风琴过于巨大，以至于无法靠人力鼓风来演奏，因此专门安装了一台365马力的鼓风机，它的风压巨大，要用液压传动装置进行操作。这架管风琴在演奏时，发出震耳欲聋的声音，音量相当于25个铜管乐队的总音量，比六台蒸汽机火车的汽笛声还要响。

◎ 世界上最珍贵的长笛

普鲁士国王腓特烈大帝（1712～1786年）是一个音乐家，擅长吹笛子。世界上最珍贵的长笛就曾经属于腓特烈大帝。这件古老的乐器正因为有着这么一段不寻常的经历，成为众多收藏家争相追捧的稀世珍宝。这个长笛在1972年伦敦市场上拍卖时，身价竟高达43500马克。

◎ 最古老的古典音乐

有史料记载的最古老的音乐是中国的古典音乐。中国的古典音乐理论可追溯到2000多年前孔子提倡音乐的时代。当时中国已提出了“宫、商、角、徵、羽”的“五音”学说，相当于现行简谱上的1、2、3、5、6。

这是16世纪中国乐师合奏的场面，他们已经能够娴熟地使用各类乐器。

◎ 最早的音乐比赛

大约在公元前6世纪，特耳菲城为纪念阿波罗神砍死巨蟒而举行的大型比赛是世界上最早的音乐比赛。比赛项目包括体育、音乐与诗歌。古希腊人认为公开的比赛不仅可以激发演奏者的才能，而且可以提高一般听众的欣赏水平。

◎ 最早的节拍器

世界上最早的节拍器是由德国的约翰·内波穆克·梅尔采尔于1816年发明的。约翰·内波穆克·梅尔采尔是机械乐器的创制人，曾研制出百音琴（即机械乐队）、助听器以及音乐节拍器。1816年，他发明的第一只较完善的节拍器在奥地利首都维也纳首次与公众见面，从此，节拍器受到全世界音乐爱好者的欢迎。

◎ 最早发现十二平均律的人

十二平均律，亦称“十二等程律”，是指将八度的音程按频率等比例地分成十二等份，每一等份称为一个半音即小二度，一个大二度则是两等份。十二平均律在交响乐队和键盘乐器中得到广泛使用，现在的钢琴即是根据十二平均律来定音的，因为只有“十二平均律”才能方便地进行移调。

中国明代律学家朱载堉于1581年首创“新法密率”（见《律吕精义》《乐律全书》），推算出将八度音等分为十二等分的算法，并制造出新法密率律管及新法密率弦乐器。这是世界上最早的十二平均律乐器。这意味着中国的十二平均律比西方的十二平均律出现得早。

在朱载堉创立平均律理论之后52年，Pere Marin Mersenne于1636年在其所著《谐声通论》中发表相似的理论。因此，有人说，西方人创造了钢琴的形体，中国人铸造了其灵魂。

◎ 世界上最昂贵的音乐手稿

莫扎特（1756～1791年）的九部交响乐手稿，于1987年5月22日在英国伦敦沙斯比拍卖行售出时，标价高达439.45万美元。这是目前世界上最昂贵的音乐手稿。这批手稿中包括交响乐第二十二号到第三十号，它们都是莫扎

莫扎特是西方音乐史中公认的最伟大的音乐家之一，与海顿和贝多芬共同将维也纳古典主义乐派的成就推向顶峰。他以不朽的歌剧和恢弘的乐章令世人倾倒，35年的短暂生涯共创作出600多部音乐作品。他的一生，经历了辉煌、失意和沉沦，也给世人留下了不解之谜。

特于1773年至1774年在奥地利萨尔兹堡创作的。当时的莫扎特只有十七八岁。

◎ 现存最早的琴曲谱

在我国古代，“琴棋书画”历来被视为文人修身养性的必由之路。古琴在春秋时期就已经非常盛行了。《诗经》中有不少关于琴的记载，孔子酷爱弹琴，战国时期伯牙与子期“高山流水遇知音”的故事广为流传。

虽然古琴的历史非常悠久，但是流传下来的古琴曲谱少之又少。最早的古琴曲谱是保留在日本京都西贺茂神光学院的《碣石调·幽兰》。这是迄今为止唯一一首用原始文字记谱法保留下来的琴曲。这首琴曲谱共4954个字，记载了一种两手在琴上演奏的指法，记谱年代大约在公元648～714年。1885年，我国学者杨守敬在日本访求古书时发现了这本琴谱。

根据琴谱前面的介绍可知，《碣石调·幽兰》传自南朝梁代隐士丘明（494～590年）。整首曲子节奏缓慢，清丽婉转，表达了伤感的情绪和淡雅的意境。

◎ 世界上篇幅最大的音乐作品

世界上篇幅最大的音乐作品是捷克斯洛伐克作曲家日登内克·菲比赫创作的的钢琴套曲《情绪·印象·回忆》。这部钢琴套曲包含了376首乐曲，演奏完这首巨型音乐作品需要连续几天才行。据说，某乐团在连续演奏此作品时，竟有几个乐手病倒了。

◎ 世界上最单调的歌曲

1895年，德国音乐家彼得·科尔内都斯在完成了一首只用一个音写成的歌曲，并给这首歌取名为《单音》。全曲的确只用了一个小字组中的b音（简谱c调中的b音），不过这个单音并不孤单，它是通过各种节奏音型的变换，在全曲30多小节中轮流重现了80多次，所以这首看似单调的歌曲听起来并不单调，乐曲非常独特。

◎ 世界上最长的休止符

美国音乐家约翰·凯奇是20世纪最具争议的先锋派大师。他创作了著名的无声乐曲《4分33秒》，该曲休止符长达4分33秒，创下了世界上最长的休止符纪录。同时，这也是世界上音符最少的乐曲。

约翰·凯奇请钢琴家上台在钢琴前坐下，观众们坐在灯光下安静地等着。1分钟过去了，钢琴家没有动静；2分钟，还是没有动静；3分钟，人们开始骚动，想知道到底怎么了，到了4分33秒，钢琴家站起来谢幕：“谢谢各位，刚才我已成功演奏了《4分33秒》。”

如果你在听广播或看电视的时候，突然没有声音，不要急着换台，也许你正在欣赏《4分33秒》。

◎ 世界上演出时间最长的芭蕾舞曲

世界上演出时间最长的芭蕾舞曲是由俄罗斯作曲家柴可夫斯基创作的《睡美人》。1889年春夏之交，著名的芭蕾舞编舞大师马缅丝·皮季伯创作了一个三幕五场的芭蕾舞剧本《睡美人》。他邀请柴可夫斯基为这部芭蕾舞剧作曲。柴可夫斯基用了42天完成了《睡美人》的钢琴谱，这首舞曲的演出时间长达5个多小时，成了有史以来演出时间最长的芭蕾舞曲。尽管演出时间超长，但是这个作品获得了巨大的成功。《睡美人》成了经典的芭蕾舞剧。

◎ 世界上最长的古典交响乐

世界上最长的古典交响乐是奥地利音乐家马勒创作的《第三交响乐D调》，创作于

1895～1896年。马勒出身低微，他的作品在他生前并没有被世人接受。他死后不久，他的作品才得到全世界的认可。他创作的《第三交响乐D调》出奇的长，仅第一乐章就45分钟，比贝多芬的《第五交响乐》的全部长度还要长很多，演奏完6个乐章需要1小时34分钟。

◎ 最早的唱片

世界上最早的唱片是由美国工程师埃米尔·别尔利赫尔于1888年录制而成的。这张唱片现存于美国华盛顿国家博物馆里。早期的唱片中间有两个孔，唱针由里向外转动。唱片只录一面，背面贴有文字说明卡。

◎ 最早的爵士乐唱片

在1917年3月7日开始销售，由美国新泽西州卡姆登的皮克塔公司出版的一面录有《紧张、坚定的一瞬》，另一面录有《新奥尔良爵士乐队歌曲》的唱片，是世界上最早的爵士乐唱片。演奏者是尼克·拉罗卡的原新奥尔良爵士乐队。

↗ 这是第一张爵士乐唱片封面。“新奥尔良爵士乐队”的音乐在当时便十分流行。

◎ 最早的歌剧唱片

世界上最早的歌剧唱片是由法国帕台·弗雷贝公司于1896年开始销售的。这张唱片灌制的均是当时著名歌剧演员的歌剧录音。这张唱片呈圆形。由歌剧作家列昂卡瓦洛亲自指挥的歌剧作品《丑角》，于1903年由格拉莫冯公司的弗雷德·盖斯巴格在意大利米兰录制完成，这张唱片成为世界上最早的歌剧金曲唱片。

◎ 世界上最耐用的唱片

世界上最耐用的一张唱片要数1977年8月20日美国发射的太空船“旅行者”1号上面的一张特殊的铜唱片。这张铜唱片被放置在一个普通的铝盒内，盒内还有一个磁唱头和一个钻石唱针。唱片的内容分为3个部分：一是来自于自然界的35种不同的声响；二是来自世界60多个国家的问候语；三是世界上不同语言的民族音乐。唱片将随着“旅行者”1号太空船升入太空，有的研究人员表示，唱片即使是连续不断地使用10亿年，唱片的声音也丝毫不会变质，可见，这张铜唱片绝对是世界上最耐用的唱片！

◎ 最新式的唱片

随着科技的发展，唱片已经逐渐淡出了我们的视野，老式的声音唱片已经在我们的生活中成为过去了，但是唱片业好像并没有就此萧条下去！现在，研究人员已经研究出了一种新式的唱片，比起我们过去常见的老式的声音唱片，新式唱片不仅仅能听到声音而且还能够看到图像，人们把这种新式的唱片叫“电视唱片”。电视唱片和声音唱片从外表上看起来没有什么区别，但是电视唱片的容量要远远大于声音唱片，有资料显示，一张30厘米大小的电视唱片就可以容下一部能放两个小时的电影，又因为电视唱片能看到图像，所以电视唱片更受大众青睐。

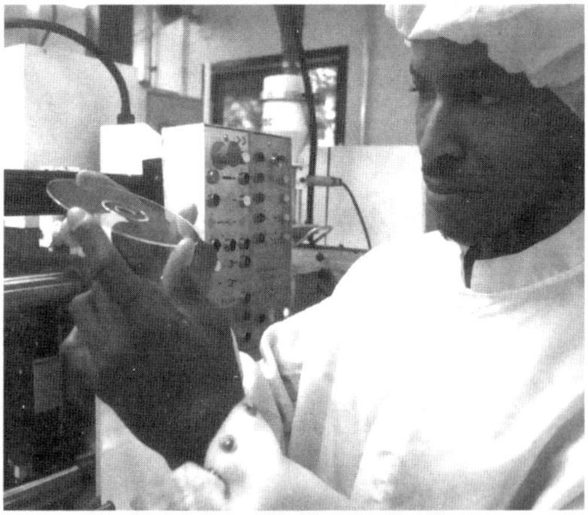

↗ 电视唱片的制作流程

◎ 世界上最畅销的个人专辑

世界上个人专辑的销售量的最高纪录是迈克尔·杰克逊（1958～2009年）创造的。迈克尔·杰克逊是世界流行音乐象征性的人物，他在全世界拥有极高的知名度和影响力，被称为“流行音乐之王”。他是全世界唱片销量最高的艺术家。

迈克尔·杰克逊灌制的8张专辑在全世界共销售出了8.75亿张，由于他在歌坛久盛不衰，所以他的这一纪录还在不断地直线上升。在他的所有专辑中销量最高的是《颤栗》。这张专辑的销量已达1.11亿张，被载入“吉尼斯世界记录大全”。在美国权威音乐排行榜上，它曾经连续80周占据前十名的位置。迈克尔·杰克逊在这首单曲中融合了黑人节奏蓝调与白人摇滚，形成自己的独特风格，时而高亢激愤、时而柔美灵动。《颤栗》的音乐录像带是全球第一张现代MV，被称为“最伟大的录像带”。

“甲壳虫”这支以打击乐著称的乐队在20世纪60年代风靡全世界。

◎ 世界上流行最广的歌曲

全世界流传最广，而且被人们久唱不息的歌曲是《祝你生日快乐》。这首歌曲的作者是美国肯塔基州路易维尔市的两位小姐妹米尔德里多·希尔和帕蒂·希尔。当时她们只是为了将这首歌曲作为在教室里迎接早上最先到来的孩子们的欢迎歌曲，从未想到会成为人们庆祝生日时演唱的歌曲。

1893年10月16日，这首歌曲以《祝贺大家早上好》为名发表，并取得了州出版发行的版权，后来被收入《儿童歌曲故事选》一书中。这首歌常常被转载，出版商对歌词也有所改动，直到1933年被改为《祝你生日快乐》才成为全世界普遍接受的著名的“生日快乐歌”。

◎ 卖得最快的唱片专辑

甲壳虫乐队（又译作“披头士”或“披头四”乐队）是20世纪60年代风靡全球的一个英国音乐组合，成员有约翰、保罗、乔治和林戈。这个乐队是摇滚史上最成功的乐队。他们把摇滚音乐和简单而动人的歌词相结合，赢得了世界各国年轻人的喜爱，每张唱片都能保证销售100多万张。他们的长头发和穿衣风格在全球都有巨大影响。他们随心所欲地编曲，产生了许多丰富多彩的歌曲，有节奏复杂的曲调（如《平装书作者》），也有叙述歌（如《昨天》），有儿歌（如《黄色潜艇》），也有社会评论歌曲（如《埃莉诺·里格比》）。

甲壳虫乐队卖得最快的唱片专辑是《1》，在发行的第一天就卖掉了360万张，第一个月内卖掉了1350万张。这张专辑也是世界上卖得最快的唱片专辑，这张专辑的受欢迎程度可见一斑。到了2000年，尽管这张专辑已经发行了30年，但是它仍然是全世界35个国家中最畅销的专辑。

◎ 世界上最早的金唱片

“金唱片”并非金质的唱片，而是一种荣誉，是西方国家专门为了奖赏灌制唱片的歌唱家而设制的。某张唱片只要卖出了100万张，那么第100万张就称为“金唱片”。世界上第一张金唱片录制的是列昂卡瓦洛（1858～1919年）所作的歌剧《丑角》中的一段咏叹调，是由意大利著名男高音歌唱家恩里科·卡鲁索（1873～1921年）演唱的。

◎ 世界上最早举办的凭票入场的音乐会

世界上最早举办的收费凭票入场的音乐会是1672年由英国的小提琴家约翰·巴世斯特举办的。音乐会的场地是一个大房间，里面摆着一些椅子和桌子，看起来像一家啤酒店。巴尼斯特组织了几个乐师，成立乐队。在房间中搭起一个小舞台，他们在上面演奏。这是最早的盈利性质的演出，花钱购买门票才可以入场观看，票价为1先令。演出节目每晚六点开始，一连演奏了6年之久。

◎ 票价最贵的音乐会

人们都想亲临现场，欣赏著名歌唱家的演出，但是实现这个愿望并不容易。著名歌唱家举办的音乐会票价都比较昂贵，而且需要提前预定。1985年1月17日，意大利著名歌唱家帕瓦罗蒂在夏威夷首府檀香山音乐厅举办了一场音乐演出，这个音乐会的最低门票竟达125美元，尽管比普通音乐会的门票高出很多，但是门票早在半年之前就预定一空了。据当地政府报道，帕瓦罗蒂在拉斯维加斯演出时的最低票价是檀香山票价的两倍。然而，这还不是世界上票价最高的音乐会。

19世纪末，抒情花腔女高音歌唱家詹尼·林德（1820～1887年）被誉为“瑞典夜莺”。她的音乐会门票是世界上最贵的，高达653美元。

帕瓦罗蒂与家人在乡间。

◎ 最大型的灯光音乐汇演

“幻彩咏香江”是香港著名的镭射灯光音乐汇演。每天晚上8时起，香港维多利亚港两岸的44幢高层建筑及地标合作亮起多彩的灯光，灯光随着音乐和旁白舞动，把香港的夜空渲染得如梦似幻，将香港的繁华风貌表现无遗。汇演历时13分钟40秒，演出内容包括音乐、灯光和镭射等。在特别的节日还会加上大厦楼顶和海上的烟火等。

“幻彩咏香江”是香港旅游发展局于2004年起开办的一个宣传香港的旅游项目，共耗资4400万港元，已经吸引了超过400万名游客及市民欣赏。2005年11月21日，“幻彩咏香江”正式列入《吉尼斯世界纪录大全》，成为全球最大型的灯光音乐汇演。

— 音乐家与乐队之最 —

◎ 最早创建欧洲古典音乐的音乐家

最早创建欧洲古典音乐的音乐家是德国伟大的古典音乐家巴赫。巴赫的全名是约翰·塞巴斯蒂安·巴赫，被称为“西方音乐之父”。他是所有著名作曲家中水平最高的艺术家，他谙熟他那个时代的任何音乐形式，对任何一种音乐都能运用自如。他萃取意大利、尼德兰、法国和德国音乐中的精华，将西欧不同民族的音乐风格融为一体，对后来将近300年的德国音乐乃至世界音乐产生了深远的影响。

巴赫的作品主要以复调手法为主，构思严谨，富有哲理性和逻辑性，曲风深沉、悲壮，达到了巴洛克音乐发展的巅峰。巴赫是一位多产的作曲家，共创作了800多首严肃乐曲。除了声乐作品外，巴赫奠定了现代西洋音乐几乎所有作品样式的体例基础。他把音乐从宗教附属品的位置上解放出来，不仅歌颂上帝，也歌唱平凡的生命。他把复调音乐发展成主调音乐，大大丰富了音乐的表现力。他还确立了键盘乐器十二平均律原则。因此巴赫被后世尊称为“不可超越的大师”。

◎ 世界上最著名的神童作曲家

奥地利作曲家莫扎特很小就表现出了非凡的音乐才华。莫扎特在3岁时就显露出了极佳的音乐天赋；4岁时跟着身为宫廷乐师的父亲学习钢琴；5岁时就弹得一手流利的钢琴；6岁时父亲带领他到慕尼黑、维也纳和普雷斯堡等地进行巡演，所到之处引起巨大的轰动，甚至被奥地利皇帝请到皇宫进行表演；8岁时就写了3首交响乐和几首奏鸣曲，据说他在不会写字的时候，就开始作曲了；12岁时为维也纳歌剧院写了歌剧《假

“音乐神童”莫扎特
莫扎特在6岁时就已经开始登台表演。

傻姑娘》；14岁时为意大利米兰歌剧院写了歌剧，并亲自指挥演出，连演20场，场场爆满。

莫扎特是古典乐派的代表人物之一，对欧洲音乐的发展做出了巨大贡献。他的主要作品有22部歌剧，以《费加罗的婚礼》《唐璜》《魔笛》最为著名；41部交响曲；27部钢琴协奏曲。6部小提琴协奏曲；此外，还有大量各种体裁的器乐和声乐作品。

◎ 创作交响乐最多的作曲家

世界上最多产的交响乐作曲家是德国作曲家卡利·莫尔特（1695～1765年），他一生共创作出交响乐165部，从青壮年直到老年，平均每年要创作出不同特色的交响乐三部之多。他创作的交响乐数量超过被誉为“交响乐之王”的海顿，但是质量却远不如海顿。

◎ 世界上作曲最快的音乐家

奥地利作曲家舒伯特是音乐史上著名的“突发天才”，他那些优秀的音乐作品都是在很短的时间内创作出来的。比如著名的《听！云雀》和《摇篮曲》就是他在酒后的十几分钟内创作的。他一生中共创作了600多首艺术歌曲，几乎都是一挥而就。因此，舒伯特是世界上作曲最快的音乐家。

舒伯特被称为“歌曲之王”，他创作的最有代表性的歌曲有《魔王》《野玫瑰》《圣母颂》《菩提树》《鳟鱼》《小夜曲》，声乐套曲有《美丽的磨坊女》《冬日的旅行》等，另有18部歌剧、歌唱剧和配剧音乐，10部交响曲，19首弦乐四重奏，22首钢琴奏鸣曲，4首小提琴奏鸣曲以及许多其他作品。

◎ 世界上最伟大的作曲家

世界上最伟大的作曲家是德国作曲家贝多芬（1770～1827年）。贝多芬的全名是路德维希·凡·贝多芬，他是维也纳古典乐派的代表人物之一，也是19世纪浪漫乐派的开山之父，对同时代以及以后的欧洲音乐的发展做出了巨大贡献，被后世尊称为“乐圣”。

贝多芬曾经师从莫扎特，莫扎特听过他的演奏之后，就预言有朝一日贝多芬将震动全世界。他30岁才开始写第一部交响乐，创作过程虽然迟缓，但是很稳固。他的作品包括9部交响曲，32部钢琴奏鸣曲，5部钢琴协奏曲，10部钢琴小提琴奏鸣曲，一系列弦乐四重奏曲、声乐曲、剧乐曲，以及许多其他乐曲。其中著名作品有《第三英雄交响曲》《第五命运交响曲》《第六田园交响曲》《第九合唱交响曲》《第三、第四、第五皇帝钢琴协奏曲》《月光曲》《悲怆钢琴奏鸣曲》《庄严弥撒曲》等等。贝多芬在生命的最后十年完全失聪，而且生活贫困，但是他仍以惊人的毅力创作了一生中最伟大的作品——《第九合唱交响曲》。

贝多芬

◎ 世界上最多产的指挥家

世界上最多产的指挥家是奥地利著名指挥家赫伯特·冯·卡拉扬（1908～1989年）。他在一生中录制了800多张古典音乐唱片。卡拉扬是20世纪最著名的指挥大师，他从18岁开始担任乐队指挥，先在德国的两个小歌剧院担任指挥，后来在伦敦爱乐乐团、维也纳国家歌剧院乐团、米兰拉斯卡拉歌剧院乐团和柏林爱乐乐团担任指挥。

卡拉扬精通指挥艺术，他知道歌手需要什么，知道应该怎样与歌手合作，他的指挥技巧很奇特。他在指挥时，坚持要乐队的乐手们互相倾听，为歌剧演奏时，则要求乐队必须听舞台上的歌手演唱。

卡拉扬还关心音乐美学和音乐治疗等相关学科的研究，并于1967年创立了萨尔茨堡国际音乐节。1989年7月16日，81岁高龄的卡拉扬在为萨尔茨堡国际音乐节排练歌剧《假面舞会》的时候离开了人世。

◎ 世界上最著名的三大男高音歌唱家

世界最著名的三大男高音是帕瓦罗蒂、多明戈和卡雷拉斯。

帕瓦罗蒂（1935 ~ 2007年）是意大利人，是国际歌剧舞台上的最佳男高音之一。他的音色非常漂亮，在两个八度以上的音域中，每个音都迸射出明亮的光辉。被一般男高音视为畏途的“高音c”，他也能唱得清畅、圆润而富于穿透力，因而被誉为“高音c之王”。他著名的作品是《我的太阳》。

多明戈是西班牙著名男高音，他的嗓音宽厚，以抒情见长，具有戏剧性的征服力。他是公认的威尔第和普契尼作品的诠释者。1974年和1975年他成功饰演了威尔第歌剧中难度最高的两个男高音角色：《西西里晚祷》中的阿里戈和《奥赛罗》中的奥赛罗。

1999年，来自西班牙的多明戈（左）、卡雷拉斯（中）和来自意大利的帕瓦罗蒂（右）三位男高音歌唱家在日本东京举行的“新年音乐会”上开怀大笑，有超过34000人来到音乐会现场。

卡雷拉斯是西班牙著名男高音，他的嗓音流畅清晰、抒情柔美，气息均匀，任何时候都不放纵声音。他在上个世纪70年代中期被著名指挥家卡拉扬挑选为威尔第《安魂曲》的男高音演唱者。他是目前西方最负盛誉的男高音之一。

◎ 唱出最高音的女歌手

玛丽亚·凯莉是美国非常著名的歌手，被称为流行乐坛的天后。她是美国音乐史上拥有最多流行榜冠军单曲的女歌手，同时也是拥有最多流行榜冠军单曲的独唱歌手（18首），并拥有在流行榜上连续停留榜首最久的单曲——与“男孩到男人”组合合作的单曲《One Sweet Day》（16周）。

玛丽亚·凯莉是一位擅用海豚音的歌手，被认为是世界最高音歌手。在一次演唱美国国歌时，她唱出了G7音节。另有记录她在一场颁奖晚会上唱出了六个八度的音阶。其高音纪录仅次于巴西女歌手G.Brown。

◎ 最早的弦乐四重奏乐队

18世纪以前的乐队并没有任何固定的编制，乐队成员的多少和乐器的种类，是由贵族雇用乐队的条件或作曲家的要求而定的。最初的器乐曲通常是用两只小提琴合奏同一旋律，用大键琴伴奏。由于大键琴的音量较弱，低音部分有时就需要用大提琴来加强。

1755年，23岁的奥地利作曲家海顿受聘于冯贝格伯爵，在宫廷里专职作曲。冯贝格伯爵的乐队一共只有四个人，两个小提琴、一个中提琴和一个大提琴，没有大键琴。这样的一个乐队编制使海顿颇伤脑筋。经过反复的研究，他决定把两只小提琴分为两个声部，让中提琴充当内声部，使和声效果更为丰富，用大提琴替代大键琴来演奏低音部。这样，第一个弦乐四重奏乐队就成立了。海顿一生中共谱写了77首弦乐四重奏曲。

迄今为止，弦乐四重奏仍一直被认为是最高雅、最富于表现力的一种音乐形式。

舞台上的迈克尔·杰克逊

◎ 历史上报酬最高的艺术家

迈克尔·杰克逊是历史第一个赚进上亿美元的艺术家，也是历史上报酬最高的艺术家。1991年11月31日，迈克尔发行了新专辑《危险》，并与索尼唱片公司签订了高达8.9亿美元的天价合约。他拥有披头士乐队一半的歌曲版权，拥有猫王的许多歌曲的版权，拥有欧美众多著名歌手数不清的歌曲的版权，因为他拥有全球第二大音乐公司索尼唱片公司的全部歌曲的50%的版权，也就是说，索尼公司每发行一首歌曲赚到的钱，都要分一半给迈克尔·杰克逊。

2006年，吉尼斯世界纪录为迈克尔·杰克逊颁发了一个认证：世界历史上最成功的艺术家！他是一个杰出的人道主义者，赚到的钱很大一部分捐赠给了慈善事业。他一个人支持了世界上39个慈善救助基金会，是全世界以个人名义捐助慈善事业最多的艺人。

◎ 最大的军乐队

1985年 4 月 1 日，在美国洛杉矶道吉斯体育馆里汇集了世界上最大的军乐队。这个巨型军乐团包括3182名音乐家、1342名军乐队队长、旗手以及来自这个地区52所高中的操练人员和指挥。在总指挥邓尼凯的指挥下，该军乐队共演奏了国歌等4首乐曲。

◎ 最大的行进乐队

乐队一般在剧院或室内音乐厅里演奏，但有时由于某种需要，也可以在行进中一边走一边演奏。从演奏的要求来说，后者更加困难一些。首先，行进时引起的身体摇动，不容易掌握乐器；其次，行进中的乐队不容易指挥，这一点同剧场条件相比，更为突出。

1973年1月20日，在美国首都华盛顿宾夕法尼亚大道上出现了一只世界上最大的行进乐队。这个乐队由1976名演奏员组成，为了使乐队演奏的整齐划一，整个乐队共有54名指挥。这次游行是为了庆祝尼克松总统就职而组织的。队伍在大街上吹吹打打地行进了3.2千米，热闹非凡。

◎ 最大的音乐演出团

1872年，“圆舞曲之王”小约翰·施特劳斯应波士顿和平节组织者之邀到美国马萨诸塞州指挥演出。当施特劳斯第一次来到音乐会排练场时，他被眼前的景象惊呆了。原来，参加排练的是一支庞大的合唱队，大约由近2000多名乐师和2万人组成，乐队还增配了一个参差不齐的钢轨和大小铁砧、火警钟所排成的“编钟”以及由一个直径约为5.5米的“鼓王”为主所组成的打击乐器组。施特劳斯站在一个像望塔似的指挥台上挥动着两臂，几十名副指挥用望远镜观察着他，再模拟他的每一个动作，然后指挥自己负责的那部分演奏者。遇到强拍时，整

指挥演出的小约翰·施特劳斯

个乐队就像大炮似的一阵乱轰。素来强调音节准确的小施特劳斯面对这个巨型演出团一点办法也没有，只能望洋兴叹。

◎ 最早的爵士乐队

爵士乐是20世纪初产生于美国新奥尔良的一种具有舞曲性质的现代音乐，其突出特点是即兴创作并演奏。乐队中的每个演员必须独立地处理节奏和旋律，但又必须使整个乐队融合为一体。主要旋律乐器有单簧管、萨克斯管、小号、长号，主要伴奏乐器则为钢琴与架子鼓，乐队通常由5～10人组成。

1900年前后，新奥尔良黑人音乐家巴迪·波尔汀组建了世界上最早的爵士乐队。这个爵士乐队的演奏风格对以后爵士乐的发展产生了很大的影响。而世界上最早录制爵士音乐唱片的乐队则是美国新奥尔良城的另一支爵士乐队，1919年4月7日，他们还在伦敦举行了首场公开演出。

— 电影与电视之最 —

◎ 最早的电影

早在1885～1887年，就在纽约的华盛顿高地聋哑人学校的白粉墙上放映了由路易斯·爱美·奥古斯丁·雷·普林斯拍摄的模糊移动的轮廓。他用在英国申请专利的摄像机，拍摄了英国西约克郡，利兹的鲁恩岱他岳父约瑟夫·怀特雷的花园，用的是每秒10～12张的拍摄速度，这5.4厘米宽的胶片是幸存下来的最早的影片胶片了。

↗ 卢米埃尔兄弟于19世纪90年代在法国首次进行电影放映。

1894年4月14日由托马斯·奥尔华·爱迪生的助教威廉·K.L.迪克森制作的双排活动电影放映机放映的电影在纽约市百老汇1155号的荷兰布劳丝活动电影放映厅隆重放映。观众花5美分就能看一部电影，这也是第一部商业性放映的电影。

由卢米埃尔兄弟、奥克斯特·玛里·路易

电影小历史

时　间	事　件
1895年	第一部公开放映的电影在巴黎上映
1905年	第一家电影院在美国开放
1907年	好莱坞建成
1923年	《爵士歌王》（美国第一部大型有声电影）公映
1928年	奥斯卡奖设立
1935年	卡通动画片制作家迪士尼（1901～1966年）在电影《威利汽船》中创作出最流行的卡通角色米老鼠
1947～1954年	第一部彩色电影上映
1953年	非美活动调查委员会插手调查好莱坞第一部立体声宽银幕电影上映
1995年	《玩具总动员》——第一次用计算机合成制作的电影上映

斯·尼古拉斯和路易斯·简于1894年8月或9月在法国里昂拍摄的电影《一群矿工在荒地》于1895年3月22日在巴黎44号大道公映，这也是第一部在银幕上公开放映的电影。

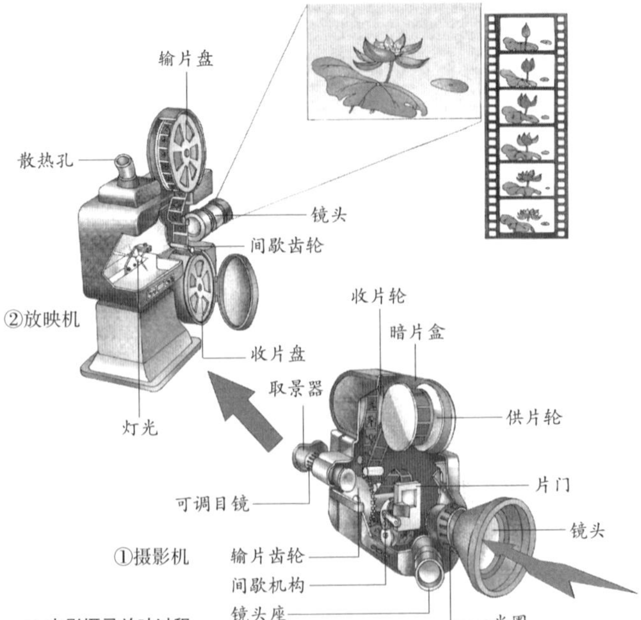

电影摄录放映过程

◎ 最早的有声电影

尤金尼·奥古斯汀·劳斯特是最早试制成功有声电影的人，1906年8月11日，他为自己的制作方法申请了专利。1910年，劳斯特在伦敦斯道克威尔的本尼迪克特路制作了一个播放系统，这个切实可行的系统是用一个串联电流计制作而成。

1922年9月17日用三尔格制作法放映的电影在德国柏林的阿尔哈姆布拉电影院公开放映，这也是最早公映的有声电影。

李·德·福莱斯特博士是美国第一部有声电影《爵士歌王》的制作者，这部影片于1923年4月15日在纽约市丽奥托剧院上映。1928年7月6日在纽约市斯特兰德剧院放映的《纽约的灯火》是第一部全部有声的电影，这部影片是瓦纳·布劳斯制作的。

◎ 最早的彩色故事片

世界上最早的彩色故事片是鲁宾·马莫利安于1935年拍摄的《名利场》。本影片根据英国19世纪小说家萨克雷的成名作品《名利场》改编，由米里亚姆·霍普金斯主演。

影片中蓓基和爱米丽亚是同窗女友，但蓓基来自于下层社会，她尝够了贫穷的滋味，一心要摆脱困境，进入上流社会。她设法进入了富商的女儿爱米丽亚的家庭，并结识了她所有的朋友。她不择手段，凭谄媚奉承攀上高枝，但是却破坏了其他许多恋人们的生活，同时也破坏了自己的生活，变得多病、虚弱和孤独。影片辛辣地讽刺了“名利场”中各种丑恶现象。在影片中，我们了解到当时英国社会的等级差异，也了解到拿破仑战争时期军队的状况。

20世纪40年代以后，彩色电影成为了电影的主流。

◎ 最早的电影音乐

20世纪初电影经历了一个从无声到有声的转变过程。无声电影的剧情用音乐来渲染，同时音乐可以掩盖放映机的噪音，电影人由此受到启发，就尝试在电影中加入音乐。世界上最早的配乐记录影片《基督教的士兵》于1900年9月13日在N.马卡诺里为影片配乐作曲。世界上最早的配乐故事片是1908年11月17日在法国巴黎公开放映的《基斯大公的暗杀》。卡米尤·桑萨恩斯为这部影片作曲。

◎ 最早的立体声音乐电影

1935年，在巴黎的帕拉马温特影剧院首次上映了一部配上立体音响的电影，这部电影是于1932年由巴黎的电影制片人阿贝尔·甘斯和安德雷·戴布利根据甘斯的无声电影巨作《拿破仑》改编而成的，他们还获得了该项专利。

1941年，美国无线电公司和沃尔特·迪士尼制片厂联合为迪士尼制片厂摄制的动画片《幻想曲》制作了立体声音乐。该影片的音乐指挥是列奥波尔德·斯托科夫斯基，由费城交响乐团演奏。

◎ 最长的影片

由约翰·亨利·蒂米斯四世导演拍摄的美国影

片《治疗失眠症》，于1987年1月31日至2月3日在美国芝加哥的艺术流派学院举行了首映式。整个影片长达85小时，其中很大部分内容是L.D.格罗班对着镜头朗读他的那首4080页的诗，有色情内容的镜头和一些摇滚乐穿插在中间播放。

◎ 最长的系列电影

世界上最长的系列电影是《黄飞鸿》。根据香港电影资料馆的香港电影史专家余慕云的介绍，自1949年的《黄飞鸿传上集之鞭风灭烛》，到1997年的《黄飞鸿之西域雄狮》，香港一共出产过100部黄飞鸿电影。其中，59部是由胡鹏导演的，余下分别由王天林、凌云、罗志雄、陈国华、丁零、徐克、刘丹青、李钊、元彬、袁和平等导演。关德兴主演了77部，余下23部分别由13位演员主演，他们是白玉堂、谷峰、史仲田、刘家辉、成龙、李连杰、谭咏麟、钱嘉乐、王群、赵文卓、曾思敏、王钰、季天笙。其中李连杰主演的黄飞鸿最为深入人心。

黄飞鸿系列电影主要以武打的形式表现了黄飞鸿惩恶扬善，与恶势力做斗争的精神。

◎ 耗资最大的影片

总投资4.3亿美元的科幻巨制《阿凡达》可

《阿凡达》电影海报

谓电脑史上投资最大的电影。这部由詹姆斯·卡梅隆执导,萨姆·沃辛顿和佐伊·索尔达娜主演的影片，光制作费就高达2.8亿美元，另外还有1.5亿美元的宣传费，远远超过了1997年拍摄的《泰坦尼克号》。

但如果把物价上涨因素计算在内，以实际成本来算，由约瑟夫·曼凯维奇1963年执导的美国影片《埃及艳后》应当算是历史上耗资最大的影片。这部由伊丽莎白·泰勒和理查德·伯登主演的影片共耗资4.4亿美元（按当时的物价及通胀折算而成）。

◎ 票房总收入最高的影片

尽管电影《阿凡达》投资巨大，但回报更是可观。据不完全统计，截至2010年3月《阿凡达》的票房总收入已超过27亿美元。其中北美票房7.43亿美元，海外票房则已超过19.57亿美元。乐观估计，该片的最终票房收入有可能突破30亿大关。

◎ 票房收入最高的恐怖片

1996年，耗资1500万美元，由派拉蒙影业公司发行，韦斯·克雷芬执导，德鲁·巴里摩尔和尼芙·肯培尔主演的恐怖片《夺命狂呼》到1997年7月止，就已获得1.616亿美元的票房收入。而由大卫·阿凯特和科特妮·考克斯主演的《夺命狂呼2》在上映后第一个周末就获得了3300万美元的票房收入，从1997年12月到1998年8月共收入1.605亿美元。

但如把票价和物价上涨的因素计算在内，历史上票房收入最高的恐怖片应该是1973年由威廉·弗里德金执导的影片《驱魔师》，按照今天的标准计算，该片票房收入相当于3.81亿美元还要多。

◎ 最早的动画片

1888年，法国人雷诺试制了“光学影戏机”，并用此机拍摄了世界上第一部动画片《一杯可口的啤酒》。

第一部接近现代动画概念的影片是美国人J.Steward在1906年制作的《滑稽面孔的幽默形象》。他经过反复琢磨推敲，不断修改画稿，最终完成了这部接近动画的短片。

1908年，法国人Emile Cohl制作了世界上第一部动画系列影片《幻影集》。他首创了用负片制作动画影片。

1909年，美国人Winsor Mccay用10000张图片表现一段动画故事，这是迄今为止世界公认的第一部成熟的动画短片。从此以后，动画片的创作和制作水平逐渐提高，人们已经开始有意识地制作表现各种内容的动画片。

◎ 最早的动画卡通形象

世界上最早的卡通形象是诞生于1919年的菲力猫。菲力猫是派特苏利文公司制作的动画片《猫的闹剧》中的主角，它一出现便引起了强烈的反响。可爱的菲力猫的受欢迎程度足可与迪士尼公司的众多卡通人物媲美。

菲力猫的系列影片中包含了很多表现动画特性的视觉艺术，独特的表情和姿势赋予了菲力猫一种无法复制的个性，使得菲力猫成为美国连续十年最受欢迎的卡通明星。菲力猫也是首个成为商品的卡通角色，菲力猫玩具、菲力猫唱片、菲力猫贴纸等琳琅满目的商品备受孩子们的欢迎。

◎ 最早的长篇动画电影

1937年，美国迪士尼公司根据格林童话改编的动画电影《白雪公主》是最早的长篇动画电影，同时也是第一部彩色动画电影。这部动画电影的制作过程历时4年，耗资150万美元。这些努力和付出没有白费，这部动画电影成功地塑造了经典的白雪公主形象，并且获得了第11届奥斯卡特别金像奖、奥斯卡特别成就奖等多种奖项。

◎ 最长的动画片

世界上最长的动画片是日本动画片《哆啦A梦》，也叫《机器猫》。这部动画片是由藤子·F.不二雄创作的漫画改编的。漫画中的哆啦A梦是一个来自未来世界的猫形机器人，它从自己神奇的百宝袋中掏出各种奇妙的道具帮助大雄解决困难。1969年，《哆啦A梦》开始在小学馆的学年志上连载，并受到广大观众的喜爱。

首部哆啦A梦动画片于1979年播出后，同样受到了广泛欢迎。截至2005年3月18日播放完毕，共播出1984集（包括所有电影和中篇）。动画片中使用的道具多达2100个。2005年，日本开始重新制作《哆啦A梦》系列动画片。

藤子·F.不二雄于1996年在绘画的时候逝世。他的遗愿是让世界各地把他笔下的这个可爱的蓝色猫形机器人统一使用本来的名字——ドラえもん（哆啦A梦）。

◎ 最早的动画片连续剧

世界上最早的动画片连续剧是日本动画片《铁臂阿童木》。该片由日本著名漫画家手冢治虫创作的漫画《铁臂阿童木》改编。这部漫画从1952年开始在日本光文社的《少年》漫画杂志连载，直到1968年才结束，主要讲述了机器人阿童木的冒险经历。1963年，漫画被改编成52集电视动画片连续剧，并在富士电视台播放，收视率达到了47%。几乎每两台电视机就有一台在收看这个节目。这部动画片在电视台连续播放4年，一直保持很高的收视率，创造了动画史上的奇迹。这部动画片为日本后来的动画产业奠定了基础。

↗《铁臂阿童木》海报

◎ 最早的电脑三维动画

1995年，皮克斯公司制作出第一部完全用电脑制作的长篇三维动画《玩具总动员》。这部动画片全长不过77分钟，制作成本却高达3000万美元。该片一经推出便风靡全球，票房收入近4亿美元，而且获得了1995年奥斯卡音乐大奖及金球奖最佳影片、最佳原创音乐等多项大奖。导演约翰·莱塞特还获得当年奥斯卡特殊成就奖。

《玩具总动员》开创了用电脑制作取代手绘动画的先河，在电影史上具有重要地位。影片讲述了玩具牛仔胡迪和玩具宇宙警察的一段冒险故事，人物造型逼真传神，连街道风景、落日余晖、倾盆大雨都表现得特别逼真，营造了梦幻般的视觉效果。

◎ 被搬上银幕最多的卡通人物

被搬上银幕最多的卡通人物是一个叫佐罗的行侠仗义的英雄，到2005年，这个卡通形象已经被搬上银幕70次。佐罗是由美国人麦卡利创作的充满传奇色彩的人物。经过不断地演绎和宣传，他已经成为正义的化身。

最早的关于佐罗的故事片是道格拉斯·范朋克主演的《侠义佐罗》，这部影片是在卡通片上映一年后，也就是1920年拍摄的。1998年，由安东尼奥·班德拉斯主演的美国电影《佐罗的面具》取得了很大的成功，首映当天有2515家影院上映该片，创下了2.5亿美元的票房收入。

◎ 被搬上银幕最多的小说人物

被搬上银幕最多的小说人物是柯南·道尔创作的侦探福尔摩斯。自1900年以来，福尔摩斯先后出现在211部影片中，有75名演员扮演过这个角色。

福尔摩斯的银幕形象

福尔摩斯已经成了世界通用的名侦探的代名词。他头脑冷静、观察能力和推理能力极强，总能侦破那些没有头绪的悬案。他的经典造型是抽着烟斗、拿着拐杖、穿着黑色风衣、戴着黑色礼帽。他一边吸烟一边分析案情的样子成为银幕上的一种标志性的符号。不管是多么扑朔迷离的案情，经过他的一番推理，最终总能找到真相。

◎ 被搬上银幕最多的历史人物

法国皇帝拿破仑·波拿巴是法国历史上最伟大的领袖之一，他创立的功业不亚于亚历山大和恺撒大帝，他那具有戏剧性的传奇经历是很受欢迎的电影题材。1897年以来，拿破仑·波拿巴是175部电影的主角，超过其他所有历史人物，成为被搬上银幕次数最多的历史人物。

拿破仑出生于科西嘉岛，曾在军校学习并取得军官资格。1789年，法国大革命爆发后，他在军界和政界崭露头角。他统帅军队多次击退反法同盟联军，树立了威信。1799年，他发动雾月政变，成为法兰西第一共和国的独裁者。1804年，拿破仑称帝，把法兰西第一共和国改为法兰西帝国。此后拿破仑东征西战，入侵西班牙、奥地利和俄罗斯。1814年，拿破仑战败后，被流放到厄尔巴岛上。1815年，他逃出小岛，回到巴黎，开始了百日王朝。三个月后，拿破仑在比利时滑铁卢战役中全军溃败，他被流放到圣赫勒拿岛。1821年，拿破仑在岛上去世。

◎ 世界上动用群众演员最多的电影

动用群众演员最多的电影是1982年由英国导演理查德·阿滕伯勒执导的《甘地》。这部影片动用了30万群众演员参加甘地葬礼场面的拍摄。为了拍摄这一场景，理查德派出了11个拍摄小组，共拍摄了6096米长的胶片。经过剪辑之后，葬礼的场面只剩下2分钟多一点。

◎ 世界上使用服装最多的影片

一些电影为了表现真实的场景，需要使用很多的服装道具。其中，使用服装最多的影片是《走向四方》（1951年，美国）。该片一共使用了32000套服装。

同一个演员更换服装最多的影片是1996年拍摄的《埃维塔》。好莱坞女星麦当娜在影片中出演阿根廷独裁总统胡安·贝隆的妻子伊娃·贝隆。在这部影片中，麦当娜更换了85次服装，戴过39顶帽子和56副耳环，穿过45双鞋，这使她成为电影史上使用服装最多的女演员。当年，因为麦当娜这样一个前卫叛逆的女孩出演阿根廷国母，在阿根廷引起了不小的风波。尽管如此，这部电影却是麦当娜演艺事业的一个里程碑。

◎ 世界上获利最多的系列影片

世界上获利最多的系列影片是英国特工007邦德系列影片。邦德系列影片是根据伊恩·弗莱明的小说改编的。截止2008年，米高梅影视公司一共出品了22部007系列电影，已在世界各地获得票房收入10多亿美元。

第一部007影片是1962年上映的《诺博士》，由肖恩·康纳利扮演邦德。此后，肖恩·康纳利主演了5部007电影。罗杰·摩尔出演过《生死关头》等7部007电影。乔治·拉赞贝和提摩西·达顿也饰演过邦德的形象。最受观众欢迎的是第五任邦德——皮尔斯·布鲁斯南。他主演了《黄金眼》《择日而死》等007影片，展现出了惊人的魅力。在他之后，丹尼尔·克雷格主演了两部007电影。

皮尔斯·布鲁斯南在《黄金眼》中饰演的詹姆斯·邦德

◎ 世界上最昂贵的电影上映权

百老汇的音乐剧《安妮》是上映权最贵的电影，其上映权费用为950万美元。该片于1982年发行，由约翰·休斯顿执导，阿尔伯特·费尼主演。

音乐剧《安妮》是由漫画《孤女安妮》改编的。孤女安妮在孤儿院过着非人的生活，后来一个百万富翁选中安妮陪他过圣诞，把她接到豪宅中。富翁帮助安妮寻找亲生父母，出钱悬赏能够提供线索的人。结果招来了形形色色的骗子，甚至有人为了勒索富翁，绑架了安妮。富翁几经周折找到了安妮，并收她为养女。

◎ 拍摄时间最长的影片

迄今为止，拍摄时间最长的电影是《紧闭双眼》。这部电影由库布里克执导，克鲁斯和基德曼主演，一共拍摄了15个月，其中包括46周的不间断拍摄。库布里克在电影发行前去世。

◎ 拍摄次数最多的一个场景

电影拍摄过程中，如果演员出现失误或笑场，或者不能达到最佳的效果，导演就会要求重来一次。这在电影界叫“NG”，意思是“no good”。现在有些电影也用它来作为片尾来吸引观众，使大家了解拍摄过程中不为人知的一面（即花絮）。

同一场景拍摄次数最多的记录是由导演库布里克创作的，他在执导电影《闪闪发光》时，有一个场景拍摄了127次才通过。

◎ 在同一个电影院持续放映时间最长的电影

故事片《庐山恋》由上海电影制片厂摄于1980年，作为“文革”后国内第一部表现爱情的电影作品，《庐山恋》使张瑜和郭凯敏扮演的两位主人公一下子成为当时年轻人心目中的青春偶像。

《庐山恋》问世后，庐山兴建了一个小型电影院，每天从早到晚只放映这部影片。到庐山看《庐山恋》成了一个固定的旅游项目。截至1999年，《庐山恋》已在这家电影院里放映了6300余场。

2000年，上海“大世界基尼斯”总部曾颁给该片“在同一影院放映场次最多的单片”称号。这家电影院也装修一新，正式更名为“庐山恋电影院”。

2002年，世界吉尼斯英国总部正式授予中国电影《庐山恋》“世界上在同一影院连续放映时间最长的电影”的吉尼斯世界纪录。世界吉尼斯英国总部在北京人民大会堂为《庐山恋》创造世界纪录举行授证仪式，张瑜和郭凯敏代表剧组领取证书。

◎ 规模最大的国际电影节

戛纳电影节，又译作康城或坎城电影节，是世界上规模最大的电影节。1946年9月20日，在法国南部旅游胜地戛纳举办了首届戛纳电影节。除了1948年、1950年停办和1968年中断外，每年举行一次，为期两周左右。原来每年9月举行。1951年起，为了在时间上争取早于威尼斯国际电影节，改在5月举行。1956年最高奖为“金鸭奖”，1957年起改为“金棕榈奖”，授予最佳故事片、纪录片、科教片、美术片等。此外，历年来还先后颁发过爱情心理电影、冒险侦探电影、音乐电影、传记片、娱乐片、处女作、导演、男女演员、编剧、摄影、剪辑等奖。1993年，我国导演陈凯歌执导的电影《霸王别姬》获得了金棕榈奖。

戛纳电影节因为有大海、美女和阳光（Sea Sex Sun）而被称为3S电影节。每年盛事期间，在著名的海滨大道及附近的海滩上都会有众多美女云集。她们期待着结识影界大腕或者被星探们发掘，以圆她们的明星梦。

↗ 美国导演迈克尔·摩尔在戛纳参加他执导的纪录片《华氏9·11》的正式放映仪式时向世人展示他获得的金棕榈奖。

◎ 最早的国际电影节

创办于1932年8月6日的意大利威尼斯国际电影节是世界上第一个国际电影节。威尼斯国际电影节每年8月底到9月初在意大利威尼斯利多岛的电影宫举行，为期两周，每期都有一个主题。其宗旨是提高电影的艺术水平，促进电影工作者的合作与交往，为电影事业的开展提供便利。电影节期间会放映大量观摩影片，包括在其他电影节上得过奖或未入选的影片，此外，还会举行各种讨论会和纪念活动。

威尼斯电影节的一个重要项目是评选和奖励优秀电影，奖项有金狮奖、银狮奖和铜狮奖，其中最高奖项是金狮奖。我国著名导演张艺谋执导的电影《秋菊打官司》在1992年的威尼斯电影节上获得了金狮奖。

◎ 最大的电影城

闻名世界的美国好莱坞电影城，是世界上公认的最大的电影城。它坐落在美国加利福尼亚州的西南部靠近太平洋的洛杉矶市的西北部。

好莱坞最初只是洛杉矶郊外的一个小村，1908年被拍摄《基督山伯爵》的摄制组发现。那里风景秀丽，很适合拍外景。到了1928年，好莱坞形成了以福克斯、米高梅、哥伦比亚、华纳、联美、派拉蒙、环球和雷尼屋八大影片公司为首的强大阵容。美国的电影制片厂，电影洗印厂和电影机械厂等绝大部分电影艺术工业都集中在这里。同时，好莱坞还云集了大批世界各地顶级的导演、编剧、明星、特技人员。

好莱坞生产的影片不仅满足美国电影市场的需要，还出口到世界各地。好莱坞输出美国文化的同时，也为好莱坞投资人带来了丰厚的利润。

环球影城是好莱坞最吸引人的地方。那里有世界上最大的电影制片厂，占地1.7平方千米，有561座建筑物、34个音响舞台。你可以参观电

贝佛利山上的“好莱坞”标志告诉游客他们已经到达世界电影业的中心。

影的制作过程，还可以亲临拍摄现场体验电影的拍摄过程。影城内有三个游览区，分别是电影车之旅、影城中心和娱乐中心。

◎ 世界上最小的电影院

世界上最小的正常营业的电影院是古巴科隆的米拉马尔电影院。这家电影院只有25个座位。另外，美国最小的电影院是蒙大拿州银星村的银星电影院，该电影院有26个座位。

英国人麦克法兰发明了世界上迄今为止最小的“电影院”，它由一副连着信号线的特制眼镜及眼镜上的迷你音响设施组成。麦克法兰在伦敦向外界展示他的杰作时，非常得意。无论从规模，还是从观影人数来看，这项发明都可算是世界上最小的电影院。

◎ 最早出现的3D电影

3D电影也叫三维立体电影。3D电影展现出一幅幅连贯的立体画面，能产生强烈的“身临其境”感，使观众感到景物扑面而来、或进入银幕深凹处。观众观看3D电影时需要戴上特制的眼镜，左眼只能看到左像、右眼只能看到右像，通过双眼汇聚功能将左、右像叠和在视网膜上，由大脑神经产生三维立体的视觉效果。

1922年，世界上第一部3D电影《爱情的力量》上映，遗憾的是，该影片已经遗失了。早期的3D电影都是以展示立体效果为主，片中常以指向观众的枪、扔向观众的物体为噱头。

3D片在20世纪50年代进入了黄金时期。1951年，环球公司推出最有名的3D恐怖片《黑湖妖谭》。1952年，讲述非洲探险的《非洲历险记》被认定为是史上第一部真正的3D长片。该片的口号是“狮子在你腿上，爱人在你怀里”。尽管有人认为该片廉价、荒谬，但观众们仍然热情地挤进电影院去体验身临其境的感觉。1953年，《恐怖蜡像馆》等一批3D恐怖片应运而生。

◎ 世界上最早的电影制片厂

1893年，美国发明家爱迪生在新奥尔良的新泽西建成了世界上第一所摄影厂棚——“黑玛丽”。这个世界上最早的摄影厂棚被人们称之为“黑囚车”。

19世纪90年代末期，卢米埃尔兄弟发明了电影摄影机。

1897年，法国人梅里爱成立了“明星制片公司”，并在巴黎附近的蒙特路伊，按照罗培·乌坦剧院的大小建造了一个玻璃屋顶的“摄影棚”。这个“摄影棚”是以后全世界电影制片厂效仿的模式。然而，这个“摄影棚”就像个大照相馆，“摄影棚”的一端是摄影机，而另一端是一个设有机关布景装置的舞台空间。用梅里爱自己的话说，这是摄影师的工作室和剧院舞台的结合。

◎ 最早的电影女导演

世界上第一位电影女导演是法国电影导演爱丽丝·居伊·布朗茜（1873～1968年）。起初她是高蒙影片公司的女秘书，从1896年开始执导影片，她执导的第一部影片《白菜仙子》是根据当时的明信片改编的童话片。至1906年，她执导了法国高蒙影片公司的几乎全部影片，而且她拍摄的影片的种类多种多样，如神怪片《浮士德和摩菲斯特》、喜剧片《吊钟》、情节片《被流浪汉拐走的男孩》等。

1907年，她与一名摄影师结婚，并同赴美国，成立高蒙公司美国分公司。她在美国拍摄了70多部中长片，其中有歌剧片、警匪片、怪诞片等。

◎ 好莱坞年龄最大和最小的导演

好莱坞年龄最大的导演是乔治·科克（1899～1983年）。1981年，他以81岁高龄导演了平生最后一部电影——《富裕和闻名》。这部影片是由米高梅公司制作的。

好莱坞年龄最小的导演是斯蒂芬·保尔，他在1980年导演《再度恋爱》时，年仅20岁。

◎ 世界上银幕最大的电影院

世界上拥有最大银幕的电影院是澳大利亚的墨尔本IMAX电影院。这家电影院共有8层，地上两层，地下6层，影院最大的银幕有1500平方米。比一般影院的银幕大10倍，宽度和波音737客机相当，是世界上最大的银幕。该影院采用了目前世界上最先进的影像系统——IMAX系统，因而图像高度清晰，具有很强的真实感。这个影院不仅放映一般的IMAX影片，还放映3D立体电影，让观众身临其境，享受感官的绝对体验。

◎ 最早的电影奖项

世界上最早的电影奖项是奥斯卡奖。1927年5月，美国电影艺术和科学学院为了促进电影艺术质量的提高设立了奥斯卡奖，当时的名称是"美国电影艺术和科学学院奖"。其奖品是一个小金像，造型是一个手持长剑的武士站在电影胶片盘上。主要奖项有最佳影片奖、最佳导演奖、最佳女演员奖、最佳男演员奖、最佳摄影奖、最佳外语片奖等14项，此外还设有一项特别荣誉奖。

1931年，学院图书馆馆员玛格丽特·哈里克曾说这尊金像很像她的奥斯卡叔叔，于是记者和学院的成员们开始以这个名字称呼它。1934年，沃尔特·迪士尼在领奖时引用了这个名字，从此"奥斯卡奖"这一别称日渐被人们所熟悉。但美国电影艺术与科学学院一直到1939年才开始正式使用这个名字。

奥斯卡奖也是世界上最有影响力的电影奖项，几乎每个电影人都以获得奥斯卡奖为最高荣耀。

2005年2月27日，第77届美国电影奥斯卡奖，在加利福尼亚州洛杉矶市的好莱坞柯达剧院举行。希拉里·斯旺克和摩根·弗里曼因在影片《百万宝贝》中的精彩表演而荣获奥斯卡奖。这部影片由克林特·伊斯特伍德导演，充满着感伤、怀旧的情绪，讲述一名女拳击手的故事。

◎ 最早的奥斯卡影帝

埃米尔·强宁斯（1884～1950年）是第一个奥斯卡影帝。他是德国著名演员，德国默片黄金时代最重要的参与者之一。刘别谦导演的影片《杜巴里夫人》（1919年）是其电影成名作，随后他还在许多经典影片中有精彩表演，如《最卑贱的人》（1924年）、《杂耍场》（1925年）、《浮士德》（1926年）、《塔度夫》（1927年）、《蓝天使》（1930年）等。

1926年，强宁斯从派拉蒙电影公司得到一纸优厚的合约，前往美国。1929年，由于在影片《最后命令》（1928年）和《肉体之道》（1928年）中的出色表演，强宁斯获得第一届奥斯卡金像奖"最佳男演员"奖，由于他在颁奖前即要返回欧洲，奖项被提前颁出。

◎ 最早获得奥斯卡最佳影片奖的彩色电影

最早获得奥斯卡最佳影片奖的彩色电影是《乱世佳人》。这部影片是根据美国女作家玛格丽特·米切尔的小说《飘》改编的，是电影史上最经典的电影之一。影片讲述了美国南北战争时期，南方庄园主的女儿郝思嘉和商人白瑞德之间的爱情故事。该影片于1939年由美国塞尔兹尼克国际电影公司出品，耗资400多万美元，历时三年半，赢得了当年第十一届奥斯卡最佳影片、最佳导演、最佳女演员、最佳女配角等8项大奖。

《泰坦尼克号》剧照

◎ 获奥斯卡奖项最多的影片

优秀的影片往往各方面都很优秀。有些角逐奥斯卡奖的影片包揽了最佳影片、最佳导演、最佳男演员、最佳女演员等很多奖项。历史上有三部电影曾经荣获11项奥斯卡奖:《宾虚》(1959年)、《泰坦尼克号》(1997年)、《指环王3》(2003年)。

此外,《西城故事》(1961年)荣获10项奥斯卡奖;《琪琪》(1958年)、《末代皇帝》(1987年)、《英国病人》(1996年)荣获9项奥斯卡奖;《乱世佳人》(1939年)、《永垂不朽》(1953年)、《岸上风云》(1954年)、《窈窕淑女》(1964年)、《小酒馆》(1972年)、《莫扎特》(1984年)等荣获8项奥斯卡奖。

◎ 获奥斯卡最佳导演奖最多的人

约翰·福特是《告密者》(美国,1935年)、《愤怒的葡萄》(美国,1940年)、《青山翠谷》(美国,1942年)和《沉默的人》(美国,1952年)4部影片的导演。他因这4部影片4次获得奥斯卡最佳导演奖,是获此奖项次数最多的人。

◎ 获奥斯卡最佳导演提名最多的人

因影片《米尼弗夫人》(美国,1942年)、《黄金时代》(美国,1946年)和《宾虚》(美国,1959年)而3次获奥斯卡最佳导演奖的威廉·惠勒曾在1936年至1965年间12次获该奖项提名,是获该奖项提名次数最多的人。

◎ 获奥斯卡最佳男主角奖最多的人

斯宾赛·特屈赛、弗雷里克·马奇、盖里·库珀、马龙·白兰度、杰克·尼科尔森、达斯汀·霍夫曼、汤姆·汉克斯等7位演员2次获奥斯卡最佳男主角奖,是获奥斯卡最佳男主角奖最多的人。他们分别扮演过以下一些片子的角色:《勇敢的船长》(美国,1937年)和《男孩城》(美国,1938年)、《吉基尔大夫和海德先生》(美国,1932年)和《黄金时代》(美国,1946年)、《约克军曹》(美国,1941年)和《正午》(美国,1952年)、《在江边》(又译《码头风云》,美国,1954年)和《教父》(美国,1972年)、《飞越疯人院》(美国,1975年)和《至善至臻》(美国,1997年)、《克莱默夫妇》(美国,1979年)和《雨人》(美国,1988年)、《费城故事》(美国,1993年)和《阿甘正传》(美国,1994年)。

◎ 获奥斯卡最佳女主角奖最多的人

谢利·温特斯和黛安娜·维斯特曾2次获奥斯卡最佳女主角奖。使她们获此殊荣的两部影片分别是:《安妮·弗兰克的日记》(美国,1959年)和《蓝色大地》(美国,1965年);《汉娜姐妹》(美国,1986年)和《百老汇上空的子弹》(美国,1994年)。其中前两部影片的导演都是伍迪·艾伦。

◎ 获奥斯卡最佳男配角奖最多的人

沃尔特·布伦南曾因饰演《来拿吧》(美国,1936年)、《肯塔基》(美国,1938年)和《西部人》(美国,1940年)3部影片的男配角而3次获奥斯卡最佳男配角奖,成为获该奖项次数最多的人。

◎ 获奥斯卡最佳女配角奖最多的人

凯瑟琳·赫本曾4次获奥斯卡最佳女配角奖,是获该奖项次数最多的人。使她4次获此殊荣的影片是:《牵牛花》(美国,1933年)、《猜猜谁来吃晚餐》(美国,1967年)、《冬天的狮子》(英国,1968年)和《金色池塘》(美国,1981年)。

凯瑟琳·赫本

4次获奖的时间跨度为48年，这又使她成为获奥斯卡奖时间跨度最大的演员。

◎ 最早荣获奥斯卡影帝和影后的黑人

1964年，西德尼·波蒂埃以《田野里的百合花》勇夺奥斯卡最佳男主角奖，成为美国影史上第一位黑人影帝。

2002年，哈利·贝里凭借在《死囚之舞》一片中的出色表演成为奥斯卡历史上第一位获得最佳女主角奖的黑人女影星。

◎ 年龄最小的奥斯卡奖得主

年龄最小的奥斯卡奖得主是美国著名的童星秀兰·邓波儿。她于1928年4月23日出生于美国加利福尼亚州。她4岁开始演电影，在银幕上塑造了可爱甜美的形象。1935年2月27日，不到7岁的秀兰·邓波儿获得了奥斯卡青少年特别奖。同年，美国电影科学学会还授予她“1934年最杰出个人”称号。

秀兰·邓波儿主演的影片有《小公主》《小安琪》《小情人》《小军官》等。成年后的秀兰·邓波儿退出演艺圈，20世纪60年代进入政界，并成为活跃的政治家。但是，她那浓密的鬈发和灿烂的笑容永远留在了电影史上。

◎ 奥斯卡最佳外语片奖获奖次数最多的国家

前19届奥斯卡奖只评美国影片，从第20届起，才在特别奖中设最佳外语片奖。每年每个国家只能选送一部电影参选。参选影片由该国的电影组织或审查委员会推荐，且须加盖英文字幕，送交美国电影艺术与科学学院外国片委员会审查。然后进行秘密投票选出五部提名影片。观摩完五部影片后，再由4000名美国影界权威人士组成的评审委员会，选出一部最佳外国语片。该项奖只授予作品，而不授予个人。

意大利是获得奥斯卡最佳外语片奖次数最多的国家，共12次获得这个奖项，并且意大利电影获得最佳外语片提名的次数也是最多的。最近一次获奖的是1997年由罗伯托和尼科莱塔主演的《美丽人生》。此外，还有《地中海》《我记得，想当年》《悲惨的青春》《调查可疑者》《昨日、今日、明日》等优秀影片。

◎ 收到影迷来信最多的明星

卓别林（1889－1977年）是早期电影的著名演员，他演出的喜剧默片受到全世界的欢迎。他留着一撇小胡子、头戴圆顶礼帽、手持竹手杖、脚蹬大皮靴、像鸭子一样走路的形象深入人心。他是收到影迷来信最多的明星。1921年，仅在伦敦的3天内，卓别林就收到影迷的来信7.3

《大独裁者》剧照

此图表现了卓别林在《大独裁者》中饰演的独裁者兴克尔与地球仪共舞的情景。

万封。

卓别林出生于英国。1913年，他随一个哑剧团去美国演出，被一位美国导演看中，从而成为一名电影演员。1914年，他主演了影片《阵雨之间》。这部电影成为卓别林喜剧片的标志。

1919年，卓别林开始独立制作电影，他一生中共拍摄了80部喜剧电影。其中著名的有《淘金记》《城市之光》《摩登时代》《大独裁者》《凡尔杜先生》《舞台生涯》等。他用精湛的表演艺术表达了对下层劳动人民的同情和对种种社会弊端的讽刺。1972年，美国电影界将卓别林邀请到好莱坞，授予他奥斯卡终身成就奖，称他“在本世纪为电影艺术做出不可估量的贡献”。

◎ 薪酬最高的电影演员

到目前为止，薪酬最高的电影演员是美国著名演员马龙·白兰度。他曾经从他演出的影片《超人》中得到了370万美元的薪酬（此为当时的物价标准）。

马龙·白兰度1924年出生于美国纳布拉斯加州欧马哈城，2004年卒于美国洛杉矶，一生做过演员、导演、制片人。他演的第一部戏是舞台剧《我记得妈妈》，不过他第一部最成功的作品是《欲望号街车》，他在影片里成功地饰演了斯坦利一角，这让他第一次获得了奥斯卡最佳男主角提名。他的演艺生涯在1953年走到了第一个高潮，他凭借《码头风云》获得了奥斯卡最佳男主角奖。1972年，由于他在影片《教父》里成功地扮演了教父一角，再一次获得了奥斯卡最佳男主角奖。

◎ 为拍电影而制造的最大的自动机械

1993年，美国著名导演史蒂文·斯皮尔伯格为了拍摄《侏罗纪公园》，让安布林娱乐公司制造出一台长14米、高5.5米、重4082千克的机械恐龙。这个恐龙被称为霸王龙国王。它是由泡沫橡胶和聚氨酯做成的，大小和真的恐龙相仿。这是为拍电影而制造的最大的自动机械。如此大手笔的制作，使《侏罗纪公园》获得了第66届奥斯卡最佳视觉效果等三项金奖。

◎ 最早的电视剧

电视机刚刚出现的时候，只能传送非常简单的画面，而且影像很粗糙。后来随着电子技术在电视机上的应用，电视就能够播放清晰的画面了。1930年7月，英国广播公司播出了皮兰代罗的多幕电视剧《嘴里叼花的人》。电视画面中出现了人物的活动和对话，而且在技术上做到了声音和画面同步进行。这部电视剧是世界上公认的最早的电视剧。

◎ 首次播出的彩色电视节目

1951年5月2日，世界上第一部彩色电视节目播出。这一长达四小时的节目由美国广播公司从帝国大厦播放，纽约、巴尔的摩、费城、波士顿和华盛顿的居民都可收看到。参加这一节目的有阿瑟·戈德弗雷、菲尔·埃默森、萨姆·莱文森和埃德·萨利文，他们成了这一里程碑的见证人。有趣的是，当时人们还没有一台彩色电视，而美国广播公司自己也仅拥有三十余台。当时，与之竞争的哥伦比亚广播公司的播放系统需要特殊的转换器，但美国广播公司播出的图像可直接通过

剧组为拍摄侏罗纪公园而制作的恐龙模型

纽约地区的黑白电视机接收。

◎ 播出最多的电视游戏节目

电视游戏节目《财源滚滚》是54个国家联合制作的节目，每周约有1亿观众收看这档节目。该节目于1975年1月首次在美国播出，当时的主持人是伍莱利和斯塔福的，目前由萨加克和怀特主持。

◎ 派生作品最多的电视节目

日本电视系列剧《奥特曼》是圆谷株式会社拍摄的科学空想片，于1966年7月至1967年4月播出，共28集。该剧的主要内容是宇宙英雄奥特曼与怪兽打斗，并拯救地球。迄今为止该节目共有14部派生系列剧和几部派生电影，是派生作品最多的电视节目。

◎ 世界上最大的全球性电视网

最大的全球性电视网络是美国有线电视新闻网，简称CNN。全球有212个国家和地区的1.84亿户家庭可以收看它的节目。1980年，美国人特德·特纳买下了一个濒临倒闭的小电视台，创办了美国有线电视新闻网。由于CNN在1986年成功报道美国航天飞机“挑战者号”失事的实况，在众多电视台中脱颖而出，名气大盛。此后，CNN形成了快速、及时、详尽、准确地做现场报道的特点，在新闻类节目中占据了霸主地位，并逐渐成为世界上最大的全球电视网络。

◎ 世界上最大的城市独立有线电视网

上海有线电视网是目前世界上最大的城市独立有线电视网。其终端用户已突破310万户，市区网络覆盖率达到99%。

↗ 现代电视摄像机可以在任何情况下工作，而且电视已成为现在最重要的信息和家庭娱乐媒介。

上海有线电视与一些发达国家相比虽然起步晚了近30年，但其坚持高起点、高标准的方针，避免了很多弯路，迅速赶上了国际水平。1992年上海有线电视台开播时联网用户仅7万，短短一年就扩展了十倍，近几年更呈几何级数态势递增。

1999年，上海有线电视双向宽带网改造工程开始实施，改造后的双向有线电视网络集上网、看电视、影视点播和IP电话于一体。市民足不出户便可随心所欲地点播自己喜欢的电视节目，同时还可通过宽带网络，浏览信息、购物、付费、听音乐、玩游戏、工作、拨打国际长途……有线电视网为上海架起了一座通向世界的信息桥梁。

◎ 世界上观众最多的电视台

世界上观众最多的电视台是我国的中央电视台。中央电视台在全国人口中的覆盖率达90%，观众人数超过11亿。中央电视台成立于1958年，最初叫“北京电视台”，1978年5月1日改为“中央电视台”。中央电视台是当今中国最具竞争力的主流媒体之一，具有传播新闻、社会教育、文化娱乐、信息服务等多种功能，是全国公众获取信息的主要渠道，也是中国了解世界、世界了解中国的重要窗口，在国际上的影响力正日益增强。

中央电视台目前设有多个频道，包括综合频道、经济频道、综艺频道、中文国际频道、体育频道、电影频道、军事·农业频道、电视剧频道、英语国际频道、科教频道、戏曲频道、社会与法频道、新闻频道、少儿频道、音乐频道、西班牙语国际频道、法语国际频道、高清综合频道、阿拉伯语国际频道、俄语国际频道。内容几乎涵盖社会生活的各个领域。同时开办了30多个数字电视付费频道和28个网络电视频道。

◎ 最大的音乐电视台

MTV全球音乐电视台创立于1981年，是隶属于美国维亚康姆集团的一个电视传媒机构。经过几十年的成功经营，已经成为全球最大的音乐电视台。MTV音乐电视台已从美国本土延伸到世界各地，包括拉丁美洲、亚洲、欧洲和大洋洲等地，覆盖了世界166个国家和地区的近4亿家庭用户。

1996年，MTV全球音乐电视台开设了MTV亚洲频道。MTV音乐电视台亚洲部是全亚洲收视率最高并拥有最多年轻观众的音乐电视频道。在2002年的亚洲电视大奖赛上，它荣获了“年度有线及卫星电视频道”称号。MTV音乐电视台亚洲部拥有10个24小时播放的音乐电视频道，覆盖超过1.5亿个亚洲电视家庭用户。根据AMI-PAX2000年的调查，MTV是全亚洲排行第一的音乐电视频道。

◎ 电视观众最多的结婚典礼

电视观众最多的结婚典礼是英国查尔斯王子与戴安娜王妃的结婚典礼。

1981年2月24日，白金汉宫公布了查尔斯王子与戴安娜订婚的消息后，英国新闻界和出版界做了大量的报道，掀起了筹备婚礼的高潮。他们每天的言谈举止都成了各家报纸争相报道的热门消息。7月29日，他们在来自世界各地的3500名国内外来宾的见证下在圣保罗大教堂结婚。婚礼当天，英国两家电视台对婚礼实况进行了长达六七个小时的现场直播，并使用30种语言向全世界做了报道。共74个国家的7.5亿观众收看了这场盛况空前的婚礼。

这个举世瞩目的童话般的婚姻并不美满，15年后，戴安娜与查尔斯劳燕分飞。1997年，戴安娜因车祸不幸去世，引起全世界的哀悼。

↗ 世纪婚礼

查尔斯和黛安娜从相识、相爱到结婚，是一个同平常人一样美好的过程。因而照这样一张照片的目的就是记录充满感情的一瞬，透过王妃铺地的衣裙聚集了两个凑近的身影。

◎ 收视观众最多的电视系列剧

美国的救生员剧《护滩使者》（Bay watch）是世界上收视观众最多的电视连续剧。从1989年上映以来，这部电视剧已在除了南极洲以外的所有大洲上播出。这部电视剧由大卫·哈塞尔霍夫和帕米拉·安德逊主演。故事情节围绕海滩护卫队员营救故事展开，最大看点是海边的旖旎风景，以及无数的泳装帅哥美女。正所谓爱美之心人皆有之，难怪这部电视剧能在142个国家和地区吸引11亿多观众了。

由于1998年的重新调整导致收视率下降，曾经在世界各国热播了10年的《护滩使者》不得不停机。热爱此片的观众因不能再看到熟悉的面孔，也十分苦恼。福克斯公司抓住了此次机会，准备推出一部全新的《护滩使者》。

— 建筑之最 —

◎ 最早的建筑平面设计图

1983年，我国河北省考古工作者在平山县三汲公社中山国古墓中发掘出一块铜版地图，即《兆域图》。《兆域图》长94厘米，宽48厘米，厚1厘米。该地图图文用金银镶嵌，铜版背面中部有一对铺首（门环底座），正面为中山王和王后的陵园的平面设计图。陵园包括三座大墓、两座中墓的名称、大小以及四座宫室、内宫垣、中宫垣的尺寸和距离。

“兆域”在典籍中的意思是“陵墓区”，因此这个铜质建筑设计图被称为“兆域图”。这是迄今我国发现的最早的建筑平面设计图实物，也是世界上已发现的最早的建筑平面设计图。兆域图的发现为我国建筑史提供了宝贵的实物资料，对研究先秦陵墓和宫廷建筑有很大帮助。

◎ 最大的庙宇

吴哥窟是宗教建筑，坐落在柬埔寨，面积为162.6万平方米，为苏耶跋摩二世于1113～1150年为印度教的毗湿奴建造。因此，吴哥窟堪称世界上最大的庙宇。

佛教起源于印度，横跨东南亚，最远传播至印度尼西亚群岛。婆罗浮屠佛教神殿遗址就位于爪哇岛上。

◎ 最大的古老佛塔

婆罗浮屠是著名的佛教建筑，被誉为古代东方五大奇迹之一。它位于印度尼西亚爪哇岛中部日惹市西北39千米处，在默拉皮火山山麓的一个长123米、宽113米的小山丘上。

婆罗浮屠梵文意为“山丘上的佛塔”，约建于公元8世纪后半期至9世纪初。印尼夏连特拉国王为了收藏释迦牟尼的一小部分骨灰，动用了十几万农民和奴隶，用了十多年的时间建成。婆罗浮屠是实心的佛塔，没有门窗，也没有梁柱，完全用附近河流中的安山岩和玄武岩砌成，约用225万块石头，底层石头每块重约1吨。佛塔的基层呈四方形，塔基地面部分占地1.23万平方米。从塔底到塔顶最尖端，原高42米，塔顶钟形大佛龛的尖端因雷击而被毁掉，因而现在实际高度只有约35米。

15世纪，婆罗浮屠被火山灰及丛莽湮没，直至 1814年才被重新发掘。这座著名的佛教圣殿，在联合国的援助下得以重建。整个建筑分为三层。基座是五个同心方台，呈角锥体；中间是三个环形平台，呈圆锥体；顶端是佛塔。四周围墙和栏杆饰以浅浮雕，总面积2500平方米。围绕着环形平台有72座透雕细工的印度塔，内有佛龛，每个佛龛供奉一尊佛像。

◎ 规模最大的神庙群

世界上规模最大的神庙群是位于尼罗河上游卢克索古城的卡尔奈克神庙群，它是古埃及帝国时代遗留下来的最壮观的神奇神庙。整个建筑群包括20余座大小神庙，占地达30多万平方米，主体建筑为供奉太阳神的阿蒙神庙。主殿内有134根巨型石柱，其中12根石柱有20多米高，周长10米多。这些石柱已经有3000多年的历史了，如今仍然挺拔屹立，再加上石柱上的精美雕刻以及方尖碑，所有这一切成就了卡尔奈克神庙群的辉煌。

◎ 最大的坛庙建筑群

世界上最大的坛庙建筑群是位于中国首都北京正阳门外的天坛。它建于1406 ~ 1420年（明永乐四年到十八年），距今已有580多年的历史了。总面积约为273万平方米，相当于紫禁城

天坛

的3倍，故宫的4倍。天坛是明、清两代举行祭天仪式的地方。天坛整个建筑呈“回”字形，布局严谨，设计精巧，造型独特。天坛分内坛和外坛两大部分，北圆南方，象征中国古代的“天圆地方”。内坛中以祈年殿、皇穹宇和圜丘坛三大主要建筑最为著名；外坛种植着大量苍松翠柏，使得天坛显得更加庄严雄伟。

◎ 最大的哥特式基督教堂

世界上最大的哥特式基督教堂是位于美国纽约曼哈顿西北区的圣约翰大教堂。这座教堂占地面积1900多平方米，长180多米，是美国最大的教堂，也是世界上最大的哥特式教堂。其内拱顶有12层楼那么高，主厅最高点达54米，宽44米，两边有53根圆石柱分四排排列，把主厅两侧分为14个区，包括历史区、主教区、律师区、教育区、布道区、教会生活区等。

主建筑的中心竖立着一座与真人一般大小的耶稣像。中厅呈圆穹状，有一个精心雕刻的大理石布道坛。施洗室中有一个雕刻精美的大理石受洗池。唱诗楼两侧有巨大的管风琴，共有141排，8035根管子，规模之大，世界罕见。窗户直径为3.66米，嵌有一万片玻璃，其风格及所绘图案各异。主建筑最东端，环形排列的七个以圣徒命名的小教堂内供奉着有关圣徒。

◎ 最大的天主教教堂

世界上最大的天主教教堂是位于梵蒂冈城圣彼得广场的圣彼得教堂。这座教堂是欧洲天主教最著名的宗教圣地，也是世界最人的天主教堂。它以耶稣十二门徒首领圣彼得的名字命名，整座教堂占地面积达2.3万多平方米，可同时容纳5万多人。

教堂最初是由君士坦丁大帝于公元326 ~ 333年在圣彼得墓地上修建的，被称为“老圣彼得大教堂”，是巴西利卡式建筑。16世纪，教皇朱利奥二世决定重建圣彼得大教堂，并于1506年破土动工。直到1626年11月18日才正式宣告落成，称新圣彼得大教堂。意大利最优秀的建筑师布拉曼特、米开朗琪罗、德拉·波尔塔和卡洛·马泰尔相继主持过设计和施工，建筑风格为文艺复兴式和巴洛克式。教堂内保存着很多米开朗琪罗、拉斐尔等艺术家的壁画和雕塑艺术。教堂中央是直径42米的穹顶，顶高约138米，前面有两重用柱廊围绕的巴洛克式广场。1870年以来，天主教的重要宗教仪式均在此举行。

◎ 最高的教堂

世界上最高的教堂是德国的乌尔姆敏斯特大教堂。这座教堂位于德国南部乌尔姆市的中

↗ 梵蒂冈的主要建筑为圣彼得教堂（上图）和梵蒂冈宫，其中圣彼得教堂是世界上最大的教堂之一。

心。乌尔姆敏斯特大教堂是典型的哥特式建筑，长126米，宽52米，共有三座塔楼。东侧双塔并立，西侧教堂主塔高达161.6米。

在乌尔姆建造一座大教堂的计划始于1377年，同年6月30日埋下基石。当地建筑师恩辛格主持建造砖石架构的教堂主塔，设计高度156米，但经过恩辛格及其子孙三代人的努力，仍未能实现设计者的愿望。15世纪末以后，该教堂的建造断断续续，几经反复，一代又一代建筑师和难以计数的石匠参与垒建教堂主塔，直到1890年，在建筑师拜尔的主持下终于实现了恩辛格的设想。教堂主塔高度达161.6米，超出举世闻名的科隆大教堂4.6米。二战期间，一枚流弹将教堂主塔穿了个窟窿，战后，修复工程历时10年，到1970年基本恢复原貌。

教堂主塔在70米、102米、143米高度设有环型平台，768级台阶盘旋而上，通道仅一人多宽，两个胖子侧身也不能同时通过。

◎ 最大的木制教堂

世界上最大的木制教堂是位于芬兰东部的凯里迈基教堂。这座教堂是当地著名的特色旅游景点之一。

凯里迈基教堂由Anders Granstedt设计，于1844至1847年建成，融合了新哥德和新拜占廷风格，结构紧密宏伟，色彩淡雅。整座教堂长45米，宽42米，高27米，可容纳5000余人。由于教堂内没有暖气设备，因此主要在夏日才使用。每逢夏日旅游季节，前来观光的各国游客络绎不绝。

◎ 最大的陵墓

世界上最大的陵墓是中国的秦始皇陵。秦始皇陵位于陕西临潼县东，总面积达57平方千米，呈南北长方形。秦陵的东面1500米处是大型的兵马俑坑，西面是车马陪葬坑及大批刑徒的墓地。据历史记载，墓内有大量的珠宝玉器，为防盗墓，里面设有暗器机关。地底下灌注水银，造成江河、大海川流不息的情形，又用鱼油膏做成蜡烛长明不息。这么巨大的陵墓在世界上是绝无仅有的！但这还仅仅是已发现的一部分，真正的陵墓现在还没有被发现呢！已发现的部分秦始皇陵气势恢宏壮观，仅仅那两个大型的兵马俑坑，就足以震惊世界，更何况还有没被发现的主陵墓群！想象一下，那又是怎样的气派呢？有资料记

↗ 秦兵马俑

↗ 万里长城是有史以来最长的建筑，是中国悠久历史的见证。

载，秦始皇13岁即位时，就开始着手建造自己的陵园，直到死后才完成，历时37年。这座陵墓工程浩大，当时征发的劳役就有70万人。秦始皇陵是世界上最大的帝王陵园，是中国重点文物保护单位，并已列入世界文化遗产名录。

◎ 最大的皇家墓地

埃及除了蜚声世界的金字塔之外，还有一处令旅游者向往的地方，那就是世界上最大的皇家墓地——帝王谷。帝王谷位于埃及尼罗河西岸的一条荒无人烟的石灰岩峡谷中，那里集中了许多古埃及国王和王室成员的陵墓。

帝王谷是古代埃及新王国时期（公元前1570年～公元前1090年）安葬法老的地点。那里埋葬着古埃及第十七王朝到第二十王朝期间的64位法老。每一座墓穴中都埋藏了大量财宝。帝王谷中最大的一座坟墓是第十九王朝法老塞提一世之墓。这座墓从入口到最后的墓室，水平距离210米，垂直距离是45米。其豪华程度令人难以想象。这些豪华的墓穴是盗墓者的天堂，3000年来，一批又一批盗墓者已经把这片山谷洗劫一空。神秘的帝王谷还吸引了大批冒险家、考古学家和文物贩子，古墓中一切有价值的东西就这样被明目张胆或偷偷摸摸地弄走了。

◎ 最长的建筑物

世界上最长的建筑物是我国的长城。长城是我国古代劳动人民创造的伟大奇迹，是中国悠久历史的见证。它与天安门、兵马俑一起被世人视为中国的象征。它像一条巨龙，从西北甘肃的嘉峪关向东，翻越祁连山，沿贺兰山、阴山、燕山，越沙漠，过草地直达鸭绿江畔，横跨10个省、市、自治区，全长12700多里，通称“万里长城”。

春秋战国时期，诸侯各国为了防御匈奴入侵，修筑烽火台，用城墙连接起来，形成最早的长城。秦始皇统一六国后，下令以原来的燕、赵、秦北方的长城为基础，修筑一条新的长城。据记载，有近百万劳动力参加长城的修筑，占全国人口的二十分之一。当时没有任何机械，全部劳动都得靠人力，而工作环境又是崇山峻岭、峭壁深壑，完成如此巨大的工程，堪称“世界奇迹”。以后历代君王不断加固增修，逐渐具备了今天我们看到的规模。

◎ 海拔最高的古代宫殿

位于中国西藏自治区首府“日光城”拉萨市区西北的布达拉山（即红山）上的布达拉宫，据传为公元7世纪初松赞干布为迎娶文成公主而建，后来经过整修，成为历代达赖的冬宫，也是处理政教事物的中心场所。布达拉是梵文“普陀罗”音译，意思是“佛教圣地”，故得布达拉宫之名。这是世界上海拔最高，集宫殿、寺院和城堡于一体的雄伟建筑群。宫内珍藏了

北京的故宫曾是帝王的皇家庭院，对人民大众以及外国来客而言都很神秘。北京是中国的首都，也是一座有着悠久历史的古都。

大量壁画、佛像、珠宝、古玩、藏经册印，具有极高的艺术价值和学术价值。宫堡依山而建，威武凝重，最为精致华美的要数8座达赖灵塔。因此，布达拉宫被称作世界上海拔最高的宏伟建筑群。

◎ 规模最大的皇宫

北京故宫是中国现有的最大最完整的古代宫殿建筑群，也是世界上最大的皇宫。该皇宫建于明代永乐年间，距今已有580余年的历史。它占地72万平方米，南北长960米，东西宽760米，建筑面积约为15万平方米，共有殿宇9999.5间，四周有10米多高的城墙环绕，墙外是护城河，有52米宽。在这座紫禁城的四面都有高大的城门。城的四角各有一座风格独特的角楼，称为“九梁十八柱”。

故宫是中国古代宫廷建筑的杰作，是世界建筑艺术史上一颗耀眼的明珠，为人们研究文物、回顾历史和欣赏艺术提供了最佳场所。

◎ 保存最完整的古罗马建筑

万神庙位于意大利首都罗马圆形广场的北部，是罗马最古老的建筑之一，也是保存最完整的古罗马建筑。它的铜门和拱形屋顶完好无缺。前廊里有16根玫瑰色的花岗岩石柱。石柱的设计有鲜明的希腊特色，后面的圆形大厅是典型的罗马建筑。万神庙的大圆顶直径达43米，但是没有使用任何支撑物，这在建筑史上是一个奇迹。圆顶上部有一个圆形天窗，这是唯一的采光口，阳光从这里照进万神庙。

“万神庙”是为了纪念早年的奥古斯都（屋大维）打败安东尼和克娄帕特拉（埃及艳后）于公元前27年建造的。这座庙在公元80年被焚毁。后来经过几次重建和改建。罗马皈依天主教后，万神庙曾一度被关闭。公元608年，教皇博理法乔四世将它改为“圣母与诸殉道者教堂”。到了近代，它成为意大利名人灵堂、国家圣地。

◎ 最古老的金字塔

用泥砖砌成的巨大的长方形的坟堆是埃及第三王朝（公元前2686 ~ 公元前2613年）以前皇室和百姓的陵墓形式。在第三王朝时有一个叫伊姆荷太普的青年人，准备以特殊的方式建造国王作赛的陵墓。为了实现这个愿望，他在人类历史上第一次造成了一个用石块制造的巨大建筑。伊姆荷太普先用石块砌成高约8米，边长约63米的陵墓，以后又对修建作赛陵墓的计划不断加以修改，设计成在一层玛斯塔巴上面加上一层的重叠式，逐层缩小，一直加至6层。完成时底部东西长约109米，高约62米（现高58.80米）。埃及最早的沙卡拉六级梯形金字塔就是这座作赛陵墓。

◎ 最大的金字塔

以高耸巍峨而被列为古代世界七大奇迹之首的胡夫大金字塔是世界上最大的金字塔。直至1889年巴黎埃菲尔铁塔落成，胡夫大金字塔在4000多年中始终是世界上最高的建筑物。

英国有位叫彼得的考古学者，据他估计，胡夫大金字塔由大约230万块石块砌成，外层石块平均每块重2.5吨，约11.5万块，与一辆小汽车的大小差不多，而大的甚至超过15吨。若把这些石块凿成平均0.028317立方米的小块，然后再把它们沿赤道排开，其长度相当于赤道周长的2/3。

距今4000多年前的中古时代，生产工具十分落后，埃及人究竟是怎样采集、搬运数量如此巨大、每块又如此重的巨石的呢?至今仍是个不解之谜。

胡夫大金字塔底边原有230米长，由于外层石灰石脱落，现在底边减短了3米。塔原高146.5米，经风化腐蚀，现降至137米。塔的底角为50° 51′。整个金字塔建筑在一块占地约5.29万平方米的凸形岩石上，体积约260万立方米。塔的四边面向东、南、西、北四个方向。

◎ 最古老的斜塔

虎丘塔位于中国江苏苏州虎丘山上，始建于五代吴越时期，建成于北宋建隆二年（961年）。塔为砖砌塔身，有八角七级，高47.6米，为仿木楼阁式塔。塔的每层都有平座、腰檐、斗和门窗。每一面用柱子分隔成三间，正中一间是塔门，左右两间砖砌假窗。塔身由底向上逐层收缩，形式精美，造型端庄，为宋塔少见的形制。此塔由于建于山上，塔基不稳，至第七层时已有倾斜，是世界上最古老的斜塔，比世界著名的比萨斜塔早100余年。虎丘塔塔内曾出土大批五代至北宋时期的文物，多是礼佛时的用品。

↗ 埃及金字塔建筑群

◎ 最高的斜塔

世界上最高的斜塔是坐落在加拿大蒙特利尔奥林匹克公园内的奥林匹克斜塔。这里是1976年夏季奥运会的旧址。奥林匹克斜塔是这个公园乃至蒙特利尔市最吸引人的建筑物。

奥林匹克斜塔是由法国著名建筑师罗杰·塔利伯特设计的。它的总高度为175米，顶部观景台的高度为166米，景观范围为80千米，

奥林匹克斜塔

于1987年11月21日完工。据统计，自1989年开放以来，已经有将近30万人登上了奥林匹克斜塔的塔顶观看蒙特利尔的城市全景。游客登塔时用的是塔外的电梯，由于塔太高了，游客在登塔时甚至有吓晕的。在塔的底部还设有美术厅和陈列着各种有关公园历史的展品的展厅。

◎ 最古老的方尖碑

最早建于赫里奥波利斯（太阳城）的方尖碑是为了象征对太阳神的崇拜，后来随着信仰的传播，全埃及普及开来。据记载，最高的方尖碑高达56.7米。方尖碑在中王国时代转而成为国王统治纪念碑的一种形式。

在赫里奥波利斯的一个方尖塔是现存最早的方尖碑。这座高20.27米的方尖塔建于中王国第十二王朝（公元前1750年左右），碑文为“全埃及之王、王冠之主、太阳之子申·努瑞一世即位30年祭建”。而埃及现存最大的方尖碑在卡纳克神庙前，高约29米，重约325吨。

◎ 现存最高的木塔

世界上最高的木塔是山西的应县木塔。应县木塔也是世界上现存最古老的木塔，全塔高约67.31米，底层直径30.27米，从外面看是5层，实际上还有暗层，所以它实际上为9层，这就是我们常说的“明五暗四”。应县木塔被人们称为“天下第一塔”，距今已有900多年的历史，流传甚广的民谣“沧州狮子应州塔，正定府里的大菩萨”中的应州塔就是指应县木塔。

◎ 最早的钢铁结构高塔

作为巴黎象征的埃菲尔铁塔是为迎接世界博览会在1889年建成的。埃菲尔铁塔采用十分轻巧的交互式结构，靠4条粗大的带混凝土水泥台基的铁柱支撑着塔身。人们可登塔至300米高处远望巴黎全景。铁塔内精心设置了上千盏照明灯，使埃菲尔铁塔每晚通明。如此美丽的夜景让人实在不忍错过……1889年5月15日是法国资产阶级革命100周年纪念日。这一天，巴黎沉浸在节日的欢乐之中。成千上万的人聚集在这里，为法国人民引以为傲的、世界上最早的一座钢铁结构的高塔——埃菲尔铁塔举行了隆重的落成典礼。

埃菲尔铁塔坐落在巴黎市中心的塞纳河畔。它的4个塔墩是水泥浇灌的，塔身全部是钢铁镂空结构，共有1.2万个金属部件，用于连接的铆钉达250万个。铁塔的高度是327.7米，相当于100层楼高，共有4层，每层有一个平台。有电梯从地面通向塔顶，人们也可以沿着1710步阶梯步行登上塔顶。初到巴黎的人，为了饱览巴黎全城那迷人的景色，大都喜欢登上铁塔塔顶。

埃菲尔铁塔是世界建筑史上的一个创举。就建筑高度来说，当时也是世界上最高的。铁塔从1887年开始破土动工，历时26.5个月，花费了当时的金法郎780多万个，折合美元100多万。1889年3月，埃菲尔铁塔竣工。

这座铁塔之所以称为埃菲尔铁塔，是因为设计师居斯塔夫·埃菲尔的设计在众多的铁塔设计作品中被选中，因此以他的名字来命名。

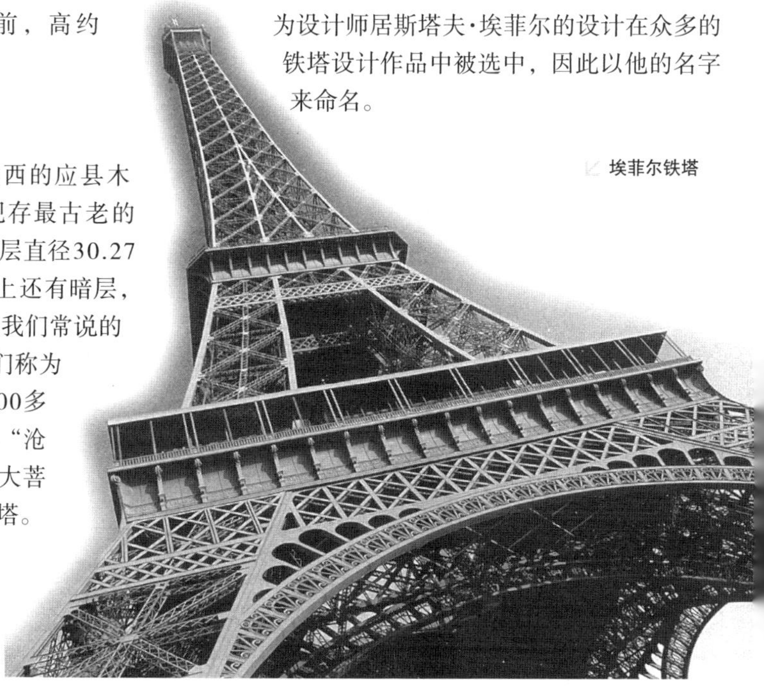

埃菲尔铁塔

◎ 最高的自承建筑

位于加拿大多伦多的CN塔，又称加拿大国塔，是由建筑师约翰·安德鲁斯、韦伯·泽拉法、门克斯·豪斯登和E.R.鲍德温共同设计的，建造于1973～1975年，耗资6300万美元。该塔高达553.34米，是世界上最高的自承建筑。

◎ 最高的自立式铁塔

东京铁塔号称日本第一塔，矗立于东京都港区芝公园西侧，被视为东京市区的象征性建筑。东京铁塔建于1958年，据说是以法国埃菲尔铁塔为蓝本。东京铁塔高333米，比埃菲尔铁塔还高13米，是世界上最高的自立式铁塔。

东京铁塔红白相间的塔身十分醒目，每到夜晚，更是灯火通明，一派辉煌景象。东京铁塔吸引了很多游人观光，此外，它还有更加重要的实际用途，即作为日本NHK等7大电视台、21家电视中转台和广播台的无线电发射塔。

东京铁塔在150米和250米处分别设有大展望台和特别展望台。你可以乘坐电梯直达150米的大展望台。如果想到更高的地方，可由大展望台另乘电梯，通达250米的特别展望台。从展望台的落地玻璃可看到整个东京市区的建筑布局，甚至西方的富士山和横滨地区，都一览无余。

◎ 最高的天线塔

波兰首都附近的华滋瓦无线电传送塔是世界上最高的天线塔。塔身用巨型钢管焊接而成，周围有15根拉索，高646.38米，重550吨。该塔于1974年7月建成并投入使用。在此之前，1929年美国的克莱斯勒大厦超过埃菲尔铁塔高度成为世界最高的建筑。华滋瓦无线电传送塔为欧洲夺回世界最高建筑纪录。目前，华滋瓦无线电传送塔不再是世界上最高的建筑，但仍是世界上最高的天线塔。

◎ 最大的古代圆形剧场

意大利罗马的非拉维圆形剧场是世界上现存最大的古代圆形剧场，又被称为非拉维剧场。它于公元72年开始建造，数万名犹太人被迫参与营建，经过8个寒暑，到公元80年后才由其子获度完成。从地面看过去，整个建筑形状好似正圆，从高处俯瞰才知它呈椭圆形。其占地2万平方米，短轴162米，长轴189米，周长527米，墙高57米，共4层，剧场中央是椭圆形的舞台。四角有4米多高的墙。台上铺木板，下面有供角斗士准备搏斗的小室和80多间关闭猛兽的笼子及乐池、道具间。

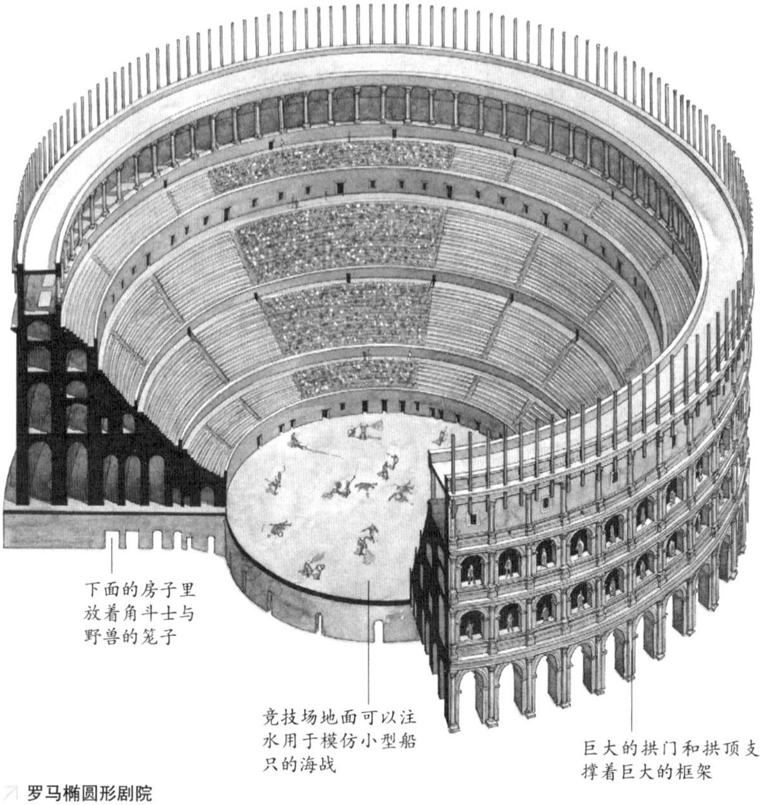

罗马椭圆形剧院

罗马的皇帝举行大型的活动来博取罗马人民的欢心。罗马城的椭圆形剧院是最大的。它在公元80年开放，能够容纳5万名观众一起观看角斗士的表演。

◎ 最大的庙塔

古代的美索不达米亚地区建有许多宗教中使用的建筑物。其中有一种建筑物叫“庙塔”。现存最大、保存最好的是乌尔第三王朝乌尔·南姆王修建的庙塔。

这座庙塔原为三层，高约21米，现仅存两层，基层宽60米，长45米，高15米。正面有用长、宽各为30厘米，厚为8厘米的砖铺设的阶梯通往顶层，两旁设有小阶梯。塔底整齐的排列着排水孔，塔庙的第二层略小于基层，第三层略小于第二层，最上层的上面建有神殿，供奉神主“娜娜”。整座庙塔就是为了供奉这个主神而设计建造的。

◎ 最大的佛教金塔

最大的佛教金塔是仰光大金塔。仰光大金塔位于缅甸仰光市的圣山圣丁固拉达山之上。其高度为98米，由砖砌成，表面则铺上了一层金。据说由于历代不断修建，贴在上面的黄金已有7吨多重。塔顶完全由黄金铸成，并镶有5448颗钻石和2317颗红宝石和蓝宝石。塔尖还装饰着1065个金铃和420个银铃。它是缅甸最神圣的佛塔，因为它供奉了四位佛陀的遗物，包括拘留孙佛的杖、正等觉金寂佛的净水器、迦叶佛的袍及佛祖释迦牟尼的八根头发。

金碧辉煌的缅甸仰光大金塔，与印度尼西亚的婆罗浮屠塔和柬埔寨的吴哥窟一起被称为东方艺术的瑰宝，是驰名世界的佛塔，也是缅甸国家的象征。缅甸人把大金塔视为民族的骄傲，称大金塔为“瑞大光塔”，“瑞”在缅语中是“金”的意思，“大光”是仰光的古称。

◎ 现存最早和最长的水槽

现存最早的水槽距今已有2000多年的历史。大约在公元前19年，古罗马人为了保证城市居民的饮水得到充足的供应，建造了一条全长50余千米的水槽。今天法国境内那尔河上的加尔桥就是当年水槽的一段。加尔桥长275米，高49米，分上、中、下三层。其上层是水渠，中层和下层供人行走。1985年7月，加尔桥被列入世界文化遗产。

世界上最长的水槽是突尼斯迦太基水槽，全长141千米，到19世纪末的时候还有344个拱门。当年古罗马人在哈德良统治时期建造了这座水槽。

◎ 最大的木结构建筑

东大寺位于日本奈良县，距今约有1200多年的历史，是由信奉佛教的圣武天皇为祈祷天下太平、万众丰乐于728年建造的。因建筑在当时首都平城京以东，所以被称作东大寺。大佛殿宽57米、深50米、高48米，成为现今世界上最大的木结构建筑。

东大寺的大佛殿内有一座16米高的青铜大佛，佛身贴有金箔。整座大佛殿发出灿烂的金色光辉，因此也叫“金殿”。

◎ 最早的建于悬崖绝壁上的木结构建筑群

我国山西恒山的悬空寺是世界上最早建于悬崖峭壁上的木结构建筑群。这也是我国现存唯一一座儒、释、道三教合一的寺庙。这座寺庙建于北魏太和十五年（491年），已有1500多年的历史。自古以来，悬空寺就是恒山

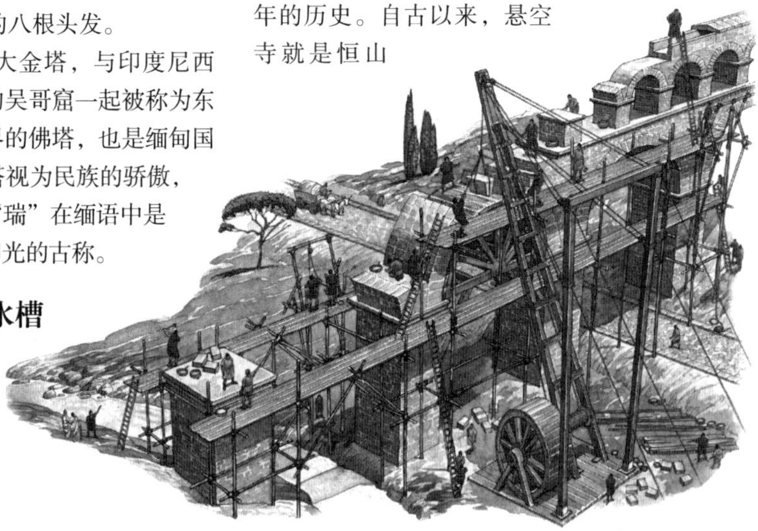

↗ **修建水渠**

修建一个古罗马式的水渠是非常庞大的工程，需要成千上万的工人。为了建造每一个拱形结构，工程学家都需要先建造一个木结构以便于运输石块。高耸的木制脚手架使他们能够建造上百米高的拱门。

悬空寺

的第一奇观。

悬空寺正面对着恒山，背面是翠屏峰，上面是峭壁危岩，下面是深谷沟壑。整座楼阁悬在山腰，共有殿阁四十间，寺内有铜、铁、石、泥佛像八十多尊。廊栏左右曲折相连，结构奇巧，虚实相生。悬空寺利用力学原理半插飞梁为基，巧借岩石暗托梁柱，上下一体。寺下岩石上“壮观”二字，是唐代诗人李白的墨宝。

远远看去，悬空寺好像浮雕一样镶嵌在悬崖峭壁之间。它不仅是中华民族的国宝，也是全人类的文化遗产。

◎ 最大的地下石造建筑遗址

距墨西哥首都150千米处的丘鲁拉城有一座世界上最大的地下石造建筑遗址——地下金字塔遗址。据专家考证，这座地下金字塔是美洲最大的金字塔之一，每边有400米长。有人甚至认为，就面积来看，它比埃及的胡夫金字塔还要大。从1931年开始，考古学家们整整花了25年时间，挖了8千米的隧道，才揭开了这座金字塔之谜。

丘鲁拉“大金字塔”最早由当地的奥尔梅克人（曾创造美洲最早文明，是玛雅文明和阿兹台克文明的源泉）建造于公元前5世纪，当时是用作祭拜神灵的祭台。在接下去的数个世纪里，奥尔梅克人遵循祖上的规定，每过52年，也就是一个“太阳年”，就在原来的金字塔基础上堆土，重新建造一个更大的金字塔。这座金字塔内外共建造了7层。

◎ 最早的高科技建筑

蓬皮杜国家文化中心建于1971年，位于法国市中心、塞纳河岸，距卢浮宫和巴黎圣母院各约1000米。蓬皮杜国家文化中心是在法国前总统蓬皮杜的倡议下，由意大利建筑师皮亚诺和英国建筑师罗杰斯共同设计建造的，并以其倡议者蓬皮杜总统的名字命名。1977年，蓬皮杜国家文化中心建成开放，第一天就接纳了4.5万参观者。它很快成为巴黎最吸引人的地方，甚至超过了埃菲尔铁塔。

蓬皮杜国家文化中心是世界上第一个高科技建筑，它颠覆了传统建筑风格，展示了高科技对建筑的巨大影响，是西方当代新式建筑的代表作。它是一座巨大的长方形建筑，长166米，宽60米，高42米，地上共有 6 层，总建筑面积近10万平方米。整个建筑除钢架结构外，全部为玻璃覆盖，共用去1.5万吨钢、5万吨混凝土和1.1万平方米的玻璃。钢结构梁、柱、桁架、拉杆等以及各种颜色的管线全部暴露在外，成为建筑物的装饰。

蓬皮杜国家文化中心的建立宗旨是用现代化的设备、以创造性的方法来传播文化艺术知识。它包括 4 个部分：公共图书馆、现代艺术博物馆、工业设计中心、音乐和声学研究所。

◎ 世界上最高的纪念碑

世界上最高的纪念碑是位于美国圣路易斯的“西进之门”，其高度为190米，是为了纪念美国西部大开发200周年而建的，建于1964年。纪念碑呈拱门形状，所以叫“西进之门”。整座建筑以钢骨为支架，外表用不锈钢板焊接而成。

在纪念碑的基座处有两个剧场和一个博物馆，博物馆中收藏着西部拓荒者的资料、图片和实物。

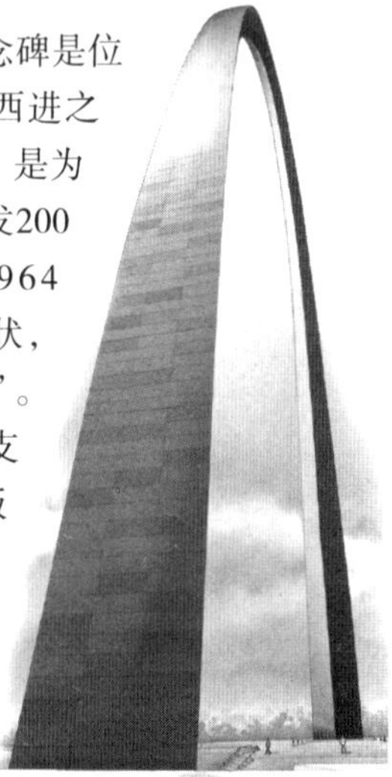

“大拱门”是美国最高的纪念碑，它于1965年完工。

巴黎凯旋门

◎ 最著名的凯旋门

提到凯旋门，人们就会想到巴黎的凯旋门，其实凯旋门是古罗马统治者和欧洲的封建帝王为了炫耀战绩而建的纪念性建筑。在欧洲有很多座，其中最著名的一座就是巴黎凯旋门。

巴黎凯旋门位于巴黎市中心，戴高乐广场（又名星形广场）中央。1806年2月，拿破仑为纪念在奥斯特里茨战役中打败奥地利和俄国联军，下令修建了这座凯旋门。这座建筑高约50米，宽约45米，厚约22米，四面各有一门，中心的拱门宽14.6米。门上有历次重大战役的浮雕，主要的四幅是正面（面对香榭丽舍大街）的《出征》《凯旋》与背面的《抵抗》《和平》。

◎ 最大的会堂式建筑

中国的人民大会堂是世界上最大的会堂式建筑，南北长336米，东西宽206米，高46.5米，占地面积15万平方米，建筑面积达17.18万平方米。

人民大会堂位于北京市中心天安门广场西侧，建成于1959年，整组建筑呈“山”字形，正面呈“弓”字形。人民大会堂正门面对天安门广场，正门门额上镶嵌着中华人民共和国国徽，正门迎面有十二根浅灰色大理石门柱，正门柱直径2米，高25米。建筑中部是著名的万人大会堂，会场呈扇形，共3层，可容纳1万人进行大型会议。穹窿形顶部有一颗巨大的五角星，周围是葵花环和3层水波形灯槽，纵横排列着500个灯孔。会堂北部是面积7000平方米的宴会厅，可以举办5000人的宴会。会堂南部是人大办公楼，包括各省、市、自治区、行政特区的会议厅。

人民大会堂每年举行一次全国人民代表大会和中国人民政治协商会议。五年一届的中国共产党全国代表大会也在此召开。目前，人民大会堂已向公众开放。

◎ 最高的摩天大楼

哈利法塔原名迪拜塔，又称迪拜大厦或比斯迪拜塔，位于阿拉伯联合酋长国迪拜境内。迪拜塔由美国芝加哥公司的建筑师阿德里安·史密斯设计，由韩国三星公司负责营造，在2004年9月21日开始动工，于2010年1月4日竣工启用，高度为818米，共162层，远远超越曾经的“世界第一高”——508米的“台北101大楼”。

迪拜塔采用了一种具有挑战性的单式结构，由连为一体的管状多塔组成，具有太空时代风格的外形，基座周围采用了富有伊斯兰建筑风格的几何图形——六瓣的沙漠之花。迪拜塔总耗资约80亿美元。迪拜塔37层以下是世界上首家ARMANI酒店，45层至108层为公寓，第123层是一个观景台，站在上面可俯瞰整个迪拜市。迪拜塔设有56部世界最快电梯，速度达17.4米/秒，超过在中国台湾省台北市的101大楼的电梯。

◎ 最大的行政大楼

世界上占地面积最大的行政大楼要属位于美国弗吉尼亚州阿灵顿的五角大楼。这里是美国国防部的所在地。该楼于1943年1月15日竣工，耗资约8300万美元。五角大楼共有上下5层，室内总面积达60.4万平方米。

五角大楼

◎ 最大的室内体育场

世界上最大的室内体育场是位于美国路易斯安那州新奥尔良市的超级体育场。它于1975年建成，耗资17300万美元，占地面积达21万平方千米，高83.2米。体育场内设有97365个座位，观看足球比赛时可容纳76791人。场内装有6台312寸的电视屏幕，能同步播放比赛实况。新奥尔良超级体育场的外观是一个巨大的白色穹顶式建筑。

当飓风来临的时候，这个超大型的体育场还能起到避难所的作用。

◎ 世界上最大的穹顶

中国国家大剧院位于北京市中心，天安门广场西侧，建成于2007年9月，总投资额约31亿元人民币。国家大剧院整个壳体钢结构重达6475吨，东西向长轴跨度212.2米，是目前世界上最大的穹顶。大剧院总占地面积11.89万平方米，总建筑面积约16.5万平方米，其中主体建筑10.5万平方米，地下附属设施6万平方米。国家大剧院地下最深处达32.5米，相当于往地下挖了10层楼的深度，是北京市最深的建筑。国家大剧院内部由2091个座席的歌剧院（含站席2398个）、1859个座席的音乐厅（含站席2017个）、957个座席的戏剧院（含站席1040个）、公共大厅及配套用房组成。

国家大剧院由法国建筑师保罗·安德鲁主持设计，造型新颖、前卫，是传统与现代、浪漫与现实的结合。

建筑屋面呈半椭圆形，由具有柔和色调和光泽的钛金属覆盖，前后两侧有两个类似三角形的玻璃幕墙切面，好像整个建筑漂浮于人造水面之上，行人需从一条80米长的水下通道进入演出大厅，通道两侧被规划为艺术博物馆、艺术品商场等。在大剧院的壳体结构上安装有506盏蘑菇灯。夜幕降临时，蘑菇灯散发出点点光芒，如同夜空中闪烁的繁星。星光与水面的倒影交相辉映，形成别具一格的风景。

◎ 最大的城市中心广场

当今世界最大的城市中心广场是我国的天安门广场。天安门广场位于北京市中心，南北长880米，东西宽500米，面积达44万平方米，可容纳100万人举行盛大集会。

天安门广场因天安门城楼而得名。天安门城楼坐落在广场的北端，建于明永乐十五年（1417年），原名承天门，清顺治八年（1651年）改建后称天安门。城门五阙，重楼九楹，通高33.7米。在2000余平方米雕刻精美的汉白玉须弥基座上，建有高10余米的红白墩台，墩台上是金碧辉煌的天安门城楼。城楼下是金水河，河上有5座雕琢精美的汉白玉金水桥。城楼前两对雄健的石狮和挺秀的华表巧妙地配合，使天安门成为一座完美的建筑艺术杰作。

天安门广场上留下了我国人民不屈不挠的革命精神和大无畏的英雄气概，“五四”运动、“一·二九”运动、“五·二〇”运动都在这里为中国现代革命史留下了浓重的色彩。1949年10

天安门城楼

月1日，毛泽东主席在天安门城楼上宣告中华人民共和国成立，并亲手升起第一面五星红旗。从此天安门城楼成了新中国的象征，它庄严肃穆的形象是我国国徽的重要组成部分。

中华人民共和国成立后，天安门广场拓宽，并在广场中央修建了人民英雄纪念碑，后又分别在广场的西侧修建了人民大会堂、东侧修建了中国革命博物馆和中国历史博物馆、南侧修建了毛主席纪念堂。

◎ 最高的车站建筑物

日本名古屋JR中央塔大楼是世界上最高的车站建筑物。

1999年，JR中央塔大楼落成，以245米楼高成为“全世界第一高的车站建筑”，并被收录于吉尼斯世界纪录大全中。这座高层车站大楼，已经成为名古屋城市的象征。名古屋站是日本城市名古屋的主车站和重要交通枢纽，实际位置是在爱知县名古屋市中村区范围内。除了JR东海之外，包括名古屋市营地铁、名古屋临海高速铁道在内的许多单位也一同共享了名古屋车站的站区设施。名古屋站除了是JR在来线的交会站外，也是东海道新干线的停车站之一。

车站大楼内有商场、餐厅、酒店等各种设施，顶层还设有观景台。大厦在圣诞节期间的灯光照明也受到人们的欢迎。车站周边地区正在进行二次开发，商场、酒店、写字楼林立，并通过大型地下商业街相互连接贯通。

◎ 世界上最长的户外有盖行人扶手电梯

中环是香港的商业金融中心区，半山是香港的富人居住的地区。为了方便半山的富人下山来上班，也为了缓解半山区狭窄道路的繁忙情况，香港政府于上世纪80～90年代修建了一条中环至半山区的扶手电梯系统，于1993年10月15日正式启用。这是全球最长的户外有盖行人扶手电梯。

中环至半山自动扶梯系统全长800米，垂直差距为135米，由有盖行人道和天桥、20条可转换上下行方向的单向自动扶手电梯和3条自动行人道组成。系统由连接中区行人天桥系统的恒生银行总行大厦为起点，经中环街市，沿阁麟街、荷李活道、些利街、摩罗庙交加街、罗便臣道直至终点干德道。完成整个旅程需时20分钟，但大部分使用者都会加上步行以节省时间。这样从中环到半山大概10分钟左右就可以到达。

◎ 容积最大的建筑物

世界上容积最大的建筑物是美国波音公司装配厂的厂房。波音公司为了生产新型波音747SP型喷气式客机，于1968年在华盛顿州西雅图市北郊的埃沃雷特城建立了装配厂房。这个装配厂从修建到组装第一架波音747型飞机，耗用了两年的时间。

这是目前世界上容积最大的建筑物。厂房占地面积27.14公顷，约有40个足球场那么大，最大高度35米，容积约567万余立方米。1980年底，为了组装波音767型飞机又扩建了厂房，因此，厂房面积和容积又增加了很多。1981年8月4日，第一架波音767型飞机出厂。由于厂房过大，监工们需要双筒望远镜才能监视工作。

◎ 最对称的广场

世界上最对称的广场是位于梵蒂冈圣彼得大教堂前面的圣彼得广场。

圣彼得广场是罗马教廷用来从事大型宗教

活动的地方，可容纳50万人，是罗马最大的广场。广场略呈椭圆形，地面用黑色小方石块铺砌而成。广场中央矗立着一座来自埃及的方尖石碑，前面有一条灰石铺成的国界线。两侧由两组半圆形大理石柱廊环抱，气势恢宏雄伟。这两组柱廊为梵蒂冈的装饰性建筑，共由284根圆柱和88根方柱组合成四排，形成三个走廊。这些石柱犹如4人一列的队伍排列在广场两边。柱高18米，需三四人方能合抱。

朝广场一侧的每根石柱的柱顶，各有一尊大理石雕像，他们是罗马天主教会历史上的圣男圣女，神态各异，栩栩如生。这些雕像是由著名建筑师和雕刻家贝尔尼尼在1656年设计，用了11年时间建成的。广场两侧有两座造型讲究的喷泉，相传也是名家作品。

◎ 世界上最大的冰建筑物

瑞典的朱卡斯加维冰旅馆是世界上第一家冰旅馆，也是世界上最大的冰建筑。创建冰旅馆的“朱卡斯Jukkas-AB公司”本来是一个旅游公司。1990年春，法国艺术家举办了一个冰雕艺术展。几个参观者睡在鹿皮袋里，在展厅里过夜。“朱卡斯Jukkas-AB公司”从中看到了商机，建起了冰旅馆。冰旅馆以冰雕、电影院、桑拿浴和冰吧为特色，受到游客的欢迎。其面积逐年增加，由最初的小冰室变为现在5000平方米的世界上最大的冰旅馆。整座建筑用去了4000吨冰块、3万吨雪。尽管如此，房间仍然供不应求。

冰旅馆的整座建筑只有一层，几乎所有器具都是用冰做的，比如冰吧台、冰沙发、冰酒杯。走进旅馆，到处都能看到晶莹剔透的冰雕，仿佛进入了童话故事中的仙境。

天气转暖之后，整座冰旅馆就会逐渐融化，到了冬天再重新建起。因此，冰旅馆每年的造型和布局都不一样。

◎ 世界上最高的双子楼

目前世界上最高的双子楼是吉隆坡双子塔，也叫佩重纳斯大厦、双峰大厦、马来西亚国家石油大厦或国家石油双塔。这座双子塔位于马来西亚吉隆坡市中市KLCC计划区的西北角，建成于1996年，占地面积40公顷，高达452米，共88层。整座建筑非常壮观，就像两座高高的尖塔刺破长空。

马来西亚吉隆坡双子楼

吉隆坡双子塔是马来西亚标志性城市景观，由美国建筑设计师西泽佩利（Cesar Pelli）设计。大楼表面使用了大量不锈钢与玻璃等材质，整栋大楼的格局采用传统建筑常见的几何造型，包含了四方形和圆形，反映出马来西亚的文化传统。

这座建筑是马来西亚国家石油公司耗资20亿马币建成的，一座是马来西亚国家石油公司办公用，另一座是出租的写字楼。在第40 ~ 41层之间有一座天桥，方便楼与楼之间来往。吉隆坡市内各处都很容易见到这座大厦，这座大厦也是游客从云端俯视吉隆坡的好地方。

◎ 最大胆的未来建筑

最大胆的未来建筑是日本的富士山塔。日

本大成建筑公司梦想在东京湾建造一座高度超过4000米、拥有800层楼，可容纳100万人居住的摩天巨塔。据报道，这座超级建筑将仿照富士山形状建造，建成之后将成为世界第一高建筑，比富士山还要高213米。这座未来建筑预计在100年内建成。

据报道，大成公司给这座建筑取了一个富有未来感的名字——“X—seed 4000”。根据设计蓝图，建成后的摩天巨塔将成为东京的“城中城”，其底座面积为6平方千米，至少是美国纽约帝国大厦的9倍。

如此巨大的建筑工程，耗资必然巨大，很多人从资金方面对大成建筑公司提出了质疑。按照工程量估算，这座巨塔的造价大约在3000亿美元到9000亿美元之间，比世界上很多国家的国民总收入还要高。有的建筑师还嘲笑称，这个预算估计可以送地球人到火星一游了。

◎ 最高的观景摩天轮

目前世界上最高的观景摩天轮是位于新加坡的飞行者观景摩天轮。新加坡摩天观景轮矗立于新加坡的商业中心区滨海湾，耗资2.4亿新币，花了4年多的时间打造，堪称是亚洲最具代表性的建筑。2008年3月1日正式启用后，这个摩天轮便成为新加坡的最热门景点。

新加坡摩天观景轮高达165米，有42层楼高，拥有28个包厢，每个观景舱宽4米、长7米，可容纳多达28位乘客，同时享受30分钟的浪漫旅程。新加坡天气常年晴好，因此大家可以从包厢中360度饱览45千米远的景色，远眺新加坡、马来西亚和印度尼西亚的景致。管理公司的总经理比弗斯说，每一程需时30分钟，摩天轮每小时可载超过1000人，预计每年可接载近千万人。

据说，新加坡不少当地人以及来自世界各地的恋人们现在都会把这个摩天轮作为他们举办婚礼的地点，在装饰得美轮美奂的观景舱内，彼此许下一生的承诺。

◎ 造价最贵的厕所

世界上最贵的厕所是香港金至尊旅游展览厅的黄金厕所。

香港金至尊旅游展览厅是一个纯私人机构发展的旅游项目，免费参观。短短几年间，这个旅游展览厅已成为集文化、科技、艺术、购物和娱乐于一体的景点。2001年，这家展览厅耗资3800万港元建造了一个黄金厕所，一时引起轰动。

不要以为金厕所只是一个摆设，其实它是一座真的厕所，配有自动冲洗、自动烘干设施及先进的空气过滤系统，轻轻松松一按按钮便可完成整个清洁过程。2001年“金厕所”获得“世界最豪华洗手间”“世界最昂贵座厕”两项吉尼斯世界纪录。

出资建造金厕所的是香港著名金饰品牌“金至尊”的老板、恒丰金业科技集团主席林世荣。关于“金厕所”还有段故事，据说青少年时代在汕尾梅陇镇度过的林先生在阅读列宁的一篇文章时，对文章提到用黄金建造一些公共厕所大为感触，从此他一直梦想建造一所“金厕所”。他也希望让每位来参观的人更全面认识黄金的用途和本质。

◎ 最早的房屋建筑

原始人类以洞穴为房屋，但是洞是天然的，不属于人造建筑。后来人们学会了在树上筑巢，虽然是人工建造，但还是利用了很多自然条件，不算真正的房屋。最早的房屋建筑遗址是距今27000年的捷克多尼维斯托尼斯建筑。那里有许多成排的圆形大兽骨，人们推测可能是建筑房屋的材料。

与捷克遗址相比，7000年前我国浙江余姚

↗ 早期人类的房屋建筑

河姆渡的建筑遗址更像现代意义上的房屋。那里有行行排列有序的木桩和大量带榫、卯的柱、梁以及企口板材，这显然是一处房屋建筑的遗址。根据对河姆渡遗址的地质调查，该建筑原来可能是在一片沼泽地的边缘，地势低洼潮湿。再从成排的木桩来看，估计是一种干栏式住宅建筑。这种建筑是用木（或竹）桩建成一个高离地面的基座，再在其上建造房屋。这样人们既可避免瘴疠的危害，又能防止虫蛇猛兽的袭击。干栏式建筑形式是从独木巢居、多木巢居发展来的，直到现在，我国西南地区的一些少数民族，还在使用这种建筑形式。

◎ 世界上最大的住宅公寓区

英国伦敦的巴比肯住宅区是世界上最大住宅公寓区，总占地面积达16公顷，共有2014套公寓，停车场可停放1710辆汽车。1959年，建筑师钱伯林、鲍威尔和邦德共同设计了这个住宅区。

◎ 最大的半球体建筑

世界上最大的半球体建筑是瑞典斯德哥尔摩球体竞技场，又称“巨大体育馆”，或爱立信国际体育馆。这个体育馆建成于1989年，体积达60万立方米，是瑞典的标志性建筑之一。这个体育馆建成之后举办过很多国际级的演唱会、体育赛事和大型活动。

— 书籍、专著之最 —

◎ 现存最早的纸写书

世界上最早的纸写书，是我国晋朝人抄写的《三国志》。据考证，此书是在陈寿（公元233～297年）的《三国志》成书不久后抄写的，约在290年左右。这部书是1924年在我国新疆鄯善县出土的文物中发现的，是残卷，共有80行，1900余字。这份残卷已流入国外，国内仅有影印本。1965年在新疆吐鲁番的英沙古南城的一座佛塔遗址中，也发现了这部《三国志》残卷，有40行，570余字，内容写的是《孙权传》，存建安25年后半段和黄武元年的前三分之一段，用隶书抄写。根据资料，目前还没有比这部书更早的纸写书。

◎ 现存最早的雕版印刷书

现存最早的一部雕版印刷书是唐朝咸通九年（公元868年）由王玠印制的《金刚经》。它也是世界上现存最早的有确切日期的印刷品。

《金刚经》是佛教的重要经典，大约在公元前994年成书于古印度。内容是释迦牟尼佛与众弟子的谈话记录，经卷最后四句偈文“一切有为法，如梦幻泡影，如露亦如电，应作如是观”，被认为是整部经文的精髓。雕版印刷的《金刚经》全长16尺，高1尺，卷首绘有释迦牟尼佛说法的扉画。据说这部《金刚经》是王玠为父母祈祷消灾而印刻的。这部《金刚经》现存于英国大英博物馆。

↗ 已知最早的印刷书籍是公元868年出现的中国佛教经典《金刚经》。书中的图案是用木版印刷在手工制成的纸张上的。图中表现的是众神膜拜菩提祖师的场景。

◎ 世界上最大的书

在缅甸曼德勒市的马哈拉卡马拉金字塔下保存着一部佛教经典著作《大藏经》的手刻本，这部书有733页，然而真正让它出名的是它的体积，它占地5万平方米，是刻在大理石板上面的，所以它的每一页都几乎有1.5米高，2吨多重。

它是19世纪中叶当时缅甸王朝的国王为了纪念佛教上的一个节日，命令100多名最好的石匠花了9年才完成的。1868年完书的时候，曾经有2400多名和尚参加诵读纪念它的完成，这么多的人一个接一个读下去，用了将近153天才将整本书读完。这部《大藏经》的手刻本无疑是世界上最大的书。

◎ 世界上最大的丛书

由英国广播公司出版的《WHO博士》丛书是一部围绕一个主要人物编写的最大的小说系列丛书。1977年至1997年间，这套丛书原来的出版者目标出版公司共出版约150种，其中很多都再版和多次发行。1997年，英国广播公司开始接手这套丛书，又出版了82种。加在一起共售出800万本。1963年至1989年间，原来的《WHO博士》节目曾在英国广播公司的电视上播出。

◎ 页数最多的书

世界上页数最多的书是《四库全书》。

《四库全书》由79000多卷组成，分为36000多册，包括3461种书目，内容涉及经、史、子、集。“经”分为易、书、诗、礼、春秋、孝经、五经总义、四书、乐、小学10个小类；“史”分为正史、编年、纪事本末、别史、杂史、诏令奏议、传记、史钞、载记、时令、地理、职官、政书、目录、史评15小类；“子”分为儒、兵、法、农、医、天文算法、术数、艺术、谱录、杂家、类书、小说、释、道14小类；“集”分为楚辞、别集、总集、诗文评、词曲5小类。内容涉及范围如此之大，让《四库全书》成为中华民族传统文化最丰富的也是最完备的集成之作！这么庞大的著作在世界上也是相当少见的，它的页数多达853456页，这在世界上是绝无仅有的，因此,《四库全书》是世界上页数最多的书！

《四库全书》
全书采用传统的“经、史、子、集”四部分类法。每大类下又分若干子类，为了从外观上更直观，全书分别以绿、红、白、灰四色封面装帧。

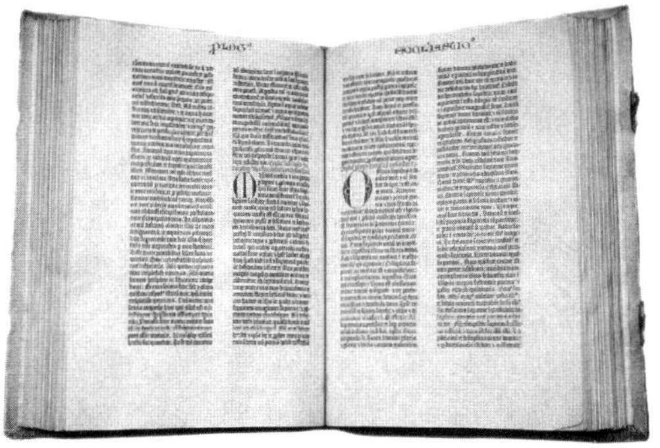

第一本用金属活字印制的书是1455年的《古登堡圣经》。

◎ 最畅销的书

《圣经》是世界上发行量最大也是最畅销的书，1815 ~ 1999年间估计发行了38.8亿册。

受版权保护的图书中，发行量最大的畅销书当属《吉尼斯世界纪录大全》。该书由吉尼斯高级出版社于1955年10月出版以来，被翻译成37种文字，到1999年发行量超过8500万册。

◎ 最早的百科全书

《永乐大典》是明朝永乐年间完成的一部百科全书，原名《文献大成》，从永乐元年（1403年）开始编写，到永乐六年（1408年）全部完成。它不仅是我国文化史上最早、最大的一部百科全书，而且是迄今为止世界上最早的百科全书。

《永乐大典》收录有从先秦到明朝的七八千种古书典籍，汇集了当时的天下群书。其中包括经、史、子、集、释藏、道经、医药、戏剧、农艺等。全书共有22877卷，3.7亿字，前后共有数千人参与编写，用了5年的时间最终完成。编辑规模之大、书中内容之浩繁，在世界文化史上都属罕见。

《永乐大典》的重要价值在于，它一字不差地收录了书籍，全部照着原著整部、整篇、整段地分别编入，因此它完好地保存了许多宋元以前佚散的古典文献。

◎ 最畅销的丛书

英国人J.K.罗琳创作的《哈利·波特》丛书中的前三部书创造了系列丛书年销量最高纪录。

↗ 哈里·波特棋盘游戏和《哈里·波特》系列丛书同时展出。哈里波特丛书的第六本——《哈里·波特与混血王子》已于2005年3月出版。

1999年，这部书在美国售出1850多万册，在英国售出450多万册。

《哈利·波特》系列魔幻小说讲的是主人公哈利·波特在霍格沃茨魔法学校学习魔法，并与魔法界邪恶势力做斗争的故事。小说一经出版，立即受到了全世界少年儿童的追捧。到2007年7月，《哈利·波特》系列丛书共出版了7册，分别是《哈利·波特与魔法石》《哈利·波特与密室》《哈利·波特与阿兹卡班的囚徒》《哈利·波特与火焰杯》《哈利·波特与凤凰社》《哈利·波特与混血王子》《哈利·波特与死亡神器》。其中，《哈利·波特与火焰杯》首印量达480万册，是首印量最多的作品，相当于普通畅销书的40倍。

《哈利·波特》系列丛书已经被翻译成70多种语言，在全球200多个国家的总销量达3.5亿册以上。由这部作品改编的电影也受到了全世界儿童的欢迎。作者J.K.罗琳也借着小说和电影名利双收。

◎ 最早的字典

世界上最早的字典是中国的《说文解字》。

《说文解字》是中国第一部按部首编排的字典。其作者是东汉的经学家、文字学家许慎。《说文解字》成书于汉和帝永元十二年（公元100年）到汉安帝建光元年（公元121年）。

许慎根据文字的形体，创立540个部首，将9353字分别归入540部。540部又据形系联归并为14大类。字典正文就按这14大类分为14篇，卷末叙目别为一篇，全书共有15篇。许慎在《说文解字》中系统地阐述了汉字的造字规律——六书，即“象形”“指事”“会意”“形声”“转注”“假借”。

《说文解字》的体例是先列出小篆，如果古文和籀文不同，则在后面列出。然后解释这个字的本义，再解释字形与字义或字音之间的关系。《说文解字》中的部首排列是按照形体相似或者意义相近的原则排列的。《说文解字》开创了部首检字的先河，后世的字典大多采用这个方式。

◎ 世界上最大的词典

《牛津英语词典》是当今世界最大的一部辞典。它是牛津大学出版社出版的词典，出版于1884～1928年间，著名语言学家詹姆斯·默里爵士负责编辑。第一版《牛津英语大词典》，含有414825个词条和近200万条实例，共12卷。这部词典发行以来已成为世界公认的最伟大的英文词典，赢得了“词典中的圣经”的美誉。

1989年，出版社出版了《牛津英语大词典》第二版。共20卷，收词超过50万条，引证例句250万条，全部发音使用国际音标标注，词条及例句涵盖了所有英语国家的地方英语，包括北美、南非、澳大利亚、新西兰和加勒比，等等，并且给出了词源分析以及不同地方英语的拼写差异。

该辞典几乎囊括了1150年以来见于文献的所有语词，如乔叟、高沃尔和莎士比亚等著名作家只用过一次的罕见词。因此《牛津英语大词典》是一部追溯词源、查考历史词汇、具有极高学术价值和实用价值的英语词典。

◎ 最早的教育论著

大约完成于中国战国时期的《学记》是《礼记》中的一篇，它主要记载的是先秦时期儒家的教育经验和教育理论以及当时社会各阶层的教育制度和教学方式，同时对教育有一个全面的论述，这些论述包括教育的作用、教育的目的和教育理念等方面的问题。它里面所提倡的

↑《礼记》书影

一些教育理念在我们今天的教育之中也很有意义。为后来的教育起到了一个很好的引导作用。同时，作为2000多年前的教育论著，《学记》是世界上最早的教育论著，比起西方最早的教育论著《修辞术规范》来，《学记》早了100多年！

◎ 现存最大的一部类书

类书是指分类汇编各种材料以供检索的工具书。世界上现存最大的一部类书是清朝康熙年间陈梦雷编纂的一部大型综合性类书——《古今图书集成》。此书原名《古今图书汇编》，雍正时蒋廷锡等重新编辑，改名为《古今图书集成》。乾隆将此书钦赐给宁波范氏天一阁，后来这部书就一直陈放在天一阁。

《古今图书集成》全书1万卷，目录40卷，约1.6亿字，内容包括哲学、自然科学、社会科学、应用技术等各个门类。编者陈梦雷说："凡在六合之内，巨细必举，其在十三经、二十一史者，只字不遗。其在稗史子集者，十亦只删一二。"直到今天，这部书仍有重要的文献价值和学术研究参考价值。

◎ 最早的茶叶专著

中国唐代陆羽所著《茶经》距今约有1200多年的历史，为世界首部茶叶专著。全书分为上、中、下3卷10节。

《茶经》不仅系统地总结了茶树的起源、产区、生长习性、栽培、采制、品类、煮调、茶具、品饮等方面的知识，并且对唐代以前的关于茶叶的科学知识及实际操作也进行了系统总结，这些都是前所未有的。该书是世界上首部研究茶叶的科学著作。它的著作对继承和发扬中国古代文化贡献巨大。故唐代后的历代茶商把陆羽奉为"茶神""茶祖"。

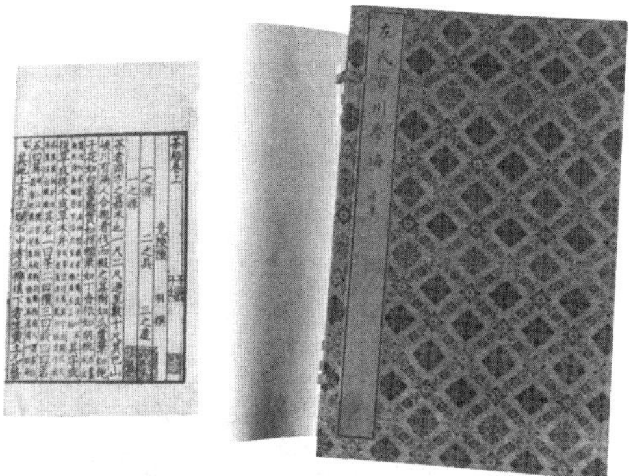

《茶经》书影及内页

《茶经》为唐代陆羽所著，分上、中、下3卷，为世界上首部研究茶叶的科学著作。《茶经》不但系统地讲述了茶的历史、文化，还讲述了茶的品种、栽培、彩制、品饮等方面的知识，对发扬中国古代文化具有重要的作用。

◎ 最早系统阐述文学理论的著作

最早系统阐述文学理论的著作是古希腊著名思想家亚里士多德（公元前384～公元前322年）所著的《诗学》。《诗学》原名《论诗》，据说是亚里士多德的讲义，可以分为5大部分。第一部分主要分析各种艺术所摹仿的对象、摹仿所采用的媒介和方式，以及各种艺术由此而形成的差别，指出诗的起源以及悲剧与喜剧的历史发展；第二部分包括悲剧的构成要素和写作风格；第三部分讨论史诗；第四部分讨论批评家对诗人的指责，并提出反驳这些指责的原则和方法；第五部分比较了史诗和悲剧的高低。

这部不朽的著作反应了比较成熟的诗学思想，是西方美学史上第一部最为系统的美学和艺术理论著作。它对西方后世文艺理论和文学创作的发展产生过巨大影响，其中的有些观点曾被近代新古典主义奉为金科玉律。

◎ 古代最著名的酒百科全书

古代最著名的酒百科全书是宋代窦苹所著的《酒谱》。书中介绍了酒名、酒旗、酒器、酒令、酿酒方法等内容，总结了前人关于酒的一些诗句和言论。比如"顿孙国有安石榴，取汁停盆中，数日成美酒。""唐人有莲子杯，白公诗中称之，周穆王时有杯名常满。""《韩非子》云：'宋人沽酒，悬帜甚高。'酒市有旗始见於此，或谓之帘。""酒为欢伯，其义见《易林》，无贵贱贤不肖，中外共甘而乐之。"

◎ 最早的一部关于纸的专著

北宋时期，随着造纸业的发展和进步，以及纸对社会生活的重要影响，造纸术日益引起人们的关注，因而出现了一些研究纸的专门论著。其中最早的一部是北宋苏易简撰写的《文房四谱》中的《纸谱》一卷，这也是世界上最早的一部关于纸的专著。

《纸谱》成书于北宋雍熙三年（公元986年）9月，分为叙事、制造、杂说、辞赋4部分，记述了纸的源流、名称、制作、加工、用途、特点等，具有很高的史料价值。

◎ 最早的地方植物志

现存最早的地方植物志是中国的《南方草木状》。此书于公元304年问世，为晋代嵇含所撰。全书共上、中、下3卷，分草、木、果、竹4大类。书中记载了80余种产于广东、广西及越南的植物。其中上卷记载29种草类植物，中卷记载28种木类植物，下卷记载17种果类植物以及6种竹类植物。同时还有关于生物防治的记载。此书是研究中国古代植物的重要资料。

《南方草木状》书影

◎ 最早的植物学词典

世界上最古老的一部系统的植物学词典当属中国的《花果卉木全芳备祖》。此书成于1256年，为南宋学者陈景沂编纂。全书共58卷，分为果、草木、花卉、农桑、药物、蔬菜等部分。这部书问世后，其原本差不多都已散失。现只有日本宫内厅书陵部还保存着仅有的一部原本。1979年10月，日本宫内厅把这本书的影印件赠送给中国。

《救荒本草》是世界上最早研究野生食用植物的著作，为中国明代皇帝朱元璋的第5个儿子朱棣所撰，成书于永乐四年。全书分上、下两卷，记载了414种在灾荒时可利用的野生植物，其中有138种出自以前的本草，新增加276种。分为245种草类，80种木类，20种米、谷类，23种果类，46种菜类。这些植物中不仅有常见的食用植物，还有习惯上不食用、甚至是有毒的植物。朱棣在自己的园圃里栽植了许多植物，不仅亲自观察，还叫画工依照实物逐一绘图，并对植物的产地、形态、性味及其可食部分和食法都予以详细说明。《救荒本草》受到了世界植物学家和科学史家的高度评价。

◎ 最早的植物专书

晋代戴凯之撰写的《竹谱》是最早的关于竹子的专书。全书以四字一句的韵文形式，逐条注释。

北宋欧阳修所撰的《牡丹记》是最早的牡丹专书。全书共三篇，第一篇为花品叙；第二篇为花释名；第三篇记述了洛阳人赏花、接花、种花、浇花、养花、医花的方法等。

北宋蔡襄所撰《荔枝谱》是现存最早关于荔枝的著作。书中论述了荔枝的品种、产地及培养、加工、贮藏等方法。

北宋刘蒙所撰《菊谱》是现存最早的菊花专书，书中叙述了有名的菊花品种35种。

南宋韩彦直撰写的《永嘉橘录》是现存最早的关于柑橘的专书。书中介绍了柑橘27个品种的性状，以及种植柑橘的方法。

南宋赵时庚所著的《金漳兰谱》是最早关于兰花的专书。书中论述了各种兰花品种的形态特征和栽培技术。

南宋陈仁玉所撰的《菌谱》是最早的菌类植物专书。书中论述了11种菌类植物的生长期、形状和色味等。

◎ 最早、最大的区域性植物志

中国古代最早最大的区域性植物志是清代吴其（1789～1847年）所编著的《植物名实图考》。该书共分38卷，12大类。其中谷类2卷、草类24卷、蔬菜4卷、木类6卷、果部2卷，共计1714种植物，比《本草纲目》多519种。书中对

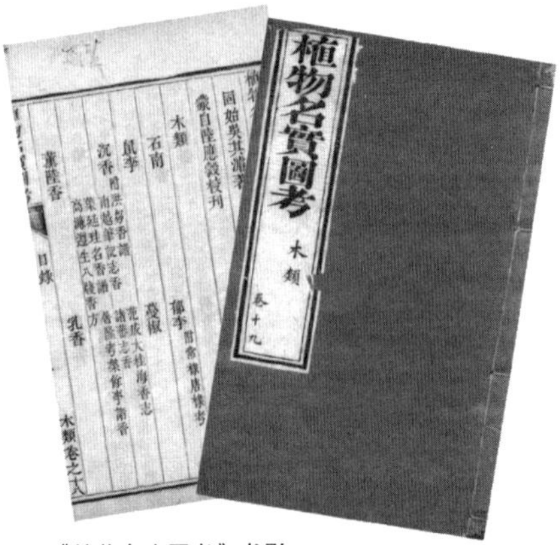

《植物名实图考》书影

各种植物的颜色、形态、性味、用途及药用价值都加以收录。所附插图极为精美，比以往任何本草都要清楚、细致、生动、形象、逼真。

◎ 世界上保存最早最完整的农业专著

世界上最早最完整的农业专著是北魏贾思勰所著的《齐民要术》。《齐民要术》大约成书于北魏末年（公元533年～534年），书名中的“齐民”，指平民百姓。“要术”指谋生方法。

《齐民要术》由序、杂说和正文三大部分组成。正文共92篇，分10卷。全书11万字，其中正文约7万字，注释约4万字。书中内容相当丰富，涉及面极广，包括各种农作物的栽培，各种经济林木的生产，以及各种野生植物的利用，等等；同时，书中还详细介绍了各种家禽、家畜、鱼、蚕等的饲养和疾病防治，并把农副产品的加工以及食品加工、文具和日用品生产等形形色色的内容都囊括在内。因此说《齐民要术》对中国的农业研究具有重大意义。

◎ 最早的天文学著作

世界上最早的天文学著作是中国战国时期齐国人甘德著的《天文星占》8卷和魏国人石申著的《天文》8卷。汉朝时，这两部著作还是各自刊行的。后人把这两部著作合并，并定名为《甘石星经》。

《甘石星经》记载了水、木、金、火、土五大行星的运行情况，以及它们的出没规律。书中还测定了121颗恒星的方位，记录了800颗恒星的名字。书中还提及日食、月食是天体相互掩食的现象。

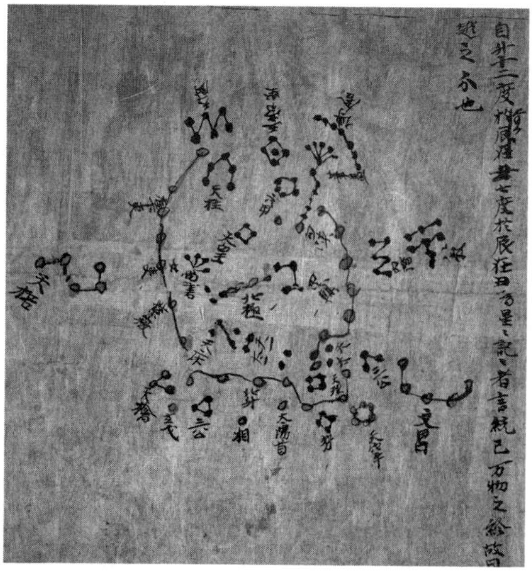

早期的星图

后世许多天文学家在测量日、月、行星的位置和运动时，都要用到《甘石星经》中的数据，因此，《甘石星经》在中国和世界天文学史上都占有重要地位。

◎ 最早的历史文献著作

最早的历史文献著作是中国春秋时的《尚书》。《尚书》原称《书》，汉代时改为《尚书》，意思是上古之书。《尚书》是中国最古的官方史书，是中国第一部上古历史文件和部分追述古代事迹著作的汇编，它保存了商周特别是西周初期的一些重要史料。

《尚书》记事始于尧舜，中历夏、商、周各代，终于春秋中前期的秦穆公。其内容涉及重要的政治、军事、警戒、诰命或告语之词等，也有少数的记事篇。相传由孔子（公元前551年～公元前479年）选编而成。秦朝时焚书坑儒，《尚书》被毁。西汉初，《尚书》存29篇，为秦博士伏生所传，用汉时隶书抄写，被称为《今文尚书》。西汉前期，相传鲁恭王拆孔子故宅一段墙壁，发现另一部《尚书》，是用先秦六国时字体书写的，所以称《古文尚书》，它比《今文尚书》多16篇。但是这本《古文尚书》未能流布。另有东晋梅赜所献的伪《古文尚书》（较《今文尚书》多16篇）。现在通行的《十三经注疏》本《尚书》，就是《今文尚书》和伪《古文尚书》的合编本。

◎ 最早的纪传体历史著作

最早的纪传体历史著作是司马迁撰写的《史记》。《史记》记载了上自中国上古传说中的黄帝时代，下至汉武帝元狩元年（公元前122年），共3000多年的历史。全书包括十二本纪（记历代帝王政绩）、三十世家（记诸侯国和汉代诸侯、勋贵兴亡）、七十列传（记重要人物的言行事迹主要叙人臣）、十表（大事年表）、八书（记各种典章制度：礼、乐、音律、历法、天文、封禅、水利、财用），共130篇，52.65万余字。

《史记》对后世史学和文学的发展都产生了

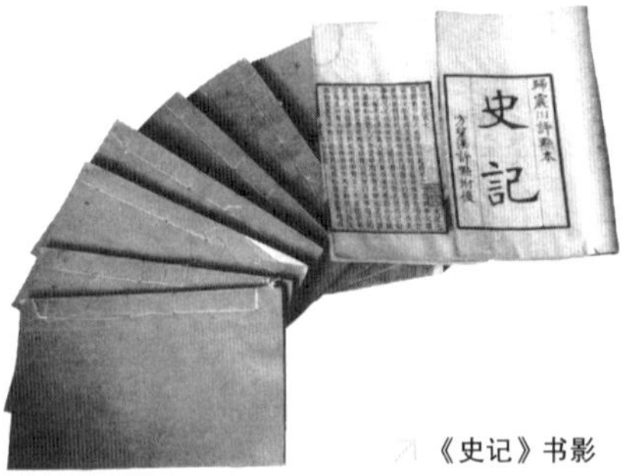

《史记》书影

深远影响。其首创的纪传体编史方法为后来历代“正史”所传承。同时,《史记》也是一部优秀的文学著作，有很高的文学价值，在中国文学史上有重要地位，被鲁迅誉为“史家之绝唱，无韵之离骚”。

◎ 记载时间最长的历史著作

记载时间最长的历史著作是中国的《二十四史》。《二十四史》是一套史书的总称，包括《史记》《汉书》《后汉书》《三国志》《晋书》《宋书》《南齐书》《梁书》《陈书》《魏书》、《北齐书》《周书》《隋书》《南史》《北史》《旧唐书》《新唐书》《旧五代史》《新五代史》《宋史》《辽史》《金史》《元史》《明史》。

这24部史书记载了从传说中的黄帝（公元前2550年）到明崇祯十七年（1644年）、前后历时4000多年的历史，用统一的纪传体编写。《二十四史》总共3249卷，约有4000万字，内容非常丰富，记载了历代经济、政治、文化艺术和科学技术等各方面的事迹，堪称“中华文明的百科全书”。

《二十四史》有三种版本，一种是清乾隆时官刻的“武英殿本”，清末以来各种翻刻本大都以此为依据；一种是民国时张元济主持商务印书馆时的影印“百纳本”；另一种是中华书局印行的“点校本”。建国初，我国史学工作者对二十四史加以整理和校勘，以方便阅读研究。

◎ 世界上最古老的数学专著

《周髀算经》是世界上最古老的数学专著，同时也是一部天文学著作。《周髀算经》大约成书于西汉时期（公元前1世纪），书的作者不能确定。书中记录了我国古代早期的数学成果，比如有理数四则运算法则，勾股定理在测量中的应用，开平方的问题，等差级数的问题，这些知识至今让人拍案叫绝。

《周髀算经》第一章就以商高回答周公问题的形式提出了勾股定理：“故折矩以为勾广三、股修四、径隅五”。因此勾股定理又叫“商高定理”。商高提出勾股定理的时间比欧洲最早提出勾股定理的希腊哲学家毕达哥拉斯提出的时间要早500年。

◎ 世界上最大的数学专著

1939年，法国书店里突然出现了《数学原本》（第一卷），作者署名是尼古拉·布尔巴基（Nicolas Bourbaki）。这部书从那时候起，到1973年，已经出到第35卷，至今还没有写完。它是目前最巨大的数学专著。

其实，尼古拉·布尔巴基并非一个人，而是20世纪一群法国数学家的笔名。布尔巴基的目的是在集合论的基础上，用最具严格性，最一般的方式来重写整个现代高等数学。

《数学原本》是一部有崭新体系的数学专著，而并非东拼西凑的数学百科全书，它以吸收最新数学成果并加以剖析而受到重视。近几年,《数学原本》的前几卷已经重新修订，每卷又补充了近三分之一的新材料。这部巨著是用法文写的，现已有英、日、俄等国文字的译本。翻译《数学原本》是一个巨大的工程，翻译成日文时还曾专门建立了一个委员会。

◎ 世界上最古老的地理书籍

世界上最古老的地理书籍是中国的《山海经》。《山海经》大约成书于春秋战国时期，它

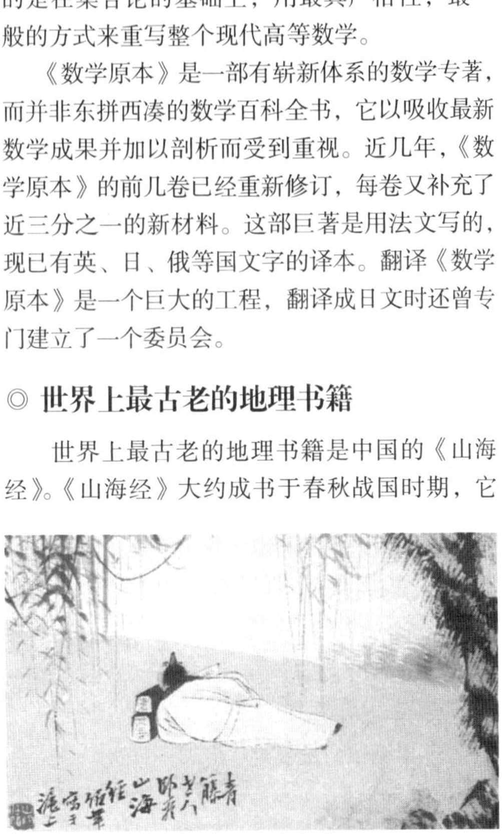
青藤老人卧看《山海经》图　清　任颐
青藤老人即明代大书法家、画家、文学家徐渭，在这幅画中，徐渭正卧看《山海经》，一副悠然自得的样子。

的具体作者还没有定论，但对于“《山海经》是世界上最古老的地理书籍”在专家们中间已经达成共识。

《山海经》有《山经》和《海经》两部分组成，《山经》有5卷，《海经》有13卷，一共有31000多字，字数不多，但却涉及到了天文、地理、神话、宗教、民族、动物、植物、矿产等诸多内容。其中最有历史价值的是它关于中国早期的地理的记载，比如《山海经》里就有中国最早的地图，但遗憾的是其中的大部分都失传了。

◎ 世界上最早的美术理论著作

世界上现存最早的美术理论著作是希腊人普林尼的《博物志》。这本书大约创作于公元1世纪，该书以列传形式对名作进行解说。

◎ 世界上最早最完整的建筑学专著

最早最完整的建筑学专著是北宋官方发行的一部关于建筑设计和施工的规范书——《营造法式》。北宋建国后，官府大兴土木，负责工程的官员不断从中得利，导致国库无法应付巨大的开支。为了加强对建筑行业的管理，1097年，宋朝皇帝下旨命官府建筑的负责人李诫编修一本建筑规范用书。

李诫以自己10多年的建筑经验，参阅大量文献和旧有的规章制度，收集工匠讲述的各种操作规程和技术要领，用了3年时间终于编成了《营造法式》。这部书刊行于1103年。全书包括总释、制度、攻限和料例、图样，共34卷，前面还有“看样”和“目录”各一卷。《营造法式》翔实地记录了当时整个建筑行业的科技水平和管理经验，填补了古代建筑发展史的空白。

◎ 最大的古代医学百科全书

我国明代医药学家李时珍编写的《本草纲目》是一部中医药物学专著，也是世界上最大的古代医学百科全书。

《本草纲目》是李时珍根据亲身实践经验对中药学进行全面整理总结，用尽毕生精力，用时27年编成。全书52卷，近200万字，共收录药物1892种，其中植物药1094种，动物药443种，矿物药161种，其他类药物194种。此外，李时珍通过实践检验后补入的药物374种。书中附有1100多幅药物图，11000余副临床处方，方便读者确切地了解药物的形态和用途。在对药物的分类上，李时珍打破了以往将药物分为上、中、下三品的分法，而是采用了分纲别目的方法，将全书分为16纲，62目。这种分类法条理清晰，使读者一目了然。

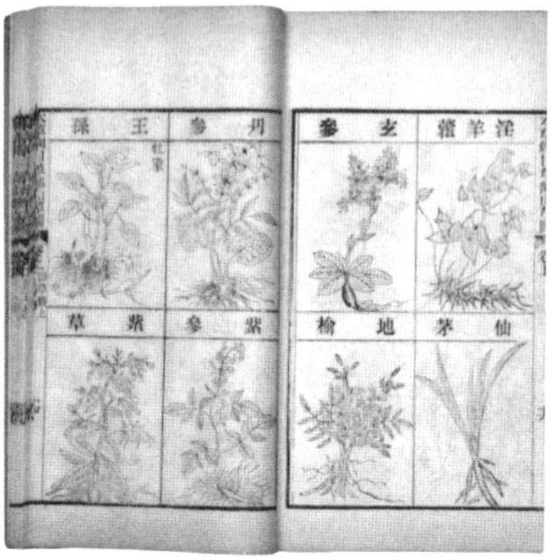

↗《本草纲目》书影

这本药典，不论从它严密的科学分类，还是从它包含药物的数目之多和流畅生动的文笔来看，都远远超过古代任何一部药物著作。

◎ 世界上最早的由国家编订颁布的药典

世界上第一部由国家编订颁布的药典是659年唐朝李绩、苏敬等22人编写的《新修本草》。它比欧洲的佛罗伦萨药典早839年，比世界医学史上有名的《纽伦堡药典》早876年，因此有世界“第一部药典”之称。

《新修本草》分为本草、图经、药解三部分，共54卷。本草部分记载了药物的性味特点、产地、采集地点、治疗功效等。图经部分绘有药物的实际图样。药解部分是对药物的文字说明。此书系统总结了前人的药物成就，总共收录了844种药物，比《本草经集注》增加了114种，所载药物的准确性和真实性是其他同类书籍没法比拟的。其中还记载了用白锡、银箔、水银调配成的补牙用的填充剂，这是世界医学史上最早的补牙记载。

◎ 现存最早的伤科专著

世界上现存最早的伤科专书是唐代蔺道人所著的《仙授理伤续断秘方》，约成书于公元

841年至公元846年。

相传唐代有一个蔺道人年过百岁，精力充沛，常与彭姓老翁来往。有一天，彭家儿子从树上跌下来，颈部骨折，臂肱受伤。蔺道人给他吃了一些药之后，几天就痊愈了。此后，很多人找他治疗。蔺道人怕麻烦，就把方剂授予彭老翁。彭老翁认为蔺道人是神仙下凡，于是把方剂取名为《仙授理伤续断秘方》。

全书共有医治口诀24条，治伤并方20条，介绍了如何治疗关节脱臼、跌打损伤以及止血、手术复位、牵引、扩创、填塞、缝合手术等内容。书中很多观点都是世界正骨学的首创，比如一般骨折复位后要用衬垫固定，并指出要注意关节活动，开放性骨折则应快刀扩创，避免感染。

◎ 现存最早的外科专著

世界上现存最早的外科专著是我国南北朝刘涓子等人于483年写成的《鬼遗方》，又称《神仙遗论》。这本书代表了我国南北朝时期外科的发展水平。

传说刘涓子在丹阳郊外巧遇黄父鬼之后，受其启发写成了这部外科专著。原书共10卷，宋代以后存有两种残卷。其中一残卷为《刘涓子鬼遗方》的5卷本。书中论述了痈疽症、金创、淤血、外伤治疗，包括如何止痛止血，取出箭镞等方面的内容。全书记载着140余贴方子，对痈疽的辩证论治尤为详尽。

该书是我国现存最早的一部外症痈疽及金疮方面的专著。书中除了通过症象对痈和疽进行鉴别之外，还特别指出发病部位与疾病发展过程和后果的关系，并根据不同情况给出很多治疗的办法。

◎ 现存最早的医学理论著作

世界上现存最早的医学理论著作是《黄帝内经》，共18卷，162篇，包括《灵枢》《素问》两部分。这部著作假托黄帝之名，其实并不是黄帝写的，而是古代许多医学家共同的劳动成果，编成于战国时期。

《黄帝内经》是研究人的生理学、病理学、诊断学、治疗原则和药物学的医学巨著。在理论上建立了中医学上的“阴阳五行学说”“脉象学说”“藏象学说”“经络学说”“病因学说”“病机学说”“病症”“诊法”“论治”及“养生学”“运气学”等学说。其医学理论是建立在我国古代道家理论的基础之上的，反映了我国古代天人合一的思想。

◎ 世界上最早的传染病专著

世界上最早的传染病专著是明末吴有性所著的《瘟疫论》。吴有性所处的年代正好是瘟疫流行的年代，他亲眼目睹了传染病流行的惨景，于是刻苦钻研医理，对流行性传染病进行详细研究，结合自己多年的经验，于崇祯十五年（1642年）编成了《瘟疫论》。

《瘟疫论》提出了当时传染病的病因是“非其时而有其气”，认为伤寒等病是由于感受天地之常气所致，而疫病则是“感天地之疫气”。书中将“瘟疫”与其他热性病区别开来，使传染病病因突破前人“六气学说”的束缚，第一次提出了由于机体抗病功能不良，感染戾气为发病原因的新论点，指出传染途径是空气和身体接触，“戾气”由口鼻进入人体而致病。人体感受戾气之后，是否致病取决于戾气的量、毒力和人体的抵抗力。

这部医学文献至今仍可用来指导临床医学，具有重要的现实意义和历史意义。

◎ 世界上最早的针灸学专著

世界上第一部较完整的针灸学专著是晋代

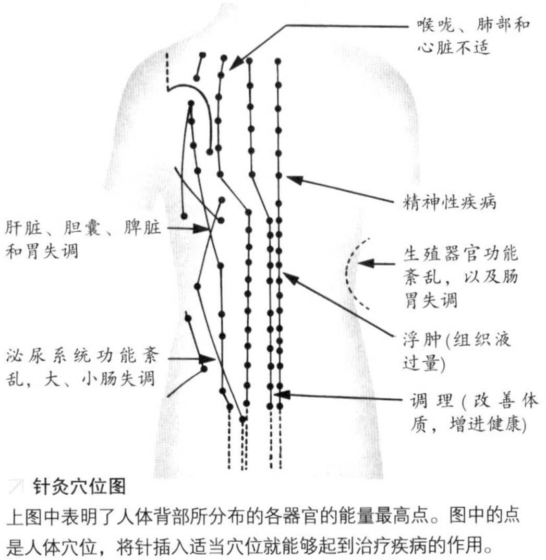

针灸穴位图

上图中表明了人体背部所分布的各器官的能量最高点。图中的点是人体穴位，将针插入适当穴位就能够起到治疗疾病的作用。

医学家皇甫谧所著的《针灸甲乙经》。

皇甫谧是一位史学家，年近50岁时，由于疾病缠身，开始研究针灸医术，学习《黄帝针经》《素闻》《明堂孔穴针灸治要》三书，将其中的精要整理成《黄帝部针灸甲乙经》，简称《针灸甲乙经》。此书成书于259年，原书共10卷，南北朝时改为12卷。原书以天干编次，主论医学理论和针灸之法，故以《针灸甲乙经》命名。

《针灸甲乙经》在总结前人经验的基础上，提出了800多种适合针灸治疗的疾病。书中条分缕析地介绍了热病、寒热病、头痛、疟、黄疸、脾胃病、霍乱、癫、狂、耳眼口齿病、妇科病等疾病的治疗方法。

◎ 世界上最大的方书

中国中医著作中"方书"是一个重要的学术门类。晋代葛洪所著《肘后救急方》是我国现存第一部方书著作。此后，唐、宋、明、清几代的方书著作很多。其中明代的《普济方》是方书著作中选方最多、内容最丰富的方书。这部著作是明太祖第五子周定王主持，滕硕、刘醇等人执笔汇编而成。此书刊于1406年，初刻本已经散失。

原作168卷，后来《四库全书》将其改为426卷，共217类，788法。全书载图239幅，载方61739贴。书中的内容包括总论、脏腑身形、伤寒杂病、外科、妇科、儿科、针灸等。《普济方》非常实用，在每个病症下面都列有治疗的方子。全书除历代方书之外，还兼收史传、杂说、道藏、佛典中的相关内容，保存了珍贵的医学材料。

◎ 最古的草药书

世界上最古的草药专书是中国的《神农本草经》。遗憾的是，大约在唐末宋初之时，渐渐失传。不过，值得欣慰的是中国古代自然科学典籍将前人书籍中的有关内容基本保留下来，使后人得以了解它的概貌。

关于《神农本草经》的成书年代与作者，众说纷纭，莫衷一是。据考证，《神农本草经》最初只有一卷，为战国时代扁鹊弟子子仪所著，其余部分均为后代增补。《神农本草经》中记载了365种药物，包括草、米、谷、木、果、鱼、虫、家畜、金石等。原作者把它们分为上品、中品、下品3种类型。

《神农本草经》自问世以来一直广为流传，直到唐末宋初才渐渐失传。它对中国药物学的发展有深远的影响。中国历代本草医药专书，都是以本书所载的药物为基础增添修订而成。如南朝陶弘景的《神农本草经集注》、唐代的《新修本草》，宋代的《开宝本草》、明代李时珍的《本草纲目》，追溯其本，都是从《神农本草经》发展而来。

◎ 世界上最早的兵书

世界上最早的兵书是中国春秋时期孙武所著的《孙子兵法》。《孙子兵法》又称《孙武兵法》《孙武兵书》等，是中国古典军事文化遗产中的璀璨瑰宝，是世界三大兵书之一（另外两部是：克劳塞维茨所著的《战争论》和宫本武藏所著的《五轮书》）。

《孙子兵法》是孙武赠送给吴王的见面礼。一般认为，《孙子兵法》成书于专诸刺吴王僚之后至阖闾三年孙武见吴王之间，即公元前515至公元前512年。原书82篇，图9卷。后来散失，剩主要部分13篇。其内容博大精深，思想精邃，逻辑缜密。该书体现了丰富的辩证法思想，书中探讨了与战争有关的一系列矛盾的对立和转化，如敌我、主客、众寡、强弱、攻守、胜败、利害等。《孙子兵法》正是在研究这些矛盾及其转化条件的基础上，提出其战争的战略和战术的。

《孙子兵法》是千古奇书，被视为兵家宝典。该书被翻译成英、俄、德、日等20种语言文字，不少国家的军校把它列为教材。

孙五(武)子演阵教美人战　版画

图左挥旗指挥的人是孙武，图右站在台上观看的人是吴王，图中正在演练的是宫女。

第七章
社会生活之最

— 饮食之最 —

◎ 最早的粽子

大约在中国的战国时期，楚国出了一位著名的诗人——屈原。当时任楚国大夫的屈原体察民情、关爱百姓，深受百姓的爱戴！但是当时的楚国国王楚怀王却听信奸臣的谗言将屈原流放到了很远的地方。穷困潦倒的屈原在楚国亡国之后一气之下跳入了汨罗江！当地的老百姓为了不让河里的鱼和虾把他们所热爱的英雄吃掉，就把糯米装在竹筒内放入河中让鱼和虾来吃。开始时，人们把这种装着糯米的竹筒叫作“筒粽”，其实这就是原始的粽子，慢慢地这就成了当地的一种风俗，“筒粽”也慢慢地被人们改造成了现在我们所喜欢的粽子！

◎ 最大的圣诞蛋糕

1997年12月25日，泰国首都曼谷的墨丘利旅馆内载歌载舞，一片欢快的景象，因为这里产生了世界上有史以来最大的圣诞蛋糕，一块重达2.3吨的巨型蛋糕吸引了成千上万的人前来观看。

观竞渡　清　《端阳故事图册》

赛龙舟是端午节的主要习俗。相传古时楚国人因不舍屈原投江死去，许多人划船追赶拯救。之后每年五月五日划龙舟以纪念。

这块由10多名厨师花了将近360个小时制成的巨型蛋糕长约8.4米、宽也有60多厘米，光原料就用了210多千克面粉、300多千克糖、120多千克黄油、120多千克淡炼乳和594只鸡蛋。当晚正是圣诞节，成千上万的人蜂拥而来，争相品尝这块据说是世界上最大的圣诞蛋糕。在展示之后的1个小时之内，这块巨型的圣诞蛋糕被切成了19212份送给客人们品尝。

◎ 最大的巧克力样品

在世界上的许多国家，巧克力是非常受欢迎的食品之一。据调查，在有的西方国家中平均每人每天都要消费一定数量的巧克力，巧克力文化在西方如此的繁荣简直就是一个谜。巧克力的生产在一些西方国家甚至已经是主要的产业之一，商家和销售商们想尽一切办法来吸引巧克力消费者的目光。在比利时的一个地方就生产过一个号称是世界上最大的巧克力样品来进行巧克力的促销活动。

这个号称是世界上最大的巧克力样品于1997年生产于比利时根特的一个叫“里什蒙”的俱乐部里。这件样品全长14.97米，宽大约有4.7米，高7.47米，这么大的巧克力听起来都很过瘾，何况要把它摆在购物中心来吸引消费者的注意力！当这个样品陈列在当地一个名为佐伊特购物中心的时候，吸引了大量的消费者前来观看，促销活动也取得了圆满成功。

◎ 最早的罐装食品

1795年，拿破仑政府为了解决食品在长途运输过程中易腐烂、存储过程易变质、军队供给没有保障的问题，针对食品存储方法提出了1.2万法郎的高额奖赏。为此，法国境内很多食品生产厂家以及食品工作者开始了贮存食品方法的研究。

在这些人中，经营烟酒糖果生意的尼古拉·阿珀特经过多次试验，终于在1804年，发现了长久贮存食物的有效方法。他不但获得了高额的奖金，还将这一技术投入生产，获得了高额利润。阿珀特发现新鲜的或者没有经过特殊处理的食物很容易变质，但是如果将这些食物加工完毕，装入玻璃瓶中，在沸水中加热30 ~ 60分钟，

早期的罐装肉广告

然后将瓶子密封起来。由于食物经过加工，而且与空气隔绝，不易受细菌腐蚀，便可以长期保存。于是，世界上最早的罐装食品便诞生了。

◎ 最早的奶酪蛋糕

早在公元前1000年左右，古埃及、希腊、罗马等地的面包和蛋糕的制作技术已经初具规模。据史料记载，在古埃及，制作的面包及蛋糕种类可达16种之多。而且，在一幅出自公元前1175年的宫廷绘画作品中，还展示了古埃及底比斯城宫廷焙烤的场面。画作中烘烤面包、蛋糕用的模具，制作蛋糕的流程等清晰可见。

但是，世界上最早的奶酪蛋糕却是出自同一时期的罗马地区。据史料记载，古罗马的宫廷膳房分为面包、菜肴、果品、葡萄酒四个部门。当时的王公贵族以聘请高级厨师招待宾客为炫耀资本，于是，在众多高级厨师比拼的情

况下，罗马人以蛋黄、奶油等调味品制成了奶酪蛋糕。现如今，世界上最好的奶酪蛋糕制作中心仍然归属古罗马所在地意大利。

◎ 最早的人造黄油

人造黄油又名麦淇淋。1869年，法国皇帝拿破仑三世提出“为海军及低收入的人研制黄油代用品”的招标政策。已经研究动物脂肪营养学7年之久的化学家梅热·穆里兹响应这一政策，在提取动物脂肪不断实验的基础上，经过脱脂、加碳酸氢钠等物质加压程序后，合成了世界上第一块人造黄油。1869年7月15日，穆里兹为自己的这项发明申请了专利。

这种食品的发明，解决了因人口增加，天然黄油供给不足，导致黄油价格上涨，满足不了低消费人群需求的问题。但是随着普法战争的爆发，人造黄油的大批量生产却是在1871年以后，人造黄油的主要成分也由动物油脂逐渐向大豆、向日葵等植物油脂转变，随着科学技术的进步，人造黄油中所含的营养成分也在增多。

餐桌上的人造黄油

◎ 最早的饺子

饺子是最具有中国传统特色的食品之一，距今已有2500年的历史。

1978年在山东省滕州出土的薛国故城里共挖掘了9个墓葬，其中有一座是春秋时代的薛国君主墓。在该墓出土的一套青铜礼器中，有一个锈蚀的铜器，里面整整齐齐地排放着一些白色食品。它们呈三角形，内包有屑状馅料。后经考察，此为今天的饺子和馄饨。这是迄今为止在我国所发现的最早的饺子。这说明早在春秋中晚期就有了饺子这种食品。

相传，东汉医圣张仲景发明了一种食物——“娇耳”。它是一种形状像耳朵，用皮包馅的水煮食品，接近于现代的饺子。三国时期，魏国张揖编著的《广雅》中就有关于这种食品的记载。在此之后，饺子在不同的历史时期叫过“扁食”“馄饨”“角儿”等名称。最终在清朝时改名为“饺子”，意为“更岁交子”，吃法也渐渐由带汤一起吃演变成从水中捞出蘸料吃。

◎ 最早的冷冻食品

英国17世纪的哲学家弗兰西斯·培根曾经尝试把冰雪塞进鸡里冷冻它，结果自己受了寒，病倒了。其实，在培根的试验之前，人们已经知道寒冷能够阻止肉类变坏，很多庄园主设置冷藏食物的冰窖。这种早期的冷藏食品的方式并没有抓住冷藏的关键。事实上，冷冻的速度才是持久保鲜的关键。美国人克拉伦斯·伯宰发现了这一点。1912～1915年，克拉伦斯·伯宰在加拿大拉布拉多半岛看到印第安人在严寒中捕鱼，鱼出水后很快就冻硬了，数月后再化冻时仍和刚出水时一样新鲜。

1924年，伯宰在美国马萨诸塞州建立了一个海产品公司，研究使冷冻加工食品商品化的生产技术。后来，伯宰把他的公司和冷冻加工技术卖给了波森塔姆公司，但产品需以“伯宰”为商标。1930年，波森塔姆公司生产出了第一批冷冻食品，有青豆、菠菜、木莓、樱桃、鱼、肉等。冷冻食品和速冻食品大大丰富了人们的餐桌，并削弱了食品的季节性。

◎ 最早的巧克力

巧克力是人们喜爱的一种甜味食品之一，在琳琅满目的巧克力品种中，丝丝柔滑的德芙是爱情恒久远的象征；浓郁香甜的金帝是爱情浓密的象征……总之，巧克力已经不仅仅是一种单纯意义上的甜品了。

巧克力的主原料为可可豆。早在墨西哥极盛一时的阿斯帝卡王朝最后一任皇帝孟特儒时期，可可豆制成的饮品已经成为人们顶礼膜拜的饮料。近日，一些考古学家在位于美国新墨西哥州西北部查科峡谷一座名为“普韦布洛-伯

巧克力大事记

时　间	事　件
1875年	弗朗索瓦—路易斯·凯勒的女婿丹尼尔·彼得首先制成条形牛奶巧克力
1900年	米尔顿·斯内夫利·赫尔希制成世界第一块“好时”牌条形巧克力
1905年	凯德伯里公司制成了首条“凯德伯里”牛奶巧克力
1908年	瑞士三角巧克力自称是“第一个申请了专利的瑞士巧克力”
1923年	法兰·玛氏的“Mar-Q-Bar”公司生产出第一块“银河”巧克力
1932年	福雷斯特·E.马耳斯离开美国，开始到英国生产马耳斯条形巧克力
1991年	“马耳斯”条形巧克力首次出口到前苏联，按规定每人一次最多可以购买4块

尼托”的印第安村落里，挖掘出了很多陶土做成的罐子。在这些罐子的碎片上，专家发现了一些食品的残留物。经过提取化验，专家证实，食品残留物中含有可可碱，这些约为公元前1100年的器皿可能是用来装盛可可饮料的。至此，专家断定，最早以可可豆为原料的巧克力距今已有至少3100年的历史了。

◎ 最古老的菜谱

菜谱是记载制作菜肴所需烹饪原料、烹饪方法以及烹饪技巧的载体。如今的菜谱多是一些编辑成册的书籍。在底格里斯河和幼发拉底河之间的美索不达米亚地区，考古专家发现了迄今为止世界上最古老的一个菜谱。这份菜谱是由一些出自公元前1700年的石制铭牌构成的。铭牌上，刻有将水牛、羚羊和鸽子肉制作成菜的方法。

我国是烹饪大国，早在9世纪，我国就有了手抄本菜谱《烹饪津梁》，这是世界上最早的具有现代意义的菜谱。第一本正式印刷出版的菜谱，是1455年意大利人巴尔塔美奥特·沙希的《饮宴乐事》。

◎ 最早的方便面

方便面是以棕榈油将事先烹制好的面条压缩硬化处理，装入塑料包装袋或杯桶中，用热水冲泡即可食用的一种既经济又实惠的快餐食品。据统计，仅2002年一年，全球方便面消费就高达550亿袋。

1958年，日籍台湾人安藤百福首次向世界推出了“鸡汤拉面”这种既可以干食，又可以冲泡的食品，并且创立了世界上第一家方便面公司——日清食品公司。从此，方便面和它的仿制品们开始在世界食品市场上走俏。

但是在此之前的中国的清朝时期，就已经出现了方便面的雏形。相传，清代书法家伊秉绶有一次在家中举办宴会。厨师做出了一种油炸之后入汤烹煮，并配以鸡蛋的面食，当时的宾客对这种劲道爽滑的面条赞不绝口，称之为“伊面”。“伊面”的制作原理以及食用方法与之后发明的方便面极为相似，是世界上最早的方便面。

◎ 最早的味精

味精是一种可以使食物味道变得鲜美的食品添加剂。人们通常会在做菜的时候，加入少量的味精，以提升食物的口感。1908年的一天，日本东京帝国大学化学教授池田菊苗在享受妻子为他精心准备的饭菜时，发觉放了海带丝的汤格外鲜美。

经过分析，池田菊苗教授发现，海带中含

↗ 炒菜放适量的味精，可有效调节味道。

有谷氨酸钠，这种物质与水或者唾液发生化学反应，可以电离成自由的钠离子和谷氨酸盐离子，这是致使汤菜味道鲜美的根源所在。于是，池田菊苗教授在这一科研成果基础上，从小麦、脱脂大豆等物质中提取原料，合成制造出了世界上最早的味精。1909年，池田菊苗教授为自己的这项发明申请了专利，并且在日本味之素公司投入生产。如今，这种白色的晶莹颗粒状物质已经成为人们日常生活中不可或缺的调料。

◎ 最早的糖精

在古埃及的文献中，有关于人们利用蜂蜜作为甜味剂的记载。甜味剂是人们生活中经常会用到的一种食品添加剂。其中，糖精就是最古老的甜味剂之一。1878年，具有现代意义的糖精被美国科学家人工合成。它的主要成分为糖精钠，是一种具有芳香气味的苯的衍生物。

人工合成糖精的甜度是普通蔗糖甜度的300到500倍，但是与天然蔗糖相比，这种甜味剂却是一种无营养型食品。自20世纪初开始，糖精是否有危害一直是人们讨论的焦点。1960年，科学家的一项研究结果表明，长期食用糖精，会造成人的食欲减退，而且，它还可能是一种高致癌物质。尽管有研究不断为糖精的无害佐证，但是现如今，很多国家都有明文规定限制糖精的使用量。

◎ 年代最早的酒曲实物

很多史书中都曾提到过一些历史事物，由于年代久远、战争、地理变迁等因素，考古学家只能从文献中寻找佐证，并没有实物证明。但也不乏数百年后文物出土与史实相符的情况。能够证明《尚书·说命》中记载的“若作酒醴，尔惟曲英”的酒曲实物，是从河北省的石家庄市藁城台西商代遗址中，保存较为完整的酿酒作坊里挖掘出来的。

这樽《尚书》中提到的酒曲酵母残骸重达8.5千克，经专家鉴定，它是世界上年代最早的酒曲实物。

◎ 最古老的啤酒厂

世界上最古老的啤酒厂是地处德国慕尼黑的威亨斯蒂芬酒厂。

威亨斯蒂芬酒厂位于德国慕尼黑附近的福瑞辛城，它是现在世界上存在的最古老的啤酒厂，因为威亨斯蒂芬酒厂的历史可以追溯到1040年。那时候，国王赐予了福瑞辛修道院酿酒和贩卖啤酒的特权。从此，威亨斯蒂芬酒厂就诞生了，并且从那以后就再也没有间断过，一直维持到了现在，虽然在这个持续的过程中曾经易主，但是啤酒的生产和经销一直都在继续。现在啤酒厂的生产能力虽然有限但是销量很好，许多当地人和来旅游的人都认为这里生产的啤酒是全世界最好的啤酒。

◎ 葡萄酒的最早记载

早在7000多年前，葡萄酒就已经成为人们生活中的一种饮品。在公元前2500年左右的古埃及壁画上，就有关于葡萄酒酿造的记录，这是有关葡萄酒的早期记录。公元前1700年左右的《汉谟拉比法典》中，也有关于应用葡萄酒的相关规定。成书于公元前6世纪中叶的《荷马史诗》中，出现了人类葡萄酒酿造的字样：“当奥德赛误入独眼巨人洞内面临死亡威胁时，他发动手下人四处采集野葡萄，用脚踩出葡萄汁，

①将酿酒原料蒸煮，加上酒曲(人工培植的酵母)。　②将煮好的酒料放在大口罐中，待其发酵。　③酿成酒，用漏斗装进储酒器内。

中国古代酿酒工序图

在莫奈创作的《白吉尔酒吧》中，吧台上摆满了各种各样的香槟和葡萄酒。

酿成葡萄酒……”这是《荷马史诗》中最早关于酿造葡萄酒的记载。

作为古希腊的一部典藏之作，《荷马史诗》在民间口头创作基础上，成就了希腊神话的经典之作。它将希腊当时英雄主义时代的自由理想展现得淋漓尽致，同时也反映出了当时希腊的地理形态、风土人情等真实场景。作为希腊最主要的一种酒品，葡萄酒被古希腊人视为人类智慧的源泉。而酒品醇香、历史久远的蕾契娜更是堪称“希腊国酒”。

◎ 最贵的白葡萄酒

法国是世界上酿造葡萄酒最早的国家之一，法国葡萄酒的质量堪称世界第一。每年，法国国家收入中，有近84亿欧元的收入来自葡萄酒业。埃菲尔铁塔、葡萄酒、香水成了法国的代名词。

不仅法国的红酒世界闻名，法国出产的白葡萄酒，同样蜚声国内外。在每个葡萄酒产区，由于各地所种植的葡萄种类以及酿造方法的不同，法国的白葡萄酒也各有特色。其中，较为有名的白葡萄酒种类有波尔多白酒、勃艮地白酒、鲁瓦尔河白酒、隆河区的白酒、香槟气泡酒等。

这些酿造好的白葡萄酒经过长年存放，味道更加浓郁醇厚，酒的价值随之提升。曾被已故美国总统托马斯·杰弗逊收藏的一瓶产于1784年，由法国迪玄默城堡酿造的白葡萄酒，其拍卖价格就高达3.6万英镑，堪称世界上最贵的白葡萄酒。

◎ 最贵的茶

在第七届中国武夷山大红袍茶文化节上，重量仅为20克的母树大红袍茶叶竟然拍卖出了20.8万元的高价，是目前所有茶品中，价格最为昂贵的一种茶。

大红袍产于福建省的武夷山区，景区内的天心岩九龙窠是出产高品质武夷岩茶的地方，其中尤以大红袍最为名贵，号称“茶中之王”。大红袍是一种外形条索紧结，色泽绿褐鲜润，冲泡后茶水橙黄明亮，香气持久，滋味醇和的茶品。

清代，这种极为珍贵的茶品仅有母树6株，年产量不到1000克。20世纪80年代初期，科学家们试验的大红袍茶叶无性繁殖获得成功，大红袍茶树开始大面积种植开来。目前在武夷山区大红袍茶园有4万多亩。

◎ 最早的酸奶

酸奶是一种味道酸甜的发酵奶品。如今市场上销售的酸奶大都是以新鲜牛奶为原料，经过发酵剂发酵加工制作而成。相较于没有经过发酵的牛奶，它更易于被人体吸收，营养价值较高。

相传，公元前3000多年前，居住在土耳其高原的游牧民族以羊奶为日常饮品。为了方便携带，牧民们将羊奶装在水囊中。长时间的游牧加上空气的腐蚀作用，存放在水囊里的羊奶经常会变质。牧人们喝了这种变酸了的羊奶，觉得口味要比纯牛奶好很多。于是它们在变质的羊奶基础上，经过蒸煮等方式，制成了世界上最早的酸奶。公元前2000多年，保加利亚地区的这种酸奶制作技术被传到了欧洲以及更多的地方。因而，世界公认的酸奶产地为保加利亚。

20世纪初，俄国科学家伊·缅奇尼科夫长期研究发现，酸奶是一种长寿饮品。因而，一战结束以后，酸奶进入了大规模的生产加工时

酸奶

代，酸奶成了人们最喜爱的奶制品之一。

◎ 最早的汽水

世界上最早的汽水诞生于18世纪，是由英国的约瑟夫·普利斯里发明的，同时他也是氧气的发现者。普利斯里在约克郡做牧师的时候，发现啤酒发酵后产生的气体溶于水中，会产生一种略有刺激性口感的饮品，经过反复试验，他最终研制出了能够产生很多气泡的汽水。

如今，汽水已经成为人们生活中常喝的一种饮料。它其实是二氧化碳气体的水溶液。市场上销售的汽水都是经过加压方法处理，使更多的二氧化碳溶解于水中，并加以糖、色素等其他辅料加工而成的饮品。

◎ 最畅销的饮料

世界上最畅销的饮料是被人称为“魔水”的可口可乐及其系列产品。据统计，全世界将近有200多个国家在销售可口可乐系列产品，可口可乐及其系列产品在全球每日的消费量已经超过10亿杯。全球已经有1400家被特许生产可口可乐及其系列产品的企业。可口可乐及其系列产品占有全世界饮料市场将近一半的销售量，是饮料业绝对的老大。

“魔水”可口可乐

可口可乐是由美国亚特兰大的一位普通的药剂师约翰·斯蒂斯·彭伯顿发明的。他先是于1886年发明了一种止咳糖浆，此后有人很意外地把糖浆与碳酸水混合起来形成了今天畅销全球的“魔水”——可口可乐。

◎ 最早的香烟

从1492年，哥伦布发现新大陆来到美洲，发现了燃烧后能够发出浓馥香味的烟草，并将它带回欧洲开始，烟草便在世界各地传播开来。最初，作为一种消费品，烟草并没有固定的名称。人们吸烟的时候采用烟管、烟斗或直接咀嚼的方式汲取烟草中的烟味。

相传，1799年的战场上，一名土耳其士兵发明了世界上最早的“香烟”。受战争影响，战地上根本没有吸烟用的工具。这名守城的土耳其士兵实在抵抗不住烟瘾的冲击，便将裹子弹用的纸取了下来，将烟叶末卷入纸卷中，点燃吸了起来。后来，这种方法在士兵中迅速传遍世界，当时人们称这种卷起来的烟为“卷烟”。

1880年，奥匈帝国生产出了世界上第一盒“尼尔”牌20支铁听香烟，从此，卷烟业纷纷效仿，以“香烟”称之，并且开始粘贴烟标。

◎ 最早的全自动餐厅

2007年8月，世界上第一家全自动餐厅在德国纽伦堡市开张营业。这家名为“巴格斯餐厅”的全自动餐厅自开张以来，吸引了大量好奇的顾客前来用餐。

餐厅的经理迈克·马克曾是一名铸铁厂的老板，对钢铁机械的熟知使他突发奇想，将机械设备与电脑显示屏相连接，制成了一套“重力轨道上菜系统”。来到餐厅，顾客除了在门口能够看到一个迎宾服务生外，根本见不到餐厅内有任何其他服务人员，所有点菜、上菜、清理桌面的服务都由这套自动系统完成。为了这项独创，马克还特意申请了德国国家专利。

◎ 最早的泡泡糖

泡泡糖是一种嚼起来香软可口，还能吹出五颜六色气泡的糖果，它是由美国费城的沃尔特·戴默会计研制出来的，但是那时的泡泡糖质量较差。后来，经过不断改良，1937年，一批

泡泡糖的形状多种多样，颜色和尺寸也各不相同。它们有些外形简单，呈圆球状；有些形状怪异，比如呈雪茄状。

质量相对较好的泡泡糖才推向市场。泡泡糖一经推出，便迅速得到孩子和青年人的喜爱，给人们带来了无穷的乐趣。除此之外，它还能起到健齿的作用，是牙医们的好助手。

— 家电之最 —

◎ 最早的电灯泡

世界上最早的电灯泡是由闻名全世界的美国著名科学家爱迪生发明的。

电灯泡

1879年10月21日，爱迪生经过1年多的苦心研究，在试用了上百种材料之后终于找到了自己要找的灯丝，发明了电灯。在这期间，爱迪生用其难以想象的毅力和持之以恒的精神做了上千次实验，到最终发现炭——这种比较理想的灯丝，爱迪生花了将近1年的时间，这对于人的毅力来讲简直是一种难以想象的考验，但是爱迪生做到了。在这之后的1年之内，爱迪生又找到了比炭还理想的灯丝——毛竹。虽然这种灯丝的寿命也不过1000多个小时，但是，爱迪生的发明已经为他的后来人找到了电灯的基本构造和发光原理。后来奥地利人亚历山大·成斯特和弗兰兹·那曼发明的钨丝灯都是建立在爱迪生的发明的基础之上。所以，爱迪生发明的电灯是世界上最早的电灯。

◎ 最贵的电视机

目前，世界上最贵的电视是由Keymat推出的Yalos。这款售价超过13万美元的液晶电视是高科技与时尚的完美结合。在其纯平的显示屏周围镶嵌着160颗南非A级钻石，总重量为20克拉。在电视画面亮度的映衬下，这些钻石如同天上的星星般，给人以梦幻般的视觉享受；受钻石折射光的烘托，电视画面也如同镶嵌在水晶摆台中一般，唯美逼真。不仅电视机的显示屏如此高贵奢华，就连它的底座都是由白金制作而成的。可见，这台天价电视机必然有其昂贵的道理。

◎ 最早的电视机

电视的发明者是英国人贝尔德。

贝尔德于1888年生于英国，从小家庭就比较困难，还身患重病，好多次差点失去生命，但是贝尔德有顽强的毅力和聪明的头脑，只是从朋友那里得到了一点点启发，就开始了自己长达20年之久的电视研究。为了圆自己的电视梦，贝尔德可以说是倾家荡产，他把自己仅有的一点点财产变卖掉，买来实验材料进行研究，尽管他深受病魔折磨，但贝尔德毫不气馁，20年如一日，破烂的实验室就是他的家，面包就是他的食物，实验材料就是他最好的知己。终于在1929年，也就是在贝尔德40岁的那一年，他终于成功地研制出了世界上第一台电视机，伦敦街头的人们向他欢呼喝彩。也就是在贝尔德发明电视的同一年，英国广播公司开始开展电视广播业务，电视才真正地进入了人们的生活！

贝尔德的电视机(1930年)

◎ 最早的微型电视机

1977年，在英国发明家辛克莱所创办的辛克莱公司，诞生了一台电视机领域里的世界之最——世界上最小的电视机。这台微型电视机屏幕仅有5平方厘米，整部电视机宽10厘米，高度8.5厘米，厚度为15厘米。据辛克莱公司透露，这台微型电视机是专门为美国的汽车市场而设计的。这款体积小巧、信号良好、图像清晰的微型电视机一经推出，迅速得到了广大电视观众的青睐，成为电视机领域一个迅速崛起的新兴产品。

最早的洗衣机

◎ 最早的洗衣机

最早的洗衣机是美国人汉弥尔顿·史密斯于1858年在匹兹堡发明的。这台堪称是世界上最早的洗衣机要用人力来帮助它转动，并且很容易损坏衣服，于是它后来并没有被人们广为采用，但是美国人汉弥尔顿·史密斯的想法却激发了很多正在思考的头脑。芝加哥的阿尔凡·费希尔就是这些被激发的人中的一个，他于1910年在芝加哥制成了世界上第一台电动洗衣机，并且受到了很多人的欢迎，但是人们对洗衣机的要求远远还没有得到满足。洗衣机真正在全世界范围内被使用是在1922年之后。1922年，霍华德·斯奈德继承了前人的想法，制成了世界上第一台真正意义上的洗衣机——搅拌式电动洗衣机，这种洗衣机也正是我们现在广泛使用的洗衣机。从此，洗衣机的历史才真正地开始了！

◎ 最早的家用录像机

世界上第一台家用录像机是由日本索尼公司，1975年推出的β-max型录像机。它改变了传统录像机大体积的模式，采用录像机使用1/2寸宽的盒式磁带，缩小了带盒的尺寸，但是录放时间却延长很多，并且提高了数据记录的精准度。β-max型录像机是一款性能良好而又售价低廉的实用型录像机。

由于仍采用磁带方式记录数据，磁带消耗是限制β-max型录像机发展的弊端之一。1976年，日本的JVC、松下等公司推出的家用VHS型录像机逐渐替代了β-max，成为标准的录像格式。如今，β-max型录像机早已退出了录像机市场。

◎ 最早的空调

1902年英国发明家威利斯·哈维兰德·卡里尔设计并安装了第一部空调系统，因此他后来被称为“制冷之父”。该空调的发明源于美国纽约的一位印刷商发现成纸的变形是由温度的变化造成的，从而导致有色墨水失调，卡里尔于是专门设计了该空调系统。1906年，卡里尔的该项专利得到注册。

◎ 最早的微波炉

世界上最早的微波炉是美国人帕西·斯潘塞发明的，当时叫作“雷达炉”。

1945年，美国人帕西·斯潘塞还是一名普通的电气工程师。一天，他在实验室做实验的时候发现了一个奇怪的现象：他在实验中所使用的一根磁控管将他口袋里的一块巧克力烤化了。他从这个奇怪的现象中得出结论，磁控管可以产生大量的带有热量的微波。这个结论给了他很大的启发：能不能用这种热量来加热食物或

1947年6月7日，美国沃尔多夫·阿斯托里亚旅馆展示了“雷神”雷达炉样品。

早期的电冰箱

直到氟里昂代替其它制冷剂之后，电冰箱才大量出现在市场上，并走进千家万户，家电产业又添一新军。

者是把食物烤熟呢？带着这种好奇，帕西·斯潘塞发明了世界上第一台微波炉。当时因为帕西·斯潘塞是在做关于雷达的实验的时候得到启发的，因此，帕西·斯潘塞把他发明的新炉具叫作“雷达炉”。后来，人们才慢慢开始根据它工作的原理改叫它“微波炉”。

◎ 最早的家用电冰箱

世界上最早的家用电冰箱是1913年诞生于美国芝加哥的一台名叫“Domelre”的电冰箱。此后，经过不断的改进，才形成了今天我们经常能看到的家用电冰箱。作为一种冷藏、冷冻贮存食品的容器，电冰箱具有贮藏、制冷、控制温度和保鲜等4种基本功能。它为人们提供了一个更好的保存食物的方法。现在，电冰箱主要被用来冷藏肉、蛋、水果、蔬菜等易变质的食物；此外，还通常作科研、医学、商业等有关方面的冷藏物品用。

◎ 最早的电熨斗

欧洲人非常讲究绅士风度。从古至今，他们对穿着、饮食等各个方面的要求都很高。早在17世纪，欧洲人便已经开始熨烫衣服。由于科技尚不发达，人们熨烫衣服的工具是一种需要先在火中或热金属上加热，然后才能熨烫衣服的“平底板”。如果温度掌握不适当，衣料被烫焦的状况会经常发生，甚至还会发生皮肤被烫伤的情况。

1882年，美国发明家亨利·W.西利在加热水或煤炭的“空心熨斗”基础上，经过反复试验。最后，他在电熨斗的内部装上了一个金属丝元件，当电流通过时，金属丝会产生热量，从而向外发散热能，人们可以通过控制电流来控制熨斗的温度。这样一来，精致而又实用的电熨斗便诞生了。但是，受当时电能普及范围狭小的不利因素影响，西利的这项发明并没有给太多的人带来实惠，大多数人仍在使用着传统的熨烫衣服工具。

◎ 最早的自动娱乐机

1906年，美国芝加哥自动机械公司制造出了世界上第一台自动娱乐机。这台名为“约翰·加贝尔”的预选式自动电唱机，由直径为25厘米的24张不同风格的唱片和一个电唱机组成，消费者可以从中选取自己喜欢的唱片放在电唱机上，通过摇动曲柄使唱片连续播放。

◎ 最早的吸尘器

吸尘器在人们的日常生活中扮演着很重要的角色。它是人们家庭除尘的好帮手，也是工厂清理垃圾的“超人”。早在1860年以前，欧洲人的家庭中就已经出现了吸尘器，当时的吸尘器并不像现在家用吸尘器这样轻便小巧，而是一种体积庞大的大木块式的动力吸尘器。人们清洁房屋时，搬动起来十分不方便。

早期的吸尘器

◎ 最早的高压锅

早在300多年前，法国物理学家丹尼斯·帕平便意外的发现：海拔越高，水的沸点就会越低，食物越不容易煮熟。根据这个发现，帕平以水代替食物，研制了一种密封的容器。当温度增加时，容器内的压力也会逐渐增加。由于容器中的空间有限，加热的温度达到一定的临界值时，容器内的压强便要高于外界很多倍。

这样一来，如果将水换成食物，那么，放在容器里加热的食物便很容易煮熟、煮烂，既省时，又节能。后来，又经过多次试验，帕平终于在1681年制造出了世界上第一只“高压锅”。当时的英国贵族听说帕平研制出了这样一种神奇的厨具，便率先尝试了这个厨具带来的美味。品尝之后，大家对“高压锅”烹制出来的食物鲜、香、烂赞不绝口。为了纪念帕平的这项发明，当时的人们便将“高压锅”命名为“帕平锅”。

◎ 最早的留声机

世界上最早的留声机是由托马斯·阿尔瓦·爱迪生发明的。用爱迪生的话说，这是一项偶然的发明。爱迪生在研制电话的过程中发现，电话传声器中的膜会随着声音的高低起伏，发生不同程度的震颤。按照这种模式推断，人的声音也将会随着膜的震颤而被还原。

于是，爱迪生用一枚短针开始了震颤还原声音原理的反复试验。1877年，爱迪生在助手的帮助下，制作出了一台由大圆筒、曲柄、受话机和膜板组成的机器。他将一张锡箔纸卷在了刻有螺旋槽纹的金属圆筒上，将机器上与受话机相连的细小针头调整好位置，放在了锡箔纸的上方，然后摇动机器上的手柄唱起了《马莉的山羊》。随着机器的转动，针头在锡箔纸上留下了深浅不一的纹路。唱完之后，爱迪生将针头放回原处，继续摇动手柄，歌声果然从机器中传了出来。这项发明堪称19世纪最令人骄傲的三大发明之一。

◎ 最早的电动留声机

世界上最早的电动留声机诞生于1925年，由美国俄亥俄州达比由克的布朗兹维克公司制造。

爱迪生的留声机

世界上的第一台唱片机，也就是爱迪生的留声机，出现于1877年，是一个机械装置。用电传播声音的时代的到来是20世纪20年代，包括收音机和有声电影，它们使声音和音乐的获得更加容易了。

这台名为布朗兹维克·帕纳特罗普的留声机也是世界上最早的一台以扬声器放声装置代替了传统留声机耳机输出的模式的电动留声机。

◎ 最早的磁带录音机

在MP3、MP4等高科技数码产品出现以前，能拥有一部磁带录音机是人们追求时尚的表现。1877年，爱迪生发明的留声机实现了人们存储声音、还原播放的愿望，是世界上最早的录音设备。1898年，丹麦科学家瓦尔德马·波尔生在留声机基础上，将钢琴弦磁化，使声音可以贮存在带有微弱磁性的磁化钢丝上，经过多次调试，波尔生将钢丝换成了涂有金属粉末的纸带机，这便是磁带录音机最早的雏形。

20世纪30年代，德国“法尔本”和“无线电信”两家公司的工程师改良了这种磁带录音机，将氧化铁涂在了塑料带上，并将带有磁性的塑料带条圈在绕轴上，制成了世界上最早的磁带录音机。

◎ 最早的半导体收音机

半导体指的是在常温下导电性介于导体和绝缘体之间的材料。人们发现这种材料的电阻率特性、导电特性、光电特性、负的电阻率温度特性和整流特性之后，将半导体应用在了电频的接收领域。

↗ 早期的收音机称为无线电收音机，因为它们仅通过电波传输声音信息，而不使用导线或电缆。

1894年，俄罗斯人亚历山大·斯塔帕诺维奇·波波夫发明了世界上第一个无线电接收器，这种装置实现了人们电波传送信号的愿望，迅速成为军事通信工具，这种无线电接收器为人们发明收音机提供了素材。

人们根据半导体的特性，以及无线电接收装置原理，制成了世界上最早的半导体收音机——矿石收音机，这种收音机是一种利用矿石作为检波器，由天线、地线以及基本调谐回路等组成的无电源收音机，它主要用于中波公众无线电广播的接收。1906年，世界上第一个无线广播电台在美国匹兹堡建立，从此，人们进入了电波时代。

◎ 最早的晶体管收音机

1947年12月16日，威廉·邵克雷、约翰·巴顿和沃特·布拉顿在贝尔实验室，制造出了世界上第一个晶体管，这是一项具有推动科技进步意义的发明。晶体管是一种固体半导体器件，是现代电器中的关键活动元件。作为一种可变开关，它具有检波、整流、放大、稳压、信号调制等很多功能，通过电讯号的控制，它的切换速度可以达到100GHz以上。

↗ 收音机的诞生，给人们带来新的娱乐选择。

1950年，威廉·邵克雷研制开发出了双极晶体管，这种晶体管即是我们现在通用的标准晶体管。随后，人们将这项发明应用于通信、收音机等电器领域。1954年10月18日世界上第一台包含4只锗晶体管的晶体管收音机Regency TR1问世。从此，电器领域开始了晶体管以及晶体管电路的革命。

— 生活用品之最 —

◎ 最早的牙刷

牙刷是人们用来清洁口腔必不可少的工具之一。早在古希腊和罗马时代，人们使用木炭、盐水、细砂、树枝等物质来清理牙齿，考古学家还在公元前3000年的苏美人乌尔城邦的国王墓穴中挖掘出了人们清洁牙齿用的“牙棒”。但是，最早的牙刷雏形要数中国出土的1000多年前的辽代古墓中的两支骨制牙刷柄。

这两支牙刷柄虽然已经没有了刷毛，但是骨制手柄上依然清晰可见8个分成两排的植毛孔。据专家考证，这两把牙刷柄距今至少已有1049年的历史，它的形状与现在植毛牙刷十分相似，牙刷柄上所植的刷毛应该是动物鬃毛一类。1770年，英国人比威廉·艾迪斯发明的第一柄现代牙刷，比我国出土的959年的牙刷柄至少晚了800多年。

◎ 最早的牙膏

在牙膏发明以前，人们使用白垩土、动物骨粉、浮石等物质作为洁牙剂。这种洁齿用品在2000～2500年前的古埃及人、希腊人、罗马人的历史文献中都有记载。工业革命推动了人类文明的进步，洁齿牙粉也开始有了新的发展。

1893年，维也纳人塞格在传统牙粉以碳酸钙作为磨擦剂、以肥皂为表面活性剂的基础上，研制出了世界上第一管牙膏。它以焦磷酸钙为磨擦剂、焦磷酸锡为稳定剂，并且将法国人发明的金属软管应用到了牙膏领域。从此，牙膏代替牙粉，在人们的生活中扮演着更为重要的角色。1945年，美国人在牙膏中加入了氟化亚锡，世界上第一支加氟牙膏由此诞生。

正在化妆的古埃及妇女

◎ 最早的化妆品

作为护肤保健的一种手段，化妆品对于人们来说并不陌生。但是最初，人们将各种色彩的颜料涂于面部等地方，并不是为了护肤或美观，而是人们生存所需的一种保护色。

化妆品作为装饰或者护肤品被人们广泛使用，源于4000多年前的古埃及。当时的人们以动植物油脂、矿物油和植物花朵等天然物质，作为滋润皮肤、装饰面容以及宗教祭祀和干尸保存的化妆品。据记载，当时的古埃及妇女十分喜爱将一些花粉、油脂等物质涂于眼睑、面部等地方，这些纯天然的粗糙物质便是世界上最早被使用的化妆品。

后来，罗马人开始对天然植物进行加工，从中提取出了一些原料，经过调配等方法，制作出了更为精细的化妆品。随着人类文明的不断进步，化妆品的生产也逐渐走上更为精良的道路。现如今，各种疗效、各式品牌的化妆品琳琅满目，充斥着人们的生活。

◎ 最早的肥皂

相传，肥皂是公元前2708年，由埃及王宫中的一名小厨师无意间发明的。在一次盛大的宴会上，这名小厨师不小心将羊油洒在了灶灰中，他将混和了炭灰的羊油处理掉之后，用清水洗手时，惊奇的发现，手上顽固的油渍竟然清洗得十分干净。于是这种羊油灰便在埃及流传开来，继而传播到了罗马、希腊等地。

据史料记载，大约在公元前3000年，西亚的美索不达米亚地区便已经出现了肥皂的配方。当时的人们将一份油与五份碱性植物灰混合制成洁净剂，这便是肥皂的雏形。据考古学家在意大利的庞贝古城遗址中发现的制作肥皂的作坊证明，公元2世纪，肥皂的生产已经初具规模。

◎ 最古老的香水

香水是人们修饰、美体必不可少的一种物质。法国是世界上最著名的香水产地，但是这里却不是拥有香水最古老的地方。最近，一意大利考古队在一处古代遗址的香料店中，发现了许多具有浓烈香水味的小瓶子。这座埋有香水瓶的遗址位于距离塞浦路斯首都尼科西亚西南34千米的普格斯·马罗拉基遗址中。

考古专家从挖掘出来的文物，以及克里特古城科诺索斯的销售记录断定，早在公元前2000年，这里就已经开始了香水的生产与使用，是世界上最早的香水生产基地。专家将陶土制成的香水瓶中残留的香精还原，惊奇地发现4000年前的古人所用的香水，竟和现在人们所使用的香水相差无几。经过先进科学技术的加工与还原，专家还得到了肉桂、月桂、茴芹等香精。根据分析结果，专家得出结论：目前世界上所生产的香水，都源于一个地方——塞浦路斯。

◎ 最著名的“液体女装”

Chanel N° 5香水因玛丽莲·梦露那句经典的“What do I wear in bed? Why，Chanel N° 5，of course.（我在床上穿什么？当然是香奈尔N° 5香水。）”而成为世界上最著名的“液体女装”。

Chanel N° 5香水

这款Chanel N° 5香水是由法国香奈儿公司于1921年推出的。其香味主要由乙醛配合茉莉、五月玫瑰、印度薄荷、琥珀等多种珍贵香料组合而成，香水瓶造型设计简明大方。Chanel N° 5是一款充满了神秘色彩的香水。它既能彰显奢华文雅的小女人的温婉、善解人意，又能突出特质女人的性感、叛逆，是很多女人梦寐以求的一款香水。

◎ 最早的车轮

车轮的发明改变了人类出行以及交通运输的方式。根据考证，世界上最早有关车轮的记载是在公元前3500年。

早期的车轮是由木头制成的，人们在长期的生活实践中发现，将重物放在圆木上拖着走，要比直接拖拽重物轻松得多，并且直径越大，运输中的速度越快。后来，人们便在圆木基础上，发明了最早的木制车轮。公元前1350年前后，埃及法老将战车的车轮包上了一层皮革，具有现代意义的车轮便诞生了，之后又经过人们的不断改良，使用轮辐和轮缘加固的车轮出现。18世纪末至19世纪末，橡胶制轮胎代替了传统的木质车轮。

◎ 最早的地图

世界上最早的地图
一个石制地图显示了当时人们知道陆地为海洋所包围。这幅地图是3000多年前巴比伦的学者制作的，并用楔形文字标注。

地图是人们认知地理事物、辨别地理方位的重要依据。近来，考古学家在伊拉克北部一个叫约尔根特佩的地方发现了一块泥板地图，据专家考证，这块制作于公元前2300年的泥板地图是目前发现的世界上最早的地图。

在这块泥板地图上，有明显的代表方位的东西南北字样。尽管地图上其他表示地理事物的字迹已经模糊不清，但是一些山丘、水道、土地划归、城邑所属等图示还可以从泥板中辨别出来。

◎ 最早绘有方格网的地图

世界上最早绘有方格网的地图是现存于我国陕西西安碑林中的《禹迹图》。这幅绘于1142年的宋代全国地图，是按照“计里画方”的方法，以1:500万左右的比例尺绘制而成的。它也是我国现存最早的石刻地图之一。

《禹迹图》上面，全国重要的地理事物皆精准地分布在方格网中，由于这是一幅以水系为主体的全国地图，图中大小城邑只以符号勾画而出，并没有绘以特殊图形凸显。作为地图的重点内容，当时国内的所有江、河、湖、泊都在网格中有所展示，而且其相对位置标注准确，与实际地理位置相差无几。

◎ 最早的印刷地图

据《宋史·艺文志》《四库全书总目提要·五经总义类》等多部历史文献记载，南宋大足人杨甲编撰的《六经图》比德国出现的第一张印刷地图至少要早300年，是世界上最早的印刷地图。

杨甲所撰的《六经图》是在参考了《诗》《书》《易》《周礼》《仪礼》《春秋》等多部历史著作中有关地理事宜记载的基础上，经过严格考证，编撰出来的。全书共60册，图二卷。精心绘制的地图刊印在了《六经图》之《十五国风地理之图》中。

◎ 最早的立体地图

据《史记》记载，在公元前3世纪的时候，中国就已经出现了立体地图。书上记载说：“以水银为百川江河大海，机相灌输，上具天文，下具地理。”除此之外，有史可查的还有我国宋代科学家沈括（1031 ~ 1095年）绘制的一幅名为《使契丹图钞》的立体地图，它以木屑和蜡做成了一套立体的山川模型，这个立体模式的地图比18世纪瑞士出现的立体地图模型要早上600多年。

◎ 最早的瓷器

陶瓷是古代中国的特产，它是中国古代劳动人民智慧的结晶，也是世界初识中国的媒介。以至于在西方文化中“中国”和“瓷器”成了密不可分的双关语。

早在新石器时代，我国就已经出现了制作陶瓷的工艺。西汉的繁荣昌盛，为陶瓷工艺的发展奠定了坚实的物质、经济基础。到了东汉，

仰韶遗址的陶器

约在公元前3000年，中国的农民生产出几种不同的陶器。如这种出土于仰韶遗址的绘画精美的碗。

陶瓷作为高贵奢华的象征，其制作技术已经达到了炉火纯青的地步。随着人类文明的进步，对外文化交流活动的频繁，中国的陶瓷文化开始在世界范围内流传开来，瓷器的式样品种也变得更加丰富多彩。

1981年，考古专家在河南渑池仰韶文化遗址中，挖掘出了大量的釉陶片。经鉴定，这些陶片为新石器时代的原始瓷器，是目前为止世界上发现最早的瓷器。

◎ 最早的塑料制品

塑料是生活中一种常见的材料，尤其是塑料制成的袋子，它给人们生活带来方便的同时，也造成了地球的白色污染。

最早发明塑料制品的人是美国的约翰·卫斯里·海厄特。在十九世纪的欧洲，台球是人们非常喜爱的一项娱乐活动，但是因这种象牙制的台球原材料不易得到，造价十分昂贵。1860年，一位美国工厂主开出10000美元的高额奖金，悬赏能够改良象牙质台球的人。经过潜心研究，海厄特终于在1869年，用纤维素二硝酸酯、樟脑及乙醇的混合物制成了象牙台球的替代品。这种名为“赛璐珞”，也叫“硝酸纤维素”的塑料冷却之后会变得十分坚硬，与象牙材质有相似之处，也是世界上最早的塑料制品。

◎ 现存最古老最完整的彩色玻璃窗

彩色玻璃是在玻璃溶液中加入颜料或者将颜料烘焙在玻璃里面制成的。彩色玻璃工艺起源于中东，作为一种艺术形式兴起于10世纪。早期的哥特式窗户画的都是简单的单个肖像，并且主要使用鲜明的色彩。12世纪窗户变得更大，引入了叙事图景。

现存最古老、最完整的彩色玻璃窗可以追溯到12世纪早期，是德国奥格斯堡大教堂画有先知图的彩色玻璃窗。

◎ 最早的玻璃制品

玻璃是生活中常见的一种材料，它是由沙子、石灰石和碳酸钠等混合烧制而成的。据专家考证，世界上最早的玻璃制品出现在美索不达米亚地区或古埃及文明时期。

现存最早的玻璃制品是出自古埃及第十八王朝（公元前1570年 ~ 公元前1320年）的玻璃瓶。这些带有各种颜色的小瓶子是古埃及人以碳酸盐和石英粉混合，放在回收器中加热着色

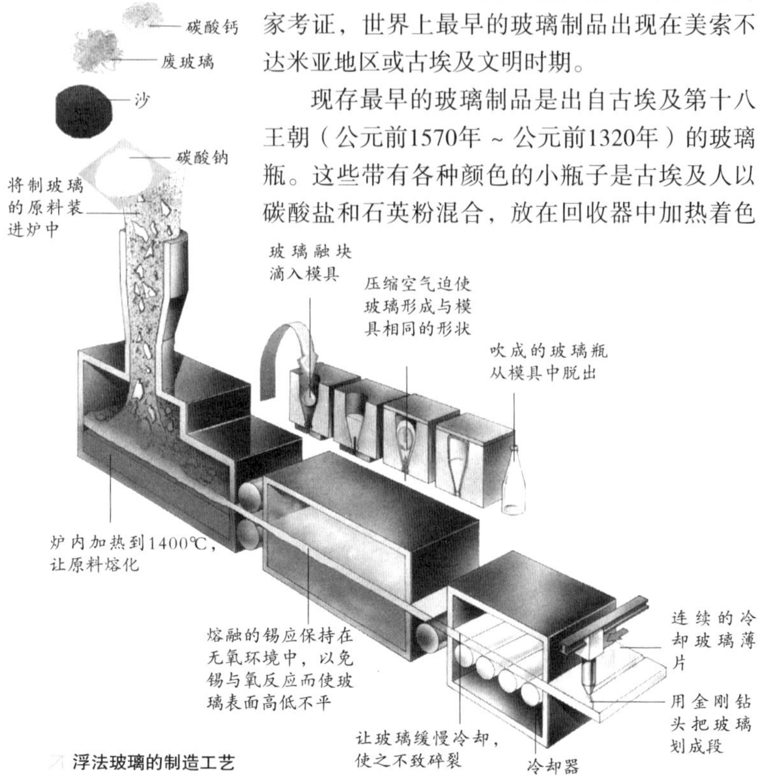

浮法玻璃的制造工艺

窗用玻璃就是用这种工艺制造出来的。

制作而成，是用来盛装香水等液体的容器。而且，英国和德国的考古学家也在位于尼罗河三角洲东部的宽蒂尔-皮拉米西斯地区，发现了一座世界上最古老的玻璃制作作坊。专家推断，这个玻璃作坊的年代大约在公元前1250年。

◎ 最早的雨伞

人们出行的时候，总是喜欢带一把雨伞，晴天时，用来遮阳；雨天时，用来避雨。伞不仅成了生活必备用品，更成了时尚女性的装饰用品。

公元前2400年，世界上最早的雨伞出现在了美索不达米亚平原。当时的雨伞并不像现在的雨伞一样体积小巧、方便携带，它是一个单纯为人们遮蔽阳光的"篷子"，这个"篷子"堪称雨伞的鼻祖。

公元前1100年，中国出现了以竹子或檀香木作为伞骨，树叶或羽毛作为伞面的便携雨伞。到了春秋末年，我国古代著名木工师傅鲁班常在野外作业，若遇下雨，常被淋湿。鲁班妻子云氏想做一种能遮雨的东西，她就把竹子劈成细条，在细条上蒙上兽皮，收拢如棍，张开如盖。实际上，这就是后来的伞。

◎ 最早的抽水马桶

1595年，世界上第一个抽水马桶安装在了女王伊丽莎白一世的里士满宫殿里。尽管它改变了清理倒空便器散发恶臭的现实，但是，这个由大臣约翰·哈灵顿爵士研制而成的抽水马桶，并没有得到当时英国市民的普遍认可。

早期的抽水马桶

从当时英国的国情来看，抽水马桶所需的排污管道、冲便自来水等必备条件并不能落实到实际生活中，这样一来，抽水马桶只能是部分贵族的奢侈用品。但是哈灵顿却将抽水马桶的发明写成了一本书，这部书的流传，为英国发明家约瑟夫·布拉梅提供了改进抽水马桶的资料。

1778年，约瑟夫·布拉梅以三球阀控制水箱出水量，U形管道存储部分清水隔离污水管的臭味的新型改良抽水马桶获得了抽水马桶的专利权。在此之后300多年，抽水马桶才在欧洲普通家庭得到推广。

◎ 最早的自来水笔

很长一段时间里，欧洲人都是以鹅毛笔作为书写工具的。虽然鹅毛笔质地柔软，使用较为方便，但是由于长时间使用，鹅毛笔经常会出现笔尖磨损、墨水外漏的情况。

1829年，英国人倍利研制出了一个钢制的笔尖，这种笔本身并没有储存墨水的地方，相较于鹅毛笔有所改进，但是却依然没有解决笔尖漏水的问题。直到1884年，美国保险员沃特曼经过反复试验，利用压强原理，研制出了世界上第一支自来水笔。这种自来水笔的结构和现在的钢笔结构类型相差无几，都是用细小管道连结墨囊和笔尖，再用微型管道输送空气调整空气压强，以控制笔尖的墨水流量。

◎ 最早的圆珠笔

圆珠笔是一种使用方便、顺畅的书写工具。根据资料记载，它最初并不是用来在纸张上书写文字用的。

1888年的时候，美国工匠约翰·劳德发现，传统的钢笔等书写工具只适合在纸张等地方留下印记。若想在皮革制品上做记号，钢笔之类根本无法做到。于是他设计了一种笔尖为钢珠，专门用来在皮革等硬质材料上做记号的书写工具。因为这种笔没有存储笔油的地方，后人便将它称为圆珠笔的雏形。

1916年，德国人利斯勃在这种圆珠笔的基础上进行了改良，但是改良后的圆珠笔并没有在书写领域得到推广。1938年，匈牙利新闻工作者比罗经过反复试验，研制出了可以存储油墨，任何材质上都可以流畅书写的圆珠笔，并在1943年申请了专利。

随着二战的爆发，这种不漏油又实用的书写工具备受美国空军的青睐。后来，美国商人雷诺以战争为契机，将其命名为“原子笔”，并且大量生产，投放市场，圆珠笔便在各国通用起来。

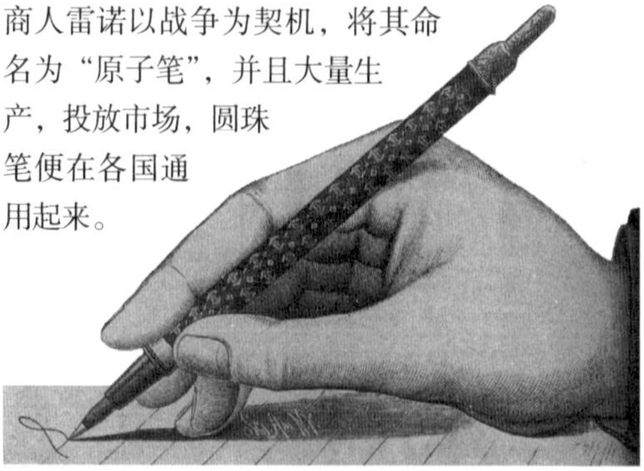

圆珠笔

◎ 最有名的毛笔

毛笔是古代人最主要的一种书写工具，它和墨、纸、砚合称为中国的文房四宝。如今的毛笔种类繁多，同种笔类中，大小粗细也各有不同。在毛笔家族中，最为有名的是原产于安徽宣州的宣笔。

宣笔又称“徽笔”。据史料记载，秦始皇统一全国以后，下令将书写工具改名为笔。在这以前，书写工具并没有固定的名称，而且都是一些制作工艺粗糙的毛笔。公元前223年，秦国大将蒙恬带兵攻打楚国途中，路过现在的宣州一带时，发现这个地方的兔毫毛质上乘，便命工匠取兔毫，配以竹管制成了一批较为美观精细的毛笔。从此，宣州毛笔开始流行于世，尤以唐、宋时期最为盛行。它曾是唐朝明文规定的“青毫六两，紫毫二两”的“贡品”。

如今的宣笔品种高达200多类，年产量近50万支。它以选料严格、柔软适度、毛纯耐用等优点远销日本、东南亚国家等海外市场。

◎ 最早的墨

在古代，墨与当今的钢笔水等物质有着同等重要的地位，是书写中必不可少的一种色料，也是古代文房四宝之一。据史料记载，墨的发明要晚于笔的出现。在人工墨没有发明之前，人们所使用的书写材料一般是没有加工过的天然墨，或者经过简单处理的半天然墨。

在考古挖掘出的公元前14世纪的骨器、石器上，专家发现了用墨写成的文字。《述古书法纂》中也记载说：“邢夷始制墨，字从黑土，煤烟所成，土之类也。”可见，殷商时期，已经出现了人工制墨。1954年，考古专家又在湖南长沙杨家湾战国时期的墓葬中，挖掘出了一批用墨书写而成的竹简和一筐墨块。《庄子》中也曾出现过“舔笔和墨”的记载。可见，春秋战国时期，人们已经掌握了较为成熟的制墨工艺，墨也成了人们生活中的一种重要的书写材料。

◎ 最有名的墨

世界上最有名的墨是徽墨。徽墨原产自于南唐的歙州。如今，徽墨产区尤以安徽省的绩溪县、黄山市屯溪区和歙县三地最为著名。徽墨的制作历史已经有1000年之久。据《徽州府志》记载，南唐末期，为了躲避战乱，墨工奚超、奚廷父子来到了歙州，借助着歙州松林茂密、溪水清澈，得天独厚的自然资源，父子俩重新开始了制墨工艺。经过试验调配，父子俩以古松为基本原料，又辅加桐油烟、漆烟、胶等20多种其他原料，经过烟、和料、压磨、晾干、挫边等工艺，创制出了一种“丰肌腻理，光泽如漆，香味浓郁”的墨。

南唐后主李煜使用了这种“拈来轻、嗅来馨、磨来清”的墨后，对它视若珍宝，便赏赐了奚氏父子国姓“李”的最高奖励。从此，徽墨声名远扬。宋代曾一度出现了“黄金易得，李墨难求”的盛况。

◎ 世界上最早的植物纤维纸

关于纸的历史可谓久远。纸张是人们生活中一种重要的书写材质。在古埃及第一王朝（公元前3100 ~ 公元前2820年）的一个墓穴中，

古埃及书记官用莎草纸记录宫廷大事。

考古专家发现了一卷世界上最早的植物纤维纸张——莎草纸，从而揭开了植物纤维纸张的神秘历史。

莎草纸是由生长在尼罗河三角洲的纸莎草加工制作而成，是古埃及人使用最为广泛的一种书写材质。作为莎草纸的生产原料，纸莎草是一种多年生常绿草本植物，草的叶子呈三角形，花的颜色为淡紫色。纸莎草的茎可以长到3米高，如同人的手腕粗细，其内部含有丰富的植物纤维，是制作莎草纸最为优良的原料。

莎草纸发明以后，远播古希腊、欧洲以及西亚等地。由于莎草纸受潮极易被霉菌腐蚀，在一段时间内，莎草纸甚至一度消亡。目前，世界上现存的莎草纸数量已经不多。

◎ 最早的手表

如今的手表种类可谓五花八门。在钟表发明之前，人们都是通过太阳的位置、沙漏等方法来确定时间的。13世纪左右，欧洲人发明了世界上第一个机械表，从此，钟表成了人们日常生活中，精确掌握时间必不可少的装备。

一战期间，一名战士为了能够准确地掌握时间，便把钟表绑在了手腕上。战后，瑞士钟表匠扎纳·沙奴受这种方法的启发，于1918年研制出了一种便于携带，两边设有可以安装表带，以便固定在手腕上的微型钟表。相较于普通钟表来说，这种表体积要比普通钟表体积小上几十倍，这只钟表便是世界上最早的一只手表。

1926年，手表的式样又有了新的突破，发条动力手表诞生。随后，手表的式样种类不断翻新，电子腕表、石英手表相继出现，手表也开始大量生产起来。

◎ 最古老的钟

公元725年，唐代著名的天文学家张遂与发明家梁令瓒合力设计了一种名为“擒纵器”的装置。这种设备是当今钟表结构中齿轮嵌套的核心部分，被称作机械钟表的“心脏”。这也被视为历史上最早的一个钟表。1088年，北宋宰相苏颂等人设计出了一个大型的天文钟表，名为“水运仪象台”。这座装置中，除了安装有“擒纵器”之外，还具备观测天体坐标、演示天体运行规律的功能。据史料记载，它的时间精准率为99%，昼夜误差仅有1秒。

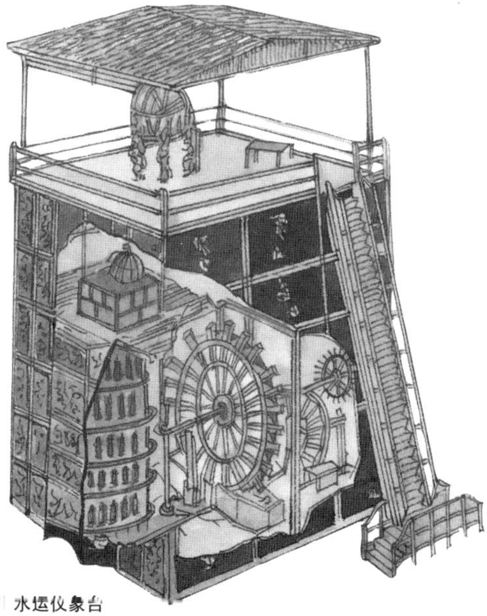
水运仪象台

14世纪，欧洲出现了第一座机械钟，其核心部分的设计也是依据了“擒纵器”的原理。如今，这座仍在运行的古老机械钟正静静地伫立在英国威尔特郡索尔兹伯里大教堂里，从发明到现在，它的钟摆摆动次数已经超过了5亿次。

◎ 最早的电子手表

世界上第一枚电子手表原型产生于1952年，是由美国埃尔近公司和理普手表公司联合公布的。相较于机械手表与发条手表来说，这款电子手表以电磁摆轮代替了传统的钟摆动力和发条驱动，报时更加准确，是电子手表的第一代。

第二代电子手表产生于8年后，由美国布洛瓦公司发售。这种名为“阿克屈隆”的电子手表在第一代电子手表的基础上，进行了改良。它以音叉的振动频率控制钟表指针走动的速率，是一款结构简单，报时精准的电子手表。

1969年12月，第三代电子手表由日本精工社推出。这款手表将音叉震荡换成了石英受压产生电流振荡，虽然结构原理基本相同，但是走时基准更加精密。这款35SQ型手表也是世界上最早的石英手表。

◎ 最早的石英钟

世界上最早的石英钟诞生于1929年。当时的科学家以石英的固有振荡频率代替传统报时基准，将石英晶体制成的振荡计时器放置在了电子钟表的核心机械中。经测定，这座世界上最早的石英钟每年的误差仅为3～5秒，是当时所有钟表种类中报时最为精准的一款。

早期的石英钟

早在1880年的时候，居里夫妇便发现了石英受压产生电流的特性。经过反复试验，居里夫妇将石英制成了石英晶体振荡器，这种振荡器受外界温度、湿度等因素的影响很小。当石英晶体受压时会产生微小电场，受外加交变电场影响，其表面会产生极其细微的电流并发生谐振。石英的性能稳定，振荡频率较稳定，以它的振荡频率带动钟表指针运动，报时更具有固定准确性。人们就是根据这一原理，将石英晶体振荡器装置于钟表核心机械中的。

◎ 最复杂的全手工机械表

世界上最复杂的全手工机械表是产自于瑞士的宝珀1735腕表。这款全手工机械腕表拥有超薄自动上链机芯、双指针飞返计时、陀飞轮、时刻分三问功能、万年历及月相盈亏六项功能，是历经6年时间研发，制表大师耗时一年半的时间制作出来的。

如今的宝珀钟表品牌公司仍然坚持着传统的人工组装制表流程，在其古老的农舍中，制表师们曾制作出很多刻有编号签名的世界制表艺术珍品。市场售价为636万元人民币的宝珀1735腕表，更是堪称全手工机械表中的极品。其精巧的机动系统内部有30多颗红宝石及约300片零件，都是制表师经过严格筛选调配，以手工镶嵌而成。虽然内部结构繁复，表心的厚度及直径却仅有3.2微米及21微米。全球能够制作出这样精细复杂手表的制表师也仅有3人。

◎ 最早的挂历

挂历是一种既美观又实用的日历。它不仅是一种计时的工具，而且是一种文化艺术展品。如今，式样繁多、花色各异的挂历已经成了日历家族中最美丽的一分子。世界上最早的挂历诞生于古罗马时代。当时有一种专门从事放贷业务的人，为了详细记录何人、何时向谁借了贷，应该什么时候偿还，并且附加多少利息，这些人专门准备了一个本子，将一年中所有的月份、日期标注在本子上，日期旁边附有记事栏，以方便记录放贷业务。这种“讨债本”便是最早的挂历雏形。

后来，人们发现这种“讨债本”是一种很受欢迎的记录日期的方法。于是，人们开始在“讨债本”基础上进行了改进，“讨债本”逐渐演变成了现在的挂历，随着挂历的流行，各种文化挂历、广告挂历等也相继出现。

◎ 最早的剃须刀

剃须刀是男士刮胡子必备的工具。现如今人们已经不用再为刮胡子弄伤皮肤而小心翼翼了。因为，在剃须刀市场上，各式各样既先进又安全的剃须刀应有尽有，货品琳琅满目，满足了不同脸型的人的需求。

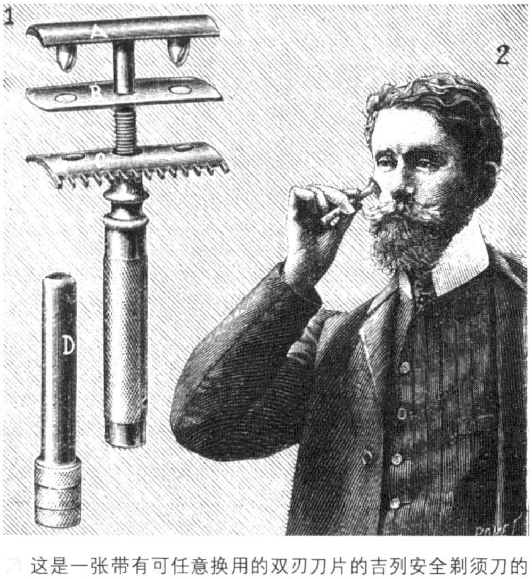

这是一张带有可任意换用的双刃刀片的吉列安全剃须刀的早期广告。

在这类剃须刀发明之前，人们使用刀片刮胡子。这种工具虽然使用便捷有效，但是它容易对皮肤造成伤害，是一个不容忽视的缺点。1895年的一天，金·坎普·吉列在众人关于剃须刀的讨论声中，决定发明一种安全实用的剃须刀。

经过一年多在亲朋好友身上的反复试验，吉列终于研制成功了一种“T”字形剃须刀。这种剃须刀可以根据人脸的轮廓变化，自行改变薄而锋利的刀片的角度。1901年，吉列将这一项发明申请了专利，并且创办了“T”型剃须刀公司。一时之间，“吉列”牌安全剃须刀供不应求。

◎ 最早的秤

据史料记载，经济学家范蠡在长期的经商过程中发现，人们买卖东西没有一个统一的计量工具。人们只是根据经验目测或者将货物进行比较，来确定买卖货物的多少，这样确定出来的货物量并不是十分准确。后来，范蠡受吊水的杠杆原理启发，设计出了一种对等衡量货物的秤，这种秤是史料中记载的最早的一杆秤。

最初，范蠡设计的秤以十三两为一斤，在市场上应用了一段时间，范蠡发现，十三两为一斤的秤存在很多弊端。于是他根据南斗六星、北斗七星以及福禄寿三星，将称改成了十六两为一斤，这样一来，既避免了商人在秤花上做手脚坑骗百姓，也规范了市场货物交易的计量秩序。在这之后的2000多年里，范蠡发明的秤一直被人们使用着。

◎ 最早的火柴

火在人们生活中，占有重要位置。火柴的发明，可以说改变了人们原始取火的生存状态。

1669年，德国人H.布兰德提炼出了黄磷，人们依据黄磷氧化易燃的特点，将硫磺和黄磷放置在一起，两种物质发生化学反应，从而产生火光。经过不断的实验，1827年，英国人约翰·沃尔将硫磺和磷的混合物涂在了小木棒的顶端。涂了磷和硫磺的小木棒与砂纸或石头摩擦，便产生了火焰，从此世界上第一根火柴诞生了。

1833年，世界上第一家批量生产火柴的工厂在瑞典的贝里亚城建立。由于硫磺和磷燃烧容易产生剧毒物质，人们在生产火柴的同时，也在改良火柴头的配方。1855年，红磷和硫磺的混合材质的安全无害火柴诞生。从此，安全火柴开始在世界各地应用开来。

◎ 最早的安全锁

在公元前3000年的仰韶文化遗址中，考古学家挖掘出了古人使用的木锁。据史书记载，东汉时期，我国的三簧锁技术就已经达到了炉火纯青的地步。可见，锁的历史年代之久远。但是这些锁相对来说，都或多或少存在着安全隐患，并不是十分牢靠。

1784年，英国发明家约瑟夫·布拉默在原有固定榫槽锁的原理基础上，发明了一种套筒锁。这种锁与传统锁相比，多了一把小巧的钥匙，除了与自己型号相对的钥匙能打开锁之外，在不损坏锁身的情况下，几乎没有他法。为了证明这把锁的安全系数很高，布拉默开出200金币的奖金，悬赏能够打开此锁的人。结果，长达67年的历史中，竟无一人能够成功。因而，布拉默发明的这把套筒锁成为了世界上最早的安全锁。

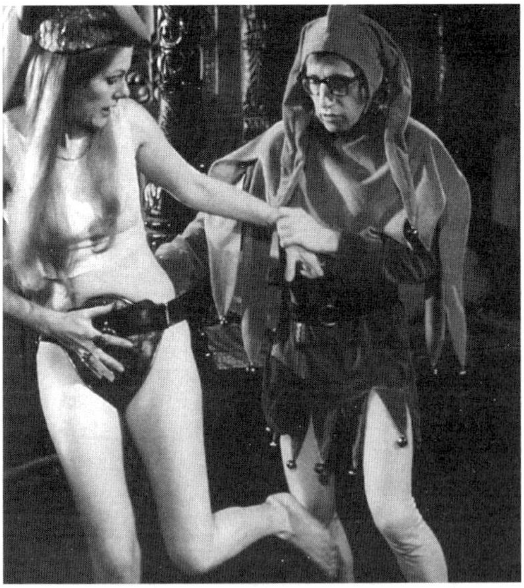

↗ 在1972年的电影《情爱宝典》中，王后被国王的“贞操宝甲”锁着，而钥匙在国王手里。

◎ 最早的席梦思

席梦思是世界顶级床垫的代名词。它的出现改变了人们睡硬板床的生活习惯，为人们提供了一个柔软舒适的睡眠环境，它以外形高贵华丽、制作工艺精良、健康舒适等优点赢得了世界人民的喜爱。

1870年，美国家具商扎尔蒙·席梦思从人们的睡眠环境中发现了商机，他决定发明一种更加舒适的床垫。经过尝试，1900年，扎尔蒙·席梦思以弹簧为填充物，外面罩以柔软结实的布料，制作出了世界上第一张席梦思床垫。产品一经推出，立刻受到人们的欢迎。由于手工制作相对较慢，不能满足人们对席梦思床垫的需求。席梦思又历时3年时间，在机械师约翰·加利的帮助下，设计出了加工席梦思专用弹簧的机器。从此，席梦思床垫开始大量生产，走向世界各地。

退火技术是一项重要的金属热处理工艺，广泛应用于铸造领域。

◎ 最早的菜单

如今我们所说的菜单，指的是餐厅里点菜用的价目表或者说明菜品内容的菜肴清单，通常也指计算机程序中的一个项目。但是最早的菜单指的并不是这些内容。

据史料记载，16世纪初的法国宫廷菜肴并不似现在风靡世界的法国大餐一样，菜品多样，味道绝佳。1533年，法国国王昂里二世的王妃卡得里努来到宫中，这种式样简单的宫廷菜品模式才被打破。据说，这位美丽的王妃不仅带来了大量财宝作为陪嫁，还从佛罗伦萨带来了厨师团。这些陪嫁过来的厨师们为了在宫中一展厨艺，经常翻新菜品。为了方便记忆大量菜品的名称、烹饪技巧以及做菜的材料，厨师们便将这些内容摘录下来，记载在本子上，久而久之，这种厨师专用的菜单在法国宫廷流传开来。

1554年，侯爵布伦斯维克举行家庭晚宴的时候，将厨师用的菜单拿到了餐桌上，以便掌握厨师为晚宴准备的菜品。从这一时期起，这种面向顾客的菜单才真正流行起来。

◎ 最早使用退火技术制造的铁斧

退火技术是将金属加热到一定温度，在适宜的温度下对金属进行锻造，并以合适的温度冷却金属，以达到使其坚固耐用、铸造成型的目的的一种金属热处理加工制作工艺。

据史料记载，早在春秋战国时期，这种加工金属的工艺就已经应用在了铸造领域。考古专家在战国文化遗址中，还发现了两柄经过退火柔化处理的铁斧，这两把铁斧紧实坚硬，完全不似生铁一般脆弱易裂。专家考证，这两把铁斧是当今世界上现存最早的以退火技术制造出来的铁斧。

◎ 现存最早的地毯

地毯曾是中世纪欧洲上层社会最奢华的一种象征。地毯的出现，也改变了人们家居装修坚硬冰冷的模式。目前，世界上现存最早的地毯是公元前5～4世纪的阿契美尼王朝时期波斯生产的。这块经过精心修剪的毛绒地毯长2米，宽1.9米，中间为辐射状花瓣图案。它以红、黄、绿三种颜色为主色调，辅以其他色彩编制而成，色彩艳丽，做工精细的地毯上，每0.1平方米就有3600个目。这一块拥有很高编制技术的毛绒地毯是1949年被前苏联考古学家在阿尔太地区的巴泽雷克第五号墓里发现的。

◎ 最早的针和线

在距今约5万年前的旧石器时代晚期，人们便已经开始了用针缝制衣物的历史。根据出土文物显示，在欧洲的奥瑞娜文化中，人们使用一种由骨头磨制而成，一端十分尖锐的针。无独有偶，在距今1.8万年前的我国山顶洞人文化

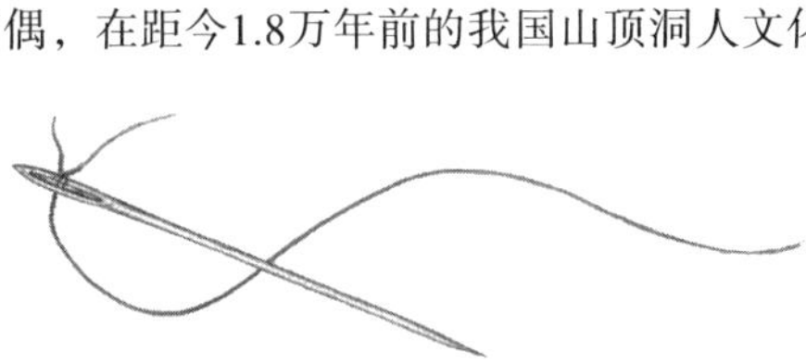

针线

遗址中，同样挖掘出了骨质的针。可见，世界上最早的针便是这种骨质的针。

关于线的历史并没有明确资料显示出现于何时。据专家推测，远古时期，人们以毛皮为遮体避寒的衣料，这些材质都是取材于自然。线的材料很可能也取自于自然物质，其中动物的韧带、植物的藤蔓是世界上最早的线。

— 休闲娱乐之最 —

◎ 最古老的游乐场

游乐场似乎在什么时候都是最受欢迎的地方，尤其是受年轻人的青睐。但是谁又知道世界上最古老的游乐场出现在什么时候、什么地方呢？其实，丹麦的克拉姆鹏伯格的巴肯公园是世界上出现的最古老的游乐场。

丹麦的克拉姆鹏伯格的巴肯公园成立于1583年，并于同年开始向游人开放。当时巴肯公园还相当简陋，不过它已经拥有一条30米长的木制的过山车轨道，另外还有其他的水车车道和各种惊险乘坐设备，里面的许多设备和我们现在的游玩设备比起来已经初具规模。当时的游乐场一开放就吸引了许多人前来游玩，曾经是丹麦最有吸引力的地方之一。

◎ 最大的高空观缆车

2000年1月在英国朱比利花园举行了“伦敦之眼”高空观缆车揭幕仪式。该车是世界上最大的高空观缆车，其高度达136.1米，直径135米。共有座舱32个，每个座舱可载25人，视野范围48.28千米。它现已成为伦敦第四大建筑。该高空观缆车是由建筑师戴维·马克斯和朱丽亚·芭菲尔德为英国铁道公司设计的。

◎ 世界上最早的皇家御花园

北海公园位于北京的市中心。公园主要由琼华岛、东岸、北岸景区三部分组成，是世界上现存最早的皇家御花园。

北海公园始建于辽代，是由北海园林扩建而来。1264年，元世祖忽必烈决定在旧中都城东北郊选择新址营建大都。1264～1271年间，忽必烈三次扩建琼华岛，并且重建广寒殿，从而，一个以琼华岛为中心的皇家御花园初具规模。在之后的朝代中，历代皇帝又在保留了原北海园林风格基础上，进行了扩建、复原。1925年，这座大型的皇家御花园正式对外开放。

如今，北海公园已经是一个占地面积69公顷的大型公园，琼华岛上苍松翠柏、画舫斋、静心斋、天王殿、快雪堂、九龙壁等集山水情调之优，亭台楼榭之长，既拥有北方园林的宏伟气魄，又有南方园林温婉浪漫的风格，景物与建筑浑然天成，相得益彰。

◎ 世界上最大的自然天成花园

2002年，云南省曲靖市罗平县的20万亩连片油菜种植园，被上海世界吉尼斯总部评定为世界上最大的自然天成花园。

罗平县全县45万亩的耕地面积中，有30万亩用来种植油菜。依托于气候温和、雨量充沛

“伦敦之眼”高空观缆车

的得天独厚的自然条件，罗平县喀斯特地貌层层梯田上，一片片油菜随风飘荡。每年的2、3月份是油菜花开的季节，空气中散发着金黄的油菜花花香，放眼望去仿佛一片金色的海洋。20万亩连片的油菜种植园看上去气势磅礴。自1999年以来，罗平县已经举办了四届油菜花旅游节，每年都吸引了数十万名海内外游客前来观光。

↗ 地球上的动物是形形色色的，不同环境中生活的动物具有不同的生活习性、繁殖特性和适应性。

◎ 世界上最古老的动物园

世界上最古老的动物园是澳大利亚的墨尔本动物园，它位于距墨尔本市中心北面3千米处，建于1857年，是世界著名动物园之一。

动物园内各种奇花异草争奇斗艳，其植物种类超过2万种。在保持了原样的灌木丛中，有袋鼠、鸸鹋等动物。园内的动物占澳大利亚动物的15%。园内有世界上最早用人工授精方法培育的大猩猩，十分引人注目。如果运气好，还能看到它攀登树木的灵巧身影。五光十色的蝴蝶在房间中翩翩飞舞，无论哪儿都像梦里的国度，因此，如果错过世界稀有的蝴蝶屋实在是一个遗憾。这里的动物和自然、动物和人、人和自然的关系被处理得十分融洽，这是墨尔本动物园最大的一个特色。人可以与这里的很多动物直接交流接触。这里的环境完全打破了混凝土墙与铁栅栏对人和自然间的阻隔，人们可以尽享大自然的无限风光。

◎ 最大的动物园

按面积算，世界上最大的动物园当属西南非的野生动物保护区——艾托夏国家公园。据不完全统计，艾托夏动物保留地的面积在1907年至1970年间，就已经扩大到了近10万平方千米，它是全球500家动物园中，面积最大的一个。

按照动物的拥有量计算，世界上最大的动物园应属西柏林动物园。据动物学家1973年的统计报告显示，西柏林动物园拥有动物总数13373只，共计2409个种类。其中，包含哺乳动物1061只，共232类；鸟类2808只，共747类；爬行动物623只，共304类；两栖动物307只，共95类；鱼类2351条，共775类；无脊椎动物6223只，共25类。它所拥有动物数量以及动物种类是全球其他任何一家动物园所不能比拟的。

◎ 最大的植物园

目前，正在建设中的陕西省西安市秦岭植物园，规划建设面积为458平方千米，堪称世界上最大的植物园。园内将就地保护秦岭地区的3200多种植物，还将迁地保护900种温带植物和2000多种热带和亚热带植物。这个植物园以保护中国本土高等植物为主要目的，兼收并容，以实现生物多样性保护、科研、科学普及教育和生态旅游等综合项目的开发。

◎ 最早的水族馆

人们养鱼等观赏水生动物的历史可以追溯到4500年以前。据史料记载，苏美尔人是世界上最早养鱼的人。在这之后的几千年里，各国也都相继出现过贮养食用或观赏水生生物的记载。但是这类饲养方式以“水族馆”的名称被人们所认知，却是通过英国鸟类学家戈斯的一本著作，在这本书中，戈斯首次用到了“水族馆”这个专有名词。

1853年，一个真正意义的水族馆在英国的摄政公园内对游人开放了。在这座占地面积为166公顷的摄政公园中，游人首次参观到了由著名建筑师约翰·纳什设计的，以人工饲养为主的

水族馆是人工饲养的水生生物展览馆，主要用于科研与观赏。

水生生物展览。在此之后，水族馆在世界各地兴建起来。

◎ 最大的水族馆

世界上最大的水族馆是位于美国亚特兰大佐治亚州的乔治亚水族馆。它耗资2.9亿美元，内部容量约为30000立方米，栖息地约60个，拥有海洋生物500多种，动物总量为10万多只。

美国乔治亚水族馆不仅是人们的休闲娱乐的场所，更是一个集教育、科研为一体的世界性海洋生物展览中心。置身于水族馆中，仿佛进入了梦幻的蓝色海洋国度，这里几乎涵盖了世界上所有的海洋生物品种，为科学家及海洋生物爱好者研究海洋生物提供了最好的学习与交流平台。

乔治亚水族馆也是演示世界海洋生物发展过程最具权威性的水族馆。馆内的太平洋大堡礁是热带深水展示的长廊，这里有超过3000个鱼类品种和500多个种类的珊瑚，既向人们展示了难得一见的巨大珊瑚礁群，也彰显了美国乔治亚水族馆领先于其他水族馆的高科技含量。

◎ 最小的公园

美国俄勒冈州波特兰市的SW Naito大路和SW泰勒街交界处，有一座面积仅为0.29平方米的公园，名为磨坊尽头公园。它是世界上面积最小的公园。

磨坊尽头公园来源于迪克·范根的灵异故事。据吉尼斯世界纪录大全记载，1948年，时任俄勒冈学报之专栏《磨坊尽头》主编的迪克·范根为了写作需要，在办公室外面的两个小柱中间挖了一个小孔，然后将各种植物种在了小孔里面。

迪克·范根说："这是一个精灵挖的小孔，我发现了它，它说能够满足我想拥有自己的公园的愿望。于是，这里就成了属于我的公园，尽管它很小。"在之后的几十年里，迪克·范根一直以磨坊尽头公园为创作场景，写出了很多关于公园与精灵帕特里克·奥图利的故事。

尽管迪克·范根已经去世多年，但是这座磨坊尽头公园却给人们留下了深刻的印象。如今，磨坊尽头公园里已经增加了许多有趣的特

黄石公园中的温泉

色景观，比如一个为蝴蝶建造的游泳池（附上跳板）、旅馆残骸、袖珍摩天轮等很多景观。

◎ 最早成立的国家公园

黄石公园位于美国中西部怀俄明州的西北角，北落基山和中落基山之间的熔岩高原上，海拔2134～2438米，总面积8956平方千米，是世界上最古老、最原始的国家公园，也是世界上最大的公园。

黄石国家公园原是印第安人的圣地。后来，它被美国探险家路易斯与克拉克发现，经过开发挖掘，于1978年正式被列为世界自然遗产。自1872年黄石国家公园成立以来，这里接待了将近6000万来自世界各地的观光游客。

黄石公园内峡谷、瀑布、森林、化石应有尽有。这里以熊为象征，园内约有200多只黑熊，100多只灰熊，拥有美洲狮、灰狼、金鹰、麋鹿等300多种野生动物。黄石公园内30000多眼间歇泉中，尤以每小时喷水一次的“老实泉”最为著名。

◎ 最早向公众开放的现代城市公园

世界上最早向公众开放的现代城市公园是美国纽约中央公园，它位于纽约曼哈顿岛中央；同时，它也是美国第一座精心设计的城市公园。这座公园建于1853年，花费了20年漫长的时间，倾注了大量的人力、物力和财力才得以建成，距今已有150多年的历史了。这座公园占地340万平方米，东西两侧是著名的纽约第五大道和中央公园西大道，公园内有93千米长的人行道，还有茂密的树林、宁静的湖泊。此外，还有几处纪念馆，如贝多芬纪念馆。公园内经常举办名目繁多的各种活动，吸引了大量的游客前往参观。

◎ 世界上最大的鳄鱼公园

世界上最大的鳄鱼公园是广州鳄鱼公园。坐落在广州番禺大石西部的广州鳄鱼公园不仅是一个集鳄鱼观赏、科普教育、生态农庄、各类动物表演等综合项目的大型鳄鱼养殖场，更是目前世界上最大的一个鳄鱼主题公园。

公园占地总面积133.4万平方米，拥有世界各地不同种类的鳄鱼近10万条，鳄鱼品种中诸如：扬子鳄、凶猛的湾鳄、有趣的眼镜鳄、鸭嘴鳄等几乎在这个公园里都可以找得到。公园将鳄鱼展区分为知识科普区、中心互动区、生长展示区、开心游乐区、休闲商业区等七大活动区域。自2004年开园以来，来到广州鳄鱼公

鳄鱼公园内的鳄鱼

园游玩的游客络绎不绝。游人来到这里，仿佛进入了史前文明的“侏罗纪公园”，大小形态各异的鳄鱼近在眼前，堪称刺激的视觉冲击盛宴。

◎ 世界上最大的主题公园

美国的迪士尼世界公园是世界上最大的主题公园。该园位于美国佛罗里达州的奥兰多附近，其占地面积大约121平方千米，建设投资大约4亿多美元。该园已于1971年10月1日对外开放，吸引了大批游人。

迪士尼世界公园

美国佛罗里达州的迪士尼世界公园是世界上最大的主题公园。它的最大特色就在于它重现了许多人们熟知的迪士尼影片中的故事情节和卡通形象。

◎ 接待游客最多的主题公园

日本东京的迪士尼乐园开放于1983年4月15日，占地46万平方米，园内有模拟的西部世界、热带探险世界、童话王国、太空遨游和未来世界，可同时容纳8.5万人。仅1997年，该公园就吸引游客1783万人，成为世界上接待游客最多的主题公园。

◎ 世界上最大的室内海滩公园

位于日本九州岛宫崎市的喜凯亚，是一个巨大的海洋巨蛋。它美丽的名字“喜凯亚”是由英文Sea和希腊文Gaia组合而成，是名副其实的海洋陆地为一体的旅游度假中心。

这座海洋巨蛋建于1993年，室内拥有高尔夫球场、温泉、动物园、餐厅、世界会议中心、高级饭店，以及世界上最大的人造室内海水浴场。巨蛋的顶棚由全天可以开合的透明玻璃制作而成，整座公园全长300米，宽100米，高38米，可以同时容纳1万名游客旅游消遣。

室内巨大的人工沙滩可以和真正的沙滩相媲美，人们可以在沙滩之上尽情享受沙滩海水浴，还可以在计算机控制的人造海浪中展示各种模式的冲浪技巧。喜凯亚海洋巨蛋内，还有一座以灯光效果制作出来的假火山。夜幕降临，每隔15分钟，震耳欲聋的火山喷发就会上演，人们在这里享受“自然”的同时，也找到了自然带来的刺激。

◎ 世界上最大的游泳池

世界上最大的游泳池位于智利的圣阿方索海岸边，这座被收入《吉尼斯世界纪录》的巨型泳池长约1000米，占地面积约8万平方米，总容积为25万立方米。

这座人造“咸水湖”是由智利生物化学家斐南朵·菲斯曼的水晶泻湖公司设计的，它历时五年才修建而成，整个泳池科技含量颇高，耗费资金近10亿英镑。每年用于泳池维护的费用就高达200万英镑。

尽管这座巨型泳池有很多小型快艇供人们泛舟嬉戏，但是，池水依然清澈见底。这是由于泳池所用的“咸水”都是由电脑控制的抽水泵和过滤系统，从附近的海洋中置换过来的。抽水系统不断运转，保证了整座池水与海水的循环，从而提供给人们一个绿宝石般的纯生态游泳场所。

◎ 最大的购物中心

世界上最大的购物中心位于阿拉伯联合酋长国的第二大城市迪拜。这座购物中心堪称“世界上最大的零售商场”，是一座极具奢华的综合性购物中心。

迪拜购物中心中室内总面积高达54.81万平方米，近35.02万平方米的区域是可以对外出租的。购物中心有超过1200家的店铺，如今已有近三成的商铺被世界知名品牌承租，这里堪称世界名牌产品的集聚地。整座大厦建筑用掉超过13800吨的钢材，拥有停车场地16000个，除了搜罗的商品种类齐全外，这里还拥有世界上最大的室内黄金交易市场、免费观光水族馆、大型滑雪场、时代乐章音乐喷泉等多个休闲娱乐场所，可以说，迪拜的街道就是购物中心，这里是消费者一站式的购物休闲娱乐天堂。

◎ 最早的轮滑鞋

世界上第一双轮滑鞋早在1760年就已经诞生了。当时的伦敦商人乔赛夫·马林首次穿着一种由金属制成，底部安有很多小轮子的长筒皮鞋，参加了朋友的化装舞会，舞会上的人们对这双神奇的鞋子好奇不已，争相试穿。马林的这双特制的轮滑鞋便拉开了轮滑鞋发展史的序幕。

轮滑已成为许多时尚青年的娱乐方式。

1863年，美国人詹姆士将旱冰鞋进行了改进，制成了一种由一排钢制的四轮组成的，式样相对简单，行动较为灵活的轮滑鞋。如今，滑旱冰已经成为很多时尚青年的休闲娱乐方式。一些欧洲人出门也都喜欢以滑旱冰的方式代替步行。很多轮滑高手穿着轮滑鞋可以如履平地一般，玩出各种花样。

◎ 最早的保龄球场

保龄球是奥运会的表演项目之一，也是人们喜爱的一项体育运动。它的起源要追溯到公元前5200年的古埃及。据史料记载，埃及西部沙漠地带的法尤姆地区曾经是一个沼泽凹地，每年，尼罗河水泛滥，这里都是一个天然的蓄水场所，久而久之，这里变成了沙漠中的小绿洲。同时，这里也成了古埃及法老们狩猎和娱乐的最佳场地。

意大利考古学家在这个地区发现了一处有一系列面积较大的房间隔断的建筑遗址。在遗址中，专家挖掘出了一片由石灰岩铺就的平整地板，地板的中部是一个边长约12厘米的正方形坑洞，地板两侧附有凹陷的轨道槽。在这块地板不远的地方，专家还挖掘出了两个表面光滑的石灰岩材质的石球。据专家推测，这座遗址为古埃及托勒密王朝时期（公元前332年　公元前30年）的保龄球场，是目前发现的世界上最早的保龄球场。

◎ 最早的酒吧

酒吧是人们放松心情，消遣娱乐的一处重要社交活动场所，全球有超过半数的夜店是由酒吧构成的。酒吧是由英文“bar”音译而来，由酒馆形式演变而成。在美国西部大开发时期，酒馆是西部牛仔和强盗们最喜爱的聚集地。由于工业程度相对不发达，当时人们的出行方式主要是骑马。为了解决牛仔、强盗们的马匹安置问题，这里的酒馆都会在店门钉一个横木桩。

随着人们出行方式的改变，生活质量的提高，来酒馆的消费群体也渐渐演变成了以当地居民为主体。昔日拴马用的横木变成了摆设，很多酒馆都拆除了这个设施。其中有一家酒馆的老板不舍得拆除这个有纪念意义的横木，便将它放到了柜台下面。很多来酒馆的顾客觉得坐在这条横木上，既可以和酒保攀谈，又可以享受自由的饮酒方式，这是在其他酒馆中找不到的乐趣，受到了酒客们的欢迎。于是，这种在柜台下面放横木的经营方式在酒馆中迅速流行起来，这便是最早的酒吧形式。

◎ 最早的明信片

1865年10月的一天，一位德国画家想要将自己绘制的一幅精美纸画寄给远方的朋友，但是在当时的邮局里，并没有发行能够装下画作的大号信封，于是邮递员建议说：“您可以将收件人的姓名、地址写在画作背面，附上邮票一样可以寄出。”于是，画家照着邮递员的方法操作，果然将画作寄到了朋友手里。这张没有通过信封邮寄的画作，便是世界上最早的明信片。

1869年，奥地利邮政部门采纳了一位博士发表文章时提出的建议，印制了一批不需要信封便可以邮寄的印刷品，这种印刷品要比信封邮寄方式节省很多邮资。奥地利也因此成为了世界上首个发行明信片的国家。

◎ 最早的圣诞卡

关于圣诞卡的由来说法很多，其中流传最广的有这样两种说法。其一，1843年，时任英国维多利亚和艾伯特博物馆馆长的亨利·科尔在传统习俗基础上，设计了一款由硬质卡片制成，绘有一家人举杯聚餐团圆图案，图案下方印有“祝您圣诞快乐，新年愉快”等字样的贺卡，他将这种贺卡印制了1000张，发往亲戚朋友家中。后来，在朋友的帮助下，科尔将剩余的贺卡对外出售，这便是世界上最早的圣诞贺卡。2005年，这张拥有150多年历史的圣诞贺卡在英格兰南部德维泽斯市举行的一场拍卖会上以1.6万美元的价格被拍出。

其二，1884年，英国伦敦《泰晤士报》声称，世界上第一张贺卡是由霍斯理1884年设计完成的，这是一张英国皇宫圣诞宴会的邀请函，从此，这种绘有各种图案的邀请函被其他国家效仿，逐渐演变成圣诞贺卡。

◎ 最早的卡拉OK机

1999年8月23日，美国《时代周刊》亚洲版中有这样一句评价：“毛泽东、甘地改变了亚洲的白天，井上大佑改变了亚洲的夜晚。”这句评价是对卡拉OK机的发明者井上大佑的高度赞扬，也是对卡拉OK机给人们生活带来的影响的正面肯定。

1971年，身为一名日本酒吧乐手的井上大佑意识到，来酒吧唱歌的消费群体需要一个自动伴奏系统，这样不仅能够满足众多消费者的需求，还可以增加酒吧的收入，弥补了乐手不足的缺陷。于是，他潜心钻研，终于设计出了世界上第一台卡拉OK机。它是以汽车立体声唱机加上麦克风、扬声器和硬币盒组合成的机器。最初这种机器只是一种供专业歌手在没有乐队现场伴奏的条件下使用的。但是卡拉OK机一经推出，便受到消费者的欢迎，随后经过改良，拥有更多功能的卡拉OK机迅速风靡全球。

◎ 最受欢迎的掌上游戏机

据官方统计数字显示，自1989至1999年10年的时间里，由任天堂出品的“电玩小子”掌上游戏机销售套数高达8000万份之多，是当今掌上电玩中，最受欢迎的一款掌上游戏机。

“电玩小子”掌上游戏机

“电玩小子”掌上游戏机拥有“袖珍电玩小子”、“彩色电玩小子”等系列。目前，全球“电玩小子”掌上游戏机的版本超过1000个，它以56种不同颜色的高清晰液晶显示屏占据了美国掌上游戏机市场约99%的份额。

◎ 最早的电子游戏机

电子游戏机又名电动电玩，是继投币游戏机之后的新一代游戏机种类，是科学技术推动下的娱乐产物。1958年，美国的威利·希金博萨姆利用一些电器元件，与一个点拨显示器相连接，制成了世界上第一台电子游戏机，人们将显示器中画面粗糙的游戏称之为“双人网球”。

1962年，由麻省理工学院的3名在校生格拉兹、拉塞尔、考托克设计的游戏软件《太空大战》问世。1971年，“电子游戏之父”诺兰·布什内尔研制生产出了一款更为先进的新型电子游戏机，并且创立了世界上第一家电子游戏公司——雅达利公司。

◎ 销售最快的游戏机

世界上销售最快的游戏机为日本索尼旗下的索尼电脑娱乐公司出产的PlayStation 2，这款家用型128位的游戏机是一台游戏与DVD播放相结合的视频游戏机。2000年3月4日，新机发布之后的48小时内，就售出了高达98万台的数量。

据统计，自PlayStation 2视频游戏机推出以

索尼公司推出的游戏机广告

来，仅用了3个月的时间，机器销售总额就超过了1000万部，2002年和2003年的5月、10月两个月，全球发行量分别高达3000万部和4000万部。据索尼公司透露，这款游戏机的销售额还在稳步攀升中。

◎ 最受欢迎的游戏人物

据2003年9月官方统计的数字显示，由任天堂员工宫本茂设计的《大金刚》里的“跳跳人”——马里奥风靡全球20余年不衰，由他扮演的数十款游戏累计销量超过了1.7亿份。马里奥这个角色也拿到了几乎全球所有游戏人物的各种奖项，包括全球最耀眼的游戏男主角奖，是当之无愧的世界上最受欢迎的游戏人物。

1983年，高鼻子、大眼睛的矮胖子马里奥雏形诞生了，但是当时这个不起眼的木匠并没有引起游戏爱好者的太大兴趣。经过设计师不断地修改，马里奥开始以马里奥兄弟等名称出现在任天堂的各大游戏系列中。他也由一个木匠，渐渐蜕变成了一个穿大背带裤的水管工。随后，《超级马里奥兄弟》《马里奥医生》《马里奥高尔夫》等游戏系列相继诞生。那个过关斩将，靠吃蘑菇成长的马里奥和他的兄弟路易成了任天堂的超级巨星，也成了伴随众多儿童、青年成长的重要“人物”。

游戏机一年年变得更为写实，动作更快，画质更好，也更富有想象力和挑战性。有些游戏可以通过互联网与世界上任何地方的人同时玩。

◎ 最大的街机游戏连锁店

世界上最大的街机连锁店为世嘉游戏连锁店。它由世嘉公司和梦工厂电影厂与MCA音乐/娱乐公司联合组成，拥有位于美国以及关岛的11处影像娱乐超级中心。在这些大型娱乐中心中，位于美国内华达州拉斯维加斯的一家娱乐场所，占地面积为4180平方米，拥有300个游戏单元，是所有游戏娱乐中心中最大的一个。

◎ 最早的商业老虎机

老虎机是一种零钱赌博机器。1895年，美国人查理·费（Charlie Fey）发明了商业老虎机。它是由内部三个卷轴，一个投硬币的槽，外部一个把柄转动机器的铸铁制成。机器外观有三个玻璃框，里面有不同的图案，投币后拉下拉杆，三个卷轴就开始转动。停止转动时，如果出现特

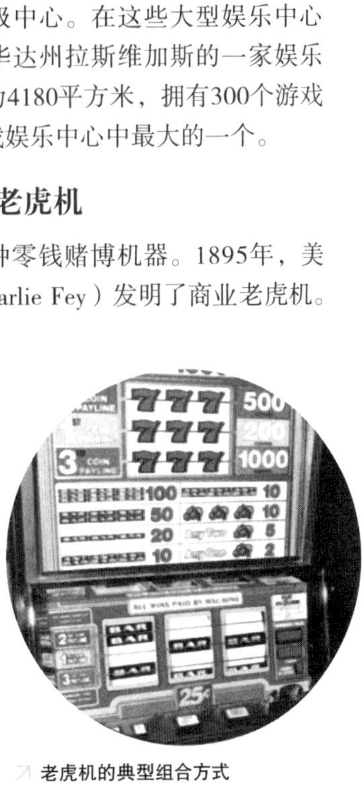

老虎机的典型组合方式

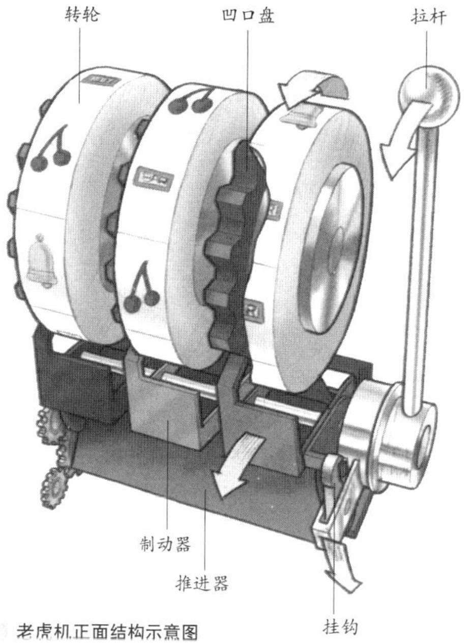

老虎机正面结构示意图

定的图形（比如三个相同）就会吐钱出来。根据不同的图案组合，玩家赢得不同的奖金——通常是多倍于下注金额的奖金。中奖的图案里面通常都会有7，此外可能还有什么樱桃、钱币等图案。

老虎机出现后，很快就成为酒吧、赌场，甚至许多零售店的主要商品。由于旧金山淘金热潮，许多人都怀着寻金梦，所以这部让人可一夜致富的神奇机器吸引了很多玩家。随着科技的进步，老虎机早已演化出各种不同的机型。

◎ 最大的老虎机头奖

1998年11月15日，在美国内华达州拉斯维加斯花园酒店的一台“强士机”上由一位匿名拉斯维加斯妇女赢得了历史上最大的老虎机中奖金额是27582539美元。这位赢家已经60岁高龄了，以前当过空中小姐。她在此之前，曾在另一台老虎机上赢了68万美元。

◎ 最早的“水下跑车”

世界上最早的“水下跑车”是由美国设计大师罗伯特·利兹和弗兰克·巴克联合设计制造的，总造价为50万英镑。这艘色彩艳丽的“水下跑车”名为“双子座”，是一个名副其实的娱乐潜水艇。这艘“水下跑车”形状像一枚海贝，顶端是一个可以掀开的天篷，人可以从这里进到潜水艇中。与传统的潜水艇相比，这艘“水下跑车”体积小，舱内经过加压，有空气循环过滤系统，更加安全舒适。它实现了时尚与潜水的完美结合。

◎ 世界上最高最快的过山车

京达卡过山车位于美国新泽西州六旗大冒险乐园内，这列号称“过山车之王”的过山车最高处可达139.5米，是世界上高度最高的过山车。

京达卡过山车是以水压启动方式驱动，相较于其他动力过山车，它可以在3.5秒之内加速到每小时205千米。在经过启动轨道之后，一个90度的垂直轨道便将玩者带到了139.5米的高空，随后经过短暂的缓冲，垂直向下俯冲，之间经过一段四分之三的旋转，然后在缓坡处电磁刹车系统开始运行。整个轨道玩下来，仅一分钟的时间。虽然时间不长，但是过山车所带来的重力刺激，却给玩家带来前所未有的震撼。

2009年7月，德国纽堡

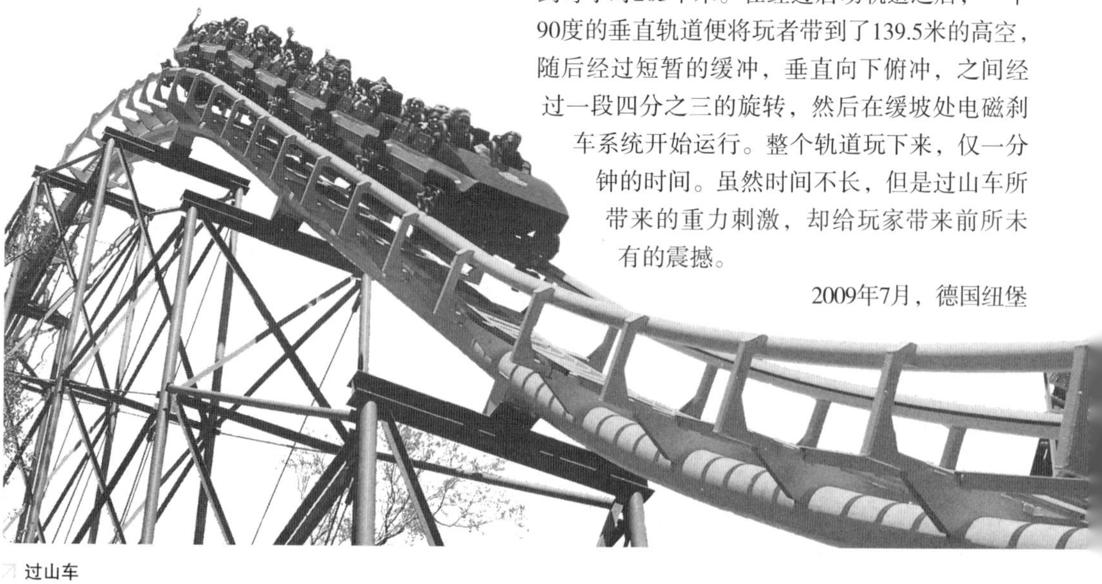

过山车

林北赛道增加了一架由S&S Power公司生产的过山车：Ring Racer（环圈竞速者），该过山车以每小时217千米的最高速度打破了京达卡所创下的每小时205千米的速度，成为世界上速度最快的过山车。

— 服装与鞋之最 —

◎ 最早的袜子

据古代文献记载显示，早在5000多年前，黄帝便以麻葛裹脚。这种裹脚的麻葛可以视为我们现在所说的袜子。另据《韩非子》记载“文王伐崇，至凤黄（凰）墟，袜系解，因自结。”这里提到的带有带子的袜子，就是具有现代意义的袜子雏形。

在20世纪末出土的长沙马王堆一号西汉墓中，专家发现了两双绢夹袜。它们的袜筒分别高21厘米和22.5厘米，头宽10厘米和8厘米，口宽12.7厘米和12厘米，这是两双底面无缝、整绢缝制而成的袜子。由此，专家断定，早在2000多年以前，我国就已经有较为成熟的袜子缝制工艺了。

20世纪40年代的服饰中，袜子已成为衣服一样的时尚元素。

1589年英国神学院学生威廉·李发明了一种手动缝制袜子的机器，从此，袜子的手工缝制时代结束。伴随着机器生产速度的加快，更多具有时尚元素的袜子相继出现。因而，很多学者称这一时期为袜子诞生的时代。

◎ 最早的泳衣

泳衣是人们在水中或沙滩活动中，最常穿的一种服饰。这种服饰兴起于西方，在中世纪以前，人们游泳或洗浴的方式还很保守，甚至有规定不允许妇女在公开场合游泳或洗澡。直到17世纪以后，一种长及脚踝的厚衬衫和浴帽才逐渐走入人们的生活领域，并且扩散到泳装范围内。19世纪，包含泳帽，带有皮腰带的过膝服饰成为具有现代意义的泳装。随着商品经济以及时尚浪潮的冲击，各种防水的紧身纺织泳衣出现在人们的生活中。1870年，出现了类似儿童连体衣的泳衣，这种泳衣因为过多的暴露身体部位，被一些国家明令禁止穿着。因而，当时的女士们穿着这种泳衣时，通常配以丝袜或长裙。1935年，两件式泳装在法国流行。

◎ 最大的品牌服装零售商

Inditex集团是西班牙最大的服装零售商，近年来销售额稳步上升。2008年第一季度的财务报表显示，Inditex集团销售额上升9%，达到22亿欧元，而美国的Gap则下降10%至21.7亿欧元。Inditex集团超越Gap，成为世界上最大的品牌服装零售商。

Inditex集团成立于1963年，在全球70多个国家拥有4430多家分店。Inditex集团旗下有ZARA、Pull and Bear、Bershka、Stradivarius、Oysho、Zara Home等服装品牌。其中尤以1975年成立的ZARA服装品牌最负盛名，它被公认为是欧洲最具研究价值的品牌之一。它以高效率的服装生产闻名服装界，它可以在15天内将生产好的服装配送到位于全球各地的服装店铺。ZARA品牌以款式多，数量少为特点，成为时尚服装业的风向标。2003年，西班牙王储的订婚典礼上，ZARA公司为王储未婚妻定制的一套白色裤装，在短短一周内风靡欧洲。可见，ZARA服装在时尚达人中的受欢迎程度。

1954年“冲浪狂欢节小姐”选美比赛中一名参赛选手身着斑马纹上下分开式泳装(即“比基尼”)微笑着站在舞台上，她身后即为试验氢弹的太平洋岛屿“比基尼”岛。

◎ 最早的比基尼

比基尼被誉为20世纪世界服装界最伟大的“发明”。1954年，法国工程师路易斯·里尔德设计了一套号称“比世界上最小泳衣还要小的衣服”。设计师路易斯希望自己设计的这套泳衣能够像几天前美国在太平洋比基尼岛上成功发射的深水原子弹一样轰动世界，便以“比基尼”命名了这件泳衣。6天后，路易斯雇佣了当红脱衣舞娘谢琳娜·贝尔纳迪尼在媒体面前展示他的这件作品。从此，比基尼迅速成为众多女性疯狂热爱的一种泳衣，身着比基尼的贝尔纳迪尼也成了全球众多男士追求的对象。在这之后，比基尼不断翻新款式，更加大胆夸张地凸显出女性的优美曲线。

在路易斯发明比基尼之前，人们在公元前1400多年的希腊壁画上，发现了穿着类似比基尼的人物画像，另外，公元4世纪的意大利西西里地区的卡萨尔罗马别墅壁画上也有类似的服装出现。可见，在古代，比基尼这种泳衣已经出现在了人们的生活中。

◎ 销售额最高的服装品牌

拉尔夫·劳伦是世界上销售额最高的标名服装品牌，仅1998年一年它在全球的消费额就达15亿美元。

它是由美国著名服装设计师劳伦创造的品牌。拉尔夫·劳伦于1939年生于纽约的布鲁克斯，1967年开始设计领带，之后又设计女装系列。他在1973年因为为一部美国电影设计服装而一举成名，他的服装系列从此驰名世界。他在后来投入市场的品牌“马球男装”“马球运动装”以及“拉尔夫·劳伦女装”等系列服装在全世界范围内深受欢迎。据说他开在纽约麦迪逊大街的商店第一年的销售额就超过3000万美元。1998年他全世界年销售额一举突破15亿美元，成为全球销售额最高的标名服装品牌。

◎ 最早的牛仔裤

牛仔裤原是19世纪的美国人为应付繁重的日常劳作而设计的一种作业服。时过境迁，当年粗重的劳动装，如今已风靡全球，以众多的款式成为时装界的宠儿，在时装领域占据了重要的地位。

1853年，正是美国淘金热最风行的时候。淘金的工人们一直抱怨普通的裤子磨损得太厉害，也装不下淘来的黄金颗粒。于是，一位名叫李维·施特劳斯的商人萌发了用滞销帆布制作一种不易磨损的工装裤的想法。最早的牛仔裤并不是现在最常见的蓝色，而是棕色的，而且

“再穿也穿不坏”的牛仔裤迅速成为建筑工人、电影明星、农民和艺术家共同的宠儿。这是一幅早期的牛仔裤广告，有当时无声电影的色彩。一位受害者被绑在铁轨上，高速旋转的锯轮正在逼近，但即使如此，身穿牛仔裤的演员也毫无惧色。

裤腰也裁剪得很高，便于工人们把它穿在普通裤子的外面。为了加固，在裤兜和裤门处都使用了崭新的铜纽扣，现在，这已经成了牛仔服装里一种历久不变的标志性元素。

随着20世纪30年代西部牛仔电影的风行，牛仔装逐渐脱离了工装裤的概念，开始流行到各个年龄段和各个阶层。之后，逐渐地从工人、学生到富有的商人和好莱坞明星，甚至是皇室成员，都开始穿这种轻松又随意的服装。

◎ 最贵重的衣服

世界上最贵重的衣服是当时乘“阿波罗”号宇宙飞船奔向月球的宇航员穿的那一套衣服，耗资30万美元（按当时物价计算）。

这套被称为世界上最昂贵的宇航服主要由3部分组成：第一部分是保护性宇航服，它由十几层防微流星、能保暖的织物制成；第二部分是一个轻便型的生命保障系统，外形很像是一个简单的背包，但是背包的内部结构却非常复杂，它有很多功能，但是最主要的是供应宇航员的氧气需要，另外还有电源以及无线电通讯设备；第三部分是紧急供氧系统，如果背包内的仪器发生故障，它就可以提供30分钟的氧气，这样可以让宇航员有充足的时间去排除故障。

这套衣服总重量是83千克，的确很重，但是在月球上就显得很轻，因为月球的引力只有地球引力的1/6，由于衣服的设计和功能使它的造价也非常昂贵，30万美元的造价让它成为世界上最贵重的衣服。

◎ 最早的胸罩

胸罩又名文胸，它以方便轻薄、塑形还原、透气舒适等优点成为最受女性欢迎的内衣系列之一。

紧身胸衣在当时仍受欢迎。

关于胸罩的起源，有这样两种说法：1859年，一位名为亨利的纽约布鲁克林人发明了“对称圆球形遮胸”，并且申请了专利权。这个“对称圆球形遮胸”是世界上最早的胸罩。1870年，一名波士顿裁缝在报纸上刊登了一则出售大号“胸托”的广告，胸罩的形式进一步发展。1907年，美国《时装》月刊上，首次出现了“Brassiere（胸罩）”一词，并配有胸罩图片的介绍，从而，胸罩被更多的女性熟知。

另一种说法为：1914年，美国人菲玛莉为了在朋友的舞会上成为亮点，将两条手帕系在胸前，制成了简易胸罩。菲玛莉的这个装束的确在舞会上引起了人们的兴趣。随后，这项发明被华纳兄弟公司以1500美元购得了专利权，并且加工生产，现代意义的胸罩从此流行起来。

◎ 最值钱的夹克

世界上最贵的夹克是由服装设计师盖·马

阿姆斯特朗登月时曾穿着昂贵的宇航服。

提奥里设计的，价值100万美元。这件昂贵夹克的引人之处，不仅仅是它设计独特的款式，更为抢眼的是镶嵌在夹克上的重量为100克拉的缅甸红宝石和有250年历史、重36克拉的祖母绿宝石制成的纽扣。在1998年的时装产品展示会上，身着这件价值100万美元夹克的名模纳奥米·坎贝尔一亮相，立刻引起了在场参观者的惊叹。

◎ 最早的西服

生活中，我们经常用“西装革履”来形容有文化、有教养、有绅士风度的男士。西装已经成为具有人文素养的标志。在男士服装中，西装是精英的象征；在女式服装中，西装是独立自信的魔术外套。作为一种时尚与庄重相结合的服装款式，它已经成为风靡世界的正装之一。

有观点认为它源于北欧南下的日耳曼渔民以及马夫的服装款式。当时的人们为了劳动方便，通常穿着一种散领、少扣、随形而变的衣服，这种服装被视为西服的雏形。另据资料显示，在英国皇室的传统服装中，三件套的礼服与现在的西服颇为相似，也可视为早期的西服。

这是早期的西服样式。早期西服种类较复杂，不仅分不同场合，还分不同时间，如晨服、午间服、下午服、晚服等。

具有现代风格的西服起源于17世纪后半叶的路易十四时代。当时贵族穿着的“究斯特科尔”和“贝斯特”以及紧身合体的半截裤“克尤罗特”便是当今西服款式的原型。

◎ 最早的中山服

中山装是一款具有时代意义的装束。1902年，孙中山来到越南筹建兴中会。当时在越南经商的华人黄隆生仰慕孙中山大名已久。一日，孙中山来到黄隆生的洋服店里购物，黄隆生便加入了兴中会，跟随孙中山为革命出力。后来，孙中山到广州任职，发现当时的人们穿着的衣服大都带有封建特色，外国的西装也不适用于人们的日常生活。于是，孙中山便有心设计一种属于中国人的衣服。

在黄隆生的鼎力协助下，他们参考了越南员工制服的设计风格，又结合了中国的传统文化，终于在1912年设计出了世界上第一款具有中国特色的标志性服装——中山装。它既有西服的正式笔挺，又有劳动人民的随形实用。1960～1970年之间，中山装是亿万中国人最喜爱穿的一种服装。

◎ 最早的松紧带

“松紧带”这个词很早就有了。1812年的一则广告中就曾提到“松紧带圆帽”，不过，那些帽子里安装的还是钢丝弹簧，若把帽子夹在腋下，弹簧就会弄破帽子和衣裳。

橡胶问世后才有了名副其实的松紧带，用橡胶制成的松紧带是19世纪的发明。1820年，化学家马生托什和发明家汉考克经过反复试验，按照特定比例将橡胶溶于水中，本着橡胶的天然属性，制成了最早的松紧带，他们也因此获得了松紧带的专利权。起初，这种橡皮松紧带只是用于衣物、鞋子等的固定。后来才渐渐演变成和今天作用基本类似的松紧带产品。

◎ 最早的旗袍

现代旗袍是一种中西合璧、兼具中国古典与现代时尚元素的时装。它曾经是近代先进女性的标志性服装。从旗袍的款式演变来看，它的根源可以追溯到秦汉时期的襦衣。

香港广生行双味墨化妆品广告牌

图中两名妇女身穿旗袍，手持花束、花篮，体态端庄、娴雅。

但是人们公认的旗袍鼻祖，则是清朝满族人所穿的服装。

清世祖入关以后，旗人妇女被禁止模仿汉人服饰，一律穿着满族特色长袍。随着满汉文化的不断交融，一些汉族女子开始仿制满族人服饰。清朝后期，“元宝领”，造型线条平直硬朗，领、袖、襟、裾都有多重宽阔的滚边的服饰在满族妇女中悄然走盛，这种兼具满汉特色的服饰是旗袍的雏形。

随着东西文化的交流，这种服饰又吸收了外国服装特色，保留传统直线裁制方式的同时，在衣领袖口等地方做了修改。在改革浪潮的冲击下，20世纪30年代，旗袍才形成了现在款式多元的特点。它不仅突出了女性的玲珑曲线，更加彰显了女性特有的内在韵味。

◎ 最早的粘扣

粘扣又叫魔术粘、尼龙刺粘扣。它两面相贴合便牢固的贴粘在一起，执起一角拉扯便可分开，是一种方便而且实用的内置纽扣。它的发明为人们的生产生活带来了很多方便。在生活中的很多领域，它都起着不可替代的作用。

粘扣的发明源于一种带刺的植物。它是瑞典人乔治偶然发现，经过研究后的成果。在乔治家附近，生长着一种植物，这种植物能够粘着在人的衣服上，人们需要拉扯才可以将它取下来。乔治将这种植物取来样本进行观察研究发现，植物的表面长满了带钩子的小刺，遇到丝绒状或纤维物质，就会黏着在上面。这种刺可以拉伸，具有可变性。根据植物的这种特点，乔治便制作出了世界上最早的粘扣。

◎ 最早的拉链

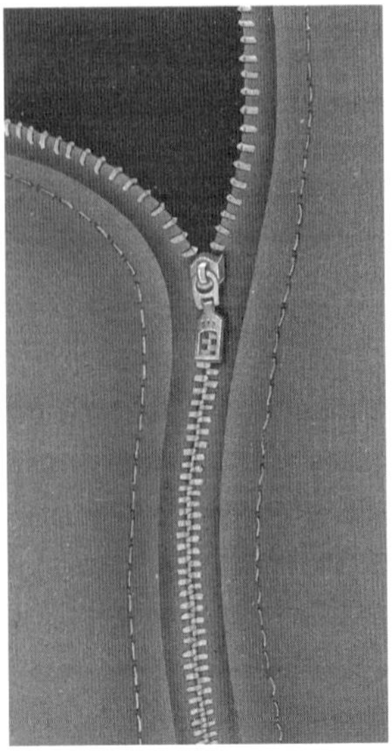

拉链

世界上第一根拉链出现在1893年的芝加哥，当时叫“钩环索扣”。

这副被称为世界上最早的拉链的“钩环索扣”是被一位名叫惠科特姆·L.贾德森的美国人发明的，设计原理和现代的拉链的工作原理是完全一样的，当时的“钩环索扣”由许多钩子和环钩组成，把它们连在一起的滑块能让它们自由地啮合或脱开。开始的时候，惠科特姆·L.贾德森把它叫作“钩环索扣”。当1893年这款最早的拉链出现在芝加哥的博览会上时，曾经引起了巨大的轰动，惠科特姆·L.贾德森很快就取得了这项发明的专利权。但是由于当时的拉链都是由手工制作的，价格在相当长的一段时间内都相当贵，导致拉链在很长的时间内并没有被广泛应用。一直到20世纪20年代，惠科特姆·L.贾德森对他所发明的拉链做出了许多改进之后，拉链才在全球得到广泛的应用。

◎ 最早的裤线

在裤管中间压制裤线能使人显得挺拔、精神。这种功效应归功于英国的爱德华王子（1841 ~ 1910年），也就是后来的爱德华七世。

据说，有一次爱德华王子在裁缝店里试穿一条裤子，这条裤子已叠放了一段时间，因而在裤管前后的中间部位形成了折痕，裁缝为此忐忑不安，没想到爱德华王子却很喜欢这样的折痕，因为这些折痕使裤管显得直挺。他很满意地穿上了这条带折痕的裤子。这种做法很快就流行开来。

后来，人们不满足于裤管被折叠后自然形成的折痕，进一步使用熨烫的方法，使裤管上的折痕更加明显，这种熨烫线就是我们今天所说的裤线。

◎ 最早的手帕

手帕相当于现在人们所用的纸巾。在中国古代，丝帛手帕是后宫佳丽、富贵千金、公子王孙的高贵标志；在欧洲一些国家，手帕是绅士、爵士显贵的象征。可见，手帕最初的用途并不是用来擦除污渍的，它更多的用途是一种身份地位的标志。

在我国古代，手帕是妇女服饰中的一件必备装饰品，出门时身系一方手帕，娇笑时，以手帕半掩笑脸，便会平添几分妩媚；流汗时，以手帕轻拭面颊，更添几分妖娆。

在日本浮世绘中，爱情占有很大比例。图中一对恋人，男士身体前倾，似有所语，女士则执帕仰望，若有所思。

在西方，手帕的历史可以追溯到古希腊罗马时期。在这里，手帕的用途和中国古代基本相似，是人们表达情感的一种工具。人们高兴时，挥手帕助兴；出席宴会时，男士礼服露出折得精致的手帕一端以表庄重得体。直到18世纪左右，手帕用来除污、防治病毒入侵等用途才渐渐呈现出来。

◎ 最早的高跟鞋

关于高跟鞋的起源，说法最多的是：高跟鞋是“太阳王”路易十四发明的。相传身高只有1.54米的路易十四不仅在国家统治上要树立自己的绝对威信，还希望能够借助鞋子弥补自己身高的不足，给人以高大威猛的印象。在宫廷设计师的精心设计下，世界上最早的高跟鞋便诞生了。

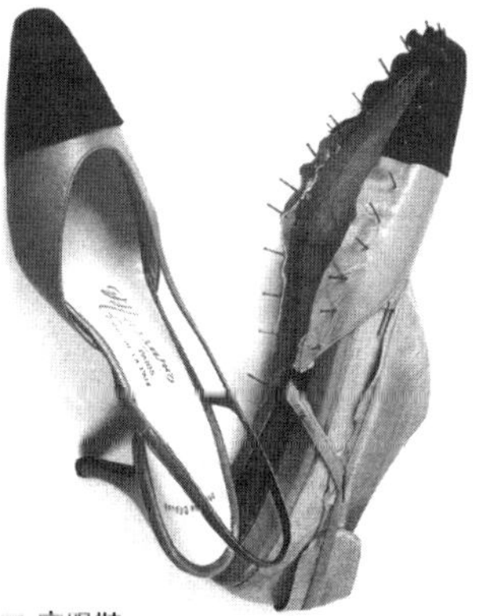

高跟鞋

但是在北京定陵出土的一双长为12厘米，高底长7厘米，宽5厘米，高4.5厘米的尖跷凤头高底鞋却打破了18世纪的路易十四时期发明高跟鞋的纪录。这双制作于14世纪我国明朝时期的高跟鞋后跟装有4 ~ 5厘米的圆底跟，鞋的款式与现在的高跟鞋基本类似。

另据史料记载，早在古埃及文明时期，除了王公贵族可以穿用纸莎草做成的鞋子外，其他人是没有这个权利的，当时的人们为了行走方便，便在鞋的后跟部加入了厚厚的纸莎草，这种鞋子堪称高跟鞋的雏形。

◎ 最贵的金属鞋

为参加安东尼奥·贝拉第1990年春夏时装展示会，马诺罗·布拉尼克特别制作了6双金鞋，鞋跟为18K包金，鞋的前带用18K的纯金制成。这几双金鞋是世界上最贵的金属鞋。因鞋码不同，鞋价也有差异，最小的一双售价为

6000英镑（9944美元）。展览期间这几双金鞋有保镖护卫。

◎ 最早的运动鞋

运动鞋是一种专门为健身竞技、休闲娱乐等活动而设计的鞋子。这种鞋根据不同运动的特点，采用耐磨、透气等质地的材料制成，一般具有保护脚踝、增强运动效果等作用。

世界上最早的运动鞋是由我国晋代的文学家谢灵运发明的。据史料记载，这位官场不得志，偏好游山玩水的山水田园诗派鼻祖发明了一种木屐，这种鞋是专门做登山而用的。它的鞋底安有两个木齿，上山的时候将前齿去掉，下山的时候将后齿去掉。穿着这个木屐登山要比穿普通鞋子登山省很多力气，后人称之为“谢公屐”。

如今运动鞋的材质多样、种类繁多，有帆布运动鞋、网面透气摩托底运动鞋、皮面橡胶减震运动鞋、篮球鞋、网球鞋，等等。

— 玩具之最 —

◎ 最早的扑克牌

玩扑克牌是日常生活中人们打发时间的消遣娱乐活动之一。现在的扑克牌一般为54张，由黑桃、红桃、方片、梅花、大小王几样花色组成。有关扑克牌的来源，历来说法不一。埃及、印度、比利时等地都有关于扑克最早起源于本国的说法。

但是在扑克牌的起源说中，有两种观点得到了史学家的肯定。最初，扑克牌是用来占卜的一种工具。扑克牌中除了大小王之外，四个花色各有所指，“黑桃”图似橄榄叶，象征和平、平安；“红桃”形似红心，象征爱情与智慧；“梅花”形似四叶草，因而寓意幸福；“方片”有棱角，象征宝石，寓意财富。后来，这种占卜方式逐渐演变成了人们的娱乐消遣。

另一种观点认为，扑克牌游戏是由天文历法计时演变而来。扑克牌中的大小王分别表示太阳和月亮，其他52张正牌分别表示一年中的52个星期，春夏秋冬分别用黑桃、红桃、梅花、方块4种花色表示。每种花色各13张，分别表示一个季度的13个星期，各张点数相加便是一季度的天数等。

在我国秦汉时期，流行着一种“叶子牌”游戏，史学家认为这是扑克牌的雏形。13世纪左右，纸牌游戏传入欧洲。16世纪，“胜牌”游戏在西方十分盛行。直到19世纪，现代扑克牌才初见端倪。

↗ 这是法国现实主义画家拉图尔的画作《玩牌的作弊者》。画中妇人雍容华贵，显然属于贵族阶层。这说明扑克牌早期还只流行于贵族之间。

◎ 最早的魔方

1974年，匈牙利建筑学院的厄尔诺·鲁比克教授为了增强学生的空间思维能力，设计了一个神奇的正方体模型作为教学工具。这个正方体模型每个面上有九个小方块，这些方块内部由木制轴心、座以及榫结构组合在一起。在没有打乱模块排列方式的时候，同一面小方块的颜色是相同的。如果将其旋转搭配，可以得出4000亿种不同颜色的组合。这就是最早的魔方。鲁比克教授发现，它不仅是一个教学上的辅助工具，更是一个具有挑战性的益智类玩具，如果将其推广，必定受到人们的喜爱。于是，鲁比克开始生产这款模型，并将其向社会推广。

模型一经推出，便在欧美风靡起来，人们将这个神奇的模块称之为“鲁比克方块”“魔术方块”。喜爱挑战的人们以能够迅速地将错乱的模块调整至同一颜色为征服目标。

◎ 最早的风筝

我国的山东是风筝的故乡。据《韩非子·外储说》记载：墨翟居鲁山“斫木为鹞，三年而成，飞一日而败。”书中提到的鹞就是风筝的雏形“鸢”，意思说，风筝是由山东人墨翟发明的。后来，木工鲁班在墨翟木质鸢的基础上，以轻薄韧性十足的竹条为纸鸢的骨架，制出类似今天我们看到的风筝。

在很多古代文献中，我们都可以看到关于人们清明时节放纸鸢的记载。后来，人们将可以发出声音的纸鸢命名为风筝。13世纪的元朝时期，游历中国的马可·波罗将风筝这种形式带回欧洲，风筝便在世界各地流传开来。

◎ 最早的芭比娃娃

芭比娃娃是一款外形极其酷似真人的玩具。它的出现，为很多小女孩幻想未来的自己提供了梦幻的摇篮。被称为芭比之母的露丝·汉德勒女士说“我当初设计它的时候，就是要让她改变传统布娃娃的种种弊端，给孩子一个可以自

芭比娃娃

由畅想的空间。使她既拥有玛丽莲·梦露的性感妖娆，又有小孩子的美丽纯真。”

1959年3月9日，露丝·汉德勒在德国娃娃莉莉的启发下，按照自己的构想终于设计出了世界上第一个芭比娃娃。这个高约29厘米的娃娃拥有世界顶级模特的身材、金发碧眼、玲珑有致。作为送给女儿的礼物，露丝·汉德勒以女儿的昵称“芭比”称呼她。

同年，芭比娃娃在美国玩具市场公开露面，并以年销售35万个的数量成为当时美国最受欢迎的玩具之一。现如今，芭比娃娃已经长大，并且拥有了不同肤色，不同形态的数十个品种。

◎ 世界上最贵的芭比娃娃

1999年3月，马泰尔玩具公司为了纪念芭比娃娃推出40周年，在戴比尔斯钻石公司的协助下，制作了一个价值约为8万美元的芭比娃娃。这个娃娃的头冠、耳环和裙子的圈环都是以18K的白金制作而成，整个娃娃用掉钻石近20克拉。

随后，2008年，墨西哥推出了一款服饰上镶嵌有318颗钻石的芭比娃娃，芭比娃娃身上的钻石约重20.66克拉，是专门为宣传环球影片公司的新片《芭比之钻石城堡》制作而成的，据权威人士估计，这个芭比娃娃的价值在9.48万美元左右，堪称世界上最贵的芭比娃娃。

除此之外，一款为了纪念芭比在日本问世35周年而设计的日本版芭比娃娃Licca-chan又创造了一项新的世界纪录。身高为25厘米的芭比娃娃身上，穿着一件镶有881颗钻石的礼服，尽管她是一个非卖品，但是其价格可达74.85万美元之高。

◎ 最早的泰迪熊

当今泰迪熊生产商中，尤以1893年成立的美国史泰福公司最负盛名。早期史泰福公司所生产的毛绒熊并不是以泰迪熊命名，它和所有其他流行毛绒玩具一样，都没有统一的名字。

1902年，美国总统罗斯福外出打猎，因为一无所获而倍感失落，其他官员看到了，便将事先捕捉到的小黑熊绑到树上，以制造总统发现猎物并猎获的假象。但是罗斯福发现之后，并没有射杀这只已经受了伤的小熊，而是将其放生。

怀抱泰迪熊的“猫王”普莱斯利

美国的一位漫画家听说了这个趣闻，将其创作进了自己的漫画作品中。后来，一对水果商夫妇受这幅漫画启发，便制作出了一只装饰用的毛绒熊玩具放在了店铺中，不久之后，小熊被一位顾客买走，因为与总统趣事有关，在得到总统的首肯之后，这种毛绒玩具熊被正式以总统小名Teddy命名。

◎ 最有价值的泰迪熊

泰迪熊是由玛格丽特·史黛芙女士在已经成型的毛绒玩具基础上，根据一个玩具象的模型设计加工制作而来。“Teddy Bear”又因美国总统罗斯福而被更多的人知道。如今，泰迪熊已经走过了上百年的历史，各种风格的泰迪熊已经成为高贵奢华玩具的象征。

1994年12月5日，英国伦敦克里斯蒂拍卖行里，一款名为泰迪女孩的史黛芙玩具熊系列以17.16万美元拍卖，成为世界上最有价值的泰迪熊。2000年，一款为了纪念泰坦尼克号而制作的，名为哀悼熊的黑色泰迪熊也只拍卖到了9.175万英镑的价格。不久，英国佳士得拍卖行又以19.3477万美元的高价拍出一款古董级泰迪熊，创下了新的纪录。

◎ 世界上最有价值的古代玩具

1991年12月14日，一位玩具爱好者在美国纽约市克里斯蒂拍卖行里，收购了一段手绘的镀锡消防软管卷盘，这是一段由乔治·布朗公司于19世纪中叶制造而成，仿“查理士”牌消防软管卷盘的玩具模型。它的拍卖价格高达23.1万美元。这段消防软管卷盘玩具也因此成为了世界上最有价值的古代玩具。

◎ 世界上最早的乐高玩具

世界上最早的乐高玩具是由丹麦木匠克里斯第森创造发明的。1932年，受经济大萧条的影响，克里斯第森经营的木材厂面临倒闭的威胁。但是积极乐观的克里斯第森在辞退了最后一名工人，并且独自抚养了4个还未成年的孩子一段时间之后发现，玩具生产是一个东山再起的好项目。

于是，他着力于擅长的木制工艺研究，在他的杂货铺里开始了玩具的生产加工。“乐高”品牌玩具也初步形成。它是一种由木头制成不同形状，可以随意堆砌的玩具。产品一经推出，便受到了孩子们的欢迎。随后，克里斯第森为

一幅乐高积木的宣传画

这个玩具起了个生动的名字“乐高”。从此，拉丁语中具有“堆砌”意义的乐高玩具在全球流行开来。

1949年，乐高公司开始以塑料代替木块，制作出了可以拼接插拔的积木玩具，并赋予了它“玩与学”的内涵。如今，这种超过3亿孩子玩过的积木，被世界公认为是最成功的积木玩具。

◎ 最早的陀螺

陀螺是一种靠手力捻动、绳子抽打等方式驱动，绕轴心转动的旋转玩具。据史料记载，这种玩具以“陀罗”的名字出现最早见于明朝。明代散文家刘侗的《杨柳活》中，就有这样的记载“杨柳儿活，鞭陀罗”。

尽管陀螺的起源并没有文献明确记载，但是在“陀螺”以前，这种游戏形式早已存在。目前，专家根据出土的文物推断，最早的陀螺可以追溯到新石器时代。考古专家曾在江苏常州的新石器时期遗址中出土过木陀螺；在山西龙山文化遗址中出土过陶陀螺。可见，这种娱乐形式年代之久远。

18世纪，欧洲人口中的“中国陀螺”便是源于1700多年前，中国晋代流行的一种“竹蜻蜓”玩具。在宋代的文献中，类似“陀螺”玩法的玩具又被称作“千千”，是当时后宫嫔妃宫女们消遣娱乐的小玩具。直到元、明时期，陀螺的形态及玩法才与当今的陀螺基本相似。

◎ 最早的变形玩具

1984年，美国孩之宝公司与日本TAKARA公司联合开发制作的动画片《变形金刚》上映，并且推出同名电影及玩具系列。随着动漫与影片在全球的热播，变形金刚玩具迅速风行全球，成了全球热卖的玩具产品之一。

《变形金刚》剧照

变形金刚以旋转轴等连接玩具部件的组装结构形式，改变了传统玩具的固定无法更改形状的模式，是世界上最早的一款变形玩具。它可以是“擎天柱”“威震天”等动漫人物，也可以变身成汽车、飞机、动物等。它的出现赢得了孩子们的喜爱，是一款集益智与动手相结合的玩具。

如今，变形金刚已经走过了二十几个年头，随着《变形金刚》电影的不断续拍，变形金刚玩具的喜爱者已经不再局限于孩子们，很多成年人也加入了收藏变形金刚玩具的行列。

◎ 最早的拼图玩具

拼图游戏是将完整的图片切割成很多部分，打乱顺序并重新组装成原图的一种益智游戏。在公元前1世纪的中国，出现了一种名为“七巧图”的拼图玩具。史学家认为，这种古人所玩的七巧拼图是最早的拼图玩具。据史料记载，“七巧图”游戏传入欧洲之后，成为拿破仑、杜雷等知名人士最喜爱的娱乐游戏之一。

现代拼图游戏兴起于18世纪60年代的英法两国。1762年，法国的一位名叫迪马的地图经销商，将地图切割成很多部分做成拼图出售，销售效果比整张地图销售好几十倍，于是，这种地图拼图便风行起来。在同一时期的英国，印刷工约翰·斯皮尔斯伯发明了娱乐用的拼图玩具，这是最早的现代拼图玩具。

◎ 最早的连环玩具

当今世界上的连环玩具可分为摘套玩具、解绳玩具、摘环玩具、交错玩具四大类。据《西湖老人繁胜录》记载，在南宋市场上，一种名为“解玉板”的连环玩具很受人们欢迎。这种“解玉板”玩具便是世界上最早的连环玩具。

除此之外，在这益智玩具中，尤以中国的“九连环”玩具最负盛名。如今，这种难度极高的益智玩具已经很少有人玩了，但是其所蕴含的数学知识仍是一些学者研究的热点。

◎ 玩者最多的棋盘游戏

强手棋是一款多人参加的图版策划游戏，它是在传统的桌面游戏《地产大亨》基础上，研发改进而来。强手棋游戏自1934年被美国宾夕法尼亚州的查尔斯·戴罗发明以来，创出了畅销70年不衰的业绩。截止到2000年6月，全球有超过5亿的人玩过这种游戏，堪称世界上玩者最多的棋盘游戏。

在“强手棋”被帕克兄弟公司正式推出以前，“强手棋”游戏已经在人们的生活中流传开来。当时，这项由经济学家伊丽莎白·麦琪首创的游戏名为“地主游戏”，是一款每个玩家按照游戏标出的土地价格买地，然后造房子、盖大厦，以达到盈利目的的多人参与游戏。但由于此时的棋盘游戏并没有明确的起点、终点，这款游戏被帕克兄弟公司拒之门外。直到多年以后，在人们发展了“地主游戏”并制定了相应规则的基础上，查尔斯·戴罗经过完善，这款棋盘游戏终于成为了炙手可热的棋盘游戏之一。

— 学校与教育之最 —

◎ 最古老的大学

摩洛哥费斯城的卡拉维斯因大学是世界上最古老的大学，它创办于公元859年，比意大利的波伦大学（创办于1119年）、法国的巴黎大学（创办于1150年）、英国的牛津大学（创办于1249年）都要早得多。

摩洛哥的独立给大学带来了新的生命。现在学校有四个系，有4000名学生在这里学习。这里从1957年开始接纳女学生。除了摩洛哥的学生外，还有来自阿尔及利亚、利比亚、赛内加尔、加纳、索马里、埃塞俄比亚等国家的学生。在这所大学里任课的教师有200多位。

各系的学制有所不同，大致3　6年。学校图书的设备也不断增添，图书馆有书籍几十万册。

◎ 世界最著名的商学院

哈佛大学

1636年，北美殖民地第一所大学在马萨诸塞州的剑桥建成。这个以英国剑桥命名的城镇曾为许多清教徒提供过培训。这座大学就以其中的一位牧师——约翰·哈佛命名，因为他为学校提供了资金和自己的图书馆。

哈佛大学是美国著名的大学，建校300多年，为世界培养了大量政治家、科学家、作家、学者。哈佛大学最令人称道的是哈佛商学院。美国教育界有这么一个说法：哈佛大学可算是全美所有大学中的一顶王冠，而王冠上那夺人眼目的宝珠，就是哈佛商学院。

哈佛商学院是全世界最著名的商学院，被美国人称为是商人、主管、总经理的西点军校，美国许多大企业家和政治家都在这里学习过。在美国500家最大公司里担任最高职位的经理中，有1/5毕业于这所学院。哈佛工商管理硕士学位（MBA）成了权力与金钱的象征，成了无数美国青年，乃至全世界工商管理专业的学生梦寐以求的学位。

◎ 世界上最早的商学院

创建于1900年的塔克商学院是世界上第一所商学院，是美国排名前十位的商学院之一，但却也是世界上规模最小的商学院之一。用“小而专”来形容塔克MBA教育的特点是再恰当不过了。

塔克商学院的规模的确是小了点儿，1900年创办时总共只有4名学生！自1962年正式改名为商学院以来，塔克的规模一直不大。到1995年每年的招生人数只有180人。目前，塔克商学院两个年级总共只有480名学生。学生数量只是哈佛商学院的1/5，沃顿商学院的1/10。学院的师生比例约为1∶9，这样就保证了教授能跟学生

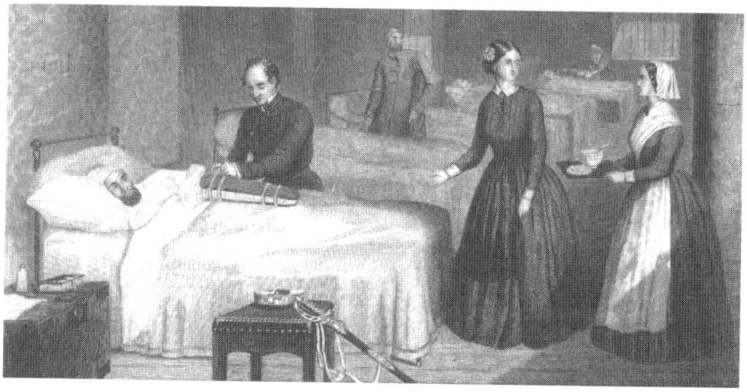

此图表现的是南丁格尔带领妇女在克里米亚战地医院护理伤员的情景。中间偏右的妇女便是南丁格尔。

充分接触，采用个性化教学模式，能够做到因人施教，以达到最佳的教学效果。

◎ 最早的护士学校

1860年以前，世界上没有正规的护士学校，医院里没有专职的护士。医生需要帮助的时候，就雇佣穷苦的老妇人照顾病人。这些老妇人没有受过专职训练，导致很多病人因为没有得到很好的护理而死去。南丁格尔改变了这一局面。

南丁格尔出生于英国的名门望族，毕业于剑桥大学，她博学多才，精通自然科学、哲学、历史、音乐和绘画。她无意于婚姻，立志成为一名救死扶伤的护士。19世纪50年代，英、法、俄、土耳其进行了克里米亚战争，南丁格尔主动申请，自愿担任战地护士。她率领38名护士抵达前线，在战地医院服务。

战争结束后，南丁格尔回到英国，被人们推崇为民族英雄。1860年，南丁格尔用政府奖励的4000多英镑创建了世界上第一所正规的护士学校，随后，她又创办了助产士及经济贫困的医院护士培训班，被人们誉为“现代护理教育的奠基人”。

◎ 最早的国家医学院

医学史上最早由国家开办的医学院，是公元6世纪中叶隋代的“太医署”。据《旧唐书》记载，隋代所创设的“太医署”既是当时最高的医学教育机构，同时还担负一定的医疗任务。这个机构配备有医药学教学人员、医务人员与行政管理人员。

公元618年，唐王朝取代隋王朝。公元624年唐政府也设置“太医署”，但比隋代的规模更大，分科更细，学制也有更明确规定。据《旧唐书》与《唐六金》的记载，唐“太医署”包括医学与药学两大部。医学又分设医科、针科、按摩科和咒禁科。这四科都设有博士，主要负责教授学生。

◎ 最早的美术学院

第一所美术学院是意大利卡拉奇三兄弟1585年在波伦亚创办的一个工作室；最早的官办美术学院是17世纪初建立的荷兰哈雷姆美术学院；最早的具有系统教学、专业设置齐全的美术学院是1648年建立的法国巴黎皇家雕塑绘画学院。

◎ 最早的皇家舞蹈学校

世界上最早的皇家舞蹈学校是法国国王路易十四于1661年创建的皇家舞蹈学院。芭蕾舞从意大利传到法国之后，路易十四希望将这种带有贵族特色的舞蹈变成真正的舞台艺术，于是创建了这所舞蹈学院。该学院是巴黎歌剧院的前身，是古典芭蕾舞的摇篮，孕育了世界上最古老的芭蕾舞。

巴黎歌剧院芭蕾舞团是世界著名的芭蕾舞演出团体之一，涌现出一大批著名芭蕾艺术家，创作出很多著名的古典芭蕾舞名剧，比如《仙女》《吉赛尔》《葛蓓莉亚》等。皇家舞蹈学院的最大功绩就是最早确立了芭蕾舞的5个基本脚位和7个手位，使芭蕾舞有了一套完整的动作和体系。这5个基本脚位一直沿用至今。

◎ 世界上最早的幼儿园

1837年，福禄贝尔（1782～1852年）在德国士瓦本公国勃兰肯堡创办了一所游戏活动机构。1840年，这个机构改名为“幼儿园”，这是世界上第一所幼儿园。1838年，由福禄贝尔的学生Louisa Frankenberg在美国俄亥俄州的哥伦布创办了一所类似的幼儿园。

福禄贝尔是19世纪欧洲最重要的几个教育家之一，现代学前教育的鼻祖。他不仅创办了第一所称为“幼儿园”的学前教育机构，他的教育思想迄今仍在主导着学前教育理论的基本方向。

◎ 最早的老年人大学

世界上最早的老年人大学是1973年在法国图卢兹大学创办的。

法国把老年人大学称为“第三年龄大学”。皮埃尔·维勒斯第一个提出了这个概念，他认识到法国老年人既有活力也很长寿，于是认为法国大学应该促进成立一个为老年教育的联合机构以提高其生活质量。

第一所“第三年龄大学”的建立部分归功于法国1968年的《高等教育指导法案》，该法案旨在促使法国大学向终身教育机构提供义务协助。1973年，法国图卢兹老年人大学成立，成为成人教育的成功典范。很快，老年人大学的概念传遍全球。目前世界各地已经形成各具特色的教育机构数千所。

◎ 世界上最大的天主教学校

菲律宾的圣托马斯大学是亚洲历史最悠久，世界上规模最大的天主教学校。

圣托马斯大学位于菲律宾的马尼拉，始建于1611年4月28日。1624年，圣托马斯大学经批准许可授予技术、哲学和艺术学位。1645年11月20日，罗马主教因那森特将该学校晋升为重点大学。1680年，该校被给予皇家赞助。1785年，圣托马斯的师生们自愿保卫马尼拉，抵抗英国的侵略，因而国王卡尔斯三世授予该校“皇家大学”的称号。

1902年9月17日，罗马角罗艾克斯授予该大学“主教大学”称号，1974年，罗马教皇皮尔斯将其命名为菲律宾天主教大学。随着学校的发展，圣托马斯大学的面积范围也不断发展扩大，学校人数不断增多，现有学生人数3万人。大学图书馆珍藏的1.2万册珍贵手稿，足以令学校引以为豪。博物馆内收藏有各种贝类、蝴蝶标本和近400年来菲律宾珍贵的文化遗产、工艺品和出版物等。

孔子讲学图

◎ 最早提出“终身教育”的教育家

西方学者一般认为柏拉图（公元前427～公元前347年）和亚里士多德（公元前384～公元前322年）是最早提出“终身教育”的教育家。柏拉图认为一个人如果不经过漫长而艰巨的训练和“严格科学的方式忍苦地学习”是绝对不能有收效的，这已经包含有“终身教育思想”的萌芽。而柏拉图的学生亚里士多德则提出更加明确的主张：“儿童和需要教育的各种年龄的人都应受到训练”。

孔子像

孔子（约公元前551～前479年），春秋时期鲁国人。

事实上，我国伟大教育家孔子是世界上最早提出“终身教育”思想的教育家。因为孔子（公元前551～公元前479年）不但出生时间要比柏拉图早124年，而且他所阐述的“终身教育”理论也远远比柏拉图和亚里斯多德系统和完备。他通过对自己终身学习经验的总结，提出了完整的终身教育规划：“吾十有五而志于学，三十而立，四十而不惑，五十而知天命，六十而耳顺，七十而从心所欲，不逾矩。”

此图根据牛郎、织女的民间传说绘成。画中牛郎眼望飞星，神思遐远；织女则目视牛郎，面带喜色，似正诉说离情别绪。作者将短聚的喜与行将离别的愁体现得淋漓尽致。

— 风俗与节日之最 —

◎ 最早的爱情节日

每年七月初七是我国汉族的传统节日七夕节。相传，七月初七晚上，牛郎织女在天上相会。牛郎织女的爱情故事已经流传了2000多年，《诗经·小雅·大东》中就已经有了牛郎、织女的文字记载。这比西方情人节早得多，是世界上最早的爱情节日。

七夕节是我国古代少女的重要节日，又称“乞巧节”“女儿节”“少女节”。在唐宋时期，七夕节非常热闹，无论在宫廷还是在民间，都有各种各样的庆祝形式。比如在宫廷会举行乞巧宴会，中间穿插很多有趣的小游戏。在民间，七夕节恋人们相约，在庭院或花园里焚香拜银河、拜牛郎织女星，祈愿有情人终成眷属。

◎ 最早的西方情人节

每年2月14日，鲜花就会大涨价，因为这一天是情人节，男孩送给女孩鲜花是情人节的重要习俗。

情人节，又名圣华伦泰节。据说在公元3世纪期间，罗马皇帝克劳狄二世禁止年轻男子结婚。他认为未婚男子可以成为更优良的士兵。一位名叫华伦泰的教士违反了皇帝的命令，秘密为年轻男子主持婚礼。传闻华伦泰于公元269年2月14日被处决。据《天主教百科全书》记载，公元496年，教宗圣基拉西乌斯一世在公元5世纪末叶废除了牧神节，把2月14日定为圣华伦泰日。

情人节的特色是情侣互相馈赠礼物。西方社会从17世纪开始情人节已经变得很普遍。时至今日，情人节已经成为一个世界性的节日，年轻男女喜欢互相赠送鲜花和巧克力以表达爱意。

◎ 狂欢节的最早来源

世界上很多国家都有狂欢节。各国的狂欢节都有自己的特色，但是都以毫无节制地纵酒取乐为主。其中最负盛名的是巴西狂欢节。

这个节日最早源于欧洲的中世纪，与基督教复活节有密切关系。复活节前有一个为期40天的大斋期，斋期里人们禁吃肉食，生活肃穆

巴西狂欢节

沉闷，反省忏悔以纪念复活节前三天遭难的耶稣。于是在斋期开始的前一周，即二月份里，人们会专门举行宴会、舞会、游行等纵情欢乐的活动，这就是狂欢节的雏型。随着时间推移，狂欢节的内涵逐渐由传统的宗教节日，演变为一年一度的普通百姓狂欢节，成为人们对幸福和自由追求的重要节日。在狂欢节这天人们可以尽情地释放自己。

◎ 最早的圣诞节

每年12月25日是西方国家的人们最大的节日——圣诞节。圣诞节本来是基督徒纪念耶稣诞生的日子。因为耶稣出生在晚上，所以12月24日晚上被称为“圣诞夜”或“平安夜”。

开始的时候并没有圣诞节，耶稣去世100多年后才开始有圣诞节。据说，第一个圣诞节是在公元138年，由罗马主教圣克里门倡议举行。根据教会史的记载，第一个圣诞节是在公元336年。其实，耶稣具体生于哪一天，圣经中并没有明确的记载，因此开始时各地圣诞节日期各异。直到公元440年，由罗马教廷定12月25日为圣诞节，圣诞节的日期才统一起来。1607年，世界各地的基督教教会领袖在伯利恒聚会，进一步予以确定，从此世界大多数的基督徒均以12月25日为圣诞节。19世纪，出现了圣诞卡、圣诞老人等与圣诞节有关的习俗，圣诞节才开始更广泛地流行起来。

◎ 圣诞老人的最早来源

在人们的印象中，圣诞老人是矮矮胖胖的老公公。他眼睛眯眯的，长着白胡子，常常露出慈祥笑容。他经常穿着红衣服，戴着一个有圆球的大帽子，腰上束着宽皮带，脚上穿着黑皮靴，背着装得满满的大口袋。他乘坐一辆驯鹿拉的雪橇，跑到世界各地，给小孩子、贫苦的老人及孤儿分送圣诞礼物。

传说圣诞老人是北欧神话中掌管智慧、艺术、诗词、战争的奥丁神。寒冬时节，他骑上八脚马坐骑自由驰骋，惩恶扬善，分发礼物。还有一种说法，圣诞老人确有其人。公元4世纪的时候，有一位好心的主教叫尼古拉，他喜欢暗中帮助穷人，曾经在平安夜用长袜子给三个贫穷的女孩送礼物。后来，很多家长仿效这种做法给孩子送礼物。圣诞老人的一个别名就是圣尼古拉。

最常听到的传说中讲到，圣诞老人是乘坐驯鹿拉的雪橇到来的。

19世纪60年代，美国有位卡通制作者画了一幅胖胖的、慈祥的圣诞老人像作为一本书的插图。这个圣诞老人的形象受到了人们的认可和喜爱，并随着时间的推移传到世界各地。

◎ 交杯酒的最早来源

喝交杯酒是我国婚礼中的一个传统习俗。这一习俗有着悠久的历史，可以追溯到秦朝。《礼记·昏義》记载，新郎新娘各执一片一剖为二的瓢饮酒，其义是两人自此合二为一，夫妻间有相同的地位，婚后相亲相爱，百事和谐。唐代时，以杯代替，有了“交杯酒”这一名词。到了宋代，新婚夫妻用两个酒杯喝交杯酒，先饮一半后再换杯共饮，饮完后将酒杯一正一反掷于床下，以示婚后百年好合。近代，交杯酒仪式又有较大变化，如清末民初发展成为“合卺”、“交杯”、“攥金钱”三部分。现代婚礼中，“攥金钱”已被“掷纸花”所取代。

◎ 送花圈习俗的最早来源

我国很多地方的丧礼上有送花圈的习俗，其实这种习俗是从欧美传过来的。

按照北欧的传说，一个人临死时带上花圈，安琪儿（即天使）就会把他的灵魂带到天堂。原来，2000多年前的古罗马法律——《十二铜表

鲜花与花圈表达了对逝者的尊敬与怀念之情。此图为戴安娜的葬礼。

法》中《神圣法》第七条说：“假如有人或者亲身，或者由于自己的马或奴隶在竞赛中获胜而得到花圈，那么在他死时，无论在他家里或在战场上，都不禁止把花圈置于死者身上。同样，也允许他的亲属带花圈参加葬礼。”

显然，花圈原来是一种奖赏物，是胜利者和勇敢者才能得到的奖赏。好人上天堂，难怪安琪儿会把有花圈的灵魂带上天了。现在人们为死者送花圈，仍然表示对死者的尊敬和怀念。

◎ 最早的婚纱

现在新娘所穿的下摆拖地的白纱礼服原是天主教徒的典礼服。因为古代欧洲一些国家是政教合一的国体，人们结婚必须到教堂接受神父或牧师的祈祷与祝福，这样才能算正式的合法婚姻。

16世纪，爱尔兰皇室理查伯爵对贫女萝丝小姐一见倾心，但是皇室为了捍卫皇室血统而反对。伯爵一再坚持，皇室提出了一个几乎不能实现的要求，如果萝丝小姐能在一夜间缝制一件白色圣袍，而要求长度从证婚台前至教堂大门，那么他们就可以举行婚礼。萝丝小姐在村民的帮助下连夜赶制了一件16米长的白色圣袍。皇室成员受到感动，他们在国王和皇后的允诺下完成了童话般的婚礼。这件白色圣袍就是世界上第一件婚纱。

19世纪以前，西方少女们出嫁时所穿的新娘礼服没有统一颜色规格，直到1820年前后，英国的维多利亚女王在婚礼上穿了一身洁白雅致的婚纱。从此，白色婚纱便成为一种正式的结婚礼服。白色象征真诚与圣洁。按西方的风俗，只有再婚妇女，才可以穿粉红或湖蓝等颜色的婚纱，以示与初婚区别。

◎ 最早的下半旗致哀

下半旗是当今世界上通行的一种致哀方式，即先将国旗升至杆顶，然后下降到离杆顶约占全杆三分之一处。当某个国家的重要领导人物逝世后，以下半旗表示对死者的哀悼。

下半旗致哀的做法最早见于1612年的英国。英国船“哈兹·伊斯”号在探索北美北部通向太平洋的水道时，船长不幸逝世。船员们为了表示对已故船长的敬意，将桅杆旗帜下降到离旗杆的顶端有一段距离的地方。当船只驶进泰晤士河时，人们看到它的桅杆上下着半旗，不知何意。一打听，原来是以此悼念死去的船长。到17世纪下半叶，这种致哀方式流传到欧洲大陆，后为各国所采用。

◎ 最早的母亲节

5月的第2个星期日是母亲节，世界各地的人们都在这一天表示对母亲的关爱和祝福。

母亲节起源于美国西弗吉尼亚州嘉芙顿城的一家主日学校。1876年的某天，安娜·查维斯夫人在礼拜堂祈祷时说：“但愿在某处、某时，会

一幅宣传母爱的常见画面

有人创立一个母亲节，纪念和赞扬美国与全世界的母亲。”她去世后，她的女儿安娜，立志创立一个母亲节，来实现母亲多年前祈求的心愿。

安娜先后写信给许多有名望的人物，要求他们支持设立母亲节，初时反应冷淡，但她不气馁，继续向各界呼吁。经过不断努力，她的倡议终于得到社会的认可和响应。到了1914年，美国总统威尔逊提请国会通过决议案，将母亲节定为全美国的节日。世界各地相继效仿，现在母亲节已经成为国际性的节日。

安娜本来建议以她母亲的逝世日5月10日作为母亲节的日期，但为方便人们共叙天伦，便选定在5月份的第2个星期日为母亲节。

◎ 最早的父亲节

1909年，住在美国华盛顿州士波肯市的杜德夫人参加完教会举办的母亲节主日崇拜之后，心里有了很深的感触。她心里想着：为什么这个世界没有一个纪念父亲的节日呢？杜德夫人的母亲去世得早，她的父亲斯马特先生辛苦地将6个子女抚养长大，最后因过度劳累病倒辞世。1909年，正是杜德夫人的父亲去世之年。

杜德夫人参加完礼拜之后，将她的感受告诉教会的瑞马士牧师，她希望能有一个特别的日子，向伟大的父亲斯马特先生致敬，并能以此纪念全天下伟大的父亲。她的想法得到教会和社会的支持，美国华盛顿州在1910年6月19日举行了全世界的第一次父亲节聚会。1966年，美国总统约翰逊宣布当年6月第3个星期日为父亲节。1972年，美国总统尼克松签署正式文件，将每年6月份的第3个星期日，定为父亲节。

◎ 最早的“V”字手势

1415年，军事天才亨利五世以5000大弓手加1000重骑兵击败法国3万大军，有着光荣战绩的英国大弓手在此战中又立下大功，获胜之后，他们举起扣弦的两根手指比划成“V”字形，庆祝他们的胜利。此后，这一手势便流传至今。

二战时期，这一手势成为世界性的肢体语言。1940年年末的一天晚上，一个比利时人在广播里号召人们到处书写“V”字，以表示对最后胜利的坚定信心。很快“V”字写满了大街小巷，搅得德军军心大乱。一时之间，人们在街上见面用“V”字手势打招呼成了一种时尚。1944年 9月，比利时首都布鲁塞尔获得解放，同年11月10日，比利时发行了一套“胜利”邮票，共16枚，其中一枚的画面为比利时国徽上的狮子图案和象征胜利的“V”。英国首相丘吉尔也喜欢用这个手势鼓舞人心，报纸上刊登了他的这一举止。很快，“V”字手势传遍了全世界。

温斯顿·丘吉尔是一个充满争议的保守党政客，政治生涯沉沉浮浮。他在二战最灰暗的日子代替内维尔·张伯伦出任英国首相，他那鼓舞人心的演说及“永不言弃”的立场大大增加了这个孤立的岛国抗争到底的决心。

◎ 最早的世界地球日

1970年4月22日，在美国民主党参议员盖洛德·尼尔森和哈佛大学学生丹尼斯·海斯的倡议和组织下，美国数十万群众参与了声势浩大的“地球日”活动，呼吁创造一个清洁、简单、和平的生活环境。这次“地球日”活动是人类有史以来第一次大规模的群众性环境保护运动。活动的组织者丹尼斯·海斯也被人们称为“地球日之父”。

这次活动是人类现代环保运动的开端，它推动了西方国家环境法规的建立。这次活动直接促成了1972年联合国第一次人类环境会议和1973年联合国环境规划署的成立。自此地球日成了全球性的活动。

↗ 爱尔兰于2004年3月29日成为全世界第一个宣布在酒吧、饭店以及其他所有封闭式公共场合吸烟为违法行为的国家。图为两名男子在都柏林巴内尔大街的一家酒吧外面吸烟。

◎ 最早的无烟日

1977年，美国癌肿协会首先提出了控制吸烟的一种宣传教育方式——无烟日。美国把每年11月第3周的星期四定为本国的无烟日。这天，在美国全国范围内进行“吸烟危害健康”的宣传，劝阻吸烟者在当天不吸烟，商店停售烟草制品一天。此后，一些其他国家和地区也相继制定了无烟日。

在1987年召开的第39届世界卫生大会上，世界卫生组织做出一项决议：决定1988年 4 月7日为世界无烟日，要求世界各国对群众进行戒烟宣传，群众在这天不吸烟，商店不售烟。但因 4 月 7 日是世界卫生组织成立的纪念日，每年的这一天，世界卫生组织都要提出一项保健要求的主题。为了不干扰其他卫生主题的提出，世界卫生组织决定从1989年起将每年的 5 月31日定为世界无烟日，中国也将该日作为中国的无烟日。

◎ 最早确定的世界海洋日

世界上很多海洋国家和地区都有自己的海洋日，如欧盟的海洋日为5月20日，日本则将7月份的第3个星期一确定为“海之日”。

早在1992年，加拿大就已经在里约热内卢联合国环境与发展会议上发出倡议，希望每一年都有一些国家在这一天举办与保护海洋环境有关的非官方纪念活动。但直至2009年联合国才正式确立了官方纪念日。2008年12月5日第63届联合国大会通过第111号决议，决定自2009年起，每年的6月8日为“世界海洋日”。联合国希望世界各国都能借此机会关注人类赖以生存的海洋，体味海洋自身所蕴含的丰富价值，同时也审视全球性污染和鱼类资源过度消耗等问题给海洋环境和海洋生物带来的不利影响。2009年“世界海洋日”的主题为“我们的海洋，我们的责任”。

◎ 最早的国际劳动节

19世纪80年代，美国资产阶级为了进行资本积累，对工人阶级进行残酷的剥削压榨，迫使工人每天从事长达12 ~ 16小时的劳动。美国广大工人逐渐认识到，要保障自己的权利，必须起来进行斗争。

1886年5月1日，美国芝加哥等城市的35万工人举行大罢工，要求改善劳动条件。这场斗争震撼了整个美国。工人阶级团结战斗的强大力量，迫使资本家接受了工人的要求。美国工人的这次大罢工取得了胜利。

1889年7月，由恩格斯领导的第二国际在

↗ “五月皇后”乐队在1913年海德公园国际劳动节游行中走在队伍的前列。

巴黎举行代表大会。为了纪念美国工人的这次“五一”大罢工，显示工人阶级的伟大力量，推进各国工人争取八小时工作制的斗争，会议通过决议，规定1890年5月1日国际劳动者举行游行，并决定把5月1日这一天定为国际劳动节。

◎ 世界上最早的植树节

近代植树节最早是由美国的内布拉斯加州发起的。19世纪以前，内布拉斯加州是一片光秃秃的荒原，树木稀少，土地干燥，大风刮过时，就会吹起漫天黄沙，人民深受其苦。1872年，美国著名农学家朱利叶斯·斯特林·莫尔顿提议在内布拉斯加州设立植树节，动员人们有计划地植树造林。

当时州农业局通过决议采纳了这一提议，并由州长亲自规定今后每年4月份的第3个星期三为植树节。这一决定做出后，当年就植树上百万棵。此后的16年间，又先后植树6亿棵，终于使内布拉斯加州10万公顷的荒野变成了茂密的森林。为了表彰莫尔顿的功绩，1885年州议会正式规定以莫尔顿先生的生日4月22日为每年的植树节，并放假一天。

◎ 最早的妇女节

每年3月8日是国际妇女节，这是世界各国妇女争取和平、平等、发展的节日。一个世纪以来，各国妇女为争取这一权利做出了不懈的努力和斗争。1857年3月8日，美国纽约的服装和纺织女工举行了一次抗议，反对非人道的工作环境，游行者被警察围攻并驱散。1908年3月8日，1500名妇女在纽约市游行，要求缩短工作时间，提高劳动报酬与享有选举权，禁止使用童工。她们提出的口号是“面包和玫瑰”。5月，美国社会党决定以2月的最后一个星期日做为国内的妇女节。可见世界上第一个妇女节并不是3月8日。

1913年，美国女权主义者的一次游行。

1917年，俄国妇女在2月23日罢工，要求“面包与和平”，抗议恶劣的工作环境和食物短缺。这天折合成欧洲广泛使用的格里高历是3月8日。联合国从1975年国际妇女年开始庆祝国际妇女节，从此“国际妇女节”就成为全世界劳动妇女的伟大节日。

◎ 最早的感恩节

感恩节是美国和加拿大节日，由美国首创，原意是为了感谢印第安人，后来人们常在这一天感谢他人。

17世纪，最初移民到美洲的欧洲人遇到了难以想象的困难。印第安人为他们提供了基本的生活必需品，并教给他们狩猎和捕鱼的方法。后来，美洲移民为了感谢印第安人设立了感恩节。加拿大的感恩节起始于1879年，是在每年10月第2个星期一，与美国的哥伦布日相同。

自1941年起，美国的感恩节是在每年11月的第4个星期四（在11月22～28日之间），从这一天起将休假两天，人们都要和自己的家人团聚，不管多忙都是如此。感恩节是美国国定假日中最地道、最美国式的节日。

— 探险与旅行之最 —

◎ 最先到达南极的人

1912年1月17日，英国探险家罗伯特·法尔肯·斯科特到达南极时遗憾地发现一个不争的事实——1911年12月14日，罗阿德·阿蒙森在南极留下了挪威国旗，他和4名同伴成为到达南极的第一批人。国旗上还附有一张便条，内容是请斯科特向挪威国王报告阿蒙森胜利抵达南极这一好消息。结果，由于南极恶劣的天气，斯科特一行没有一个人幸存下来，但斯科特及其同伴们吃苦耐劳、坚韧勇敢的精神是值得所有人学习的。

麦哲伦环球航行路线示意图

◎ 最先到达北极的人

美国的北冰洋探险家罗伯特·皮尔里被人们普遍认为是第一个到达北极的人。他于1909年3月1日，由加拿大的埃利斯米尔岛的哥伦比亚海角出发，开始了远征。他的密友马特·亨森，其他7个美国人，17个爱斯基摩人，19个雪橇和133条狗与其同行。考察队于3月底到达北纬88° 地区，最后的一批后勤保障队伍由此返回，皮尔里、亨森、4个爱斯基摩人和40条狗留下，开始准备向北纬90° ——北极所在地行进。4月6日，皮尔里的观测证实他们已达到目标。尽管弗雷德里克·库克提出异议，宣称自己早于当月初到达北极，可是1911年美国国会还是认为皮尔里为首名到达北极的人。

◎ 最早实现环球航行的人

麦哲伦（1480～1521年）是葡萄牙著名的航海家和探险家。1519年，在西班牙王室的支持下，麦哲伦率领来自9个国家的270名水手从西班牙出发，绕过南美洲，发现麦哲伦海峡，然后横渡太平洋。虽然麦哲伦在菲律宾被杀，但是他的船队继续西行回到西班牙，完成第一次环球航行。因此麦哲伦被认为是第一个环球航行的人。

◎ 世界上最快的环球航行

法国航海家弗朗西斯·茹瓦永于2007年11月23日从法国西海岸的布雷斯特湾出发，环绕地球一周后，于2008年1月20日返回法国，行程共计3.89万千米，用时57天13小时34分零6秒。这是目前世界上最快的环球航行记录。

◎ 最早骑自行车环游世界的人

最早骑自行车环游世界的人是中国的旅行家潘德明。1930年，他参加了“中国青年亚细亚步行团”，开始徒步和骑自行车环球旅行。

这个步行团一共8个人，他们从上海出发，当行至越南时，就只剩下潘德明一个人了。他继续前行，经过东南亚、印度次大陆、中东、非洲到达欧洲的巴尔干半岛，再转入中欧、斯堪的那维亚半岛，然后从英国横渡大西洋，达到北美洲、中美洲，随后渡过太平洋，进入大洋洲，然后抵达亚洲，1937年7月回到上海，环球旅行圆满结束。整个旅程长达数万千米，途经40多个国家和地区，历时7年之久。

潘德明在旅行过程中曾受到很多名人和多国首脑的接见。他自制了一本《名人留墨集》，留下了20多个国家元首和政府首脑的笔迹，以及1200多个组织团体和个人的签名题词，还留下了世界各地大量的地方邮戳。

◎ 最早登上珠穆朗玛峰的人

人类第一次登上了海拔8844.43米的珠穆朗玛峰的英雄壮举发生在1953年5月，创造这一壮

登上峰顶的埃德蒙·希拉里和丹增·诺尔盖

举的是新西兰人埃德蒙·希拉里，以及随后上来的尼泊尔的夏尔巴人丹增·诺尔盖。此次登山由英国人约翰·亨特任队长，开创了历史上攀登珠峰的先河。

◎ 最先由北坡登上珠穆朗玛峰的女性

中国女子登山运动员潘多是藏族人，生于1938年。她曾任中华人民共和国第五届全国人民代表大会代表。自1959年她便成为中国登山队成员，同年登上7456米的慕士塔格山。1961年又登上7595米的公格尔九别峰。这两次的成功为她创下了两次女子登山世界纪录。

她于1975年5月27日作为唯一的一名女运动员和8名男队员登上了珠穆朗玛峰，因而成为世界上第一位由北坡登上珠穆朗玛峰的女性，被中国国家体委记特等功，并3次获得体育运动荣誉奖章。

◎ 最早穿越塔克拉玛干沙漠的女性

塔克拉玛干沙漠地处我国新疆塔里木盆地中部，是我国最大的沙漠。那里环境非常恶劣，气候干燥，白天高温，晚上严寒，还有突如其来的沙暴，被称为“死亡之海”。“塔克拉玛干”的意思就是“进得去，出不来”。沙漠中掩埋了很多探险家的尸骨。正因为如此，塔克拉玛干沙漠吸引了世界各国的探险家。

1998年10月26日，52岁的女探险家卡拉·佩罗蒂带着睡袋、帐篷、水瓶、摄像机等25件物品，向塔克拉玛干沙漠进发了。她独自徒步，忍受常人难以忍受的干渴和疲惫，走了24天，行程600千米，于11月18日下午走出了塔克拉玛干沙漠，成为成功走出塔克拉玛干沙漠的第一位女性。

◎ 最早绕极地飞行的人

世界上第一个绕极地飞行的人是E.M.朗。1971年11月5日，44岁的E.M.朗开始绕极地飞行，至同年12月3日共飞行了215个小时，全程57767.43千米。穿越南极飞行是对人类极限的一个挑战，当他飞越南极时，机舱内的气温一度下降到-72℃。他克服了重重困难完成了此次飞行旅程。

◎ 最早成功横渡大西洋的人

最早成功横渡大西洋的人是意大利航海家哥伦布。

哥伦布相信地圆说，认为从欧洲西航可以到达印度和中国。1492年8月，哥伦布受西班牙国王派遣，开始其“西航计划”。10月13日到达巴哈马群岛。哥伦布成为第一个到达美洲的欧洲人，开辟了横渡大西洋到美洲的航路，也因此成为名垂青史的航海家。

哥伦布发现了新大陆，但是他却认为自己到了印度，称当地人为印第安人。后来，哥伦

航行途中的“圣玛利亚”号

布又三次出航美洲，在帕里亚湾南岸首次登上美洲大陆。但是由于他无法带回人们期待的印度香料和珠宝，最后在贫困中死去。

◎ 载人气球首次飞越大西洋

一个多世纪以来，不少人曾先后进行过17次载人气球飞越大西洋的飞行，但都以失败告终，甚至有5人为此献出了生命。然而，人们并没有因此而放弃乘坐气球飞越大西洋的希望。

1978年8月11日20时43分，美国48岁的马克西·安德森和31岁的艾勒克特拉航空公司总经理拉里·纽曼，驾驶着一只巨大的气球从美国缅因州德雷斯克岛市出发，开始了艰难的航行。气球在平均海拔6000米的高空以每小时30～40千米的速度向大西洋对岸目标——布歇尔机场驶去。气球于8月17日降落在法国西北部埃夫勒小镇附近的麦田里，偏离了原定着陆点96千米，飞行了138个小时6分钟，行程5000千米。这次飞行实现了100多年来人类欲乘气球飞越大西洋的愿望，同时创造了气球航程最远和留空时间最长的两项世界纪录。

◎ 最先飞越大西洋的单人飞行

美国明尼苏达州的查尔斯·林白空军上尉是第一个单人飞越大西洋的人。他从1927年5月20日格林尼治标准时间下午12时52分驾驶装有165千瓦发动机的“圣·路易精神”号瑞安单翼飞机由美国纽约长岛的罗斯福基地起飞，降于1927年5月21日格林尼治标准时间晚上10时21分，降落地点为法国巴黎布尔歇机场。全程历时33小时29分，其行程5810千米。

◎ 首次成功飞越大西洋的女性

1928年6月18日，美国的女飞行员艾米莉亚·埃尔哈特在两位男飞行员陪伴下，驾驶飞机“福克”号飞越大西洋，成为第一位飞越大西洋的女性。

为了证明她对这项荣誉当之无愧，艾米莉亚于1932年5月22日单独驾驶飞机飞越大西洋。在那个时代并没有几个女飞行员，她努力争取航空界向女性开放，她的行为鼓舞了其他追求自己梦想的女性，让她们勇于挑战过去女人从未做过的事。

↗ 艾米·杰克逊

1930年，英国女飞行员艾米·杰克逊（1903～1941年）用了17天，只身从英国飞抵澳大利亚。此前她只学习了两年的飞行技术。艾米成为第一个只身飞越大西洋的女性，她还曾经只身从印度飞往日本。

◎ 最早独自乘热气球环球飞行的人

福塞特是一位银行投资家，酷爱冒险运动，尤其喜欢驾驶热气球飞行。1996 2002年，他已经5次试图创造独自驾驶热气球环球飞行的世界纪录，但每次都未能如愿。2002年6月19日上午，福塞特驾驶“自由精神”号热气球从西澳大利亚州的诺瑟姆升空，第6次尝试热气球环球飞行。在经过14天19小时51分钟，近32000千米的飞行之后，福塞特于2002年7月3日最终回到澳大利亚地面。福塞特终于成为人类独自不间断乘坐热气球环球飞行的第一人。

◎ 创下帆船环球航行最快纪录的女性

2005年2月7日，英国女航海家艾伦·麦克阿瑟经过71天14小时18分不间断的海上航行之后，终于冲过英吉利海峡，完成长达4万多千米的环球航行，创下了帆船环球航行的最快世界纪录，成为世界上驾驶帆船最快的航海家。

↗ 航行的帆船

艾伦在整个航程中，战胜了很多困难，她每次只睡30分钟，然后起身驾驶4个小时。她吃的都是冷冻食品，水只能靠海水淡化来供应。航行过程中遇到了几次可怕的风暴，她曾冒着大风爬上将近30米高的桅杆修理桅帆。她的成功震惊了世界，英国前首相布莱尔、女王伊丽莎白都向她发了贺电，对她的胜利归来表示祝贺。

◎ 最早泅渡英吉利海峡的人

英吉利海峡是隔离英国和欧洲大陆的海峡。国际上公认的横渡路线为英国多佛尔和法国加来这两点之间，直线距离为33.8千米。由于终年风浪不断，实际游渡距离往往长达60千米以上。公认的章程规定，游渡必须有正式裁判，不得借助任何辅助设备，中途可以进餐，但不得接触任何可借以得到休息的物体。

第一个成功泅渡英吉利海峡的人是1815年滑铁卢战役中被俘的法国士兵萨莱蒂。他历尽千辛万苦，横渡英吉利海峡逃回祖国，创造了人类征服大自然的奇迹。由于当时还没有比赛规程，他的创举未被正式承认。

被正式承认的第一个征服英吉利海峡的人是英国船长M.韦布。他于1875年8月24日从多佛尔出发，在平均水温为16℃的海水中游了21小时45分，于25日到达彼岸加来。在此之后的35年内，无人步其后尘。

◎ 最早飞越英吉利海峡的人力飞机

1979年6月12日清晨5时51分，26岁的美国自行车运动员布莱恩·艾伦驾驶一架人力飞机“飘忽信天翁”号，从英国南部小镇福克斯通起飞，于8时40分降落在法国格里内角的海滩上。“飘忽信天翁”号人力飞机有一对细长的机翼，没有尾翼，翼展长30米左右。飞机不带发动机，只有一套用塑料链条传动的脚踏机构，带动机翼后面的塑料螺旋桨。飞行时，飞行员的脚踏动力使螺旋桨旋转产生动力。

他在2小时49分钟内用脚蹬自行车的方式，以离海面1.8～2.5米的平均高度，飞行了35千米。由于途中遇到意外的强风，艾伦竭尽全力，差一点就无法支持。但是，他最后靠着一股顺风鼓足劲头又重新飞起，终于安然无恙地降落在目的地。飞机像一只白色的大鸟，轻盈地飞越海峡。布莱恩·艾伦成为第一个驾驶人力飞机飞越英吉利海峡的人。

↗ 1979年，美国自行车手布莱恩・艾伦(1925年～)驾驶“飘忽信天翁”号脚踏飞机第一次成功地飞越英吉利海峡。

◎ 最高的陆地蹦极跳

世界上最高的陆地蹦极跳由英国人大卫·科尔克创建，他是英国牛津大学惊险运动俱乐部的会员。1980年在美国科罗拉多州的皇家峡谷桥，大卫·科尔克创纪录的蹦极绳索为126米，不能伸展，从起跳点到地面的高度为315米。

◎ 深潜的最长时间纪录

科学家们为了了解人在水下环境中是如何生存的，曾在美国佛罗里达州的湖中进行了名为亚特兰蒂斯工程的深潜试验。在该试验中，来自美国的理查德·普雷斯利操纵潜水艇从1992年5月6日开始，一直在深水中待到7月14日，创造了深潜最长时间纪录。

— 事故与灾难之最 —

◎ 最严重的核反应堆事故

1986年4月8日，发生在前苏联（现在的乌克兰境内）的切尔诺贝利核电站4号反应堆失去控制发生爆炸是世界上有史以来最严重的核事故。这次核事故导致大量辐射性污染物外泄，波及面积达28200平方千米，大约有170万人受到了不同程度的辐射。官方公布这次灾难的直接后果是造成31人死亡。但是从那时以后，就没有全面系统的死亡统计数据了。

◎ 最大的臭氧层空洞

科学家们从1985年便开始对地球臭氧层进行观测，从那时开始，南极上空每年冬季都会出现臭氧层空洞。

2006年9月份，根据美国宇航局（NASA）与美国国家海洋与大气管理局（NOAA）在南极大陆取得的观测结果，地球上空的臭氧层空洞已经达到迄今为止最大的尺寸。这一缺口的面积几乎相当于美国大陆的3倍。在此之前，人们观测到的最大臭氧层空洞是1998年9月19日出现的，面积为2720万平方千米。

◎ 最大的一次龙卷风

1925年3月18日，美国出现了一次强劲的龙卷风，它的运动时速为96.6千米，横穿过3个州，行程达354千米。这次龙卷风造成689人死亡，1900多人受伤。这是世界上有记录以来最大的一次龙卷风。

◎ 死亡人数最多的海啸

2004年12月26日袭击印度尼西亚苏门答腊岛的海啸被确认为现代历史上最具破坏力的海啸。

龙卷风

2004年印度洋海啸发生时的情形

发生在北苏门答腊海岸的强烈地震造成了一系列的海啸。据说，这次地震相当于320亿吨级原子弹爆炸的威力，导致了印度洋板块与亚欧板块的连接处板块的滑落，使海底升高5～30米。

这次大地震和海啸造成约30万人死亡，具体数字已无法统计。这是世界近200多年来死伤最惨重的海啸灾难。

◎ 造成无家可归人数最多的一次飓风

1998年10月26日到11月4日之间，中美洲地区遭到一场罕见的飓风袭击。这次飓风代号是“米奇”，它造成9745人死亡，损坏房屋93690间，导致大约250万人无家可归，不得不依赖国际援助。

这次飓风达到的最高时速为290千米。“米奇”飓风在加勒比海的上空聚集了力量，并首先袭击了洪都拉斯的海岸线，此后向内陆移动，在进入危地马拉之前，经过了萨尔瓦多与洪都拉斯的交界处。这次飓风在进入墨西哥南部之后，减弱为一场热带暴雨。

◎ 造成林木损害最严重的暴雨

1999年12月26日至27日之间一场大暴雨袭击了法国全境。这场暴雨持续了30个小时，导致87人死亡，估计造成80亿美元的损失。这是世界上造成林木损害最严重的一场暴雨，总共造成2.7亿棵树木倒地或裂开。在巴黎的两条林荫大道共损失了14万棵树，而在凡尔赛宫的广场上就有1万棵树倒地。

"挑战者"号航天飞机爆炸时的场景

◎ 最惨烈的宇航事故

"挑战者"号航天飞机是美国正式使用的第二架航天飞机，于1983年4月4日正式进行任务首航。然而很不幸的是，"挑战者"号在1986年1月28日进行第10次太空任务时，因为右侧固态火箭推进器上面的一个O形环失效，导致一连串的连锁反应，并且在升空后73秒时，爆炸解体坠毁。航天飞机上的7名宇航员全部遇难。这是历史上最惨烈的宇航事故。

◎ 最惨烈的飞机相撞事件

1997年3月27日，两架分别属于美国泛美航空公司和荷兰航空公司的波音747客机，在加那利群岛的特内里费岛机场跑道上相撞。这是世界上最惨烈的飞机相撞事件，造成500多名乘客遇难。其中包括泛美航空公司客机上的326名乘客和荷兰航空公司客机上的249名乘客。

◎ 最惨烈的火车事故

1981年6月6日，在印度比哈尔的瑟马斯蒂一列火车出轨，从桥上冲进巴格马蒂河里，造成800多人死亡。有报道称死亡人数高达900人。这是有史以来最惨烈的火车事故。

◎ 最惨烈的电梯事故

1995年5月11日，南非瓦尔瑞夫斯金矿的一架电梯从495米高处坠落，造成105人死亡。这是世界上造成死亡人数最多的电梯事故。

◎ 历史上最大的海难

电影《"泰坦尼克"号》让人们记住了发生在1912年4月15日的那次海难。这艘当时世界上最大的豪华客轮因撞上冰山而沉没，导致1500余人遇难。

其实，这并不是死亡人数最多的海难。1945年1月30日，德国医疗船"威廉古斯特洛夫"号被前苏联潜艇击沉，这才是人类历史上最惨烈的一次大海难。

"威廉古斯特洛夫"号是一艘长208米、宽23米，排水量2.4万吨的豪华游轮，于1937年下水。二战期间，这艘船被征用为医疗船，停靠在歌德哈芬港。

1945年，前苏联红军迫使大批德国伤兵和难民进入哥德哈芬地区，德国政府为了让200多万德国人安全地撤退到西部地区，让逃难者登上"威廉古斯特洛夫"号。当时有6050人登记在册，再加上没有登记的4000多名难民，这艘巨轮竟然搭载了1万多人。不幸的是，这艘巨轮被前苏联的潜艇击中，沉入海底。当时船上只有一艘救生艇。事后统计，在这场灾难中，只

"泰坦尼克"号轮船

9·11恐怖袭击中，两架飞机先后撞向世贸大楼，使两座大楼轰然倒塌，化为废墟。这次恐怖袭击引发了美国全球性的反恐战争。

有1239人脱险，9343人葬身海底。

◎ 世界上最严重的恐怖袭击

2001年9月11日，恐怖分子劫持4架美国客机，撞击美国纽约世贸中心和华盛顿五角大楼。这是世界上最严重的恐怖袭击事件。当天美国东部时间8点45分，美国人刚刚准备开始一天的工作的时候，19名劫机者控制了4架飞机，两架飞机先后撞上世贸大楼，第三架撞击了五角大楼，第四架坠毁。世贸中心的双子大楼轰然倒塌，化为一片废墟。这次恐怖袭击造成3000余人丧生。

9·11恐怖袭击造成了全美新闻机构和空中交通管制的大混乱。3天内所有民间国际航班被禁止在美国降落。

◎ 最惨烈的地铁事故

1995年10月28日，在阿塞拜疆的巴库，一列地铁在两个车站之间隧道中起火，造成大约300人死亡，至少250人受伤。这是世界上最惨烈的地铁事故。

◎ 最惨烈的渡船事故

1987年12月21日凌晨，从塔克洛班驶向马尼拉的菲律宾渡船“多那派兹”号与油轮“维克多”号相撞，几分钟后两船沉入河底。据官方统计数字，“多那派兹”号上有1550名乘客，但是由于当地超载现象非常普遍，实际船上乘客可能多达4000人。这是历史上最惨烈的渡船事故。

◎ 最严重的森林火灾

1983年2月，印度尼西亚境内的婆罗洲的东卡利梅特发生了一场森林大火。这是历史上最严重的森林火灾。大火从2月一直燃烧到6月，烧毁了34965平方千米的原始森林。这比美国康乃狄格州和马萨诸塞州的总面积还大。

印度尼西亚几乎每年都会发生严重的森林火灾，而且这些火灾大多是由人为纵火引起的。尽管印尼法律对纵火毁林有明文禁令，但是森林大火一直困扰该国。

◎ 最严重的酸雨

酸雨是指PH值小于5.65的酸性降水，主要是人为地向大气中排放大量酸性物质造成的。大多数降雨的PH值均为5.6左右，而中性值为7.0。PH值越低，酸性越强。1982年在美国和加拿大之间的五大湖地区，发生了一次PH值为2.83的降雨。这是世界上最严重的一次酸雨。

◎ 最严重的油船灾难

1979年7月19日，“大西洋运输”号与“爱琴海船长”号两艘船在多巴哥岛附近的海滩相撞，导致28万吨原油流进了加勒比海，使大面积海水受到污染。这是历史上最严重的油船灾难。

原油泄漏会造成重大的海上污染，大量的鱼虾及海鸟因此死亡。

第八章 体育之最

— 足球之最 —

◎ 最早的足球运动

中国古代的“蹴鞠”被认为是世界上最早的足球运动。“蹴鞠”运动大约出现于距今2000多年前的战国末年，当时的“蹴鞠”运动已明显地具有现在足球运动的很多特点。

中国体育史学会秘书长崔乐泉介绍，在中国汉代的时候，“蹴鞠”运动就已经有了具体的竞赛规则，并且在当时已经成为一项非常专业、非常受大众欢迎的运动。更重要的是，当时的“蹴鞠”已经具备现代足球运动的许多特点。有资料记载，当时的“鞠”就已经是圆形的，在运动场地的四周都有围墙。竞赛规则为：双方各六人，对阵抗衡。还设置了裁判员。对裁判员也有规定：担任裁判的人，不能“亲”一方“疏”一方，要遵守公平原则。参赛队员都要无条件地服从判罚。其中有些规定与我们现在的足球运动的比赛规则已经大致相同。

◎ 得到最高荣誉的足球运动员

在世界足球界，贝利无疑是享有荣誉最高的球员，他被人称为“球王”。

贝利原名埃德逊·阿兰斯德·多·纳西门托，1940年出生于巴西一个贫寒家庭，从小就对足球产生了极其浓厚的兴趣，13岁就开始在当地

进球后疯狂庆祝的的贝利

世界杯

的俱乐部踢球，18岁就入选国家队。入选国家队的第一年就和巴西足球队成员夺得了第一个世界冠军，之后于1962年，1966年，1970年又三次参加世界杯足球赛并两次夺得冠军！他简直是一个足球天才，他判断球的准确性和传球的能力简直让人不敢想象。他在20年的足球生涯中共参加了1360多场比赛，进球数达到了1282个，20世纪80年代初，法国体育报纸《队报》和全球5大洲20多家著名报纸媒体一起评选20世纪最佳运动员，在全世界的运动员中，贝利名列第一。贝利还是世界上见过国家领导人最多的运动员，他曾经会见过10位国王、5位皇帝、70位总统、40位其他国家元首等。

◎ 最早的“洲际杯”冠军

洲际杯全名为“欧洲南美洲俱乐部洲际杯球赛”，是“丰田杯”的前身。拥有洲际杯比赛资格的球队必须是欧洲联赛冠军杯冠军和南美自由杯冠军。它是一项由日本丰田汽车公司赞助的赛事，因而又冠名为“丰田杯”。

雅辛精彩的扑救和稳定的发挥帮助前苏联赢得了首届“欧洲杯”冠军，他也因此而获得“黑蜘蛛”的雅号。

1960年，首届“洲际杯”比赛在欧洲及南美洲实力最强的球会之间展开，这场比赛最终以西班牙“列阿尔”队夺得冠军完美闭幕。从1980年起，每年一度的洲际杯比赛地点便固定在了日本东京的国立竞技场，赛制也由主客场两局定胜负改为一场定胜负。比赛日期定在了每年12月的第二个星期天。2005年，国际足联新组织的“世界俱乐部冠军杯赛”取代了“丰田杯”。2004年最后一届“丰田杯”冠军被葡萄牙的波尔图队摘得。

◎ 最早的“欧洲杯”冠军

“欧洲杯”是一项由欧洲足协成员国间参加的最高级别的国家级足球赛事，这项每四年举行一届的赛事曾在1927年被法国人提出，但是直到1953年，国际足联在巴黎举行的特别代表大会上才批准这项提议。为了纪念已逝的法国足球联盟秘书长海恩利·德劳耐为欧洲足球做出的贡献，1960年，第一届足球杯在法国王子球场举行。

当时有17支队伍参加“欧洲杯”，共计18000名观众在场观看。决赛中，前南斯拉夫队与前苏联队以1：1打成平局。加时赛中，前苏联队队员庞内德尔尼克在比赛结束前7分钟一脚进球，将比分改写成2：1，并且保持到终场，前苏联队因此获得了首届“欧洲杯”冠军。在这届比赛上，另外一个赢家便是前苏联球星勒夫·雅辛，他以一个漂亮的凌空翻腾扑球动作使得世界球迷为之疯狂，球迷们称他为“黑蜘蛛”。

◎ 最早的世界足球锦标赛

世界足球锦标赛又名“世界足球锦标赛——雷米特杯”，是由国际足联主席雷米特倡议的、国际足联最早创办的一项世界顶级足球大赛。1930年7月13日，首届世界足球锦标赛在乌拉圭首都蒙得维的亚的“百周年纪念”体育场隆重开幕。

这场世界顶级球赛吸引了包括足球王国巴西在内的玻利维亚、智利、墨西哥、巴拉圭、秘鲁、阿根廷、美国、乌拉圭等13个国家前来参赛。国际足联以四组单循环预赛方式，选出各组的第一名进入半决赛，然后采用淘汰制决出最后的冠军。比赛为期18天，吸引了93000名球迷入场观看。最终，首届世界足球锦标赛冠军杯由东道主乌拉圭队收入囊中。

◎ 世界杯赛最庞大的观众队伍

4年一度的世界杯是全世界球迷热切关注的比赛，每次比赛都会吸引几十万甚至上百万现场观众。世界足联统计的数字显示，目前，历届世界杯足球比赛中观众队伍最为庞大的一届，为1994年在美国举办的世界杯足球赛。这项最终以巴西夺得冠军的赛事，吸引了3587538名球迷现场观看，规模之壮观堪称世界之最。至今，还没有新的观众人数刷新这一纪录。

◎ 最早出现职业球员的国家

世界上最早出现职业球员的国家为英国。作为一个足球运动发源较早的国家，英国的足球事业堪称世界最完善的运动项目之一。1885年，英国国家法律通过足球职业化的提议请求，从此，英国的足球俱乐部开始公开付酬招聘足球运动员，一批以职业足球为生的运动员在英国诞生。

◎ 最早使用球衣号码的国家

活动在绿茵草地上的每一个足球运动员都有自己情有独钟的球衣号码。这种穿着带号码的球衣参加比赛的方式最早兴起于英国。1933年，英国足协首次倡导穿带号码的球衣参加比赛。足协规定，双方上场参加比赛的运动员球衣上印制的编号为1～11，替补运动员按照上场顺序，球衣号码依次下推为12、13、14号。这种穿带号码球衣参加比赛的方式不仅为球员们找到了自己的标志性符号，更为裁判员准确评判提供了方便条件。因而，一经推出，迅速得到了广大球员和裁判的认可，并在世界范围内应用开来。

◎ 连续不败场次最多的职业足球队

世界上连续不败场次最多的职业足球队是意大利的AC米兰队。

意大利AC米兰队自成立以来已经有100多年的历史了，在这100多年中，AC米兰队就像他们的队徽那样永远都是一个让对手望而生畏的魔鬼形象。但是在球迷眼里，AC米兰队永远都是足球场上的英雄。到目前为止，AC米兰队仍然保持着它在20世纪90年代所创造的世界纪录——连续不败场次最多的职业足球队。到现在或许都让AC米兰队骄傲的是，在1991～1993年的两个赛季的58场比赛中，AC米兰队一场也没有输过，它的战绩是39胜19平，这不仅仅在AC米兰队历史上是最辉煌的事情，即使是在世界足球史上这都是一件相当了不起的事情！

AC米兰球员们高举冠军杯奖杯。

◎ 最大的足球运动员输出国

世界上最多的足球运动员输出国是巴西。

巴西素有“足球王国”之称，到目前为止，巴西是世界上获得世界杯冠军最多的国家，也是世界上闯入世界杯足球赛决赛次数最多的国家。巴西的足球已经成为它的一项发展相当完善的产业，他每年都会向世界各地输出大量的足球运动员，像我们熟知的球员贝利、罗纳尔多都来自巴西。有人统计了一下，几乎在世界上所有著名的足球俱乐部里都有巴西球员的身影，巴西仅仅在2001年就向世界各地输出了730多名球员！这个足球球员输出数在世界上是最多的！

◎ 最早的足球运动员输入国

如今，足球运动员签约本国以外的足球俱乐部已经不是什么稀奇的事情了。很早以前，这种引进外国足球运动员为本国足球队效力之风便已经在欧洲足球界盛行。据史料记载，在1934年举办的第二届民办杯足球赛中，意大利国家队有4名队员来自阿根廷。它是首个输入外国球员代表本国参加比赛的国家，吸收了阿根廷实力球员的意大利队也因此赢得了本届杯赛的冠军。

在此之后，意大利队如虎添翼，不断吸引更加强劲的球员入伙，在第三届世界杯足球赛中，拔得头筹捧回世界杯。为了控制球员的流动性，使比赛更加公平合理，1962年第七届世界杯之后，国际足协规定：代表一个国家队的足球运动员，不得再代表其他国家踢球。从此，各国输入的运动员流量趋缓，意大利也因此受到重创，直到1982年，才重新坐回世界杯的宝座。

◎ 获欧洲冠军杯次数最多的国家

欧洲冠军联赛开始于1957年，在欧洲冠军联赛的历史上，创造了前五届欧洲冠军杯联赛五连冠纪录的球队是西班牙皇家马德里队，该队还曾在1966年、1998年、2000年以及2002年4次捧回欧洲冠军杯冠军奖杯。它被誉为欧洲足坛最成功的俱乐部，号称“梦之队”，西班牙也因这支球队的辉煌战绩成为获得欧洲冠军杯次数最多的国家。

西班牙皇家马德里队的前身为天空足球俱乐部，成立于1897年。正式以马德里足球队为名始于1902年。1920年，这支已经在欧洲足坛叱咤风云的球队，被西班牙国王阿方索十三世

欧洲豪门球队皇家马德里与国际米兰在欧洲冠军杯的比赛中。

授予皇家称号。作为欧洲，乃至世界顶级的足球俱乐部，1998年，皇家马德里队被世界足协授予“世纪之队”荣誉称号，2000年12月11日，皇家马德里队再次被冠以“20世纪最伟大的球队”的殊荣。

◎ 最早达成职业足球联赛三连冠的球队

哈德斯菲尔德球队成立于1908年，是一支效力于英格兰西约克郡哈德斯菲尔德的职业足球队。1910年，哈德斯菲尔德球队加入足球联盟，开始了征战世界足球顶级赛事的生涯，它曾先后获得过足总杯和慈善盾杯冠军，被誉为英国最强劲的球队。1923 ~ 1924年、1924 ~ 1925年及1925 ~ 1926年，哈德斯菲尔德球队连续三年赢得英格兰顶级联赛冠军，成为世界上最早达成职业足球联赛三连冠的球队。

◎ 足球阵式的最早变革

足球阵式指的足球运动员如何在球场上排列布阵，迎接对方进攻或防御的一种列队方式。足球阵式可分为进攻阵势和防守阵势两种。

在19世纪以前的足球比赛中，球队大多采用以进攻为主的阵式。1884年，英格兰球队普雷斯顿首创“金字塔阵式”，队员按照“2–3–5”方式排布球场，1890年，这种阵式成为英国球队的标准阵式，并且被世界顶级球队所接受，“金字塔阵式”推广至全世界。

1920年，阿森纳领队查普曼创出了“WM”的“3–2–5”“3–4–3”阵势，它增加了一名后卫（中坚）作为抗衡攻方的中锋，以平衡攻守的阵势。但是，无论“金字塔阵式”还是“WM”阵式，都需要所有球员有一流的技术，并且采用主动进攻方式，否则在战术配合上，及中场防守上，便容易出现问题。直到1954年，匈牙利人在第五届世界杯上，采用了4前锋的进攻模式，弥补了传统阵式的不足，取得了辉煌的战果。这种足球阵式被视为足球史上最早的战术变革。

◎ 最早的罚点球规则

足球比赛中，如果带球进攻的球员在对方的禁区内，被对方防守运动员以拖拽、顶撞等十种不是为了夺球的方式阻碍，对方的行为即被视

↗ 在1980年的欧洲优胜者杯决赛中，西甲豪门瓦伦西亚与英甲劲旅阿森纳在经过120分钟的激战后，战成平局，双方进入残酷的点球大战，最终瓦伦西亚5：4获胜。图为裁判向两位守门员讲述点球规则。

为犯规，此时便会罚点球。另外一种情况即在淘汰赛中，双方经过正赛和加时赛依然没有分出胜负，双方便会通过各罚5个点球决定双方胜负。

早在1892年，这种罚点球的规则便已经被确立，这一规则的执行有效地解决了球员在球门前因抢球而发生的拥挤施暴行为。最初，点球规则并不十分规范，作为防守点球的守门员可以在对方踢球前根据点球队员的动作移动双脚。1905年，足协完善了罚点球规则，规定点球运动员在球未踢出之前，守门员的双脚不得在球门线上移动。

◎ 最早出现的足球俱乐部

英国是现代足球的发源地，自11世纪足球运动在英国兴起之后，足球一直是英国人热衷的一项娱乐活动之一，这里的足球联赛堪称世界顶级。从英甲、英乙到各个地区各个级别的联赛，英国联赛体系都规划得非常完善。

1857年，世界上第一个足球俱乐部——谢菲尔德足球俱乐部在英国成立。随着足球事业的蓬勃发展，英国的足球进入了专业化、职业化阶段。

◎ 最早成立的足球协会

尽管从12世纪到16世纪期间，英国国王曾先后四次颁发诏令禁止足球运动，但是这项拥有众多铁杆爱好者的运动依然在英国悄然流行。自1857年，英国成立世界上第一个足球俱乐部以来，英国的足球事业发展得更加欣欣向荣。

1863年10月26日，在伦敦皇后大街弗里马森旅馆里，世界上第一个足球协会——英格兰足球协会成立。随后，足球协会相继在世界其他国家成立。从此，足球运动开始走入现代规范化的模式。

◎ 最早的足球女裁判

世界上最早的足球女裁判员是一名年仅18岁的西班牙姑娘玛里亚·德里·克尔门·古茨耶烈斯。1979年，玛里亚·德里·克尔门·古茨耶烈斯经过一段时间的学习，成功地获取了西班牙足球协会的裁判员证书。在开始的一段时间里，古茨耶烈斯只能出席一些少年队的比赛。随着经验阅历的不断增加，古茨耶烈斯逐渐担当起甲级队比赛裁判员职务。

◎ 最快的进球

2004年4月，在英国举办的一场足球赛中，业余足球运动员马克·布罗斯在裁判比赛开始的哨声吹响仅2秒钟的时间里，便成功地将球送进了对方的球门，刷新了之前由里卡多·奥利维拉在1998年，乌拉圭尼格罗队与索里亚诺队比赛中，2.8秒进球的最快世界纪录。比赛结束后，记者采访马克·布罗斯时，布罗斯激动地说道："当队友迈克尔·蓬特将球传给我时，我只是用尽全力将球向对方球门踢了过去，奇迹就这样发生了。"

◎ 最大的足球场

为了迎接1950年巴西世界杯足球赛，巴西政府耗巨资建造了一座占地面积为11.85万平方米，场内绿地面积为14610平方米，足球草坪面积为8250平方米的大型足球场。这座名为马拉卡纳的足球场拥有15.5万个座位，可同时容纳20.5万人现场观看。在1950年的世界杯上，巴西队与乌拉圭队的冠军争夺赛就在这里展开，吸引了全球197854名球迷现场观看。马拉卡纳体育场是世界上最大的足球场。

马拉卡纳体育场不仅是巴西人的骄傲，更是巴西足球的历史见证。它记录了巴西足球的

20世纪50年代的足球场

辉煌战绩。为了保护这座巴西标志性建筑，里约热内卢政府于2000年对球场进行了改造维修。如今的马拉卡纳体育场已经是一座集旅游、文化、体育于一身的著名旅游中心。为了体育场的安全，修缮后体育场将只容纳10万名观众。因而，它的“世界第一大”地位将被其他体育场所代替。

◎ 最袖珍的足球队

巴西享有“足球王国”的美誉，从这里走出的著名运动员不仅有老牌球王贝利，还有很多诸如罗纳尔多之类后起之秀多不胜举。巴西足球创造的辉煌战绩全世界有目共睹。日前，巴西又带给世界另一个震撼：世界上最袖珍的足球队——“北方巨人队”。

这支由来自巴西帕拉州的11名侏儒组成的球队，总部设在巴西东北部城市贝伦。尽管球员的平均身高只有1.22米，但是“北方巨人”却以传射精准、绝技铲球，赢得了巴西广大球迷的喜爱。“北方巨人”通常和青年足球赛踢40分钟的比赛。虽然队员体型小，但是实力强劲，常常大获全胜。

◎ 最长的桌式足球

桌式足球是一种用手操控，利用各种足球技巧，进行足球比赛的桌上足球游戏。20世纪50年代，20岁的法国球迷伊贝尔·古蒂在酒吧与朋友谈论起足球时，总是兴奋不已。为了更充分地表达自己对球赛的观点，古蒂发明了这种在桌上通过控制小人进行足球比赛的桌上足球。

1953年，古蒂成为法国第一名桌式足球冠军，从此，古蒂和他发明的桌上足球运动在世界球迷中名声大噪。桌式足球也成了咖啡会馆、酒吧等场所较为常见的一项娱乐设施。如今，这项风靡世界几十年的运动依然在球迷中间盛行。目前，荷兰首都阿姆斯特丹的一位足球爱好者制作出了一个支持22人一起玩的桌式足球，这个桌式足球堪称世界上最长的桌式足球。当22人同时操作小人时，桌面的绿茵草地上仿佛真有两组球队在互相较量一样。

— 篮球之最 —

◎ 最早的篮球赛

据说，最早的篮球运动出现在美国马萨诸塞州。那是100多年前的事情了，1891年，一个叫詹姆斯·奈史密斯的青年教师为了让自己的学生在冬天里也能在户外多活动活动，他就把两个盛梨用的圆木框钉在体育馆的走廊的护栏上，再把自己的学生分成两组，让他们争抢一个皮球，哪一组把皮球投进木框的次数多哪一组就

阿兹特克人所进行的球类运动的目的是使球从墙上悬挂的石圈通过。这种比赛节奏非常快，比赛期间球员通常都容易受伤。

获胜！这一下子调动了学生们的情绪！冬天也变得有趣起来！这就是世界上最原始的篮球运动！没过多久，詹姆斯·奈史密斯发明的新运动就在当地流行起来，逐渐地在北美乃至全世界普及开来！1896年，世界上第一场真正意义上的正规篮球赛在新泽西的特伦顿正式举行！这也揭开了正规篮球比赛的序幕！

◎ 最早的职业篮球联盟

1898年，在美国的新泽西州特伦顿，一支球队以25美元租用了当地的一家礼堂作为篮球比赛场地，想观看比赛的球迷凭票入场。赛后，组织者将售票所得的收入按场上表现分给了球员，这场比赛堪称世界首场"职业篮球赛"。

为了保护"有偿比赛"选手的利益，1896年，美国也是世界上第一个篮球组织"全国篮球联盟（简称NBL）"成立。由于联盟内部规则不够完善，市场机制不够健全，NBL仅仅经过三四个赛季便名存实亡。1945年，"美篮协"即NBA前身BAA吞并NBL。1949年，"全国篮球协会（简称NBA）"正式成立。

◎ 最著名的职业篮球联盟

1949年，在著名教练拉里·布朗的努力下，美国两大篮球组织BAA和NBL合并，"全国篮球协会（简称NBA）"成立。来自NBL的明尼阿波利斯湖人队获得NBA第一个赛季的冠军以后，这个明星阵容强大的职业篮球联盟便吸引了世界球迷的关注。1951年3月2日，凯尔特人队总裁布朗免费提供波士顿花园体育馆，举办了首届全明星赛。1976年，NBA吞并"美国篮球协会ABA"，成为垄断美国篮球的职业篮球联盟。发展到今天，NBA已经吸引了30支球队加盟，内部制度更加完善合理。NBA也成为了世界上水平一流、名声最响亮的职业篮球联盟。

◎ 最著名的篮球运动员

世界上最著名的篮球运动员是美国的迈克尔·乔丹。迈克尔·乔丹1963年2月17日出生在纽约布鲁克林，1984年毕业于北卡罗来纳州立大学，身高为1.98米，场上位置是后卫。他在1984～1993年、1994～1998年、2001～2003年共打了14个赛季。他带领的球队曾经6次获得NBA总冠军；并分别于1984年、1992年两次夺得奥运会冠军。

↗ 在公牛与纽约尼克斯的比赛中，乔丹以一敌五，如入无人之境。

乔丹于1984年NBA选秀时被芝加哥公牛队选中，随后就在1991～1993年的NBA季后赛中带领公牛队完成"三连冠"霸业。随后在1996～1998年的季后赛中又取得"三连冠"，缔造了盛极一时的"公牛王朝"。在这之后曾有过短期的退役。于1999年1月13日正式宣布退役，2001年下半年再次复出，2003年4月份赛季结束后正式宣布退役。

◎ 投篮最准的运动员

世界上投篮最准的篮球运动员是美国著名篮球运动员马丁。

马丁是20世纪70年代曾经红极一时的篮球运动员。马丁当时是美国佛罗里达州"杰克森维尔"职业男子篮球队的职业运动员。在一次投篮表演中他让全世界的人都记住了他，那是1975年2月28日，马丁站在罚球线内连续投进了1740个球，当时让在场的所有人都惊讶无比，人们简直不敢相信自己的眼睛，马丁站在那里连续不断地投球居然没有一个球掉出来，一直到他投到第1741个球。人们一下子记住了他，他才是世界上投篮最准的篮球运动员。但是马丁并没有满足自己的成绩，过了两年之后，也

↗ 篮球必须从篮筐上方穿过篮筐或从篮板上弹入篮筐才能得分。

就是1977年6月25日，他又让所有人都大吃一惊！它打破了自己的纪录，连续投进了2036个球！

◎ 最原始的篮球竞赛规则

最原始的篮球竞赛规则是由“篮球之父”美国春田大学的詹姆斯·奈史密斯博士制定的。本着篮球运动以手操作为主要运球方式、不得持球走或跑、运动员可以在篮球场地内任意运球、双方运动员不得有身体接触的基本原则。奈史密斯制定出了如下13条篮球竞赛规则：

1.球员可以用单手或双手向任何方向扔球。

2.球员可以用双手或单手任意方式控球、抢球，但绝对不能用拳头击球。

3.球员不能带球走动。

4.必须用手持球，而不允许用头顶、脚踢球。

5.不允许球员用肩撞、手拉、手推、手打、脚绊方法来对付另一方的队员。任何队员违反此规则，第一次被认为是犯规，第二次再犯规，就要被强行停止比赛，直到命中一个球后才能重新上场参加比赛。如果有意伤害对方球员，就要取消他参加整个比赛的资格，且不允许补。

6.拳头击球即违反第3条和第4条规则。

7.如果一段时间内，一方球员在对方没有犯规的情况下，连续犯规3次，算对方命中一球。

8.在球进篮之前，防守球员没有干扰到球，使球停留在篮中便为进篮得分。

9.当球出界后，由第一个触碰球的运动员扔进场内，如无法判定，则由裁判扔进场中，掷界外球超过5秒，则判给对方发球。

10.连续犯规3次的球员，裁判员有权宣布取消该队员参赛资格。

11.裁判员既是球的裁判员，也是运动员的裁判员，他有权行使比赛中的权利，同时也承担相应责任。

12.比赛在两个15分钟内进行，中间休息5分钟。

13.双方以进球数量定胜负，如果比赛结束未分出胜负，比赛时间则延长至任何一方再进一球终止。

◎ 第一个能扣篮的女子篮球队员

谢里尔·米勒出生在一个黑人体育世家。作为体育世家中的一员，米勒具有良好的身体素质，1.92米的身高更是为她日后的篮球事业提供了有利条件。

受父亲的影响，米勒从小酷爱篮球运动。在父亲的精心指导下，米勒的球技突飞猛进。米勒16岁时，被选入美国国家队，是当时世界上第一名中学生国家队队员。1981年2月，米勒在一场32分钟的比赛中，一人独得105分，创下了全美女篮选手一场比赛个人得分的最高纪录。也是在这场比赛中，米勒上演了一个高超的单手扣篮动作，成为篮球史上第一个能扣篮的女篮球队员。1983年，米勒登上了全美大学生女篮赛冠军的宝座。1984年，她赢得全美大学女篮“最佳运动员”殊荣。1986年的世锦赛上，米勒抢到篮板再次上演了扣篮绝技，震惊了当时在场的所有观众。

◎ 历史上最受欢迎的篮球队

1926年，阿贝·塞波斯汀创立美国哈林男子篮球队。哈林篮球队素有“世界上最受欢迎的篮球队”的称号，该球队的正式名称为“无与伦比的阿贝·塞波斯汀哈林环球旅行家篮球队”。从球队的名称可以看出，球队成立之初，主要是在国内进行比赛和篮球表演，曾创下过333胜、8场负的辉煌战绩。

1945年，这支球队开始走向世界，实现环球旅行的宗旨。他们将篮球竞技与幽默滑稽的表演融合在一起，以艺术的表现手法向世界人民展示了篮球的魅力。人们亲切地称他们为

"友好使者"。据官方统计结果显示，哈林篮球队已经访问过全球115个国家和地区，超过1亿的观众观看过他们的表演。如今，总部设在芝加哥的哈林篮球队已经成为一个由多支球队组成的大型篮球组织。

20世纪70年代柏林马拉松比赛

— 田径之最 —

◎ 世界上最早采用蹲踞式起跑的人

在田径比赛中，竞赛中的短跑项目，通常要求运动员采用蹲踞式起跑的方式。自公元前776年第一届古代奥运会开始，短跑比赛中，运动员的起跑方式都是以站着为主。1887年，美国著名田径教练墨尔菲发明了蹲踞式起跑法。在同年耶鲁大学举行的运动会上，大学生西西里首次采用了这种蹲踞式起跑板助跑的方式，并在比赛中发挥出色，取得了优异的成绩。

人们研究发现，利用起跑板助跑有利于成绩的提升。于是，1927年，较先进的起跑器被研制开发出来，在此之后，短跑运动器材也在不断更新换代。1936年第11届奥运会上，短跑项目采取蹲踞起跑，并借助起跑器的规则正式确立。

◎ 最早的城市马拉松比赛

1897年4月19日，全球首场城市马拉松比赛在素有"美国雅典"之称的城市波士顿举行。作为马拉松比赛的新模式，这场城市马拉松比赛吸引了15位马拉松爱好者参加。从此，波士顿每年的4月中旬都要举办一次城市马拉松比赛。它沿袭了古希腊传统马拉松的比赛方式，以波士顿特有的优美田野、起伏很大的道路、点对点的快速跑道为比赛路线，以橄榄叶编成的花冠以及奖杯作为优胜者的奖励。随后，这种比赛项目逐渐在全球流行开来。1986年，城市马拉松比赛项目的规则有所改进。因为城市马拉松比赛道路极具挑战性，运动员要求也极其严格，所以，很多世界顶级的运动员都以能在城市马拉松赛事中夺冠为荣。

1896年4月6～14日，首届现代奥林匹克运动会在希腊雅典举行。图为100米比赛的参赛选手蓄势待发。

◎ 最早的竞走比赛

世界上最早的竞走比赛出现在19世纪的英国。

竞走运动是发展比较晚的运动项目之一，它是在行走的基础上发展起来的。早在1866年，英国就有了竞走比赛。一直到19世纪末，竞走这一运动项目才逐渐传入欧美的一些国家，至于亚洲的竞走比赛发展得更晚。

其实早期的竞走比赛，比如英国当时的竞走比赛采取的是一些很简单的规则，运动员可以任意走，更谈不上严格的技术要求。真正现代意义上的竞走比赛出现于1908年第4届奥运会，在这届奥运会上，男子竞走比赛首先被列为比赛项目。从那以后世界各国才真正开始注意到培养竞走比赛的运动员，真正的竞走比赛才开始发展起来。

◎ 最早的跨栏跑比赛

跨栏跑又叫障碍跑，它源于畜牧业相对发达的英国。在英国的一些畜牧区里，牧民们经常要跳跃围栏追赶逃跑的牛羊，于是这种跨越栅栏的活动逐渐演变成牧民平日里的一种娱乐活动。

1864年英国首次举行的牛津、剑桥两所大学对抗赛上，首次将牧民的这种跨障碍游戏设置在了体育比赛项目中。当时运动员所要跨越的障碍大都以栅栏，或埋在地上的木栏为主，由于危险系数高，经常发生障碍物伤人的事件，所以，这项比赛只属于男子比赛项目。

1935年，一种设计科学，可以动的“L”形栏架出现，这种栏板在超过4千克的重力冲击下便会翻倒，排除了障碍物伤人的隐患，有效地促进了跨栏运动的发展。1896年，第一届奥运会上，男子100米跨栏跑比赛正式出现在世界级比赛中。后来，美国运动员克伦茨莱采用了前趋单臂前导的跨栏方式，完善了现代跨栏跑的运动技术，成为“现代跨栏跑之父”。

◎ 世界上最早的跳高比赛

跳高运动发源于英国的跨栏跳跃活动。早在中世纪的时候，史料中就曾出现过有关跳高运动的记载。1700年左右，跳高作为一项体操

↗ 背跃式跨栏

项目被列入比赛项目中。1827年，美国人威尔逊曾创下过1.57米的第一个男子跳高纪录。此时，人们的跳高项目以双脚屈膝跨越绳子为主要方式。1851年，在英国牛津大学举办的运动会中，首次出现了较为正式的跳高比赛项目，并且出现了以单脚跳跃横栏的方式。这次比赛改变了传统的胜负划分方式，采用丈量高度作为评判标准，完善了比赛规则。牛津大学学生也创造出了单脚跨越1.67米的纪录。

◎ 最早的撑杆跳比赛

在很早以前，就有关于人们借助工具跳跃沟河等地的活动方式的记载。在中世纪的欧洲节日庆典中，撑杆跳成为骑士们炫耀本领的一种比赛项目。18世纪，这项活动作为体操项目的一种，广泛地流行于德国的校园里。1789年，德国人布斯歇创下了1.83米的最早撑杆跳纪录。19世纪，撑杆跳已经成为欧洲国家盛行的一项运动。1866年，英格兰的惠勒曾跳过3.05米的高度。1896年，第一届奥运会比赛中，男子撑杆跳被列为正式比赛项目。2000年，女子撑杆跳也成为奥运会的比赛项目之一。

◎ 最早的铅球比赛

在长期的生存实践中，古人以扔掷石块等东西猎取食物，锻炼出了投掷的基本技能。在中世纪的欧洲，人们一直以投掷石块的大小、远近作为衡量“大力士”的标准之一。据史料记载，当时的日耳曼人就经常举行投石竞赛活动。为了提高技能，人们经常利用投掷石块锻炼身体素质，提高战斗力。相传在公元1150年左右，希腊雅典举行过一次规模庞大的投掷圆石比赛。比赛规定，选手必须将圆石举过头顶，然后再投向远方，这场投石比赛便是早期的铅球比赛。1340年，欧洲出现了第一批炮兵。当时的炮弹是用铅铸造而成的圆球。闲暇之余，士兵们便以推举炮弹作为锻炼身体的方式，现代铅球运动便是从这种运动发展而来的。

◎ 最早的标枪比赛

标枪源于人们狩猎用的投掷工具，它也是战争中人们常用的战斗武器。在有记载的历史

标枪最初用于狩猎，后来逐渐用于战争，成为战争胜负的有力武器。

资料中，古罗马、希腊、埃及、中国的周代，都曾出现过这种放矢投掷武器。

随着人类文明的发展，标枪运动逐渐脱离了战争体系，成为竞技项目的一种。公元前708年第18届古代奥林匹克运动会中，标枪正式被列为“五项全能竞技”项目之一。它是唯一一项可以通过助跑方式进行投掷的运动。当时的标枪比赛不但要比谁投掷得远，还要比谁投掷得准。1792年，世界上首场具有现代意义的标枪比赛在瑞典举行。1908年，男子标枪比赛成为奥运会比赛项目之一。1932年，女子标枪也加入了奥运会竞技项目之列。

◎ 最早的铁饼比赛

据史料记载，铁饼运动源于古人投掷石片采取果子、投掷飞禽等活动。在希腊名著《荷马史诗》的《伊利亚特》和《奥德赛》中，便有关于希腊人投掷石片运动的记载。渐渐地，投掷石片活动逐渐从生产生活中脱离出来。公元前708年，铁饼运动作为“五项全能竞技”之一被列为奥运会比赛项目，这也是最早的铁饼比赛项目。当时人们使用的铁饼是经过磨制的盘形石块，随着竞技体育的发展，石质铁饼逐渐被铜、铁制品代替。

— 其他体育项目之最 —

◎ 世界上最早的竞技体育运动

摔跤运动被公认为是世界上最早的竞技运动。现代摔跤运动起源于古希腊。相传，雅典民主奠基人捷谢伊从雅典女神那里学到了摔跤规则，并将这项运动传播到民间，摔跤运动在希腊人的生活中，占有很重要的地位。公元前2世纪末，罗马侵略希腊，摔跤运动融合了罗马与希腊两国的特点，出现了古典式摔跤模式。在希腊，很多上层人士都是著名的摔跤手。

18世纪，这项运动流传到法国，被法国的摔跤运动爱好者作为一种表演节目带到更多的地方，古典式摔跤在欧洲盛行起来。1896年第一届奥运会上，古典式摔跤被列为比赛项目。伴随着古典式摔跤的发展，一种新的摔跤模式——自由式摔跤兴起。1904年，自由式摔跤被列为第三届奥运会比赛项目。

◎ 世界上最早的乒乓球运动

乒乓球被称为中国的国球，但是它并非起源于中国。19时期后期，酒馆、俱乐部等地是英国贵族青年最热衷的娱乐场所。一天，两名贵族青年相约来到俱乐部，用过餐之后，一名青年拿起雪茄盒击打红酒瓶上的软木塞作为消遣。另一名青年看到了，便拿起雪茄盒和他在桌子上面互相打起软木塞来。当时，这种消遣方式引起了在俱乐部娱乐的众多青年的浓厚兴趣，渐渐地，击打软木塞的活动在贵族青年中流行起来。

1901年举行的乒乓球比赛

1869年，第一批由“赛璐珞”制成的具有现代意义的空心乒乓球诞生。1900年，英国成立了世界上最早的乒乓球联合会，并在12月举办了世界首场乒乓球联赛，从此，乒乓球运动走向世界。1926年，世界权威乒乓球组织——国际乒乓球联合会成立，乒乓球运动走向了更加规范化的道路。

◎ 世界上最早的乒乓球锦标赛

1926年1月，首届国际乒乓球邀请赛在德国柏林举行。比赛期间，国际乒乓球联合会成立，并且通过了举办欧洲乒乓球锦标赛的决议。

1926年12月，第一届欧洲乒乓球锦标赛在英国的首都伦敦符林顿大街的梅摩沃尔大厅拉开序幕。当时参加锦标赛的有德国、匈牙利、奥地利、印度、威尔士、捷克斯洛伐克和英国7个团体赛代表队，参赛人数包括7国代表队以及瑞典、丹麦之内的单项赛事运动员共80人。

尽管这项赛事设立了男子团体、男子单打、男子双打、女子单打、混合双打5个项目，但是比赛规则却不是十分完善，参赛运动员的着装以及比赛用的器材也都很随意。经过5天的角逐，匈牙利成为五项赛事的最大赢家。赛后，这场吸引了数百名观众免费观看的“欧洲乒乓球锦标赛”，被公认为“第一届世界乒乓球锦标赛”。

◎ 最早的羽毛球运动

相传14世纪末的日本，有一种以插满羽毛的樱桃为球，两人用木板来回击打的运动方式，人们称这种运动为最早的羽毛球运动。

羽毛球的雏形——球和现代羽毛球相似，但拍子仍然是实心木质的。

18世纪，在印度的普纳城，出现了以插了羽毛的毛线球为击打对象的“蒲那游戏”。1873年，住在英国格拉斯哥郡的伯明顿镇的公爵鲍弗特在庄园内举办了一场“蒲那游戏”的表演。受阴雨天气影响，公爵将这项运动移到室内继续进行，并且邀请参加观看表演的客人一起参加活动。这场室内“蒲那游戏”被视为羽毛球运动的开端。从此，具有现代意义的羽毛球运动蓬勃兴起。

1877年，有关羽毛球运动的规则在英国启用，1893年，世界上第一个羽毛球协会在英国成立。1934年，总部设在伦敦的国际羽毛球联合会成立。1939年，通用于国际的一部较完善的羽毛球竞赛规则颁布施行。

◎ 最早的羽毛球锦标赛

作为现代羽毛球运动的发源地，1893年，英国成立了世界上第一个羽毛球协会。1899年，该协会举办了世界上首场“全英羽毛球锦标赛”。从此之后，各种羽毛球赛事在全球开赛。1977年，首届世界级的羽毛球锦标赛在瑞典的马尔摩举行，这项赛事设立了5个单赛项目，并且实行了国际通用的《羽毛球竞赛规则》。在此之后，国际羽毛球锦标赛每年举办一次。

◎ 最早的网球运动

网球素有“贵族运动”的雅称，这是因为最早的网球运动是宫廷王室用来消遣的娱乐活动。早在12　13世纪的法国，就有传教士以手向墙壁击球的活动方式。1337年～1453年的英法“百年战争”时期，民间流行的“海欧·德·巴乌麦”球类游戏，是现代网球运动的雏形。14世纪中叶，这项运动在法国皇宫极为盛行。后来，这项运动由宫中流传到了民间，并且演变成一种赌博方式，因而法国国王曾下令禁止这项活动。

1873年，具有现代意义的网球兴起于英国。当时的英国人沃尔特·克洛普顿·温菲尔德改进了传统网球的打法，首次在著作中提到了“草地网球”的概念。从此，网球运动不再仅是一项室内的娱乐活动，也成了人们夏天在草坪上展开的户外体育

早期的网球运动宣传画

括：男单冠军4次，男双冠军3次，混双冠军2次。

在该项赛事中，创造女子单打纪录最多的是美国选手克丽斯·埃弗特。她在1974～1975年、1979～1980年、1983年和1985～1986年间7次登上冠军宝座。

而创造男子单打纪录最多的选手为西班牙的纳达尔。他在2005～2008年、2010～2013年间共夺冠8次。

项目之一。

◎ 最早的网球锦标赛

1875年，英国建立了全球首个网球运动俱乐部——全英网球运动俱乐部，这个俱乐部不仅有较规范的网球竞赛规则，还建造了世界上第一个网球场地。1877年，全英俱乐部和英国草地网球协会联合举办了世界上首场“全英草地网球锦标赛”。这场赛事在位于伦敦西南郊的温布尔登总部举行，因而又名为温布尔登网球锦标赛。这是一场仅设了男子单打项目的网球锦标赛。在这之后，作为大满贯的第3项赛事，最具声望的温布尔登网球锦标赛都会在每年的6月末7月初鸣锣开赛。

◎ 法国公开赛中夺冠最多的网球运动员

在法国网球公开赛中夺冠次数最多的女选手是澳大利亚的玛格丽特·史密斯·考特。她共13次获得该项赛事的冠军，包括女单冠军5次、女双冠军4次以及混双冠军4次。

玛格丽特·考特在比赛中

而在该项赛事中创造夺冠纪录最多的男选手是法国的亨利·科歇。他于1926～1930年间9次登上冠军宝座，这包

◎ 美国公开赛中夺冠最多的网球运动员

在美国公开赛中夺冠次数最多的网球运动员为美国的玛格丽特·奥斯本·杜邦。她一共登上冠军宝座25次，即女双冠军13次（其中12次与其搭档奥尔西·布拉夫完成）、混双冠军9次、单打冠军3次。而且，她还是夺得女双冠军最多的运动员。

在该项赛事中，创造女单冠军纪录最多的是美国的英拉·马洛伊。她在1915～1918年，1920～1922年和1926年，共夺得冠军8次。

美国的比尔·蒂尔顿则是在该项赛事中创造夺冠纪录最多的男选手。他一共16次获得冠军，其中男单冠军7次，是他在1920～1925年、1929年间获得的。

◎ 夺得网球大满贯男单冠军次数最多的球员

网球史上夺得大满贯男单次数最多的球员是来自瑞士的“天王”费德勒。作为瑞士新一代球员的领军人物，费德勒自2003年温网以来，已经获得了16个大满贯冠军，并四度在年终大师杯里夺冠。并于2005、2006、2007、2008年连续四次荣获劳伦斯世界体育奖男子最佳运动员。

2009年法国网球公开赛结束压轴大戏男单冠军争夺战，费德勒凭借完美的发挥，直落三盘轻取本届的黑马、瑞典大炮索德林，终于一偿个人夙愿，职业生涯首次在罗兰加洛斯捧起象征冠军至高荣誉的火枪手杯。

自此，费德勒已经在短短6年时间中先后捧起14座大满贯桂冠，追平此前由老球王桑普拉斯独自保持的夺冠纪录，并成为继1935年的弗雷德-佩里、1938年的唐-巴奇、1962年和1969年的罗德-拉沃尔、1964年的罗伊-埃莫森，以及1999年的阿加西之后，网球运动历史中仅有的第6位独揽全部四大满贯赛男单桂冠的选手。

2009年温布尔登网球公开赛，费德勒在决胜盘16比14，最终大比分3比2战胜罗迪克夺得温网冠军，以15个大满贯头衔超越桑普拉斯晋升为网坛第一人。

2010年澳大利亚网球公开赛，费德勒以3比0完胜穆雷，赢得个人第16座大满贯冠军。值得一提的是，这是费德勒荣升为父亲后获得的第一个大满贯冠军。

◎ 最早的排球运动

1895年，一位名为威廉斯·盖·摩尔根的青年体育工作人员，创立了一种由网球运动改变而来的室内游戏项目。这种游戏项目以充气篮球为娱乐道具，场地中间拉起一道一人多高的网，参加游戏的人员分立在网的两边，以手击球使其飞跃过网传递到对方区域，传球期间以球是否出界或落地为评判输赢的标准，这项运动便是最早的排球运动。1896年摩尔根为此项室内游戏制订了较为完善的竞赛规则。

最初，这项运动被人们为“空中飞球”，并且迅速地流传到了加拿大、古巴、美国等地，很快成为流行于全球的一项娱乐活动。1896年，美国普林菲尔德市立学校的艾特哈尔斯戴特博士将摩尔根创立的“空中飞球”游戏更名为“Volley Ball”,“排球”一词从此沿用下来。

◎ 最早的排球锦标赛

自1895年，排球运动创立以来，排球事业便在加拿大、美国、法国、意大利、前苏联、波兰等国家如火如荼的开展起来，排球的竞赛规则也在各项赛事中不断地被完善。1912年，原本固定场地的排球运动变更为双方必须轮换场地比赛的方式；1917年，比赛的评分标准变更为每局15分；1918年，排球比赛上场参赛人数固定为双方各6人；1922年，3次击球过网的规则被制定出来。

在各项制度较完备的情况下，1949年，由世界排球联和会主办的首届世界男子排球锦标赛开赛。1952年，女子排球也成为锦标赛的开赛项目之一。

◎ 最早的曲棍球运动

据史料记载，在距今3000多年前的中国、波斯和印度等地，曲棍球便是人们喜爱的运动项目之一。1981年，德国柏林体育出版社出版的《曲棍球运动》一书中提到：距今2697年前，在中国的士卒中，流行着一种以棍子击球的游戏方式，当时的人们称这种运动为“步打球”，双方队员以将球击入对方球门多者为胜。除此之外，在公元前2000年埃及尼罗河流域的贝尼·哈桑地区发现的第十六个坟墓中的壁画上，两个手持弯曲木棍，相向而立的人物肖像证明：曲棍球运动在古代的埃及已经十分盛行。现代草地曲棍球比赛起源于英国。自1889年男子曲棍球比赛在伦敦举行后，这项运动盛行于世界各国。

◎ 最早的曲棍球协会

奥运会项目中历史最为悠久的现代草地曲棍球比赛兴起于19世纪的英国。1861年，世界

20世纪初的曲棍球比赛

上第一个曲棍球俱乐部在英国成立，从此，草地曲棍球运动在英国逐渐盛行起来。1875年，英国第一个曲棍球协会成立。1889年，世界首场男子曲棍球比赛在英国伦敦举行。1908年，在现代曲棍球的“家乡”英国举办的伦敦奥运会上，曲棍球比赛首次被列为比赛项目，并于1928年正式固定为奥运会比赛项目之一。

◎ 最早的棒球运动

一般观点认为棒球运动起源于英国的板球，并在美国发展成型。1834年，一本关于棒球运动的书籍在美国的波士顿出版社出版，这是关于棒球运动较早的一部书籍，但是书中并没有棒球运动规则的相关记录。1839年，美国人窦布戴伊组织了世界上首场“棒球”比赛，这场比赛所采用的规则及方式与现代棒球运动极为相似。1845年，美国人亚历山大·乔伊·卡特赖德出版了一部运动书籍，书中不但首次以“棒球”命名这项运动，还详尽地介绍了棒球运动，也记载了较为完善的棒球比赛规则。这项以棒打球为主要特点，集体性、对抗性很强的球类运动开始在美国流传开来。1860年美国开始出现职业棒球运动员。1871年，“全国职业棒球运动员组织”，即1876年更名后的美国“全国棒球联合会”成立。二战后，棒球运动在全球100多个国家和地区流行起来。

↗ 棒球作为美国的国球，深受美国人民喜欢，棒球联赛在美国也发展迅猛。图为纽约巨人队在1952年美国职业棒球大联盟的比赛中。

◎ 最早的高尔夫球场

高尔夫球源于牧羊人击石进洞的游戏，后来渐渐演变成一项高雅的竞技游戏。世界上有两大高尔夫球协会主管高尔夫规则的制定、解释和修改，除了1894年成立的美国高协之外，另一个便是成立于1754年的圣安德鲁斯皇家古老高尔夫球俱乐部。世界上最早的高尔夫球场——圣安卓高尔夫球场，便隶属于圣安德鲁斯皇家古老高尔夫球俱乐部。圣安卓球场是现代高尔夫球运动的发源地，也是高尔夫球场的始祖。

这座依托于自然风光的古老球场沿海而建，整座球场呈长条状。15世纪，人们根据这里崎岖不平的地形，从会馆开始到球场尽头，设立了11个球洞。高尔夫球手从会馆出发打到场地尽头再返回会馆，总共要完成22个洞的进球，这便是早期的高尔夫球场设计路线。

1764年，人们将球洞之间的距离拉长，11个球洞合并成了9个球洞，形成了高尔夫球场18洞的模式，并且沿用至今。

◎ 最早的橄榄球运动

橄榄球起源于英国，又名联合式橄榄球。最初这种运动名为拉格比足球，因其使用的球形状类似橄榄，于是汉语中便被翻译成“橄榄球”。

相传，1823年，英格兰沃里克郡拉格比镇的拉格比学校举行了一场足球比赛。其中一支球队比分稍稍落后于对手，双方竞争得十分激烈。落后球队中，有一位名叫威廉·韦伯·埃利斯的队员，因为想尽快将比分反超，情急之下捡起地上的足球向对方球门跑去，途中他避开了对方防守队员的重重阻碍，最终将球扔进了对方球门。按照足球比赛规则，这个球是犯规球，不计得分，但是埃利斯的这种行为却成了人们效仿的对象。在这之后的很多场足球比赛中，经常有队员抱球冲向球门的情况发生。于是，这种由足球衍生出来的运动渐渐成为一项独立的体育活动，并以“拉格比足球”命名。1845年，一套较为完善的橄榄球运动规则被制定出来，橄榄球俱乐部相继成立。1871年，第一个正式的英格兰橄榄球联合会成立。从此，这项运动开始传向其他国家。

早期的橄榄球比赛，球员没有戴护具，因而很容易受伤。

◎ 获板球世界杯冠军次数最多的球队

板球运动又被称为“贵族运动”。它由呈扁平板状的击球木棍、中心为软木的圆球组成，是一项以板击球的运动。板球运动自英国兴起后，迅速盛行于澳大利亚、新西兰、印度、孟加拉等国家。从有记录以来的板球比赛算起，英国这个板球运动的摇篮地输多胜少。澳大利亚曾连续3次获得板球世界杯冠军，成为板球运动的霸主国家。2007年，这支强悍的球队第4次捧回板球世界杯冠军奖杯，成为世界上获板球世界杯冠军次数最多的球队。

◎ 最早的马球运动俱乐部

曹操有诗云：“连翩击鞠壤，巧捷惟万端”，这里所说的“击鞠”便是现代马球运动的前身。可见，在距今2000多年前的秦汉时期，马球运动就已经十分盛行了。唐宋时期，这项运动还曾被定为“皇家游戏”，唐代有11个皇帝是击鞠高手。相传这项运动起源于蒙古游牧民族的骑马击球游戏。13世纪，马球运动传入印度。1859年，世界上最古老的马球运动俱乐部在印度的阿萨姆成立，俱乐部成立之后，制定了马球运动的相关规则。之后这项激烈的体育运动在欧洲流传开来。1878年，世界首场马球团内锦标赛在德国的柏林开赛。

◎ 第一次高山滑雪比赛

高山滑雪是很多滑雪爱好者最为热衷的一项运动。它不仅挑战着滑雪者的勇气，还考验着滑雪者的毅力，检测着滑雪者的滑雪技巧。最早的滑雪活动起源于冰雪覆盖时间较长的阿尔卑斯山脉一带。由于这里一年至少有8个月的时间被积雪覆盖，居住在这里的人们便在这种特定的环境下，发明了用木板绑在脚上，在雪地上滑行的行走方式。

随着环境的改变，木板滑雪的出行方式逐渐演变为一种娱乐运动。据历史文献记载，滑雪真正作为一种运动起源于斯堪的纳维亚地区，早在4000年前的石器时代，这里就已经出现了滑雪板。1905年，奥地利的茨达尔斯基在维也纳南部的利林费尔德进行了高山滑雪史上首次回转障碍降下表演，使高山滑雪运动得到了更多人的关注。1921年，世界上第一次高山回转以及速度滑雪比赛在瑞士举行。从此，高山滑雪走入了竞技比赛的范畴。

滑雪运动以惊险刺激而深受人们喜爱。

◎ 世界最高的滑雪场

安第斯山脉是科迪勒拉山系主干，它全长约8900千米，是世界上最长的山脉。它基本与海岸线走向一致，纵贯南美大陆西部，跨越委内瑞拉、哥伦比亚、厄瓜多尔、秘鲁、玻利维亚等国家。

借助于安第斯山脉得天独厚的海拔优势，玻利维尼亚在其境内开发了一座世界最高的滑雪场——安第斯山脉滑雪场。这座滑雪场海拔近5400米，滑雪爱好者不但可以在这里体验高海拔滑雪所带来的刺激，还可以体验沿途的美丽风光。但据科学家预测，受全球气候变暖的影响，这座滑雪场将在5年内美丽不再。

◎ 最早的举重运动

最早的举重运动是人们锻炼身体、增加体能的一种训练方式。据史料记载，古希腊时期，人们以举起石块的大小作为检验体力的一个标准；罗马人则用扁担式的木棒两端挑石头来训练士兵的体能。这些举石块的运动方式就是早期的举重运动。

举重

现代举重运动开始于18世纪的欧洲。在当时的英国和美国等国家，举重表演是杂耍艺人的必演绝技。19世纪初，英国成立了举重俱乐部，举重所用的器械也发生了变革，由类似现代哑铃的两个金属球构成的杠铃。1910年，伯格改良了这种杠铃，使杠铃两端的不可变金属球变成可填减重量的空心金属球。从此，举重运动走向正规化。1896年，举重被正式列为奥运会的比赛项目。

◎ 最早的举重锦标赛

1877年，奥地利首都维也纳举办了世界上第一场有记录的举重比赛，由于比赛的方式多种多样，这场类似杂技表演的举重比赛并没有规范的评判标准。但是，举重这项在英国和奥地利极为盛行的表演活动却从此开始走向竞技体育范畴。1891年3月28日，第一届具有现代意义的世界举重锦标赛在英国伦敦的皮卡迪里广场举行。这场锦标赛，仍然没有按照级别评比比赛结果，举起重物的方式也没有明确规定。直到1905年4月德国柏林举行的第六届举重锦标赛上，按照不同级别评判名次的规则才被制定出来。

◎ 最早的国际象棋

国际象棋是世界上最古老的博弈游戏之一，与中国的围棋、象棋和日本的将棋同享盛名。关于它的发源地，20世纪60年代以前，前苏联棋史学家认为五六世纪时在印度流行的四方棋是原始国际象棋的前身。但是20世纪70年代以来，英国、前南斯拉夫等国的棋史学家提出许多反证材料，指出国际象棋和中国传统的象棋一样，都是由中国春秋战国时期十分流行的六博棋逐渐演变而来的，因而他们认为国际象棋的最早发源地不在印度，而在中国。

史料记载北周武帝发明的“象戏”（公元569年）和唐代于地下发现的“百宝象棋”基本相同：8×8盘（64格），立体子，棋子摆在格子上面，也就是现代国际象棋的格局。

这种游戏传到欧洲后，棋子的名称和设计就与欧洲封建制度的社会阶层挂上了钩，是欧洲人把它改造成现在这种国际象棋的。

↗ 大臣正在向国王讲述国际象棋的游戏规则。

◎ 已知最早关于跆拳道的记载

跆拳道距今已有两千多年的历史，已知最早的关于跆拳道的记载是在两千年前高句丽王朝的皇室墓葬的壁画中，画中有两名男子在用跆拳道的攻防姿势打斗。

在跆拳道没有正式命名之前，韩国徒手的搏击流派有很多，比如跆跟、手搏、唐手、托肩、花郎道等。1955年，韩国将国内各种武技统一命名为跆拳道。现代跆拳道由品势（特尔）、搏击、功力检验三部分内容组成，具有较高的防身自卫及强健体魄的实用价值。1966年，韩国成立了第一个国际性跆拳道组织——国际跆拳道联盟。此后，跆拳道在世界范围内迅猛发展起来。

◎ 最早的柔道运动

现代柔道运动起源于日本，在日本，它又被称为“柔之道”。它由中国拳术、角力以及日本武士的空手搏击技术等演变而来。在日本东京的古武道研究会曾立有一块碑，碑文写道：“拳法之传流，自明人陈元而起。”陈元是我国明代人，他的徒弟中，三浦、福野两人领悟了少林武术的精髓之后，将少林武学带回日本，并成为“日本中古柔术之祖”，这种“中古柔术”便是柔道运动的雏形。

1877年，18岁的东京帝国大学学生嘉纳治五郎开始学习柔术，他先后师从天神真杨流派的福田八之助、同流派的矶正智、饭久保恒年的起倒流派。经过长时间的钻研与学习，嘉纳治五郎汲取了这三大流派的精华、并且融合了日本其他武术流派的长处，创立了一套以投技、固技、当身技三部分为主的新的柔术体系，即现代柔道运动，嘉纳治五郎也因此被尊称为“柔道之父”。

◎ 获现代柔道冠军次数最多的人

日本的柔道运动员山下泰裕于1977～1985年连胜203场，其中获奥运会冠军1次和世界冠军4次：分别为1979年、1981年和1983年95千克以上级别世界冠军、1981年无差别级世界冠军以及1984年奥运会无差别级冠军。

山下泰裕在领奖台上

4次获得世界冠军的有日本的藤猪省三和直哉小川。1971年、1973年、1975年80千克以下级别世界冠军和1979年78千克以下级别的世界冠军是藤猪省三；1987年、1989年和1991年的无差别级的世界冠军以及1989年95千克以上级别世界冠军是直哉小川。

当然，现代柔道冠军并非是日本人的“专利”。比利时的英格丽德·贝里曼6次夺得世界女子冠军：1980年、1982年、1984年和1986年无差别级世界冠军，以及1984年和1989年72千克以下级别世界冠军。1988年，女子现代柔道还只是表演项目，贝里曼摘取了其中72千克级的现代柔道桂冠。

◎ 获空手道世界冠军次数最多的人

获空手道世界冠军次数最多的纪录是：

个人世界冠军的纪录为2次。1982年和1984年80千克以下级别冠军帕特·麦凯（英），1984年无差别级和1988年80千克以上级别对打冠军伊曼纽尔·平达（法），1986年和1988年70千克以下级别冠军蒂埃里·马希（法），以及1990年和1992年80千克以下级别冠军曼纽尔·埃热亚（西班牙）。

团体赛世界冠军的纪录是6次。1975年，1982年，1984年，1986年，1988年和1990年英国6次获此殊荣。

◎ 最早的柔道协会

自嘉纳治五郎将中国少林武学中的踢、打、摔、拿以及日本的武技、柔术等技术融为一体，

柔道摔法示意图

创立柔道以后，柔道运动便在日本盛行起来。1882年，嘉纳治五郎以东京永昌寺为训练场地，开设柔道讲道馆。1900年，嘉纳治五郎在柔道段位制基础上，制定出一套较完善的柔道竞技规则。1909年，世界上第一个柔道协会在日本成立。

随着二战的爆发，柔道运动一度消沉。战后，柔道运动迅速在日本崛起。1948年，日本举办了首场全国柔道锦标赛。次年，欧洲柔道联盟正式成立。1952年，日本加盟后，其更名为国际柔道联合会，并将总部设在东京讲道馆。1964年，柔道运动在第18届奥运会中被列为正式比赛项目。

柔道知识

柔道是一种起源于东方的徒手格斗运动。“柔道”译自日文，意为“温柔的方法”。学习柔道，就要知道如何利用对手的力量，摔倒对手。柔道比赛服装通常是一种宽松的白色衣裤，配以腰带。腰带颜色不同表示运动员的技术水平不同。新手系白色腰带，有段位者系黑色腰带。比赛在一块类似塌塌米9～10平方米的垫子上进行。正方形场地外是“红色标志危险区”和“安全区”，防止运动员受伤。柔道运动利用紧固对手肘关节或颈部的方法将对手摔倒或压倒以战胜之。柔道比赛的每一回合均受到严格监督，得分是根据运动员运用技术的优劣，而不是按对对方的伤害来判断。

◎ 最早的拳击比赛

拳击是一种戴拳击手套与人格斗的运动项目，它分为职业商业比赛和业余比赛两种。它源于古代的赤手格斗，是古希腊人和古罗马人自卫的一种技能，同时这种运动也是奴隶主们消遣娱乐奴隶的一种游戏方式。在公元前1500年的古希腊壁画上，就绘有两名拳击手进行拳击格斗的场面。

《英国大不列颠百科全书》中，有这样一段记载：“公元前40世纪，幼发拉底河和底格里斯河两河流域发现拳击的遗迹。”在古埃及文献里，也记载了拳击所用的护具的相关内容。可见，在古代，拳击运动就已经初具规模了。

8世纪，奥斯曼大帝统治时期，法庭制定出了“斗审”制度。即遇到无法断定的案件，平民采取拳击方式决定胜负。于是，拳击运动成为一种竞技项目。18世纪初，英国出现了有奖拳击比赛，并且出现了保持拳击冠军11年之久的“无敌将军”——詹姆斯·菲格。1880年，伦敦成立业余拳击协会。1881年，第一届现代拳击锦标赛开赛。

◎ 最早的拳击比赛规则

早期的拳击比赛并不是十分规范，参赛选手可以采用抓、咬、撕等各种方式置对方于死地。1200年，传教士圣倍纳丁推行拳击代替斗剑格斗方式，提倡以锻炼身体为主的赤手拳击运动，并且在意大利西纳开设了一所拳击训练学校。作为拳击比赛的裁判，他通常在比赛中将要发生致命伤害的关键时刻下达命令停止比赛，这种方式被视为拳击比赛规则中具有里程

拳击比赛

碑意义的改革。

1743年，英国拳坛霸主约翰·布劳顿根据拳击运动的特点，制定出了第一部较为完善的拳击比赛规则，并命名为“布劳顿规则”。规则中明确规定，比赛时，拳击运动员不得打击对方腰部以下的任何部位；对于已倒地的运动员，不得再进行击打。这个规则的制定对现代拳击运动起到了推动发展的作用。1839年，英国正式颁布了拳击锦标赛竞赛规则。1853年，足踢、头撞、牙咬等动作被列为比赛禁用动作。

◎ 最早的亚洲运动会

亚洲运动会由亚洲运动联合会的成员国轮流主办，是亚洲体坛最大的一场盛会。1951年3月4日，最早的亚洲运动会在印度首都新德里举行。首届亚运会吸引了11个国家489名选手参加，大会共设了包括田径、游泳、篮球、足球等项目在内的6大比赛项目。

亚运会的前身是远东运动会。1911年，菲律宾体育协会在马尼拉举办首届远东运动会，在此之后，中国的上海、日本的大阪等地先后轮流举办过10届远东运动会。1937年，受世界大战影响，远东运动会被迫停赛。1948年，在世界奥林匹克运动会上，亚洲体育界人士重申关于恢复远东运动会的提议，每四年举办一次的远东运动会从此正式更名为亚洲运动会。

◎ 首届世界铁人三项锦标赛

铁人三项是一项新兴的综合性运动项目。1974年2月17日，一群体育官员在夏威夷岛上的一间酒吧内讨论世界上究竟哪一种体育运动项目最具有刺激性、挑战性；最能考验人的意志和体能。大家各持观点，争论十分激烈，有的官员认为，对抗性很强的橄榄球运动最能体现人的体质，是一项最具刺激性的运动；有的官员认为登山马拉松对人的耐力与身体各方面素质要求都很高，是一项挑战性很强的运动。争论到最后，大家也没得出最具挑战性的运动究竟是哪一项。美国海军准将约翰·科林斯综合了大家的观点提出：一个人能在一天之内连续完成3.8千米游泳，180千米环岛自行车和42.195千米的全程马拉松才是最刺激、最具挑战性的。

科林斯的想法得到大家的支持，于是第二天就举办了一场铁人三项比赛。这场赛事的最好成绩为11小时46分。赛后，人们将这场比赛称为“首届世界铁人三项锦标赛”。

◎ 最早的击剑运动

中世纪，以击剑方式决斗是欧洲骑士最热衷的一项高尚运动之一。后来，佩剑成为欧洲人彰显骑士文化的一种时尚表现。专门训练青年人击剑技术的绅士学校也逐渐建立起来。1643年前后，法国国王路易十四对当时法国的击剑服装和器具做了统一的规定，并将巴黎资格最老的6名剑术师封为世袭贵族，由此开法国剑术流派之先河，击剑作为一种体育竞技项目初具雏形。

1776年，法国击剑大师拉·布瓦西埃发明了保护面罩，从此，击剑运动由骑士决斗逐渐走入高雅的运动竞技领域。1882年，世界上第一个击剑协会成立。后来击剑运动逐渐演变成花剑、重剑和佩剑三类，并成为奥运会比赛项目之一。

1896年第一届奥运会，击剑被列为正式比

↗ 决斗
古时候，决斗被认为是一种光明正大的解决纠纷的方法。决斗中，短剑用来抵挡剑的砍击。

赛项目，现代奥林匹克之父皮埃尔·德·顾拜旦先生本人就是一位击剑好手。花剑、重剑、佩剑三个剑种的男女个人和男女团体项目的比赛，都是世界锦标赛的正式比赛项目，其中女子佩剑项目是1999年首次设立的。

罗马战车的马术比赛

◎ 最早的马术比赛

据史料记载，在中国的周代，就已经出现了马术运动，经过驯服的马与人在生产生活实践中长期相互配合，形成了一定的默契，渐渐地，人可以驾驭马表演出很多高难度动作。公元前680年的古代奥运会中，就设有马车比赛，这是早期的马术比赛。

现代马术运动始于欧洲。人们为了训练马在作战中移动的准确性，开始对马进行各种技能的训练，以提高马的协调性。后来，马术表演脱离这种训练项目，成为竞技比赛的一种。1734年，世界上最早的马术俱乐部——查尔列斯顿马术俱乐部在美国弗吉尼亚成立。1912年，马术比赛扩大为盛装舞步赛、障碍赛和三日赛三项。1953年，世界首场场地障碍马术锦标赛开赛。1966年，首届花样骑术锦标赛鸣锣开赛。

◎ 最早的蹦床运动

早期的蹦床运动起源于19世纪中叶北美的科曼契印第安人。它是从人们的生活中衍生出来的一项娱乐活动。在200多年前的中国马戏团中，也出现了类似现在蹦床运动的杂耍表演。

现代蹦床运动始于中世纪的法国，当时的杂技演员特朗波兰为了表演“空中秋千飞人”节目，以麻绳编成网作为演员的安全网，演员也可以借住麻绳网所带来的缓冲力，弹向空中做出各种高难度动作。20世纪30年代，美国跳水运动员尼森制作出了第一张现代蹦床，并且创办了尼森蹦床公司。尼森研制的这种蹦床是跳水运动员以及飞行员良好的训练工具，借助蹦床的弹性，可以训练运动员们良好的定力以及翻转技能，因而，蹦床运动逐渐成为一项独立的竞技运动。1947年，首届蹦床表演赛在美国得克萨斯州举行，随即蹦床运动作为体操运动的一种成为体育竞技项目之一。

◎ 最早的跳水运动

在英国伦敦大不列颠博物馆中，陈列着一只公元前5世纪的陶瓷花瓶，瓶上绘有一群小男孩头朝下跳入水中的图案，这个花瓶上的图案是有史以来有关跳水运动最早的记录。中国宋代以前，有一种名为“水秋千”的运动项目。诗中说道“内人稀见水秋千，争擘珠帘帐殿前。第一锦标谁夺得？右军输却水龙船。”可见，跳水运动早在1000多年前的中国，就已经是一项很流行的运动了。

此图描绘了“水秋千”。高高的水秋千立于船的前部，跳水健儿从荡起的秋千板上飞身跃入水中。画面描绘生动真切，充满情趣，煞是精彩。

作为“花式跳水之父”，德国人约翰·古特斯穆特斯曾在他的《游泳艺术教科书》中详细地介绍过德国哈雷地区盐场工人的花式跳水活动，书中记录的跳水活动便是现代竞技跳水运动的雏形。

◎ 最早的现代竞技跳水

竞技跳水是一项由跳水运动员从跳台或跳板上起跳腾空，直接入水或在空中完成各种高难度的体操动作入水的竞赛项目。

1900年，第2届奥运会上，瑞典运动员首次表演了跳水运动，这是世界公认的最早的现代竞技跳水。4年之后，男子跳水被列为第4届奥运会正式比赛项目。第5届奥运会上，完善的跳水比赛规则被制定出来。高台跳水、跳板跳水等比赛项目被细化出来，规则中对运动员柔韧性、协调性、美学性等各方面动作要求也更为严格。

◎ 最早举行游泳比赛的国家

在今天的各项世界性运动会上，游泳比赛可以说是最为普遍的项目了。游泳比赛还有了世界锦标赛等各项世界级的赛事，可见游泳比赛在今天发展得相当快。这可能和游泳比赛具有很好的观赏性有关吧。但是谁想过世界上最早的游泳比赛出现在什么时候、什么地方呢？根据有关资料得知，早在19世纪初期，英国就有了游泳比赛的记载。英国是世界上最早举行游泳比赛的国家。据资料记载，当时的伦敦已经有了6个游泳池，可见比赛的规模已经很大了。

— 奥运会之最 —

◎ 最早的奥林匹克运动会

在神话中，古希腊地中海沿岸的奥林匹亚是众神聚集的地方，这里也是古代奥林匹克运动会的发源地。

根据历史记载，最早的奥林匹克运动会举办的确切时间是公元前776年。这次运动会的遗址是在奥林匹亚。当时只有180米短跑这一个比赛项目。在这次运动会上，一个名叫科洛波斯·德埃利斯的运动员获得冠军，他也是世界上奥林匹克运动会的第一个冠军。从那以后，奥林匹克运动会每隔4年举行一次，直到公元394年，才被罗马帝国的皇帝废除。

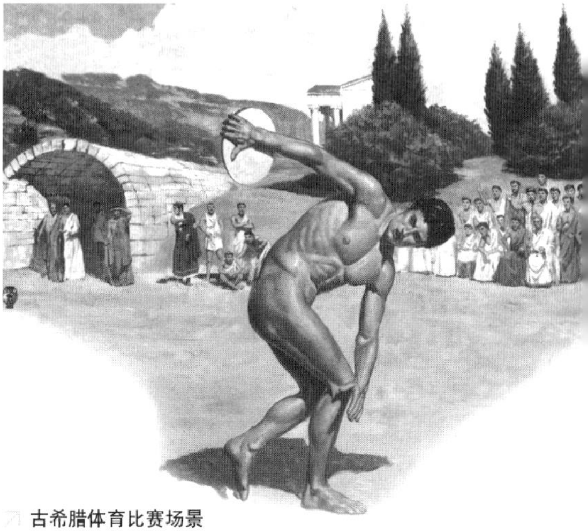

古希腊体育比赛场景

◎ 最早获得现代奥运会冠军的运动员

美国的詹·康诺利是最早获得现代奥运会冠军的运动员。他在1896年4月6日于希腊举行的第1届奥运会上，夺得三级跳远比赛的冠军，他的成绩是13.71米。当时，他被授予一枚银质奖章和“月桂冠”，另外还有一个象征和平的橄榄枝环。

◎ 最早进入奥运会场的女性

世界上最早的奥运会出现在古希腊时期，但是最早的奥运会是只对男性开放的，因为当时的奥运会有个特殊的规定：所有参赛队员都要裸体进行比赛。这样的规定无形之中就把女性选手和女性观众都拒之门外了。所以不管是在古希腊的奥运赛场上还是在观众席上是看不到女性的。这样的规定很显然是不公平的，奥运会应该是面对所有人的，就像我们今天的奥运会，不论男女都能参加。但是谁是进入奥运赛场的第一个女性呢？她叫卡立法塔利，一个出身于奥运世家的女性，据说她的父亲、丈夫和儿子都是奥运会的拳击手，她把他们当成她的骄傲。在她儿子参加奥运会的那场比赛中，她抑制不住自己的喜悦，女扮男装进入了奥运会赛场，她成了世界上第一位进入奥运会赛场的女性！后来被人发现后差点被处死，但是当时的统治者最终在明白真相后被她的精神所感动，并赦免了她的死罪。

◎ 最早的奥运比赛项目

在奥林匹亚阿尔菲斯河岸的岩壁上有这样一段格言："如果你想聪明，跑步吧！如果你想强壮，跑步吧！如果你想健康，跑步吧！"跑步是古人因生存需要锻炼出来的一项基本技能。在古希腊，跑步的速度快慢是衡量一个人强悍与否的标准之一。

公元前776年，第一届古代奥运会就只设立了场地跑一个项目。当时的比赛场地并没有明确的线路划分，跑道以场地外周为准，起跑线是以石块堆砌而成的一条直线。比赛以抽签分组淘汰方式进行，并不记录参赛者跑完全程所用的时间，以谁先到达终点为评判胜败的标准。在这之后的十几届古代奥运会中，都只设立赛跑这一项竞技项目。直到第18届古代奥运会，铁饼、标枪等五项技能以及其他比赛项目才逐渐被列为奥运会比赛项目。

古代奥运会中的长跑选手

◎ 最早的奥运火炬

希腊神话传说中，奥林匹克山是众神居住的地方。相传，普罗米修斯为人类盗取火种，惹怒了最高的神宙斯，因而受到严厉的惩罚。

公元前776年，希腊伊利斯城邦的国王伊菲

1936年柏林奥运会开幕式上鲁易斯点燃火炬

现代奥运会的火炬是在1928年阿姆斯特丹奥运会上引入的。火炬接力是由柏林奥运会组委会负责人卡尔·蒂姆在柏林奥运会上引入的。第一次接力始于奥林匹亚，在那里火炬被太阳光点燃，然后一个运动员接一个地传下去，在12天经过了7个国家，最后火炬被用来点燃柏林的火炬。从那以后，火炬接力一直成为奥运会的前奏曲。

图斯根据神谕，在奥林匹亚举办了第一届古代奥运会。奥运会延承了火神普罗米修斯盗取火种的神话传说，参赛运动员以最先跑到终点，从祭司手中接过火把，并用火把点燃普罗米修斯神像前祭坛中的圣火为胜利标志。胜利者点燃圣火所用的火把便是最早的奥运火炬。

1934年，国际奥组委通过了火炬传递的提议。1936年，第11届柏林奥运会上，第一只顶端装有易燃镁，全长27厘米，重450克的具有现代意义的奥运会火炬出现。火炬铁柄上雕刻着火炬传递途中经过的希腊、保加利亚、前南斯拉夫等7国首都路线图，并刻有"向传递者致敬"的字样。

◎ 最早点燃奥运火炬的现代运动员

现代奥运史上第一个点燃火炬的人是希腊运动员鲁易斯。这位第一个奥运会马拉松冠军在1936年柏林举行第11届奥运会上，被邀请点燃火炬。

鲁易斯不但是最早点燃火炬的运动员，而且也是奥运史上由东道国运动员点燃火炬这一

规矩的唯一的例外。奥林匹克运动会的火炬都是由著名选手或经过挑选的人点燃的，这些人都必须是东道国的人，而柏林奥运会是第一次需要点燃火炬的奥运会，由于当时没能考虑到以东道国选手担任这项光荣职务，所以特请了希腊的鲁易斯在这届奥运会上点燃火炬。

◎ 最早的奥运海报

19世纪末，在顾拜旦等体育界人士的不断努力下，停办多年的奥林匹克运动会开始复兴。1896年4月6日，第一届现代奥林匹克运动会在奥运会发源地希腊召开。刚刚恢复的奥运会上，并没有正式的会标以及宣传海报。作为申办城市，雅典奥运组织向国际奥组委提交的报告封面上，左手手持橄榄枝，右手挎着荣誉花环的雅典娜手扶神殿廊柱，向正在建设中的奥运竞技场眺望。在雅典娜头顶的神殿横梁上，写有776～1896的字样，诉说着第一届古代奥运会至此届奥运会的漫长历史。这张表达了希腊人祈望和平主题的报告封面，被公认为奥运史上第一张奥运海报。

◎ 最早的冬季奥运会

19世纪末20世纪初，在一些冬季有积雪的国家中，兴起了滑雪、滑雪橇、滑冰、冰球等形式多样的冰雪运动。随着冰雪运动爱好者的增多，冰雪运动逐渐完善并走向成熟化。1887年，世界上第一个滑雪俱乐部在挪威成立。1890年，加拿大成立了世界上第一个冰球协会。1892年，国际滑冰联盟在荷兰成立，并于次年在阿姆斯特丹举办了世界首场男子速滑锦标赛。冰雪竞技轰轰烈烈地在世界范围内展开。

1924年，冰雪项目从奥运会中分离出来，一届名为“冬季运动周”的运动会在法国的夏蒙尼市召开。赛上设立了滑雪、射击、雪橇、冰球、短雪橇、跳台滑雪和滑冰7个竞技项目。两年后，国际奥委会正式将其更名为第一届冬季奥林匹克运动会。

◎ 奥运会篮球决赛的首任裁判员

1936年8月，第11届奥林匹克运动会在德国柏林拉开帷幕。此次奥运会上，男子篮球首次被列为正式比赛项目。在美国与加拿大之间对抗激烈的男篮决赛上，场上唯一担任裁判员职务的人，是时任浙江大学体育教授的中国人舒鸿。

舒鸿毕业于素有“篮球摇篮”之称的美国春田大学，是“篮球之父”奈史密斯教授的得意门生。他曾先后担任过中华运动裁判会会长，上海、日本东京、菲律宾马尼拉远东运动会中国队教练和裁判员等职务。1928年，经过考核，舒鸿和乐秀荣、吴邦伟、蒋湘青4人被正式录取为美国裁判协会会员，成为第一批国际裁判员。

在第11届奥运会男篮决赛中，美国队战胜加拿大队夺得冠军，舒鸿也因公正严谨、眼明手快的风格获得了“奥运篮球第一哨”的荣誉称号。

◎ 最早的奥运村

1924年，为了庆祝国际奥委会成立30周年，国际奥组委决定，第8届奥林匹克运动会将在国际奥林匹克委员会所在地巴黎举行。为了办好这届奥运会，巴黎奥组委在世界范围内征求奥运会举办意见。于是，来自各方面的提议纷纷寄到奥组委中心。

在这些提议中，法国前橄榄球队队长伏·久查里克提出的有关建筑奥运村的设想得到了奥组委高度的重视。久查里克认为，作为现代奥运会复兴的发起城市，巴黎应该兴建一座能容

↗ 巴黎奥运会开幕式

纳10万人的体育建筑群。除了体育比赛场馆之外，建筑群中还应包含一个能容纳2000人居住的奥运村。尽管提议得到了奥组委的肯定，但是受到环境以及经济条件限制，巴黎奥组委仅在运动场附近盖起了一排简易的木房，作为运动员的休息场所，这排木屋便是最早的奥运村。

◎ 现代奥运史上规模最小的奥运会

1904年，第3届现代奥林匹克运动会在美国的圣路易斯市举行。由于与世博会几乎同时举行，加之各国到圣路易斯的路途遥远、旅费昂贵等原因，很多欧洲国家都没有出席此届奥运会，即便是到会的英国、德国、希腊等7个欧洲国家，也只派出了总人数仅为41人的代表团。除了上述欧洲7国，另外还有来自东道主美国以及古巴、加拿大、澳大利亚和南非的5个代表团参加，参赛总人数为584人，其中，美国的参赛运动员就占了533人。比赛中，美国凭借参赛人数多、实力雄厚等有利因素，独占了很多个比赛项目的冠、亚、季军，甚至在一些项目中，前6名都被美国人包揽。这届奥运会是一场以美国人为主角的运动会，也是现代奥运史上参赛国家最少、参赛人数最少的一届奥运会。

◎ 第一次在开幕式上放飞鸽群的奥运会

据《圣经·创世记》记载，上帝因为人类作恶多端，以天降洪水的方式毁灭世界，唯留挪亚一家以及世间各种动物进入挪亚方舟躲过了这一劫。40天后，挪亚放出一只白鸽查看地面洪水是否已经退去。几天后，白鸽口衔橄榄枝飞了回来，向挪亚报告了洪水退去的喜讯。此后，白鸽和橄榄枝便被人们当做了和平的象征。

1896年4月6日，第一届现代奥运会在奥林匹克发源地雅典隆重开幕。开幕式上，雅典奥组委首次将象征着和平的鸽子放飞到了空中，成群的白鸽在奥运会场上空盘旋，场面颇为壮观。1920年第7届现代奥运会在比利时的安特卫普举行。为了悼念、缅怀第一次世界大战期间，所有付出生命的协约国战士和战争中牺牲的东道主比利时奥运会参赛者，奥组委将寄托着人类和平愿望的鸽群放飞到了空中。此后，作为奥运会开幕式必不可少的一项活动，放飞鸽群的模式被历届奥运会所延用。2008年，北京奥运会在放飞白鸽这个环节极具创意，先由舞蹈演员用手做出白鸽展翅的动作，然后带领观众一起展翅飞翔。

◎ 世界上最早的奥运会邮票

1896年，第一届现代奥运会在希腊的雅典召开，为了筹措奥运会承办经费，希腊政府采纳了2名集邮爱好者的意见，拨款40万德拉马克给邮政部门，用以发行一套以古代奥运会为题材的纪念邮票。

这套邮票共12枚，分别印有古奥运会摔跤选手、掷铁饼者、雅典卫城和帕台农神庙等图案，整套邮票展示了古代奥运会的比赛竞技项目，传承了古奥运文化。1896年3月25日，伴随着希腊奥运会的开幕，这套具有纪念意义的邮票在全希腊发行。这套高于普通邮票价格数十倍的世界上最早的奥运会邮票很快被希腊民众预定一空，奥组委也在短时间内筹措到了成功举办奥运会的经费。

1920年第七届奥运会在比利时的安特卫普举行，奥组委将寄托着和平愿望的鸽群放飞到空中。

第九章
交通运输之最

—汽车与公路之最—

◎ 最早的汽车

18世纪的欧洲社会，人们的交通工具主要以马车为主。1770年，法国人尼古拉斯古诺将一个巨大的铜制锅炉安装在了一辆平板马车前轮上，制造出了世界上第一辆以机器为动力的蒸汽板车。为了增加锅炉内木柴燃烧产生的蒸汽所带来的动力，尼古拉斯古诺在锅炉外侧装上了两个与锅炉内部相连的活塞汽缸，通过两个汽缸的活塞交替运动，为板车提供了源源不断的动力。由于蒸汽机的体积庞大，不利于车体的操纵，尼古拉斯古诺发明的这辆板车在行驶了1000米之后蒸汽炉发生爆炸，车体严重受损。但是它的发明，却改变了人们以马为动力的交通工具状态。如今，这辆汽车界的先驱正陈列在巴黎的国家技术及机械品博物馆中。

◎ 最早使用汽油的汽车

1860年，法国人艾蒂安·勒努瓦在蒸汽机的基础上，研制出了以汽油为燃料，在发动机内部燃烧产生动力的汽油发动机。1886年，德国工程师卡尔·本茨将这种内燃机改良，减少了内燃机的冲程汽缸数量，从而缩小了内燃机的体积。他将这台小型内燃机安装在了一辆三轮车车架上，以曲轴舵柄控制车轮的旋转方向，制成了世界上最早具有现代意义的燃油汽车。

这辆汽车每小时可行驶16千米，总重量为254千克。1886年1月29日，本茨为他的这项发明申请了专利，这一天也被后人称为“现代汽

第一辆汽车

机动车的发明对世界的运输具有重大影响。过去缓慢的、颠簸的车辆被更加平缓的、安全的并且是更加经济的车型代替了。价格降了下来，制造的数量比过去任何时候都多。

最早的奔驰汽车

车的诞生日”。在这之后，本茨建立了汽车制造厂，并生产出著名品牌汽车——奔驰汽车。如今，本茨发明的燃油汽车正完好地陈列在德国慕尼黑科技博物馆中，它仍然可以被发动使用。

◎ 最早的公共汽车

公共汽车在人们的生活中起着举足轻重的作用。它缩短了人们出行地与居住地的距离，弥补了火车依轨道到达目的地的不足。

1825年，法国西北部一位公众浴场的老板在向市区内来浴场洗澡的客人们提供四轮马车接送服务时发现，从市区到浴场的沿途中很多人都可以乘坐他的马车。于是他便开办了一条穿梭于旅馆之间的客车路线，这样不仅方便了市民，还为他赚得了不少利润。于是他便办起了马拉公车客运服务，这种马拉公车便是公共汽车的雏形。

1827年，英国的嘉纳公爵将蒸汽机应用在了马车上，制造出了一辆如大箱子一般的蒸汽公共汽车，这辆蒸汽公共汽车相比马拉公车来说，更加舒适快捷，能容纳18人的公车可以以每小时19千米的速度将客人送达目的地，这也是世界上第一辆营业性的蒸汽公共汽车。

◎ 最贵的跑车

1909年，意大利人埃多尔·布加迪在德国创立了布加迪公司，它以生产运动跑车和高级豪华轿车为主，是世界著名的老牌运动车品牌之一。1956年，意大利工业家罗曼诺·阿蒂奥利购买了布加迪商标权，停产了5年的布加迪汽车再次在意大利、法国、德国等地建厂生产。如今，布加迪商标所有权已归德国的大众汽车公司。布加迪所生产的跑车以做工精湛、性能卓越称霸运动车品牌。

2001年，布加迪公司展示了一辆EB16-4 Veyron型概念车，它打破了传统车型的束缚，在速度上更胜一筹，它的宣传口号为“以速度快，马力强成为跑车的贵族”。经过研制与改装，几年之后，马力为1001匹、时速在407千米/小时的EB16-4 Veyron型跑车以百万欧元的售价呈现在世人面前，它也因高额的售价成为世界上最昂贵的跑车。这辆跑车同时也是二氧化碳排放量最大的汽车，每行驶千米二氧化碳排放量为571克。

◎ 最畅销的跑车

马自达公司自1920年创立以来，短短几十年内，便跻身于日本知名品牌汽车前三甲之列。通过改良发动机装置，马自达公司生产的汽车发动机具有了工作平稳、油耗低、废气排放量少的特点。因而，在汽车消费市场上，马自达公司推出的汽车一直很受消费者青睐。1989年～1998年间，由马自达公司生产的MX5双座敞篷跑车全球累计销售量为492645辆，创造了世界最畅销跑车的世界吉尼斯纪录。MX5型跑车除了拥有性能良好的发动机之外，经典跑车的独特设计外形以及30万元以内的售价，也是使它成为跑车爱好者的宠儿的重要原因之一。

2002年，又一款马自达经典车型M6投放市场，短短两个月内，它在日本本土的销售量就突破了1万辆的数额，在欧洲市场上也突破了3.6万辆的大关。由此可见，马自达公司所生产的跑车的受欢迎程度。

◎ 最贵的轿车

英国的劳斯莱斯汽车公司所生产的汽车一直被誉为汽车王国最雍容华贵的代表。劳斯莱斯汽车公司生产的汽车无论从款式上，还是从造价上，都堪称汽车界的翘楚。

1907年，英国劳斯莱斯汽车公司推出了一款Rolls-Royce Silver Ghost银灵轿车，这辆单价1.8亿美元的豪华轿车一经推出，立即在汽车界引起了轩然大波。它曾是英国女王的御用专车，

高贵典雅的劳斯莱斯轿车

也是爱车一族所推崇的车中珍品。在这款汽车推出的第二年，它被评为“世界上最好的轿车”，同时它也是世界上最贵的轿车。1925年，这款售价昂贵的轿车停止生产。

◎ 最节油的汽车

1994年，日本本田公司汽车科研小组研制出了一辆轻型节能汽车，这种汽车仅重28千克，在向世界展示这辆车的性能试验中，这辆小型汽车行驶了3000千米，却仅用了1升汽油，是普通家用型汽车耗油量的1/200。本田公司推出的这款车改良了车体发动机装置，以一个排气量仅有0.043升的单缸发动机作为汽车的源动力。从而，大大减少了汽油的消耗量，这台轻型汽车因此而成为世界上当之无愧的最节油的汽车。

◎ 最重的轿车

前苏联生产的吉尔—41047式高级轿车重为3.335吨，轴距为3.88米，它是近年来所制造的最重的轿车。

比它还重的是扩展型吉尔轿车。它的关键地方有75毫米厚的不锈钢防弹层。因此，它有6吨重。因为它有8缸、7升发动机，它的耗油量也很大。这种最重的轿车一年只生产2～3辆。到1991年12月为止，这种车一直由前苏联最高领导人使用。

◎ 最长的汽车

2005年5月，美国加利福尼亚州伯班克市杰·奥尔伯格设计了一辆高级轿车。这部车里有个特长的水垫床，还有一个带跳板的游泳池。这部车有26个车轮，30.5米长。这样大的车不但可以如普通汽车那样平稳行驶，还可以用中部弯曲的方法驾驶。它是最长的汽车。还有一辆名为“卡迪拉克好莱坞之梦”的高级轿车有20.73米长，共22个车轮。为了让这些车不但长而且能在别的方面胜过同类产品，设计者们在辅助设备上也狠下了一番工夫。这部“卡迪拉克好莱坞之梦”里有个小型高尔夫球场，6部电话，一套卫星天线和直升机降落缓冲垫。

◎ 畅销时间最长的汽车

自1909年摩根汽车公司创立以来，它们生产的汽车一直以最原始的老爷车设计为蓝本，以纯手工装配方式，低生产量的理念制造一代又一代的摩根汽车。尽管摩根汽车的生产不断地注入现代技术，以及时尚的艺术风格，但是其设计仍不失经典“老爷车”的典范。

在摩根汽车款式中，具有绅士派头的“摩根4/4”是一款纯手工打造的汽车艺术珍品。1936年，它的出现改变了摩根汽车公司只生产三轮汽车的现状，开启了摩根公司生产四轮轿车的历史。由于这款汽车拥有四个汽缸，又是第一辆四轮汽车，摩根公司便将其命名为4/4。尽管不似现代跑车一般拥有先进的全球定位系统及导航系统等设施，但是摩根4/4却以奢华古朴的原始造型，100%的实木材料制成的驾驶舱，以及复古的皮质敞篷等设计赢得了消费者的青睐。如今，摩根4/4汽车已经走过了73个年头，但是

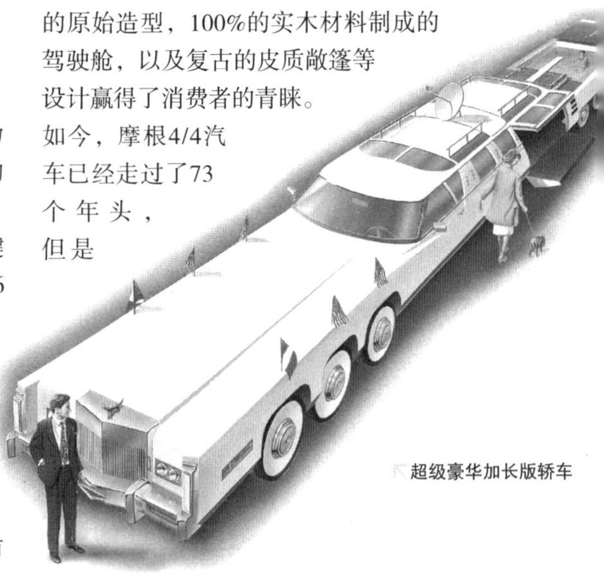

超级豪华加长版轿车

目前，摩根公司生产的4/4型汽车仍有6 8年的汽车订货单，是世界上销售时间最长的汽车。

◎ 最快的流线型汽车

1997年，安迪·格林驾驶英国喷气式SSC发动机驱动的汽车驰骋在美国内华达州黑岩沙漠上。他以超音速的速度行驶，最高时速能达1227.985千米，刷新了最快的陆地行驶速度纪录。这辆汽车中两个劳斯莱斯“斯佩”系列205号喷气式引擎发挥了重要作用，使其速度超过了喷气式飞机。SSC发动机以最快的传统发动机驱动的汽车——1998年产的麦凯伦F-1赛车——3倍以上的速度运行。

↗ 超音速推进号汽车（Thrust SSC）的设计可使轮胎不离开地面，因此不至于使汽车变成飞车。

◎ 污染最小的汽车

传统的汽车用汽油驱动，污染非常严重。太阳能汽车是解决这一污染问题的一个好办法，但它仍处于试验性阶段。与工程师们正在研究的其他主要能源相比，太阳能终将被证实是“出类拔萃”的。目前这些主要能源包括电池、燃料电池、天然气、氢气和储存在飞轮中的能量。在消除汽车污染方面，美国的加利福尼亚州走在世界前列，该州的目标是将来把“无排放车”开上马路。这种车多半会用电池驱动。有人对此持批评态度，认为这样不过是把污染从汽车道上转移到了生产给电池充电的发电厂而已。然而不管怎么说，它所产生的污染还是比传统的汽车少。

◎ 最古老的劳斯莱斯汽车

劳斯莱斯汽车公司生产的汽车一直是华贵的象征。2007年10月17日，英国伦敦的宝龙拍卖行里，一款制造于1904年的老式两座劳斯莱斯汽车，以352.15万英镑的价格成功竞拍，创造了老爷车拍卖史上价格最高的世界纪录。

这辆距今已有107年历史的老爷车，是劳斯莱斯汽车公司成立后生产的第4辆汽车。这台车号为U44的老式汽车，发动机的功率为10马力，至今仍然可以在路上行驶。它曾经三易其主，自1950年之后，一直作为珍品被汽车爱好者收藏着。

◎ 最早的能潜水的汽车

2008年3月6日，在瑞士的日内瓦车展上，一辆由瑞士著名的超级跑车制造商rinspeed制造的sQuba跑车吸引了世人的目光。这是一辆造型别致，整部车身仅重920千克，完全由纳米碳纤维制成的轻型跑车。能够引起观展人士为之惊叹的，不仅因为它的设计特别，更为重要的是它打破了汽车只在陆地上行走的界限，成为世界上第一辆能够潜水的汽车。

除了汽车车身所用的材质有利于水下航行之外，在汽车的尾部，装有三个电动引擎。在陆地行走时，其中一个引擎便可提供动力，其他两个引擎则是专门为潜水而设计。当按动这辆潜水汽车内部的控制按钮后，它便可以潜到深达10米的水下，在车尾两侧的2个螺旋桨推进器和喷气式推进器推动下，无需驾驶员操作，sQuba便可以自动航行。驾驶员和乘客也无需担心潜水后的呼吸问题，车内设置的水中呼吸器会源源不断地制造氧气。不但如此，它还拥有“零排放，零污染”的环保特点。

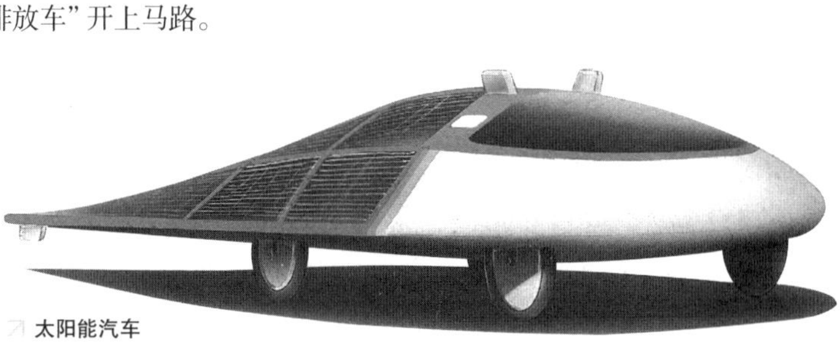

↗ 太阳能汽车

有“公路列车”之称的重型卡车

◎ 世界上最早的坦克引擎汽车

世界上第一辆坦克引擎汽车名为“M-47 Patton”。它是一辆由坦克的引擎装置改装过的汽车，在重达4536千克的30升V12燃料箱驱动下，它的最大功率可达到990马力。尽管它的个头庞大，但是它却是一款耗油量很低的汽车，平均每行驶100千米仅消耗汽油20多升，与同马力的其他引擎车型相比，它的汽油消耗量则要节省得多。

在这款M-47 Patton之前，汽车爱好者也曾改装过坦克引擎汽车，但是由于技术及设备的不完善，并没有一辆真正意义上能够驾驶的坦克引擎汽车出现。因而，这辆重型M-47 Patton汽车的出现，无疑填补了坦克引擎汽车史上的空白。

◎ 世界上最早的八轮皮卡汽车

皮卡汽车是一种车头为轿车车头，车厢为货车车厢的客货两用轻型汽车。它既满足了驾驶员驾驶室舒适的要求，又弥补了大型载运货车受路面限制的不足，是一款生活实用性很强的汽车。在皮卡市场上，最常见的皮卡汽车便是双排四轮汽车。

世界上最早，也是唯一一辆八轮皮卡汽车是由日本五十铃汽车公司生产的。这辆八轮皮卡汽车并非五十铃汽车公司原厂生产的，它是在原有皮卡汽车的基础上改装而成的，它采用了V8引擎动力，车盘底座贴近地面。与其说它是一款客货两用皮卡，不如说它是一款经过改装的加长林肯。

◎ 世界上最早的吉普车

1940年，美国政府在全国135家汽车公司中，发出设计生产一种全轮驱动、低身侦察车的邀请。作为一种军车设计方案，全国汽车行业开始了这项活动的竞标。1940年9月23日，一辆由美国宾夕法尼亚州班特兰公司下属的班塔姆汽车公司生产试制的汽车开进了位于美国马里兰州巴尔的摩市的军需采购营。这辆汽车样品按照政府要求，驱动力是同类车的3倍，时速可达到104.6千米，最为重要的是它具备了军车适应战地地形复杂、爬坡能力强的特点。因为这种车发动时所发出的声音与漫画家施格作品中的一种鸟所发出的声音类似，于是人们将车以鸟叫的声音命名为“吉普”。这辆“多用途”军车样品便是世界上第一辆吉普。

1944年，“吉普”车成为二战中指挥官的主要坐骑。棱角分明、动力十足的“吉普”也因此被更多的人知道。

◎ 世界上最早的出租车

现代城市里跑着很多招手即停的出租车。事实上，在汽车发明之前就已经有出租车了。世界上最早的出租车是马车。据史料记载，最早在1588年就出现了这种承揽出租业务的四轮马车。1620年，伦敦出现了第一家四轮马车出租车队，尽管整个车队才有四辆马车，但是车夫们穿着统一订做的制服，行驶于街道上还是引来了众人的关注，这一行业开始迅猛发展起来。1654年，英国议会已经颁布了出租马车管理的法令，并给出租马车主发放营业许可证。

直到1897年，世界上第一家出租汽车公司才在德国斯图加特成立。随着汽车工艺的日趋完善，它很快取代了马车的地位。

◎ 世界上最大的自动风洞装置

风洞装置是一种制造气流的装置，用于运动模拟检测飞机、航空器、汽车、高楼等在承受风或水等压力的情况下所面临的问题，以达到改进和完善物体外形以及材料应对实际境况的目的。

2003年3月，美国通用汽车公司在位于密歇根州的空气动力学试验室中，研制出了世界上最大的一台自动风洞装置。据通用汽车的技术人员透露，他们所研制的这台自动风洞装置是专门为未来的汽车设计而研制的，在其4500马力的电动马达动力下，5片直径长达13.11米的巨型叶片可产生飓风般的风力。

◎ 最早的高速公路

据《史记》记载："三十五年（公元前212年），除道，道九原，抵云阳，堑山堙谷，直通之。"书中所载的"道"便是世界上最早的高速公路——秦直道。公元前212年　公元前210年，大将蒙恬奉秦始皇之命，监督修建了一条南起京都咸阳云阳林光宫（今淳化县梁五帝村），北至九原郡（今内蒙古包头市西南孟家湾村）的重要军事要道。这条与秦始皇陵兵马俑、万里长城相媲美的军事要道一半建在草原沙漠之上，一半建在半山坡上，全长70多万米，主干道宽度在60米左右，可以并排行驶12辆大卡车。如今，部分秦直道遗迹已经被列为陕西省重点文物保护单位。在内蒙古鄂尔多斯草原上，秦直道的遗迹也依然清晰可见。

◎ 世界上单一国家内最长的公路

世界上单一国家内最长的公路位于俄罗斯境内。它全长8500多千米，起于俄罗斯首都莫斯科，几乎横跨了俄罗斯的欧陆地带，穿过乌拉尔山，途经西伯利亚中部茂密的森林，临贝加尔湖南岸，又延伸至中俄边境，最终与太平洋沿岸的海港城市符拉迪沃斯托克相连。

◎ 拥有高速公路最多的国家

美国是世界上拥有高速公路最多的国家。作为现代交通最繁忙的运输体系，美国8.8万千米的高速公路，承载着全国约16%的交通运输量，其高速公路总长度占世界高速公路总长度的一半之多。

美国高速公路建设资金投入的比例为联邦政府的3%，州政府的19.6%，地方县市的

古罗马的道路

没有任何一项古罗马的工程建筑成就能够与他们的道路体系相比较。古罗马人在公元前334年开始建造道路，此后，帝国迎来了一个道路建设的高峰期，他们铺设了8.5万千米以上的道路，包括著名的穿过意大利的长达660千米的亚壁古道。

当时，大部分道路都是很简陋的、颠簸不平的泥土路，冬天会因为泥泞而无法通行。相反，古罗马人建造的是平滑的、有坚硬表面的道路，如笔直的箭一样穿过沼泽、湖泊、山谷和山坡。有了这些路，他们的士兵能以令人惊奇的速度在整个帝国以内任意穿梭。

古罗马的道路

甚至到了今天，世界上很多地方的路在恶劣的天气下仍可能变得无法通行，但是古罗马人建造的路一年四季都能通行。他们在河道上建立了坚固的石桥，他们把道路建立在地面的高处以便于能够抵挡洪水对于堤坝的冲击。他们甚至在路中嵌入凹槽，以便于污水的排泄。

77.4%，平时维护费用主要由州政府负责。每条高速公路的评估、规划，都要经过一系列的专家部门经过实地考察协商，然后进行个性化方案竞标，最后融资修建。目前，美国已经完成了以州际为核心的高速公路网，连接了所有5万人口以上的城市，不仅缓解了道路交通的压力，而且为人们的出行提供了快捷的服务。

— 火车与地铁之最 —

◎ 最早的火车

法、德交界处的矿井在18世纪初开始使用有轨马车。

1781年瓦特改良了蒸汽机，这种蒸汽机首先应用于矿井的排水泵上。与此同时，人们也在考虑如何在交通工具上使用，变成动态机械。可是蒸汽机的小型化、气缸的排气、使车轮在轨道上不打滑、锅炉的通风等问题都没能得到解决，因而，用蒸汽机为交通工具提供动能的想法迟迟不能实现。

经过多次的研究，英国人里查·特里维西克终于在1804年制造了一台有单一气缸和一个大飞轮的蒸汽机车，这台蒸汽机车牵315个车厢，行驶时速达8千米，这是在轨道上行驶的最早的机车。因为它所使用的燃料是煤炭和木材，人们就把它叫作“火车”了。

◎ 最早的电动火车

1879年5月31日，世界上第一台由外部供电的电力机车和第一条窄轨电气化铁路在柏林的工业博览会上展出。这台电力机车名叫“西门子”，它的重量不到1吨，只有954千克，车上装有3马力直流电动机。在车身很小的机车上，没有驾驶台，靠前轮的地方装有操纵杆和刹车，司机只能骑在车头上驾驶。

这台机车采用电作动力，没有烟产生，因而引起了人们的极大兴趣。但是，电力机车在1881年才正式进入运输的行列。在柏林郊外，铺设了电气化轨道。

现在，在慕尼黑德意志科技博物馆内陈列着这辆电动火车。

◎ 最早投入商业运营的磁悬浮列车

举世瞩目的中国上海磁悬浮列车线是世界上最早投入商业运营的磁悬浮列车线。这条磁悬浮列车线于2002年12月31日首次试运行，这次试运行全程共30千米，单向运行约8分钟。上海磁悬浮列车一次载客量为959人，每小时可发车12列。该车由一名中国司机驾驶。他在几个月之前曾到德国埃姆斯兰的线路上接受过培训，并对上海磁浮列车线的整个运营过程进行过模拟训练。

上海磁悬浮列车线不仅是世界上最早投入商业运营的磁悬浮列车线，同时也是中德两国友好合作的结晶。2002年9月，工作人员开始对

↗ 西门子电力机动车首次运行时的情景

磁悬浮列车线作调试工作。当时让磁悬浮列车在轨道上稳稳地“浮”起来是亟待解决的一个大问题。为此，中方专门邀请了德国磁悬浮试验线TVE的专家到上海帮助主持调试。10月底，上海磁悬浮列车的时速顺利达到200千米，并一步步向最高时速430千米前进。

德国方面的专家在对上海磁悬浮轨道梁进行的检测中，表示“工程质量相当好”。同时，目前的列车时速也相当顺利地超过400千米。

◎ 最早的无人驾驶的城市轻轨列车

2002年，世界上首辆无人驾驶的城市轻轨列车亮相于威尔士的加的夫港市。这辆世界上独一无二的无人驾驶城市轻轨列车是由布里斯托尔大学的马丁·罗森教授发明的。由于列车具有行驶所用的轨道较窄、电池供电节能环保、计算机控制准确安全等优点，因而在列车的科研以及实验阶段得到了加的夫市政府的大力支持，它的出现缓解了城市交通道路拥挤的现象，弥补了地面空间不足的缺陷。乘客不仅可以享受列车高速运行所带来的便捷，还可以领略高速运行列车之外的美丽风光。

◎ 速度最快的磁悬浮列车

1922年，德国工程师赫尔曼·肯佩尔提出了电磁悬浮原理，这个原理的提出为日后磁悬浮列车的发明奠定了理论基础。1934年，肯佩尔为他的这项技术申请了专利。1971年，世界上第一辆磁悬浮列车在德国诞生，随着磁悬浮技术的不断完善，1979年，第一批客运磁悬浮高速列车在德国运行，从此地面列车进入了“航空速度”的时代。

目前，世界上最快的磁悬浮列车是由日本制造的，相较之前同样是日本创造的时速为579千米的磁悬浮列车，这辆实验磁悬浮列车的时速要快出2千米，时速为581千米，创造了一项新的磁悬浮列车速度世界之最。

运行中的磁悬浮列车

◎ 海拔最高的铁路

2006年7月1日，一条横贯“世界屋脊”的铁路干线——青藏铁路全线通车。青藏铁路东起青海省西宁市，西达西藏自治区首府拉萨，全长1956千米。其铁路工程修建分两个阶段进行，其中，西宁至格尔木段铁路全长814千米，于1979年铺设完毕，1984年正式运营；格尔木至拉萨段总长1142千米，竣工于2006年6月29日。

青藏铁路有近50%的路段平均海拔高度在4000米以上，铁路途经地区最高点海拔为5072米，最低点海拔高度也在2000米以上。它克服了高寒缺氧、多年冻土等多项难题，被誉为铁路建筑史上的“奇迹”，是名副其实的世界上海拔最高的铁路。

◎ 海拔最高的火车站

青藏铁路的建成创造了很多项世界之最。2004年8月建成的唐古拉车站便是其中一项，它创造了海拔最高车站的世界纪录，作为青藏铁路全线最高处的中间站，它的海拔高度为5068米。车站坐落在唐古拉山垭口多年冻土层上，为了保障车站内部的温度，运营后的车站采用太阳能、风能、电能等节能环保方式取暖。除此之外，建筑用料上也以防冻耐寒材料为主。其站内装修一般采用防磁材料、泡沫玻璃、轻基料混凝土等材料。

这座占地面积为7.7万平方米的车站属于客货两用的综合性车站，其站内设计为三股轨道模式。为了使火车站的建设与唐古拉山的自然风光相得益彰，铁道部经过考察选址，最终将站台建在了可以望见唐古拉主峰的地方，因而，它的建成为青藏铁路增添了一道亮丽的风景线。

◎ 世界上面积最大的火车站

2008年8月，位于北京市崇文区永定门外的北京南站，经过改造重新开通运营。改造后的北京南站占地总面积为49.92万平方米，是世界

↗ 北京南站

上面积最大的火车站。

北京南站的建筑总面积为42万平方米，建筑形态为椭圆形的车站分为地上两层和地下三层，共设有13座站台，24条到发线以及3个客运车场。据铁道部预测，2015年北京南站的年客运量将超过105亿人次。

北京南站拥有先进的设备和仪器，其建筑主体采用钢结构，主站房与顶端的雨篷总耗钢量高达6.5万吨。在钢结构的雨篷上，设置有总功率可达350千瓦的太阳能节能环保电池板，负责提供北京南站的站内用电。

◎ 客流量最高的火车站

新宿区是东京乃至整个日本最著名的繁华商业街，它位于东京市区内中央偏西地带，以新宿车站为中心，周边坐落着政府行政中心以及许多商业大楼。作为日本东京新宿区最主要的火车站，新宿车站的铁路运营者包括JR山手线、JR中央本线、JR总武线、小田急电铁、京王电铁、东京地下铁及都营地下铁等。它是世界上客流量最大的火车站，仅JR路线每日的进站人数就高达151万人，是所有线路中客流量最大的一支。除此之外，其他线路机构的客流量每天也可达347万人次之多。

◎ 拥有站台最多的火车站

1903年，美国铁路大王范德比尔特出资建造了一座纽约地标性建筑——纽约中央火车站。这座车站于1913年正式通车运营，它不仅是纽约最繁忙的火车站，还是一座富丽堂皇的公共艺术馆。整座候车大厅呈现法国巴黎歌剧院的建筑风格，圆形拱顶上是一幅拥有2500多颗星星的黄道12宫图，在灯光的照射下，熠熠生辉。车站内有一条通往华尔道夫旅馆的暗道，还有一个供接送亲友的人们拥抱接吻的“吻室”。其站内采取分道式方案，分为两层的铁路共拥有44个站台，67条铁轨，是世界上拥有站台最多的火车站。纽约中央火车站每天承载了500班列车的进站离站，50多万人次的进进出出。

◎ 最早的运营铁路

1825年9月27日，英国人史蒂芬孙驾驶着他发明的“旅游”号蒸汽机车，从斯托克顿开始了前往达林顿的行程，这条斯托克顿至达林顿的铁路是由史蒂芬孙亲自指挥修建的，全长27千米，是世界上第一条营业铁路。它的建成开通，开创了营业铁路的新纪元。

铁路试运营当天，史蒂芬孙驾驶着挂有12

节货车和22节客车的蒸汽机车在前方开路，载满了煤炭和面粉以及450名乘客的蒸汽机车以平均13千米/小时的速度沿着铁轨前进，并在沿途停靠，卸载乘客和货物。尽管中途也发生过脱轨事件，但是历经8个小时后，“旅游号”终于到达了达林顿。与它同时运行的还有四辆由马匹拖拉在轨道上行驶的货车，但是其速度要明显比这辆有轨蒸汽机车慢数倍之多。

◎ 拥有最短铁路的国家

梵蒂冈是世界上面积最小的独立主权国家。在其境内，有一条全长仅为860米的铁路，这是世界上总长最短的铁路，梵蒂冈也因这条铁路成为世界上拥有最短铁路的国家。

铁路归属于梵蒂冈教皇委员会行政区货物办事处管理，车站拥有员工10余名。自1992年建成以来，这条铁路只运载过一次乘客，之后便以运送货物为主。

◎ 世界上最长的铁路

位于莫斯科的西伯利亚铁路始建于1891年，于1904年7月13日正式建成通车，全长9332千米，是世界上最长的铁路。

19世纪末，为了发展经济，实现堪与英美日等国相抗衡的强大工业大国，沙皇政府将目光投向了具有重要战略地位的西伯利亚地区。于是，政府决定修建一条横贯西伯利亚，连接从莫斯科，经过萨马拉、车里雅宾斯克、鄂木斯克等重要城市，最终到达濒临太平洋的海港城市海参崴的铁路路线。由于修建铁路具有重要意义以及地理形态具有复杂性等原因，沙皇皇储尼古拉亲自出任“西伯利亚大铁路特别管理委员会”主席，监督并指导铁路的修建。修建好的铁路跨越了莫斯科到海参崴的8个时区，为俄罗斯的工业、经济发展打开了一条黄金通道。

◎ 最大规模采取BOT模式的铁路

连接中国台湾省台北与高雄两市之间的台湾高速铁路，是目前世界上最大规模采用BOT模式的高速铁路系统。BOT是“兴建、营运、移转”的英文缩写，指的是一种基础设施投资、建设，经过政府审核批准，允许私营机构在一定时期内筹资建设的经营模式。

台湾高铁启动兴建于1998年，由于号志系统整合、试车进度大幅度落后，台湾高铁将预计的2005年10月31日正式通车日期延后了一年。这项工程总成本约为5000亿元新台币，路线全长345千米。主要负责兴建、运营的单位有台湾高速铁路股份有限公司，其中的大股东有大陆工程、长荣集团长鸿建设、太平洋电线电缆等。在台湾省“交通部高速铁路工程局”的计划、监督下，这项工程从建设之日起，参与兴建的单位事业发展用地的特许期限为50年。

◎ 最快的客运火车

世界上速度最快的客运火车是法国TGV高

1825年，以蒸汽作为动力的火车与马拉车进行了人类历史上的第一次较量。

法国TGV高速列车在运行中

速列车。

作为高速列车的领跑者，法国一直致力于火车提速的研究上。1990年，法国TGV高速列车曾创下515.3千米/小时的世界纪录。经过多年的研发，法国的高速铁路运输系统正在不断完善，法国开发的高速客运列车技术也被其他国家争相购买，并投入生产运营。

2007年，新研制开发的流线型设计TGV高速客运火车“V150”在法国问世。经过测试，它最高时速可达574.8千米，从而创造了新的纪录。“V150”在保留了传统高速列车的设计风格的同时，为列车配备了强大的发动机系统，并将车轮安装在了旋转轴架上，这就增加了列车在轨道上行驶的灵活性，从而提高了列车的运行速度。

◎ 最早的地铁

1863年，在英国伦敦建成了一个长为6千米的地铁，这是世界上最早建成的地铁。当时用来牵引机车的还不是电动机车，而是将隧道里弄得烟雾缭绕的蒸汽机车。尽管环境如此恶劣，仍挡不住人们的好奇心，大家都抢着去坐地铁。所以在那一年，这个地铁就运载乘客达950多万人次。

◎ 最深的地铁站

位于俄罗斯首都莫斯科西部俯首山为纪念前苏联卫国战争而修建的胜利公园旁的地铁站，是莫斯科的第165个地铁站，始建于1980年，之后由于资金短缺，工程建设一再拖延，直到2001年重新开工。这一地铁站距离地面达90米，运送乘客下到站台的自动扶梯长达126米，乘坐自动扶梯从地铁入口到站台需要近3分钟。这一地铁站每天的客流量达到5万人次。是目前世界上最深的地铁站，于2005年5月6日投入运营。

◎ 速度最快的地铁

根据吉尼斯世界纪录，世界上速度最快的地铁是美国旧金山地铁，它是当前世界上最新、最现代化的地铁，也是世界上列车运行速度最快的地铁，时速高达128千米/小时，为世界地铁列车的高速冠军。

◎ 客流量最高的地铁

东京是亚洲最先开通地铁的城市。目前，东京地铁线路总长度位居世界第四。在其总长约292.4千米的地铁线路中，共设有214个地铁站，13条地铁线路。

东京地铁以每年28.19亿人次的客流量稳居

维多利亚时代的伦敦人正在新建的地铁站内等待地铁列车。

拥挤不堪的东京地铁

世界地铁客流量首位。这里汇集了私营铁路与地铁线路相交汇的很多大型转运站，服务范围涵盖了东京都、神奈川县。

地铁是半数以上的人出行选择的主要方式，因而也造就了东京繁华的“地下生活”景观。

◎ 拥有车站最多的地铁

在美国纽约市百余年的地铁景观中，新老交融是它独具特色的风格之一，它还是世界上最有效率的地铁系统的代名词。为了适应高客流量以及到达目的地不一的需求，在其全长370多千米的地铁线路上，共设有26条线路，6400多节车厢，468个地铁站，是目前世界上拥有车站数量最多的地铁。地铁是纽约市交通运输中，最繁忙的运输方式之一。每天，有近450万人来往于纽约市的5个大区之间。

— 空中交通之最 —

◎ 最早的滑翔机

滑翔机是一种没有动力装置，从高处起飞，主要利用气流所产生的托力，在空中滑翔的飞行器。据史料记载，在我国的南北朝时期，便有风筝载人滑翔于空中的行为，这种载人的风筝便是滑翔机的雏形。

1801年，英国空气动力学家乔治·凯利根据风筝和鸟的飞行原理，用了8年时间，制造出了世界上第一架滑翔机。这是一架以竹子为骨架，布料为架身的类似鸟翅膀的装置，由于没有操作系统，人身体要悬在滑翔机的下面，所以极其不利于控制。在凯利试飞行几米远之后，滑翔机被撞毁。在凯利之后，德国土木工程师利林塔尔也曾致力于滑翔机的研究，并于1891年制造出了一架有固定滑翼的滑翔机，这架滑翔机带着利林塔尔创造了滑翔90米并安全着陆的世界纪录。

世界上第一架具有现代意义的滑翔机诞生于1914年，由德国人哈斯研制而成。从此，滑翔机在运送物资等生活领域起着举足轻重的作用。

◎ 最早的热气球

热气球是以风为动力，利用速度和方向适宜的高空气流进行高空飞行的一种航天器。在古代的中国，热气球被人们称为“天灯”“孔明灯”。史料中也有关于蒙古人使用天灯作为传递军事讯号的工具的记载。

18世纪，一只具有现代意义的载物热气球在法国诞生。1783年，法国造纸商蒙戈菲尔兄弟受炉火中碎纸屑不断升腾的启发，经过反复试验，研制出了一种能够收集热气，并随着气流不断上升的热气球模型。6月4日，蒙戈菲尔兄弟将这种实验模型，扩制成了一个圆周为38.48米，载乘了鸡、鸭等家畜的实验性热气球，并在法国里昂安诺内广场上空创造了成功飞行2.4千米的世界纪录。同年11月21日，蒙戈菲尔兄弟改进后的热气球首次完成了空中航行25分钟的载人实验。从此，热气球进入了载人航空飞行器的行列。

◎ 最早的飞艇

飞艇是一种装有推进器和控制装置，利用气舱内小于空气密度的氢气或氦气飞行于空中的航天器。它是在热气球原理的基础上，改进研制而成的。

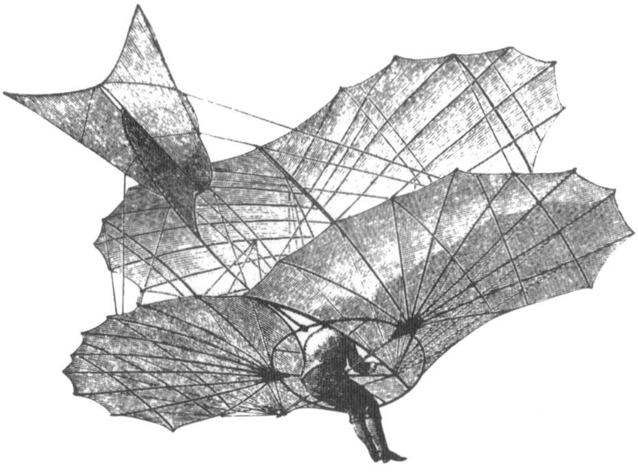

最初的悬挂式滑翔机

19世纪90年代，莱特兄弟在飞行中控制飞行器的观念被奥托·利林塔尔的先驱式的技艺，例如悬挂式滑翔机超越了。但是很不幸的是，利林塔尔在1896年的一次飞行事故中丧生。

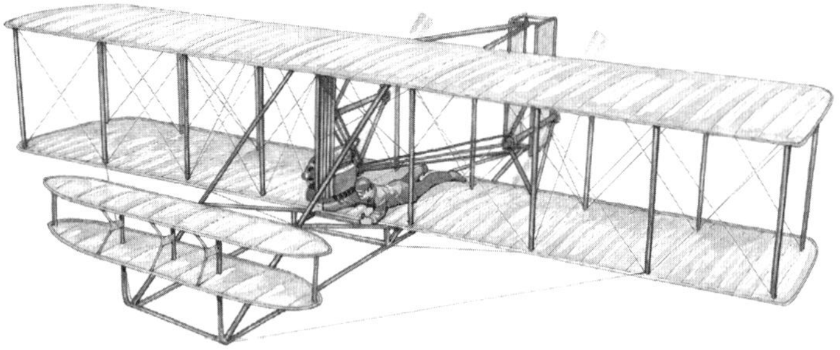

莱特兄弟发明的飞机

1851年，法国工程师亨利·吉法尔制成了一架长44米，直径为12米的橄榄型飞艇。这架飞艇以一台3马力的蒸汽驱动机、一副三叶螺旋桨为动力装置，丝绸为主材料的软式气囊下面，设有一个操纵方向的风帆。1852年9月24日，吉法尔在巴黎的马戏场搭乘这架世界上第一艘飞艇，以每小时8千米的速度完成了飞行27千米的表演，同时也开启了飞艇载人航行的新纪元。随着内燃机的问世，以及飞艇气囊内部设计的不断改良，飞艇的飞行速度以及稳定程度也在不断提高。

◎ 世界上最早的动力飞机

1896年，德国航空先驱奥托·利林塔尔驾驶自制飞行器坠毁身亡。1903年初，美国权威科学家西蒙·纽康曾发表文章声明，机动力量应用于航天飞行是不可能的事情。尽管如此，美国的莱特兄弟仍然在众人的怀疑目光中，根据滑翔机利用高空气流飞行的原理，于1903年，制造出了世界上第一架有动力飞机“飞行者1”号。

在风洞实验室中经过反复试验后，12月17日，莱特兄弟驾驶着这架装有25马力的轻型引擎的有动力飞机在北卡罗来纳州基蒂霍克海滩上，成功地飞行了4次，其中最远飞行距离为259.08米，持续时间长达1分钟之久。

◎ 世界上最早的直升机

1907年，法国发明家保罗·科尔尼在法国少校勒纳尔设计的无人驾驶直升飞机模型基础上，研制出了世界上第一架直升飞机——“飞行自行车”。这架直升飞机总长6.2米，重260千克，装有一台24马力的发动机，驱动两副直径各6米的螺旋桨。1907年11月13日，科尔尼亲自驾驶他的“飞行自行车”垂直升空，并在离地30厘米的高度悬停了20分钟。但是由于操作系统不完善，直升机无法继续升空或向前飞行。多数航空史学家认为科尔尼的“飞行自行车”是人类历史上第一架直升机，并把这一天确定为直升机的诞生日。

1930年，西科尔斯基弥补了直升机操作系统中的漏洞，完善了机体垂直飞行和前飞的装置，从而改变了直升飞机升空后不可操作的现实。1938年，德国姑娘汉纳赖奇驾驶着一架双旋翼直升机在柏林体育场试飞成功。这是第一种试飞成功的直升机。

◎ 世界上最早的太阳能飞机

太阳能动力飞机是一种以太阳辐射作为能源动力的新型环保节能飞机。通常情况下，太阳能动力飞机的动力装置系统由太阳能电池组、直流电动机、减速器、螺旋桨和控制装置组成。它的机翼面积相较于其他种类的飞机要大出许多倍，这是为了满足铺设太阳能电池板的需要而特别设计的。

1974年，美国飞行员拉里·莫罗驾驶着自己制造的一架小型太阳能飞机“太阳高升”号在加利福尼亚的费拉博布机场腾空而起，这架重量仅为57千克的太阳能飞机两个机翼上，总共

1981年，轻型太阳能动力“太阳挑战者”号飞机飞越英吉利海峡。

装有500个太阳能光电池。在历时一分钟的航行中，“太阳高升”号在12米的高度上持续飞行了800米的距离。它是世界上第一架太阳能飞机，也是第一架成功载人飞行的太阳能飞机。

1981年，美国的史蒂夫·普塔塞克驾驶着“太阳挑战者”号成功地飞越了英吉利海峡。人类在太阳能飞机的研发上，又向前迈进了一大步。

◎ 世界上最早的干电池动力飞机

2006年7月16日，由东京工业大学与松下电器联合研制而成的干电池驱动飞机在本田汽车公司的私人机场试飞成功。它是世界上首架以常规干电池为动力的载人飞机。

从2006年1月起，日本东京大学与松下电器公司便开始着手干电池动力飞机的研发工作，经过不断地实验与改良，最终制成了这架机翼长31米，外形类似滑翔机的单座干电池动力飞机。飞机以2004年松下电器推出的160节AA Oxyride氢氧电池为动力。在试飞过程中，飞机在空中停留了59秒的时间，并在5.2米的空中飞越了391米的距离。

◎ 最大的客机

空客A380客机，于2005年4月底成功地降落在法国图卢兹机场。这标志着世界最大的客机首次试飞获得了圆满成功，世界航空领域向前迈进了一大步。

空客A380客机首飞时的起飞重量为421吨，这是迄今为止民航客机起飞时的最大重量。除了安装水罐作为压舱物外，这架飞机还安装了全部的试验仪器，以记录进行飞行性能分析时所需要的成千上万的参数。另外，这架客机的引擎声音非常小，在起落的机群中几乎听不见它的声音。这是因为它采用了当今世界上最先进的技术，使得它尽管很大，但很安静，飞行效果也不错。

这个新诞生的空中“巨无霸”——世界上最大的客机，从研制到飞上蓝天，花费了欧洲空中客车公司的工作人员10年的心血，投资已超过100亿欧元（约折合130亿美元），于2007年10月首次投入商业运营。

◎ 最早的喷气式客机

喷气式发动机的发明奠定了航空飞行速度更快、高度更高的基础。自1946年开始，英国德·哈维兰公司便开始了关于喷气式客机的研究与设计。1949年7月27日，名为“彗星”号的世界上首架喷气式客机原型试飞成功。它以4个涡轮喷气发动机作为动力系统。每个发动机可以提供2250千克推力，使它的速度达到每小时800千米，比当时普通客机快一倍。“彗星”号以流线型的设计，密封式的座舱，为乘客带来了舒适、高速的航空享受。

但是，“彗星”号最初是作为邮政飞机而设计的，因而作为大型空中客机使用时，它拥有短程、载重量小等局限性。

◎ 最小的喷气式飞机

1976年，美国亚利桑那州阿吉拉的鲍勃·埃伦·毕晓普和玛丽·埃伦·毕晓普夫妇建造出来一架世界上最小的喷气式飞机，这架名为“银色子弹”的喷气式飞机重约198千克，其中燃料及

双层空中客机A380在2005年首飞，成为飞机中的“巨无霸”。

飞行中的波音737

机首次试飞成功。随后，波音公司推出的波音737-200型飞机再次在市场上掀起一股劲风，总生产量高达1114架。

为了在与空客的竞争中立于不败之地，波音公司不断对波音737系列的型号进行改进，如今，新一代波音737系列客机凭借着业内最高的机型通用性赢得了空中客机霸主的地位。几乎每个时段的天空中，都会有近1000架波音737系列飞机在空中飞过。

其他动力设备等重435千克，机身仅长3.7米，翼展为5.2米。

这架小型喷气式飞机机动灵活，沿海平面的爬升率高达每分钟472米，最高可攀升到7.62千米的高空，平均速度在每小时483千米左右。若在容积为57.8升的油箱中注满汽油，它的最大航程可以达到900千米之多。

◎ 最畅销的民航飞机

据统计，自波音737系列飞机投产以来，它的订单数量已经超过了7000份，是世界上任何一家航空公司都无法比拟的，它被誉为航空史上最成功的民航客机系列。

波音737系列飞机是由美国波音公司生产的一种中短程双发喷气式客机，它具有安全可靠、运营和维护成本低等特点。1967年4月9日，一架采用波音707/727的机头和机身横截面，内部设置100个座位的波音737-100原型

◎ 世界上最安全的飞机

美国总统的专机“空军一号”是世界上最安全的飞机，号称安全性能无懈可击。这架飞机是时速为900千米的波音747-200型。

“空军一号”之所以如此坚不可摧，是因为它拥有全球最先进的全球反导弹系统。在装有各种电子显示仪和液晶背投的工作台前，防控人员处于高度警备状态，一有风吹草动，高端设备都会通过“空军一号”四周的监控器传输到主控中心，它的电磁雷达在接到信号的同时会中断电缆，达到躲避追踪的目的。“空军一号”24小时都处于待命起飞状态，可以说，这是一架专制的高度保密反导弹防卫系统。

除此之外，这架耗资4.1亿美元的飞机内部还设有当今最先进的电脑、通讯、医疗器材、卧房、浴室、厨房等办公、生活设施，是空中版的五角大楼和白宫。

“空军一号”飞机是世界上最先进、最安全的飞机

协和式飞机

当英法的协和式飞机在20世纪60年代建成的时候，每年已有数十万人是被高速的大型喷气式客机载向世界各地的。在后来40年中，协和式飞机以超音速的速度运送乘客。

◎ 最早投入商业运营的超音速客机

1969年3月2日，由英国和法国联合研制的协和超音速客机试飞成功，这种四发超音速飞机的最大速度可达到到音速的2.04倍。1975年，协和超音速客机在英法两国取得了型号合格证之后，于1976年1月21日正式将协和超音速客机投入跨越大西洋航线的商业运营中。协和超音速客机因此成为世界上最早投入商业运营的超音速客机。

1979年，协和超音速客机停产。2003年10月24日，协和客机正式退役。这标志着人类民用航空史上的超音速时代暂告一个段落。

◎ 最早驾驶飞机速度超过音速的女性

1918年1月15日，英国女飞行员戴安娜·巴尔纳托·沃克出生在一个富裕的犹太家庭。优越的生活环境造就了沃克想要冲破安逸的性格特点，她在生活中不断地寻求着刺激。21岁生日那天，沃克获得了父亲送的一辆宾利汽车。同年，在学习了6小时的飞行课程之后，沃克通过测试，成功地获得了飞行驾照。

1939年，沃克在担任红十字会护士期间，申请加入了战斗机运送员的行列，并成功地完成了240架包括“喷火”式战斗机在内的多种机型飞机的运送工作。

1963年8月26日，已经获得了商业飞行员资格的沃克，驾驶着时速高达2019千米的“闪电”式喷气式战斗机完成了飞行任务，成为世界上第一位驾驶飞机速度超过音速的女性。

◎ 最早的国际飞行

自1903年飞机诞生以来，飞机载人的研究实验就在不断地进行着。1911年2月，英国飞行员驾机为印度邮政局成功地运送了一批邮件，同年7月，英国飞行员霍雷肖·巴伯完成将一名女乘客从肖拉姆运送到亨登的任务，他们的尝试开启了飞机作为交通工具使用的先河。

1913年，法国飞行员罗朗·加罗斯驾驶飞机从法国出发，飞越了地中海，成功地降落到了非洲的土地上，完成了世界上首次跨国界飞行。

◎ 最早的国际航空航线

飞机成为运载工具以后，人们便开始了飞机代步的尝试。1916年，世界上首家航空运输旅游公司在英国成立，它主要经营飞机运输、旅行规划等商业服务项目。1919年2月8日，这家由英国的乔治·霍尔特·托马斯创办的航空旅游公司，开通了世界上第一条国际线路——巴黎至伦敦航线，从此人们的国际出行方式又多了一种选择。同时，国际航线的开通也缩短了各大洲地域之间的来往时间，推动了现代化航空事业的发展。

◎ 最早的空服人员

空服人员指的是在航空飞机上为旅客提供服务的人员，又名“航空乘务”。现在的航空乘

世界上首架喷气式客机英国海外航空公司的“彗星”号与该航班的空姐。

务主要以空姐为主，近几年才出现了“空保”的身影。

1923年，英国戴姆勒航空开始聘请空中服务员。据文献记载，第一位空中服务员为英国人杰克·辛德逊，他也是世界上第一位男性空服人员。1930年，美国联合航空公司聘用了25岁的护士艾伦·切奇，负责照顾搭乘飞机的旅客，从此，聘用女性航空乘务人员成为航空公司的主流。

停在吉达国际机场上的协和飞机

◎ 面积最大的机场

吉达是沙特阿拉伯国内仅次于首都利雅得的第二大城市。它拥有世界上面积最大的机场——吉达阿卜杜勒·阿齐兹国王国际机场（简称吉达国际机场）。其占地总面积为104平方千米，是沙特阿拉伯的地标性建筑之一。

吉达国际机场修建于1975年，耗资约50亿美元，1979年9月第一批项目施工任务完成并投入使用。这个机场的设计能力为年起落90万架次飞机，输送乘客3000万人次。修建这座机场的主要目的是接待每年到麦加朝拜的成千上万的朝圣者。机场候机大厅是一个四边形建筑，建筑顶部由210个紧密相连的巨大帐篷组成，彰显了沙特阿拉伯特有的游牧民族风情，被誉为“沙漠上的帐篷城”。篷内各种服务设施完善，既舒适又明亮。中间被机场公路和树木、花草分开，形成两个独立体。候机大厅面积为1.5平方千米，可容纳5万多人。此外，还有三个豪华的高级候机室：一个王室候机室、一个国内候机室和一个国际候机室。

◎ 客运量最大的机场

亚特兰大是美国南部最大的城市，每年有数以万计的乘客从亚特兰大市飞往其他城市。因而，位于亚特兰大市中心偏南方向约11千米的亚特兰大哈兹菲尔德—杰克逊国际机场（简称亚特兰大机场），便成为美国重要的交通枢纽。

亚特兰大机场是一座24小时不间断的机场，拥有航班数量高达97万次。据官方统计报告显示，仅2005年一年，亚特兰大机场的旅客运输量就超过了8500万人次。作为仅次于纽约肯尼迪国际机场的全美第二大国际线路机场，它可以满足不同的旅客到达全球超过45个国家、72座城市，以及高达243个目的地的需求。因此亚特兰大机场是世界上客运量最大的机场。

◎ 货运量最大的机场

美国田纳西州最大的城市孟斐斯是美国联邦快递公司总部所在地。它是美国重要的制造中心、交通枢纽和货运运输中心。世界上货运量最大的货运机场——孟斐斯国际机场便坐落在这里。

孟斐斯国际机场占地面积为809371.3平方米。据统计，2005年，孟斐斯国际机场的货运吞吐量高达350万吨。在孟斐斯国际机场，仅美国西北航空公司旗下开通的航线就遍及北美。发达的航班线路、庞大的飞机数量为孟斐斯国际机场货运吞吐量稳坐世界第一宝座奠定了坚实的基础。

◎ 跨境旅客客运量最大的机场

位于伦敦市中心以西22千米处的希思罗机场是开出跨境航班最多的机场。全球有90多家航空公司的航班都在这里起落，这些航班可载乘客到达全球170多个国家。据统计，2006年，希思罗机场的跨境客运流量高达6700万人次之多，其中除了11%的国内乘客之外，其余近90%的乘客均为国际旅客。它是当之无愧的世界上跨境旅客客运量最大的机场。

◎ 最大的机场客运大楼

世界上最大的机场客运大楼是北京的首都国际机场。它位于北京市区东北方向，南北长约2900米，建筑总面积为98.6万平方米，是一座规模庞大、设备齐全、运输繁忙的现代化大型国际航空港。

首都机场自1958年3月2日投入使用以来，先后建成了建筑面积为6万平方米的一号航站楼，33.6万平方米的二号航站楼和39万平方米的三号航站楼以及大型停机坪、停车场等配套设施。首都机场还特别设立了连接三个航站楼之间的摆渡车，以方便旅客在不同航站楼之间的换乘。如今的首都机场已经成为中国最繁忙的民用机场，是民航重要的航空枢纽中心。

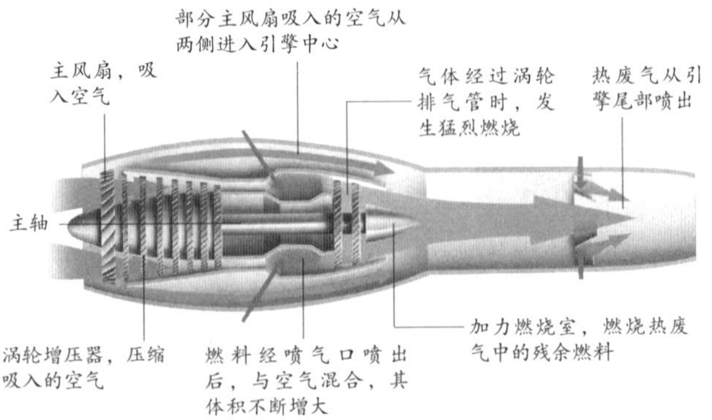

在典型的涡轮喷气飞机中，气体从发动机尾部高速喷出，速度超过1600千米/小时。

◎ 海拔最高的国际机场

玻利维亚首都拉巴斯拥有世界上海拔高度最高的国际机场——拉巴斯国际机场。

拉巴斯国际机场的海拔高度为4061米，不但人在这里会出现高原反应，就连飞机也会出现“缺氧”现象。由于海拔高，气压低，飞机在这里的发动机功率要比在一般机场的发动机功率小很多倍，因而，飞机需要借助拉长的跑道才能顺利起航。尽管拉巴斯国际机场的占地面积不大，但是它却是玻利维亚连接南美洲以及欧美等地的重要航空要道，拥有国际航线14条之多。

◎ 最大推力的民航发动机

1995年11月，美国通用电气公司旗下的GEAE经过研发，制造出了一种采用全新GE1014钢合金为主要材质的高旁通比的涡扇发动机系列——奇异GE90，并将这一发动机应用在了英国航空订购的波音777飞机上。这种发动机的实验推动力高达569千牛，是世界上最大推力的民航发动机。

奇异GE90的进气口直径长达3.43米，内置的弯曲进气叶片能够有效地降低发动机运作时产生的噪音。由于发动机的体积庞大，目前装有这种大推力民航发动机的飞机仅有波音777。尽管发动机提供的推力能够提高飞机的效能，但是一旦发动机出现故障，维修所带来的时间消耗以及发动机的运载等也是摆在航空公司面前的棘手问题。

— 水路交通之最 —

◎ 最早的帆船图案

世界上最早的帆船图案出现在公元前3000年的古埃及。

我们现在所看到的帆船至少已经有5000年的历史了，因为有人在出土的古埃及的一些陶罐上发现了帆船图案，而这些陶罐是公元前3000年的物品，图案上显示的古埃及的帆船构造相当简单，并且它的桅杆是竖立在船首部分的，这也说明这些帆船只有当风从后面吹来时才能航行。当然，帆船在现在的航海业上地位已经没有以前那么重要了，但是世界真正的航海事业就是从简单的帆船开始的！

◎ 最古老的蒸汽铁船

1843年，在英国的布里斯托尔，有一艘螺旋桨驱动的铁船“SS大英”号下水。它曾在英国至澳大利亚航线上航行，也曾横渡大西洋，创下了第一艘螺旋桨驱动的铁船横渡大西洋的

由伊桑巴德·布鲁内尔设计建造的这艘"大不列颠"号成为第一艘采用一个推进器进行远洋航行的蒸汽船。但最初的版本仍保留了船帆结构以备不时之需。

纪录。它还在1855～1856年参加克里米亚战争，担当运送军队的任务。1884年，它不幸在合恩角遇险后，就在马尔维纳斯群岛（福克兰群岛）的斯坦利港维修，并在那里成为一艘贮藏船。1970年，这艘船被运回布里斯托尔，在那里又恢复了原貌。现在，它成为世界上最古老的蒸汽铁船。

◎ 最大的游船

世界上最大的游船是"海洋探险者"号，它长达300米，宽48米，吃水9米，排水量14万吨，比大型的航空母舰的排水量还要大，船体由4层楼房和吃水线以下的地下室构成，有客房2200间，能容纳5100多人，这么大规模的游船在世界游船史上是绝无仅有的！

这艘游船是由芬兰克瓦尔内尔·马萨造船厂建造的，耗时长达4年，耗费资金将近8亿美元。

"海洋探险者"号不仅仅是靠它的"大"吸引人们的注意，更重要的是，在它的内部设计上运用了当今世界上最先进的技术，从造船的材料到船的环保再到船的动力推进系统都别具匠心。船上甚至还有自己的电视台，至于其他的一些人性化非常明显的设计更是数不胜数！

"海洋探险者"号

◎ 最早的蒸汽轮船

1769年，法国发明家乔弗莱将蒸汽机安装在了一艘木船上，制成了世界上第一艘机动船。由于蒸汽机的体积过于庞大，加之蒸汽机所带动的船桨为木质材料，这艘机动船与普通的船只航行速度并没有太大区别。

1783年，乔弗莱改良了这艘蒸汽机动船，重新组装了一艘机动船，并将其命名为"皮罗斯卡菲"号。这艘机动船不但改进了发动机装置，还安装上了明轮推进器。它的发明以及瓦特改进后的双重作用凝缩引擎为机动船的发展奠定了基础。从此，有关机动船的技术不断地更新进步，有力地推动了船舶事业的发展。

◎ 最大、最豪华的邮轮

2008年5月，由芬兰图尔库的阿克尔造船厂制造，美国皇家加勒比轮船公司经营的“海洋独立”号邮轮开始了它的处女航行。这是一艘造价为12亿美元，被誉为世界上最大、最豪华的邮轮。这艘邮轮总长度为339米，船身宽56米，船体高72米，重达16吨，拥有船员1360名，可承载船客4370人。船上设有18层甲板，近2000个船舱。右侧船头设有大剧院、中部设有配备了声光设备的大型滑冰场，左侧尾部分别设有高尔夫球场、篮球场和排球场。

2009年10月，一艘长360米，宽47米，高72米，重达22万吨的名为“海上绿洲”号的邮轮打破了“海洋独立”号创造的世界之最的记录。这艘比“泰坦尼克”号还要大3倍的邮轮拥有船员2000多名，可载乘客5400人。12月1日，它开始了从劳德代尔堡出发至海地的处女航行。

◎ 最早的轮船

早在南北朝时期，我国就已经出现了“轮船”，当时的人们称它为“车船”“车轮轲”。“轮船”作为专有名词出现在唐朝以后。据史料记载，唐代的李皋曾发明了一种“浆轮船”。它采用人力踩动浆轮轴为船只提供前进的动力，这便是轮船的雏形。

1807年，美国工程师富尔顿制造出一艘长45.72米，宽9.14米，重达100吨的具有现代意义的“克莱蒙特”号轮船。它以72马力的蒸汽机为动力，速度可达7.74千米/小时。8月17日，富尔顿驾驶着“克莱蒙特”号轮船从纽约出发，开始了行程为240千米的实践航行。在此之后，富尔顿开通了纽约至奥尔巴尼之间的航线，他不但开启了轮船航运的新纪元，还因此而被誉为“轮船之父”。

◎ 最大的轮船

世界上最大的轮船是油轮。

所谓油轮，就是一种特殊的专门用来运输石油、成品油和其他石油的衍生物的船。当今世界上几乎每个国家都有自己的油轮，因为在现在的工业社会中，油轮是主要的运输工具之一。

1991年11月，“幸福巨人”号（又称“海上巨人”号）油轮改名为“海盗雅雷”号后，又一次下水，这艘油轮在两伊战争中差一点被完全毁坏，后来，阿联酋和新加坡共耗费6000万美元才将它修复好。它载重为564763吨，吃水深24.61米，长458.45米，横梁长68.8米，是世界上最大的轮船。

◎ 最早的气垫船

气垫船又名“腾空船”。它是利用高压空气抬升船体，使船体与水面之间形成强大的气垫，从而使船身离开水面高速航行的一种船只。最早将高压空气注入船底，采用高压气垫方式提升船只速度的人是英国工程师柯克莱尔。1950年，已经年过40的柯克莱尔协同妻子创办了一家小型造船厂。为了提升船厂造出的船舶的航行速度，柯克莱尔将多种动力系统进行了比较。受吹风机吹动头发飘动的原理启发，柯克莱尔制造出了一个长约0.5米的以充气为动力的船只模型。经过反复试验，这种动力的船只模型果然比其他动力的船只模型要快上几倍，这次测试为气垫船的发明奠定了实验性基础。1959年，一艘具有实际意义的气垫船在英国诞生，并且顺利完成了穿越英吉利海峡的航行。

◎ 最快的气垫船

气垫船以充气气垫为托力，从而减弱了水面对船体的阻力，因此气垫船的速度要比普通船只快出很多倍。1980年1月25日，一艘由

体型巨大的油轮

快速行驶的气垫船

美国海军研制而成的超速气垫船，在弗吉尼亚州的切萨皮克湾试验场下水实验。测试结果表明，这艘长24米，重110吨的气垫船的时速高达105.7千米，是世界上最快的气垫船。

◎ 最早的远洋气垫船

气垫船的发明实现了人们海上“飙车”的愿望，同时也为人们远洋出行提供了一种方便快捷的新型交通方式。1968年2月4日，世界上第一艘远洋气垫船在英国的南海岩怀特岛下水运营。下水当天，英吉利海峡上风大浪高，但是这丝毫没有影响到远洋气垫船的航行。如今，在英吉利海峡上，远洋气垫船的身影已经屡见不鲜。它已经成为远洋航运中的一种重要交通工具。

◎ 最早横渡大西洋的汽船

以蒸汽机为动力的船舶发明以后，人们便开始了海上探险的历程。连接美洲和欧洲的大西洋一直是探险家们征服的焦点。1819年，机动船“萨班那”号首次完成了以蒸汽机为动力，从美国穿越大西洋，最终抵达英国的尝试，但是由于蒸汽动力系统还不够完善，这艘蒸汽船仅依靠蒸汽机提供的动力航行了85个小时，其他航行动力均由船帆提供。

1938年4月4日，英国的“西留斯”号蒸汽船从英国的昆市镇出发，以每小时17千米的速度，历时442个小时到达了美国新泽西州的山迪岬，实现了以蒸汽机提供的不间断动力横渡大西洋的航行。

◎ 最早使用求救信号“SOS”的轮船

1903年，第一届国际无线电报会议在柏林召开。考虑到航海业的迅速发展和海上事故的日益增多，会议提出要确定专门的船舶遇难无线电信号。但是经过一番讨论，并没有确定一个方案。会后不久，英国马可尼无线电公司用“CQD”作为船舶遇难信号，船员们把它解释为“Come quick，danger”。这个信号与欧洲铁路无线电通讯的一般呼号“CQ”只差一个字母，容易混淆。

1906年，第二届国际无线电会议在柏林召开。会议决定使用“SOS”代替“CQD”。在莫尔斯电码中，“SOS”是“···— — —···”。它简短、准确、连续而有节奏，易于拍发和阅读，也易懂。但是船员们仍然习惯使用“CQD”。

1909年8月，美国轮船“阿拉普豪伊”号尾轴发生破裂，无法正常航行，于是“阿拉普豪伊”号向附近海域的船只发出了“SOS”信号，并且得到了迅速有效的救援。“阿拉普豪伊”是第一个使用这个信号的船只。直到1912年4月“泰坦尼克”号沉船事件之后，“SOS”才得到广泛使用。

◎ 最早的国际海洋航线

1405年，我国明代航海家郑和奉明成祖朱棣之命，带领着27400多名船员和士兵，分乘62艘长约100米的大船，携带着大量金银财宝、纺织陶瓷用品等，从刘家港出发，沿海南下，经过西沙群岛到达台城（越南南部），以后陆续到达其他各国。

从1405～1433年，前后28年间，郑和一共7次下西洋，在南海和印度洋上乘风破浪，到过印度支那半岛、马来半岛、南洋群岛、印度、波斯和阿拉伯等许多地方，最远到过红海沿岸和非洲东海岸的索马里等国。他所到之处，和各国人民进行友好交流，加强了我国同亚非各国人民的友谊，而且开辟了第一条亚非洲际航

航行途中的郑和船队

线，在人类航海史上写下了光辉的篇章。

◎ 最长的古运河

中国古代有一项伟大的工程与万里长城齐名，它就是有着悠久历史的京杭大运河，也是世界上最长的古运河。早在春秋末期，即公元前485年，吴国开始挖凿运河的一段“邗沟”，这是为连接淮河和长江而修建的，这条河道长150余千米。从隋朝大业元年到大业六年，也就是605～610年，统治者隋炀帝为沟通钱塘江、长江、淮河、黄河和海河五大河，征用民工200余万，将古运河扩建成一个宽30～70米，长2700余千米的南北大运河。到了元代，大运河被改名为京杭大运河，原来呈弓形的河道，被改为南北走向的直线河道，形成了现在1794千米航程的运河路线。

京杭大运河北运河

◎ 最古老的运河

经考古学家证实，世界上最古老的运河是1968年在伊拉克的曼德里发现的，该运河大概建于公元前4000年。

◎ 最早的人工深水航道

位于加拿大的安大略省与美国纽约州边界的圣劳伦斯河，是连接北美五大湖水道的大西洋出水口。它全长1287千米，流域面积约为30万平方千米。圣劳伦斯河上游河床坡度大，多急流险滩，中游河流坡度减小，河道较浅，且流速缓慢，复杂的水文情况十分不利于船舶的航行。

18～19世纪，美国、加拿大两国政府曾修建了一系列水利设施，以达到排沙通河、蓄水通航的目的，但是运河依然存在河道狭窄、水深太浅等问题，不能满足大型货轮航行的需求。1954年两国政府再次开始了整治圣劳伦斯河的工程，此工程先后疏导了上游水段299千米的通道。1959年，耗资4.7亿美元的圣劳伦斯河改造工程竣工，改造后的运河拥有深达8.2米的航道，3条运河，一系列水电站以及7座船闸。全长15288千米的五大湖——圣劳伦斯水系是目前世界上最大的人工深水航道。

◎ 最早的船闸式运河

世界上最早的船闸式运河是公元前221年中国修建的灵渠。

灵渠是秦始皇下令修建的，当时由一个叫做“史禄”的人负责修建，由于灵渠建造在高山之上，连接着湘江和漓江，由于湘江和漓江的水位差非常大，所以人们想了很多办法来解决问题，最后终于发明了“斗门”。“斗门”也就是我们现在所说的船闸，当时的“斗门”的建造和设计都非常粗糙，但是它的基本工作原理就是现在船闸的雏形。“斗门”很好地解决了当时的水位差问题，从中国发明“斗门”之后过了将近1600年，国外才出现了船闸。因此，灵渠是世界上最早的船闸式运河。

◎ 世界上最大的水闸式运河

位于南美洲的巴拿马共和国境内的巴拿马运河是世界上最大的水闸式运河。巴拿马运河全长81.3千米，河面最宽的地方宽达304米，最窄处也有91米，水深14～26.5米，6万吨以下和宽度不超过32米的船只都可以在巴拿马运河很方便地通航。由于巴拿马运河连接的大西洋和太平洋之间的水位差比较大，所以巴拿马运河的平均水面要比海平面高出26米。巴拿马运河是运用河上建造的6个船闸来调整巨大的水位差的。

建造巴拿马运河水闸需要上万吨的混凝土。该图是1913年麦瑞福劳瑞斯水闸上部建造的情景。

巴拿马运河的建成给美洲的经济发展带来了很大的便利。美国人于1903年取得了运河的开凿权和使用权，并于1904年开始重新开凿运河，整个工程历时10年，耗资3.37亿美元。

◎ 古代最大的港口

泉州港是我国古代海外交通的重要港口，它曾以“三湾十二港”闻名于世，是“海上丝绸之路”的起点。泉州港位于福建省泉州市东南晋江下游，北至湄洲湾内澳，南至围头湾厦门市同安县莲河，海岸线总长421千米。

早在6世纪中叶，泉州港便已经开始了与马来半岛的船只往来。唐朝对外开放政策的实施，更加促进了对外贸易的发展。泉州港与广州、扬州等港口，都成为当时对外贸易的重要集散地，往来于港口间的各国商贾络绎不绝。宋元时期，政策的开明，对外贸易的更加繁荣，使得泉州港达到了最为鼎盛的时期，一度成为世界上最大的古代对外贸易港口。尽管如今的泉州港不再有当年的繁荣景象，但是其“世界少有、全国不多”的不冻不淤的湄洲湾肖厝深水良港特色使其仍然位于世界大型深水港口的行列中。

◎ 货物吞吐量最大的港口

上海是中国大陆的经济、金融、商贸和航运中心。它位于长江三角洲入海口，是世界著名的国际贸易大港之一。自古以来，上海港就是中国对外贸易的重要港口，宋代这里还曾被誉为“江南第一贸易港”。

凭借长江入海口以及黄浦江的天然海港优势，经过半个世纪的发展，现如今上海港已经建设成为一个综合性、现代化、多功能的大型枢纽港口。港区沿长江口南岸和黄浦江两岸而设，海岸线长达1731千米，航道平均水深8米。港口内设有上海港客运总站以及13个装卸公司，拥有船舶泊位500多个，其中具有高科技的先进集装箱专用泊位4个，万吨以上船舶泊位46个，另有300多个货主专用码头。据统计，2006年，上海

1869年在塞得港举行的苏伊士运河通航仪式

港的货物吞吐量达5.37亿吨，成为世界上货物吞吐量最大的港口。

◎ 最繁忙的通海运河

世界上最繁忙的通海运河是埃及的苏伊士运河。

苏伊士运河是亚、非两大洲的分界线，它位于埃及的东北部。苏伊士运河于1859年开始动工，历时10年，于1869年11月17日开始通航。从地中海畔的塞得港到红海苏伊士湾之滨的陶菲克港，运河全长173千米，它把地中海和红海连接起来的同时也把大西洋与印度洋连接在了一起。因此，苏伊士运河在世界上有着相当重要的战略地位和经济地位。所以这里成了世界上最繁忙的运河，来来往往的船只只要通过苏伊士运河就能在大西洋和印度洋之间来回穿行，也使欧洲和亚洲的海上航行和海上贸易走向了繁荣。

◎ 最大的浮动码头

摩纳哥位于欧洲西南部，其领土三面被法国包围，南面濒临地中海，国土面积仅为2.5平方千米。地中海沿岸的拉孔达米讷港是摩纳哥重要的对外港口，也是摩纳哥的中心。由于使用年头过长，这座老港已经无法承载当代航运中货船的停泊等航运任务，如何继续拉孔达米讷港服务于摩纳哥的使命，成了摩纳哥政府需要解决的重要问题。

2002年8月26日，一座重达16万吨，长352米，宽28米，高19米的巨型钢筋水泥结构的海上浮动码头，从西班牙阿尔赫西拉斯港出发，历经13天，运抵了拉孔达米讷港。这座耗资6600万美元的浮动码头由法国和西班牙公司联合承建。它以重700吨的钢箍与拉孔达米讷港相连。这座码头改变了传统的通过填海造陆扩建、修复海港的模式，使拉孔达米讷港重新获得了生机。拉孔达米讷港的船舶停靠泊位将增加到700个，停车场、商店等配套基础设施纷纷在浮动码头上拔地而起。

◎ 世界上最亮的灯塔

灯塔是指引船舶航行或表示航行险区的重要固定航标，它通常设在重要航道附近，结构为塔形的发光建筑。它起源于古埃及的烽火狼烟信号，世界上最为著名的古代灯塔为始建于公元前280年的法罗斯岛灯塔。这座灯塔采取人工燃烧木材，以火焰和烟柱的方式向航船提供信号。

随着科学技术的不断进步，灯塔的科技含量也在不断增加。1611年，世界上第一座具有现代意义的水中灯塔在加龙河河水之上耸立起来，开启了海上灯塔的先河。如今，各种形式的灯塔不断涌现，茫茫大海之上昼夜可见灯火通明的现代化灯塔。目前，世界上最亮的灯塔是法国西北沿海的“德·克雷阿克”灯塔。它的亮度可达5亿烛光，能够穿透层层浓雾照射到30海里以外的地方。

— 桥梁之最 —

◎ 最大的天生桥和最长的天生拱

凡是横跨河谷，两端与地面相连，中间悬空的类似桥梁形状的岩板都被称为“天生桥”。如果桥下无水流，则称作“天生拱”。天生桥和天

地面通常会被自然力量塑造成各种形状，例如图中的拱形岩石。

生拱是地质构造长期的侵蚀作用的结果，是大自然独具匠心的一件“艺术品”。

据《吉尼斯世界纪录》所载，世界上最大的天生桥是位于贵州省黎平县东北12千米的高屯天生桥。高屯天生桥桥身长350米，最宽处为138米，最窄处也有98米，桥拱最大跨度为118.9米，拱形进水口略呈喇叭状，桥面厚度达40米。桥旁有通向溶洞的林间小道，桥下是清澈见底的潺潺溪流，桥的两端是陡峭的悬崖绝壁。

在美国西部犹他州的“拱国立公园”中，有一座名为“风景拱”的天生拱，这座类似彩虹一样的天生拱在美国众多天生拱桥中脱颖而出，是世界上最长的天生拱。它那凌空横架的扁平细长形砂岩质拱身，全长88.7米，高30.5米，拱顶最狭处只有18米宽，3.3米厚，看上去好像很容易断裂。

◎ 最大的石梁桥

世界上最大的石梁桥是中国福建漳州东20千米，漳厦公路与柳江公路的交汇点上的虎渡桥，又名江东桥。现存最大的花岗石石梁，重约207吨，长23.7米，高1.9米，宽1.7米。

据历史记载，原桥位上先架浮桥后，再建木板桥，宋嘉熙元年（1237年）木板桥被焚毁后，用了4年时间建造此桥。1933年在该桥使用700年之后，才在老桥墩上架起钢筋混凝土支架，改建为公路桥。现桥长285米，桥高约5米，25孔。

◎ 最古老的桥梁

根据现有数据，土耳其斯摩那（现为依佐玛）的迈莱斯河上用石板筑成的单拱桥，是世界上最古老的桥梁，此桥建于公元前约850年。

◎ 最早的敞肩拱桥

中国河北省赵县城南2.5千米的洨河上，有一座中外驰名的大石桥，它就是造型优美、独树一帜的赵州桥。赵州桥全长50.82米，净跨37.02米，但桥洞的高度只有7.32米。桥面宽约10米，中间走车，两边行人。这样，一方面由于桥洞的跨度大，船只的来往可以行动自如，另一方面桥身低，坡度小，人来车往方便省力。赵州桥是中国现存最古老的一座石桥，由隋朝工匠李春、李同等建造。距今约有1370年历史

赵州桥

香港青马大桥

的赵州桥是世界桥梁工程史上最早的敞肩拱桥，欧洲一直到19世纪中叶才出现像赵州桥这样的敞肩拱桥，比中国晚了1200年。

◎ 世界上最长的桥

美国路易斯安那州的庞恰特雷恩湖桥是世界上最长的桥。它由两架平行的桥梁组成，是连接奥尔良和曼得韦斯的重要交通枢纽。

1956年，全长38.42千米的1号庞恰特雷恩湖桥建成通车。1969年，比1号桥长出16米的2号庞恰特雷恩湖桥也竣工开通。两座横亘在庞恰特雷恩湖上的长桥从湖的正中间穿过，创造了最长桥的世界纪录。2005年，1号庞恰特雷恩湖桥受卡特里娜飓风袭击，桥体严重受损，但是桥墩的基础设施却并没有受到太大破坏。

◎ 最长的行车及铁路两用悬索吊桥

世界上最长的行车及铁路两用悬索吊桥是香港青马大桥。香港青马大桥全长2200米，主桥跨度为1377米，桥上两座高206米的吊塔通过总长度为16万千米的钢线缆绳与桥体相连。它是配合香港国际机场的建设而建设的核心工程之一，是香港著名的旅游观光景点以及地标性建筑。

青马大桥自1992年开始施工建造，历时5年时间完成，桥体所用钢材总重量高达5万吨，耗资71.44亿港元。1999年，青马大桥获得“二十世纪十大建筑成就奖”，成为与英法海峡隧道、纽约帝国大厦等著名建筑并驾齐驱的特色建筑。青马大桥横跨青衣岛，连接了马湾在内的大屿山、汲水门大桥等许多地方，尽管青马大桥上并没有人行道，为游客留下了不能徒步欣赏青马大桥的遗憾。但是，在青马大桥不远处的青欣山上设有青马大桥的最佳观景台。从这里，游客不仅可以遍览青衣岛的全貌，还可以充分享受这座灯火阑珊的现代化钢铁建筑所带来的视觉盛宴。

◎ 世界上最长的跨海大桥

2008年5月1日，杭州湾跨海大桥试运营通车。它是国道主干线——同三线（黑龙江省同江—海南三亚）跨越杭州湾的便捷通道，北起嘉兴市海盐郑家埭，以高低错落的“S”形设计蜿蜒前行，最终抵达宁波市慈溪水路湾，缩短了宁波至上海间120千米的陆地距离。杭州湾跨海大桥全长36千米，是世界上最长的跨海大桥，同时，它也是继美国的庞恰特雷恩湖桥后的世界第二长桥。它的建成，可以有效地推动长江腹地各地区之间的合作与交流，促进上海市、浙江省等地区的对外贸易发展，并且有效改善沪宁杭一带的高速公路压力，形成以上海为中心的交通道路网。

◎ 世界上最长的铁路专用桥

世界上最长的铁路专用桥是马来西亚兰卡威群岛的天空之桥。这座桥建成于2004年10月，桥身呈半月形圆弧，桥长616米。整座桥仅由一根固定在半山腰上的支柱，以及8条钢缆固定支撑。这座“铁路吊桥”海拔高度为687米，是一座横亘在两山之间的天桥。站在桥上，参观者可以俯瞰桥下兰卡威岛美丽的风光，还可享受高空远眺带来的刺激。

◎ 最长的行车及铁路两用斜拉桥

香港的汲水门大桥是连接大屿山、香港国际机场与市区的车行通道。它全长430米，连引道全长750米，是世界上最长的行车铁路两用斜拉式桥梁。

汲水门大桥采用双层桥梁设计，桥梁上层为三线双程分隔快速公路，下层为两条机场地铁线路轨道和两条应急单线行车轨道。桥梁主体构架为钢制结构，总耗钢量为4800吨。桥身由两座分别置于大屿山浅水处和马湾峭壁石床之上，高出水平面150米的桥塔支撑。

◎ 最长的混凝土斜拉桥

1987年4月20日，坐落于美国佛罗里达州坦帕湾上的阳光高架桥正式开通运营，这座耗资2.4亿美元的高架桥全长8.85千米，采用混凝土斜拉式设计，是世界上最长的混凝土斜拉桥。

美国阳光高架桥以佛罗里达州的美誉“阳光州”而命名。外观上，大桥外侧钢缆的颜色为炫目亮眼的橙黄色。桥身上设有双向行车道，由桥塔上21根钢缆牵拉。钢缆与双向车道之间有宽阔的隔离带相连，使得车行道与湖面之间没有障碍物遮挡，为过往车辆中的司机以及游客欣赏湖面以及城市风光提供了敞开式的平台。

◎ 世界上跨度最大的钢拱桥

卢浦大桥始建于2000年10月，于2003年6月28日建成通车。大桥主桥为全钢结构，全长3900米，采用一跨过江的设计模式。卢浦大桥主跨直径长达550米，横截面高9米，宽5米，堪称世界上跨度最大的钢拱桥。

卢浦大桥主桥设有6个车道，桥下可以通行7万吨级的轮船。桥体以斜拉桥以及悬索桥两种类型为设计蓝本，拱桥类型为大桥主体设计模式，以焊接钢架结构为主要建造方式。它不但是一座巨型全钢拱桥，还是一处风景独特的人文旅游观光景观。在大桥的拱肋顶端，设有一个观光平台。游客沿拱桥的斜坡登上平台，不仅可以俯瞰一架飞虹式的卢浦大桥，还可以欣赏美丽的浦江景色。

◎ 最早的钢筋混凝土桥

钢筋混凝土出现在19世纪中期之后，建筑界普遍认为，它发明于1848年。人们发现，钢材的抗拉伸度大、冲击性能好，与水泥相结合可以弥补水泥本身的抗拉性能差的不足，增加

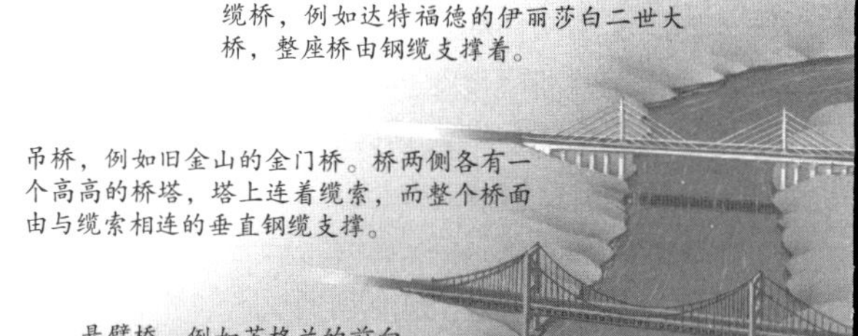

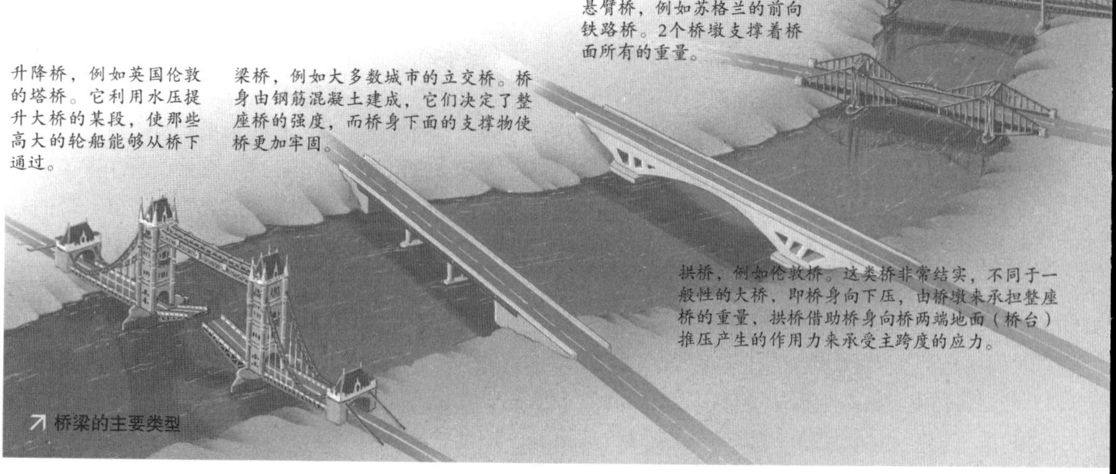

↗ 桥梁的主要类型

建筑物的耐压性。作为一种新型的承压建筑材料，20世纪以后钢筋混凝土得到了迅速广泛的应用。最初，人们在水坝、楼板等地方使用这种材料。

1875年，一位法国园艺师首次以钢筋混凝土材料建成了一座桥梁，这座桥梁长16米，宽4米。由于这座人行拱桥是钢筋混凝土桥梁材料的最早尝试，所以桥面以及桥身全部以钢拉网式结构为主要加固方式。这座桥梁的建造成功，证明了钢筋混凝土材料的实用性，这位园艺师为自己的发明申请了专利。同时，他还申请了以钢筋混凝土为主材的公路护栏梁柱等设施的专利权。

日本的明石海峡大桥，历时10年始建而成，能够承载汽车或火车从上面穿行。桥梁被悬吊于高大的塔吊之间。

◎ 最大跨度的双层混凝土桥梁

2004年12月19日，连接澳门半岛融和门和的仔码头的双层混凝土桥梁——西湾大桥落成通车。它的建成实现了澳门本岛与离岛之间的全天候通车，完善了澳门的交通道路网。

西湾大桥总长2200米，主跨直径180米，桥体设计为“竖琴斜拉式”结构，是世界上最大跨度的双层混凝土桥梁。西湾大桥桥面分为上下两层，上层为敞顶双向6车道设计，下层为厢式双向4车道设计。大桥可在8级风力的天气状况下正常通车运营，当风力过大时，大桥将启动应急方案，下层车道承担交通的主要运营任务。设计者还在桥体部分预留了铺设轻轨的空间，这就使得西湾大桥的交通运输方式呈现出了多样性的特点，使桥体交通的发展具有了弹性空间。

◎ 冻土带中最长的铁路桥

清水河大桥是青藏铁路中最长的一段以桥代路桥梁。清水河大桥坐落在平均海拔4600米的可可西里自然保护区中，最高的桥墩高达100米，桥墩间最大的跨度为128米。桥墩间的1300多个桥孔是专门为保护区中野生动物穿行青藏铁路而设计的。清水河大桥横跨河谷，全长11.4千米，是世界上冻土带中最长的铁路桥。它两端连接着峭壁隧道，被誉为昆仑山脚下美丽的彩虹，著名的青藏铁路便从桥上穿过。

◎ 世界上最长的悬索桥

世界上最长的悬索桥是日本的明石海峡大桥。

明石海峡大桥建于1998年，坐落于日本神户市与淡路岛之间，全长3911米，两座主桥墩高297米，主桥墩跨度长达1990米，目前成了世界上跨度最大的桥，比英国汉巴大桥跨度长了581米。它的两座主桥墩雄伟壮观，直径80米左右，像两个巨大的手臂把明石大桥高高地举起。桥的两条主钢缆由290根细钢缆组成，总长度达4000多米，直径1米左右，重5万吨，一眼看上去，巍巍然从天而降，甚是壮观！

大桥于1988年5月动工，历时10年，于1998年3月21日建成通车。

◎ 世界上最高的天桥

2007年3月20日，美国亚利桑那州大峡谷风景区内，一架耗资3000万美元建造而成，号称“21世纪世界奇观”的U形“玻璃人行桥”对外向游人开放，它的建成揭开了世界桥梁史的新篇章。U形“玻璃人行桥”架设在大峡谷飞鹰峰的峭壁之上，桥体以重达220吨的钢管固定，悬空于峭壁外约21米的天桥上，设有透明的玻璃作为游人观光的保护墙。它距离谷底的高度为1158米，相对于之前世界上最高的吉隆坡石油双塔41层与42层之间，高约170米的空中走廊来说，它创造了世界天桥史上最新的高度之最。自悬空U形“玻璃人行桥”开放之日起，来此体验刺激的游客络绎不绝，有力地带动了谷底印第安人旅游经济的发展。

◎ 世界上最短的跨国桥

在圣劳伦斯河湾，分布着大大小小的天然岛屿和人工岛1866座，人们称这里为千岛湖。美国与加拿大的国境线便从千岛湖中蜿蜒穿过，这里水深幽蓝，湖水荡漾，是一处宁静怡然的度假胜地。在千岛湖中，有一座名为扎维孔岛的小岛，属于加拿大领土。与它相邻不远的地方，是一座归属于美国的小岛。在两座岛之间，横架着一座长约9.75米的小桥，成为全世界最短的跨国桥。此外，这座国际桥的桥身上，一边贴着加拿大的国旗，一边贴着美国的国旗，这是这座国际桥除了最短之外的另一个特色。目前，这两座小岛已经归属于美国通用公司总裁名下，成为世界上第一座个人所有的跨国桥梁。

◎ 世界上最高的桥

坐落在法国南部塔恩河谷的米约大桥于2004年12月14日正式落成，当时的法国总统希拉克亲自主持了大桥的落成剪彩仪式。它是目前世界上最高的大桥，桥面与地面最低处垂直距离达270米，最高点距地面343米，因坐落在法国西南的米约市而得名。

两万人同时聚集在世界最高的桥梁——米约大桥上。

米约大桥全长2.46千米，用 7 个桥墩支撑，其中2、3号桥墩分别高达245米和220米，是世界上最高的两个桥墩。大桥总重29万吨，其中仅钢结构桥面就重达3.6万吨，如此庞然大物高耸于山川之间，如何保证它的稳定性？为此英国总设计师诺曼·福斯特将大桥桥面结构设计成三角形，以有效减少风阻。同时，众多桥梁专家还利用电脑模拟等手段对大桥各种建筑结构进行完善。最终大桥的设计使其可以抵御时速250千米的大风。大桥历时 3 年建成后，建筑垂直误差不超过5毫米，很好地保证了施工的精确性。

— 隧道与索道之最 —

◎ 最长的大桥隧道

在美国第十三个州——马里兰州的中部有一条贯通南北的切萨皮克海湾，为该州的航运要道。1960年8月，一座大桥开始在这碧波万顷的湾面上动工兴建，42个月以后建成。它横跨在宽阔的湾面上，外形像一个很大的“S”。大桥隧道建在深水海床上，海湾中4个人造岛屿是大桥的有力支柱。隧道从特拉华半岛直通弗吉尼亚州的诺福克市，建造费用共计2亿美元。1964年4月15日隧道正式启用，全长28.4千米，是目前世界上最长的大桥隧道。

◎ 最长的输水隧道

纽约市德拉瓦隧道是世界上最长的输水隧道，全长169千米。这个输水管道建于1938年，直径为4.11米。当时整个供水系统包括四个水库以及若干引水渠，从特拉华河的三条上游支流调水。这是世界上最大的都市供水系统，对纽约市的日常用水起着重要作用。经过70年的使用，供水设备已经严重老化。2008年4月，特拉华输水管道破裂，每天泄露3400万加仑的水，一个月的时间总共超过了10亿加仑，甚至在附近形成了一个足球场大的湖泊。

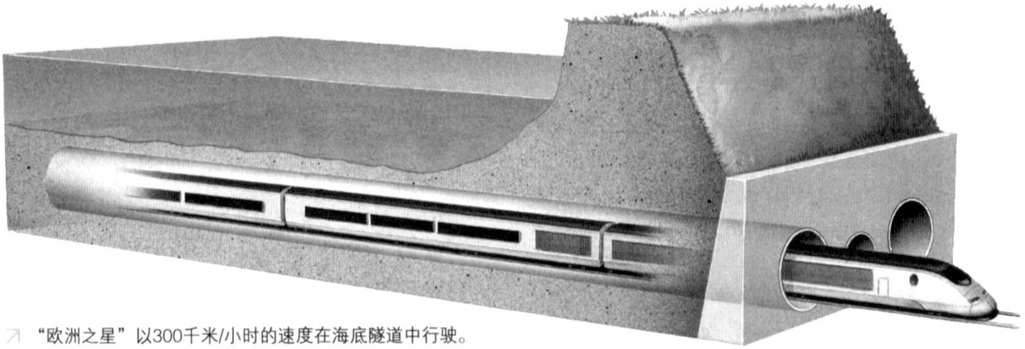

↗ “欧洲之星”以300千米/小时的速度在海底隧道中行驶。

◎ 最长的海底隧道

接通英国肯特郡的福克斯通和法国加来的英吉利海峡隧道，于1987年12月开始建造，到1990年12月结束。1994年5月6日，英国女王伊丽莎白二世和法国总统密特朗为该隧道剪彩后正式通车。这条双轨隧道长49.94千米，直径7.6米，其中有38千米位于海下。共包括3个隧道管，两个用来通行往返车辆，另一条用于安全维护。还有一种特制的火车，可以运载汽车通过隧道，它是目前世界上最长的海底隧道。早在19世纪初拿破仑战争期间，人们就提出了要在英吉利海峡海底开凿隧道的规划，如今，这一愿望终于得以实现。

◎ 最长的公路隧道

位于挪威中部地区的洛达尔公路隧道于2000年11月27日下午正式通车，从而使挪威首都奥斯陆与第二大城市卑尔根之间的公路行车时间缩短了一半。

洛达尔公路隧道东起洛达尔城，西至艾于兰城，全长24.51千米，比在此之前世界最长的瑞士圣哥达隧道还要长8.2千米，是世界上最长的公路隧道。

过去来往于奥斯陆和卑尔根的车辆不仅要在洛达尔乘3个小时的轮渡穿越洛达尔附近的松恩峡湾，而且还要在洛达尔和艾于兰之间翻越很长一段地势非常险峻的山路，冬季冰冻时期禁止通行。洛达尔隧道通车后，奥斯陆与卑尔根之间的行车时间将从以往的14个小时缩短至7个小时，车辆在冬季照常通行无阻。

根据设计，洛达尔隧道每小时通过车辆的能力为400辆。但由于挪威人口较少，这条隧道每昼夜通过的车辆仅为1000辆左右，只有瑞士圣哥达隧道的1/10。

挪威是1995年3月开始动工兴建这条公路隧道的。整个工程项目共耗资约1亿美元。挪威国王哈拉尔五世为隧道正式通车剪了彩。

◎ 最长的双孔公路隧道

隧道是地下通道的一种，分为人行、车辆、军事以及运送物资等不同用途的隧道，又分为山洞隧道、海底隧道、单洞隧道和双孔隧道等不同类型。

中国国道主干线包头至北海段、陕西境内西康高速公路的北段，两条公路共用的大型控制性隧道——秦岭终南山特长公路隧道，全长18.04千米（单洞全长30.040千米），是世界上最长的双孔公路隧道，也是仅次于挪威洛达尔隧道的世界上第二长公路隧道。

秦岭终南山特长公路隧道的内轮廓宽10.9米，高7.6米。两条隧道间每500米便设有一处车行横通道，每250米便有一处人行横通道。在上、下行线隧道上，每750米设立一处长达30米的紧急停车带，以供隧道内出现意外事件的车辆停靠检修。它的建成对沟通黄河经济圈与长江经济圈具有重要的意义。

◎ 海拔最高的冻土隧道

坐落于青藏高原腹地，昆仑山与唐古拉山之间，平均海拔高度超过5000米的风火山隧道是青藏铁路重点监控工程。它于2001年10月18日施工建设，历时一年建设完成。隧道全部位于永久性冻土层、冻岩之中，地质结构复杂。隧道全长1338米，轨道面平均海拔高度为4900

米左右，是世界上海拔高度最高的冻土隧道。

风火山隧道被誉为“世界第一高隧”，隧道最大埋深100米，最小埋深8米。洞门以斜切式设计，隧道结构采用5层先后施作的隧道支护衬砌结构形式，线路设计以单线隧道为最大特色。风火山隧道的建成，不仅在青藏铁路建设中具有里程碑的意义，更在世界高原冻土隧道的历史上留下了光辉的一篇。

◎ 最长的高原冻土隧道

昆仑山隧道是青藏铁路沿拉萨方向的第一条高原冻土隧道，平均海拔4648米，全长1686米，是世界上最长的高原冻土隧道。昆仑山隧道坐落在昆仑山山巅之上，入藏列车沿雪山脚下的青藏铁路蜿蜒而过，行至昆仑山北麓时，便会随着昆仑山山坡攀爬而上，直向昆仑山隧道口挺进。

这里空气稀薄，地形复杂，昼夜温差大，导致冻土反复融化和冻结。这是造成铁路危害的主要原因，也是摆在昆仑山隧道建设人员面前的一道难题。2001年9月，昆仑山隧道的施工工作展开，技术人员利用昼夜温差大的高原气候特点，夜晚用大功率鼓风机将洞外的冷空气送入洞内，使隧道内形成一个较低温环境，然后采取半侧施工仰拱或简易栈桥的方法，在短短一年的时间里，克服了各种难题，于2002年9月26日建成昆仑山隧道，创造了隧道建筑史上的一个新的奇迹。

◎ 世界上最长的高山客运索道

位于张家界天门山的天门山索道全长7454米，高差1277米，是世界上最长的高山客运索道，也是国内为数不多高差超过千米的索道之一。天门山索道起始于城市花园广场东南角，止于天门山顶的北部，共有98个轿厢，57个索道支架（含3个救护支架），是国内支架最多的索道。索道钢绳直径为 50.5毫米，每米重达10千克。索道运行速度为每秒6米，按顺时针方向运行，每两个吊厢的间距为172.8米，时间间隔为28.8秒，单向运量为每小时1000人。

索道的主要设备从法国POMA公司进口，共耗资约1.8亿元。索道的中站到上站之间的局部斜度高达37度，是国内局部斜度最大的索道。

— 交通运输的其他项目 —

◎ 制造车辆最早的国家

根据已出土的文物，专家断定，世界上最早制造车辆的国家是中国。在公元前19世纪 ~ 公元前11世纪的夏商时期，古代的中国人就已经掌握了制造车轮和齿轮的技术。在出土的夏商时期的陶器上，车轮式样的图纹清晰可见。到了周朝，人们制作车轮的技术已经达到了炉火纯青的地步，两轮车、车辐条等配件设施也相继出现。1986年，在济青高速公路施工现场，考古学家挖掘出了一批殉葬车马。尽管车体的木质材料经过几千年的地质变迁已经腐烂，但是从其深埋于土层中的轮廓以及青铜贝饰上的图案，仍然可以辨认出马车的痕迹。这批文物是迄今为止考古学家发现的最早的马车实物。

◎ 最早的交通信号灯

交通信号灯是加强交通管理，减少交通事故发生的一项重要的基础设施。早在1868年，为了改善交通混乱的状况，英国伦敦的机械工程师纳伊特就已经设计并制造出了一种红绿两

美国早期的交通信号灯

色煤气灯，并将它安装在了伦敦威斯敏斯特区乔治大街和布里奇大街交叉的路口上。由于这个交通信号灯是以煤气为照明方式，需要警察利用长杆牵动皮带转换信号灯的颜色。这盏煤气交通信号灯仅工作了23天，便发生了煤气爆炸事件，而且造成了人员伤亡。从此，交通信号灯被政府禁止使用。1914年，在美国的俄亥俄州克利夫兰市，埃克利特大街与东105路之间，出现了一盏现代版的电气红绿灯，重新开启了交通信号灯管理交通的使命。

◎ 最陡斜的街道

世界上最陡斜的街道是位于新西兰达尼丁市中心以北3.5千米远的鲍德温街。它全长350米，爬坡的水平距离大约为161.2米，平均坡度达到1∶3.41，其中最陡的一段，位于与布迦南街交会口附近，坡度达1∶2.86，即每走2.86米，街道的高度就会升高1米。在陡而直的鲍德温街街道两旁，依势建有住房、商店等建筑物，街道与建筑物的相互映衬，形成了一种视觉上的错觉，仿佛楼房是倾斜而建的。每年夏季，这里都会举行盛大的达尼丁艺术节。人们不但可以体验达尼丁民族风情，还可以参与挑战陡坡快速行走的比赛，亲身体验在陡坡上行走带来的刺激。因而，每年这里都会吸引很多慕名而来的世界游客前来观光度假。

◎ 最早的交通罚款

1901年，美国全国越野赛期间，美国交通部发布的道路交通临时法规规定：汽车限速行驶，每小时不得超过13千米。5月11日，在美国新泽西州的莫里斯敦，一群狂热的汽车俱乐部成员将车子开到了每小时48千米，严重违反了临时法规的规定。因此，参与超速行驶的三名司机和一名机械师收到了当地警方开出的10美元的罚款单。这是世界上第一起交通罚款事件。

◎ 最早的交通法规

中国是世界上制造车辆最早的国家，在古代文献里也曾出现过类似于交通法规一样的文字“贱避贵，少避老，轻避重，去避来”。而我国现存最早的古代交通法规实物为福建省松溪县旧县

20世纪30年代的巴黎街道，法国交警正在检查过往车辆。

村发现的一块青石草书石碑。它出自于南宋开禧元年（1205年）。碑石上有太宗亲笔御批的四句交通法规，还有需要恪守法规的几个重要地段名称。这一文物的发现，比现代汽车发明以后，世界公认的美国交通学专家威廉·菲尔普斯·伊诺于1903年正式颁布的交通法规要早600多年。

◎ 世界上最早的物流与运输认证

1948年，美国运输与物流学会首次推出了美国注册物流师的职位认证，这个职位认证是世界上最早的物流与运输认证。美国注册物流师开设的课程涉猎广泛，考证人员能够在学习过程中，掌握西方发达国家物流管理以及实际应用方面的知识。若想通过考试，学员必须完成财务管理、市场营销管理原理、组织行为、管理信息系统和计算机应用、管理会计原理或成本会计原理等全部课程。可见，美国注册物流师并不是一个容易攻下的证书。但是美国注册物流师认证却是一个国际认可的重要认证。在许多跨国公司中，业内雇主都以美国注册物流师认证做为筛选物流从业人员的参考标准。拥有美国注册物流师认证，是具有物流、运输、交通、配送和物资管理等方面专业技能的权威证明。目前，全世界有20多个国家开通了美国注册物流师考试，学员人数高达4万人。

↗ 斑马线的出现，大大缓解了交通的混乱状况。图中的三位女士站在斑马线前等待过马路。

◎ 最早的斑马线

斑马线是城市人行过街横道的重要标志，也是街道中安全过街的道路标志。这种类似于斑马纹路的白色条纹线路起源于古罗马的跳石。在古罗马时期的庞贝城中，人流在街道上攒动，马车在人海中穿梭而行。人车混杂的道路上，经常会发生交通事故和道路拥挤的现象。为了改善这种混乱的交通状态，重新制定交通秩序，人们将部分路面加高，马车与人行道分离，并在靠近马路口的地方堆砌起凸出于地面的石块，人们称这些石块为跳石。高出路面的部分为人行街道，过马路时，行人可以踩着跳石前行。马车通过石块时，石块又刚好位于车轮之间，不影响马车的正常行驶。这种方式的运行，有力地改善了庞贝城的交通运营状况，20世纪50年代初，类似于今天斑马线的人行横道标志出现在英国的街道上。此后，斑马线在世界各地的交通道路中相继出现。

◎ 最早的自行车

最早的自行车的设计应归功于达·芬奇或他的一个学生，该种自行车用连杆机构和踏板推动，设计大约产生于1493年。最早应用此类设计的时间在1839 ~ 1840年间，苏格兰邓弗里斯的K.麦克米伦首先将设计应用于实践。现存于英国伦敦科学博物馆的自行车是根据此类设计生产的最早的产品。

◎ 最大的自行车

1989年6月4日，美国加利福尼亚州莫尔帕克市的斯蒂夫·高登首次骑乘一辆由加利福尼亚州罗斯米德市的戴夫·摩尔制造的，名为“弗兰肯”的自行车。这辆自行车高3.4米，车轮直径3.05米。如果以车轮直径大小算，这是世界上最大的自行车。

◎ 最昂贵的山地自行车

英国斯蒂夫公司生产了一款只有9.07千克重的自行车，名为“鳍足”型。这款自行车的车架由美国制造，鞍座由意大利制造，车闸、脚蹬和齿轮都是由日本运来，车把和前后叉则来自英国，这些都是世界上最昂贵的自行车零件，这是专为越野赛设计的山地自行车。它的售价为7244英镑，即12025美元，是世界上最昂贵的山地自行车。

◎ 最长的自行车

1988年2月27日，4个人一起骑乘由新西兰巴希亚特瓦市的坦利·塞斯曼设计并制造的自行车行进了246米。这辆车重为340千克，长22.24米，不能转弯，只能直行。它是不带稳定轮的两轮自行车中最长的。

◎ 最小的串座双人自行车

法国大西洋沿岸比利牛斯省波城的雅克·比尤和他的妻子一起骑乘由他自己制造的一辆双人自行车。这辆车只有36厘米长，是最小的串座双人自行车。

◎ 最早的摩托车

1883年，德国的技术员戈特利伯·戴姆勒在工程师奥托发明的以汽油为燃料的四冲程引擎基础上，开发出了一种高压缩比的内燃机。这种发动机的发明弥补了传统蒸汽机燃烧煤炭消耗多、能量小、动力不足的缺点，同时也为交通工具的更新换代，提供了新的动力引擎。

1885年8月29日，戴姆勒将这种小型内燃机装在了一辆木制两轮车上，并且为他的这项发明申请了专利。11月10日，戴姆勒的儿子鲍尔驾驶着这辆装有内燃机的两轮车以每小时12千米的速度行驶了3千米。这辆装了内燃机的两轮车便是世界上最早的摩托车，鲍尔也因此成了世界上第一位摩托车手。如今，这辆打破了以汽车为主要交通工具模式的摩托车正被完好地保存在慕尼黑科学技术博物馆内。

第十章
科学技术之最

— 科学仪器之最 —

◎ 最早的望远镜

早期的阿拉伯科学家对透镜的放大作用已有了很大程度的了解，但英国的罗杰·倍肯应该说是第一位用透镜制成望远镜的人。1608年10月2日，荷兰眼镜匠J.李普森为荷兰政府制作完成了现代折射望远镜的样板。

↗ 李普森和他发明的望远镜，图中手持望远镜的人即李普森。

◎ 最大的折射望远镜

折射望远镜是一种以透镜为物镜，利用屈光成像，从而更清晰地捕捉天文现象以及观察天体运动的精密天文仪器。世界上最大的折射望远镜位于美国威斯康辛州威廉斯湾的叶凯士天文台。1897年，这支由著名光学大师克拉克设计的口径为102厘米的大型折射望远镜与叶凯士天文台同时落成。直到现在，这支被建在叶凯士天文台圆顶上的折射望远镜仍然继续着它的使命。

◎ 最早、最大的太空望远镜

哈勃望远镜是人类第一座太空望远镜，也是有史以来最大、最精确的天文望远镜。它上面的广角行星相机可拍摄几十到上百张恒星照片，其清晰度是地面天文望远镜的10倍以上，其观测能力相当于从华盛顿看到1.6万千米外悉尼的一只萤火虫。

哈勃太空望远镜总长度超过13.3米，质量为11.6吨，运行在地球大气层外缘离地面约600千米的轨道上。它大约每100分钟环绕地球1周。哈勃望远镜是由美国国家航空航天局和欧洲航

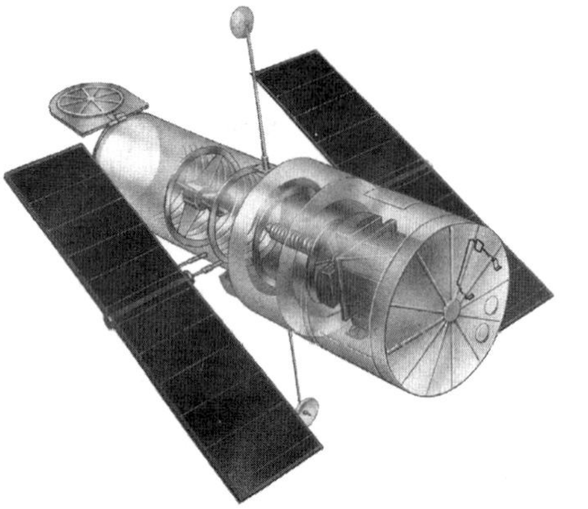

光从图中左边的位置进入哈勃望远镜，在主镜与副镜间被反射后，进入位于右侧的各种仪器中，包括用于拍摄行星和恒星的照相机、测量光的亮度的光度计。

天局合作，于1990年发射入轨的。按计划，它将在2014年被詹姆斯·韦伯太空望远镜所取代。由于运行在外层空间，哈勃望远镜获得的图像不受大气层扰动折射的影响，并且可以获得通常被大气层吸收的红外光谱的图像。

◎ 最大的反射式望远镜

为了改进折射式望远镜成像清晰度与色彩方面的缺陷，1668年，经过多年实验，牛顿利用反射原理，终于制作出了一架色差较小的反射式望远镜。随着天文学事业的不断发展，反射式望远镜在天文学领域发挥着越来越重要的作用，其制作技术也在不断提升。1993年，美国科学家利用36块1.8米的反射镜制造出了一架口径为10米的“凯克望远镜”。这架坐落在夏威夷莫纳克亚山上的巨型反射式望远镜的建成，对于人类探究更加遥远的星系，搜集更多的宇宙信息具有极其深远的意义。

◎ 最大的光谱天文望远镜

由中科院科技人员自主创新、研制开发的大天区面积光纤光谱天文望远镜（简称lamost），是目前为止世界上最大的光谱天文望远镜。它南北方向横卧在中科院国家天文台兴隆观测基地的山坡上，最高处的高度超过15层楼，是一架视场为5度的中星仪式的主动反射施密特望远镜。在大天区面积光纤光谱天文望远镜的焦面上，有4000根可自动定位的光纤，可以连接到16台光谱仪器上。它同时也创造了光谱获取率最高的世界纪录，一次观测可同时获得4000个天体光谱。大天区面积光纤光谱天文望远镜的研制成功，标志着人类天文观测事业进入了一个新的领域。

◎ 最大的自动机械望远镜

由英国利物浦约翰穆尔大学的天体物理系和伦敦格林尼治皇家天文台两家单位合作研制的望远镜是世界上最大的自动机械望远镜。从该大学天文系的办公室就能遥控此架孔径为2米的望远镜，这使得研究者可以借助它来观察红巨星、黑洞和遥远的银河系。该望远镜现安置于加那利群岛的拉帕尔马。

◎ 最大的抛物线形望远镜

1963年11月，世界上最大的抛物线形望远镜在波多黎各的阿雷西波建设完成。这座射电望远镜占地面积达49.9万平方米，直径为304.8米。相较于之前德国埃布尔斯堡波思利·普朗克无线电天文学研究所内的大型抛物线形射电望远镜，它的灵敏度要高出1000多倍。利用这台抛物线形射电望远镜，可以观测到的最远距离约为150亿光年的地方。

◎ 最早的显微镜

1590年，眼镜制造商詹森的儿子江生在玩耍父亲店里的凸透镜时发现，许多平时肉眼不容易观察到的微小事物，透过两片叠加在一起

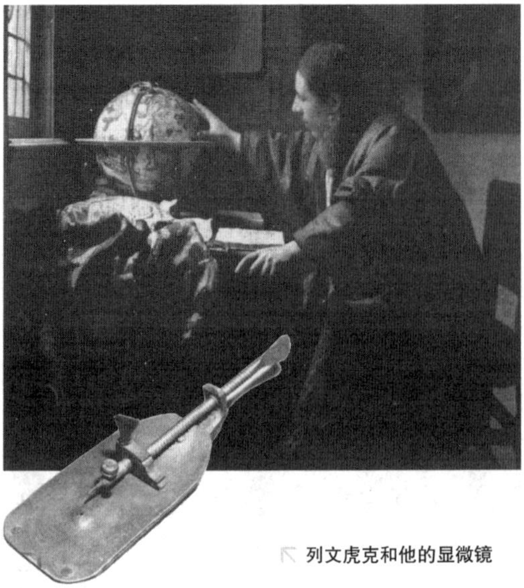

列文虎克和他的显微镜

的凸透镜很容易便可以看得一清二楚。于是，他将这个新奇的发现告诉了他的父亲。经过反复试验，父子俩将两个大小不等的凸透镜分别装在了两个铁桶中，又将这两个铁桶套在了一个较大的铁桶中，以便小铁桶能够自由滑动，从而调整两片凸透镜之间的距离。这个结构简单的双凸透镜铁桶，便是世界上最早的显微镜。由于当时的技术条件有限，詹森父子发明的这个凸透镜并没有发挥太大的作用。直到1665年，荷兰人列文·虎克才以直径为0.3厘米的小透镜，制成了一台复合式显微镜。它的制造成功宣告着人类观察微生物时代的到来。

◎ 最高倍的电子显微镜

电子显微镜是一种利用电子来显示物体内部或表面结构的显微镜。1931年，德国的克诺尔和鲁斯卡利用冷阴极放电电子源和三个电子透镜改装出了世界上第一台高压示波器，并且成功地获得了比普通光学显微镜清晰数十倍的图像，电子显微镜也从此开始进入到了高端科学研究的领域。

随着科学的发展，电子显微镜的科技含量不断增加，其分辨率也在不断提升。近年来，日立制作所开发研制出了一台世界上最高倍的电子显微镜。利用这台“S-5200”扫描式电子显微镜，研究人员能够观察到十亿分之一米的微小物质，通过观察物质表面的立体图像，从而找出物体极其细微的缺陷。它能有效地帮助科研人员在极小的范围内除去对物质的污染，得到更为精准的观察数据。

◎ 世界上最大的太阳钟

世界上最大的太阳钟是罗马的奥古斯都太阳钟。奥古斯都太阳钟由一块很大的平地和一根矗立在平地中央的华表组成。奥古斯都太阳钟以平地为钟面，表示时辰的字就刻在平面上，矗立在平地中央的那根华表就是指针，华表高约20余米，华表顶端有一根很短的尖圆形的小柱子起着指针尖的作用。华表留在地面上的投影的长短表示不同的时辰，投影的长度时时刻刻都在变化，最短的时候在夏至，约为9.5米，冬至时投影最长约为65米。

据说，奥古斯都太阳钟是由古罗马皇帝恺撒的养子奥古斯都于公元前9年下令建造的。

◎ 世界上最早的天文钟

北宋时期，吏部尚书兼侍读学士苏颂和吏部会史韩公廉等人在开封研制大型仪器设备“水运仪象台”，这种仪器能以不同形式反映观测天体的运行。水运仪象台整个机械系统以漏壶流水作动力，类似复杂的机械装置使其保持速度稳定，持平于天体运行。又由一套复杂的齿轮系统为其提供所需要的各种运动，因此既能演示天象，又可以以多种形式计时、报时。欧洲人将此仪器称为“天文钟”。这便是后世钟表的起源。苏颂在1088～1094年著《新仪象法要》中，对水运仪象台的构造作了详细的介绍，这也表现出古代天文学和机械工程技术成就的伟大。它有3个突出贡献：第一，为了便于观测，屋顶可以活动，这便是现在天文台圆顶的祖先。第二，浑象一昼夜进行一圈自转，不仅将天的变化形象地演示出来，也是现代天文台的跟踪机械——转仪钟的祖先。第三，该设备中的“天关”“天衡”和“天锁”等部件组成的杠杆装置，作为世界最早的“擒纵器”也是现在钟表的关键部件，由此可见其为钟表的祖先，也是世界上第一台天文钟。水运仪象台是中国11世纪杰出的天文仪器，是中华民族的骄傲。

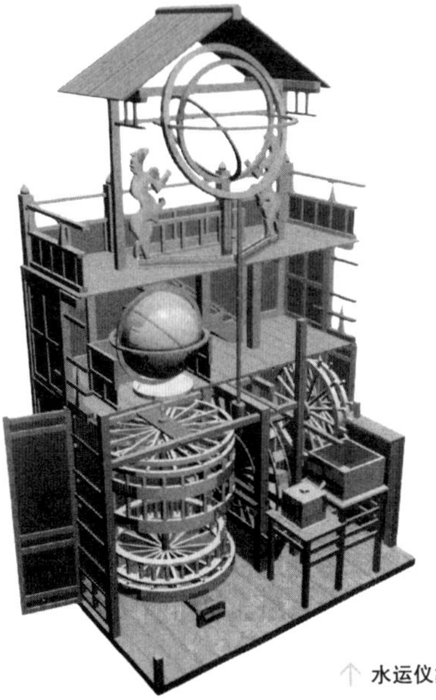

↑ 水运仪象台

张衡发明的地动仪比欧洲的地震仪器要早1700多年。图为中华人民共和国成立后根据文字记载仿造的侯风地动仪模型。

◎ 世界上最早的地动仪

世界上最早的地动仪是中国东汉时期张衡发明的。张衡发明的地动仪比欧洲早了1700多年，直到1880年欧洲才制造出他们的地动仪。

张衡发明的地动仪结构大致如下：在地动仪内部竖立着一根上粗下细的铜柱，这根铜柱叫做“都柱”。在都柱的周围是8条通道，称为“八道”，八道代表8个方向，它本身是8组杠杆机械。在仪器的外部与8道相应地铸有头朝下、尾朝上的8条龙，分别代表东、南、西、北、东南、东北、西南、西北8个方向。并且每个龙嘴里面都有一颗小铜球，在每条龙的口的下面都蹲着一只张着小口的铜制蟾蜍，一旦有地震发生，仪器体内的铜柱就会因震动而失去平衡向发生地震的方向倒下去，这样一来，八道之中的一道就会使相应的龙嘴张开，龙嘴张开后，里面的小铜球就会掉入蟾蜍的口内，这样，人们就知道什么地方发生地震了。

◎ 最大的光学仪器

当今世界上最大的光学仪器非空间望远镜莫属！

空间望远镜对高太空研究来讲非常重要，因为它能扩大我们的视野，有了它，科学家就能很容易地进行各种各样的天文观察。当然了，空间望远镜和我们常见的望远镜比起来构造要复杂得多。一般来讲它由3部分组成：望远镜、观测仪器和辅助系统。复杂的空间望远镜是科学家们智慧的结晶，比起我们常见的望远镜来空间望远镜的分辨能力要强10倍。利用它可以观察到太空中更远、更暗处的天体。空间望远镜问世以来，对现代天文科学的发展立下了汗马功劳。

◎ 最早的激光器

自1916年爱因斯坦提出了受激辐射概念以后，学者们有关于量子力学以及微观粒子的研究就从未间断过。1951年，美国物理学家珀塞尔和庞德在电子辐射以及微观粒子的理论基础上，成功地造成了每秒50千赫的粒子数反转受激辐射。这一实验研究的成功，有力地推动了激光器的研制成功。1954年，物理学家汤斯等人研制成功了一台氨分子束微波激射器，并且获得了1.25厘米的微波激射。这台激射器是人类研制激光器最早的尝试。1960年，物理学家西奥多·梅曼将前人的理论基础与大量的实验结果相结合，利用高强闪光灯管刺激红宝石水晶里的铬原子，得到了一条能够聚焦到一点上的高能量射线光柱，这台发出红色光柱的红宝石激光器，便是世界上最早的激光器。

激光器的发明为人类获得可控的大能量的

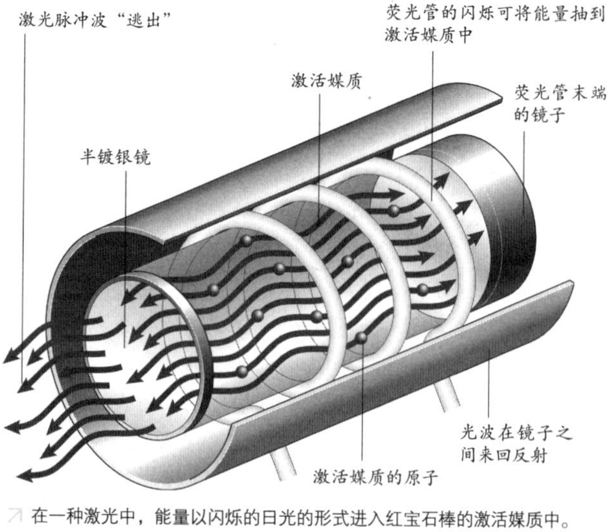

在一种激光中，能量以闪烁的日光的形式进入红宝石棒的激活媒质中。

分子或原子发光的可见光线、红外线以及紫外线等射线提供了可能。它是对人类医疗、工业等领域做出重要贡献的一项发明。

◎ 最早的天平

天平是衡量物体质量的重要仪器。据历史资料记载，公元前5000多年前，古埃及人的生活中，出现了一种中间钻有孔洞，采用杠杆原理的秤。人们经常利用这种两端悬挂有托盘的秤称量物品。这种与现代实验天平类似的秤便是最早的天平。

据西汉时期的《淮南子》记载，古代的中国人经常使用两端挂有土和木炭的木质仪器来测量空气中的湿度。当空气干燥时，土和木炭的重量相当，木棒不发生偏向；当空气潮湿时，木炭质量变重，木棒便会倾向木炭一方。这种测量湿度的仪器便是中国早期的天平雏形。

◎ 最精密的天平

世界上最精密的天平是德国生产的“4108型”天平。这种天平的精准度可以达到0.01微克，即1×10^{-8}克。通过这台天平，能够准确地测量出一张纸上，一个字体所用的墨水重量的几十分之一的重量，甚至能够测量出一根头发丝的几千分之一的重量是多少。它可以测量的最轻值可达0.5微克，目前为止，精准度能够超过“4108型”的天平尚未被制造出来。

◎ 最早的地球仪

1492年，自称曾经航行到过非洲西岸的德国地理学家、航海家贝海姆将一个名为“地球苹果”的地球仪呈现在了纽伦堡市民的面前。这座由贝海姆设计，画家格洛绘制草图，结合了古希腊世界猜想、中世纪地理理念以及复杂制作工艺的地球仪便是世界上最早的地球仪。

贝海姆制作的地球仪直径为51厘米，地球仪表面标注了2000多个地名，100多幅插画，50多个图例。尽管在实际地理知识上，它存在很多猜想以及神话传说色彩，但是它的制造成功，却为人们探究世界地理做出了很多有益的借鉴。如今，这个最早的地球仪被保存在纽伦堡日耳曼国立博物馆中。

— 科技发明之最 —

◎ 最早的指南针

世界上最早的指南针是中国战国时期发明的“司南”。

司南从外表上看与现代的指南针有很大的差别，很像平常家用的勺子，但是它却不是一把普通的“勺子”。经科学家研究，司南本身是一块天然的磁铁，人们把它磨成勺子模样，把S极磨成“勺柄”，使司南的重心落在“勺子”的底部正中央，制成司南。司南底盘必须光滑，这样它才能很顺利地在上面转动。使用司南的时候，只需要把司南放在光滑的底盘上面，用手让它在底盘上转动。当司南停止转动后，司南的长柄所指的方向就是南方，相对的方向自然就是北方了。

“司南”

◎ 最早的造纸术

在纸张发明以前，古人通过结绳、树枝、龟甲等物质进行记事。据成书于公元100年的《说文解字》记载，纸取“丝”旁，有绢丝的意思。可见，最早的纸张与绢丝有着不解之缘。我国是最早养蚕织丝的国家。西汉时期，古人在长期的生产实践中，总结出了抽丝织绸帛的方法。人们在制丝绸的过程中，偶然发现，漂洗过蚕丝的篾席会残留一层絮状纤维，于是人们将这种絮状纤维经过研磨、浸泡等方式制成了最早的丝绵纸张。由于蚕丝纸张造价昂贵，人们便以相同的方法，用蓖麻作物代替蚕丝制成了麻纸。随着经济文化的不断发展，造纸技术也在不断地进步。东汉元兴元年，蔡伦在已有的造纸技术基础上，以树皮、麻头及破布、鱼网等为原料，经过打碎、漂洗、烘烤等工艺，改进了造纸术，使得一种取材方便、经济实惠、书写方便的纸张得以流传于世，并且在世界范围内广泛应用开来。

◎ 最早的印刷术

在印刷术发明以前，人们传播文化只有靠手抄的方法，这使文化的交流以及经济的发展有了很大的局限性。秦汉时期，官场中出现了单字的印章。唐代，人们发现刻在印章以及石碑上的文字，通过涂墨击打的方式可以使文字印于纸张之上，于是拓印技术便诞生了。根据印章以及拓印技术的原理，7世纪左右，古人发明了雕版印刷术。人们以枣木、梨木等为材料，将要印刷的文字内容事先以突出的阳文形式，反刻在木板上，然后用刷子刷以墨汁，将纸张覆在木板上轻轻擦拭，木板上的字迹便印在了纸张上。雕版印刷术的发明极大地推动了文化的交流，也为活字印刷术的发明奠定了坚实的基础。

◎ 最早的火药

我国隋末唐初医学家孙思邈在他的《丹经内伏硫黄法》中，详细地记载了火药的配制方法，这是关于火药配制方法的最早记载。火药主要由硫磺、硝石、木炭混合而成。早在新石器时代，人们在烧制陶器的时候，就已经对木炭有了初步的认识。随着冶金术的不断进步，硫磺这种天然矿石被开采出来，用于铁器的制造。秦汉时期，帝王追求长生不老的愿望导致了炼丹术的盛行。各方术士为了博得帝王之宠以流芳百世，开始将各种所谓的药物，即一些化学物质混合在一起熔炼。

↗ 中国士兵把装有火药的小管系在箭上，制造出了最早的火箭，又称突火筒。

汉代的《神农本草经》中记载，硝石在上品药物中排第六位，它能够医治20余种病症；硫磺在中品药物中排第三位，可医治10余种疾病。于是，硝石、硫磺、木炭等药物，成了炼丹师重视的常用药物。人们对木炭、硝石等药物的认识以及炼丹术的发展直接推动了火药的发明。公元7世纪左右，炼丹师在融了硝石、木炭、硫磺三种药物的丹炉发生爆炸现象的启发下，制成了最初的火药。14世纪左右，火药传到了欧洲，成为推动欧洲现代化进程的助推器。

◎ 最早的实验煤气灯

最初，人们在化学实验中使用的煤气灯，火焰明亮，但是温度不高，不能满足所有化学实验所需要的热量。1852年，当上了海德堡大学教授的本生，决心改变实验室中煤气灯煤气燃烧不充分、无法满足试验需求的现象，发明一种更为先进的实验煤气灯。

经过反复试验，本生设计出了世界上最早的一盏实验煤气灯。这种实验室煤气灯改变了传统煤气灯的煤气和空气在外部混合燃烧的方式，而是将煤气与空气在灯座内部充分混合，以达到充分燃烧的目的。

这款实验煤气灯又被人们称为“本生灯”。它的火焰分为焰心、还原焰、氧化焰三部分。焰心的火焰温度相对较低，约在300℃左右，是水蒸气、一氧化碳、氢、二氧化碳和氮、氧的混合物；还原焰是煤气与空气混合充分燃烧的过渡部分，温度可达500℃，火焰呈现淡蓝色；氧化焰位于火焰的最外层，是煤气燃烧最充分的部分，温度高达900℃。

◎ 最早的电梯

电梯的发明加速了城市的现代化进程。它是导致很多摩天大楼拔地而起的主要原因之一。它使人们更为方便快捷地上上下下成为了可能。早在公元前1世纪左右，工业领域里就出现了搬运货物的大型升降机。17世纪，法国出现了一种一端坠着砂袋，通过调节砂袋的重量，来提起另一端重物的“飞椅”。升降机以及飞椅的发明及应用为电梯的发明提供了最直接的参考模板。

1854年，美国人伊莱沙·格雷夫斯·奥的斯在纽约的水晶宫向世人展示了人类历史上第一部真正意义上可操控的安全电梯。这部电梯原理与升降机类似。奥的斯在为观众演示其工作原理时，先让助手操纵设备，将他以及载了很多货物的平台升至半空，然后让助手切断了固定升降机的绳索，神奇的是，升降梯安然地停留在了半空中，并没有像人们想象的那样迅速坠落。这就是最早的现代意义上的电梯。

◎ 最早的降落伞

西汉的《史记》中记载说，舜曾经利用两个斗篷从谷仓之上跳跃而下，落到地面时竟安然无恙，这是有关降落伞原理的应用方法的最早记载。书中所说的斗篷，便是降落伞的雏形。1306年，元朝的杂耍艺人们，发明了一种凭借纸做的大伞从空中飘落的杂技表演，表演道具大纸伞便是最早的降落伞。

后来有关风筝以及降落伞的应用原理传播到了欧洲。15世纪末，意大利艺术家达·芬奇用一块边长为11米的绸布缝制成了一个巨大的帐篷，并且利用这个大帐篷成功地完成了载人降落实验。1797年10月22日，法国人安德列·加纳林从700米高的空中跳伞而下，创造了世界上最早的跳伞纪录。

◎ 最早的风车

风车是一种以风能为动力，用于提水灌溉、碾磨食物、发电供暖等用途的机械装置。早在2000多年前，中国、巴比伦、波斯等地就已经出现了风车。公元前650年，一位名叫阿布·罗拉的古波斯奴隶试图发明一种利用自然风能为动力，代替人力以及畜力工作的机械装置。他的这个想法得到了奴隶主的支持。不久之后，罗拉真的将他的这个想法变成了现实，制造出了世界上第一台风车。

最初，罗拉制造的这个风车被奴隶主用来发电。它的外形酷似一座砖砌的塔楼。塔楼的墙壁上，有两个巨大的通风口，塔楼内部，与

↗ 一个帽状风车的顶部能够转动，以使翼板面朝风向。图中就是意大利工程师阿格斯蒂诺·拉莫利设计的一架草帽状风车。

通风口相对的是一根装着叶片的巨大转轴。当风从通风口吹进来时，两个通风口便形成了一个收集风源的巨型通道，旋转轴上的叶片会在风的吹动下快速转动，从而达到动力发电的目的。随着人类文明的不断进步，风车被广泛地应用在了生产生活领域，成为风力资源丰富地区的重要标志。

◎ 最早的打字机

打字机是一种代替人手书写文字的机器，它的发明极大地提高了人们的书写效率，为文化事业的发展做出了重要贡献。1714年，英国工程师亨利·米尔为他的一项发明申请了专利，据资料记载，他的这项发明是一种能够代替人手敲击键盘打出字体的机器。但是这种打字机并没有留下实物以供参考。在这之后，人们在打字机的研究与发明上，又做了很多努力。

1860年，美国人克里斯多弗·拉撒姆·肖尔斯和卡洛斯·格利登制造出了世界上第一台实用打字机。最初，这台打字机键盘上的字母是按照英文字母表的顺序排列的，打字过程中，由于一些经常会用到的字母排列的顺序相近，经常发生键槌相互交错干扰的现象。后来，在弟

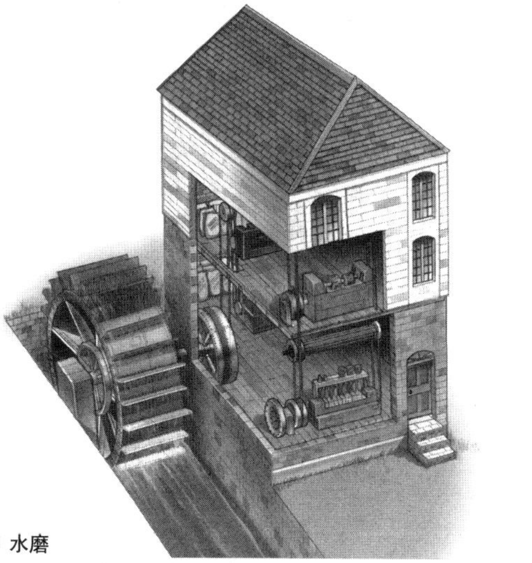

水磨

弟的建议下，肖尔斯将键盘上常用字母的顺序打乱，重新进行了排列，有效地解决了键槌互相干扰的问题。这种打字机键盘字母的排列方式对后来计算机键盘的设计有极其重大的影响。

◎ 最早的水磨

水磨通常指的是以水为动力，并在研磨作物时，加入水状切削液的一种磨。公元前3世纪中叶，德国塞尔河上出现了一座以水流带动轮盘旋转，再由轮盘驱动传动装置，从而推动机器部件进行研磨工作的水磨。这是世界上最早的水磨。它既可以用来将米、麦、豆等粮食研磨成粉、浆，又能以轮盘带动风箱，充当熔炉鼓风机角色，还能作为灌溉抽水轮排使用。公元3世纪左右，我国的晋代也出现了以水为动力的水磨。随着机械制造技术的不断进步，结构更为复杂，工艺更为精湛的水磨逐渐取代了结构简单的老式水磨。

◎ 最早的照相机

相机是一种利用光学原理进行成像摄影的仪器。早在公元前400年前，《墨经》一书中就记载了有关针孔成像的原理。13世纪，欧洲人利用小孔成像原理制成了能够观赏映像、描画景物的映像暗箱，这种暗箱便是照相机的雏形。1550年，意大利人卡尔达诺在原有的暗箱基础上，在取景小孔上，安装了两面凸透镜，使人能够更清晰地从暗箱中观察到景物。1558年，意大利人巴尔巴罗改进了卡尔达诺的双凸透镜暗箱，为其加设了一个可以调节光线亮度的光圈，从而使暗箱的成像功能大大提高。但是由于暗箱缺少成制影像的感光材料，改良后的暗箱仅能应用在绘画领域。

1822年，利用装备上了感光材料的暗箱，法国人尼埃普斯拍出了世界上第一张影像有些模糊的照片，在此之后，人们便将精力放到了感光材料的研究上。1839年，世界上第一台实用意义上的照相机被法国人达盖尔制造出来。随后，与相机相配备的成像效果更加完善的胶片也相继问世。

◎ 最早的数码相机

数码相机的出现，实现了人们即拍即得，走到哪里、拍到哪里的愿望。如今的数码相机所采用的“CCD芯片”源于20世纪60年代美国的航天领域。最初，为了弥补宇航员在太空中传输回地面的图像不清晰的不足，美国贝尔实验室的科研人员维拉·博伊尔和乔治·史密斯发明了CCD。1969年，美国宇航局的首次登月中，宇航员便用一架装有CCD的特制500EL型哈桑勃特数字照相机成功地通过卫星系统向地面传送回了数字图像信号，科研人员将这些数字图像信号分析后，得到了清晰的月球图片。

1975年，柯达应用电子中心研制出了一台名为“手持电子照相机”的数码相机。它以300英尺的飞利浦数码磁带作为存储器，以16节AA电池为供电系统，这是世界上第一台实用型数码相机。

◎ 最早的扬声器

扬声器是一种十分常见的电声转换器，它常被用于发声的电器设备中。1876年2月14日，亚历山大·格雷厄姆·贝尔获得了“电话”的专利权，他发明的电话实现了人们将声音传播到远方的愿望。电话的发明为声电相互转化提供了实物参考。1877年，托马斯·阿尔瓦·爱迪生在电话原理上发明了留声机，这个装有大型喇叭装置的手动摇杆装置，便是扬声器的雏形。1898年，英国人霍雷斯·肖特首次依据声电转换原理，制做了一台独立的“奥格泽特弗恩”扬声器，并为此申请了专利。这个利用压缩空气

↗ 由阿塔纳西斯·基尔旭设计的“幻灯”技术。使用的“幻灯片”是画上了图像的玻璃片。

的方式达到电声转换的扬声器便是世界上第一台扬声器。它的发明宣告着扩音时代的到来。

◎ 最早的幻灯机

幻灯是利用强光和凸透镜，将图像或文字等信息映射到屏幕上，或作教学讲解，或作娱乐之用的一种装置。1654年，德国的犹太籍学者基歇尔发明了世界上第一台幻灯机。它是一个由铁皮制作而成的巨大方箱。方箱的正前方是一个装有可以自由滑动的凸透镜的圆筒，这个装置相当于取景用的摄像镜头。方箱内部设有一块可调整焦距的面板和一盏可以调节亮度的光源。使用幻灯机放映图片时，只需将外部的光线调暗，然后将幻灯片放在凸透镜与蜡烛之间的槽道中，透过反光镜，强烈的光束就会将图片上的影像投射在显示屏上。

最初，幻灯机主要被用来作为传道士传道的工具。18世纪末，幻灯机成了一些魔术表演中最受宠的道具。19世纪中叶，赛璐珞胶卷替代了传统玻璃幻灯片的地位，同时也将幻灯机推入了工业生产的领域。

◎ 最早的发电机

1831年，英国物理学家、化学家迈克尔·法拉第在大量的实验中，发现了“当磁场的磁力线发生变化时，在其周围的导线中就会产生感应电流”的电磁感应现象。根据这一原理，第二年，法拉第发明了一台名为“法拉第圆盘”的发电机。这台发电机由一个紫铜圆盘、一个与圆盘圆心固定的手摇扶柄以及两个紧贴圆盘边缘和圆心的黄铜电刷组成。当摇动手摇扶柄时，安置在U形磁铁磁场中的紫铜圆盘便会旋转起来，与电流表相连的两个黄铜电刷会随着紫铜圆盘的转动发生相应的切割磁感线运动，从而产生电流，电流表的指针会偏向一边显示产生电流的强度。这台电磁相互转化的发电机的诞生，为现代化发电机的诞生奠定了基础。

磁场

在所有的磁铁周围都存在一个力场，也就是磁场。法拉第通过实验研究磁场与电流之间的相互作用关系，从而开创了物理学的一个分支——电磁学。电磁学也是各种电机的工作原理，包括电动机、发电机、电铃、继电器以及螺线管（常用做电开关）等。

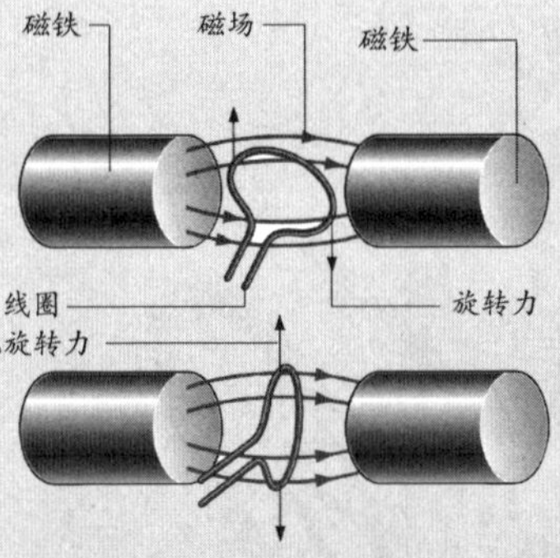

当电流流过磁场中的线圈时，磁场在线圈的两端以相反的方向流过，产生旋转力。只有当线圈旋转到垂直于磁场线时，旋转力才会消失。

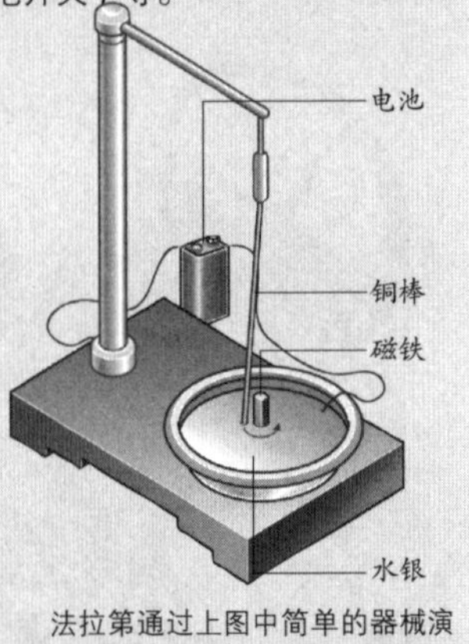

法拉第通过上图中简单的器械演示了电动机的工作原理。将一根铜棒顶端装在枢轴上，下端则浸入装满水银的容器中，同时，在铜棒的旁边放置一块垂直于容器底部的磁铁。当接通电流时，铜棒就会绕磁铁旋转。

1866年，德国电工学家恩斯脱·韦尔纳·冯·西门子研制出了世界上第一台电磁铁式发电机。它改进了法拉第发明的磁电发电机以天然磁铁为磁源的模式，改用磁力强大的电磁铁为磁源，从而产生更强大的电流。这种发电机被作为实用发电机广泛应用起来。1870年，克拉姆经过不断改进电磁式发动机，研制出了性能更为优良的发电机。他被誉为“发电机之父”。随着电机技术的不断成熟，发电机在汽车等工业领域发挥着越来越重要的作用。

珍妮纺纱机

◎ 最早的播种机

在长期的农业生产实践中，相对于人工播种来说，既省时、效率又高的播种机被发明制造出来，并且不断地被改进。世界上最早的播种机出现在距今4000多年前的美索不达米亚地区。据史料记载，它是一种配有盛装种子的漏斗和将种子植入土壤中的长管子的木犁。

公元前1世纪左右，西汉人赵过曾经命工匠制作过播种机器——耧。它以畜力为动力，播种时，人在耧后手扶开线挖沟用的犁头，即耧腿，进行播种作业。在耧的漏斗中设有大小两个方箱，用以调节输送种子的速度。这种耧在当时的长安附近得到了广泛的推广。

1636年，希腊出现了一台现代化的播种机。19世纪以后，随着工业技术的不断进步，各种高效率的机器不断涌现。1701年，英国人杰斯洛·塔尔发明了一种马拉播种机。这种播种机不但可以同时播种三行种子，还可以根据地形调节播种种子的数量。它是世界上第一台高效率的播种机。

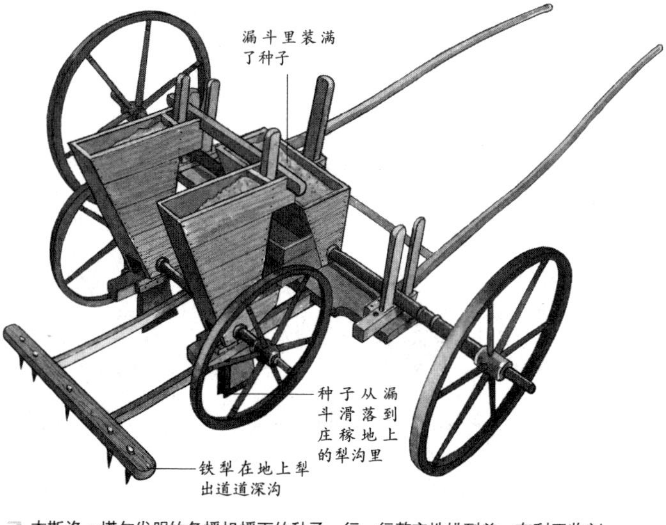

杰斯洛·塔尔发明的条播机播下的种子一行一行整齐地排列着，有利于收割。

◎ 最早的纺纱机

据史料记载，早在公元前300多年前，我国就已经出现了纺纱机。著名的典故《孟母断织》中，就有关于纺纱机的描述。出生于1245年的黄道婆，是我国元代著名的棉纺织家。早期的纺织工具主要是由一个纺锤和一根卷线轴构成的简单机器，这种机器只能够纺织出一根纱，并不能应用于大批量的棉纱布料的生产。

1764年，英国纺织工詹姆斯·哈格里夫斯通过一次偶然的纺纱机翻倒事件，发现了改进纺纱机的方法。经过反复试验，哈格里夫斯将8个并排垂直的纺锤固定在滑轨上，然后将滑轨固定在4腿木架上，机器的下方设有一个转轴，通过摇动纺纱机的手柄，8个垂直的纺锤就可以同时转动，纺出多条纱线。哈格里夫斯将这台纺纱机命名为“珍妮纺纱机”。它的问世为纺织业带来了历史性的变革，推动了工业革命的进程。

◎ 最早的针织机

针织机是推动现代文明进程的一项重要发明，它改变了传统手工制作工艺占据主导的生产模式，使纺织工业进入到了机器大批量生产的时代。1589年，英国发明家威廉·李通过观察妻子手工编织毛袜的方法，总结出了编织的技巧，制造出了世界上第一台手摇式针织机。这台针织机可以用来编织毛袜、毛裤等手工可以编织的衣物。它由3500多个零部件组成，被安置在一排的钩针一次可完成16只线圈的编织工作，大大提高了编织效率。经过改良，1598年，这种针织机已经能够大量生产做工精细的针织丝袜。针织机在编织领域的应用掀起了时尚潮流的巨浪。

◎ 最早的缝纫机

缝纫机在人们的生活中起着举足轻重的作用。20世纪70年代的中国，缝纫机和自行车、手表并称为代表家庭经济收入的“三大件”。

1790年，英国人圣·托马斯用木料以及金属配件制造出了世界上第一台缝纫机。它是一台单线链式线迹的手摇缝纫机，是专门为缝制靴鞋而设计的。随着缝纫机制造技术的日臻成熟，双线链式线迹缝纫机、微型计算机控制的家用多功能缝纫机、多功能钉纽扣、刺绣等缝纫机相继问世。缝纫机的不断更新换代使服装加工业的工作效率得到了很大的提高，有力地推动了服装加工业的发展。

◎ 最早的汽轮机

公元1世纪左右，亚历山大的希罗曾记述了一种利用蒸汽的反作用力而发生旋转的球体。这种汽转球便是反动式汽轮机的雏形。汽轮机常被用作发电的原动机，它是一种将蒸汽能转化成机械能的旋转式动力机械装置。

随着钢铁合金技术的不断发展以及蒸汽动力学理论的不断完善。1882年，瑞典人德拉瓦尔制造出了世界上第一台汽轮机。这是一台5马力的单级冲动式汽轮机，它的叶轮在高温高压蒸汽的驱动下，每分钟的运转速度高达18000转。它的发明使人们使用更为廉价的电能成为了可能。1884年，英国的帕森斯制造出了一台具有世界领先功率的10马力的多级反动式汽轮机。这台汽轮机的问世，有力地保障了工业领域的高效率生产。

◎ 最早的柴油机

为了弥补蒸汽机体积大、效率低等方面的缺陷，慕尼黑技术大学在校生鲁道夫·狄塞尔进行了大量研制高效率内燃机的实验。1892年，狄塞尔制成了一台将空气压进容器，使其与煤粉充分混合，压缩点火，从而提供动力的机械装置，并获得了专利权。这个机械装置的发明为柴油机的诞生提供了充分条件。

奥托于1876年发明的四冲程气体引擎。同莱诺的早期引擎一样，奥托引擎也需要一个大的飞轮来平衡剧烈的晃动。一条宽的传送带绕在小轮上提供最终的动力输出。

1893年，狄塞尔在这一机械装置的动力原理基础上进行了改良，制造出了世界上第一台柴油机原型。起初，柴油机仍然笨重庞大，不能适应灵活的作业要求，只能用于固定生产，因而旧式的柴油机的应用范围受到了局限。1897年，实用型四冲程柴油机的诞生，有效地提高了柴油机的工作效率，也使柴油机这种高效率的动力装置得到了更广泛的应用。

◎ 最早的水利鼓风机

东汉时期，冶铁业蓬勃发展。为了解决冶铁业人力资源不足的问题，南阳太守杜诗发明了一种把偏心连杆与活塞结合起来的鼓风风箱。这种风箱以水为动力，通过滚动的机械装置带动皮质的风囊像手风琴一样连续开合。它的工作方式与往复式蒸汽机的工作方式相反，但是却有着与往复式蒸汽机相同的工作原理。它不但解决了冶铁中人力不足的问题，还大大地提高了冶铁炉所需要的风能动力。它用力少、见效快，是推动冶铁工业由铸造向锻铁转变的重要因素之一。这台当时被称为“鼓铸”的鼓风机便是世界上最早的水力鼓风机——杜诗水排。

◎ 世界上最早的计算器

电子计算器算盘是人们最常使用的一种计

算器具，相较于肢体计算方法来说，它的计算方法更加快速，简单实用。早在公元前600年前，我国就出现了一种名为“算板”的计算器。“算板”便是我们现在所说的算盘的雏形。在几千年的生产实践中，古人不断地更新算盘的形式，到了唐朝，算盘演变成为今天的样子。人们将七个珠子分成一组，以小木棍串联起来，然后将这种串联了珠子的小木棍镶嵌在木框中，防止珠子的滚落。在算盘框的三分之一处，设有一个横梁，将成排的珠子串分成了上下两层，上面一层的两个珠子分别作数字五用，下层的五个珠子分别作数字一用，这样一来，在有限的空间中，就可以进行无限的数学运算了。

◎ 最早的电子计算器

1642年，年仅19岁的法国发明家帕斯卡在算盘十进制的计算方式的基础上利用齿轮链锁原理，发明了一部像老式拨盘电话一样的计算器。计算时，人们只需将数字拨进计算器，计算器另一端的窗口中，便会显示相应的数字。由于设计简单，这部机械计算器只能进行加减法的运算。

↗ 帕斯卡发明的齿轮计算机模型

但是它却开启了电子计算器时代的大门。

1694年，德国数学家莱布尼兹在这部机械计算器的基础上，加以改良，使计算器的功能又多了乘除运算。随着函数的应用以及计算器功能的不断增多，上个世纪50年代末，第一台真正意义上的电子计算器“孔佩特”号才被制造出来。

◎ 最早的电影摄影机

电影摄影机的发明，使人类留住过去发生的事情的梦想成为了可能。1874年，法国人朱尔·让桑发明了一种由钟摆机构控制的胶片曝光摄影机。这种类似于相机的摄影机，为现代电影摄影机的诞生奠定了坚实的基础。

1882年，法国人朱尔·马雷发明了世界上第一台真正意义上的电影摄影机。它是一种类似长杆枪装置，扳机处设有一个固定的圆盒，圆盒内装有表面涂有溴化银乳剂的玻璃感光盘。机器的驱动装置为一根发条，拍照时，感光盘在做间歇性圆周运动的同时，接收从长枪一样的镜头中摄入的光线，并以1/100秒的曝光速度，完成每秒12张影像图片的拍摄。它可以完整地记录飞鸟飞行时的连贯动作。1888年，马雷以感光纸带代替了感光盘，制造出了一种新型的电影摄影机。

◎ 最早的自动提款机

自动提款机是一种高度精密的自动取款装置。它通过识别磁性代码或智能卡，代替银行柜台的工作人员为顾客提供取款、转账、余额查询等自助金融交易服务。1867年6月27日，世界上第一台自动提款机被安装在了英国米德尔赛克斯郡安菲尔德的巴克莱银行中。这台具有现代意义的自动提款机是由英国德拉路仪器公司的经理约翰·谢泼德·拜伦发明的。它以当时英国人均生活水平为标准，一次性提款的最高金额为10英镑。它的出现使人们进行金融交易又多了一种方便快捷的选择。如今，随着个人金融业务的迅速发展，自动提款机在人们的生活中扮演着越来越重要的角色。它已经成为除了银行之外，人们首选的自助金融服务方式。

◎ 最早的晶体管

晶体管以价格低廉、持久耐用、小巧方便、

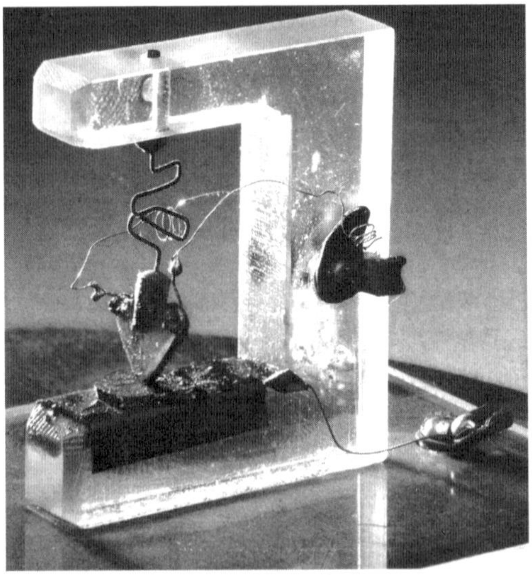

1947年，第一台点触式晶体管采用了半导体锗晶体材料。

放大电子信号等优点成功地取代了真空电子管的地位，成为微电子革命的先驱，在电话、电视等很多领域发挥着举足轻重的作用。1929年，工程师利莲费尔德获得了晶体管的专利，由于制作晶体管的材料存在缺陷，因而，利莲费尔德只是研究出了晶体管的理论原理，并没有制出晶体管实体。

1947年12月，美国贝尔实验室成立了以肖克莱为首的半导体研究小组。他们在晶体管研究理论的基础上，做了大量的实验。在一次研究半导体锗和硅的物理性质的试验中，研究小组成员巴丁发现，当探针接近放置在锗晶体上的固定针0.05毫米的时候，极微弱的探针电流能极大地影响流过固定针的电流，即电流产生了“放大”效应。根据这一发现，小组成员巴丁和肖克莱、布拉克进行了反复的实验，最终制造出了“点接触型晶体管”。这个晶体管能够将音频信号放大100倍。相较于电子管来说，它的体积只有火柴棍大小。1956年，巴丁和肖克莱、布拉克因为人类电子事业做出了重要贡献，研制出世界上第一个晶体管而获得了诺贝尔物理学奖。

◎ 最早的遥控器

遥控器是一种高科技远程遥控操纵系统。它主要由集成电路板以及能够接收发射信号的装置组成。如今的遥控器已经实现了人们跨时空操纵电器的愿望，是一项提高了人们现代化生活水平的重要发明。世界上最早的遥控器是天才发明家尼古拉·特斯拉于1898年研制开发出来的。由于当时的技术存在一定的缺陷，这种遥控器并没有得到广泛的应用。

后来，美国一家名为Zenith的电气公司于1950年开发出一种用来控制电视的遥控器。这个不用直接操纵电视机，就可以转换不同的频道以及选择诸多功能的遥控器通过一根电线与电视机相连。它的适用范围会受连接线长度的限制，因而同样存在局限性。经过改进，1955年，该公司又推出了一款无线遥控器。它所采用的超声波操控电视的方式，至今仍是一些现代遥控器采取的主要方式之一。

◎ 最早的CD机

CD机又名CD播放器。它是一种高保真的微电脑控制的智能立体音响设备，是音乐发烧友们最钟爱的音乐播放器之一。1982年，日本索尼公司推出了一款名为“Sony's CDP-101”的CD机。这款售价为900美元的CD机利用二进制编码作为记录声音的方式，并将这种技术“0”“1”的组合标榜在了CD机的型号中。它是索尼公司推出的首款CD播放器，也是世界上最早的CD播放器。如今，这种老式的CD播放器已经成为CD机使用者们收藏宝库中的珍品。

高倍显微镜可以显示出CD盘面上螺旋形的凹槽以及凹槽之间的平坦区域。

◎ 最早的VCD机

1992年4月，广东万燕集团总经理姜万勐在美国拉斯维加斯参加了国际广播电视技术展览会。会上，姜万勐对C －CUBE公司研发的MPEG（图像解压缩）芯片产生了浓厚的兴趣。经过几天的反复研究，姜万勐产生了将这种芯片应用到音像视听领域的想法。在与C －CUBE公司董事长孙燕生进行了一番交流之后，姜万勐发现他与孙燕生在广播电子领域有着相同的理念。1993年3月18日，姜万勐与孙燕生共同投资1700万美元，成立了专门致力于研究开发MPEG技术与音像产品相结合的万燕公司。同年9月4日，万燕公司终于推出了应用MPEG技术的最新产品——VCD机。它是中国的电子产品唯一领先于世界电子科技的产品。这种物美价廉的视听产品一经问世，便迅速风靡全球，很多VCD仿制机也相继出现。

◎ 最早的DVD机

DVD是数字多用途光盘的简称。它是优越于CD、VCD等产品的后继产品。自MPEG技术被研制开发出来以后，美国广播电视领域一直在研制品质更为卓越的电子产品。早在1991年，MPEG工作组已经在原有MPEG-1压缩编码方案的基础上，研制开发出了MPEG-2压缩编码技术，只是现有的设备以及CD光盘无法实现这种设备存储容量大、数据分辨率高的要求，因而这项技术迟迟不能在电子设备中应用。因而，研制一种新型的MPEG-2应用机成为电子领域呼之欲出的声音。1994年，美国好莱坞电影公司关于数字化产品的倡议，推动了MPEG技术领域的变革。1996年，以飞利浦、索尼与东芝、时代华纳为代表的两大电子阵营终于统一了MPEG-2的分辨率规格，采取双盘对接的光盘结构，制造出了世界上第一台DVD样机。

◎ 最早的MP3

MP3音乐格式源于德国一家公司于1987年推行的EU147数字传输计划。它可以利用MPEG AudioLayer3技术，将声音文件以1∶12的比例压缩成小容量的音乐文件，使人们将互联网上的声音文件更方便快捷地存储在个人计算机中成为了现实。

1997年3月，韩国三星公司部门经理Moon先生在飞回汉城的飞机上，处理完同事传来的图像、文字和MP3音乐合成相关的报告后，受邻座旅客所听的MD机启发，产生了研制独立播放MP3文件产品的想法。回到公司，Moon将他的这一想法做成报告提交到了公司研发部，可惜的是公司并没有受理Moon的这个提议。半年后，Moon离开三星公司，进入世韩公司，并于1998年，完成了他的MP3播放器研制，推出了世界上第一款MP3播放器——MPMan F10。

◎ 最早的机器人

如今，机器人在生产制造、日常生活等很多领域充当着重要的角色。早在公元前9世纪的西周时期，中国就已经出现了世界上最早的机器人。据史料记载，在周穆王统治时期，工匠偃师曾经研制出了一种能歌善舞的伶人，这种伶人不但能做出很多高难度的动作，还能够与常人“眉目传情”。春秋战国时期，鲁国的木匠鲁班发明了一种能够在空中飞行“三日不下”的木鸢。三国时期，马钧设计了一种名为“水转百戏”的木偶玩具，在水力的推动下，木偶人可以做出吹、弹、唱、跳等各种动作。同一时期，蜀国的宰相诸葛亮创造出了用于运送粮草的“木牛流马”。这些都是中国人关于机器人的伟大尝试。

1920年，捷克科幻作家卡雷尔·恰佩克在他的幻想小说《罗萨姆的机器人万能公司》中，首次使用了“机器人”这一名词，从而引发了人们对具有现代意义的机器人的构想。1954年，美国麻省理工学院的工程师乔治·德沃尔，在总结了前人理论的基础上，制造出了世界上第一台可编程的机器人。与其说它是个机器人，倒不如更形象地称它为机器手臂。这种手臂能够按照事先编

↗ 结构复杂的机器人

制好的程序进行工作，针对不同的工种需要编制不同的程序，具有很强的使用价值，这项发明有力地促进了现代机器人事业的发展。

◎ 最复杂的用于外科手术的机器人

世界上最复杂的用于外科手术的机器人是美国计算机移动公司研制的一个名叫“宙斯”的机器人。

“宙斯”机器人是美国移动公司于1998年研制成的，它的精密程度相当高，能帮助外科医生做非常复杂的外科手术，外科医生利用它插入患者身体内部的精密机械在患者的心脏上对心脏旁路做手术。这种手术极其复杂，没有丰富经验的医生一般是做不了的，而今，利用机器人就能做这种手术了，简直就是医学上的一个奇迹。看来，“宙斯”机器人作为最复杂的用于外科手术的机器人是当之无愧的！

◎ 最早的工业机器人

1958年，美国麻省理工学院的工程师德沃尔遇到了发明家约瑟夫·英格伯格，两个人在机器人研究理念上一拍即合。1959年，英格伯格和德沃尔分工协作，制作出了世界上第一台类似于坦克的工业机器人。这台工业机器人的“身体”部分为一个大型的基座，在基座的顶端有一个大机械臂，它可以绕着基座做圆周旋转。机械臂上，有一个可以任意伸缩的小机械臂，小机械臂的末端，设有一个可以做仰俯、侧摇动作的圆盘。这台机器是专门为诸如汽车等重型工业的生产而设计的，是一台实用性很强的机器人。随后，英格伯格和德沃尔成立了尤尼梅逊公司，开始了“万能自动”工业机器人的生产。英格伯格也因此被称为“工业机器人之父”。

工业机器人正在装配汽车

汽车装配线上的工业机器人，这是第一台代替人工作的机器，它靠电力来驱动。此后众多的工业机器人就是在其基础上发展而来的。

◎ 使用最广泛的工业机器人

世界上使用最广泛的工业机器人是20世纪70年代瑞士施托布利·乌尼梅森公司生产的一种叫做“普马”的机器人。

这种叫做普马的机器人是由著名的机器人设计专家威克·席恩曼设计，当时瑞士的施托布利·乌尼梅森公司取得了这种机器人的生产权。这种机器人实际上就是一种能为流水线编程的通用机器，因而，它在流水线上和大学实验室里运用得极其广泛，当时在工业领域曾经风靡一时，即使是现在，这种机器人的使用也比较广泛，在很多的工业领域仍能见到它的影子。因而它也被誉为世界上使用最广泛的工业机器人。

◎ 最小的机器人

到目前为止，世界上最小的机器人是由日本精工爱普生公司研制的一台光敏微型机器人。

20世纪90年代，日本精工爱普生公司开发研制了一种机器人，研制人员把它叫作“机器人先生”。这种机器人最奇特的地方是它的体型相当小，总体积居然还不够3立方厘米，体重也不过1.5克，被誉为是当今世界上最小的机器人，但是你不要小看这个小家伙！就这么小的一个机器人，它的构成零部件多达97种，零件个数更多。这样看上去，这种机器人的研究和设计真是够精密的！另据研究人员介绍，这种机器人充上电以后，能以每秒1.15厘米的速度运动5分钟，奇怪吧！

◎ 最耐用的机器人

世界上最耐用的机器人是英国核燃料有限公司于1957年研制的一种名叫“指挥官”的机器人。

1957年，英国的坎而里亚郡发生了震惊世界的核泄漏事故，事故之后残留在现场的具有强烈辐射作用的污染物成了一个大难题。到底怎样才能除去这些让人头疼的污染物呢？英国核燃料有限公司的研究人员在被迫无奈的情况下研制出了这种叫“指挥官”的机器人。这种机器人有极强的抗辐射能力，能在核辐射很大的反应堆里自如地工作，更耐用的是它的5节液压传动臂，居然能移动120多千克的物体！

◎ 世界上最先进的智能机器人

世界上最先进的智能机器人是日本索尼公司研制的机器人。

日本索尼公司研制的智能机器人，它能完成许多高难度的动作。

2002年，索尼公司研制的这款机器人sdr-4x安装着各种各样的感应系统，它能和人进行一般的交流，并且能完成很多种高难度的动作，最让人奇怪的是它有一定的记忆能力，它还能通过学习和记忆而不断地成长。尽管，索尼公司研究的这种机器人属于高智能的娱乐机器人，但是它目前的主要用途是被科学家用来做各种科学实验。

当这款机器人刚刚被研制出来的时候，在很短的时间内就引起了人们的注意，它的高智能让每个见过它的人吃惊，因此它也被人们誉为世界上最先进的智能机器人。

◎ 世界上第一个机器人艺人

2007年5月4日，世界上第一个机器人艺人在韩国的首尔诞生。这个名为Ever-2 Muse的机器人艺人，是韩国生产技术研究院之前研制而成的Ever-1机器人的衍生体。Ever-2 Muse高165厘米，重60千克，身体皮肤采用人工硅材料制作而成，全身共有60个关节，能够灵活地做出各种人体动作和表情。相较于Ever-1来说，它除了能做出Ever-1能表现出的喜悦、悲伤、惊讶、生气四种基本表情之外，还能做出可怕、不愉快、有兴趣、无聊等8种表情。这个机器人最大的特点是，它可以随着音乐的节拍唱歌跳舞，因此它是世界上第一个机器人艺人。不仅如此，它还能根据与它对话的人的面部表情以及动作，做出相应的表情，并与之对话。因而，业内人士将其形象地称为智能型机器人艺人。

— 医学与生物技术之最 —

◎ 有记载的最古老的疾病

早在公元前1350年的古埃及就有过麻风病例的记载，因而可以说麻风病是有记载以来最古老的疾病。

根据考古学的发现，在古埃及第20代王朝，即公元前1250 ~ 公元前1000年的木乃伊上已经存在结核性血吸虫病。这是一种非常厉害的传染病，会损害人类的肝、肾等器官，估计在当时曾引起过很大的恐慌。

◎ 最普通的人类疾病

人类最普通的疾病当属鼻感冒了。医学上称鼻感冒为普通感冒（俗称伤风），它主要是由鼻病毒所引起的上呼吸道感染。这种普通感冒的发病状况比较轻微。小孩患此病的症状较重，体温常常较高，还可能引发呼吸道疾病；成年人患此病，一般不发热或仅有一些微热，同时伴有轻度头痛。这种普通感冒的传染性和散发性很高，非常容易在气候突变时流行。任何人都无法有效预防此病，总会或多或少地遭受这最为普通的痛苦。

◎ 最早公布的艾滋病

1981年6月，美国疾病控制中心向全世界公布了首例艾滋病，并把此症命名为“获得性免疫缺陷综合征”。

艾滋病这种严重危害人类生命的疾病一经公布，立即引起了全世界生物学家和医学家的高度重视。人类开始向日益泛滥的艾滋病宣战！

1988年2月1日，世界卫生组织成立了全球

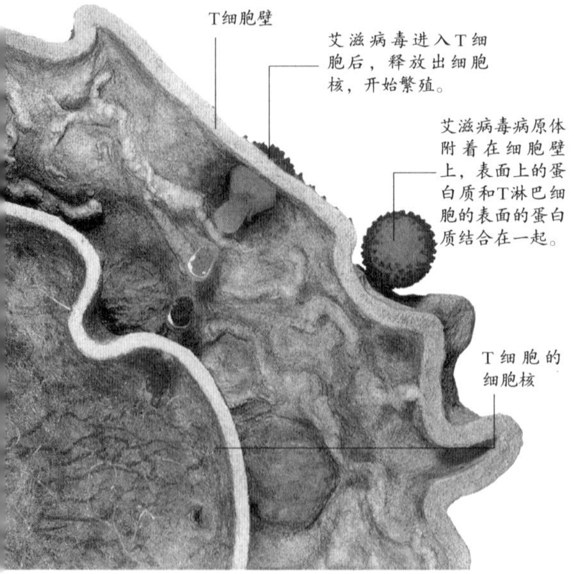

艾滋病病毒入侵机体的过程示意图

预防艾滋病规划署（GDA），以便指导和协调全球预防艾滋病的斗争。不仅如此，世界卫生组织还同联合国开发计划署（UNDP）结成联盟，联合开展反对艾滋病的大战。

目前，艾滋病的研究已经取得了很大进展。在弄清楚了艾滋病的病学特点后，人们又成功地分离出了艾滋病病毒，并命名为“人类免疫缺陷病毒（简称HIV）”。总之，人类与来势凶猛、其害无穷的艾滋病所做的斗争是积极而卓有成效的，相信在不久的将来，人类一定能凭借自身的智慧力量化解这场世纪之灾。

◎ 发病率增加最快的疾病

根据联合国艾滋病规划署和世界卫生组织2006年11月21日共同发布的《2006年世界艾滋病报告》，2006年全球新增艾滋病毒感染者430万，艾滋病病毒携带者达到3950万，增长速度十分惊人，其中，印度是艾滋病感染者最多的国家，估计有400万人，这已经成为一个十分严重的社会问题。

◎ 死亡率最高的疾病

世界上死亡率最高的疾病是狂犬病，狂犬病的死亡率几乎是100%，在所有的疾病之中是最高的。

狂犬病又名“恐水病”，它本身是一种在狗、猫等动物中传播的疾病，但是人一旦被带病的狗或者猫咬伤或者抓伤的话，也会感染“狂犬病”。一旦感染“狂犬病”，病毒就会直接干扰病人的中枢神经。“狂犬病”的主要症状是：长期处于兴奋状态、感到恐惧、不断流口水等等。之所以说狂犬病的死亡率最高是因为人一旦感染上狂犬病，一般来讲几天之内就会因呼吸衰竭而死亡，死亡率几乎就是100%。当然，现在人类已经能够控制狂犬病，但是在狂犬病刚刚出现的时候，它给人类带来的灾难绝不亚于现在的癌症和曾经的“肺结核”。

被疯狗咬伤而致狂犬病的死亡率非常高，在狂犬疫苗未发明之前，患者几乎都是不治而亡。

◎ 最致命的流行性感冒

人类经历的最严重的流行性感冒是1918年爆发的世界性的流感，共造成数千万人丧生。导致这场流感大流行的病毒被称为“西班牙流感病毒”，也称“1918年流感病毒”。患者大多是身强力壮的年轻人，其症状包括打喷嚏和发低烧，肺部会有大量淤血。由于病情发展很快，患者几天内就可能丧命。为了分析这种致命病毒，美国研究人员飞到阿拉斯加州，提取了埋葬在永久冻土带下一名患病女死者遗体的肺组织样片。通过从这些样片和存放于福尔马林中的活体解剖组织中提取的基因样本，研究人员成功复活了病毒。通过研究认为，1918年的流感病毒很可能就是一种禽流感病毒，因为两者之间的差别仅仅是少数氨基酸不一样。到底是不是禽流感病毒，还有待于科学家的进一步确认。

◎ 最早发现病菌的人

世界上最早发现病菌的人是巴斯德。

巴斯德在实验中

巴斯德是法国著名的微生物学家、化学家，他一生最大的成就是于1865年发现了病菌。1865年的欧洲多灾多难，一种可怕的疾病在欧洲养蚕的农户之中蔓延开来，几乎是一夜之间，大部分蚕农养的蚕都死掉了。蚕农遭受了巨大的损失。巴斯德开始研究蚕的病因。他在研究中于蚕和桑叶上面发现了一种能够自己游走并且繁殖相当快的小生物，巴斯德欣喜若狂。他立刻让蚕农把生病的蚕和蚕接触过的桑叶全部烧掉，结果取得了意想不到的效果——疾病得到了控制。巴斯德从这次经历中得到了启示：导致疾病发生的是一种微小的生物，他把它叫作"病菌"，这就是巴斯德首次发现病菌的过程。

◎ 世界上最大的病毒

据英国《自然》杂志刊登的一份报告说，法国国家科研中心的微生物专家伯纳德·拉斯科拉和迪迪埃·拉乌尔，在寄生于空调系统冷却水管道里的阿米巴变形虫体内发现了两种堪称世界最大的病毒——Mimivirus和Sputnik。拉斯科拉宣称，这两种归属于同一家族的病毒用普通的显微镜就可以观察得到。其中的Sputnik依附于Mimivirus生长，相较于Mimivirus，Sputnik的体积要略小些，但是与其他病毒相比，则要大很多。根据专家分析，该病毒有21个基因，它能破坏宿主Mimivirus的繁殖能力。科学家指出这些病毒通常存在于浮游生物体内。

◎ 世界上最早的叩诊

最早的叩诊于19世纪初在法国流行。医生通过用手指叩击人体的一定部位，根据各部位密度、质地及其内部的器官中气体和液体含量的不同所产生的各种不同的声音，来判断各器官的生理或病况。

1818年，在上述直接叩诊法的基础上，创造了叩诊板和叩诊锤，叩诊法因此应运而生。

1838年，维也纳著名医生克斯科达将声学原理应用于叩诊的研究，深入系统地阐述了出现不同叩击声音的原因，为叩诊找到了理论依据。如今，叩诊已成为现代临床医学常用的一种物理诊断方法。

◎ 最早采用牛痘接种法的医生

18世纪，天花在欧洲的土地上肆意横行。仅英格兰每年就有45000人因感染天花而死去。1745年5月17日，爱德华·詹纳出生在英国的一个牧师家庭里。在他小的时候，曾经因为感染传染病而接种过人痘。在他13岁时，天花成为当时人们生活中的噩梦。看着每天都有很多人被天花夺去生命，詹纳立下了将来当个医生能根治这种病的愿望。

在一次医疗实践中，詹纳发现，牧场的挤奶女工和养马人很少被传染上天花。经过观察，詹纳发现，这些经常接触牛马的人中，大部分人都曾得过牛痘，这种传染病也是天花的一种，是牛马被天花感染后，所得的一种病。根据这一发现，结合自己小时候接种人痘的成功实践，1796年5月14日，詹纳从患病的牛身上提取了牛痘，并将其接种在了一个8岁小男孩的身上，成功地使小男孩预防了天花病的发生。詹纳也因此成为世界上最早采用牛痘接种法的医生，被誉为"免疫学之父"。

◎ 最早用狂犬脑敷治狂犬咬伤的人

葛洪是东晋著名的道教学者、炼丹家以及医药学家。他除了在道家学说中有重要贡献外，在中国医学和化学制药等领域也有突出贡献。他的医学著作有《神仙传》《抱朴子》《肘后备急方》《西京杂记》等，其中《肘后备急方》是最受历代群众欢迎的一部医学著作。《肘后备急方》是326年，葛洪在广东编著的一部便携式药方。书中收录了大量日常生活中经常遇到的病症所需要的应急药方。药方中所选药材都是既容易找到，又价钱合理的药物。在这部著作中，葛洪记载了一种犬咬人之后引起的病症，即我们现在所说的狂犬病。葛洪根据以毒攻毒的医学原理，提出了将疯狗杀死，将其脑浆取出，敷在被咬患者伤口上的理论。经过实验，患者症状果然减轻，甚至有的患者再没有发过病。葛洪的这一医学实践的成功，比法国巴斯德提出狂犬脑中有抵抗狂犬病物质的理论要早一千多年。

◎ 世界上最早设置医院的国家

我国是世界上最早设置医院的国家，早在公元前1055年～公元前1021年间，周成王就曾在成周大会的会场旁，设立过专为诸侯医治疾病的居所，这便是早期的医院。公元前7世纪的春秋战国时期，齐国政治家管仲在都城内，建立了一间专门收容聋、盲、跛、蹩等病人的“养病院”，从此，具有一定规模的医院模式逐渐形成。据《汉书·平帝本纪》所载，公元2年，各郡国出现了一种依照流行病情而设置的临时医院。《后汉书》中，也曾有关于“庵庐”，即现在的野战医院的记录。五代十国时期，我国的医院已经形成一定的规模，并且出现了公立和私立之分。唐宋时期，医院的规模不断扩大。元朝时，出现了具有现代意义上的新型医院经营模式。

◎ 世界上最早的国家药店

世界上第一个国家药店出现在1076年。这家名为“熟药所”的药店设在北宋的都城汴梁，是由政府开办的对外出售中成药的医疗机构。它有着一套完善而严格的管理制度，店内有专门负责收购、检验、管理、监督中成药制作的人员，员工实行二十四小时轮流值班制度。夜间如有急诊病人登门问药，店员如有延误，杖责一百。对于已经陈旧的中成药要及时销毁，否则追究相关人员的责任等。店内所制的中成药具有见效快、易保存的特点，因而，自“熟药所”开办以来，前来买药的患者络绎不绝。到了1103年，汴梁城内的“熟药所”已经增加到了五个。“熟药所”的出现以及相应管理体系的制定为后来的医药事业提供了借鉴的榜样。而且，它还为我国的医疗事业做出了巨大的贡献——研制出了苏合香丸、至宝丹、紫雪丹等品质上乘、效果良好的中成药。

◎ 最早的试管婴儿

1978年7月，世界上第一个试管婴儿出生在英国曼彻斯特，她被称作“世纪婴儿”。试管婴儿的培育成功被认为是继心脏移植成功后医学史上的又一大奇迹。

◎ 最早采用“四诊法”诊断病情的人

最早采用“四诊法”为病人诊断病情的人是中国春秋时期扁鹊。他在总结了前人诊法的基础上，系统地总结出了“望”“闻”“问”、“切”4种诊疗方法，为中国乃至世界医学发展做出了突出的贡献，其“四诊法”至今仍为医学者所沿用。

“医学祖师”扁鹊

扁鹊是中国医学发展史上一位承前启后的医学家，为中国传统中医学的发展奠定了基础，被后人尊称为“医学祖师”。司马迁赞曰：“扁鹊言医，为方者宗。守数精明，后世修（循）序，弗能易也。”他的医学理论被后人整理成一部医书，名为《难经》，是中医学中的宝贵文献。

◎ 最大的战事医院

肯尼亚洛皮丁国际红十字委员会（ICRC）是当今世界上最大的战事医院。该院1987年创建时只有40张病床，现在病床数量已达到560张。自创建以来，该院总共接纳了1.5万余名来自长期内战的邻国苏丹的战争受害者，帮助其恢复健康，并安装假肢1500个。病人中绝大多数是平民，70%左右是被枪弹打伤的。

◎ 最早的节育诊所

英国医生玛丽·斯托普斯丁1921年3月18日在伦敦开设了世界上最早的一家节育诊所。她的做法遭到了大部分教士和许多医生的反对，理由是他们担心这将助长乱交。

◎ 最早发现抗菌素的人

1928年，细菌专家弗莱明教授在英国伦敦圣玛丽医院发现了青霉素，这是人类发现的第一种抗菌素。有一天，弗莱明教授无意中把一块带有细菌菌落的培养皿平放在窗台上。不久，在这块培养皿上长出了一团团青绿色的酶花。弗莱明教授从中发现了一个奇怪的现象，酶花附近的细菌有的死亡，有的枯萎。经过反复的研究，弗莱明终于找到了答案，原来那种形成青绿色酶花的青霉菌的分泌物有杀菌和抑制细菌生长的作用。弗莱明把这种青霉菌分泌物命名为青霉素。

弗莱明在实验中

◎ 最早发现癌病毒的人

最早发现癌病毒的人是美国纽约市洛克菲勒研究所的内科医生和病毒专家弗朗西斯·佩顿·劳斯。他在1911年1月21日发表的一份报告中首次提出癌肿瘤是病毒所致。

1900年的一天，一位养鸡人送给劳斯一只有癌性肿瘤的鸡。他从这只鸡的癌性肿瘤中抽出传染物，又注射到另外几只健康鸡体内，于是癌症传给了这几只健康鸡。劳斯医生认为，既然这种传染物能穿透很薄的薄膜，那么该传染物应是所有微生物中最小的病毒。劳斯医生拥有医科大学学历，毕业于马里兰州巴尔的摩市约翰斯—霍普金斯大学，但他的研究成果在科学界却有争议。人类目前的医学水平还不能证明癌症的可传染性，因此无须担心人类又一场浩劫的到来。

◎ 最早发现血型的人

世界上最早发现血型的人是兰德斯泰纳。

1930年，作为奥地利维也纳大学助教的兰德斯泰纳首次发现人的血红蛋白之间是有区别的，并且把它们分类，这就是我们现在所说的血型。当时的兰德斯泰纳只发现了3种血型，他把它们命名为A型、B型和C型，这一发现一问世就引起了世界性的轰动，有人认为这是一个划时代的发现，因为从那以后，人们就可以安全输血了。兰德斯泰纳也因此于1930年获得了诺贝尔奖，并被誉为“血型之父”。

从兰德斯泰纳发现3种血型之后，经过人们的努力，现在科学家已经基本掌握了人类有关血型系统的相关知识。

◎ 最早发现血液循环机理的人

最早发现血液循环机理的人是英国生理学家、胚胎学家、医生哈维。他首次发现血液是以循环的方式在血管系统中不断流动。

哈维1578年出生于英国肯特郡福克斯通一个富裕的家庭里。1600年，哈维大学毕业后，就来到意大利帕多瓦大学刻苦钻研医学。哈维不断观察和研究各种动物，他做了无数次活体解剖，发现血液是从心脏里经动脉流出来的，然后又经过

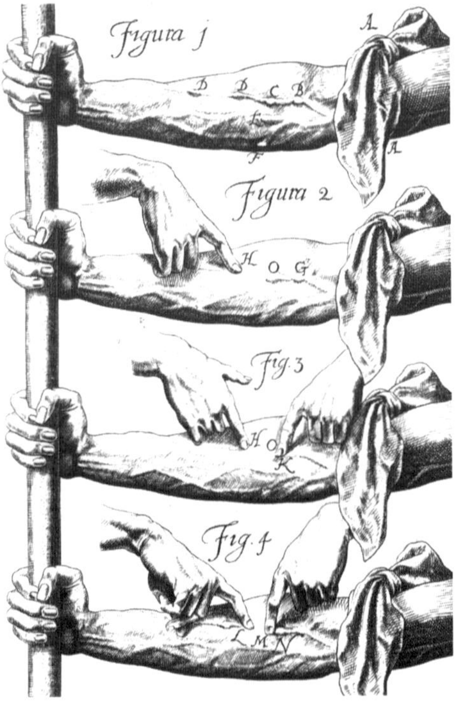

哈维的血液循环机理图

静脉流回心脏，始终保持同一个方向，周而复始地循环着，这种血液的循环带来大量的氧和营养素帮助人体完成新陈代谢。哈维的重大发现，解答了千百年来的血液循环之谜。

◎ 历史上最早的手术台

历史上最早的手术台出现在距今4600多年前的古埃及。当时，手术台的主要用途是用来制作木乃伊。发展到后来，手术台才作为治疗外科疾病、进行手术的医疗器械。目前，考古学家发现的文物中，现存最早的手术台正存放于埃及博物馆一楼的大厅内。它长1.86米，宽0.62米，由花岗岩雕刻而成。手术台的边缘略高于手术台面4厘米。在手术台的一头，雕刻有一个略低于手术台的半圆形石槽。进行手术或者解剖尸体时，人体中的血水等流状物质可以通过手术台上内置的小石孔流到石槽中，以保持手术台面的干净清洁。

◎ 最早的角膜移植手术

眼角膜是人眼看世界的关键器官，如果把眼睛比喻成相机，眼角膜的地位就相当于相机的镜头。因而，如果眼角膜发生病变，病人将失去享受光明的权利。但是眼角膜移植实验的成功，却为患者重新获得光明带来了希望。1906年，眼科医生席姆成功地完成了世界上首例眼角膜移植手术，帮助一位患了眼角膜溃疡的病人重见光明，这例眼角膜移植手术的成功标志着人类“光明”医疗事业又迈上了一个新台阶。

◎ 人类最早的心脏移植手术

1952年3月8日，美国宾夕法尼亚医院的一名官员向外界宣布，他们成功地进行了人类第一例机械心脏移植手术。接受手术的患者是来自宾夕法尼亚州伯利恒的41岁的钢铁工人皮特·迪林。

这个机械心脏在手术时的作用是矫正阻塞从患者心脏里流血的状况。迪林的生命因而延长了80分钟，在此期间医生们试图发现是否有肿块式血凝块引起阻塞。尽管迪林的生命没能被挽救，但导致他死亡的却另有其因。参加这次手术的人员有9名大夫、5名护士、2名技术专家，他们分别来自3家不同的医院。

这个机械心脏是由1932年德贝基博士研制出的那种“泵”式心脏发展而来的。它的功能就是将大量的含氧的血注入全身的腔室从而取代坏死的左心室。这个机械心脏的应用，使医生在对迪林的病因进行研究分析的同时，心脏的血液得以畅通无阻。这次手术的成功使人类朝着制造整个人造心脏这一长远目标迈进了一大步。现在许多科研队伍都在积极研究人造器官在临床中的应用。

◎ 最早的听诊器

世界上最早的听诊器出现在190多年前的法国。

听诊器的发明可以说对医学的发展产生了重要的影响，在听诊器发明以前，医生一般都是靠耳朵进行听诊的，这种听诊方式在运作上有很多困难。

1816年，法国名医兰尼克在由家到医院的途中，偶然从儿童用别针划木头一端而在另一端听音的游戏中受到很大的启发，之后他就用书卷成的圆筒来听诊，结果效果要比用耳朵进行听诊好得多，这可以说是最原始的听诊器。后来，经过兰尼克多次改造，终于发明了世界上第

运用听诊器

1819年由林奈克发明的听诊器用起来很笨拙，因为它很不灵敏。与现代装有可弯曲的橡皮管子的听诊器不同，最初的听诊器探听声音的能力很弱，移动起来很不方便。

一个真正的听诊器，虽然那还是一个木制的听诊器，但已经跟现在的听诊器没什么两样了。

◎ 最早的麻醉剂

世界上最早的麻醉药是中国东汉末年的神医华佗发明的麻沸散。

华佗大约生活于公元2世纪，是中国历史上有名的神医。在他生活的时代，他的医术也是鼎鼎有名的！他最伟大的发明是麻沸散。据说，他当时已经能够完全自如地运用麻沸散进行外科手术，麻沸散是中药散剂，它甚至被华佗用来做全身麻醉的剖腹手术，早在那样的时期，真是一件不可思议的事情。

在过了十几个世纪之后的西方世界，随着化学工业的迅猛发展，西方科学家才发现了现在比较常用的以氧化亚氮为原料的麻醉药，比中国的麻沸散晚了将近1700年。

◎ 最早的针灸工具

针灸学是中医学的重要组成部分，它是中国劳动人民和医学家在长期与疾病斗争中产生的治病保健的有效理论和方法，是中华医学宝贵的遗产之一。针灸被西方人称为“东方魔针”，被誉为世界医学史上的奇迹。一根银针可以从人的头顶插下来，从下颚处穿出，不流血，不疼，而且还可以针对病症多穴位进针。而由此衍生的针灸疗法是一种简便易行、经济有效的治疗方法，在民间流传了几千年，一向为广大群众所喜用，因而能广泛传播，并不断发展。

针灸来源于石器的发明，最早使用的针灸工具是砭石和石针。石针是古代针刺的原始工具，后来才出现了金属针。

◎ 世界上最细的注射针头

据报道，世界上最细的注射针头是日本国内最大的医疗器械制造公司泰尔茂近日开发出的注射针头。这一针头的直径只有0.2毫米，扎进皮肤伤口很小，病人几乎没有痛感。研究人员又采取锥形加工法使针头变形，成功地解决了因针头变细导致的药液流淌不畅的问题。日本的糖尿病患者据说有700万，一些病情严重的患者每天要注射5次胰岛素，没有痛感的注射针头对他们来说可谓是雪中送炭。泰尔茂公司计划一两年内向进行胰岛素自我注射的糖尿病患者推出这一新产品。目前日本患者多使用美国生产的针头。

◎ 最早提取维生素的人

很早以前，人们就发现某些食物针对一些难以医疗的病症具有极好的治疗作用，尽管人们并不知道食物中所含的成分，但是这种含有特殊物质的食物却逐渐的为人们所熟知。1886年，荷兰生理学家艾克曼在巴塔维亚发现，很多只吃精磨白米的人很容易患脚气，而那些经常食用没有加工过的糙米的人，得脚气的几率几乎为零。

经过反复试验，艾克曼从糙米中提取出一种水溶性物质，并命名为“水溶性B”。这一发现，对于人们认识生物的成分，有极其重要的意义。随着生物科学的不断发展，1912年，波兰科学家丰克从米糠中提取了一种白色物质，并证明出，这种白色物质便是可以治疗脚气的物质，丰克称它为“维持生命的营养素”。随着更多维生素的发现，人们更加肯定了丰克的观点，并且延续了“维生素”的叫法。

◎ 最早的体温计

16世纪，人们在长期的生活实践中发现，

病人的体温通常会比健康人的体温高。但是由于当时的医疗设备不够健全，人们只是得出这样的理论，并没有实际测量工具来准确地测量病人的体温究竟高出常人多少。

一天，意大利科学家伽利略在给学生上课的时候，受水遇热，体积膨胀；冷却，体积缩小的原理启发，经过反复试验，成功地制作出了世界上第一支体温计。他以一根细试管为容器，里面注入少量水后，将试管内抽成真空状态，并加以密封。然后，他在试管的外壁刻上了刻度，以显示水受热后上升的高度，从而测得人体的温度。

◎ 最早的注射器

据我国汉代医学家张仲景的《伤寒论》所载，如果患者出现了因排便不畅造成的腹胀等消化系统问题，则需取猪胆、泻汁和陈醋少许，以小竹管从谷道（肛门）中注入体内。超不过一顿饭的时间，患者便可药到病除，排清宿便。书中提到的灌肠用的小竹管，便是最早的注射器。

15世纪的欧洲，意大利人卡蒂内尔提出了利用推进器将药物注入人体的理论。17世纪，美国人雷恩将卡蒂内尔提出的理论应用于医疗实践，以羽毛为注射针头，狗膀胱作为盛药气囊，以挤压的方式推射药物，制成了第一支具有现代意义的注射器。1657年，雷恩将注射器应用于临床实践领域，并且获得了成功。1853年，法国的普拉沃兹以白银制成了一支容量为一毫升，带有螺纹活塞棒的推进式注射器。

◎ 最早的血压计

血压计是一种通过脉搏跳动强弱来测量血压高低的仪器。1733年，牧师海耶斯将一个尾端接有金属管，长270厘米的玻璃管插入了一匹马的静脉中，马的血液迅速地注满了玻璃管，并伴随着马匹心脏的收缩反复升降。根据这一实验结果，海耶斯断定，马动脉中的血压维持在270厘米血柱高。这次血压实验是世界上首例测量血压的临床试验，海耶斯所使用的简单测量仪器便是世界上最早的血压计。

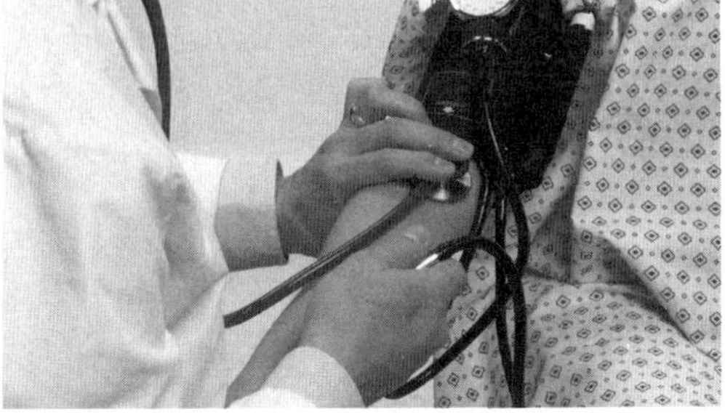

↗ 将橡皮箍袖带裹在上臂上，稍加充气后就可以测量出血压。血压值会出现在与橡皮箍袖带相连的量表上。

1835年，以脉搏跳动传动水银柱升降的血压计被尤利乌斯·埃里松制造出来，从而结束了人们需要切开动脉才能测量血压的历史。1896年，意大利科学家希皮奥内·里瓦·罗奇发明了一种与现代医学上所使用的血压计相似，带有充气袖带的血压计。

◎ 最早的助听器

助听器是听力有障碍的人与他人进行正常语音会话的一种重要的辅助工具。它主要是通过扩音装备，将说话者的声音扩大数倍甚至数十倍之后，传输到障碍听觉患者的耳朵中，使其能够听到较为清晰的声音。

助听器是人们根据动物喇叭形状的耳朵能够很好收集声音的原理制造而成。20世纪以前，人们所使用的“助听器”大都是些木制的类似大喇叭一样的器械，这种助听器械使用起来十分不方便，效果也不是很理想。1879年，美国科学家发明了世界上第一台具有现代意义的炭精式助听器，其内部由炭精传声器、耳机、电池、电线等部件组成，有效地增加了使用者的听力效果。1901年，米勒·里斯·赫切恩森研制出了便携式助听器。随着晶体管以及集成电路的诞生，助听器制作技术也在不断地提升。如今，轻便小巧的微型助听器已经成为听力障碍者的宠儿。

◎ 最早的眼镜

13世纪中期，为了改变人们因视力下降而导致看不清东西的现状，英国学者培根进行了大量实验，以研制一种能够辅助人们重新看清事物的工具，但是很长时间都没有取得实质性的进展。

一个雨后的清晨，培根来到离家不远的小公园散步，看到蜘蛛网上沾了不少水珠。透过蜘蛛网上晶莹剔透的水珠，培根竟然将树叶的脉络看得一清二楚。经过反复观察，培根发现，

这幅1352年的壁画描绘了世界上最古老的一副眼镜。图中人是普罗旺斯的大红衣主教雨果。

水珠具有放大实物的作用。于是，培根迅速回到家中，根据他的这一发现，找来一颗玻璃弹珠，将其一分为二，放置于一个挖空的木板上，在木板的边缘，培根安置了一根手柄以方便移动。实验结果表明，透过玻璃弹珠看到的文字，果然要比不借助工具看到的文字清晰很多。随后，培根的这个发明在社会上流传开来，这便是世界上最早的眼镜。随着凸透镜以及镜片加工技术的不断提高，各种材质以及式样的眼镜不断涌现，满足了视力欠佳者要求眼镜实用和美观的愿望。

◎ 最早的隐形眼镜

隐形眼镜是一种戴在眼球角膜上的内置眼镜片。它分为硬性和软性两种。相较于传统外戴眼镜而言，它具有轻巧方便等优点，而且对于矫正视力、治疗特殊眼病等方面也有特殊功效。早在1508年，著名的欧洲文艺复兴代表达·芬奇就曾提出过以盛装了液体的透明器皿代替角膜的光学功能的理论。1887年，美国验光师刘易斯·J.吉拉德成功地将这一理论付诸了实践，制造出了世界上最早的隐形眼镜。随着有机塑胶材料的发明，隐形眼镜的材质也在不断改进，各种医疗等功效的隐形眼镜相继问世。1960年，捷克斯洛伐克科学家利用一种吸水后能够变软的有机材料，制成了世界上第一副软性隐形眼镜。1965年，美国一家眼镜公司将软性隐形眼镜投入到生产领域。

◎ 世界上最早由医生编成的体操

东汉末年，神医华佗在古人健身法“导引术”基础上，仿照虎、鹿、猿、熊、鸟五种动物的动作，创出了一种新型的体育锻炼方式——五禽戏。它是世界上最早由医生编制而成的体操运动。它以模仿猛虎猛扑呼啸、小鹿愉快飞奔、猿猴左右跳跃、黑熊慢步行走以及鸟儿展翅飞翔等动作为拳法基本式样，通过外动内静、动静结合、刚柔并济、内外兼修的方式，达到清利头目、强身健体、延年益寿的医疗目的。据说，华佗的徒弟吴普因长年练习五禽戏，百岁高龄仍然身体硬朗，精神矍铄。由于五禽戏简单易学，男女老少都可以练习，近年来，全国各地掀起了操练五禽戏的热潮，很多风湿性关节炎、类风湿性关节炎、骨质增生症、脊髓不全性损伤等病症的患者更是五禽戏的忠实练习者。医学表明，五禽戏的确对这些病症有辅助治疗的作用。

◎ 世界上最早的立体针灸模型

1207年，北宋针灸学家王惟一在总结多年行医经验以及参考各家医学说法的基础上，编著了一部《新铸铜人腧穴针灸图经》。书中详细地讲述了手足三阴三阳经脉、督、任二脉的循行路线和腧穴，并且附有经脉腧穴图，对各穴位的具体部位予以了订正。第二年，王惟一结合书中所录，铸造了两座世界上最早的立体针灸模型——针灸铜人。

针灸铜人胸膜腔内置有脏器，体表刻有人体经络，身上共有穴位657个，穴位名称354个。针灸铜人的表面，涂有一层黄蜡，铜人体内注有水银，学习针灸者以针试穴，如果穴位准确，水银便会随针而出；如若不正确，银针便无法穿入铜人体内。可见，它不仅是一件具有开创意义的直观教学工具，还是人们研究、学习人体经脉穴位的重要医学器械。

针灸铜人

◎ 最早发现DNA双螺旋结构的人

1953年，英国剑桥大学的两位科学家沃森和克里克在总结前人关于DNA研究结果的基础上，通过观察大量的DNA X射线衍射照片，并经过科学的研究与分析，最终得出了DNA为双链螺旋结构的结论。沃森和克里克认为，DNA双链螺旋结构中存在腺膘呤与胸腺嘧啶、鸟膘呤与胞嘧啶四种碱基两两对应配对的形式，并且以一定的分子结构连接在一起，呈现出双链螺旋的结构。这一发现的提出，在人类基因科学史上具有里程碑的意义，被人们誉为“20世纪生物学最伟大的科学成就”。

DNA双螺旋结构的提出使人类打开了遗传学的生命之谜。它不仅使人们更清晰地了解到了DNA所携带的生命遗传信息，还使人们清楚地知道了它的构成以及传递途径。它的发现使人类遗传学的研究跨入了分子层次的新领域。

◎ 最早的避孕药

避孕药的发明为控制人口的增长作出了巨大的贡献，同时，它也是很多意外怀孕者的“救命”之药。1950年，美国生物学家格雷戈里·平卡斯开始致力于口服避孕药品的研究，尽管当时这项事业并没有引起相关部门的足够重视，但是格雷戈里·平卡斯始终认为这是一项对人类有重要意义的科研项目。凭着多年生物繁殖的研究经验，平卡斯坚持着人类避孕药品的研制工作。在平卡斯研制口服避孕药之前，妇科专家约翰·罗克博士曾在平卡斯的建议下，做过口服黄体酮抑制妇女排卵的实验。从实验数据中，平卡斯发现了口服黄体酮的弊端。1955年，经过反复测试，平卡斯将生物学家弗兰克·科尔顿监制的类似黄体酮的羟炔诺酮用于临床实验，取得了突破性的进展。1960年5月，这种羟炔诺酮口服避孕药获美国药物管理局批准，开始生产销售。

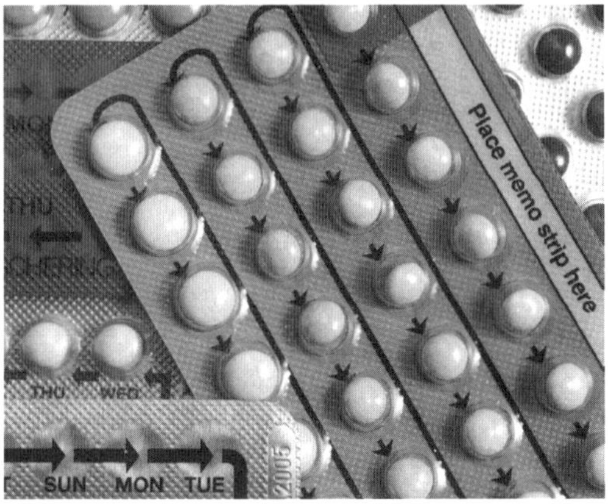

↗ 避孕药

◎ 最早用于商业的蛋白质顺序分析仪

蛋白质在生物体中具有催化、调节、保护和支持、运输等广泛而且重要的生理功能。它不仅是各器官、组织的主要化学组成，还是各种生理功能完成的关键物质。因而，蛋白质分子中关键活性部位氨基酸的改变，将会影响到生物的生理功能，甚至发生病变。因而，测定蛋白质多肽链的氨基酸排列顺序，即蛋白质的一级结构分析，是检测生物蛋白质活性物质是否正常的重要医疗手段之一。

1982年，美国加利福尼亚州的生物技术应用公司研制开发出了一台用于商业的蛋白质顺序分析仪。这台机器能够快速有效地将蛋白质切成小段，进行氨基酸组成成分的分析，打破了传统人工蛋白质顺序分析耗时长达几年才能得出结论的限制，在人类蛋白质顺序分析历程上具有开创性意义。

◎ 最早的转基因作物

自人类认清了基因的组成以及遗传方式之后，关于基因遗传以及基因重组的实验就未曾间断过。转基因实验的成功，使医药、食品等领域发生了一场空前的变革。它不仅推动了生物医疗事业的发展，还为人类改变动植物性状，培育新品种提供了关键性的条件。

美国是采用转基因技术最多的国家。1983年，美国培育出了世界上第一个转基因作物——一种含有抗生素药类抗体的烟草，在此之后，转基因作物不断涌现。如今，美国的农业生产领域，已经有超过半数的农作物是通过转基因改制方式生产出来的。

◎ 最早实施的基因治疗

基因治疗是一种医生通过对病人有缺陷的基

因细胞进行复制或改变，从而替代控制、治疗病人遗传疾病的药物，最终达到治愈病人的医疗方法。1990年，美国国家健康研究院的科学研究人员为一名因基因缺陷而导致免疫系统严重缺陷的四岁小女孩实施了基因疗法。治疗结果表明，小女孩经过几个月的恢复，其免疫系统的修复和完善程度远远超出了科研人员的预料，几乎达到了完全修复的程度。基因疗法临床试验的成功，标志着医疗事业进入了基因疗法的新时代。

— 通讯之最 —

◎ 最早的通信方式

在现代化通讯设备发明以前，古人在长期的生产生活实践中，总结出了一套解析信息的方法，并且通过烽火狼烟以及击鼓传声等方式进行信息的传输，这些通信方法便是人类最早的通讯方式。据历史学家考证，在古代的非洲和中国，人们通过击鼓接力的方式，能够快速准确地将信息传送到50千米以外的地方。接收信息的人可以将传递而来的鼓点语言重新破译成人们所知道的信息。在此之后，人们又凭借鸽子认路，而且飞行快速的有利条件，创造了飞鸽传书的通讯方式。而世界上最早的现代通讯方式当属邮驿传递。这是邮递事业的鼻祖，在世界各地广泛使用，在通信历史上发挥的作用长达3000多年之久。

◎ 最早的电报

电报是一种重要的通信工具。它能使相隔两地的人们迅速地互通信息。它的出现为人们提供了方便。历史上最早的一封电报是由美国科学家塞约尔·莫尔斯于1844年应用自制的电磁式电报机拍发的，它通过的电报线路有65千米。

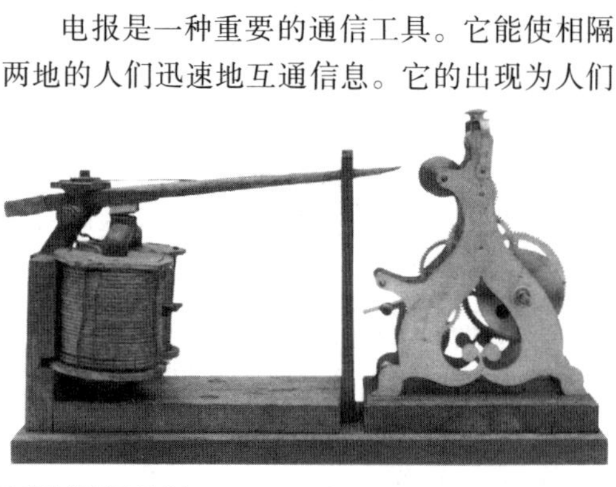

莫尔斯试验接收机
1844年，莫尔斯在美国试发第一封电报成功，从而开创了长距离通信的新时代。

莫尔斯原来是位艺术家，他于1832年开始致力于电报机的研究。

1837年，在精通机械知识的艾尔弗雷德·维尔的帮助下，莫尔斯试制出第一架电磁式电报机。这架电报机的原理是利用电磁感应来操纵控制棒，这个控制棒的顶端装有记录头，当电路中通过电流脉冲时，电流产生的磁作用会使控制棒运动，这样就会使记录头触及纸带，使符号图形有顺序地留在纸带上。这架电报机于同年9月2日在纽约大学展出，由莫尔斯亲自操作。这次展出获得了成功。

1838年，莫尔斯又在美国总统及内阁成员面前进行表演。这场表演使他们对电报机产生了浓厚兴趣。于是他向总统请求3万美元的拨款来进行电报实际应用的试验，但拨款没有立即得到批准。为此已身无分文的莫尔斯只得在美、英、法、俄等国奔波游说。遗憾的是，这几国都不愿投资，他们害怕投资的款项无法收回来。直到1843年3月，莫尔斯才通过国会中的朋友得到了3万美元。他委托当时纽约州的州长即后来康奈尔大学的创始人埃长拉·康奈尔架设电报线。就这样巴尔的摩与华盛顿之间第一条实用的能够拍发电报的线路终于建立起来了。1844年5月24日，莫尔斯在国会大厦最高法院会议室，第一次通过这条电报线，将圆点和横划的符号向正在巴尔的摩的艾尔弗雷德·维尔发出，这就是世界上第一封电报。这封电报的内容是《圣经》的诗句："上帝行了何等的大事。"尽管这份电报传送的距离只有65千米，但它成功地开创了长距离通信联系的新时代。

◎ 最早发明传真机的人

有人说，传真机就是一个远程打印机，的确说得十分形象，不管怎样，传真机在我们生活中的作用真的是很大。那么世界上第一台传真机是怎样来的呢？

世界上最早发明传真机的是位名叫亚历山大·贝恩的英国人。1843年，他试图把两支钢笔连接到两个钟摆的装置，再依次和电源连接起

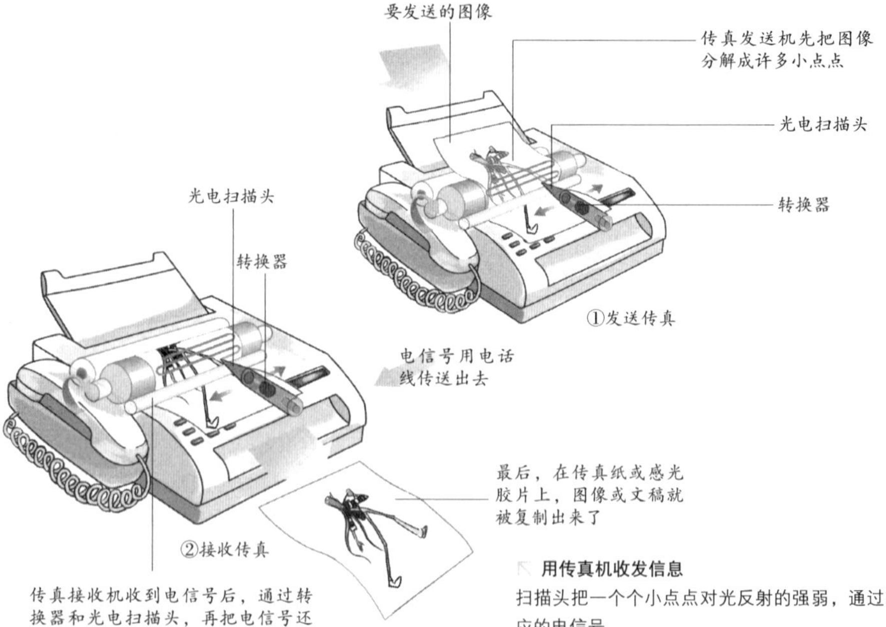

用传真机收发信息

扫描头把一个个小点点对光反射的强弱，通过转换器转换成相应的电信号。

来，结果发现在另一端重现了电传导性表面的信息。这就是世界上最早的传真机，后来，这种原理的传真机在横跨美国的电报信息传输中应用非常普遍。

如今传真机飞速发展，从1843年世界上第一台传真机诞生，到目前为止已经经历了好几代传真机的变更。现在，世界上最先进的传真机是网络传真机和2.4G数字无绳电话传真。但是，不管传真机如何发展，发展到什么程度，其工作原理基本上都不会改变。

◎ 最早的电话机

世界上最早的电话是一位名叫贝尔的人发明的。1875年，这位苏格兰人发明了世界上第一部电话机，这部电话机利用金属片的振动产生感应电流，电信号传到导线另一头经过类似的转换变成声信号，实现远距离通话。虽然当时他只是让处于两个不同屋子里的人可以通过这部电话机进行沟通，而且效果十分一般，但是这个发明为今后人类通讯事业的发展指明了方向，从此开始改变人们的生活。至今贝尔这个名字仍然活在世界各国人民的心中，以“贝尔”命名的实验室今天仍然在为人类通讯事业的发展作出贡献。

◎ 最早的手机

世界上最早的手机是1983年在美国问世的摩托罗拉DynaTAC 8000X型手机。该手机重约1千克，通话时间半小时，销售价格为3995美元，是名副其实的最贵重的“砖头”。

1972年12月，美国当时负责摩托罗拉无线领域研发，后来被尊称为“手机之父”的马丁·科波尔认命克劳普为项目组长，成立庞大的研发小组，负责世界上第一款手机的研发工作。经过10年的研制、调试，这款共耗资1亿美元的手机终于成功问世，从而引发了一场通讯革命。如今，各种品牌、各种型号的手机已成为我们最便捷的通讯工具了。

◎ 最早的无线电通讯机

1820年，奥斯特发表的“奥斯特实验”第一次揭示了电流能够产生磁的物理现象。1831年，法拉第发现了电磁感应定律。到了1873年，电磁场理论由麦克斯韦提出，他还描述了电磁波的一些基本性能。在此基础上，赫兹于1888年成功地在导线中激起了高荡频率并在导线周围测得了电磁场，这个实验证明了电磁波存在的理论。

受赫兹的实验的启发，人们就开始研究利

用电磁波传递信息的无线电通信，并为此做了大量的实验，结果一直没有成功。直到1895年5月7日，俄国物理学家亚历山大·斯捷潘诺维奇·波波夫在俄国物理化学学会上第一次公开表演了他所发明的称为“雷电指示器”的无线电接收器。他还于1896年在同学会上表演了距离为250米的无线电通信。不久，意大利科学家马克可尼就将无线电通信付诸实用，还申请了专利。

◎ 最早的公用电话亭

在手机没有普及以前，公用电话是人们进行语音聊天的主要工具。尤其是街道上矗立的一座座小房子一样的公用电话亭，更是满足了人们随时随地畅享语音通话的愿望。1878年，美国旧金山的一家电话公司内，出现了世界上第一座公用电话亭。由于当时电话还没有得到普及，能够使用电话的人也大都是些达官显贵。所以，这座公用电话亭还设有专门的人员负责看守。1910年，电话开始在工业国家普及，公用电话亭也在城市的街道上逐渐增多。早期的公用电话亭大都是些木制或金属制成的小屋子，随着时代的发展，电话亭也逐渐变得更加方便美观。

↗ 早期的电话亭

◎ 最早的无线广播

1906年圣诞节前夕，美国匹兹堡大学教授费登通过马萨诸塞州布朗特岩的国家电器公司128米高的无线电发射塔成功地进行了一次广播，这也是最早的正式的无线电广播。广播的节目包括小提琴演奏，《圣经》中的圣诞故事，这次广播还播送了德国音乐家亨德尔所作的《舒缓曲》等。电波传来的精彩节目，使人们感到十分惊奇。世界上最早的非正式无线广播是在1900年11月，斐森登教授曾在这一年进行过一次演说广播，但声音极不清楚，没有引起人们的重视。1902年美国人内桑·史特伯斐尔在肯塔基州穆雷市所播的一次试验广播是世界上第一次成功的无线广播。

◎ 最早的自动电话局

世界上最早的研究发明自动电话的人是美国堪萨斯城的阿尔蒙·B.史端乔，他是一个殡仪馆的老板。1892年11月3日，美国印第安纳州的拉波特城投入使用了“步进制自动电话交换机”。这种电话机是用史端乔发明的接线器制成的，这便有了世界上最早的自动电话局。

◎ 最早的电话卡

电话卡是一种将通话费用与识别数据预先记录在卡片上，从而充当货币使用以提供话费服务的工具。1976年，世界上第一张电话卡诞生于意大利，这种制式为SIDA的电话卡为人们畅通无阻地拨打长途市话提供了便捷而有效的服务。在此之后，各种不受话机权限限制，可以畅享电话业务的ALCATEL（比利时）、AUTELCA（瑞士）、200卡、IC卡等多种制式的电话卡相继出现，有力地促进了人类通信事业的发展。

◎ 最早开通使用的程控电话交换机

1875年6月2日，美国人亚力山大·格雷厄姆·贝尔发明了世界上第一部电话，使得人类跨时空传输声音信息成为了可能。1881年，意大利的罗马、法国的巴黎等地先后开通了各自的第一个电话网络，从此，电话通讯在世界范围内普及开来。随着电话事业以及通讯网络的不断发展完善，人们的交流变得更加方便快捷。

1965年，贝尔系统的1号电子交换机问世。它是一部以计算机按预先编制的程序，来控制电话的自动接续的电话系统，是世界上第一部开通使用的程控电话交换机。

◎ 世界上最大的可视电话网

3G可视通话是目前移动市场上最潮流的业务之一。它的推广，使可视电话成为未来通讯领域的主流。早在2002年，中国联通便以敏锐的通讯视角发现了这个潜力巨大的市场，开始向可视电话领域拓展业务。最初，联通集团只是在部分城市推行可视电话业务，在收到良好的测试效果后，2003年2月13日，联通集团完成了基于IP技术的宽带可视电话网调试工作。与昂贵的电视电话会议系统相比，联通公司推出的这项可视电话业务可以面向全国330多个城市的集团客户和大众客户。用户只需购买一个可视电话终端，便可以实现与通话方点对点的可视通话愿望。这个覆盖面积广，可选用户多的可视电话网便是世界上最大的可视电话网。它的运行使可视电话普及寻常百姓家成为了可能。

◎ 最早的商用光纤通信系统

光纤是利用光在纯度较高的玻璃或塑料拉制而成的细小光导纤维中，发生全反射现象，实现光电的变换，从而达到用光传递信息的一种工具。它不仅可以用来传输模拟信号和数字信号，还使视频信号的传输成为了可能。它的出现改变了传统信息传输工具中以铜等物质为主要传导媒介的模式，有力地推动了通讯事业的发展。

1977年，世界上第一个商用的光纤通讯系统，在美国芝加哥两个相距7千米的电话局之间开通。这个光纤通讯系统采用多模光纤传导方式。系统中，两根直径仅为0.1毫米左右的玻璃丝，就能开通8000路电话。这个商用光纤通讯系统的投入使用，使得人类通讯领域发生了翻天覆地的变化。

◎ 最早的移动电话通信系统

移动通信系统是用来完成信息传输的一种技术系统。它主要分为蜂窝系统、集群系统、AdHoc网络系统、卫星通信系统、绳电话系统等类型。1864年，麦克斯韦证明了电磁波的存在，从此拉开了人类利用电磁波传输信息的序幕。1978年，在美国芝加哥的贝尔实验室中，科学家们成功地开发出世界上第一个蜂窝移动电话业务通信系统，将人类通信时代推向了一个新的领域。

蜂窝移动电话通信系统是一种将覆盖区域划分成类似蜂窝一样的小区域，通过各个小区内设置的固定基站，进行数据信息的转发服务，从而实现大容量、大覆盖面积信息交流的通讯系统。它采用频率复用技术，可以保证移动终端的整个服务覆盖区域自动接入公用电话网。1983年，这种先进的移动电话通信系统被投入商业生产。

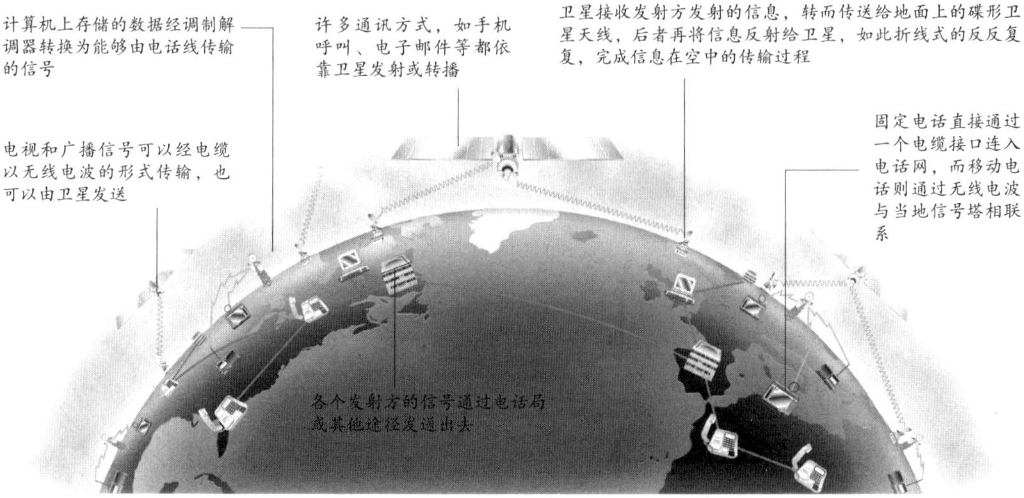

全球网络通讯及信号传输

第十一章
军事之最

— 轻武器之最 —

◎ 最早的弓箭

弓箭是原始人类的一项伟大的发明，人类利用弓箭既可以从较远的距离猎获野兽，还能射飞鸟和游鱼，大大提高了同自然界做斗争的能力。

最早的弓箭源于中国。我国考古学家在距今约2.8万年前的峙峪（今山西朔县峙峪村）人活动的旧石器晚期遗址中，发现了一些加工比较精细的小石镞。它们是用坚硬而容易劈裂出刃口的薄燧石石片制成的，镞的一端具有锋利的尖头，镞的两侧边缘也十分锋利，底端经过加工，呈凹形，形成镞座，用来安装箭杆。由此可知，峙峪人在2.8万年前就已经会制作和使用弓箭了。由于原始社会的弓和箭杆是由易于腐烂的竹、木制作的，难以保存下来，所以这些小石镞便是世界上已知的最早的弓箭证明。

外国的弓箭大约出现在1万～1.5万年前的中石器时代，西班牙壁画中就有原始人手持弓箭对射的场面。中国的弓箭发明大约比外国早1万年。

◎ 最早的刺刀

刺刀又称枪刺，是装于单兵长管枪械（如步枪、冲锋枪）前端的、短而锋利的冷兵器，用于白刃格斗，也可作为战斗作业的辅助工具。它已有三个多世纪的历史了。

1640年，法国军官乌拉谢·戴·皮塞居看到步枪发射速度很慢，从而想到当子弹耗尽时，敌人冲上来怎么办？于是，他发明了刺刀。因皮塞居率领部队驻扎在法国东南部，濒临大西洋比斯开湾的巴荣纳城，刺刀一词也就由该城而得名。

最早的刺刀是直形双刃，刃长30厘米。锥形木柄也长30厘米。开始时，刺刀不是装在枪管下，而是直接插入滑膛枪口内。刺刀出现后，很快传遍整个欧洲。

◎ 使用时间最长的冷兵器

世界上使用时间最长的冷兵器是矛。矛的原始形态是旧石器时代人类用来狩猎的前端削尖的木棒。后来，人们用石头，兽骨制成尖锐的矛头，绑在长木棒的前端。大约在公元前3000年，在埃及和两河流域出现了铜矛。中国从战国晚期开始，较多地使用钢铁矛头。公元14世纪以后，瑞士军队开始使用近6米长的步兵用矛。16世纪，西班牙军队中设有长矛兵。17世纪中期，火枪发明后，矛开始退出军事舞台，但是一直到20世纪初，西班牙和波兰骑兵的装备中还有长矛。

手持长矛的士兵

◎ 最早的竹管突火枪

世界上最早的竹管突火枪出现在中国。1132年，南宋将领陈规在守德安（今湖北安陆）时首先制作使用。这种枪的枪管是用长竹竿制成的。使用时需两人协作，将火药装入管内，一人持枪，一人点火，靠喷射出来的火焰烧敌人或焚毁敌人的攻城器械。

据《金史》记载，1232年，金军在作战中使用过飞火枪，这种枪喷出的火焰达十几丈远。1259年，有人在寿春府（今安徽省寿县）创制了一种突火枪。其枪管是用巨竹做成的，射击时里面装上火药，然后安上“子巢”，火药点燃后发生爆炸和火焰，爆炸产生的气体推力，把“子巢”射出以击伤敌军人马。

突火枪的原理近似于现代的枪，是近代枪的雏形。枪作为手技型射击武器，在欧洲14世纪才出现，约比中国晚100余年。

◎ 最早的铁管突火枪

竹管突火枪射击时很容易爆裂和烧毁，极不安全。因此，人们就想用坚固的材料制作枪管，于是铁管突火枪就产生了。1355年，一个名叫焦玉的人献给了明太祖朱元璋一支火龙枪，这是当时制作比较精良，威力比较大的火铳。火龙枪用铁管制成，射击时从前膛装填进火药和枪弹，点燃火药，火焰将枪弹推出枪管，用以杀伤敌人。

从13世纪开始，我国的火药和竹筒突火枪的制作方法传至欧洲。在14世纪末，欧洲一些国家也相继出现了这种火枪。俄罗斯、波兰以及东欧一些国家出现了锻铁滑膛的枪身，固定在木托上，口径为12.5 ~ 25毫米，从枪口装填铁丸或铅丸，用火绳点燃装药的“明火枪”。

◎ 最早的手枪

大约在14世纪左右，意大利就发明了世界上第一支手枪——希奥皮。

“希奥皮”一词来源于拉丁文词语Scloppi，意思是手枪。当时的“希奥皮”长约17厘米，虽然构造简单、粗糙，射程也不是很远，但是最基本的工作原理和现在的手枪却是完全一样的，因而人们一直都认为希奥皮是世界上第一支手枪。根据意大利《格鲁几尼年纪》中的记载可知，14世纪中叶的佩鲁贾城曾经订制了500支希奥皮，可见，希奥皮在当时很受欢迎。

◎ 最早的小型手枪

最早的小型手枪是美国军械工人亨利·迪林格发明的迪林格手枪。1806年，迪林格在费城创办了武器工厂，早期生产一种有背带的雷管式手枪。1825年以后，他专门生产单发手枪，最出名的产品是有保险的袖珍手枪。这种手枪长15.2厘米，易于掌握，口径0.91 ~ 1.1厘米不等，以1厘米最为普遍，在短距离内射击相当准确。这种型号的手枪被很多工厂仿造，在美国内战时非常流行。20世纪后期，有些国家仍在制造和出售这种手枪。

◎ 最早的左轮手枪

世界上最早的左轮手枪大约出现于公元16世纪，但真正意义上的左轮手枪却是1835年美国人S.柯尔特在原有基础上改进的一款左轮手枪。

其实，在16世纪出现的左轮手枪，在实际中的应用非常有限，一直到19世纪，美国人S.柯

左轮手枪解剖图

萨缪尔·柯尔特之所以在手枪生产销售方面大获成功，不仅仅是因为手枪的优良的设计，还因为所设计的左轮手枪配件全部都是通用标准配件。通过这种方式，手枪配件可以大规模生产，随后可以轻易地在生产线上组装。

左轮手枪的中心部件，同时也是左轮手枪中较短的部分为弹筒，是一块内部钻孔用于放置子弹的金属圆筒。萨缪尔·柯尔特早期生产的手枪为单动模式左轮手枪，使用者不得不手动将击锤扳起，在此过程中，弹筒也会同时旋转，使得撞针、子弹以及枪管位于一条直线，以准备下一次射击。当扣动扳机时，主弹簧释放击锤，使得撞针撞向子弹的后部。

柯尔特后期生产的手枪为双动模式左轮手枪。这一改进使得扣动扳机一次即可先后做到自动扳起击锤，以及撞针撞击子弹后部，使得手枪快速发射成为可能。

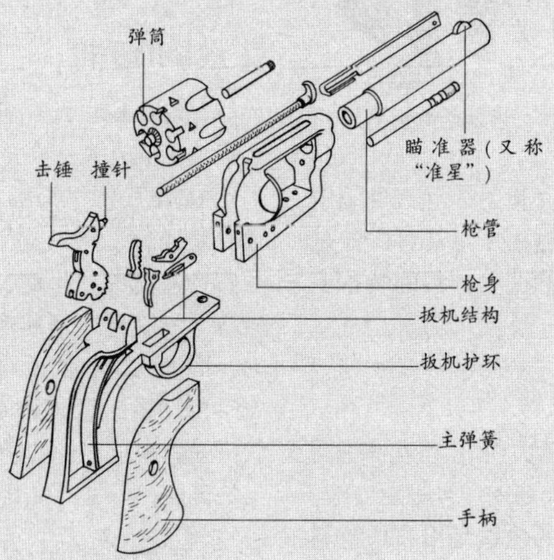

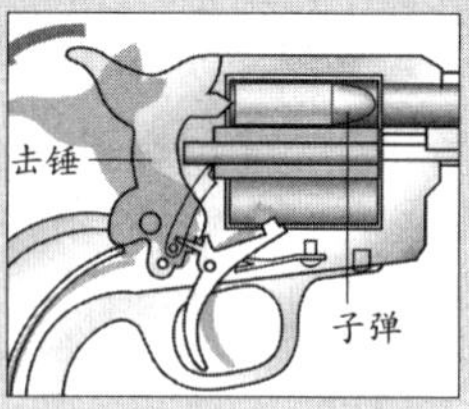

尔特才在原有左轮手枪的基础上发明了世界上第一款真正意义上的左轮手枪，S.柯尔特在英国取得了第一款左轮手枪的发明专利权，并因此被人称为“左轮手枪之父”。S.柯尔特的左轮手枪采用底火撞击式，使左轮手枪在当时风靡一时，但是他并没有因此而满足，而是又对左轮手枪进行了反复的改造，比如他在1853年使用了金属枪弹，1868年他又把左轮手枪改进为后装式手枪。虽然左轮手枪在现在已经备受冷落，但是它在刚刚出现的时候却在社会上扮演了极其重要的角色。

◎ 最小的左轮手枪

世界上最小的左轮手枪是由瑞士的Gun Smith公司生产的。这款叫“Swiss Mini Gun”的袖珍左轮手枪只有5.5厘米长，口径只有2.34毫米。看上去就像一个玩具手枪，你完全可以把它当成钥匙链挂在身上，但是它却是一把真正的手枪，配有特制的真子弹，所有的零部件完全是按照经典的“Colt Python”型手枪按比例缩小制作的。

◎ 最早的自动枪

世界上最早的自动枪是由美国军械工程师海勒姆·史蒂文斯·马克沁于1884年发明的。

马克沁发明的自动枪能够在火药发火时利用火药的能量让枪自动完成开锁、退壳、送弹和闭锁等一连串动作，把枪的理论射速提高到了每分钟600发子弹。这在世界军事史上是一个里程碑式的发明。

最早的自动枪的发明人马克沁是一个富有传奇色彩的人物，他根本没上过学，也没读过多少书，但是他却是一个极其爱动脑筋的人。他在1884年成功地研制出了世界上第一支以火药燃气为能源的自动连续射击重机枪，人们将之称为“自动枪之父”。这种枪在当时一问世就好评如潮。但是因为受

↗ 19世纪80年代中期，马克沁演示了他发明的机枪。地上空弹壳堆是改进该机枪的射击速度的佐证。

到身世和教育背景的影响，马克沁当时在美国受到了很多专家的排挤，一气之下，出走英国。1916年，他于伦敦去世。

◎ 最早研制的无声手枪

无声枪通常被称作微声枪。但实际上，它在射击时并非完全无声，而是声音微弱，在寂静的环境中，一般不会引起附近其他人的注意。微声枪通常是用装在普通枪管上的消音器来起到消音作用的。微声枪有微光、微烟等特点，是突击、侦察、反恐怖分队不可缺少的特种武器。

1908年，美国制造商和发明家海勒姆·帕西·马克沁（1869～1936年，与发明重机枪的海勒姆·斯蒂文斯·马克沁不是同一人，前者为后者之子）发明了世界上第一个枪用消音器，微声枪由此而诞生。马克沁研究认为，通过某种装置使枪弹击发时排出的气体作旋转运动，就可充分消除噪声。1908年，马克沁制造出第一个猎枪消音器，使猎枪射击声大大减小。当年3月25日，马克沁获得这项发明的第一个专利。

1912年，美国将马克沁的消音器加以改进，装在步枪上，制出了最早的微声步枪；后来又制成了微声手枪，供谍报人员和特种部队使用。

马克沁还成功地研制了汽车使用的排气消音器，并将消音原理应用于安全阀、空气压缩机、鼓风机等的降噪设备上。

◎ 最早的后装枪

现在，后装枪好像已经很落后了，但是谁能够想到在后装枪刚刚问世的时候有多受欢迎？世界上最早的后装枪是由普鲁士一个普通的军械工人德雷泽发明的，后来人们干脆把他发明的后装枪叫做德雷泽枪。德雷泽枪其实是一种很好的击发枪，当扣响扳机的时候，枪的后部就会有一根长针穿过枪筒，撞击引燃炸药从而将子弹发送出去。德雷泽枪的射速在当时是非常快的，这让德雷泽枪一出现就受到了广泛的推广和使用，1866年的普鲁士军队也正是靠这种枪的高射速在普奥大战中战胜了奥地利军队。从此，德雷泽枪的出现在枪的发展史上也写下了浓重的一笔！

↗ 英国部队装备的毛瑟枪

◎ 最早发射金属外壳子弹的步枪

1871年，德国的毛瑟兄弟研制成功了世界上第一支发射金属外壳子弹的步枪。这种步枪采用金属外壳子弹，口径为11毫米，有螺旋膛线，发射定装式枪弹，由射手操纵枪机机柄，实现开锁、退壳、装弹和闭锁。1884年，这种步枪经过改进后使用圆筒型弹仓。普鲁士政府曾用它作为步兵的基本武器。

◎ 最早的自动手枪

世界上最早的自动手枪是毛瑟枪。毛瑟枪是世界著名的手枪之一，该枪由德国人毛瑟兄弟研制而成。1896年，以P.P.毛瑟的名义获得专利。毛瑟枪的口径为7.63毫米，枪重1.16千克，枪长28.8厘米，使用无烟火药，采用金属壳定装式枪弹，10发弹匣供弹，可采用单、连发射击方式。由射手操纵枪机机柄，就可实现开锁、退壳、装弹和闭锁的过程。

改进后的毛瑟枪安装了可容8发子弹的弹头仓，实现了一次装弹、多次射击。毛瑟枪还缩小了枪械的口径，并提高了弹头的初速、射击精度、射程和杀伤威力。毛瑟枪完成了从古代火枪到现代步枪的发展演变过程，具备了现代步枪的基本结构。

◎ 世界上最早的手摇机枪

1718年，英国人J.帕克尔发明了世界上最早的单管手摇机枪并取得专利。但由于这种枪太重，装弹困难，并没有得到广泛使用。19世纪80年代以前，为了提高枪械的发射速度，很多

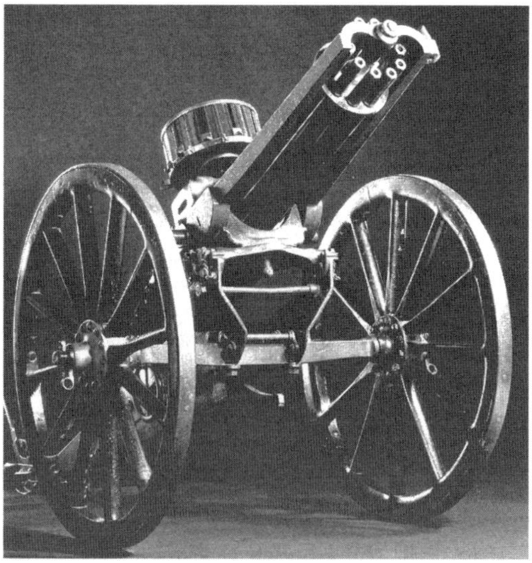

加特林式机枪是第一代成功的机枪，用于美国内战中。1873年，英国十枪管型的这种机枪开始安装在车架上，以提高机动性。

人都尝试研制连发枪械。

有人尝试着将许多支枪平行或环形排列，进行齐射或连射。1862年，美国人R.J.加特林发明的手摇式机枪，将6支口径为14.7毫米的枪管安放在枪架上，射手转动曲柄，6支枪管依次发射。该枪于1862年取得专利，并在美国1861 ~ 1865年的南北战争中发挥过很大的作用。

◎ 射速最快的机枪

美国陆军型号称为M134型速射机枪的最高射速高达6000发/分钟，被称为世界上射速最快的机枪。

该机枪于20世纪60年代初，由原通用电气公司（现为洛克希德马丁军械系统公司）在机载M61Al“火神”6管速射机炮上发展而成，系列口径从5.56毫米到25毫米不等。最初美国空军在此基础上重新设计发展出7.62毫米口径6管GAU-2型航空机枪，采用电力驱动，由一名乘员操作，用于美国空军的轻型飞机和直升飞机上。这种机枪曾在越南战争期间广泛使用，射速威力惊人。

◎ 世界上最早的冲锋枪

冲锋枪是单兵双手握持发射手枪弹的轻型全自动枪。世界公认的第一种冲锋枪是意大利在1915年设计和生产的帕洛沙，这是一种发射9毫米手枪弹的双管全自动轻型武器。不过，帕洛沙是作为超轻型的机枪使用的。后来，德国著名枪械设计师雨果·施迈塞尔在1918年设计的9毫米MP18冲锋枪被认为是第一支真正意义上的冲锋枪。后来，这种冲锋枪经过改革并批量生产，命名为MP181式，并于1918年夏季装备前线部队。

◎ 世界上使用最广泛的枪支

AK-47式7.62毫米突击步枪是前苏联著名枪械设计师卡拉什尼科夫于1946年设计的，俗称冲锋枪。这种步枪研制成功之后，很快就装备军队，是世界上使用最广泛的枪支，除前苏联军队外，世界上有30多个国家的军队使用这种枪。有的国家还进行了仿制或特许生产，莫桑比克甚至把它画在国旗上。其改装品种已在75场以上战争中使用过，其他任何枪支都望尘莫及。

AK-47突击步枪

据有关报道显示，自AK-47问世以来，全世界每年死在AK-47枪下的人数平均在500万人左右。因此AK-47枪算得上杀伤力最大的非核武器。这种枪性能好，便于携带和保养，价格便宜，购买渠道多，因而前苏联解体后导致生产泛滥，全世界共制造出1亿多支，大多是非法制造的。20世纪50年代末，该枪由其改进型AKM突击步枪取代。

◎ 最早的专用反坦克枪

一战中，德国皇家陆军是第一个遭受坦克袭击的部队，因而他们积极研制反坦克枪。1917年，他们研制成功一种口径13毫米，机柄回转式的反坦克枪，专门用来对付坦克。但是这种枪体积大，而且必须使用专门的弹药，以至1918年就被淘汰了。

1918年，德国毛瑟公司制造了一种专用的反坦克枪——毛瑟反坦克枪。这种枪的外形类似步枪，长约1.7米，重11.8千克，口径13毫米只能单发射击，后坐力很大，能在110米范围内穿透2厘米厚的Ⅳ型坦克的前甲。这是世界上真正适用的反坦克枪。在第一次世界大战中，德国曾使用这种枪。

— 火炮之最 —

◎ 最古老的火炮

中国是最早发明和使用火炮的国家。早在春秋时期，中国已使用一种抛射武器——它可以把石头抛出很远以杀伤敌人，这种炮也叫石炮，是火炮的前身。到了10世纪，火药用于军事后便用来抛射火药包、火药弹。中国试制火炮的先驱者是北宋的唐福和石普，二人在1000~1002年制造的火箭、火球、火蒺藜都十分成功。

英格兰火炮

一位炮手拉起了掩体，而另一位正准备点燃火炮发射石弹。

1126年，出现了类似火炮的霹雳炮和震天雷等。《金史》中记载："火药发作，声如雷震，热力达半亩之上。人与牛皮皆碎迸无迹，甲铁皆透。"到了元代，人们用铜或铁制成筒式火炮，这类炮统称为"火铳"。因其威力大，被尊称为"铁将军"。现在保存在中国历史博物馆中的元朝至顺三年（1332年）的铜火炮是世界上现存最早的火炮。这门火炮被称为"盏口铜铳"，直径为105毫米，全长353毫米，重6.94千克。

◎ 最早的迫击炮

世界上最早的迫击炮出现在1904年的日俄战争中，当时日俄两国在旅顺口长期对峙。当时的俄军占据要塞，日军挖的地壕也一步步接近了俄军总部，但是一般的炮弹又无法打到日军。在这样的紧要关头，俄军的炮兵大尉戈比亚托·列昂尼德·尼古拉耶维奇改装出了一种特殊的炮弹，这种炮弹发射的时候仰角很大，打出去的炮弹升到一定的高度就会掉下来击中目标，尼古拉耶维奇叫它"雷击炮"，其实这就是世界上最早的迫击炮！当时的俄军正是利用他们所发明的"雷击炮"一举打退了日军的进攻，保住了旅顺口要塞。后来这种炮弹在一步步改进之后就成了我们今天见到的"迫击炮"。

◎ 口径最大的迫击炮

第二次世界大战中美国制造的"小戴维"是曾经建造过的世界上口径最大迫击炮，口径为920毫米，但是这门大炮在战斗中没有使用过。

德国履带式600毫米攻城迫击炮是使用过的最重的迫击炮，又称为"卡尔"，曾在二次世界大战中攻打斯大林格勒时发挥过重大作用。

◎ 最早的高射炮

世界上最早的高射炮出现在1870年的普法战争的战场上，当时的普军重重包围了法国首都巴黎，本以为轻而易举就能将法国拿下的普军做梦也没有想到法军能借助气球来越过他们的包围防线和外界取得联系，并组织军队准备抵抗普军。于是普军开始研制一种能击中空中目标——气球

高射炮打飞机示意图

的“高炮”。没过多长时间，普军就成功地制成了一种新的大炮，普军造成的新的大炮能灵活地移动，能被四轮车推着追击目标并且能从地面击中高空中的目标，当时的普军士兵都叫它“气球炮”，其实这就是世界上最早的高射炮。

◎ 最早的无坐力炮

无坐力炮——名字是不是很有意思？其实无坐力炮是相对于普通的火炮来讲的，一般的普通火炮在发射的时候会产生很大的后坐力，使得炮身在发射后后退很远，这就会对发射的准确性和速度都产生很大的影响。人们很早就发现了这个问题，但是一直也没有找到一个很好的解决办法。后来这个难题终于在1914年得到了解决，当时的美国海军少校戴维斯发明了一种无坐力炮，他把两颗弹尾相对的弹丸放在两端都开口的炮筒内发射，结果发现炮身就不会再后退了，发射的时候炮筒两端同时发力，炮筒前面发射出去的是真弹头，而炮弹后头出去的是假弹头，假弹头抵消了真弹头发射时的后坐力，致使炮身不会再向后退，并且提高了发射的准确性和发射速度，提高了炮弹的发射效率。这种新炮一出现就立刻受到欢迎。后来经过很多次改造后很快在1941年的二战中广泛地被使用。

◎ 最早的自行火炮

与最普通的火炮比起来，自行火炮是一种非常灵活的火炮，因为自行火炮是固定在车辆底盘上面的，这就克服了传统火炮的笨重、不容易移动的缺点。自行火炮不仅仅可以自己改变方向，

↗ 自行火炮
美国203毫米M110A型自行火炮。履带底座使它们在战场上的移动更加灵活。

而且能够非常容易地转移阵地，机动性非常强。

自行火炮是由法国人发明的，直接促成自行火炮产生的是坦克的出现！上个世纪初，坦克的出现让人们领略到了机动作战的重要性，这也就触发了人们的思维，人们在想：如果传统的火炮也能像坦克那样，将会大大地节省战争中的人力和物力。于是人们就把火炮装在了带有履带的坦克底盘上面，产生了世界上第一台自行火炮，由于自行火炮的各种优点非常适合于各种大型的野战、机动战，它很快就被广泛地应用于战争之中。现在随着自行火炮自身防护性和机动性的不断加强，自行火炮越来越受欢迎。

◎ 最轻的火炮

火炮虽然火力威猛，但是却非常沉重，一般重达几十吨，机动性不够理想。为了改变这种情况，20世纪80年代中期，美国和英国的军工部门联合研制出一种轻型155毫米榴弹炮。美国因经费紧张中途退出。1989年，第一门UFH样炮造出，1994年初步定型，接着是部队试用检验和改进，经过十来年的研制，终于制造出世界上最轻的155毫米火炮。它大量采用钛、铝等轻质合金材料，仅重3.745吨。

UFH超轻型火炮的突出特点是部分组件功能复合或多功能，从而使火炮结构简洁、紧凑，利于减轻炮重。UFH炮的最大射程为30千米，最大射速4发/分钟，行军战斗转换时间为两分钟，主要运动方式是车辆牵引或直升机吊运。

◎ 历史上打得最远的大炮

世界上打得最远的大炮是德国在第一次世界大战中使用过的“巴黎大炮”，是因为德国攻打巴黎的时候第一次使用了它，这种大炮也因此而出名。

这种号称世界历史上打得最远的大炮长达37米，总重量约为375吨，射程大约在120千米，当这种大炮刚刚问世的时候，曾经轰动了整个世界，因为当时射得最远的大炮的射程也不过12千米，而巴黎大炮一下子把射程提高了10倍，简直太神奇了！不过幸运的是，巴黎大炮的准确性不怎么好，否则美丽的巴黎城早在1918年就已毁于“巴黎大炮”的威力之下了！

↗ 由德国军火商古斯塔夫·克鲁伯制造的“巴黎大炮”射程为122千米，在1918年间对巴黎进行了长达2个月的炮轰攻击。

◎ 口径最大的大炮

号称“炮中之王”的一门大炮是曾经建造过的最大口径的大炮，现陈列在莫斯科克里姆林宫。它于16世纪建造，长5.34米，其口径有890毫米，炮筒外径1.2米，重达40吨。

— 炸弹与导弹之最 —

◎ 最早的手榴弹

世界上最早的手榴弹是我国的“瓷蒺藜”。据资料记载，西夏时期（1038～1227年），瓷蒺藜就大量装备军队了。顾名思义，瓷蒺藜由陶瓷烧制而成，只有人的拳头般大，圆球形表面全是钉刺，只有底部扁平。瓷蒺藜的中间是空的，内装火药，点燃引线后，投掷到敌军中，爆炸杀伤敌人。瓷蒺藜已经具备了手榴弹的几个要素：弹体、火药和引信。

15世纪，欧洲出现了装黑火药的手榴弹，当时主要用于要塞防御和监狱看守。17世纪中叶，欧洲一些国家在精锐部队中配备了野战手榴弹，并专门训练一批士兵使用这种手榴弹。这种士兵称为掷弹兵。

◎ 最早的地雷

最早的地雷出现在中国。早在三国时期，由硝石、硫磺和木炭混合而成的黑火药问世之后，著名军事家诸葛亮（181～234年）就曾利用黑火药制成原始“地雷”大破藤甲军。据史料记载，1130年，金军攻打陕州，宋军使用“火药炮”（即铁壳地雷），给金军以重创并取胜。最初的地雷表面平滑，爆炸时碎片少。后来发展成表面有突角的地雷，在当时称为蒺藜炮，起爆装置由“信香”“火钵”组成。

比较准确的历史记载“地雷”一词出现在明代。《兵略纂闻》上记载了明代嘉靖年间曾铣所造的地雷：“曾铣作地雷，穴地丈余，柜药于中，以石满覆，更覆以沙，令于地平，伏火于下，系发机于地面，过者贼机，则火坠落发石飞坠杀，敌惊为神。”明代宋应星著的《天工开物）一书中也介绍了地雷，并且还绘制了地雷的构造图样，以及制作方法和地雷爆炸时的形状。那时的地雷多是用石、陶、铁制成的，将它埋入地下，使用踏发、绊发、拉发、点发等发火装置，杀伤敌人。

◎ 最早的鱼雷

1866年，英国工程师罗伯特·怀特黑德成功地研制出第一枚鱼雷。该鱼雷直径为0.35米，长3.58米，重136千克，用压缩空气发动机带动单螺旋桨推进，通过液压阀操纵鱼雷尾部的水平舵板控制鱼雷的艇行深度。这个鱼雷的航速仅11千米/小时，射程180～640米，尚无控制鱼雷定向的装置。因其外形似鱼，而被称之为“鱼雷”，并根据怀特黑德的名字（意译为“白头”），而命名为“白头鱼雷”。

几乎与怀特黑德同时，俄国发明家亚历山大·罗夫斯基也研制出类似的鱼雷装置。1887年1月13日，俄国舰艇向60米外的土耳其2000吨的“因蒂巴赫”号通信船发射鱼雷，将其击沉。这是海战史上第一次用鱼雷击沉敌舰船。

1899年，奥匈帝国的海军制图员路德格·奥布里将陀螺仪安装在鱼雷上，用它来控制鱼雷定向直航，制成世界上第一枚控制定向的鱼雷，大大提高了鱼雷的命中率。1904年，美国人E.W.布里斯发明了用热力发动机代替压缩空气

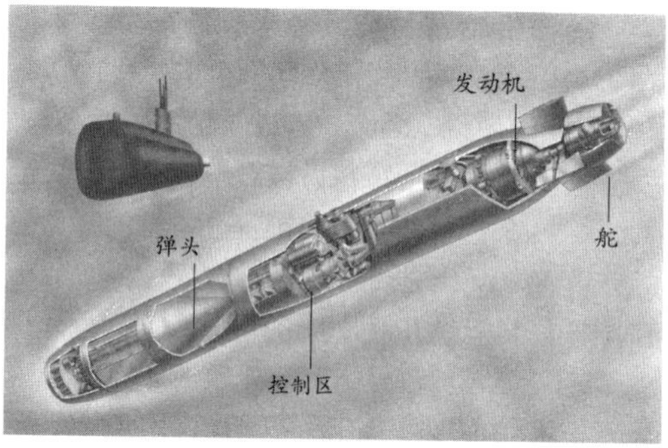

鱼雷

鱼雷主要由弹头、燃料供应、发动机和舵等4部分组成。现代鱼雷装有线导系统以及与反坦克导弹弹头一样的弹头。当鱼雷弹头爆炸的时候，可以深深穿入船体。

发动机的第一条热动力鱼雷（亦称蒸汽瓦斯鱼雷），使鱼雷的航速提高至约65千米/小时，航程达2740米。

◎ 最早的水雷

水雷是一种古老的水中兵器，最早是由中国人发明的。1558年，明朝人唐顺之编纂的《武编》一书中，详细记载了一种“水底雷”的构造和布设方法，它用于打击当时侵扰中国沿海的倭寇。这是最早的人工控制、机械击发的锚雷。它用密封的木箱做雷壳，将黑火药装在里面，其击发装置是一根长绳索，由人拉火引爆。木箱下坠有3个铁锚，控制雷体在水中的深度。

1590年，中国又发明了最早的漂雷——以燃香为定时引信的“水底龙王炮”。1599年，中国的王鸣鹤用碰线引信原理发明了“水底鸣雷”，这是一种触发沉底雷。该雷放在密封的大缸中，沉入水底，上横绳索置于水面下半米处，并与雷体内的发火装置相连。当敌船触碰绳索时，就会触发水雷，炸毁敌船。此外，我国古代还制造了悬雷、海炮等多种水雷。它们在古代历次海战中起到了重要作用。欧美在18世纪才开始在实战中使用水雷。

◎ 速度最快的导弹

世界上速度最快的导弹是美国“大力神”II型洲际弹道导弹，它曾被设置在美国亚利桑那州戴维斯·蒙赞空军基地、堪萨斯州麦康内尔空军基地和阿肯色州小石城空军基地。这种导弹的最大飞行速度为27360千米/小时。

美国“大力神”II型地地洲际弹道导弹代号SN-68C，属于美国第二代战略导弹，主要用于攻击地面战略目标。其全长33.52米，命中精度0.93千米，反应时间60秒，发射成功率85.7%。1960年6月由马丁公司研制，1963年底开始装备部队，1987年退役。

◎ 世界上最早的导弹

世界上最早的导弹是1944年德国研制成功的V-1火箭，因其外形像一架无人驾驶飞机，又称飞机型飞弹。该火箭是世界上最早的战术导弹，也是现代导弹的雏形。弹长7.6米，弹重2.2吨，最大直径0.82米，翼展5.5米，最大飞行速度为650千米/小时，射程370千米，飞行高度为2000米。第二次世界大战时该火箭被使用袭击英国，先后共发射了1万多枚，其中有50%被英国飞机和高炮等武器拦截，只有32%真正落在英国境内。这也是世界上最先用于实战的导弹，以后的导弹都是在它的基础上发展起来的。

◎ 射程最远的导弹

美国“大力神”导弹于1959年开始服役，

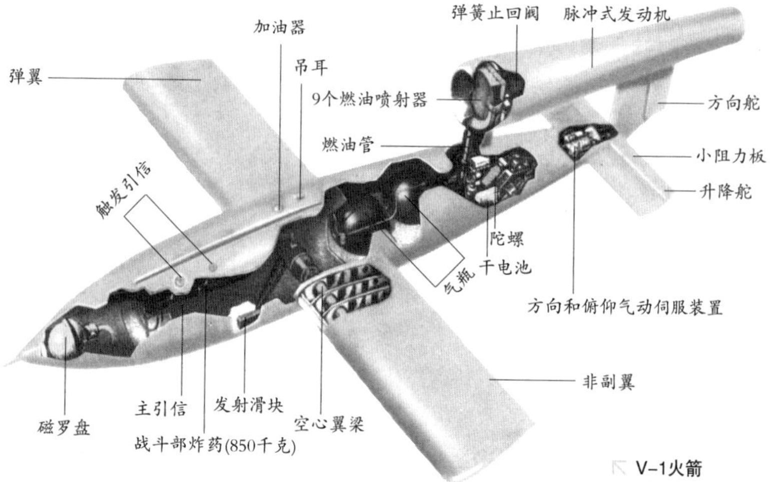

V-1火箭

射程为16669千米，比在西方导弹基地打击前苏联领土内任何目标所需要的射程还多4828千米。代号为“撒旦”的SS-18是射程最大的俄罗斯导弹，它从20世纪80年代初开始服役，能够有效打击12070千米以内的目标。

◎ 最早的洲际弹道导弹

洲际弹道导弹是射程在8000千米以上的导弹。根据发射位置的不同，它可分为基地弹道导弹和潜射弹道导弹两种。所谓潜射，即从导弹核潜艇上对准目标发射。

1957年8月21日，前苏联在世界上首次发射了射程可达8000千米的SS-6洲际弹道导弹。第二天，前苏联塔斯社带着抑制不住的兴奋宣布，本国已于8月21日成功发射了一枚洲际导弹，射程达8000千米，并特别说明它“可向世界上任何地方发射”。这一消息令美国担心不已，如果前苏联把洲际弹道导弹和核弹结合起来攻击美国，美国将无力抵抗。同年12月，美国也发射了一枚洲际导弹。

◎ 最早的弹道式导弹

1939年，在著名火箭专家冯·布劳恩的领导下，德国开始研制世界上第一枚弹道式导弹——V-2火箭。此火箭于1944年6月经实验发射成功，9月6日进行第一次实弹发射，它是世界上首次用于实战的弹道导弹。

该弹弹长14米，弹径1.6米，战斗部装炸药750千克，采用液体燃料火箭发动机，惯性制导。其起飞质量约13吨，最大飞行速度1700千米/小时，射程约240 ~ 370千米，是弹道主动段为自主控制的单级弹道导弹，是弹道导弹的鼻祖。

◎ 资历最老、生产最多的弹道导弹

前苏联“飞毛腿”B战术弹道导弹在导弹家族中资历最老，而且也是世界上最普及的战术弹道导弹。它是前苏联于1962年在“飞毛腿”A型导弹的基础上成功研制出的一种新型弹道导弹。从1965年起，该导弹就出口到华沙条约多个成员国和多个中东国家。据估计，前苏联一共生产了大约7000枚“飞毛腿”B型导弹。

后来，在“飞毛腿”B型导弹的基础上，前苏联和其他一些拥有该导弹的国家纷纷研制出该导弹的改进型，如“飞毛腿”C型导弹和“飞毛腿”D型导弹等，从而使“飞毛腿”B型导弹及其改进型成为世界上生产最多的弹道导弹。

↗ **“大力神”II型洲际弹道导弹正发射升空**
由于带有先进的制导系统且具备核攻击能力，这型导弹不仅能够非常精确地攻击敌对目标，还能有效地震慑对手。

◎ 最早的反雷达导弹

反雷达导弹是利用敌方雷达的电磁辐射进行导引，摧毁敌方雷达机器载体的导弹，又称反辐射导弹。它与机载或舰载探测跟踪、制导、发射系统等构成反雷达导弹武器系统。

世界上第一枚反雷达导弹，是美国军队于1964年装备的“百舌鸟”AGM-45A导弹。

◎ 最早的空空导弹

空空导弹是从飞行器上发射攻击空中目标的导弹，用作歼击轰炸机、强击机、直升机等空战武器，是歼击机的主要武器之一。

1944年4月，德国研制成X-4型有线制导空空导弹，是世界上第一枚空空导弹，但尚未投入使用，第二次世界大战即告结束。

— 装甲车之最 —

◎ 世界上最早的装甲车

1855年，英国人J.科恩在蒸汽拖拉机的底盘上安装机枪和装甲，制成了一辆轮式装甲车，并获得专利权。这是世界上最早的装甲车，但这种装甲车并未能在战争中应用。1899年，英国人西姆斯在四轮汽车的四周安装了装甲，前后各装一挺机枪。这辆装甲车被成为“西姆斯装甲车”，运行时，车速可达4千米/小时。1900年，英国把装甲汽车投入到了正在南非进行的英布战争中。

第一次世界大战末期，英国最先研制出了履带式和轮式装甲输送车。当时习惯徒步作战的步兵把这种装甲运输车称为“沙丁鱼罐头”、“带轮的棺材”，但是装甲运输车的作用很快就显现出来，大大提高了步兵机动作战的能力。

◎ 世界上最早的坦克

世界上最早的坦克诞生于1915年8月，是一位叫斯温顿的英国人发明的。说起坦克的发明，还要讲一下斯温顿发明坦克的初衷。当时正值第一次世界大战，作为一名战地记者，斯温顿亲眼目睹了战场上残酷的厮杀，特别是在战壕战中要突破敌方防线必须付出巨大的牺牲，他就向英国政府提出建造一种有装甲、带武器、能够进行突击的战车。这一想法得到了政府的支持，于是斯温顿组织了一批研究人员，把从美国进口的拖拉机进行改造——把履带加长，焊上很厚的装甲，装上可以进行射击的枪炮。这样，第一辆坦克就诞生了。之后，英国人又进行了改造，就形成了如今坦克的雏形。战事期间，英国军方为了保密，就称这个庞然大物为“Tank”——“水柜”。这就产生了世界上最早的坦克。

◎ 世界上最重的坦克

世界上最重的坦克是第二次世界大战期间德军研制的鼠式坦克。这是一种重达188吨的超

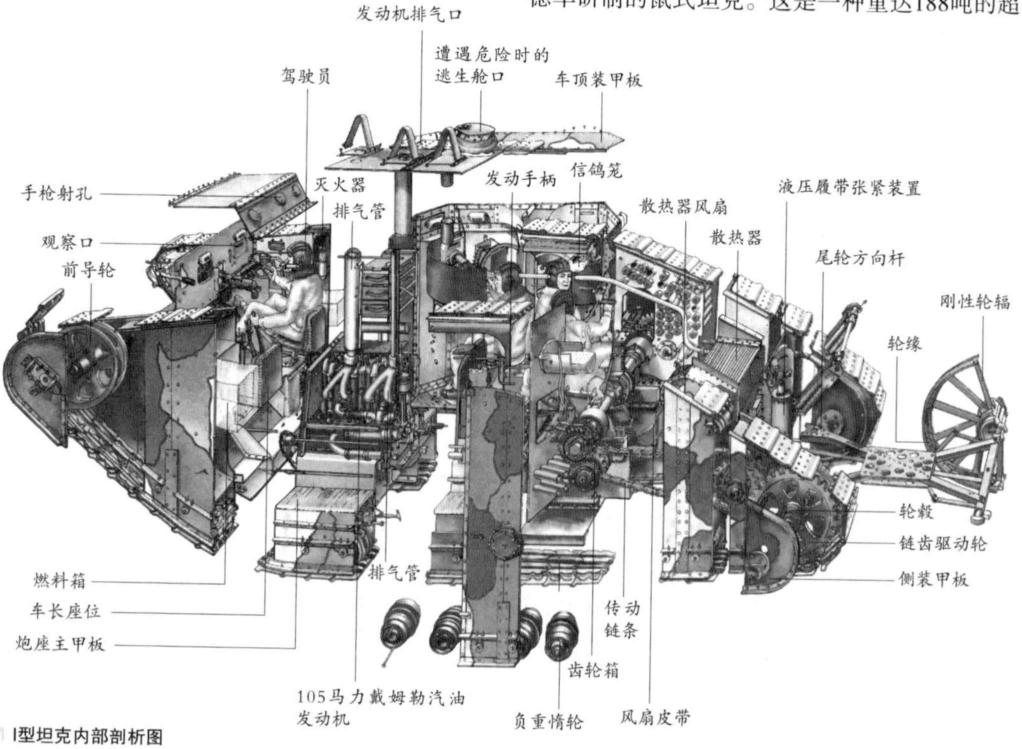

I型坦克内部剖析图

坦克首次应用于战场是第一次世界大战期间，由英国工程师秘密研制而成，起初起名为“水柜”，英语意为“TANK”，发音“坦克”，坦克称呼由此而来。图为著名的I型坦克内部剖析图。

重型坦克，比当时前苏联的“KV-2”重型坦克（46吨）多142吨。鼠式坦克长9.3米，高2.66米，火炮口径150毫米，侧面、前面和底部的装甲都厚得惊人，俨然一个庞然大物。

鼠式坦克过于笨重，采用了1200马力发动机，最大时速仅有20千米，因此对于以闪电袭击为主的德军来说并没有实际的意义。

美国M1A2主战坦克是世界上总体性能最好的坦克。

◎ 世界上总体性能最好的主战坦克

主战坦克，也叫主力战车，属于中、重型坦克，装有大威力火炮、具有高度越野机动性和装甲防护力。主战坦克是世界各国陆军普遍装备的武器，被誉为“陆战之王”。

1990年，美军推出最新的M1A2型坦克。M1A2坦克首次安装了车长独立稳定式热成像仪，该独立热成像仪使坦克具备了猎歼作战能力，大大提高了坦克在能见度很低的情况下与敌交战的能力。主炮和车长与炮长的瞄准仪上均安装了稳定器，进一步提高了行进间的射击性能。该坦克还配备了战场管理系统（BMS），能自动地提供双方部队位置、后勤信息、目标数据和命令等。此外，M1A2还配备了自主导航系统，通过GPS卫星定位系统能快速准确标定本身所在方位。坦克的底盘也进行了改进，发动机加装了数字电子控制装置，提高了省油性和可靠性。

2004年6月，DMS国际武器预测小组公布了世界坦克性能的排名，美国的M1A2型“艾布拉姆斯”主战坦克名列榜首，是目前世界上总体性能最好的主战坦克。

◎ 世界上使用最广泛的坦克

世界上使用最广泛的坦克是前苏联在1967年研制的T-72主战坦克。T-72主战坦克除了大量服役于前苏联红军之外，也外销和授权华沙公约盟国波兰、捷克斯洛伐克生产，总产量达2万辆。1977年11月，T-72主战坦克在前苏联纪念十月革命60周年的红场阅兵式上首次亮相。这种主战坦克长6.9米，宽3.36米，高2.9米，重46.5吨，乘员3人，采用复合装甲，主要武器是125毫米2A46滑膛炮，次要武器是一支7.62毫米机枪和一支12.7毫米机枪，采用12汽缸发动机V-46，780马力，平地时速80千米/小时。

◎ 世界上最早的两栖战车

1971年，美国FMC公司军械分部研制出了世界上最早的两栖战车——AAV 7 系列两栖战车。顾名思义，这种战车既能在陆地上行驶，又能在水上航行。AAV7系列两栖战车战斗部分重22.838吨，在陆地上的最大时速为64千米，水上最大时速为13.5千米，水上的最长航行时间为7小时。

◎ 世界上最小的装甲车

世界上最小的装甲车是“鼬鼠”装甲车，其总重只有2.75吨、长为3.46米、高为1.8米、宽为1.82米，在装甲车中算得上小巧玲珑。

“鼬鼠”装甲车是德国波尔舍公司为满足原联邦德国空降兵部队的要求而设计的，是一种空降侦察车。后来克虏伯·马克机器制造厂在该车的生产厂家的竞标中夺标，于1989～1992年期间，共为德国空降部队制造了345辆，并称其为“鼬鼠”。

“鼬鼠”装甲车可轻易地钻进运输机和直升机的机舱中。如果用CH-53型运输直升机装运，一次可以装载两辆。如果用C-5“银河”式大型运输机，那么一次可以装进10多辆。“鼬鼠”装甲车只有两名乘员——驾驶员和车长兼炮手。

— 军用飞机之最 —

德国Ar-234B喷气式轰炸机

◎ 最早的军用飞机

1909年7月30日，美国陆军购买了一架“莱特”A型飞机，并将其装备成世界上第一架军用飞机。这架飞机装有一台30马力的发动机，最大时速可达68千米。美国用它进行战场侦察。同年，美国制成了1架双座莱特A型飞机，用于训练飞行员。至20世纪20年代，军用飞机在法、德、英等国得到迅速发展，远远超过了美国。

◎ 世界上最早的战斗机

世界上最早的战斗机是福克E型战斗机！

福克E战斗机采用的是当时还相当少见的单机翼形式，在机翼的上下有一根细钢丝用来牵引、加强，这根细钢丝叫“张线”。它横断面是长长的矩形，战斗机的骨架是由钢管焊成的。外面是一层军绿色的布套，在它的机头上方有一个口径为7.92毫米的机枪头，下面是一台气缸旋转型活塞发动机。机枪在发动机的帮助下1分钟可以射出800发子弹，这在第一次世界大战时已经是非常先进的武器了，它一出现就受到了很多军队的好评，并迅速在很多地区的军队中普及开来，尤其是它的“射击协调器”。有人说：“福克E的‘射击协调器’是世界航空兵器史上的一次里程碑式的革命。”而福克E在它的帮助下成了世界上最早，也是当时最先进的战斗机！

◎ 最早的攻击机

第一次世界大战中，英、法空军首次在一次空战中用飞机对德国地面部队进行压制和攻击。这一做法使德军受到启发。1918年，德国容克飞机制造厂生产了一种专门对地面目标进行轰炸的军用飞机。这种飞机上携带着手榴弹和炸弹，这意味着攻击机的诞生。

◎ 最早的喷气式轰炸机

早在第二次世界大战期间，德国的阿拉多公司就已经成功地制造出了世界上第一架喷气式轰炸机——Ar-234喷气式轰炸机，它有A、B、C三个系列。

Ar-234轰炸机载乘员1人，动力装置为2台容克斯“尤莫”004B涡轮喷气发动机，单台推力为8.8千牛。该机翼展14.10米，机长12.63米，机高4.30米，重量8410千克。实用升限1万米，最大平飞速度为742千米/小时，最大航程1775千米。

主要武器装备为2门20毫米口径机炮，1500千克炸弹。

◎ 最早的喷气式战斗机

1942年7月27日，德国研制成功世界上最早的喷气式战斗机——ME 262型战斗机。

这架战斗机由德国梅塞施密特飞机公司制造，是喷气式战斗机的始祖。它的飞行速度为850千米/小时，比当时所有的活塞式战斗机都要快很多。该机于1944年夏末首度投入实战，成为人类航空史上第一种投入实战的喷射机。1944年7月，英国制造出了流星式喷射战斗机，但是从来没有用于实战。

◎ 飞得最快的战斗机

世界上飞得最快的战斗机是由前苏联米高扬-格列维奇设计局设计的米格-25，它是一种中程截击机，其最大特点是飞得快，飞得高，最大平飞速度为2980千米/小时。

米格-25于1964年首飞。机载乘员1人，翼展14.02米，机长23.82米，机高6.1米，最大起飞重量为37.5吨。实用升限24400米，最大巡航速度为960千米/小时，作战半径1300千米，转场航程3000千米。起飞滑跑距喷气式轰炸距离为1380米，着陆滑跑距离为1580米。

美国B-2A“幽灵”隐形轰炸机

◎ 最隐蔽的现役轰炸机

世界上第一种完全隐身的现役轰炸机是美国诺斯罗普公司于1989年7月研制的B-2A“幽灵”隐形轰炸机。它看上去很像一个扁平三角形，有光滑的机身和圆整的边角来躲避雷达波。发动机喷口隐藏在机翼的前缘下方，以减少红外信号。

该机翼展52.43米，机长21.03米，机高5.18米，最大起飞重量为168634千克。实用升限15240米，最大平飞速度为764千米/小时，航程11110千米，经过一次空中加油航程可达18520千米，可携带多枚导弹、核弹、炸弹、燃烧弹、水雷等。

◎ 最早的空中加油机

最早的空中加油机是由美国研制的，代号为DH-4M。1923年8月27日，在美国加利福尼亚州的圣地亚哥湾上空，两架编队飞行的美国飞机完成了航空史上第一次空中加油试验。空中加油机在前上方飞行，垂下一根10多米长的软管，受油机的后座飞行员站起身来用手抓住飘曳不定的软管，把它接在自己飞机的油箱上。DH-4M在前后共37小时的飞行中为受油机加注了3082升的汽油和润滑油。

整个加油过程全由人力操作，加油机高于受油机，靠高度差加油。这种加油方式很难实际应用。20世纪40年代中期，英国研制出插头锥套式加油设备，1949年美国研制出伸缩管式加油设备，至此才使空中加油进入了实用阶段。

◎ 世界上最早出现的火箭动力飞机

世界上第一架也是唯一一架火箭动力飞机是德国梅塞施米特公司研制的Me.163战斗机。

Me.163战斗机由一个全金属制造的水滴形机身和一副木制的前缘后掠约27°的中单翼组成。机载乘员1人，翼展9.32米，机长5.70米，机高2.74米，重量3950千克，最大升限为12039米，续航时间为7分30秒，主要武器为2门20毫米口径机炮。这架飞机曾参加过第二次世界大战，留下击落6架敌机的战绩。

◎ 最早具有使用价值的预警机

20世纪50年代，美国不断改进侦察机。1958年3月3日，一种新的机型研制成功，正式定名为“E-1B式舰载预警机”，也被称为“跟踪者”。这是世界上第一批具有使用价值的预警机，主要用于搜索、监视空中或海上目标，指挥引导己方执行作战飞行任务。“跟踪者”在20世纪60年代的越南战争中投入使用，但是由于其性能并不完美，再加上缺乏经验，因而并没有产生轰动效应。

E-2C“鹰眼”预警机

真正令人对空中预警机刮目相看的是E－2“鹰眼”预警机。“鹰眼”是由美国著名的格鲁门飞机制造公司研制的，也是美国第一种专门设计制造的空中预警机。在此之前，美国的预警机都是用运输机或其他飞机改装的。格鲁门公司于1956年开始设计“鹰眼”预警机，共制造了三架原型机。20世纪60年代，“鹰眼”被派往越南战场并发挥了一定的作用。

◎最大的军用飞机

乌克兰安-225“梦幻”运输机是目前世界上最大的军用飞机，它不仅占据体积最大的运输机的世界记录，载重量也是最大的。该机翼展88.4米，机长84米，机高18.2米，有效载重250吨，由前苏联安东诺夫设计局研制，1985年中期开始设计，1988年12月21日原型机首次飞行，1989年5月13日首次作了负载“暴风雪”号航天飞机的飞行，至今该机只生产了1架。

安-225“梦幻”的货舱内可装16个集装箱，大型航空航天器部件和其他成套设备，或者天然气、石油、采矿、能源等行业的大型成套设备和部件。机背能负载超长尺寸的货物，如前苏联的“暴风雪”号航天飞机及其配套的“能源”号运载火箭。这样大型器件从生产装配厂出发，可以完整的、不拆卸的运至使用场所，既保证了产品质量，又缩短了运输周期。

◎最早的垂直/短距起落战斗机

一般军用战斗机在起飞和着陆时要在跑道上滑行很长的距离，因此飞机的使用要依赖很大的机场。在战争中，机场则是首当其冲的攻击目标，如果机场被摧毁，战斗机就不能起飞，完全丧失战斗力。

↖鹞式战斗机

为此，一些国家研制了可以不用机场跑道而能随时腾空而起、平稳而降的垂直/短距起落的战斗机。英国首先研制成功了“鹞”式飞机，并于1969年7月正式装备英国空军。“鹞”式飞机成为世界上第一架正式在部队服役的垂直/短距起落战斗机。

—舰艇之最—

◎最早的潜艇

世界上最早的潜艇是1622年荷兰发明家德雷贝尔按照达·芬奇的设计在英国制成的，这是目前世界上有确切记载并得到世界公认的第一艘潜艇。这艘潜艇在英国制造并曾在泰晤士河水下4米深处从威斯敏斯特成功地航行到了格林尼治，用了2个小时。德雷贝尔用木制框架作为潜艇的基本结构，在外面包有严实防水的油皮罩，在艇身上钻有桨孔，由坐在艇内的12名水手划桨前进。它基本上实现了潜艇上下运动的原理，对现代潜艇的研制起到了奠基作用，是对人类能够发明一种在水下自由航行的船只这一幻想的重大突破。

◎最古老的专用战舰

英国皇家海军舰艇“胜利”号是最古老的专用战舰。这艘战舰于1752年开始建造，用了6年时间才完工。该船索具长43.5千米，帆面积为1.6公顷。这艘船是世界上此类船只中唯一保留下来的样船，现已恢复原貌，停泊在英国汉普郡的朴次茅斯。

◎最早的装甲舰

铁甲舰是指在木质或混和材料的舰身外层包着铁甲的军舰，用来抵御攻击。世界上最早出现的铁甲舰是南宋秦世辅于1203年建造的铁壁铧嘴平面海鹘战船。这艘战船在船舷包裹着铁甲，是铁甲舰的鼻祖。船首装有形似铧嘴的犀利铁尖，用以在水战中击沉敌船。此后出现的铁甲舰还有朝鲜的龟船和织田信长的大安宅船。

19世纪50年代，法国造船总监洛姆设计出了一种与拿破仑级木制90门炮战舰同型的现代铁甲舰——“光荣”号。该舰装备120毫米装甲，是西方最早的铁甲舰。此后，英国于1860年建成铁甲蒸汽动力战舰——“勇士”号。

◎ 最早的驱逐舰

英国于1893年10月研制成功的“哈沃克”号鱼雷艇驱逐舰，是世界上最早的驱逐舰。这艘驱逐舰长56.4米，宽5.6米，排水量275吨，设计航速26节，装有1座76毫米火炮和3座47毫米火炮，能在海上毫无困难地捕捉鱼雷艇，携带3枚450毫米鱼雷，用于攻击敌舰。在第二天试航时，“哈沃克”号轻松地追上了一艘鱼雷艇，并超过了后者，充分证明了其具有捕捉鱼雷艇的能力，也足以与其他水面舰艇相抗衡。

◎ 最早的军用飞艇

1891年，齐柏林陆军中将辞去官职，投入到研制飞艇的试验中。他成立了世界上第一个飞艇制造股份有限公司，并制造出了一艘以铝材做骨架的飞艇。这艘飞艇外面包以亚麻布和丝绸，再涂上胶，内部分成16段，每段自成一舱。飞艇总长128米，直径11.58米。尾部装有方向舵和升降舵，使飞艇性能有了很大改进。飞艇下面有两个吊舱，各装一台15马力发动机，速度达每小时32千米。这是最早的军用飞艇。

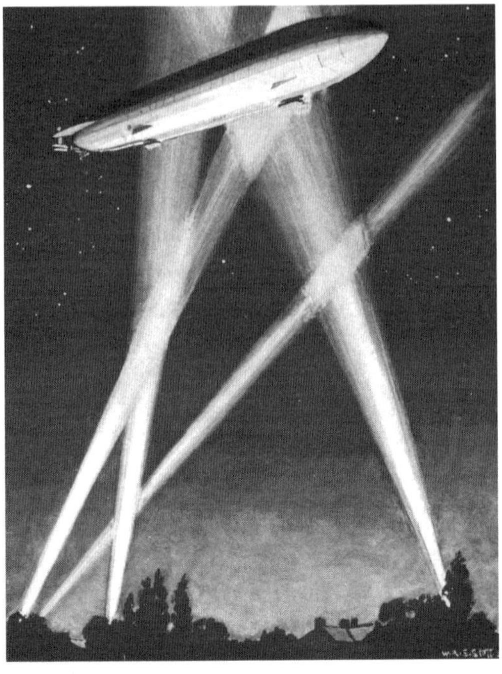

1916年，第一次世界大战中，探照灯发现了一艘正在向伦敦投掷炸弹的齐柏林飞艇。德国的军用飞艇是世界上首批真正的轰炸机，该飞艇可以携载的弹量足够大，给轰炸的目标造成巨大的破坏。

◎ 最早参加水下作战的潜艇

最早参加水下作战的潜艇是美国人布什内尔设计的“海龟”号潜艇，这艘潜艇于1776年参加了美国独立战争。这是一艘由单人操纵的木壳艇，它由橡木制成，高约2米，形状像一个尖头向下的大鹅蛋。

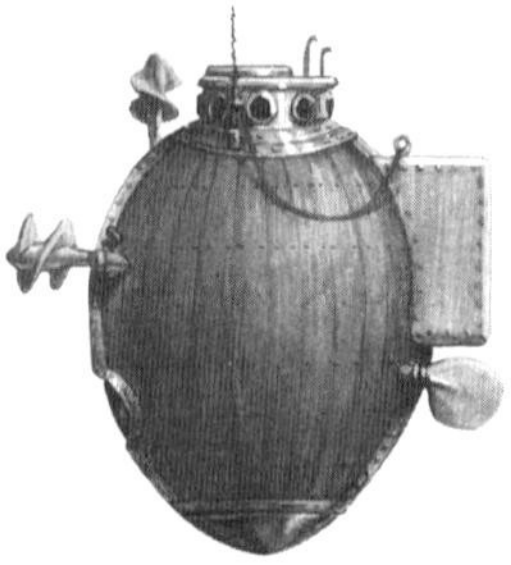

“海龟”号潜艇

这艘手动潜艇是美国人大卫·布什内尔设计发明的。

“海龟”号潜艇通过脚踏阀门向水舱注水，可使艇潜至水下6米，能在水下停留约30分钟。艇上装有两个手摇曲柄螺旋桨，使艇获得3节左右的速度和操纵艇的升降。艇内有手操压力水泵，用来排出水舱内的水，使艇上浮。艇上面装有两根通气管，通气管通过浮筏在艇体上浮时自动打开，在艇体下潜时自动关闭，以进行换气。艇外携一个能定时引爆的炸药包，可在艇内操纵，放于敌舰底部。

1776年9月6日至7日夜，“海龟”号被放入水中，并对英国海军64门炮护卫舰发起攻击。尽管攻击并不成功，但使英军意识到巨大的威胁并将舰队撤出纽约水域。

◎ 最早的核动力潜艇

世界上最早的核动力潜艇是1954年美国制造的“鹦鹉螺”号潜艇。

1954年1月21日，美国康涅狄格州几乎万人空巷，所有的人都聚集在康涅狄格电船公司的船坞处争相观看世界上第一艘核动力潜艇的下水仪式。这艘当时号称世界上最早的核动力潜艇的“鹦鹉螺”号潜艇身长103米，耗费巨资5500万美元，代表着当时核动力潜艇技术的最高水平。

“鹦鹉螺”号潜艇的速度高达每小时55.56千

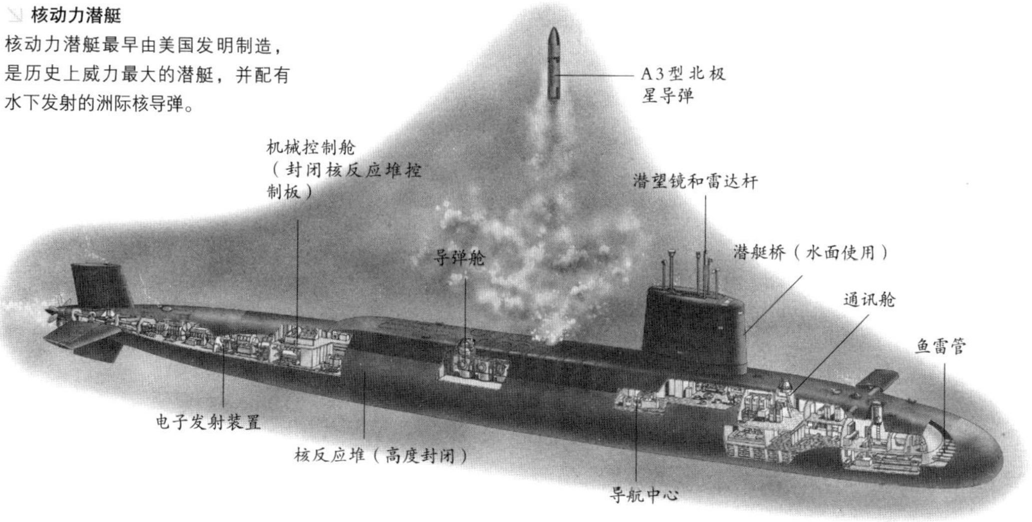

核动力潜艇
核动力潜艇最早由美国发明制造，是历史上威力最大的潜艇，并配有水下发射的洲际核导弹。

米，也就是说“鹦鹉螺”号潜艇的航行速度超过了当时世界上任何海上交通工具的速度。它甚至可以环游世界任何海域而根本不需要浮出水面“呼吸”新鲜空气。它在自己的武器库中增加了很多强有力的武器，战斗力因此增强了很多。“鹦鹉螺”号潜艇的下水时间比前苏联的第一艘核动力潜艇早了5年。

◎ 最安静的潜艇

世界上最安静的潜艇是美国通用动力公司建造的“俄亥俄”号核动力导航潜艇。

“俄亥俄”号核动力导航潜艇于1979年制造成功，是由美国通用动力公司在它的潜艇建造厂制造的，它是美国“三叉戟核潜艇计划”的第一艘潜艇。“俄亥俄”号耗资1.25亿美元，全长170.6米，宽12.8米，吃水线10.8米，排水量为18700吨，续航力100万海里，噪音在90分贝左右，相当安静，是世界上活动海域最广、隐蔽性最强、攻击力最强的潜艇。能容纳船员130多人。“俄亥俄”号核潜艇的中间部位还装有24个导弹发射管，能装下射程为7400千米的“三叉戟”I型导弹和4枚533毫米的MK68鱼雷，大大增强了潜艇的战斗力。

◎ 最早潜航大西洋的潜艇

最早潜航大西洋的潜艇是美国的“鳐鱼”号。这艘潜艇创造了多项世界纪录。它于1957年下水，于1958年成功潜航大西洋，创造了水下持续航行31天的世界纪录。1858年8月11日，“鳐鱼”号从冰下通过北极点，1959年3月17日，它成功地在北极浮出水面，成为最早在北冰洋浮出水面的潜艇。虽然鳐鱼号的排水量只有2360吨，但是它装备有鱼雷，水面航速超过20节，潜航超过25节。

鳐鱼级潜艇还是美国海军继鹦鹉螺号之后发展的第二型攻击型核潜艇。首艘为“鳐鱼”号，另外三艘为“旗鱼”号“刺鬣鱼”号和“海龙”号。

◎ 最早的燃料电池潜艇

燃料电池潜艇是当今世界上最先进的常规动力潜艇。2003年4月7日，德国建造的世界上最早的燃料电池潜艇在基尔港下水及首次试航。这艘潜艇叫U31号，它开创了常规潜艇的一条发展新路，成为世界潜艇发展史上的一个新里程碑。

U31的模样特别，艇型是长宽比最佳的水滴形流线型，艇长55.9米，宽

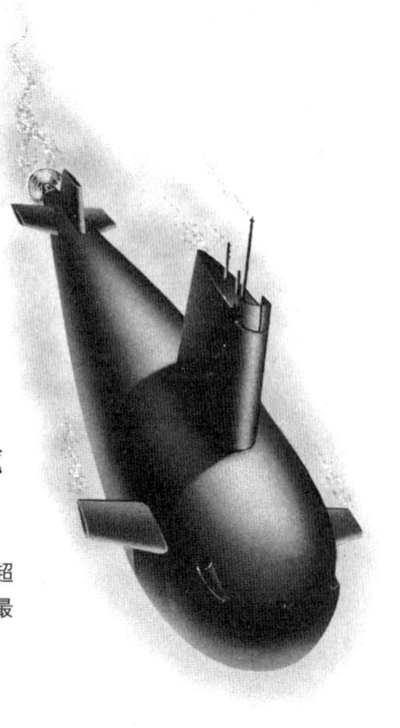

燃料电池潜艇是一种超安静的潜艇，也是世界上最先进的常规动力潜艇。

7米，吃水6米；水上排水量1450吨，水下排水量1830吨；水面航速为12节，水下航速20节，最大下潜深度200米，自持力49天，艇员编制27人。

传统的柴-电动力潜艇在水下潜航2～3天，就会耗尽电池能量，必须浮上水面给蓄电池充电。显然，这增加了潜艇暴露的危险性。而U31取得了“不依赖空气”的技术突破，它在水下就能自行充电。此外，燃料电池动力系统相对向海水辐射的热能很少，基本不向艇外排放废物，尾流特征也很小。其声信号特征比柴-电推进装置的低能超安静运行，所以U31潜航不易被发现。

◎ 最大的潜艇

俄罗斯的“Akula”核潜艇全长171.5米，排水量为26500吨，被北约称为“台风”号。据北约报道，1980年9月23日，第一艘“台风”号潜艇在位于白海北德温斯克的秘密造船厂下水。据说目前尚在服役的“Akula”核潜艇有6艘，每艘都配备着20枚多弹头、射程为8300千米的SS-N-20核导弹。

◎ 工作深度最深的核潜艇

前苏联麦克级核潜艇（简称M级核潜艇）是世界上工作深度最深的核潜艇，可潜入水下1200米，全艇以钛合金制造而成。

20世纪50年代中期，为赶上美国当时在核潜艇技术和数量方面的双重优势，前苏联的核潜艇设计专家积极研究使用钛合金建造攻击型核潜艇。前苏联专家认为，下潜深度是攻击型核潜艇一项重要的战术技术要素。要加大潜艇的下潜深度，必然对艇体的承压能力提出更高的要求。用钛合金制造艇体，可以加强艇体的承压能力，大大减轻艇的排水量。钛合金与特制钢相比，具有质量轻、低磁性等明显优点，并且更耐海水。因此，前苏联决定开工建造一种前所未有的全钛合金核潜艇。钛合金是一种昂贵的金属，巨大的造价使M级核潜艇获得了具有挖苦意味的“金鱼”称号。

M级核潜艇于1978年4月22日正式开工建造，于1983年5月建成下水，1984年8月至1988年7月间进行了海试。1988年9月13日，M级核潜艇正式编入前苏联海军，成为执勤在第一线的战斗潜艇。

◎ 最大的航空母舰

“切斯特·W.尼米兹”号、“德怀特·D.艾森豪威尔”号、“西奥多·罗斯福”号、“卡尔·文森”号、“亚伯拉罕·林肯”号、“乔治·华盛顿”号、

大型航空母舰
美国拥有“企业”号、“尼米兹”号、“小鹰”号等多艘大型航空母舰。

“约翰·C.斯坦尼斯”号和“乔治·布什”号组成了美国海军航空母舰尼米兹家族，其中最后4艘排水量为103637吨，在所有战舰中全载排水量居于首位。它们的甲板跑道全长为332米，由4台核能26万轴马力传动蒸汽涡轮机驱动，最大航速30节。此外4个C-B Modl弹射器安装在“尼米兹”号上，能使最重的舰载飞机从固定点起飞，把速度加快到273千米/小时，从而飞离甲板跑道。

◎ 最早的航空母舰

世界上最早的航空母舰是日本的“凤翔”号航空母舰。

早在1913年日本就着手进行航空母舰的建造工作，最早的航空母舰是从一艘叫“若宫”号商船改造来的，“若宫”号航空母舰应该是现代航空母舰的雏形！世界上第一艘真正的航空母舰是日本于1919～1922年建造的“凤翔”号航空母舰。1919年日本开始筹划建造，历时3年。1922年，“凤翔”号航空母舰在日本横须贺海军船厂造成。“凤翔”号航空母舰在世界上算是一艘相当小的航空母舰，它的标准排水量只有7470吨，但是作为世界上第一艘真正的航空母舰，它揭开了航空母舰的辉煌历史，从那以后，航空母舰作为世界上最具杀伤力的战争军舰在世界各国纷纷建造！

◎ 最长的航空母舰

世界上最长的航空母舰是美国的“企业”号航空母舰CVN-65，它也是世界上最早的核动力航空母舰。“企业”号在1958年2月4日开工，1960年时下水，1961年11月25日正式服役。

“企业”号航空母舰全长342米，舷宽40米，最大甲板宽76米，排水量85600吨。动力装置为8座西屋公司的a2w压水反应堆，驱动为4台通用电气公司的蒸汽轮机，4轴4桨，主机总功率28万马力，航速33节，更换一次核燃料可航行20～50万海里。1964年“企业”号进行了史无前例的环球航行，途中无需加油和再补给，历时64天，总航程3万多海里，充分显示了核动力的巨大续航力。

“企业”号航空母舰采用了封闭式飞行甲板，从舰底至飞行甲板形成整体箱形结构。其机库为封闭式，长223.1米，宽29.3米，高7.6米。飞行甲板为强力甲板，厚达50毫米，在关键部位加装装甲，水下部分的舷侧装甲厚达150毫米，并设有多层防雷隔舱。

武器配备为3座雷声Mk298联装发射装置；“北约海麻雀”对空导弹；战斗部39千克火炮；3座通用电气/通用动力Mk156管20毫米“火神密集阵”炮。军用飞机配备有20架F-14“雄猫”；36架F/A-18“大黄蜂”；4架EA-6B“徘徊者”；4架E-2C“鹰眼”；8架S-3A/B“北欧海盗”；4架SH-60F和2架HH“海鹰”。

◎ 最短命的航空母舰

世界上最短命的航空母舰是日本的“信浓”号航空母舰。

在中途岛海战前后，日本的“信浓”号航空母舰在世界上是最大的航空母舰，它的标准排水量达到了62000吨，甲板厚达7.5厘米，甲板上面还覆盖有20厘米的钢筋水泥层。然而这艘航空母舰到目前为止还仍然保持着一项世界纪录：世界上最短命的航空母舰！

日本“信浓”号航空母舰

当时的“信浓”号航空母舰是从一艘战舰改造而成的，这也是当时的日本政府不得已而为之，为了扩大战事，日本在改造的过程中压缩工期，甚至在有些改造工作还没有完成的时候，就匆忙将“信浓”号航空母舰投入战争！不幸的是，在“信浓”号航空母舰还没有发射一枪一炮的时候就被美国的

“射水鱼”号潜艇发现，随后就被“射水鱼”发射的6枚鱼雷击中，在熊熊的大火中，号称当时世界最大的航空母舰就那样慢慢沉没在了浩瀚的太平洋！

“信浓号”航空母舰从完工到毁灭还不够10天，在世界上还没有哪一艘航空母舰的寿命能短过它。

◎ 最早的隐身护卫舰

世界上最早的隐身护卫舰是法国生产制造的“拉斐特”级护卫舰。这艘护卫舰于1990年动工，1996年3月服役，其满载排水量为3600吨，长124.2米，宽15.4米。舰上配有多种电子设备，并采用雷达波隐身和红外抑制、磁辐射控制等先进技术。此外，拉斐特级护卫舰具有双重避震装置，产生的噪音非常低，且雷达反射截面积小，稳定度佳，极大地降低了被发现的概率。

除了隐身性之外，拉斐特在续航力、作战力、自动化等方面都很出色。它的续航力为7000～9000海里，具有对海、防空、反潜等全面的作战能力。该舰可在2000千米以外侦察到作战飞机，加装的雷达天线也可同时追踪32个空中目标，具有自动侦察、追踪能力。作战系统收到目标资料后，会进行目标威胁评估，然后指挥舰上射控雷达锁定目标，以舰上武器予以攻击。

◎ 最先进的核动力航空母舰

世界上最先进的核动力航空母舰是美国的“尼米兹”级航空母舰。“尼米兹”级航空母舰是世界上排水量最大、舰载机最多、现代化程度最高、作战能力最强的航空母舰。该级舰的舰体和甲板采用高弹性钢，可抵御半穿甲弹的攻击，两舷设有隔舱系统，弹药库和机舱装有63.5毫米厚的“凯夫拉”装甲。“尼米兹”级航空母舰能够进行远洋作战夺取制空和制海权，攻击敌人海上或陆上目标，支援登陆作战及反潜等。目前，美国海军已有10艘“尼米兹”级航空母舰在役。

“乔治·布什”号是“尼米兹”级核潜艇的最后一艘，2009年1月10日正式服役。该舰全长332米，船体吃水线以上大约有20层楼高，能运载将近6000名水兵和海军陆战队员。最大航速30节，满载排水量超过10万吨，最多可搭载百架战机，造价62亿美元。

“尼米兹”级航空母舰